Bogdan Suchodolski

Einführung in die marxistische Erziehungstheorie

Bogdan Suchodolski

Einführung
in die marxistische
Erziehungstheorie

Pahl-Rugenstein

Polnischer Originaltitel:
U podstaw materialistycznej teorii wychowania.

Übersetzung: Marian Kunze.

ISBN 3–7609–0055–0

Pahl-Rugenstein Verlag, Köln 1972.
© 1961 by Panstwowe Wydawnictwo Naukowe Warszawa.
Vom VEB Deutscher Verlag der Wissenschaften Berlin und Panstwowe
Wydawnictwo Naukowe Warszawa genehmigte Lizenzausgabe.
Originaltitel der deutschsprachigen Ausgabe:
Grundlagen der marxistischen Erziehungstheorie.

INHALTSVERZEICHNIS

6

VORBEMERKUNG DES VERLAGS

Der Beschäftigung mit der marxistischen Erziehungstheorie sind in der Bundesrepublik noch enge Grenzen gesetzt. Die einschlägigen Texte von Marx und Engels liegen in der BRD nicht gesammelt vor, pädagogische Werke ausländischer Marxisten sind bisher kaum übersetzt worden, und die marxistischen Pädagogen in unserem Land haben beschränkte Wirkungsmöglichkeiten. Die vielen, mehr oder weniger utopischen Erziehungstheorien und -modelle, die teils der Aufarbeitung unterdrückter Richtungen der bürgerlichen Pädagogik dienen, teils lediglich zur Verwirrung und Ablenkung von sozialistischen Erziehungsmodellen verbreitet werden, können die Beschäftigung mit den Grundlagen der marxistischen Erziehungstheorie in keiner Weise ersetzen.

Gleichzeitig scheint die marxistische Erziehungstheorie ihre Bewährungsprobe in den sozialistischen Ländern zu bestehen, jedenfalls nimmt ihre Ausstrahlungskraft auf Pädagogen und die Pädagogikstudenten in der BRD ständig zu. Immer weniger lassen sie sich davon abhalten, selber zu prüfen, wie weit die Gesichtspunkte und Prinzipien der marxistischen Pädagogik den Bedürfnissen besonders der unterprivilegierten Schichten in unserem Land entgegenkommen.

Je notwendiger die Beseitigung der Bildungsmisere und die Erneuerung der Erziehungswissenschaft in der BRD werden und je mehr Hoffnung die jungen Erzieher dabei auf die Fruchtbarkeit auch marxistischer Ansätze der Pädagogik setzen, desto größer wird die Verantwortung der Hochschulen und wissenschaftlichen Verlage in der BRD, ihnen den freien Zugang zu den klassischen Werken der marxistischen Erziehungstheorie zu eröffnen.

Die „Einführung in die marxistische Erziehungstheorie" des polnischen Pädagogen Bogdan Suchodolski gehört zu den gründlichsten und klarsten Darstellungen der pädagogischen Konsequenzen des marxistischen Denkens. Das Buch ist 1957 in Polen und 1961 in der DDR erschienen. Seit 1958 leitet Suchodolski das Institut für Pädagogik an der Universität Warschau. Er ist Mitglied der Polnischen Akademie der Wissenschaften, der Académie Internationale de l'Histoire des Sciences, Vorstandsmitglied der Association Internationale des Sciences de l'Education und Mitbegründer der Comparative Education Society in Europe, London.

Pahl-Rugenstein Verlag

9

VORWORT

In einem Lande, das den Sozialismus aufbaut, muß die Bildungs- und Erziehungstätigkeit an die Spitze aller wichtigen gesellschaftlichen Angelegenheiten treten. Die einzige Voraussetzung für den Erfolg dieser Tätigkeit ist die wissenschaftliche Vertiefung der Grundsätze und Methoden des pädagogischen Wirkens. Die Arbeit an einer solchen Vertiefung muß sich heute vor allem auf das Kernproblem, das Verhältnis zum Gedankengut des pädagogischen Erbes, erstrecken. Es ist unbestreitbar, daß auf dem Gebiet der pädagogischen Wissenschaften besonders während der bürgerlichen Epoche in der Geschichte Europas bedeutende Fortschritte erzielt wurden. Ebensowenig kann jedoch bezweifelt werden, daß sich in dieser Zeit auch Richtungen und Konzeptionen entwickelten, die entweder völlig falsch oder durch die besonderen Bedingungen, unter denen sie entstanden, sehr eingeengt waren.

Der Sturz der kapitalistischen Ordnung und die Schaffung der sozialistischen Gesellschaft stellen einen großen, geschichtlichen Prozeß dar, der in vielen Bereichen den neuen Inhalt der pädagogischen Probleme deutlich werden läßt. In Anbetracht dieser neuen gesellschaftlichen Situation müssen wir imstande sein, die Erfordernisse und Aufgaben der Erziehung, also auch den wissenschaftlichen Inhalt der pädagogischen Theorie, zu bestimmen. Es wäre ein unheilvoller Fehler, wollte man die sozialistische Pädagogik von dem breiten Strom des wissenschaftlichen Fortschritts trennen, der gemeinsames Erbe der Welt ist. Aber ebenso schädlich und gefährlich wäre es, nicht mit voller Schärfe zu erkennen, wovon wir uns abgrenzen und worin nun tatsächlich unsere neue theoretische Problematik besteht.

Inwieweit ist die sozialistische Pädagogik eine Fortsetzung der geschichtlichen Entwicklung der Erziehungstheorie und -praxis und in welchen Grenzen stellt und löst sie neue Probleme? Das ist die grundlegende Frage unserer Zeit, die sowohl von Wissenschaftlern als auch von breiten Kreisen der Lehrer und Erzieher aufgeworfen wird.

Im vorliegenden Buch wird der Versuch unternommen, auf diese Frage eine Antwort zu geben, die sich auf eine eingehende Analyse der theoretischen und praktischen Tätigkeit von Marx und Engels stützt. Obwohl sich Marx und Engels nicht unmittelbar mit Pädagogik beschäftigten und über Erziehungs- und Bildungsprobleme verhältnismäßig selten und nur fragmentarisch sprachen und schrieben, ist ihre Bedeutung in der Geschichte des pädagogischen Denkens bahnbrechend, da sie eine völlig neue Konzeption von der Kultur und der Geschichte, von der Gesellschaft und vom Menschen geschaffen haben [1]. Diese Konzeption war der Ausgangspunkt sowohl für die prinzipielle Kritik der Grundlagen der bourgeoisen Kulturpolitik und der bürgerlichen Pädagogik als auch für die Prinzipien der sozialistischen Pädagogik.

Die von Marx und Engels geübte Kritik ist nicht nur eine Kritik historischer Verhältnisse und ideologischer Strömungen; denn das kapitalistische System herrscht noch heute in vielen Ländern der Welt, und die zeitgenössischen ideologischen Richtungen verfolgen sehr viele jener Konzeptionen weiter, die um die Mitte des vorigen Jahrhunderts entstanden. Bei einer Analyse der marxistischen Theorie von der Gesellschaft, der Kultur und der Erziehung befinden wir uns mitten in der Gegenwart. Im ideologischen Ringen um den Sieg der sozialistischen Pädagogik treten wir eben gegen diese Richtungen auf, die Marx schon in ihrem Anfangsstadium bekämpfte. So stehen die Grundfragen des Naturalismus, Psychologismus und Soziologismus in der Pädagogik, der Kultur- und der utopischen Pädagogik, der Ideal- und „Existenz"-Pädagogik vor dem Tribunal der Geschichte und zugleich der Gegenwart. Daher sind

---

[1] Anmerkung (1) des Verfassers, s. Anhang.

wir auch der Meinung, daß unsere Studie, die die grundlegenden Probleme der Pädagogik in den Werken von Marx und Engels analysiert, aufs engste mit der Überwindung jener theoretischen Schwierigkeiten verbunden ist, die bei der Weiterentwicklung der pädagogischen Wissenschaften in der Übergangsperiode vom Kapitalismus zum Sozialismus auftreten.

Das Buch ist folgendermaßen aufgebaut:

Im Kapitel I versuchen wir ein Bild von der Entwicklung der pädagogischen Ansichten in den Werken von Marx und Engels zu vermitteln. Unter Beachtung der zeitlichen Reihenfolge verweisen wir auf Arbeiten beider Verfasser mit reichem pädagogischen Inhalt und kennzeichnen allgemein die Entwicklungsetappen ihrer Konzeption zur Erziehung und ihre Grundlagen. Die weiteren Kapitel sind systematisch angeordnet: Es werden in ihnen bestimmte Probleme dargelegt und analysiert, wobei die Chronologie nur gelegentlich dort zutage tritt, wo die Entwicklung ihrer Ideen unbedingt herausgestellt werden mußte. Aus diesem Grunde glauben wir, daß die in Kapitel I vorgenommene Charakteristik der Lehre von Marx und Engels in ihrer Bedeutung für die Pädagogik eine zweckmäßige und notwendige Einleitung zu diesen systematischen Überlegungen ist. Wir haben uns hierzu entschlossen, obwohl dies zu gewissen Wiederholungen führt, die bei zweifacher — chronologischer und systematischer — Stoffdarbietung unvermeidlich sind.

Die Kapitel II-IV untersuchen grundlegende Probleme der Philosophie und der Tätigkeit von Marx und Engels hinsichtlich ihrer Auswirkungen auf die Anschauungen über Bildungs- und Erziehungsfragen. Wir bemühen uns zu zeigen, wie Marx und Engels die damalige Welt gesehen haben (Kapitel II) und die Rolle des Menschen in dieser Welt sowie die Möglichkeit seiner Befreiung auffaßten (Kapitel III), wie sie auf diesen Grundlagen das Bildungswesen in der bürgerlichen Gesellschaft analysierten und was sie unter Vorbereitung des Proletariats auf die geschichtlichen Aufgaben der „permanenten Revolution" verstanden (Kapitel IV).

Die Kapitel V–IX haben einen etwas anderen Charakter. Das Wirken und die Lehre von Marx und Engels waren zwar mit der konkreten geschichtlichen Situation und dem konkreten politischen Kampf für die Befreiung der Arbeiterklasse engstens verbunden, aber zugleich reichten ihre philosophischen und wissenschaftlichen Anschauungen — eben durch diese Verbindung — über die Grenzen der Epoche hinaus und stellten mit der Ausarbeitung der Grundsätze des dialektischen und historischen Materialismus und deren Anwendung in den einzelnen Gesellschaftswissenschaften einen Wendepunkt in der bisherigen Entwicklung der Wissenschaft dar. Gerade auf diesen theoretischen Aspekt des Problems möchten wir die Aufmerksamkeit lenken, wenn wir in diesem Kapitel die Bedeutung der Lehre von Marx und Engels für die Pädagogik untersuchen. Sie behandeln Probleme der Kultur (Kapitel V), des Menschen (Kapitel VI und VII) und der Persönlichkeit (Kapitel VIII). Bei der Analyse dieser Fragen berücksichtigen wir natürlich besonders den philosophischen Kampf, den Marx und Engels bei der Verteidigung ihrer materialistischen Lehre gegen die bürgerlichen Theorien geführt haben. Auf diese Weise die Grundelemente der materialistischen Erziehungstheorie und die Hauptrichtungen der Kritik an idealistischen Anschauungen in der Pädagogik darzulegen heißt zugleich, den dauernden Wert der Lehre von Marx und Engels und deren prinzipielle Bedeutung im Kampf um den Fortschritt in den pädagogischen Wissenschaften zu zeigen.

Im Kapitel IX werden die vorangegangenen Ausführungen nicht nur zusammengefaßt, sondern auch ergänzt. Wir zeigen die Bedeutung des Beitrags von Marx und Engels zur Entwicklung des pädagogischen Denkens und wollen dabei vor allem seinen philosophischen und wissenschaftlichen Charakter unterstreichen.

Das Buch wird durch verhältnismäßig umfangreiche Anmerkungen vervollständigt. Diese haben teilweise den Charakter einer historischen und bibliographischen Dokumentation; sie erfüllen aber zum Teil auch eine andere Aufgabe. Im Verlauf unserer Untersuchungen weisen wir mehrmals auf Fragen hin, zu denen die Ideen von Marx und Engels — sowohl im positiven Sinne als auch bei der Kritik falscher Anschauungen — besonders aktuell sind. Wir konnten jedoch im Hauptteil des Buches nicht ausführlicher auf die Bedeutung des Marxschen Denkens für die Kritik an der zeitgenössischen Pädagogik eingehen, ohne die systematischen und historischen Prinzipien seines Aufbaus anzutasten. Deshalb beschränkten wir uns darauf, im Buchtext auf diese Probleme nur allgemein hinzuweisen. Dafür möchten wir aber in den Anmerkungen diese aktuellen Forderungen etwas genauer — allerdings nicht einmal annähernd erschöpfend — behandeln. Aus diesem Grunde sind die Anmerkungen — besonders zu den Kapiteln V—IX — eine wesentliche Erweiterung und Ergänzung des eigentlichen Textes. Vielleicht erleichtern sie einigen philosophisch und historisch weniger vorgebildeten Lesern das Verständnis dafür, welche Rolle eine Analyse der Gedanken von Marx und Engels, die die von ihnen aufgeworfenen und gelösten schwierigen, abstrakt philosophischen und wissenschaftlichen Fragen nicht außer acht läßt, für die Pädagogik spielt.

Das vorliegende Buch ist etappenweise entstanden. Sein erster Teil, der als selbständige Studie geplant war und die Kritik der bürgerlichen Pädagogik in den Werken von Karl Marx behandelt, wurde im Jahre 1950 fertiggestellt. Der zweite Teil mit der Analyse der pädagogischen Konzeption von Marx wurde 1952 vollendet. In Fortsetzung seiner Arbeit an dem Thema hat der Verfasser die ursprüngliche Fassung wesentlich erweitert und das Ganze, schon als einheitliches Buch gedacht, neu bearbeitet.

Warszawa 1957

B. Suchodolski

KAPITEL I

DIE ENTWICKLUNG PÄDAGOGISCHER PROBLEME IN DEN SCHRIFTEN VON MARX UND ENGELS

Der Mittelpunkt, um den sich grundsätzlich alle Fragen der Pädagogik kristallisierten, war die revolutionäre Tätigkeit von Marx und Engels und ihre Theorie. Und dabei ist belanglos, ob diese pädagogischen Probleme damals unmittelbar ausgesprochen wurden, oder ob sie vielmehr nur Folgerungen bestimmter Thesen sind. Die Entwicklungsstufen dieser Tätigkeit wie auch die Entwicklung des philosophischen Denkens und der wissenschaftlichen Forschungen auf dem Gebiet der Ökonomie und der Geschichte sind zugleich auch die Entwicklungsstufen der pädagogischen Probleme.

Hervorzuheben ist vor allem jene Periode, in der Marx und Engels — ohne schon persönlich miteinander bekannt zu sein — unabhängig voneinander den Einfluß der bürgerlichen Ideologie überwanden und in zahlreichen politischen und philosophischen Polemiken sich allmählich einen neuen materialistischen Standpunkt erarbeiteten. Es ist jene Periode, die ungefähr bis zum Ende des Jahres 1844 reichte.

1. Die Anfänge der Tätigkeit von Marx

Für Marx ist das eine Periode politischer und publizistischer Tätigkeit, die ihn zum Verlassen des Landes zwang und zugleich die Zeit der philosophischen Auseinandersetzung mit Hegel, in der er seine eigene Weltanschauung gewann. Es ist die Zeit des Universitätsstudiums, der Herausgabe der „Rheinischen Zeitung" und später der „Deutsch-Französischen Jahr-

bücher", die Zeit angestrengter philosophischer Arbeit, deren
Ergebnis eine umfangreiche und kritische, erst nach dem Tode
des Verfassers veröffentlichte Analyse der Hegelschen Rechtsphilosophie war. Neben der Einleitung zu dieser Kritik erschien in den „Jahrbüchern" der philosophisch-geschichtliche
Artikel „Zur Judenfrage" sowie die äußerst wichtige, wenn
auch nicht ganz abgeschlossene Abhandlung über Ökonomie
und Philosophie, welche die Überwindung der idealistischen
Konzeptionen überzeugend zum Ausdruck bringt und völlig
neue Perspektiven eröffnet. Diese Arbeit schließt gleichsam
das Tor hinter der Jugendperiode von Marx, sowohl im Leben
wie in der Philosophie, und öffnet den Weg in die Zeit seiner
Reife [1].

Im Prozeß seiner politischen Reife kam der junge Marx zu
immer konsequenterer Kritik des absolutistischen Staates, zu
immer radikalerer Formulierung demokratischer Forderungen.
Seine politischen Ansichten hat Marx zunächst im Bündnis
mit linksgerichteten Kreisen der deutschen Bourgeoisie und
der Intelligenz, später beim Übergang vom revolutionären De-
mokratismus zum Kommunismus immer mehr als „Außen-
seiter" formuliert. Seit der Herausgabe der „Deutsch-Französischen Jahrbücher" trugen diese Anschauungen immer radikalere Züge.

Die Weltbühne, auf der man „die Komödie des Despotismus"
aufführt, ist wie ein „Schiff voll Narren": es treibt unvermeidlich seinem Schicksal entgegen — zur Revolution [2]. „Die alte
Welt", schrieb Marx, „gehört dem Philister". Das ist aber in
Wirklichkeit eine „entmenschlichte Welt", eine Welt, in der
man nur leben und sich fortpflanzen will, genau so wie in der
Tierwelt; eine Welt, in der der Despotismus und das System
der Produktion und des Handels, das System des Privateigentums und der Ausbeutung des Menschen zu ihrer Zerstörung
führen muß. Man muß u. E. — schrieb Marx — sich den
sinnlosen Anbetungen dieser Welt widersetzen, mutig die

[1] Anmerkung (1) des Verfassers, s. Anhang.
[2] Marx/Engels: Werke, Bd. 1, Berlin 1956, S. 338.

Position der „denkenden Menschheit" beziehen und zur Entstehung einer heranreifenden neuen Welt beitragen [1].

Die Kritik an der bestehenden Gesellschaftsordnung und ihrer herrschenden Klasse, die Überzeugung, daß es die Aufgabe des menschlichen Denkens ist, die bürgerliche Welt zu entlarven und die Sache der heraufziehenden Revolution, die die „Menschenwürde" wiederherstellt, zu unterstützen, — all das stellte die eine Seite des politischen Kampfes von Marx dar. Gleichzeitig begann sich aber auch die zweite Front herauszubilden, die gegen die abstrakten und utopischen Auffassungen sogenannter Menschheitsbeglücker gerichtet war. Marx führte hier Cabet, Dézamy, Weitling und Fourier an und wies nach, daß ihr „humanistisches Prinzip" beschränkt und voller Widersprüche, dogmatisch und abstrakt war. Er erkannte den sich bereits deutlich abzeichnenden Unterschied zwischen dem demokratischen Standpunkt, dem Standpunkt des utopischen Sozialismus und seinem eigenen. „Indessen ist das gerade wieder der Vorzug der neuen Richtung", schrieb er, „daß wir nicht dogmatisch die Welt antizipieren, sondern erst aus der Kritik der alten Welt die neue finden wollen" [2]. Gerade für die Utopisten war es kennzeichnend, daß die von ihnen geübte „Kritik der alten Welt" nicht zum Ausgangspunkt für ein neues Zukunftsbild wurde. Dieses Bild war Ausdruck von Wünschen und Träumen, eine „dogmatische Konstruktion". Marx wollte aus der „Kritik der alten Welt" die „Prinzipien" einer neuen Welt ableiten. Das bedeutete, daß die Kritik jene tatsächlichen geschichtlichen Prozesse aufdecken sollte, die in ihrer weiteren Entwicklung zur vollständigen Zerstörung der bestehenden Weltordnung und zur Schaffung einer neuen führen müssen. Gerade diese objektiv verlaufende historische Entwicklung sahen die Utopisten nicht. Sie bildeten sich ein, daß die Zukunft vom guten Willen des Menschen abhinge. Die Erkenntnis eines objektiven geschichtlichen Prozesses darf aber nicht zur Verkündung eines Passivitätsprinzips führen.

[1] Ebenda, S. 343.
[2] Ebenda, S. 344.

17

Ganz im Gegenteil, die Kritik darf sich nicht ausschließlich auf die Theorie beschränken. „Es hindert uns also nichts", schreibt Marx, „unsre Kritik an die Kritik der Politik, an die Parteinahme in der Politik, also an wirkliche Kämpfe anzuknüpfen und mit ihnen zu identifizieren. Wir treten dann der Welt nicht doktrinär mit einem neuen Prinzip entgegen: Hier ist die Wahrheit, hier kniee nieder! Wir entwickeln der Welt aus den Prinzipien der Welt neue Prinzipien. Wir sagen ihr nicht: Laß ab von deinen Kämpfen, sie sind dummes Zeug; wir wollen dir die wahre Parole des Kampfes zuschrein!" [1]

Gerade dieser Grundsatz vom revolutionären Kampf wurde bei Marx gleichzeitig zum grundlegenden Faktor seiner philosophischen Entwicklung und fand darin auch seine Bestätigung und Entfaltung. In philosophischen Notizen, Briefen und Diskussionen, in der Dissertation über Demokrit und Epikur reiften in Anlehnung an Hegel, aber auch im Kampf gegen ihn die Überzeugungen von der wechselseitigen dialektischen Abhängigkeit von Sein und Bewußtsein. Da er die Hegelsche Konzeption von der immanenten Entwicklung des Geistes nicht mehr vorbehaltlos akzeptierte, lehnte Marx auch die Anschauungen der Junghegelianer ab, die immer bereitwilliger auf die Position des Fichteschen subjektiven Idealismus hinüberwechselten. Er konzentrierte seine Aufmerksamkeit auf die historischen Beziehungen, in denen er die dialektische Einheit von Sein und Bewußtsein erblickte [2]. Das bedeutete, daß ihm die Philosophie, die das Sein einfach als eine Folge des Bewußtseins behandelte, nicht mehr genügte. Gleichgültig, ob diese Begriffe einen objektiven Charakter wie bei Hegel oder einen subjektiven wie bei Fichte trugen, so war nach Marx ihr gemeinsamer Fehler das Verkennen der wirklichen Widersprüche und des Verhältnisses von Sein und Bewußtsein. Marx betrachtete die Welt mit den Augen eines gesellschaftlich tätigen Menschen und stellte fest, daß die Welt ganz und

[1] Marx/Engels: Werke, Bd. 1, Berlin 1956, S. 345.
[2] Diese philosophische Evolution analysiert A. Cornu sehr ausführlich in seinem Buch: Karl Marx und Friedrich Engels — Leben und Werk, Berlin 1954.

gar nicht „vernünftig" ist und daß sie sich auch nicht den subjektiven menschlichen Idealen unterordnet; daß vielmehr Kampf erforderlich ist, um alles historisch und sittlich Richtige zu verwirklichen.

Zu einem wichtigen Faktor bei der Überwindung des Idealismus wurde damals die Philosophie von Feuerbach, obwohl Marx schon in jener Zeit ihre Grenzen im allgemeinen erkannt hatte. Er schrieb darüber, daß er sie einzig deswegen nicht voll akzeptieren kann, weil sie „zu sehr auf die Natur und zu wenig auf die Politik hinweist. Das ist aber das einzige Bündnis, wodurch die jetzige Philosophie eine Wahrheit werden kann." [1] Nur die gesellschaftliche Tätigkeit verändert die gesellschaftliche Wirklichkeit und nicht das Bewußtsein an sich. Von diesem Standpunkt aus übte Marx immer heftiger Kritik an der Philosophie Hegels, vor allem aber an seiner Rechts- und Staatstheorie. Durch diese scharfe Kritik sollte bewiesen werden, daß die Evolution des Staates und des Rechts nicht der Ausdruck der Entwicklung einer abstrakten Idee, sondern die Folge gesellschaftlicher Veränderungen ist. Unter besonderer Beachtung dieses realen, geschichtlichen Vorganges begann Marx, die bürgerlichen Ideale zu entlarven und das Wesen der Klassen in der Geschichte aufzudecken. In der Weiterverfolgung dieses Gedankenganges brach er endgültig sowohl mit dem Hegelschen Idealismus als auch mit dem mechanischen Materialismus von Feuerbach, der zu sentimental-humanitären Illusionen führt. In seinen „Ökonomisch-philosophischen Manuskripten" zeigte Marx in einer heftigen philosophischen Polemik, wie das Privateigentum durch Ausbeutung der menschlichen Arbeitskraft den Menschen entmenschlicht, wie es eine fremde und menschenfeindliche Welt schafft und dem Menschen die Illusion einimpft, daß er immer ein Sklave der Umwelt sein müsse, in der er sich befindet; es läßt in ihm auch keinen Gedanken daran aufkommen, daß der Mensch ein bewußter Schöpfer seiner eigenen Welt, ein Schöpfer seiner selbst sein kann und soll.

[1] MEGA, I. Abt., Bd. 1, 2, S. 308. Marx an Ruge. Brief vom 13. 3. 1843.

Die Bedeutung dieser ersten Schaffensperiode von Marx ist sehr groß für die Pädagogik. Um sie treffend zu kennzeichnen, muß man aber zwei falsche Auffassungen über diesen Zeitabschnitt widerlegen. Eine von ihnen bemühte sich zu beweisen, daß nur der „junge Marx" ein „wahrer Humanist" gewesen sei, während er angeblich später sein jugendliches Interesse am Menschen zugunsten des politischen und ökonomischen Kampfes „verraten" habe. Von diesem Standpunkt aus sollte das frühe Schaffen von Marx besondere pädagogische Bedeutung haben und nur in dieser Zeit sollte man eine Verbindung zwischen der marxistischen Philosophie und der Pädagogik sehen können. Wie wir im Verlauf der weiteren Ausführungen deutlich sehen werden, ist diese Konzeption völlig falsch, da die reife Periode des wissenschaftlichen und philosophischen Schaffens von Marx gerade die Entfaltung und Erfüllung dessen ist, was seine Frühzeit versprach und keineswegs deren Verneinung bedeutet. Das Problem der Befreiung des Menschen bleibt für Marx immer das Hauptproblem: er präzisiert nur noch den Charakter und den Ursprung der bisherigen Unterdrückung und zeichnet immer realer die Methoden zur endgültigen Sprengung dieser Fesseln vor.

Die Bedeutung der Jugendperiode von Marx für die Pädagogik besteht also nicht darin, daß sie irgend etwas enthält, was später nicht mehr zu finden ist, sondern darin, daß sie der Zeitpunkt der schöpferischen Entstehung des materialistischen Denkens bei Marx ist. Dieser Prozeß — ähnlich spielt sich der Vorgang in Engels' Leben ab — ist nicht nur biographisch wichtig, er ist zugleich Ausdruck einer grundsätzlichen ideologischen Entscheidung in der Kultur Europas in den vierziger Jahren des vorigen Jahrhunderts. Diese Entscheidung kennzeichnete die kritische Position gegenüber der bürgerlichen Gesellschaft, indem sie die Unterschiede zwischen der Kritik von rechts und der Kritik von links mit aller Deutlichkeit unterstrich; sie präzisierte die grundsätzlichen Unterschiede zwischen Liberalismus und Demokratie und später zwischen Demokratie und Kommunismus und die Unterschiede zwischen Humanitäts-Duselei, utopischem Sozialismus,

„wahrem Sozialismus" usw. und dem wissenschaftlichen Sozialismus, zwischen den verschiedenen Spielarten des Idealismus, metaphysischem Materialismus und dem dialektischen und historischen Materialismus. Selten war eine Geschichtsepoche so reich an ideologischen Auseinandersetzungen und selten waren die Konsequenzen dieser Entscheidung so fruchtbringend, wie sich das in den folgenden hundert Jahren gezeigt hat.

Es ist deshalb besonders lehrreich, die Geburtsstunde des Marxismus kennen zu lernen. Und eben aus diesem Grunde ist auch die Konzeption nicht richtig, die sich gegen eine allzu große Bewertung der Jugendzeit von Marx wendet und diese Periode als noch nicht reif genug mit Geringschätzung abtut, denn diese „Zeit der Unreife" war doch die Geburtsstunde des materialistischen Denkens, und in diesem Entwicklungsprozeß zeigen sich gerade die Fülle der Probleme und die Möglichkeiten ihrer Lösung. Es lohnt sich daher, das Jugendschaffen von Marx — wie übrigens auch von Engels — auf dem Gebiet der Pädagogik aufmerksam zu verfolgen [1].

Welche pädagogischen Probleme stehen nun im politischen und philosophischen Denken des jungen Marx im Vordergrund? Es sind vor allem Fragen des Verhältnisses der Philosophie zum gesellschaftlichen Leben und Probleme, welche die Stellung des Menschen in der bürgerlichen Gesellschaft betreffen.

Das erste Problem wird im Jahre 1844 in den „Deutsch-Französischen Jahrbüchern" in der Einleitung zu einer Abhandlung „Kritik der Hegelschen Rechtsphilosophie" erörtert. Darin analysiert Marx das Verhältnis von Philosophie und dem um seine Befreiung kämpfenden Proletariat, wobei die Philosophie so umfassend gesehen wird, daß sie alle Erziehungsprobleme mit einschließt. Denn die Aufgabe der Philosophie besteht vor allem in der Befreiung des Menschen von Illusionen, indem man ihm die sozialen Wurzeln der Illusionen zeigt und ihn zum weltverändernden Handeln anspornt. „Die Religion", schrieb Marx, „ist nur die illusorische Sonne,

---

[1] Anmerkung (2) des Verfassers, s. Anhang.

die sich um den Menschen bewegt, solange er sich nicht um sich selbst bewegt. Es ist also die *Aufgabe der Geschichte*, nachdem das *Jenseits der Wahrheit* verschwunden ist, die *Wahrheit des Diesseits* zu etablieren." [1] „Die Forderung, die Illusionen über seinen Zustand aufzugeben, ist die *Forderung, einen Zustand aufzugeben, der der Illusionen bedarf.*" [2] „Die Kritik des Himmels verwandelt sich damit", sagt Marx, „in die Kritik der Erde, die *Kritik der Religion* in die *Kritik des Rechts*, die *Kritik der Theologie* in die *Kritik der Politik*".

Aber diese kritische und schöpferische Rolle, diese erzieherische und aktivierende Rolle kann die Philosophie erst dann spielen, wenn sie zur Waffe des kämpfenden Proletariats wird. Dieses Bündnis und nur dieses allein kann ihr die tatsächliche materielle Wirksamkeit geistiger Überwindungskraft sichern. Sie würde sonst in einer vom Leben losgelösten Sphäre bleiben, ihre Bemühungen würden einen Umschwung der „Philosophie als Philosophie" und ihre Siege würden Siege in einer Welt von Abstraktionen und Illusionen sein. „Es genügt nicht", schreibt Marx, „daß der Gedanke zur Verwirklichung drängt, die Wirklichkeit muß sich selbst zum Gedanken drängen." [3]

Das Proletariat ist eine emanzipierte Klasse „par excellence", d. h. eine Klasse, in der sich alles Unrecht und alle Unterdrückung in der bürgerlichen Ordnung verkörpert, eine Klasse, in der sich alle Kräfte konzentrieren, die eine grundsätzliche, allgemeine, wahrhaft menschliche Befreiung anstreben. Im Proletariat also findet „die Philosophie ihre materiellen" und „das Proletariat in der Philosophie seine geistigen Waffen." [4] Dieses Bündnis bewirkt, daß die Befreiung der Menschen von den Ketten der Klassengesellschaft und aus den Fesseln falscher Glaubensbekenntnisse und Lehren in zwei durch gegenseitige Abhängigkeit eng miteinander verbundenen Prozessen

---

[1] Marx/Engels: Die heilige Familie und andere philosophische Frühschriften, Berlin 1953, S. 12.
[2] Ebenda.
[3] Marx/Engels: Die heilige Familie und andere philosophische Frühschriften, Berlin 1953, S. 21.
[4] Ebenda, S. 27.

gleichzeitig erfolgen muß. Die Bewußtseinsformung des neuen Menschen und der Aufbau einer neuen Gesellschaftsordnung, die Überwindung der religiösen und autoritären Weltanschauungen und der feudalen und bürgerlichen Klassenherrschaft, die Kritik der geistigen Grundlagen, in denen der Mensch sich selbst und die eigene Selbständigkeit verneinte, und die Kritik der Gesellschaftsordnung selbst, die die werktätigen Massen zwang, auf ein menschenwürdiges Leben zu verzichten und sich der Gewalt unterzuordnen — das sind die zwei Seiten ein und desselben Weges zur „Emanzipation des Menschen", den Marx bereits in seiner Jugendzeit gewiesen hat. Von diesem Standpunkt aus ist die Erziehung untrennbar mit der gesellschaftlichen Umgestaltung verbunden, die unter Führung des Proletariats erfolgt. Auch das Problem der Reinigung des menschlichen Bewußtseins von mythischen und allegorischen Elementen ist mit dem Problem des Sturzes der Gesellschaftsordnung, die die arbeitenden Massen unterdrückt und ausbeutet, verknüpft. Dieser Standpunkt orientiert die Erziehung auf ihre künftigen geschichtlichen Aufgaben: auf den Kampf um den sozialen Fortschritt und auf den sozialistischen Humanismus, der eine ökonomische, geistige und politische Emanzipation des Menschen bedeutet. Die Erziehungsarbeit wird also als eine durch und durch politische und gesellschaftliche Tätigkeit verstanden, die den Auffassungen vom autonomen Denken und der autonomen Wirkung auf fremdes Bewußtsein entschieden entgegentritt, Konzeptionen, wonach die Bildung des Menschen ein Vorgang ist, der sich in einer isolierten Welt von Gedanken, Überzeugungen, persönlichen Erziehungseinflüssen usw. abspielt. Die Erziehungsarbeit wird also durch und durch richtungweisend als eine Arbeit betrachtet die zu „irgend etwas" führt und retrospektiven Konzeptionen scharf entgegengestellt, nach denen der Mensch sich durch Tradition und nicht durch Teilnahme an dem, was er schafft und anstrebt, bildet. Und schließlich wird die Erziehungsarbeit auch historisch aufgefaßt als Dienst an den geschichtlichen Entwicklungsprozessen der Menschheit, im Gegensatz zu allen reaktionären Anschauungen, sowohl zum illusorischen religiösen Universalismus wie auch zum illusorischen bürgerlichen Universalismus, die die einzelnen historischen Entwicklungsetappen als endgültig und in metaphysischer Sicht als Verwirklichung des „menschlichen Wesens" betrachten.

Das Problem der Philosophie, also das Problem der Bewußtseinsformung, stand in diesen Überlegungen von Marx in engster Verbindung mit dem Problem der Umgestaltung des gesellschaftlichen Lebens. Das war der Hauptgegenstand der Auseinandersetzung mit Hegel. In einem umfangreichen Studienkommentar zur Hegelschen Rechtsphilosophie und in seinen „Ökonomisch-philosophischen Manuskripten" überwand Marx die Hegelsche Konzeption von der Entfremdung, indem er darauf hinwies, daß die Wurzeln der Entfremdung in der materiellen Welt zu suchen sind, die der Mensch zwar schafft, aber nicht bewußt und menschlich lenkt, da das Privateigentum die Menschen ihrer Menschlichkeit beraubt [1].

Hegel begriff bekanntlich die Entfremdung des Menschen als einen rein geistigen Vorgang. Die Fähigkeit des Geistes, Neues zu schaffen, sollte Ergebnisse erzielen, die ihrerseits dem Geist fremd und unverständlich wurden und seine weitere Entwicklung hemmten. Aber diese Entwicklung mußte durch ähnliche Prozesse der Vergegenständlichung, d. h. der Umsetzung in die Wirklichkeit, erfolgen. Die Erkenntnis, daß die Welt ein eigenes, wenn auch von ihm verkanntes Produkt des Geistes ist, sollte die Hauptquelle der geistigen Freiheit sein. — Marx faßt das Problem anders auf: Der Produktionsprozeß ist vor allem ein Prozeß der materiellen Produktion, der Entfremdungsvorgang vor allem ein Vorgang der Entmenschlichung dieser sozialen Welt, die im Grunde genommen durch die gesellschaftliche Arbeit der Menschen geschaffen wurde; die Überwindung der Entfremdung ist ein Prozeß des Kampfes um die Umgestaltung dieser entmenschlichten Welt in eine dem Menschen angemessene, seinem Willen gehorchende und seine Menschlichkeit entwickelnde Welt. Dagegen

[1] Eine Analyse dieser Entfremdung wird im III. Kapitel gegeben.

24

ist die Welt des Kapitalismus eine entmenschlichte Welt; ihre Vernichtung befreit den unterdrückten Menschen, läßt ihn sich selbst wiederfinden und eröffnet ihm alle Möglichkeiten zu seiner vollen Entfaltung. Die menschliche Arbeit, durch welche die Umwelt, in der der Mensch lebt, geschaffen und umgestaltet wird, die Arbeit, die sich in objektiven Produkten ausdrückt, entwickelt den Menschen. In diesem geschichtlichen Prozeß vermenschlicht sich nach Marx der Mensch durch zunehmende Beherrschung der Natur.

Dieser These entsprechend steht die Erziehung in engstem Zusammenhang mit den geschichtlichen Prozessen der gesellschaftlichen und produktiven Tätigkeit der Menschen. Dadurch unterscheidet sie sich grundsätzlich von allen naturalistischen und psychologistischen Auffassungen über die Erziehung, die als Grundlage für die Erziehungsarbeit eine auf bestimmte Weise ausgestattete und immer gleichmäßig funktionierende „menschliche Natur" annehmen. Sie unterscheidet sich auch von all jenen irrationalen und subjektivistischen Theorien, nach denen der Erziehungsvorgang identisch sein müßte mit dem „innerlichen Sichselbstfinden" in der Loslösung von objektiver Tätigkeit, also auch von der gesellschaftlichen Umwelt. Marx dagegen wies gerade auf diesen untrennbaren Zusammenhang der Erziehung des Menschen mit seiner Tätigkeit hin. Das bedeutete, daß er den Prozeß der „Entmenschlichung" immer deutlicher erkannte, der mit der Entwicklung der bürgerlichen Gesellschaft einherging, und immer entschiedener die neue Welt zeigte, in der sich die „Emanzipation des Menschen vollzieht, deren Haupt die Philosophie und deren Herz das Proletariat ist". Angeregt durch das Studium von Bruno Bauer, griff Marx bei der Analyse der Judenfrage das Gesamtproblem des Staates und der Gesellschaft, des Bürgers und des Menschen auf. In seiner Analyse deckte er die Illusionen und Irrtümer bürgerlicher Losungen auf, wies er auf die Wurzeln der angeblich ewigen und dauernden Gegensätze zwischen Individuum und Gesellschaft hin und legte überzeugend dar, von welchen gesellschaftlichen Voraussetzungen ihre Überwindung abhängt.

Wenn wir also den Entwicklungsprozeß des materialistischen Denkens beim jungen Marx analysieren, werden wir äußerst vielfältige pädagogische Probleme finden, deren Inhalt und Umfang den damals herrschenden Theorien und Prinzipien völlig entgegengesetzt waren. Das Problem des Seins und des Bewußtseins der menschlichen Persönlichkeit und der Entwicklung des Individuums und des Bürgers, das Problem der Arbeit des Menschen und seiner „Entmenschlichung" in einer auf Privateigentum beruhenden Ordnung und seiner „Emanzipation" durch die revolutionäre Aktion des Proletariats — das war der Inhalt dieser Problematik.

2. Der Beginn der Tätigkeit von Engels

Engels gelangte auf einem anderen Weg zu materialistischen und kommunistischen Anschauungen. Obwohl er aus einer reichen pietistischen Fabrikantenfamilie, die in guten Verhältnissen lebte, stammte, befreite er sich allmählich von den Fesseln der bürgerlichen geistigen Kultur und Moral, sammelte aus dem Leben der unterdrückten Klassen immer reichere Erfahrungen und nahm in Wort und Schrift immer mutiger den Kampf gegen die religiöse und gesellschaftliche Heuchelei auf. Aus seinen englischen Erfahrungen zog er — schon reifer — Schlußfolgerungen, aus denen die Grundzüge des wissenschaftlichen Sozialismus bereits deutlich erkennbar sind.

Während sich Marx vor allem für die philosophischen Grundprobleme des Menschen und der Gesellschaft interessierte — und diese enthielten wichtige Folgerungen für die Pädagogik —, überwog bei Engels die Neigung zu konkreten empirischen Beobachtungen der sozialen Umwelt, der Wege ihrer Entwicklung und der Möglichkeiten, in ihr zu wirken; bei dieser Analyse des gesellschaftlichen Lebens traten ihm auch die Erziehungsprobleme entgegen. Charakteristisch sind in dieser Beziehung die „Briefe aus dem Wuppertal", die im Jahre 1839 im „Telegraph für Deutschland" abgedruckt wurden und eine genaue Beschreibung des Schulwesens in Barmen und

Elberfeld enthalten. Diese Schilderung befaßt sich sogar mit der Arbeit der einzelnen Lehrer und zeigt mit ganzer Deutlichkeit den Klassencharakter des Bildungswesens. Engels unterstreicht darin, daß von den 2500 schulpflichtigen Arbeiterkindern 1200 dem Unterricht überhaupt entzogen wurden, weil sie unter schwersten Bedingungen bei Fabrikherren arbeiten, die keine Erwachsenen beschäftigen wollen. Er hebt auch den pietistischen Charakter der Schule für die herrschenden Klassen hervor. Der Pietismus aber diente — wie Engels in einer längeren Charakteristik beweist — besonders der Ausbeutung der Werktätigen, da er niedrigen Lohn mit der angeblichen Sorge um die Sittlichkeit des Arbeiters begründete. Engels weist ferner darauf hin, daß die Bourgeoisie eine solche ideologische Erziehung schätzt, das Bildungsgut aber unterbewertet; in Wirklichkeit aber achtet sie weder Wissenschaft noch Kunst. Auch über die Lehrmethoden äußerte sich Engels recht kritisch, indem er feststellte, daß in den Schulen „jene fürchterliche Heftschreiberei herrscht, die einen Schüler in einem halben Jahr stumpf machen kann"; er sprach ferner über gute und schlechte Lehrbücher, umfangreiche pädagogische Werke, deren „schöne Theorien" nicht in die Praxis umgesetzt würden, und über verschiedene Arbeitsmethoden der Lehrer [1].

Der Charakterisierung der Schule dienten die sozialen Verhältnisse als Hintergrund, die Engels kritisch analysiert und als bürgerliche Ausbeutung, die sich zum Schein in schöne Worte hüllt, entlarvt. Sie demaskierte auch die angebliche „Kultur" der herrschenden Schichten, die in Wahrheit aus leeren Gesprächen über Geld und Pferderennen bestand. Diese mit der Marxschen Kritik des Philistertums übereinstimmende Angriffstaktik wird von Engels auch später eingehalten. Solcher Angriff dringt dann noch tiefer vor und trifft sicherer. Schon hier demonstriert Engels, wie man das Schulwesen begreifen, wie man den klassenbedingten Ursprung seiner Organisation, seines Programms und seiner Methode sehen muß,

---

[1] Marx/Engels: Werke, Bd. 1, Berlin 1956, S. 426.

wie man seine Ergebnisse im Zusammenhang mit den Ansprüchen der herrschenden Klasse auf das Bildungsmonopol und der realen Lage der Arbeiter einschätzen muß. Dieser Standpunkt wird in den darauffolgenden Arbeiten von Engels noch präzisiert. Auch die Wucht des Protestes wächst:

„Man sperrt uns", schrieb er, „in Gefängnisse, genannt Schulen, ein, und wenn man uns schließlich von den Fesseln dieser Disziplin befreit, dann fallen wir der Polizei in die Arme, dieser Göttin unseres Jahrhunderts".

Und anknüpfend an die Siegfriedsage fügte er symbolisch hinzu:

„...man läßt uns lediglich eine Illusion der Tat: Rapier statt Schwert; was für einen Wert aber hat das Fechten, wenn wir das Schwert nicht benutzen dürfen?" [1]

Eine ähnlich kritische Stellung bezieht Engels gegenüber dem Hochschulwesen. In seiner Arbeit „Tagebuch eines Hospitanten" [2] analysiert er das geistige Leben an der Berliner Universität, wobei er die wachsenden Kräfte der Reaktion, besonders aber die Philosophie von Schelling, die historische Rechtsschule und die mystischen Strömungen in der Naturwissenschaft angreift. In dieser Zeit seines Universitätsstudiums führte Engels einen entschiedenen ideologischen Kampf gegen Schelling, den die durch die Entwicklung der Hegelschen Linken beunruhigte Regierung nach Berlin berufen hatte. In zwei Broschüren [3] setzte sich Engels für den Rationalismus und Laizismus von Hegel ein und wandte sich damit gegen die mystischen Versuche, die Vernunft aus dem Leben auszuschalten. Hegel sollte — nach Engels — keinesfalls deshalb kritisiert werden, weil er den Glauben auf den Verstand

[1] MEGA, I. Abt., Bd. 2, S. 91 ff. F. Engels: „Siegfrieds Heimat", erschienen im „Telegraph für Deutschland", Dezember 1840.

[2] MEGA, I. Abt., Bd. 2, S. 290 ff.; 296 ff.

[3] MEGA, I. Abt., Bd. 2, S. 173 ff. „Schelling und die Offenbarung — Kritik des neuesten Reaktionsversuches gegen die freie Philosophie" und „Schelling — der Philosoph in Christo — oder die Verklärung der Weltweisheit zur Gottweisheit". Beide Broschüren erschienen im Jahre 1842.

reduzierte, sondern deshalb, weil er unter dem Druck der Reaktion aus seinem Verstandesprinzip nicht alle Schlußfolgerungen gezogen hatte. Die Epoche der Restauration drückte der Hegelschen Philosophie ihren Stempel auf, und das galt es wieder zu tilgen. Diese Aufgabe zu erfüllen, forderte Engels mit flammenden Worten in einem Aufruf zum Kampf um ein besseres Leben auf Erden.

Indem er sich von den reaktionären Tendenzen der theologischen Philosophie, der nationalistischen Geschichtsschreibung und der organizistischen Staatstheorie [1] freimachte, erkannte Engels immer klarer die Unterschiede, die ihn von den jungen Berliner Fortschrittlern trennten. Das zeigt sich schon in dem Artikel über Alexander Jung, in dem er den „ohnmächtigen Berufungen auf die Zukunft" ein entschlossenes, mit der tatsächlichen Lage eng verbundenes radikales Handeln gegenüberstellte. Ähnlich wie Marx hat auch Engels in seiner Kritik an Hegel und auf der Suche nach Wegen zum Handeln den Fichteschen Subjektivismus abgelehnt, der in den Kreisen der Junghegelianer in Form von Anarchismus immer größere Bedeutung gewann.

In diesen Kreisen war man der Ansicht, daß geistige Waffen allein zur Umgestaltung der Welt genügen. Die Kritik an der Bourgeoisie sollte die Bourgeoisie, die Kritik an der Religion die Religion, die Kritik am Absolutismus sollte den Thron stürzen. Während die Hegelsche Rechte der Hegelschen Philosophie den reaktionären Inhalt entnahm und dabei hervorhob, daß die gegebene Wirklichkeit von der Vernunft anerkannt werden müsse, gab sich die Hegelsche Linke der Illusion hin, daß diese Wirklichkeit vor dem Urteil der Vernunft nicht bestehen könne. Weder dieser noch jener Weg war annehmbar. Engels fand jedoch den eigenen Weg erst bei seinem Aufenthalt in England.

Dieser fast zwei Jahre während Aufenthalt brachte Engels mit einem Land in Berührung, das einen hochentwickelten Kapitalismus mit einer starken und zum Teil bereits organi-

[1] MEGA, I. Abt., Bd. 2, S. 96 ff.

sierten Arbeiterklasse mit radikalen chartistischen Bestrebungen besaß. Schon in seinen ersten Briefen aus England wies Engels auf die durch nichts zu erschütternde Arroganz und das Selbstbewußtsein der Bourgeoisie hin; er unterstrich, daß sie sich durch keine friedliche Methode überzeugen oder abzutreten zwingen lasse und stellte offen die Frage nach der Möglichkeit einer Revolution in England. Hierbei betonte er aber — entgegen den verschiedenen Strömungen des Idealismus —, daß diese Revolution notwendig heranreift und daß „sie durch Interessen und nicht durch Prinzipien begonnen und durchgeführt werden wird; erst aus den Interessen können sich die Prinzipien entwickeln, d. h. die Revolution wird keine politische, sondern eine soziale sein." [1]

In seiner weiteren Korrespondenz aus England behandelte Engels die wirtschaftliche Lage, die Widersprüche der kapitalistischen Wirtschaft und vor allem das Leben der Arbeiter. Zu Letzterem lieferte er viel Material und zahlreiche Einschätzungen, die er einige Jahre später in seinem Buch über die Lage der arbeitenden Klasse wiederholte und weiterentwickelte. In seinen „Briefen aus London" schilderte Engels nicht nur die schweren Arbeitsbedingungen der englischen Arbeiter, sondern hob zugleich ihr Streben nach Bildung hervor und ihr Interesse für Kunst und Wissenschaft, das so auffallend von dem Snobismus, der Prüderie und Gleichgültigkeit der Bourgeoisie und des Adels abstach. Nur unter den Arbeitern fand Engels Interesse für die deutsche Kritik der Religion — das Buch von Strauß; nur unter den Arbeitern Begeisterung für Byron und Shelley, die damals jeder „anständige" Mensch der herrschenden Klassen ablehnte; nur unter den Arbeitern die Übersetzungen der Werke von Rousseau, Voltaire, Holbach [2]. Je mehr er sich von den bisherigen idealistischen Begriffen löste, desto klarer erkannte Engels bestimmte objektive Gesetzmäßigkeiten des geschichtlichen Prozesses, besonders des Entwicklungsprozesses der ökono-

---

[1] Marx/Engels: Werke, Bd. 1, Berlin 1956, S. 460.
[2] Marx/Engels: Werke, Bd. 1, Berlin 1956, S. 468.

mischen Verhältnisse wie auch die aktive Rolle der Arbeiterklasse, deren schwere materielle Lage die Kraft zum Kampf nicht nur nicht genommen, sondern noch gestärkt hatte; politische Organisation und Bildung wurden zur Waffe und zugleich zum Kraftquell. Nach Jahren konnte Engels von diesem Zeitabschnitt seines Lebens sagen: „Ich war in Manchester mit der Nase darauf gestoßen worden, daß die ökonomischen Tatsachen ... wenigstens in der modernen Welt eine entscheidende geschichtliche Macht sind; daß sie die Grundlage bilden für die Entstehung der heutigen Klassengegensätze; daß diese Klassengegensätze in den Ländern, wo sie vermöge der großen Industrie sich voll entwickelt haben, also namentlich in England, wieder die Grundlage der politischen Parteibildung, der Parteikämpfe und damit der gesamten politischen Geschichte sind." [1] Auf diesem Boden begann, wie Engels feststellte, ein von dem bisherigen ganz verschiedener Sozialismus zu entstehen, dem er in jener Zeit einen langen Artikel widmete.

In diesem Artikel — „Progress of social reform on the continent" [2] — wurde die kommunistische Bewegung als eine allgemeine europäische Bewegung dargestellt, in der — ungeachtet der nationalen Besonderheiten — für eine große gemeinsame Sache gekämpft wird. Diese Bewegung, betonte Engels überzeugend, erwächst aus konkreten geschichtlichen, wirtschaftlichen, politischen und philosophischen Bedingungen, die sich zum Teil in den einzelnen Ländern unterschiedlich gestalten. Aber durch das Reifen dieser Bewegung und den gegenseitigen Erfahrungsaustausch wird sie gestärkt und entwickelt. Eine Ergänzung zu diesen Ausführungen bildet in gewissem Sinne eine umfangreiche Abhandlung, die Engels einer Analyse des Buches von T. Carlyle „Past and Present" [3] widmet. Mit der Carlyleschen Kritik des zeitgenössischen England einverstanden, zeigte er in aller Klarheit

---

[1] Marx/Engels: Ausgewählte Schriften, Bd. II, Berlin 1953, S. 319.
[2] Marx/Engels: Werke, Bd. 1, Berlin 1956, S. 480 ff.
[3] Marx/Engels: Werke, Bd. 1, Berlin 1956, S. 544 ff.

den grundsätzlichen Unterschied zwischen der an der bürgerlichen Gesellschaft vom Standpunkt der Rechten und des revolutionären Sozialismus geübten Kritik. Er zeigte die oberflächliche und schädliche pseudohumanistische Romantik Carlyles und seine Mystik, die sich im Heroenkult und in der Erwartung einer neuen Religion ausdrückte. Engels hat — im Gegensatz zu Carlyle — den schärfsten Kampf gegen all das verlangt, was die Selbständigkeit des Menschen hemmt: Wir wollen „dem Menschen den Gehalt wiedergeben, den er durch die Religion verloren hat", — also jenen rein menschlichen Gehalt. „*Wir* reklamieren", schrieb Engels, „den Inhalt der Geschichte; aber wir sehen in der Geschichte nicht die Offenbarung ‚Gottes', sondern des Menschen und nur des Menschen". Nicht Gott, sondern der Mensch muß — nach Engels — unser Ausgangspunkt sein, wenn wir wirklich die menschliche Größe, die Entwicklung und den Fortschritt der Geschichte begreifen wollen, der zum Sieg über die „Unvernunft des einzelnen", über alles, was übermenschlich ist, und zum Sieg über die Natur führt, einen Fortschritt, der in der Erringung des freien menschlichen Selbstbewußtseins, der menschlichen Freiheit, der Schaffung eines neuen Lebens bestehen würde, das sich „auf rein menschliche, sittliche Lebensverhältnisse" gründet [1]. Ebenso scharf kritisierte Engels den romantischen Individualismus Carlyles.

„Hätte er den Menschen als Menschen in seiner ganzen Unendlichkeit begriffen, so würde er nicht auf die Gedanken gekommen sein, die Menschheit wieder in zwei Haufen Schafe und Böcke, Regierende und Regierte, Aristokraten und Canaille, Herren und Dummköpfe zu trennen, so würde er die richtige soziale Stellung des Talents nicht im gewaltsamen Regieren, sondern im Anregen und Vorangehen gefunden haben." [2] Schließlich bekämpfte Engels auch die unklaren Vorstellungen von der Zukunft, die übrigens für fast alle Schriftsteller kennzeichnend sind, für die das Zukunftsbild nur ein

---

[1] Marx/Engels: Werke, Bd. 1, Berlin 1956, S. 546.
[2] Marx/Engels: Werke, Bd. 1, Berlin 1956, S. 547 f.

Ausdruck ihrer subjektiven Wünsche schlechthin ist. „Es sind nicht die nackten Resultate, die wir so sehr bedürfen," sagt Engels, „als vielmehr das *Studium*". Das echte Wissen erwirbt man aber durch das Verständnis für die konkreten geschichtlichen Prozesse, indem man die Schlußfolgerungen aus ihnen zieht, die ihrerseits zu Faktoren der weiteren Entwicklung werden [1].

So wies die Auseinandersetzung mit der romantischen Kritik der bürgerlichen Gesellschaft zugleich auf die Unzulänglichkeit der idealistischen Kritik der Utopisten und der sozialistischen Illusionisten hin. Wie rasch die Engelsschen Gedanken dem Materialismus entgegenreiften, davon zeugen seine anderen Abhandlungen.

Eine solche Bedeutung hat vor allem die Arbeit „Umrisse zu einer Kritik der Nationalökonomie" [2], von der Lenin sagte, daß sie „vom sozialistischen Standpunkt aus eine Analyse der grundlegenden Erscheinungen des gegenwärtigen ökonomischen Systems als unvermeidliche Folge des Privateigentums" darstellt [3]. Engels untersucht darin die Wesenszüge der kapitalistischen Wirtschaft und weist ihre inneren Widersprüche nach: die sich ständig verschärfende Konkurrenz als die notwendige Folge des Privateigentums muß zu immer tieferen Widersprüchen, zu immer größerer Unterdrückung und Ausbeutung führen.

„Solange das Privateigentum besteht", schreibt Engels, „läuft am Ende alles auf die Konkurrenz hinaus. Sie ist die Hauptkategorie des Ökonomen, seine liebste Tochter, die er in einem fort hätschelt und liebkost — und gebt acht, was für ein Medusengesicht da herauskommen wird." [4] Eben dieses Medusengesicht beschreibt nun Engels. Er zeigt, wie die Konkurrenz und ihr Gegensatz, das Monopol, die kapitalistische Wirtschaft innerlich zersetzen und zugleich alles vernichten, was in der Arbeit der Menschen und ihren Beziehungen unter-

[1] Ebenda, S. 538.
[2] Ebenda, S. 499 ff.
[3] W. I. Lenin: Werke, Bd. 2, Warschau 1950, S. 10 (poln.).
[4] Marx/Engels: Werke, Bd. 1, Berlin 1956, S. 513.

einander echt menschlich ist. Auf zahlreiche Beispiele, die vom Verfall der öffentlichen Moral zeugen, hinweisend, schreibt Engels: „Mir kommt es hier bloß darauf an, die Ausdehnung der Konkurrenz auch auf das moralische Gebiet nachzuweisen und zu zeigen, zu welcher tiefen Degradation das Privateigentum den Menschen gebracht hat." [1] Diese kurze Abhandlung schließt mit dem Hinweis darauf, wie im System der kapitalistischen Produktion die Maschine zu einem zusätzlichen Ausbeutungsinstrument in den Händen des Unternehmers wird, wie sie den Arbeiter versklavt und den Berufswechsel unmöglich macht.

Mit dieser Skizze, die Marx als „genial" [2] beurteilte, ist von nun an die weitere wissenschaftliche Tätigkeit von Engels vorgezeichnet. In seinen in der Pariser Zeitschrift „Vorwärts" von 1844 veröffentlichten Artikeln hat er mit besonderem Nachdruck den Prozeß der Entmenschlichung hervorgehoben, der sich in der bürgerlichen Gesellschaft vollzieht. Der Sturz des Feudalismus — sagt Engels — hat den Menschen keine Freiheit gebracht, sondern sie nur noch mehr versklavt:

„Der Mensch hat aufgehört, Sklave des Menschen zu sein und ist Sklave der *Sache* geworden; die Verkehrung der menschlichen Verhältnisse ist vollendet; die Knechtschaft der modernen Schacherwelt, die ausgebildete, vollkommene, universelle Verkäuflichkeit ist unmenschlicher und allumfassender als die Leibeigenschaft der Feudalzeit." [3] Bei der Analyse dieser Verhältnisse zeigt Engels, wie tiefgreifend der Prozeß der Entmenschlichung ist, der die unvermeidliche Folge der Herrschaft des Privateigentums ist. Das allem Menschlichen zutiefst widersprechende kapitalistische Privateigentum nimmt dem Menschen seine Menschlichkeit; das Geld, das die Eigentumsverhältnisse besser, weil abstrakt, ausdrückt, vollendet dieses Vernichtungswerk. Aber „die Vollendung der Veräußerung in der Herrschaft des Geldes ist ein unvermeidli-

[1] Ebenda, S. 523.
[2] K. Marx: Zur Kritik der politischen Ökonomie, Berlin 1951, S. 14.
[3] Marx/Engels: Werke, Bd. 1, Berlin 1956, S. 557.

cher Durchgang, wenn der Mensch, wie er denn jetzt nahe daran ist, wieder zu sich selbst kommen soll." [1].

Daraus folgt, daß die Überlegungen von Engels, wohl etwas anders als bei Marx verlaufen, aber zum gleichen Ergebnis führten, nämlich zu materialistischen und kommunistischen Anschauungen. Hinsichtlich der pädagogischen Problemstellung ist das Frühwerk von Engels in verschiedener Hinsicht, vor allem aber deshalb wichtig, weil es die soziale Funktion der Schule und der Kultur zeigt. Engels deckt, wie wir oben sahen, die Klassengrundlagen des Schulsystems auf, schildert den Unterschied zwischen der Schule für das Volk und der Schule für die Kinder der herrschenden Klassen, den Einfluß der Klasseninteressen auf Erziehung und Bildung. Er zeigt zugleich, daß die geistigen Bedürfnisse und das Verhältnis zum Kulturerbe klassenbedingt sind, wie nämlich die Arbeiterklasse zum Anwalt der philosophischen und künstlerischen Traditionen wird, die von der Bourgeoisie und dem Adel immer dann aufgegeben wurden, wenn die Pflege solcher Traditionen ihre Herrschaft gefährdete.

Die Auffassung von Schul- und Kulturproblemen im Zusammenhang mit dem Klassenkampf führte in der schöpferischen Tätigkeit von Engels zu immer klarerer Herausarbeitung des Inhalts der Erziehungsideale. Im Kampf gegen das bürgerliche Philistertum knüpft Engels ähnlich wie Marx an das Heldentum der altgermanischen Sagen an und will Siegfrieds Wunderschwert in die Hände der Jugend legen. Dieses Schwert soll die eroberte neue Welt sein; so entlarvt Engels die offiziellen bürgerlichen Erziehungsideale, lehnt die Schwärmereien utopischer Sozialisten ab, stellt sich der anarchisch-individualistischen Flucht aus dem wirklichen Leben entgegen und greift die romantisch-mystische Phraseologie, die Waffe der Reaktion, an. Hingegen weist Engels auf die Ideale des Sozialismus hin, für die man kämpfen muß; man muß für die Demokratie kämpfen, schrieb er, aber nicht um „die Demokratie der französischen Revolution, deren Gegensatz

[1] Ebenda.

die Monarchie und der Feudalismus war, sondern *die* Demokratie, deren Gegensatz die Mittelklasse und der Besitz ist." Das Prinzip einer solchen Demokratie heißt Sozialismus [1]. So wird der Inhalt der Erziehungsideale, der Inhalt der künftigen Erziehung eindeutig formuliert, was für die Gegenwart zugleich den Kampf gegen die herrschenden Verhältnisse und die herrschende Ideologie bedeutet. Die pädagogischen Probleme in den Jugendschriften von Engels ergänzen also wesentlich den Inhalt der Probleme in den Jugendwerken von Marx. Sie ergänzen sie durch Erläuterungen konkreter Fragen der gesellschaftlichen Situation der Schule, Fragen des Zieles und der Losungen, welche die Jugend zur Tat mobilisieren sollten. Aber die Grundlagen dieser vielfältigen Probleme enthalten gemeinsame Gedanken. Sie führten zur gleichen Position des revolutionären Kommunismus, zur Überwindung des Idealismus und zur Schaffung der Grundlagen eines neuen, des dialektischen und historischen Materialismus. Dieser Entstehungsprozeß des materialistischen Denkens und des kommunistischen Aktionsprogramms ist für die Pädagogik von größter Bedeutung. Die Analyse dieses Prozesses läßt erkennen, daß die pädagogische Problemstellung in ein ganz anderes Licht rückt angesichts dessen, daß Marx und Engels die idealistischen Anschauungen sowie den Druck der bürgerlichen und kleinbürgerlichen Ideologie überwunden haben. Und daher ist es besonders wichtig, sich mit dem Frühwerk von Marx und Engels bekannt zu machen.

3. Die Grundlagen des historischen Materialismus und seine Bedeutung für die Pädagogik

Die Annäherung der Standpunkte im Denken von Marx und Engels führte zur engsten Zusammenarbeit, die vom Jahre 1844 bis zum Tode von Karl Marx dauern sollte. Die erste Frucht dieser Zusammenarbeit war „Die heilige Familie". Dieses Werk wie auch die etwas später gemeinsam

[1] Marx Engels: Werke, Bd. 1, Berlin 1956, S. 592.

verfaßte „Deutsche Ideologie" und das Buch von Engels „Zur Lage der arbeitenden Klasse in England" sowie das Buch von Marx zur Kritik des Proudhonismus gehören zu den Hauptwerken dieser Zeit, die mit dem „Manifest der Kommunistischen Partei" abschließt und als die zweite Schaffensperiode von Marx und Engels hervorgehoben werden kann. Hinsichtlich der uns interessierenden pädagogischen Probleme ist in dieser Zeit die Entstehung des historischen Materialismus das Wichtigste, durch den die Auffassungen von der Emanzipation des Menschen und die Überwindung der Entfremdung eine völlig materialistische Lösung gefunden haben. „Die heilige Familie" war gegen die Gebrüder Bauer — Bruno, Edgar und Egbert — sowie ihre Anhänger gerichtet, die sich aus Kreisen der jungen deutschen Intelligenz rekrutierten und mit der Hegelschen Linken sympathisierten. Deren Tätigkeit nahm jedoch immer reaktionäreren Charakter an, da in der Zeit des sich zuspitzenden politischen Kampfes, der bei Marx und Engels zu immer radikaleren Anschauungen führte, die Gruppe um Bauer ein Programm des unpolitischen philosophischen Kampfes formulierte. Diese Kritik sollte von der konkreten politischen Lage losgelöst sein, und Bruno Bauer unterstrich mit vollem Nachdruck, daß „in der Masse und nicht anderswo der wahre Feind des Geistes zu suchen ist." [1]

Die Bedeutung der „Heiligen Familie" für die Pädagogik ist sehr groß. Sie besteht vor allem darin, daß sie genauer als bisher die Grundlagen des historischen Materialismus formuliert. Entgegen den Behauptungen von Bauer, daß die Idee von der materiellen sozialen Wirklichkeit unabhängig ist, und entgegen den idealistischen Versuchen, jedes „Interesse" auf aristokratische Weise zu verurteilen, unterstreicht Marx die Richtigkeit der These, die besagt, daß Ideen immer aus Interessen entstanden, und zwar aus geschichtlichen Klasseninteressen. Marx erläutert diese These an historischen Beispielen und kommt dabei zu dem Schluß, daß die Geschichte gegenwärtig das Proletariat vor die Aufgabe stellt, für seine

---

[1] W. I. Lenin: Philosophische Schriften, Warschau 1956, S. 13 (poln.).

eigenen Interessen zu kämpfen, die zugleich die Interessen aller Unterdrückten sind und die Grundlage für echt menschliche und nicht ausschließlich bürgerliche Ideale bilden.

Bei der Begründung der These von der geschichtlichen Rolle des Proletariats haben Marx und Engels grundsätzlich die Frage nach dem Verhältnis zwischen dem Bewußtsein des Individuums und der historischen Situation der Klasse und deren Aufgaben aufgeworfen. Sie haben die Rolle des Proletariats objektiv hervorgehoben, indem sie die in der kapitalistischen Wirtschaft heranwachsenden Widersprüche analysierten; sie appellierten dagegen nicht an die sogenannte Gerechtigkeit und versuchten auch nicht, die berechtigten Forderungen der Arbeiter mit deren besonderen individuellen Werten zu legitimieren. „Es handelt sich nicht darum", schrieben Marx und Engels, „was dieser oder jener Proletarier oder selbst das ganze Proletariat als Ziel sich einstweilen *vorstellt*. Es handelt sich darum, *was* es ist und was es diesem *Sein* gemäß geschichtlich zu tun gezwungen sein wird. Sein Ziel und seine geschichtliche Aktion ist in seiner eignen Lebenssituation wie in der ganzen Organisation der heutigen bürgerlichen Gesellschaft sinnfällig, unwiderruflich vorgezeichnet." [1] Eine solche Fragestellung ist für die Pädagogik besonders wichtig, weil sie das Individuum und seine Entwicklung vom Standpunkt geschichtlicher Aufgaben der Klasse, zu der es gehört, und nicht nach dessen individuellen psychischen Anlagen begreifen läßt. Diesen Gedanken entwickelt Marx später genauer, aber schon in dieser Formulierung ist er ein grundsätzlicher Bruch mit jeglichem Psychologismus, und zwar als Richtlinie, die die menschliche Entwicklung als der Zukunft zugewandt und gesellschaftlich, unter Berücksichtigung ihres Heranwachsens an ihre Aufgaben begreifen läßt und nicht rückwärtsgewandt und individualistisch in Anbetracht ihrer aktuellen Möglichkeiten, die in der individuellen Vergangenheit heranreiften.

Dieser Grundsatz wurde durch die Kritik individualistischer

[1] Marx/Engels: Werke, Bd. 2, Berlin 1958, S. 38.

Behauptungen von Bauer, der die Rolle bedeutender Persönlichkeiten, besonders der Philosophen, überschätzte, aber die Rolle der Massen unterschätzte, vertieft und erweitert. In Fortführung der Kritik an Carlyle wiesen die Verfasser der „Heiligen Familie" auf die Entstehung schöpferischer Ideen und ihren historischen Sieg durch die revolutionäre Aktion der Massen hin. Eben diese Aktion ist die hohe Schule neuer Menschen. Der Gedanke von der erzieherischen Rolle der proletarischen Revolution, der später ganz präzise ausgearbeitet wurde, ist hier schon im Keim enthalten. Mit dem Hinweis, daß „Eigentum, Kapital, Geld, Lohnarbeit u. dgl. durchaus keine ideellen Hirngespinste, sondern sehr praktische, sehr gegenständliche Erzeugnisse ihrer Selbstentfremdung sind, die also auch auf eine praktische, gegenständliche Weise aufgehoben werden müssen" [1], zeigten sie gleichzeitig, daß nur die Teilnahme an diesem Kampf die Menschen entwickelt und stählt, während die Beschäftigung mit der „kritischen Kritik" die Persönlichkeit verdirbt. Die Entartung besteht nämlich darin, daß ein Individuum bei der Verbreitung „freier" Gedanken zu glauben beginnt, es sei im gesellschaftlichen Leben wirklich frei und wenn es die Wirklichkeit kritisiert, zu glauben beginnt, daß es wirklich nicht an ihr teilhat und aus ihr keinen Vorteil zieht. Aber in Wirklichkeit meidet das kritisierende Individuum jedoch das wirkliche aktive Handeln, den wirklichen Kampf, die wirklichen Opfer. So sollte die Teilnahme des Individuums an der Bewegung des historischen Fortschritts — und nicht an der ideologischen Auseinandersetzung schlechthin — die Hauptgrundlage seiner Erziehung werden. Dadurch wurde die pädagogische Theorie von allen idealistischen Entstellungen, von jeglichem von der geschichtlichen Aktion der Massen losgelösten Individualismus befreit.

Die Bedeutung der „Heiligen Familie" beruht schließlich auf der in ihr enthaltenen Charakteristik der Errungenschaften und Grenzen des französischen und englischen Materialismus,

[1] Marx/Engels: Die heilige Familie, Berlin 1953, S. 159.

auf dem Hinweis, in welchem Maße dieser die Menschen von den bisherigen Fesseln befreite und in welchen Grenzen er die Etappen der Befreiung zeigte. Marx und Engels haben die fortschrittliche Rolle des mechanischen Materialsmus, zugleich aber auch seine innere Widersprüchlichkeit und Beschränktheit klar gezeigt. Die Verfasser der „Heiligen Familie" haben die kommunistischen Schlußfolgerungen aus diesem Materialismus hervorgehoben, die jedoch erst die Arbeiterbewegung ziehen kann. Diese Konsequenzen finden sich in der materialistischen Theorie, die besagt, daß der Mensch von den Umständen gebildet wird. Als aber die Bourgeoisie diese These mehr und mehr im Sinne der Anpassung an die herrschenden Verhältnisse interpretierte, stellten Marx und Engels fest: „Wenn der Mensch aus der Sinnenwelt und der Erfahrung in der Sinnenwelt alle Kenntnis, Empfindung etc. sich bildet, so kommt es also darauf an, die empirische Welt so einzurichten, daß er das wahrhaft Menschliche in ihr erfährt, sich angewöhnt, daß er sich als Mensch erfährt. Wenn das wohlverstandne Interesse das Prinzip aller Moral ist, so kommt es darauf an, daß das Privatinteresse des Menschen mit dem menschlichen Interesse zusammenfällt ... Wenn der Mensch von den Umständen gebildet wird, so muß man die Umstände menschlich bilden." [1] In eben dieser Richtung entwickelten die utopischen Sozialisten das Erbe des französischen Materialismus des 18. Jahrhunderts.

Diese Analysen verweisen auf den Zusammenhang zwischen der Theorie vom Verhältnis des Menschen zur Umwelt und der menschlichen Tätigkeit, die eine Umwandlung dieser Umwelt anstrebt. Das ist das Hauptproblem der Erziehung. Marx und Engels kehren zu dieser Frage oft zurück, die in der „Heiligen Familie" — bei der Kritik des französischen Materialismus — zum ersten Mal gestellt wurde. Die Art der Fragestellung unterschied die Auffassung von Marx und Engels in der Pädagogik von jeglichem Soziologismus, der die Erziehung als Anpassung betrachtet und dann zu beweisen

---

[1] Marx/Engels: Die heilige Familie, Berlin 1953. S. 261.

versucht, daß die Anpassung des Individuums an die Umwelt seine „Gesundheit" garantiert. Demgegenüber weist man hier auf die revolutionäre Konsequenz hin, die aus der Milieutheorie gezogen werden muß; man begründet das Programm der „menschlichen" Veränderung der vorgefundenen Umwelt, die nicht wert sei den Menschen zu erziehen.

„Die heilige Familie" weist also mit vollem Nachdruck auf die Tatsache hin, daß sich die pädagogischen Folgerungen aus der Theorie des historischen Materialismus grundlegend von der bürgerlichen Pädagogik unterscheiden; dieser Unterschied drückt sich in einer völlig neuen historischen Auffassung von der menschlichen Entwicklung aus, die psychologischen und auch soziologischen Interpretationen entgegengesetzt ist. Diese beiden Ansichten betonten eigentlich den Fatalismus, da sie die Entwicklung der Individuen von besonderen biopsychologischen oder milieubedingten Umständen abhängig machen; keine von ihnen begriff den historischen Prozeß der menschlichen Entwicklung, der Entstehung geschichtlicher Aufgaben einzelner Klassen und damit auch der schöpferischen Entwicklung der Individuen, die an die von der Geschichte gestellten Aufgaben heranwachsen. Eine solche historische Auffassung von der Erziehung des Menschen, eine zukunftsträchtige aktive und soziale — wird in anderen Werken von Marx und Engels weiterentwickelt.

Die Weiterentwicklung der in der „Heiligen Familie" dargelegten Auffassungen brachte die in den Jahren 1845/46 verfaßte „Deutsche Ideologie". In diesem erst nach dem Tode der Verfasser veröffentlichten Werk übten sie eine grundsätzliche Kritik an allen feindlichen ideologischen Anschauungen. Der Angriff richtete sich gegen ihre scheinbaren Bundesgenossen, die idealistischen Junghegelianer und den Feuerbachschen Materialismus. Marx und Engels zeigten hier die Irrwege, auf die die scheinbar radikale, aber im Grunde genommen reaktionäre „kritische Philosophie" gerät; sie legten zugleich dar, wie beschränkt und unfähig der metaphysische Materialismus ist, die Geschichte und den Menschen zu begreifen. „Die deutsche Ideologie" hat viele bisher nur angedeutete Gedanken wesentlich präzisiert: sie analysierte den Prozeß historischer Umwälzungen der Eigentumsformen und verknüpfte mit ihm die gesamte geschichtliche Entwicklung; sie wies den Klassencharakter des Staates und der Macht nach, zeigte die Perspektiven der proletarischen Revolution und die Notwendigkeit eines konsequenten politischen Kampfes gegen den bürgerlichen Staat. Das Hauptthema war also die Entwicklung des historischen Materialismus, seiner theoretischen Grundlagen und praktischen Folgerungen, die Kritik der Grundlagen aller „Ideologie". Das hat für die Pädagogik, die doch mit der „Ideologie" so eng verbunden ist, große Bedeutung.

Unter Hinweis auf die Wichtigkeit dieses Fragenkomplexes müssen wir uns vor allem klar darüber werden, was Marx unter Ideologie verstand. Dieser heute so oft und manchmal geradezu mehrdeutig gebrauchte Begriff hatte für Marx eine ganz bestimmte, mit der damaligen Sprachtradition, besonders der französischen, zusammenhängende Bedeutung. Diese Tradition sah in den Ideologen Menschen, die entgegen allen historischen Tatsachen der Richtigkeit ihrer eigenen spekulativen philosophischen und politischen Systeme vertrauten. Dadurch, daß Marx diese Sprachtradition übernahm, gab er eine sehr präzise Definition der Ideologie. Die Ideologie kennzeichnete einen solchen Komplex von Anschauungen, der die Wirklichkeit vortäuschte, einen Wust von Anschauungen, in denen Hirngespinste, die einen geschichtlich nachgewiesenen Klassenursprung haben und eine Klasseninteressen dienende Rolle spielen, als Wahrheit betrachtet werden. „Wir werden indes", schrieb Marx, „auf die Geschichte der Menschen einzugehen haben, da fast die ganze Ideologie sich entweder auf eine verdrehte Auffassung dieser Geschichte oder auf eine gänzliche Abstraktion von ihr reduziert. Die Ideologie selbst ist nur eine der Seiten dieser Geschichte." [1] Ideologie heißt eigentlich „die Wirklichkeit auf den Kopf stellen"; es hat aber seine bestimmten Ursachen, daß „der bewußte Aus-

---

[1] Marx/Engels: Werke, Bd. 3, Berlin 1958, S. 18.

druck der wirklichen Verhältnisse illusorisch ist"; darum stellte Marx fest, „wenn in der ganzen Ideologie die Menschen und ihre Verhältnisse wie in einer Camera obscura auf den Kopf gestellt erscheinen, so geht dies Phänomen ebensosehr aus ihrem historischen Lebensprozeß hervor, wie die Umdrehung der Gegenstände auf der Netzhaut aus ihrem unmittelbaren physischen." [1]

Die Kritik einer so verstandenen Ideologie muß nicht nur die Tatsache bloßstellen, daß wir es hier mit dem „umgekehrten" Bild der Wirklichkeit zu tun haben, sondern auch zeigen, warum es so ist. Gerade das hatte man bis dahin noch nicht getan.

Auch angeblich sehr radikale Philosophen, die versuchten, einige der bisherigen ideologischen Formen kritisch zu überwinden, waren nicht imstande, das Wesen der Ideologie zu begreifen. Sie hatten nicht den Mut, die Ideologie überhaupt zu entlarven und verstanden es nicht, die Klassenwurzeln dieser Illusionen und Mystifikationen bloßzulegen, die jeder Ideologie in der Klassengesellschaft eigen sind. Das Werk von Marx und Engels war gerade gegen die Philosophen gerichtet, die den Kampf gegen gewisse Formen der Ideologie auf der Ebene der Ideologie selbst weiterführten, weil sie der Ansicht waren, daß die intellektuelle Kritik und Überwindung schon den menschlichen Geist umgestalten und infolgedessen auch die wirklichen Lebensbedingungen der Menschen verändern helfen könne.

Diese Philosophen wollten einen neuen Menschen erziehen und haben auch richtig verstanden, daß eine solche Aufgabe die Umwandlung des menschlichen Bewußtseins erfordert und zugleich die Notwendigkeit, alle seit Jahrhunderten angesammelten Illusionen und falschen Dogmen zu beseitigen. Sie begriffen, daß die durch Menschen geschaffenen Begriffe und Prinzipien ihren Schöpfern über den Kopf hinauswuchsen und sich ihnen als objektive und unabhängige Prinzipien aufzudrängen begannen. Sie verstanden aber nicht, warum diese und nicht

---

[1] Ebenda, S. 26.

andere Ideen und Prinzipien entstanden, unter welchen sozialen Umständen sie an Kraft zunahmen und mit welchen Mitteln sie wirklich überwunden werden können. Daher war die von ihnen gestellte Diagnose ungenau und die Therapie unwirksam.

Die Marxsche Analyse enthüllt die realen Grundlagen der Entstehung eine Ideologie. Ihre Elemente entstehen als ein Abbild materieller Lebensprozesse, die wir empirisch feststellen können und stehen mit materiellen Voraussetzungen im Zusammenhang. „Die Moral, Religion, Metaphysik und sonstige Ideologie und die ihnen entsprechenden Bewußtseinsformen behalten hiermit nicht länger den Schein der Selbständigkeit." [1] Sie sind das Ergebnis bestimmter Produktionsverhältnisse. Daher ist die Entstehung und der Untergang einzelner Ideologien keineswegs ein Prozeß selbständiger geistiger Wandlungen, des Geistesschaffens oder der Kritik, sondern eine Widerspiegelung der Veränderungen, die in der materiellen Basis des menschlichen Lebens vor sich gehen. In diesem Sinne sagt Marx, daß die ideologischen Produkte „keine Geschichte. keine Entwicklung haben". Menschen, die ihre materielle Produktion durch Arbeit entwickeln, verändern auf diesem Wege sich selbst, ihre Denkweise und erzeugen dabei verschiedene ideologische Produkte [2].

Analyse und Kritik der Ideologie erfordern also eine wissenschaftliche Analyse der wirklichen geschichtlichen Entwicklung, eine Enthüllung der Etappen dieser Entwicklung, einen Hinweis auf neue Kräfte, die die herrschende Ordnung und mit ihr die herrschende Ideologie verändern. Analyse und Kritik der Ideologie sind also in erster Linie ein historisches und nicht ein philosophisches Problem. „Wir kennen nur eine einzige Wissenschaft", schrieb Marx, „die Wissenschaft der Geschichte." [3] Das Betreiben dieser Wissenschaft ist besonders wichtig, „da fast die ganze Ideologie sich entweder auf eine verdrehte Auffasung dieser Geschichte oder auf eine gänzliche

---

[1] Marx Engels: Werke, Bd. 3, Berlin 1958, S. 26 f.
[2] Ebenda, S. 27.
[3] Ebenda, S. 18.

Abstraktion von ihr reduziert. Die Ideologie selbst ist nur eine der Seiten dieser Geschichte." [1]

Nachzuweisen, wie in den einzelnen Ideologien die wirklichen Faktoren der Veränderungen falsch dargelegt wurden und zugleich zu zeigen, warum es gerade so sein mußte, heißt, die Ideologie als eine Illusion mit realen Grundlagen oder als ein Phänomen zu zeigen, das bestimmte gesellschaftliche Verhältnisse hervorbrachten und das nur durch die Entstehung anderer Verhältnisse zerstört werden konnte, die der Kritik der Illusionen reale Kraft verleihen konnte.

Die Kritik der Ideologie verlagert sich also — nach Marx — von der hilosophischen Ebene, auf der sich die Philosophen vorstellen, daß ihre Systematik die bisherigen Irrtümer und Hirngespinste des menschlichen Geistes „umwerfen" und „aufheben" kann, auf die historische und praktische Ebene zur Klärung der sozialen Genealogie und der ideologischen Produkte sowie der konkreten, materiellen und gesellschaftlichen Tätigkeit, die in erster Linie die Wirklichkeit selbst, die gesellschaftlichen Lebensbedingungen der Menschen und damit auch deren ideologisches Spiegelbild verändert. Je besser wir begreifen, daß die bisherigen Ideologien ein Ausdruck bestimmter Formen des menschlichen Daseins und nicht eine zufällige Illusion des Geistes waren, um so wirksamer kann man gegen die Krankheit der Intellektuellen und gegen die Einbildung immun gemacht werden, daß von ihnen allein die Beseitigung dieser Vorurteile abhängt, um so klarer werden wir erkennen, inwiefern das kritische und schöpferische Denken mit dem Kampf der unterdrückten Klassen für ihre Befreiung im Zusammenhang steht.

In der bereits beschriebenen allgemeinen Theorie der Ideologie entwickelt Marx zwei Grundprobleme: die Arbeitsteilung und die Klassenverhältnisse. Die Enthüllung des wahren Charakters der Ideologie muß zu der Fragestellung führen, aus welchem Grunde über diesen Charakter seit Jahrhunderten Illusionen bestanden, warum man sich des sekundären und

---

[1] Ebenda.

unselbständigen Charakters der Ideologie nicht bewußt war und weshalb noch gegenwärtig sogar diejenigen, die gegen die alten Ideologien kämpfen, selbst „ideologisch" denken, indem sie an eine selbständige und übergeordnete Rolle der Philosophie glauben.

Zwei eng miteinander im Zusammenhang stehende Faktoren spielen hier eine gewisse Rolle. Erstens die Arbeitsteilung und besonders die Trennung der geistigen Arbeit von der körperlichen Arbeit. Bei der Analyse des Prozesses der Arbeitsteilung stellt Marx deren entscheidende Bedeutung fest. „Die Teilung der Arbeit", schreibt er, „wird erst wirklich Teilung von dem Augenblicke an, wo eine Teilung der materiellen und geistigen Arbeit eintritt. Von diesem Augenblick an *kann* sich das Bewußtsein wirklich einbilden, etwas Andres als das Bewußtsein der bestehenden Praxis zu sein, *wirklich* etwas vorzustellen, ohne etwas Wirkliches vorzustellen — von diesem Augenblicke an ist das Bewußtsein imstande, sich von der Welt zu emanzipieren und zur Bildung der ‚reinen' Theorie, Theologie, Philosophie, Moral etc. überzugehen." [1]

Auf diese Weise werden — nach Marx — Möglichkeiten für die Entstehung verschiedener geistiger Spekulationen geschaffen, die historisch entstanden, ihre eigene — von der Wirklichkeit losgelöste — Tradition haben. Von nun an neigt das Bewußtsein dazu, sich selbst und seine Produkte falsch zu interpretieren, sich selbst für die Quelle der Wirklichkeit und die letzte Instanz zu halten. Von nun an betrachten die Theoretiker und Ideologen die Errungenschaften, Wandlungen und Konflikte der geistigen Arbeit völlig unabhängig von der materiellen Welt, eigens als Problem des Denkens, als Zeugnis der sich entwickelnden „Idee".

Illusionen dieser Art sind besonders in den Perioden zählebig, wenn neue Produktionsverhältnisse die alten verdrängen. Denn dann entstehen im menschlichen Bewußtsein neue Inhalte, die die Intellektuellen als Zeugnis „des Fortschritts

---

[1] Marx/Engels: Werke, Bd. 3, Berlin 1958, S. 31.

des Denkens", als einen Beweis für dessen selbständigen, schöpferischen Aufstieg betrachten, und der Kampf der neuen Ideen gegen die alten ist in ihren Augen nur ein Kampf intellektueller Grundsätze, ein Kampf, der selbst nur vom Denken abhängig, alles im gesellschaftlichen Leben und seiner weiteren Entwicklung bestimmt. Und keiner der Intellektuellen begreift, daß, wenn diese Bewußtseinsprodukte „in Widerspruch mit den bestehenden Verhältnissen treten, so kann dies nur dadurch geschehen, daß die bestehenden gesellschaftlichen Verhältnisse mit der bestehenden Produktionskraft in Widerspruch getreten sind." [1] Und sie können es nicht verstehen, daß diese Sorgen und Mißverständnisse der intellektuellen Probleme Ausdruck falscher und mystischer Auffasungen über die in der materiellen Welt vorgehenden Prozesse sind, die aus der Trennung von Bewußtsein und Sein, aus der Illusion von der Selbständigkeit des Denkens folgt. Das Denken kann mit den „Problemen" nicht fertig werden, weil es sie als Aufgaben betrachtet, die aus ihm selbst entstehen, ohne zu begreifen, daß sie Ausdruck sozialer und materieller Wirklichkeit sind. Und nur die Überwindung der entstandenen Situation, in der die geistige Arbeit von der materiellen losgelöst ist, kann in Zukunft die Gegensätze beseitigen, die zwischen dem Bewußtsein und der Wirklichkeit existieren, die „inneren" Widersprüche des Bewußtseins, seine Illusionen und seine Einbildung, seine fiktive Problematik liquidieren, die für reale, ökonomische Beschränkungen und Gegensätze, deren sich ein Intellektueller nicht bewußt ist, eine idealistische und ideologische Verbrämung bedeutet [2].

Diesen Gedanken von Marx könnte man durch folgendes Beispiel erläutern: Die Trennung der geistigen von der physischen Tätigkeit führt dazu, daß die Denker keine unmittelbare Verbindung zu den sich entwickelnden Dingen besitzen, sondern sie nur als Widerspiegelung des eigenen Geistes auffassen. Wenn wir nun jemanden in einen Spiegel

[1] Marx Engels: Werke, Bd. 3, Berlin 1958, S. 31 f.
[2] Ebenda.

schauen ließen, so könnte er die Dinge nicht genau erkennen, die wir ohne sein Wissen und Beteiligtsein hinter seinem Rücken erzeugten und die er nur als Spiegelbild sehen würde. Und wenn dieser jemand ein Philosoph wäre, könnte er zum Verhältnis von „Subjekt" und „Objekt" (im Spiegel) umfassende und schwierige Theorien entwickeln, die aber nicht nur fruchtlos, sondern auch illusorisch wären, weil ihre Problematik sofort verschwindet, wenn sich dieser Philosoph umdreht und an der Umgestaltung der Wirklichkeit tatsächlich beteiligt, die er bisher nur im für die Wirklichkeit gehaltenen Spiegelbild analysierte.

Die Arbeitsteilung in der Klassengesellschaft brachte gerade die Intellektuellen zur Überzeugung, daß das, was in ihrem Geist vorgeht, selbständig ist; sie verleitet sie, das Spiegelbild für die einzige Wirklichkeit zu halten. Sie können darüber streiten, ob die Spiegelbilder „objektive Wirklichkeit" oder aber „Produkt des Geistes" sind, diese Streitigkeiten sind aber belanglos, weil keine ihrer Lösungen den Philosophen an die Wirklichkeit selbst heranführt, die von Menschen geschaffen und verändert wird. „Die Philosophen", lautet die 11. These über Feuerbach, „haben die Welt nur verschieden *interpretiert,* es kommt darauf an, sie zu *verändern*". In dieser von Menschen bewirkten Veränderung kann der Philosoph seinen Platz wiederfinden, wenn er aufhört, in den Spiegel zu schauen und beginnt, die Wirklichkeit selbst zu sehen, indem er eine Philosophie der von Menschen herbeigeführten gesellschaftlichen und geschichtichen Veränderungen der Wirklichkeit entwickelt.

Diese Hinwendung des Philosophen zur wirklichen Tätigkeit und seine Befreiung von den Fesseln der Ideologie ist nur durch die revolutionäre Aktion des Proletariats möglich, die auf den Sturz der kapitalistischen Ordnung hinzielt, in der die Trennung der geistigen von der physischen Arbeit als grundsätzliche Klassenteilung vollzogen ist. Denn diese Aktion vernichtet mit dem Sturz der Klassengesellschaft die hauptsächlichen Wurzeln der bisherigen Ideologie.

In welchem Zusammenhang steht die Klassengesellschaft mit der Entstehung und Erhaltung der Ideologie? Dieser Zusammenhang ist sehr eng. Die herrschenden Klassen vertraten immer bestimmte Auffassungen über ihre eigene Rolle, die ihre Herrschaft mit „allgemein-menschlichen" Erfordernissen begründeten. In diesen Auffassungen wurden die realen Grundlagen der Klassenherrschaft getarnt, gewannen sie „idealen" Charakter. Die Ideologie war der Ausdruck einer solchen bewußten oder unbewußten, aber immer Klasseninteressen dienenden Illusion in bezug auf den Charakter der Klassenherrschaft und ihrer „Rechtfertigungen". Diese hatten verschiedene Formen: religiöse, moralische und philosophische. Man appellierte an Gott, an die Moral, an Naturgesetze, Vernunftsforderungen und entwickelte auf dieser Grundlage umfassende Systeme von Anschauungen vom Leben, von der Natur des Menschen und seinem Verhalten. Dieses intellektuelle Bemühen wurde unter den Verhältnissen der Klassengesellschaft zum Element der Ideologiebildung.

„Die Gedanken der herrschenden Klasse", schrieb Marx, „sind in jeder Epoche die herrschenden Gedanken, d. h. die Klasse, welche die herrschende *materielle* Macht der Gesellschaft ist, ist zugleich ihre herrschende *geistige* Macht. Die Klasse, die die Mittel zur materiellen Produktion zu ihrer Verfügung hat, disponiert damit zugleich über die Mittel zur geistigen Produktion ... Die herrschenden Gedanken sind weiter Nichts als der ideelle Ausdruck der herrschenden materiellen Verhältnisse, die als Gedanken gefaßten herrschenden materiellen Verhältnisse." [1] Diese Gedanken werden gewöhnlich von den Verhältnissen abstrahiert, unter denen sie entstehen, sie werden als selbständig, zur Welt des „Geistes" gehörig betrachtet. Die Philosophen der herrschenden Klassen wissen nicht, woher die Gedanken kommen, die sie vorfinden und entwickeln. „Die ‚Einbildung', die ‚Vorstellung' dieser bestimmten Menschen über ihre wirkliche Praxis wird in die

---

[1] Ebenda, S. 46.

einzig bestimmende und aktive Macht verwandelt, welche die Praxis dieser Menschen beherrscht und bestimmt." [1] Diese „Illusion der Epoche" teilen eben die Ideologen. Sie entwickeln Systeme solcher Anschauungen, die die bestehende Situation ausdrücken und als deren bestimmende Kräfte betrachtet werden. Sie werden so zu Fachleuten auf dem Gebiet der Ideologie.

Die Arbeitsteilung, die die herrschende Klasse zur Beherrschung der arbeitenden Klasse ausnutzte, erstreckte sich auch auf die herrschende Klasse selbst. Ein Teil von ihr widmet sich der Produktion materieller Güter und stärkt damit die Klassenherrschaft, ein anderer Teil aber wendet sich auf Grund dessen der „geistigen Produktion" zu, indem er die Klassenillusionen entwickelt und begründet. Diese Rolle spielen „die Denker dieser Klasse ... die aktiven konzeptiven Ideologen derselben, welche die Ausbildung der Illusion dieser Klasse über sich selbst zu ihrem Hauptnahrungszweige machen, während die Andern sich zu diesen Gedanken und Illusionen mehr passiv als rezeptiv verhalten, weil sie in der Wirklichkeit die aktiven Mitglieder dieser Klasse sind und weniger Zeit dazu haben, sich Illusionen und Gedanken über sich selbst zu machen." [2]

Zwischen den beiden Gruppen der herrschenden Klasse kann es zu Gegensätzen und Konflikten kommen, die aber dann aufhören, wenn sich die betreffende Klasse in ihrer Herrschaft bedroht fühlt. Die Ideologen verteidigen dann mit besonderer Kraft und verschiedenen grundsätzlichen Argumenten — mit Religion, Ethik, Philosophie — die Herrschaft der eigenen Klasse, entwickeln wichtige historische Konzeptionen, die begründen sollen, daß die „Entwicklung des Geistes" oder die „Entwicklung des Denkens" die Existenz bestimmter Formen des gesellschaftlich-politischen Lebens erfordert. Eine solche Geschichtswissenschaft trennt die herrschenden Ideen von der herrschenden Klasse, sie stellt sie

[1] Ebenda, S. 39.
[2] Ebenda, S. 46 f.

als objektive und selbständige, als dauerhafte und ewige Ideen dar. Namentlich wenn die Herrschaft der betreffenden Klasse bedroht ist, bemühen sich die Ideologen um eine solche Abstraktheit ihrer Gedanken und deren Verselbständigung. Denn würden diese als Eigentum und Produkt der bedrohten herrschenden Klasse erkannt, so wären sie für diese keine Unterstützung mehr, sondern mit ihr erschüttert. Wenn aber die Ideologen diese Gedanken als objektiv und unabhängig hinstellen, dann werden diese zu einer angeblich über den Klassen stehenden Instanz erhoben, die später zu Gunsten der erschütterten Klassenherrschaft entscheidet. Wenn sie diese Gedanken als Wahrheiten und allgemeinmenschliche Normen, als allgemeine Grundsätze betrachten, dann können diese zu einer starken Waffe im Kampf gegen die revolutionären Klassen werden, zu einer Waffe, die die moralischen Rechte des Gegners in Frage stellt.

Eben diese Mystifikation ist der wesentliche Inhalt der Ideologie in der Klassengesellschaft. Diese Mystifikation besteht in der Darlegung von Ideen, welche die Interessen der Klassenherrschaft als über den Klassen stehende, für alle nützliche Ideen ausgaben.

Diese Definition läßt sofort begreifen, daß die einzig wirksame und wirkliche Überwindung der Ideologie der Sturz der Klassengesellschaft und nicht eine spekulative und vom Leben losgelöste Philosophie ist. „Dieser ganze Schein", schreibt Marx, „als ob die Herrschaft einer bestimmten Klasse nur die Herrschaft gewisser Gedanken sei, hört natürlich von selbst auf, sobald die Herrschaft von Klassen überhaupt aufhört, die Form der gesellschaftlichen Ordnung zu sein, sobald es also nicht mehr nötig ist, ein besonderes Interesse als allgemeines oder ‚das Allgemeine' als herrschend darzustellen." [1]

Die im Zusammenhang mit der Untersuchung der Klassengesellschaft und Arbeitsteilung durchgeführte Analyse der Ideologie umfaßt unmittelbar die Erziehungsprobleme, deren Lösung gerade zum Bereich dessen gehörte, was Marx mit

[1] Marx/Engels: Werke, Bd. 3, Berlin 1958, S. 48.

Ideologie bezeichnete. Diese Analyse zeigt, daß die Erziehung in der Klassengesellschaft ein Instrument der Festigung der Klassenherrschaft ist, weil sie eine entsprechende Ideologie propagiert. Sie zeigt, daß eine mit der pädagogischen Theorie besonders vertraute Gruppe entsteht, welche diese Theorie ähnlich einer Philosophie entwickelt. Sie zeigt klar, daß diese Gruppe von Fachleuten sich im Widerspruch zu den anderen Mitgliedern der herrschenden Klasse befinden kann, die in der Sphäre der materiellen Produktion tätig sind, daß aber diese Konflikte bei einer Bedrohung der Klasse als Ganzes beigelegt werden. Und daß dann die Pädagogen zusammen mit allen anderen „Mitarbeitern der ideologischen Industrie" den Versuch unternehmen, die Erziehungsideale der Klasse als angeblich allgemeingültig hinzustellen.

Der Standpunkt von Marx hinsichtlich der Überwindung der Ideologie ist also zugleich sein Standpunkt in bezug auf die Überwindung der Grundsätze der Bildungspolitik in der Klassengesellschaft. Diese kann aber nicht mit den Methoden der intellektualistischen, abstrakten Kritik oder mit Hilfe von Appellen und Hinweisen erreicht werden. Sie kann und muß in Anlehnung an die wirkliche revolutionäre Bewegung vollzogen werden, die die Lebens- und Arbeitsverhältnisse und damit auch die Menschen selbst verändert.

Marx betont mit allem Nachdruck, daß der Kommunismus keineswegs ein fernes moralisches Ideal ist, das die Menschen zu einer bestimmten Tätigkeit aufruft, sondern eine reale Kraft, die in der Gegenwart wirkt. „Der Kommunismus ist für uns", schreibt Marx, „nicht ein *Zustand,* der hergestellt werden soll, ein *Ideal,* wonach die Wirklichkeit sich zu richten haben wird. Wir nennen Kommunismus die wirkliche Bewegung, welche den jetzigen Zustand aufhebt. Die Bedingungen dieser Bewegung ergeben sich aus der jetzt bestehenden Voraussetzung."[1] Die Erziehung vom Standpunkt des Kommunismus müßte als Teilnahme an dieser Bewegung, als Beteiligung an ihren Kämpfen, als reale und tägliche Teilnahme an ihrem

[1] Marx/Engels: Werke, Bd. 3, Berlin 1958, S. 35.

stürmischen Verlauf, als Aufsichnehmen von Opfer und Risiko bezeichnet werden.

Von diesem Standpunkt aus zeigt sich mit voller Klarheit der Doppelsinn des Wortes Erziehung in der bürgerlichen Gesellschaft: Die Erziehung als Prozeß der Anpassung an die bestehenden Verhältnisse, einer Anpassung, die den Kindern der herrschenden Klasse die Vorteile und Vorrechte ihrer Klasse sichert und die Kinder unterdrückter Klassen an die Zwangsbedingungen ihrer Existenz „anpaßt", und die Erziehung als Waffe im Kampf gegen die Unterdrückung, als geistige und moralische Ausrüstung der jungen Generation unterdrückter Klassen — aber auch jener jungen Menschen aus anderen Klassen, die sich auf die Seite der Revolution stellen —, als eine der Organisationsgrundlagen der gegenwärtigen sozialistischen Bewegung für die sozialistische Zukunft.

In diesem Sinne weist Marx auf die entscheidende erzieherische Rolle der proletarischen Revolution hin. Diese Revolution fordert von den Massen ein neues kommunistisches Bewußtsein, das zugleich nur im Feuer des revolutionären Wirkens gewonnen werden kann. „Die Revolution", schrieb Marx, „ist nicht nur nötig, weil die *herrschende* Klasse auf keine andre Weise gestürzt werden kann, sondern auch, weil die *stürzende* Klasse nur in einer Revolution dahin kommen kann, sich den ganzen alten Dreck vom Halse zu schaffen und zu einer neuen Begründung der Gesellschaft befähigt zu werden." [1] In einer wirklichen und konkreten revolutionären Aktion werden im Bewußtsein alle diese ideologischen Produkte zerbröckeln, die von der Klassengesellschaft erzeugt und in der Klassengesellschaft propagiert wurden.

Die Thesen der „Deutschen Ideologie" erweitern und präzisieren den Standpunkt, den Marx schon in seiner Hegel gewidmeten Abhandlung vertreten hat. Er erläuterte nun genauer das Wesen der Ideologie, den Vorgang ihrer Entstehung und Erhaltung in der Klassengesellschaft und die gesellschaftlich-revolutionären Methoden zu ihrem Sturz. Diese

[1] Marx/Engels: Werke, **Bd.** 3, Berlin 1958, S. 70.

Erläuterung wirft ein helleres Licht auf die Probleme der Erziehungstheorie und - praxis. Und zwar im doppelten Sinne: Erstens lehrt sie, zwischen der Erziehung in der Klassengesellschaft und der in der sozialistischen Gesellschaft eine scharfe Trennungslinie zu ziehen. Die erste gehört zum Bestand der „ideologischen Produktion", ist ihre Waffe und ihr Instrument, gehört also zur Welt egoistischer Klassenillusionen und muß mit der ganzen Ideologie untergehen. Die zweite gehört zu einer neuen realen Welt, die die Arbeiterklasse in ihrem Kampf und durch ihre Arbeit errichtet. Im ersten Fall ist die Erziehung ein Ausdruck der Ideologie und eine Waffe der Ideologie oder der ideologischen Kritik einer bestimmten Ideologie durch eine andere. Im zweiten Fall ist sie ein Ausdruck, ein Element und eine Waffe der Revolution, die die kapitalistische Ordnung stürzt, die Wirklichkeit real begreifen und sie durch kollektive Arbeit umwandeln läßt.

Im pädagogischen Denken müßte also eine grundsätzliche Wende vollzogen werden, wie sie sich analog im Denken des Philosophen vollziehen muß, der für die Aktion des Proletariats geistige Waffen, aber keine Ideologie „produzieren" will. Diese Wende besteht darin, die Überzeugung aufzugeben, die Pädagogik müßte als „ideologische Produktion" aufgefaßt werden, und zu begreifen, daß sie in Verbindung mit der revolutionären Bewegung gesehen werden muß. Produkte des Bewußtseins sind absolut kein Werk des „reinen" Geistes und können nicht durch die „geistige" Kritik, sondern nur durch den praktischen Umsturz der realen gesellschaftlichen Verhältnisse, aus denen diese idealistischen Flausen hervorgegangen sind, überwunden und aufgehoben werden. Man muß verstehen, formuliert Marx lapidar, daß „nicht die Kritik, sondern die Revolution die treibende Kraft der Geschichte auch der Religion, Philosophie und sonstigen Theorie ist." [1]

Dies auf das Gebiet der Pädagogik übertragen, heißt: jede rein intellektuelle abstrakte Kritik der bisherigen bürgerlichen Pädagogik bleibt weiterhin in den Grenzen des „ideologischen"

[1] Marx/Engels: Werke, Bd. 3, Berlin 1958, S. 38.

Denkens, auch wenn sie sehr radikal erscheint. Dieser ganze scheinbar radikale pädagogische „Reformismus" widersetzt sich zwar offen den reaktionären Strömungen der bürgerlichen Pädagogik, greift aber in Wirklichkeit die Grundlagen der bürgerlichen Erziehungskonzeption selbst nicht an; wenn er aber die Illusion entstehen läßt, daß er das eben tut, befriedigt er damit illusorisch die Bedürfnisse der Kritik und des Kampfes gegen die bürgerliche Ordnung im Namen der menschlichen Entwicklung. Um die bürgerlichen Grundlagen der Erziehung zu stürzen, muß in Wirklichkeit die Bourgeoisie gestürzt werden; daher ist die „Revolution und nicht die Kritik" die Grundlage der pädagogischen Reform.

Eine Revolution bricht aber nicht spontan aus. Sie erfordert unter bürgerlichen Verhältnissen eine bewußte Aktion der Menschen. Und daher ist die einzige Methode, die in der Klassengesellschaft die Erziehungsgrundlagen wirklich stürzt, die Teilnahme an der revolutionären Aktion, die durch Beseitigung der bürgerlichen Klassenordnung auch die Grundlagen der pädagogischen „Illusionen", die Grundlagen der pädagogischen Ideologien beseitigt. Die Verbindung der Pädagogik mit den Problemen der Revolution und die Konfrontierung dieser neuen Denkweise mit der traditionellen Erziehung, die die Pädagogik mit der „ideologischen Produktion" in Verbindung bringt, ist eine klare Schlußfolgerung aus den Thesen der „Deutschen Ideologie".

Die zweite Folgerung betrifft die betont reale und konkrete Verbindung der Erziehungsarbeit und der Erziehungsprozesse mit dem materiellen praktischen Leben des Menschen. Die Kritik der Ideologie ist nicht nur eine Kritik der abstrakten Geistesprodukte, sie ist zugleich eine Kritik des individuellen Bewußtseins, in dem die Ideologie Wurzeln schlägt. Das menschliche Bewußtsein ist keine selbständige Quelle von Vorstellungen, Ideen, Prinzipien. „Das Bewußtsein", schreibt Marx, „kann nie etwas Anderes sein als das bewußte Sein, und das Sein der Menschen ist ihr wirklicher Lebensprozeß. Die Vorstellungen, die sich diese Individuen machen, sind Vorstellungen entweder über ihr Verhältnis zur Natur oder über ihr Verhältnis untereinander, oder über ihre eigne Beschaffenheit." [1]

Marx betont mit Nachdruck, daß man nur auf diese realistische Art das Bewußtsein der Individuen erläutern kann und daß eine entgegengesetzte Annahme nur dann möglich ist, wenn man „außer dem Geist der wirklichen, materiell bedingten Individuen" noch „einen aparten Geist voraussetzt." [2] Gerade aus diesem Grunde muß jede Tätigkeit, die den Menschen wirklich verändern soll, vor allem eine Tätigkeit sein, die die Verhältnisse des menschlichen Daseins verändert, die also dem bisherigen Bewußtsein die Grundlagen entzieht und reale Grundlagen für einen neuen Bewußtseinsinhalt legt. Nur auf dieser Basis können wir den Menschen durch die Erziehung ändern.

„Ist der bewußte Ausdruck der wirklichen Verhältnisse dieser Individuen illusorisch", stellt Marx fest, „stellen sie in ihren Vorstellungen ihre Wirklichkeit auf den Kopf, so ist dies wiederum eine Folge ihrer borniertem materiellen Betätigungsweise. Die Produktion der Ideen, Vorstellungen, des Bewußtseins ist zunächst unmittelbar verflochten in die materielle Tätigkeit und den materiellen Verkehr der Menschen, Sprache des wirklichen Lebens." [3] Die Erziehung kann also nicht als selbständige „Reformierung des Bewußtseins" verstanden werden. Sie muß mit der Umwandlung der realen Lebensbedingungen verbunden sein, die die Grundlage der Bewußtseinsänderung bilden. Die Erzieher sind natürlich nicht imstande, das Werk allein zu vollenden, sie müssen sich mit der revolutionären Bewegung der Klasse verbinden, die das Leben wirklich umgestaltet und die Grundlagen für das neue Bewußtsein schafft. In dieser Aktion der revolutionären Klasse verbindet sich die Veränderung des Lebens mit der Bewußtseinsänderung. Die Erzieher übertragen diese Veränderungen auf das Leben und Denken von Kindern und Jugendlichen und

---

[1] Marx/Engels: Werke, Bd. 3, Berlin 1958, S. 26.
[2] Ebenda.
[3] Ebenda.

z. T. von Erwachsenen. Die eigentliche Rolle des Erziehers besteht darin, den Individuen zu helfen, das Alte in ihrem Bewußtsein zu überwinden, eine neue Welt entsprechend der Wissenschaft und dem Bedürfnis der dringlichsten sozialen Aufgaben aufzubauen.

Die dritte Folgerung besagt, daß die Pädagogik wissenschaftlich zu begründen ist. Marx zieht aus der Geschichte Schlußfolgerungen; nicht anders ist es auf dem Gebiet der Pädagogik. Was ist der Inhalt dieser Grundlagen? Es ist der Hinweis, daß das menschliche Bewußtsein mit dem realen, materiellen und gesellschaftlichen Leben des Menschen aufs engste verbunden ist. Auf Grund dieser These kann man das menschliche Bewußtsein und seine Evolution genau experimentell untersuchen. Das war nicht möglich, solange man dieses Bewußtsein als ein selbständiges und ursprüngliches Selbstbewußtsein oder als eine Teilnahme an dem sich entwickelnden „objektiven Bewußtsein" idealistisch auffaßte. Im ersten Fall war in der menschlichen Geschichte alles unvorhergesehen und zufällig, im zweiten war alles nur ein Gegenstand philosophischer Spekulation.

Erst die Betonung der Rolle der materiellen Verhältnisse und der gesellschaftlichen Arbeit gestattet es, wahrhaft wissenschaftliche Untersuchungen anzustellen. „Die Geschichte", schreibt Marx, „hört auf, eine Sammlung toter Fakta zu sein, wie bei den selbst noch abstrakten Empirikern, oder eine eingebildete Aktion eingebildeter Subjekte, wie bei den Idealisten. Da, wo die Spekulation aufhört, beim wirklichen Leben, beginnt also die wirkliche, positive Wissenschaft, die Darstellung der praktischen Betätigung, des praktischen Entwicklungsprozesses der Menschen." [1] Eine solche Geschichtswissenschaft zeigt die wirklichen Entwicklungsetappen der Menschheit und erhellt den sich wirklich verändernden Bewußtseinsinhalt, der sich in der Religion, Philosophie und Ethik offenbart. Diese Geschichtswissenschaft analysiert vor allem die Veränderungen, die sich in der realen Basis des menschlichen Lebens

[1] Marx/Engels: Werke, Bd. 3, Berlin 1958, S. 27.

vollziehen und die die traditionelle Historiographie gewöhnlich unberücksichtigt ließ. Das Verhältnis des Menschen zur Natur und zu seinem eigenen materiellen Sein war aus der Geschichte ausgeklammert, so daß sie zur Geschichte von „irgend etwas Vergeistigtem" wurde, das zum wirklichen Leben keine Verbindung hatte [1]. Im Gegensatz zu dieser spekulativen Geschichtsbetrachtung registriert die wahrhafte Geschichtswissenschaft eben vor allem jene grundlegenden Veränderungen wie den Produktionsprozeß selbst, der verschiedene Formen des Bewußtseins erzeugt.

Dieser Standpunkt hat für die Pädagogik besondere Bedeutung. Er lehrt sie, den Menschen nicht danach zu beurteilen, was er von sich denkt, sondern danach, wie sein Leben wirklich ist [2]. Das lenkt die Pädagogik auf die Untersuchung objektiver, gesellschaftlicher Lebensbedingungen der Menschen, auf die Untersuchung der Umwandlungsprozesse dieser Verhältnisse durch die kollektive Tätigkeit der Menschen, und erst in Verbindung damit stellt sie die Frage nach den Veränderungen des Menschen. Diese Veränderungen sind also weder irgend etwas Zufälliges, verursacht durch die Kraft irgendeiner Philosophie oder Propaganda, noch Kettenglieder, die irgendeinen logischen „Entwicklungsprozeß der menschlichen Idee" ausdrücken. Eine wissenschaftliche Analyse dieser Veränderungen ist also absolut möglich und zugleich Grundlage der Erziehungstätigkeit, wie auch für einen wissenschaftlichen Begriff von der Erziehung, der seinerseits die Möglichkeit gibt, leistungsfähiger und erfolgreicher zu arbeiten.

An die Stelle der idealistischen, moralisierenden und zumeist pharisäischen Pädagogik tritt jetzt die materialistische Pädagogik, die die wirklichen Lebens- und Entwicklungsbedingungen begreifen und die Instrumente der zweckmäßigen Erziehungstätigkeit bestimmen kann. Hier zeigen sich die Perspektiven einer wissenschaftlichen Begründung der Erziehungstätigkeit.

[1] Ebenda, S. 39.
[2] Ebenda, S. 21.

In dem Gleichnis, das Marx in der Vorrede zum ersten Teil der „Deutschen Ideologie" gebraucht, ist diese Konzeption von der Erziehung des Menschen als Wissenschaft sehr plastisch und suggestiv enthalten.

Es war einmal, erzählte Marx, ein wackerer Mann, der sich einbildete, daß die Menschen nur deswegen ertrinken, weil sie von der Idee der Schwere besessen sind. Er meinte, daß den Menschen keine Gefahr mehr drohen würde, wenn sie auf die Idee verzichten und sie als eine abergläubische, religiöse Vorstellung betrachten würden. Er bekämpfte daher sein Leben lang die Illusion der Schwere, die so schädliche Folgen für die Menschen hat. Ähnlich, fügt Marx hinzu, verhalten sich die angeblich revolutionären Junghegelianer.

Dieses Bild veranschaulicht die Illusionen der bürgerlichen Pädagogik, die sowohl, wenn sie moralisiert als auch dann, wenn sie „kritisch" wird, von der Wahrheit abweicht, im Ergebnis versagt. Denn die einzige Methode, die den Menschen gegen die Gefahr des Ertrinkens wappnet, ist die des Schwimmenlernens. Eine solche Erziehung stützt sich auf eine genaue wissenschaftliche Analyse der Wirklichkeit (im vorliegenden Falle der physischen) und der menschlichen Tätigkeit, die die Kenntnis der die Wirklichkeit regierenden Gesetze ausnutzt und dadurch dem Menschen die zunehmende Beherrschung der Natur ermöglicht.

Die Befreiung von der bürgerlichen Ideologie, die Hinwendung zur materialistischen und revolutionären Denkweise in Verbindung mit der revolutionären Tätigkeit des Proletariats bedeutet also in Theorie und Praxis der Erziehung die Ablehnung einer Illusionen erweckenden Pädagogik, d. h. der mit rein geistigen Mitteln das „Bewußtsein reformierenden" Pädagogik. Sie erfordert, die Pädagogik als eine Theorie der erfolgreichen Tätigkeit zu formulieren, die ja durch die geschichtliche Entwicklung der Produktivkräfte und die Aktion der Arbeiterklasse, die die bisherige Gesellschaftsordnung umwälzt und eine sozialistische Gesellschaft aufbaut, vorgezeichnet ist.

4. Die Kenntnis der Tatsachen

Zugleich mit der grundlegenden philosophischen Polemik und entsprechend ihrer materialistischen Weltanschauung trieben Marx und Engels immer gründlicher historische und ökonomische Studien. Marx studierte, besonders während seines Aufenthalts in Paris, die Geschichte Frankreichs, vor allem aber die Geschichte der bürgerlichen Revolution; Engels vertiefte seine Studien der englischen Geschichte und sammelte Unterlagen für seine Arbeit über die Entwicklung des Kapitalismus. Diese Geschichtsstudien verfolgten ein klares Ziel: nach Absicht der Verfasser sollten sie zum Verständnis der Gegenwart beitragen, den geschichtlichen Entwicklungsprozeß enthüllen, das erforderliche wissenschaftliche Rüstzeug für die erfolgreiche Tätigkeit bieten. Aus diesem Grunde waren diese Studien mit der Analyse der damaligen Situation engstens verbunden.

So erhielt die neue materialistische Interpretation der Wirklichkeit, die mit der Kritik der Philosophie und journalistischer Tätigkeit begonnen hatte, eine ausgeprägt wissenschaftliche Note. Auf diesem Wege sollten später die großartigen historischen und ökonomischen Werke von Marx und zahlreiche Studien von Engels entstehen. Dieser aus einigen Artikeln der vierziger Jahre ersichtliche Weg wurde mit dem Buch „Die Lage der arbeitenden Klasse in England" von Engels eingeleitet.

Dieses Buch, das in gewissem Sinne die Fortsetzung der „Briefe aus London" bedeutete, war das Beispiel für eine konkrete soziale Analyse, die die Richtigkeit der Grundprinzipien des historischen Materialismus bewies und diese zugleich konkret entwickelte. Diese Analyse war völlig frei von den bürgerlichen Vorurteilen, die dem Grundsatz der Unveränderlichkeit gesellschaftlicher Verhältnisse huldigten. Vielmehr zeigte sie den historischen Prozeß, wie die Kräfte der Arbeiterklasse mit ihren Aufgaben wuchsen. Die Marxsche Forderung nach aktivem Handeln, das zum Sturz der bürgerlichen Ordnung führen sollte, ermöglichte es, die von der Bourgeoisie verschwiegenen Tatsachen zu erkennen. Das ließ zugleich eine tiefere Erkenntnis der bestehenden gesellschaftlichen Verhältnisse zu, als dies vom rein „philosophischen" Standpunkt aus möglich wäre. Über diesen Erkenntniswert der gesellschaftlichen Praxis waren sich Marx und Engels völlig klar. Im Vorwort zur „Lage der arbeitenden Klasse in England" schrieb Engels im Jahre 1845: „Der deutsche Sozialismus und Kommunismus ist mehr als jeder andre von theoretischen Voraussetzungen ausgegangen; wir deutschen Theoretiker kannten von der wirklichen Welt noch viel zu wenig, als daß uns die wirklichen Verhältnisse unmittelbar zu Reformen dieser ‚schlechten Wirklichkeit' hätten treiben sollen. Von den öffentlichen Vertretern solcher Reformen ist wenigstens fast kein einziger anders als durch die Feuerbachsche Auflösung der Hegelschen Spekulation zum Kommunismus gekommen ... Uns Deutschen vor allen tut eine Kenntnis der Tatsachen in dieser Frage not." [1] Eine solche „Kenntnis der Tatsachen" sollte das Werk von Engels über die Lage der arbeitenden Klasse in England vermitteln, das das wahre Gesicht des Kapitalismus am Beispiel eines in der Entwicklung am weitesten fortgeschrittenen Landes zeigt.

In diesem Werk formuliert Engels zwei Thesen, die von nun an zu den Grundthesen in Bildungs- und Kulturfragen werden: er weist nach, welchen Umfang und welchen tatsächlichen Charakter das Maß an bürgerlicher Bildung hat, das der Arbeiterklasse zugestanden wird und unterstreicht den wissenschaftlichen und kulturellen Wert der unter schwierigsten materiellen Bedingungen unternommenen sozialen und politischen Bestrebungen der Arbeiter.

Engels zeigte die unerträglichen Arbeitsbedingungen für die Kinder und Jugendlichen in englischen Fabriken, die unbegrenzte, nachgerade legalisierte Ausbeutung, die zum physischen und moralischen Ruin führen mußte. Er enthüllte die wahren Wurzeln der bürgerlichen Furcht vor Verbreitung der Bildung, die für das kapitalistische System gefährlich werden

[1] Marx/Engels: Werke, Bd. 2, Berlin 1958, S. 233.

konnte, entlarvte die wahren Ursachen dafür, daß man die Pflege der Bildung unter die Obhut religiöser Sekten stellte. „Der Minister", schreibt Engels, „ist der gehorsame Knecht der Bourgeoisie, und diese teilt sich in zahllose Sekten: jede Sekte aber gönnt dem Arbeiter nur dann die sonst gefährliche Erziehung, wenn er das Gegengift der speziell dieser Sekte angehörigen Dogmen mit in den Kauf nehmen muß." [1]

Unter dem Druck der Arbeiterklasse und aus der Notwendigkeit heraus, der Produktion wenigstens eine gewisse Zahl qualifizierter Arbeiter zu sichern, muß die Bourgeoisie in der Volksbildung gewisse Zugeständnisse machen. Sie tut das unter Beachtung gewisser Vorsichtsmaßregeln und ist eifrig bemüht, die ihr gefährlichen Bildungsbestrebungen der Arbeiterbewegung unter ihre Kontrolle zu bekommen. Engels weist auf den Kampf um den Charakter der Arbeiterbildung hin, der in England zwischen den Arbeitern und der Bourgeoisie tobt. In den Zentren der Arbeiterbewegung entstehen unter den Chartisten und Sozialisten verschiedenartige Bildungs- und Kulturinstitutionen. „Hier", stellt Engels fest, „wird den Kindern eine echt proletarische Erziehung gegeben, frei von allen Einflüssen der Bourgeoisie, und in den Lesezimmern liegen nur oder fast nur proletarische Journale und Bücher aus. Diese Anstalten sind sehr gefährlich für die Bourgeoisie, der es gelang, eine Anzahl ähnlicher Institute, die ‚Mechanics’ Institutions’, dem proletarischen Einflusse zu entziehen und sie in Organe zur Verbreitung der für die Bourgeoisie nützlichen Wissenschaften unter den Arbeitern zu verwandeln. Hier werden jetzt die Naturwissenschaften gelehrt, die die Arbeiter von der Opposition gegen die Bourgeoisie abziehen und ihnen vielleicht die Mittel an die Hand geben zu Erfindungen, die der Bourgeoisie Geld einbringen." [2]

Engels kennzeichnet die schwierige materielle Lage der Arbeiter und die kulturell-wissenschaftliche Rückständigkeit, in der sie infolge der bürgerlichen Politik leben müssen. und

[1] Ebenda, S. 340.
[2] Ebenda, S. 453 f.

betont dabei mit besonderem Nachdruck die geistige Aktivität der Arbeiterklasse, ihr lebendiges und tiefes Interesse an Wissen. „Glücklicherweise", schreibt Engels, „sind die Verhältnisse, in denen diese Klasse lebt, derart, daß sie ihr eine praktische Bildung geben, welche nicht nur den Schulkram ersetzt, sondern auch die mit ihm verbundenen verworrenen religiösen Vorstellungen unschädlich macht und die Arbeiter sogar an die Spitze der nationalen Bewegung Englands stellt." [1] Gerade die Not lehrt den englischen Arbeiter „zu denken und zu handeln". Seine Teilnahme an der Bewegung der eigenen Klasse erweitert seinen geistigen Horizont, seine proletarische Stellung erlaubt es ihm, die Wirklichkeit auf eine vorurteilsfreie Weise zu begreifen. „Der Bourgeois", schreibt Engels, „der Knecht des sozialen Zustands und der mit ihm verbundenen Vorurteile ist, fürchtet, segnet und kreuzigt sich vor allem, was wirklich einen Fortschritt begründet; der Proletarier hat offne Augen dafür und studiert es mit Genuß und Erfolg." [2] In dem Streben, die Welt zu erkennen, studiert das Proletariat Natur- und Gesellschaftswissenschaften und eignet sich ein äußerst wertvolles Wissen an, das in der bisherigen Entwicklung der Gesellschaft gewonnen wurde. „Die berühmtesten epochemachenden Werke der neusten philosophischen und politischen Literatur und Poesie haben ihre meisten Leser unter den Arbeitern." [3] Engels erwähnt die Werke von Helvetius bis Bentham und unterstreicht zugleich die allgemeine nationale Bedeutung dieser geistigen Bewegung. Während sich die Bourgeoisie zur Verteidigung ihrer Klasseninteressen die Wissenschaft und Kunst in Ketten legt, nimmt das Proletariat den Kampf um seine soziale Befreiung auf und führt zugleich einen Kampf für die Befreiung des geistigen und künstlerischen Schaffens von den Fesseln der bürgerlichen Gesellschaft.

Das Buch von Engels ist aber nicht nur deswegen für die

[1] Ebenda, S. 342.
[2] Ebenda, S. 454.
[3] Ebenda, S. 455.

Pädagogik von Bedeutung, weil es die Erziehungsprobleme unmittelbar berührt [1]. Es hat zugleich methodologische Bedeutung. Es zeigt, wie die konkrete gesellschaftliche Umwelt vom Standpunkt der geschichtlichen Entwicklung und des Heranreifens des revolutionären Kampfes zu analysieren ist. Wir haben bereits gezeigt, wie sich die Begründer des historischen Materialismus in ihrer Auffassung von der Erziehung des Menschen vom Psychologismus und Soziologismus abgrenzten. Im Buch von Engels ist praktisch der Untersuchungsablauf gezeigt, der, obwohl er sich auf eine Menge empirischer Tatsachen stützt, sich dabei aber keineswegs auf Empirismus beschränkt, sondern vielmehr auf die Einführung gewisser allgemeiner Gesetze und auch auf die Formulierung von Maximen für eine erfolgreiche Praxis abzielt.

Vor allem in späteren Jahren, als die bürgerliche Soziologie durch ihre statische und fatalistische Betrachtungsweise der sogenannten Umwelt ein Werkzeug zur Festigung der herrschenden Ordnung wurde, mußte die methodologische Seite der Studie von Engels für die pädagogische Forschung an Bedeutung gewinnen. Diese Studie zeigt plastisch den grundsätzlichen Unterschied zwischen den Untersuchungen, die sich auf die Grundlagen des historischen Materialismus stützen, und denen der bürgerlichen Soziologie. Zugleich zeigt sie, wie grundsätzlich sich diese Auffassung vom Menschen von den Lehren der bürgerlichen Soziologie unterscheidet.

5. Der Kampf für die Schaffung der Arbeiterpartei

Die theoretischen Anschauungen von Marx und Engels reiften während des Kampfes, den sie in den vierziger Jahren um die Gründung einer revolutionären proletarischen Partei führten. Dieser Kampf wurde an verschiedenen Fronten geführt, wobei sich allmählich immer mehr der Standpunkt des wissenschaftlichen Sozialismus präzisierte. Er wurde gegen den bürgerlichen Liberalismus und später auch gegen die bürger-

---

[1] Anmerkung (3) des Verfassers, s. Anhang.

liche Demokratie für die „revolutionäre Demokratie" geführt; er richtete sich gegen verschiedene Spielarten des kleinbürgerlichen Sozialismus, gegen den französischen utopischen Sozialismus, gegen den deutschen „wahren Sozialismus", gegen anarchistische Tendenzen, gegen den Proudhonschen Sozialismus usw. Ausgehend von der geschichtlichen Aufgabe des Proletariats, „Totengräber des Kapitalismus" zu sein und der entscheidenden Bedeutung der Revolution, mußte man sich grundsätzlich allen bürgerlichen und kleinbürgerlichen Konzeptionen entgegenstellen, die den Befreiungskampf des Proletariats erschwerten.

Dabei betonten Marx und Engels mit besonderem Nachdruck die objektiven geschichtlichen Verhältnisse, die den herannahenden Umsturz ankündigen, die Notwendigkeit der politischen Organisierung der Arbeiterklasse und des politischen Kampfes um die Macht, eine exakte, wissenschaftlich begründete Analyse der Situation und des weiteren Wachstums des revolutionären proletarischen Klassenbewußtseins. Diese politische Zielsetzung mußte zu einer völlig neuen Auffassung von Erziehung und Bildung führen. Marx und Engels haben die Aufgaben und den Inhalt der Arbeiterbildung, ihre Verbindung mit dem Leben und den geschichtlichen Aufgaben des Proletariats tatsächlich ganz neu umrissen.

Wenn nach Ansicht der utopischen Sozialisten die Erziehung einer der wichtigsten und eigenständigen Faktoren sein sollte, der eine neue Gesellschaft schafft, so mußte sie sich nach Auffassung von Marx und Engels aufs engste mit der konkreten revolutionären Praxis verbinden. Wenn die Erziehung nach Auffassung von Marx und Engels aufs engste mit der konkreten Revolution aufheben sollte, hatte sie nach Auffassung von Marx und Engels diese ideologisch vorzubereiten. Wenn es nach Ansicht gewisser Kreise aus bloßem „revolutionären Instinkt" um jeden Preis spontane Aktionen auszulösen gälte, so hielt Marx diesen „Alchemisten der Revolution" entgegen, daß „Ignoranz niemals jemandem geholfen" [1] habe, sondern daß

---

[1] F. Mehring: Karl Marx — Geschichte seines Lebens, Berlin 1919, S. 19.

man ernsthaft und mit Sachkenntnis handeln muß, die nur die Wissenschaft zu vermitteln vermag. Wenn manche sagten, daß man die grundlegenden Erziehungsaufgaben in der Bildung des Herzens und der Tugend sehen müsse, so ist nach Marx und Engels die Entwicklung des Bewußtseins und die Weckung der revolutionären Begeisterung von größter Bedeutung.

Die Polemiken von Marx und Engels in den vierziger Jahren, ihre zahlreichen politischen Diskussionen in Arbeitervereinen und -zirkeln, ihre organisatorische Tätigkeit, die auf die Sammlung der revolutionären Kräfte des Proletariats abzielte, enthalten einen großen Reichtum an Bildungs- und Erziehungskonzeptionen.

Sie sind bisher noch nicht untersucht worden. Die Gegner des Marxismus verbreiteten falsche Auffassungen, wonach Marx und Engels durch den Hinweis auf die Zwangsläufigkeit der geschichtlichen Entwicklung und durch die Organisierung des revolutionären Kampfes der Bildungs- und Erziehungstätigkeit jegliche Bedeutung abgesprochen hätten. Die Tatsache, daß Marx und Engels die idealistischen, utopischen Auffassungen von der Allmacht der Erziehung ablehnten, diente dabei als ein „Argument", und sollte bezeugen, daß die Begründer des wissenschaftlichen Sozialismus die Rolle der Bildung und Erziehung überhaupt geringschätzten. Andererseits begegnet der Hinweis darauf, daß Marx und Engels einer Organisation der Arbeiterbildung große Bedeutung beimaßen, oft einer mißtrauischen Abneigung, die eine „überflüssige Vermenschlichung" der Ansichten von Marx und Engels befürchtete. Aber aus der Tatsache, daß sich manchmal gerade hinter den Versuchen, einen „wahren" Marx zu zeigen Diversionsabsichten verbargen, folgt nicht, daß wir die Probleme der Bildung und Erziehung der Arbeiterklasse im Wirken von Marx außer acht lassen sollten; und das nicht nur deshalb, weil diese Fragen vor allem die Pädagogen stark interessieren, sondern auch deswegen, weil Marx und Engels ihnen wirklich große Bedeutung beimaßen, als sie darum kämpften, das Proletariat auf die Höhe der revolutionären Aufgaben zu heben, die ihm die Geschichte stellt.

Die Entwicklung des Denkens bei Marx und Engels vom Idealismus zum Materialismus bedeutet für die Erziehung keineswegs eine Abkehr von der „Erziehung der Menschen", sondern vielmehr die Formulierung des historisch wirksamen Programms zu ihrer Verwirklichung. Die Überwindung der idealistischen Erziehungstheorie zu Gunsten der materialistischen führt zu einer Konzeption der Erziehung, die in den Kategorien des historischen Materialismus erfaßt wird. Der historische Materialismus zeigt, daß sich die Welt nach objektiven Gesetzen und durch das Wirken der Volksmassen, letztlich durch die revolutionäre Aktion des Proletariats entwickelt. Die zentrale Frage war, wie man in diesem Rahmen die Aufgaben der Bildungs- und Erziehungsarbeit betrachten soll. Von der richtigen Antwort hing die erfolgreiche Organisierung dieser Arbeit ab. Gerade darauf legten Marx und Engels den größten Wert.

Wie eng der politische Kampf um die revolutionäre Arbeiterpartei mit theoretischen Fragen des historischen Materialismus verbunden war, und wie die Grundfragen der Bildung und Erziehung von Marx und Engels beantwortet wurden, zeigt die Auseinandersetzung mit Proudhon. Aus einer aktuellen politischen Notwendigkeit begonnen, wurde sie zu einer der grundlegendsten theoretischen Abhandlungen des historischen Materialismus, einer Abhandlung, die gerade für die Pädagogik große Bedeutung besitzt.

Der Kampf gegen Proudhon vollzog sich gleichzeitig mit der Organisierung der internationalen Arbeiterbewegung und der Herausbildung des revolutionären Bewußtseins des Proletariats. Im Gegensatz zu verschiedenen versöhnlerischen und opportunistischen Strömungen am Vorabend der Revolution von 1848 haben Marx und Engels den revolutionären Weg klar erkannt. In einem Brief an das Kommunistische Korrespondenz-Komitee in Brüssel schrieb Engels am 23. Oktober 1846 über seine Auseinandersetzungen mit den Reformisten: „Über den Proudhonschen Assoziationsplan wurde drei Abende diskutiert. Anfangs hatte ich beinahe die ganze Clique, zuletzt nur noch Eisermann und die übrigen drei Grünianer gegen mich. Die Hauptsache dabei war, die Notwendigkeit der gewaltsamen Revolution nachzuweisen und überhaupt den Grünschen wahren Sozialismus, der in der Proudhonschen Panacee neue Lebenskräfte gefunden, als antiproletarisch, kleinbürgerlich, straubingerisch zurückzuweisen." [1]

Unter diesem Aspekt mußte die ideologische Auseinandersetzung mit Proudhon konsequent zu Ende geführt werden. Anlaß dazu war das Erscheinen der Proudhonschen Schrift „Die Philosophie des Elends". Schon Ende des Jahres 1846 nahm Marx in einem Brief an Annenkow [2] zu diesem Buch Stellung und unterzog es dann in der in französischer Sprache herausgegebenen Arbeit „Das Elend der Philosophie — die Antwort auf ‚Die Philosophie des Elends' von Hr. Proudhon (1847)" einer vernichtenden Kritik.

In diesem Werk und im Brief an Annenkow entwickelt Marx die Grundsätze des historischen Materialismus genauer und zeigt, wie fehlerhaft die Proudhonsche Auffassung von der gesellschaftlichen Entwicklung ist. Die Polemik von Marx richtet sich nicht allein gegen seinen unmittelbaren Gegner, sondern grundsätzlich gegen die bürgerlichen Begriffe und Theorien.

Sie wendet sich vor allem gegen die Hegelschen und Pseudohegelschen Konzeptionen von der „objektiven Geschichtsentwicklung", in der sich angeblich bestimmte Werte verwirklichen sollten und die sich der Menschen nur als Werkzeuge oder als Mittel zum Zweck „bedienen". Bereits in der „Heiligen Familie" griff Marx diese idealistische Liquidierung der wirklichen Geschichte an. „Wie nach den frühern Teleologen", schrieb er, „die Pflanzen da sind, um von den Tieren, die Tiere, um von den Menschen gegessen zu werden, so ist die Geschichte da, um zum Konsumtionsakt des theoretischen Essens, des *Beweisens* zu dienen. Der Mensch ist da, damit die Geschichte, und die Geschichte ist da, damit der *Beweis der Wahrheiten* da ist. In dieser *kritisch* trivialisierten Form

[1] Marx/Engels: Briefwechsel, Bd. I, Berlin 1949, S. 59.
[2] Marx/Engels: Ausgewählte Briefe, Berlin 1953, S. 41 ff.

wiederholt sich die spekulative Weisheit, daß der Mensch, daß die Geschichte da ist, damit die *Wahrheit* zum *Selbstbewußtsein* komme. *Die Geschichte* wird daher, wie *die Wahrheit*, zu einer aparten Person, einem metaphysischen Subjekt, dessen bloße Träger die wirklichen menschlichen Individuen sind." [1]

Der deutschen Sprache nicht mächtig, konnte Proudhon Hegel nicht im Original studieren und kannte ihn deshalb nur aus Berichten. Er führte die Konzeption des objektiven Idealismus auf dem Gebiet der Geschichtsschreibung „ad absurdum". In dem Bemühen, eine angeblich philosophische Auffassung von der Geschichte und ihrer Entwicklung zu konstruieren, ignorierte er — wie Marx beweist — die reale geschichtliche Entwicklung. „Nehmen wir einmal mit Herrn Proudhon an, die wirkliche Geschichte nach der Zeitordnung sei die historische Aufeinanderfolge, in welcher die Ideen, die Kategorien, die Prinzipien sich offenbart haben. Jedes Prinzip hat sein Jahrhundert gehabt, worin es sich enthüllte. Das Autoritätsprinzip hat z. B. das elfte Jahrhundert gehabt, wie das Prinzip des Individualismus das achtzehnte. Folgerichtigerweise gehörte das Jahrhundert dem Prinzip, nicht das Prinzip dem Jahrhundert. Mit anderen Worten: Das Prinzip macht die Geschichte, nicht die Geschichte das Prinzip." [2]

Proudhons Überlegungen heben die wirkliche Geschichte auf, deren Entwicklungsgesetze durch die Veränderung der Produktivkräfte und vor allem der Menschen bestimmt werden. Der wirkliche Lebensprozeß erzeugt das Bewußtsein und die Ideen und nicht umgekehrt. Es muß also ein völlig anderer Weg beschritten werden als ihn Proudhon gewiesen hat. Man muß vielmehr die Produktivkräfte, die Menschen einzelner Epochen, ihre Bedürfnisse und ihre gegenseitigen Beziehungen analysieren, alle realen Existenzbedingungen untersuchen und die Menschen als „Verfasser und zugleich Schauspieler ihres eigenen Dramas" betrachten.

---

[1] Marx/Engels: Werke, Bd. 2, Berlin 1958, S. 83.
[2] K. Marx: Das Elend der Philosophie, Berlin 1952, S. 135.

Indem Marx diesen Weg weist, distanziert er sich zugleich entschieden von jedem Subjektivismus und Psychologismus in der Auffassung vom Menschen und seinen Handlungen. Er kritisiert die bürgerlichen Historiker und Ökonomen gerade deswegen, weil sie mit dem Begriff der „menschlichen Natur" wie mit einem konstanten Faktor operieren, mit dessen Hilfe man angeblich alle Institutionen und historischen Ereignisse verstehen kann.

Auf diese Weise hören sie auf, die wirkliche geschichtliche Entwicklung zu begreifen. In ihr sehen sie höchstens einen Prozeß der Beseitigung der Irrtümer und willkürlichen Organisationsformen des Zusammenlebens, der Wiedergewinnung einer „natürlichen Ordnung". Aber die bürgerlichen Historiker und Ökonomen, die behaupten, daß die herrschende Gesellschaftsordnung nach den Jahrhunderten des „künstlichen" Feudalismus endlich eine natürliche Ordnung ist, müssen zu der Überzeugung gelangen, daß es eigentlich eine Geschichte gegeben hat, aber heute keine mehr gibt [1].

Die menschliche Natur darf nicht als eine ewige Kategorie betrachtet werden. Man muß sie im Zusammenhang mit der konkreten historischen Situation, mit dem Produktionsprozeß und mit den grundlegenden Produktionsverhältnissen begreifen. Den Menschen derart zu betrachten, lehrt der historische Materialismus, der sowohl die idealistisch-spekulativen als auch die psychologisch-naturalistischen Auffassungen ablehnt. Er betrachtet die Geschichte als den tatsächlichen Entwicklungsprozeß des Menschen, der sich im Verlauf seiner die natürliche Umwelt verändernden Tätigkeit vollzieht. So aufgefaßt ist Geschichte profan eine Geschichte der Menschen „und hört auf, eine ‚heilige' Geschichte, die Geschichte der Ideen" zu sein [2]. Eine so begriffene Geschichte zeigt die dialektische Einheit zwischen den Existenzbedingungen der Menschen und ihrem Leben und Handeln, zwischen den Veränderungen der Produktivkräfte und denen der gesellschaftlichen Verhältnisse. Sie

[1] Ebenda, S. 141 f.
[2] Marx/Engels: Ausgewählte Briefe, Berlin 1953, S. 44.

zeigt zugleich den wahren Entwicklungsprozeß, der von der Entwicklung der Produktivkräfte und der Klassengegensätze bestimmt wird.

Diese in der Zeit der Auseinandersetzung mit Proudhon entwickelten Grundsätze des historischen Materialismus erschließen der Pädagogik ganz neue Perspektiven. Die bürgerliche Pädagogik blieb im Dienste jener beiden Konzeptionen, die Marx bei seiner Kritik an Proudhon bekämpfte. Die Erziehung sollte entweder den Menschen die Verwirklichung eines ihnen eigenen ewigen, metaphysischen Wesens erleichtern, oder eine soziale, von angeblichen Erfordernissen der menschlichen „Natur" gelenkte Tätigkeit sein. Sowohl die idealistisch-metaphysischen als auch die naturalistisch-psychologischen Konzeptionen der bürgerlichen Pädagogik ließen den historischen Entwicklungsprozeß der Menschen außer acht.

Diesen Konzeptionen gegenüber bedeutete der Standpunkt von Marx eine grundlegende Umwälzung. Die Erziehungsprobleme hörten auf, Fragen der „ewigen Kategorien", der „allgemeinmenschlichen Ideale", der „unveränderlichen menschlichen Natur" zu sein. Sie wurden zu durch und durch historischen Problemen, zu Problemen einer bestimmten Zeit, eines bestimmten Ortes und bestimmter gesellschaftlicher Aufgaben. Die Erzieher sollten sich nicht einbilden, sie könnten die Erziehungsideale willkürlich festlegen. Sie müssen vielmehr verstehen, daß ihre Tätigkeit von den in bestimmten gesellschaftlichen Entwicklungsetappen herrschenden Verhältnissen abhängig ist. Sie haben es niemals mit dem „Kind an sich" zu tun, sondern mit dem Kind einer bestimmten Klasse, mit einem unter bestimmten gesellschaftlichen Verhältnissen heranwachsenden Kind.

Diese konkret-historische Auffassung vom Wesen der Erziehung haben Marx und Engels während ihrer praktischen organisatorisch-politischen Tätigkeit verwirklicht. Die Auseinandersetzungen mit Proudhon und seinen Anhängern waren kein bloßer akademischer Disput. Sie erwuchsen aus den Gegensätzen, die sich in der politischen Tätigkeit gezeigt hatten, und führten zur theoretischen Abgrenzung von Proudhon. Die sogenannten „wahren Sozialisten" und Anhänger Proudhons wandten sich gegen die revolutionäre Aktion und lehnten eine auf wissenschaftlicher Erkenntnis der Wirklichkeit beruhende Bildung des politischen Bewußtseins ab. Marx und Engels haben diese idealistische Phraseologie, die im Dienste der kleinbürgerlichen Kompromißbereitschaft stand, entschieden bekämpft. Die Erziehung des Proletariats konnte nur der Vorbereitung auf revolutionäre Aufgaben dienen, d. h. eine Erziehung des revolutionären Bewußtseins in einer bestimmten, konkreten Situation sein. In den Briefen von Marx und Engels aus diesen Jahren kehrt die Kritik an der idealistischen, von den konkreten revolutionären Aufgaben losgelösten Erziehung immer wieder. „Der Grün hat scheußlich geschadet", schrieb Engels im Jahre 1846. „Er hat bei den Kerls alles Bestimmte in bloße Duselei, Menschlichkeitsstreben usw. verwandelt. Unter dem Scheine, den Weitlingschen und sonstigen Systemkommunismus anzugreifen, hat er ihnen den Kopf voll bestimmter Belletristen- und Kleinbürgerphrasen gesetzt und alles andere für Systemreiterei ausgegeben." [1]

Auf diese Weise war die in der Polemik mit Proudhon und im Kampf gegen den objektiven und subjektiven Idealismus formulierte allgemeine theoretische Konzeption des historischen Materialismus mit der konkreten sozial-politischen Tätigkeit aufs engste verknüpft [2]. In dieser Sicht erhielt auch die Erziehung eine politische Orientierung, d. h. sie mußte an der Bildung der revolutionären Klasse teilhaben. „Von allen Produktionsinstrumenten", schrieb Marx am Schluß des „Elends der Philosophie", „ist die größte Produktivkraft die revolutionäre Klasse selbst." [3] Die Organisierung dieser Klasse wird zur wichtigsten Aufgabe. Diesen Gedanken, der für das Verständnis der Erziehungsfragen so wichtig ist, haben Marx und Engels im „Manifest der Kommunistischen Partei" entwickelt.

[1] Ebenda, S. 29.
[2] Anmerkung (4) des Verfassers, s. Anhang.
[3] K. Marx: Das Elend der Philosophie, Berlin 1952, S. 193.

6. Der Klassencharakter der Erziehung

Das „Manifest der Kommunistischen Partei" schließt diese Etappe der Entwicklung der pädagogischen Probleme bei Marx und Engels ab. Bereits im Jahre 1847 arbeiteten Marx und Engels an den Grundsätzen des kommunistischen Programms. Das läßt sich anhand der Korrespondenz und eines Entwurfs von Engels unter dem Titel „Grundsätze des Kommunismus" verfolgen, der Ende 1847 geschrieben, aber erst im Jahre 1914 veröffentlicht wurde.

Dieser Entwurf zeugt von dem großen Wert, den Marx und Engels bei der Ausarbeitung ihres Programms auf die Bildungs- und Erziehungsprobleme gelegt haben. Engels fordert nicht nur die „Erziehung sämtlicher Kinder, von dem Augenblick an, wo sie der ersten mütterlichen Pflege entbehren können, in Nationalanstalten und auf Nationalkosten", er betont nicht nur die Notwendigkeit, „Erziehung und Fabrikation" [1] zu verbinden, sondern er nimmt eine grundsätzliche Analyse der Rolle der Erziehung in der kapitalistischen und in der zukünftigen sozialistischen Gesellschaft vor.

Engels zeigt, daß in der Klassengesellschaft keine Möglichkeit für die allseitige Entwicklung des Menschen und seiner Fähigkeiten besteht. Die Gesellschaft ist in zwei antagonistische Klassen gespalten, von denen sich die herrschende Klasse nicht nur die materiellen, sondern auch die kulturellen Güter aneignet. Die Entwicklung der Produktivkräfte ermöglicht aber die Aufhebung des Privateigentums, die so zu einer Bedingung des weiteren Wachstums der Produktivkräfte in der neuen sozialistischen Gesellschaftsordnung wird. Im Kommunismus kommt es jedoch nicht nur zu einer Produktionssteigerung, die allen eine Befriedigung ihrer Bedürfnisse sichert, sondern es entwickeln sich zugleich auch neue Eigenschaften und Wesenszüge der Menschen. Für die Entwicklung der Produktion auf einem neuen technischen Niveau, stellt Engels fest, „... genügen die mechanischen und chemischen

---

[1] Marx/Engels: Werke, Bd. 4, Berlin 1959, S. 373.

Hilfsmittel nicht allein; die Fähigkeiten der diese Hilfsmittel in Bewegung setzenden Menschen müssen ebenfalls in entsprechendem Maße entwickelt sein. Ebenso wie die Bauern und Manufakturarbeiter des vorigen Jahrhunderts ihre ganze Lebensweise veränderten und selbst ganz andere Menschen wurden, als sie in die große Industrie hineingerissen wurden, ebenso wird der gemeinsame Betrieb der Produktion durch die ganze Gesellschaft und die daraus folgende neue Entwicklung der Produktion ganz anderer Menschen bedürfen und auch erzeugen." [1]

Engels gibt selbstverständlich keine vollständige Charakteristik dieser neuen Menschen, widmet jedoch besondere Aufmerksamkeit jenen Eigenschaften, die mit der Entwicklung der Produktivkräfte und der Aufhebung der Klassen eng verbunden sind. Die Entwicklung der Produktivkräfte erfordert immer vielseitiger gebildete Menschen; bereits unter kapitalistischen Verhältnissen zeichnet sich die Notwendigkeit ab, die einseitige Ausbildung zu überwinden, die auf die bisherige Arbeitsteilung zurückzuführen ist. Diese Notwendigkeit wird unter sozialistischen Verhältnissen zum Haupterfordernis. „Die gemeinsam und planmäßig von der ganzen Gesellschaft betriebene Industrie", schreibt Engels, „setzt vollends Menschen voraus, deren Anlagen nach allen Seiten hin entwickelt sind, die imstande sind, das gesamte System der Produktion zu überschauen." [2]

Gerade aus dieser Notwendigkeit heraus wird eine neue Erziehung geboren werden, und diese wird die neuen Menschen heranbilden, die die sozialistische Gesellschaft braucht. „Die Erziehung", schreibt Engels, „wird die jungen Leute das ganze System der Produktion rasch durchmachen lassen können, sie wird sie in Stand setzen, der Reihe nach von einem zum andern Produktionszweig überzugehen, je nachdem die Bedürfnisse der Gesellschaft oder ihre eigenen Neigungen sie dazu veranlassen." [2] Eine solche Erziehung — Engels nennt

[1] Ebenda, S. 376.
[2] Ebenda.

sie industrielle Erziehung — sichert „die allseitige Entwicklung der Neigungen der Allgemeinheit der Gesellschaftsmitglieder" und trägt damit zur Aufhebung der Klassen und des Gegensatzes zwischen Stadt und Land bei.

Diese Gedanken von Engels sind zum Teil Bestandteil des „Manifestes der Kommunistischen Partei", zum Teil tauchen sie im Programm der polytechnischen Bildung auf, das Marx und Engels in ihren späteren Arbeiten entwickelt haben.

Die nächste Entwicklungsetappe, das „Manifest der Kommunistischen Partei", enthält — was die uns hier interessierenden pädagogischen Probleme angeht — eine Zusammenfassung der bisherigen Errungenschaften und eine Formulierung der neuen theoretischen und praktischen Probleme, die Marx in seinen späteren Werken aufgreift.

Das „Manifest der Kommunistischen Partei" vertritt ganz klar die These, daß die Erziehung eine klassenbedingte Erscheinung ist. „Die Geschichte aller bisherigen Gesellschaft ist die Geschichte von Klassenkämpfen", beginnt das erste Kapitel des Manifestes. Die so begriffene Geschichte der Ideen, der Moral, des Rechts usw. ist die Geschichte von Etappen und Instrumenten dieses Klassenkampfes. „Bedarf es tiefer Einsicht, um zu begreifen, daß mit den Lebensverhältnissen der Menschen, mit ihren gesellschaftlichen Beziehungen, mit ihrem gesellschaftlichen Dasein, auch ihre Vorstellungen, Anschauungen und Begriffe, mit einem Worte auch ihr Bewußtsein sich ändert? Was beweist die Geschichte der Ideen anders, als daß die geistige Produktion sich mit der materiellen umgestaltet? Die herrschenden Ideen einer Zeit waren stets nur die Ideen der herrschenden Klasse." [1]

In diesem Rahmen hat auch die Erziehungstätigkeit ihren Platz. Um den kommunistischen Standpunkt gegen den Vorwurf in Schutz zu nehmen, daß die Familienerziehung durch eine gesellschaftliche Erziehung ersetzt werde, stellt Marx der Bourgeoisie die Frage: „Und ist nicht auch eure Erziehung durch die Gesellschaft bestimmt? Durch die gesellschaftlichen

---

[1] Marx/Engels: Ausgewählte Schriften, Bd. I, Berlin 1953, S. 41.

Verhältnisse, innerhalb derer ihr erzieht, durch die direktere oder indirektere Einmischung der Gesellschaft, vermittelst der Schule usw.? Die Kommunisten erfinden nicht die Einwirkung der Gesellschaft auf die Erziehung; sie verändern nur ihren Charakter, sie entreißen die Erziehung dem Einfluß der herrschenden Klasse." [1]

Die Entlarvung des Klassencharakters der Erziehung, die Aufdeckung ihrer politischen Funktion im Dienste der herrschenden Klassen, zwingt sie, Versuche zur Verteidigung ihres Erziehungsprogramms durch Hervorheben seiner angeblich allgemeinmenschlichen Werte zu unternehmen. Die Bourgeoisie benutzt in diesem Kampfe die ideologische Mystifikation, die Marx in seinen früheren Werken analysierte, als Hauptwaffe. Die Bourgeoisie stellt ihre Klassenideale, die ihre Klasseninteressen drapieren, als „allgemeinmenschliche" Ideale hin. Sie stellt infolgedessen den kommunistischen Angriff auf die bürgerliche Erziehung als einen Angriff auf die Erziehung überhaupt dar. „Alle Einwürfe", lesen wir im Manifest, „die gegen die kommunistische Aneignungs- und Produktionsweise der materiellen Produkte gerichtet werden, sind ebenso auf die Aneignung und Produktion der geistigen Produkte ausgedehnt worden. Wie für den Bourgeois das Aufhören des Klasseneigentums das Aufhören der Produktion selbst ist, so ist für ihn das Aufhören der Klassenbildung, identisch mit dem Aufhören der Bildung überhaupt." [2]

Diese Feststellungen werfen die Frage nach den Aufgaben und dem Charakter der Pädagogik auf. Die wirklich wissenschaftliche und fortschrittliche Pädagogik muß imstande sein, die erzieherische Tätigkeit mit den Methoden des historischen Materialismus zu analysieren. Sie darf nicht der Täuschung verfallen, daß die in einer bestimmten Epoche erhobenen Erziehungsforderungen eine Emanation „ewiger Ideen", unveränderlicher Ideen des Guten, der Gerechtigkeit, Freiheit usw.

[1] Ebenda, S. 39.
[2] Ebenda, S. 38.

wären. Ebensowenig darf sie sich von der Behauptung blenden lassen, daß die Kritik und Ablehnung einer bestimmten historischen Form der Klassenerziehung angeblich die Erziehungsarbeit in einer neuen Etappe der geschichtlichen Entwicklung negiere. Im Gegenteil, die Pädagogik wird einerseits gegenüber den Erziehungskonzeptionen der herrschenden Klassen negativ und andererseits gegenüber den neuen Erziehungskonzeptionen der revolutionären Klassen positiv eingestellt sein.

Die wissenschaftliche und fortschrittliche Pädagogik ist verpflichtet, die Erziehungssituation, die für die betreffende Epoche kennzeichnend ist, klassenmäßig zu analysieren. Sie hat die Pflicht, das Janusantlitz des Bildungs- und Erziehungssystems zu enthüllen, das eine prinzipiell andere Erziehung für die Kinder der herrschenden Klassen als für die der unterdrückten Klassen vorsieht. „Die Bildung, deren Verlust er (der Bourgeois, d. Vf.) bedauert", heißt es im „Manifest", „ist für die enorme Mehrzahl die Heranbildung zur Maschine." [1] Sie muß mit den neuen und schöpferischen Kräften rechnen, die in den unterdrückten Klassen heranwachsen und denen die Zukunft gehört; so muß sie eine Analyse der Erziehungsprobleme von diesem revolutionären Standpunkt aus durchführen.

Vor der wissenschaftlichen Pädagogik stehen also zwei eng miteinander verbundene Aufgaben: Sie soll einerseits die Klassenbedingtheit der Erziehungstätigkeit, des Schulwesens und der pädagogischen Theorien aufdecken, die von der herrschenden Klasse entwickelt und organisiert werden, andererseits aber mithelfen, die mit der revolutionären Bewegung der unterdrückten Klassen verbundenen Bedürfnisse und Methoden der Erziehung zu präzisieren. Eine solche Pädagogik würde bei der Formulierung der Begriffe ihren historischen Charakter wahren; die Begriffsbildung würde aus einer veränderten Wirklichkeit erwachsen und wäre keine idealistische und metaphysische Ableitung aus dem „Wesen" der Dinge, das eigentlich eine Hypostase der bisherigen gesellschaftlichen Verhältnisse darstellt.

[1] Ebenda.

Die Notwendigkeit, die Erziehungstheorie und -praxis auf die Grundsätze des historischen Materialismus und das revolutionäre Wirken der Arbeiterklasse zu gründen, tritt im „Manifest" in den Abschnitten besonders klar zutage, die der Kritik des utopischen Sozialismus gewidmet sind. Der utopische Sozialismus erkannte zwar „den Gegensatz der Klassen wie die Wirksamkeit der auflösenden Elemente in der herrschenden Gesellschaft selbst" ganz richtig, erfaßte aber nicht die Faktoren, die die gesellschaftliche Entwicklung bestimmen, und erblickte „auf der Seite des Proletariats keine geschichtliche Selbsttätigkeit, keine ihm eigentümliche politische Bewegung".[1] Aus diesen Gründen war er dazu verurteilt, utopische Bilder eines künftigen Glücks zu entwerfen, einen illusionären Glauben an die revolutionierende Kraft der Erziehung, der Propaganda und des Vorbildes zu hegen, die von der revolutionären Bewegung der Arbeiterklasse losgelöst waren.

Erst die weitere Entwicklung der Produktivkräfte, die die Klassengegensätze verschärft und dazu beiträgt, daß das Proletariat zu einer politisch-ideologisch immer bewußteren Klasse wird, schafft die Voraussetzungen für eine wirkliche Aktion zum Sturz der Klassenherrschaft der Bourgeoisie. Unter diesen Bedingungen erschließen sich auch der Erziehung neue Perspektiven. An die Stelle einer Erziehung, die ein Appell an den guten Willen sein soll und die isoliert von den politischen und revolutionären Kämpfen die Menschen und die Gesellschaftsordnung verändern soll, tritt die Erziehung als eine mit dem Klassenkampf der Arbeiter verbundene Tätigkeit. Eine solche Erziehung ist — nach Meinung von Marx — zum ersten Mal in der Geschichte wirklich allgemein und menschlich. „Alle bisherigen Bewegungen", verkündet das „Manifest", „waren Bewegungen von Minoritäten oder im Interesse von Minoritäten. Die proletarische Bewegung ist die selbständige Bewegung der ungeheuren Mehrzahl im Interesse der ungeheuren Mehrzahl. Das Proletariat, die unterste Schicht der jetzigen Gesellschaft, kann sich nicht erheben,

[1] Ebenda, S. 51.

nicht aufrichten, ohne daß der ganze Überbau der Schichten, die die offizielle Gesellschaft bilden, in die Luft gesprengt wird." [1]

Die mit dem Kampf des Proletariats verbundene Erziehung wird also zu einer wirklich humanistischen, d. h. zu einer Erziehung, die alle Voraussetzungen für eine allseitige Entwicklung schafft. Nach der proletarischen Revolution tritt „an die Stelle der alten bürgerlichen Gesellschaft mit ihren Klassen und Klassengegensätzen ... eine Assoziation, worin die freie Entwicklung eines jeden die Bedingung für die freie Entwicklung aller ist." [2]

Das „Manifest der Kommunistischen Partei" ist jenes Werk von Marx und Engels, in dem die seit langem heranreifenden historischen Konzeptionen des Materialismus als Theorie der revolutionären Arbeiterbewegung ihren endgültigen Ausdruck fanden. Das Werk zeigt, welche Bedeutung die Begründer des wissenschaftlichen Sozialismus der Erziehung beimaßen und auf welche historisch-politischen Grundsätze sie diese sowohl in der Periode des Kampfes gegen die Bourgeoisie als auch nach dem Sieg des Proletariats stützen wollten. Es zeigt die Doppelzüngigkeit der Erziehung und des pädagogischen Denkens in der Klassengesellschaft. Es macht den Unterschied verständlich zwischen der bürgerlichen Pädagogik in ihren vielfältigen Formen — in Gestalt einer offenen Apologie der Klassenherrschaft, humanitär drapiert, in Gestalt moralisierender Appelle, „kritisch", aber praktisch fruchtlos sowie in utopischer Form — und der revolutionären wissenschaftlichen Pädagogik, die sich auf die Analyse des geschichtlichen Prozesses gründet und auf die Aktion der Arbeiterklasse stützt.

7. Die Probleme der Ökonomie und die Pädagogik

Die im „Kommunistischen Manifest" enthaltenen Thesen sind der Ausgangspunkt für die weitere wissenschaftliche und

[1] Ebenda, S. 34.
[2] Ebenda, S. 43.

politische Tätigkeit von Marx. Sie ist auf eine genaue Untersuchung der Gesetze, die die Entstehung, die Blütezeit und den Verfall des Kapitalismus bestimmen, und der Grundsätze des revolutionären Handelns des Proletariats gerichtet, das sich auf die Kenntnis dieser Gesetze gründet.

Es ist mehrfach behauptet worden, daß sich Marx in seiner Reifezeit auf die ökonomischen Fragen „beschränkt" und damit die philosophischen und humanistischen Interessen seiner Jugendperiode aufgegeben habe. Eine solche Einschätzung ist völlig falsch und politisch schädlich, weil sie jene Werke von Marx in den Augen der Intellektuellen zu diskreditieren versucht, in denen seine revolutionäre Kraft — auf dem Gebiet der wissenschaftlichen und politischen Tätigkeit — am wirksamsten zutage tritt.

Wie falsch eine derartige Auffassung ist, die grundsätzlich dem „reifen" den „jungen" Marx gegenüberstellt und dabei seinen Jugendschriften einen angeblich besonderen Wert für den Humanismus zuschreibt, kann durch eine Reihe von Argumenten nachgewiesen werden.

Es muß vor allem auf die selbst von den Anhängern jener Theorie unbestrittene Einheit des praktisch-revolutionären Wirkens von Marx hingewiesen werden. Da sein Denken stets aufs engste mit dieser Tätigkeit verknüpft war, wäre es absolut unerklärlich, wenn mit der Kontinuität seines revolutionären Wirkens vollkommen verschiedene intellektuelle Haltungen und Absichten einhergegangen wären. In Wirklichkeit waren diese Absichten ebenfalls in sich geschlossen und galten — ganz allgemein gesagt — dem Problem der Befreiung der Menschen aus den Fesseln der Knechtschaft, die ihnen bisher von der Natur und der Klassengesellschaft aufgezwungen worden waren.

In seinen Jugendschriften betrachtet Marx diese Probleme mehr allgemeinphilosophisch, wenn er den Kampf gegen den Idealismus führt; in seinen Schriften aus der späteren Zeit untersucht er diese Frage unter dem Aspekt der Entwicklungsgesetze der kapitalistischen Wirtschaft, aber in beiden Schaffensperioden ist das Grundanliegen seines Denkens das gleiche und faßt dessen Verbindung mit der revolutionären Aktion des Proletariats als eine grundsätzliche Garantie für die Richtigkeit der intellektuellen Lösungen auf. Die Tatsache, daß Marx in seinem Jugendschaffen so oft Hegel erwähnt und später so viel von Kapital, Akkumulation, Mehrwert usw. spricht, zeugt lediglich davon, daß sich die Thematik, das Gebiet geändert hat, aber sie ist keineswegs der Beweis für eine grundsätzliche Wandlung seiner Konzeption. Im „Kapital" geht es Marx prinzipiell um die gleichen Probleme wie in den „Ökonomisch-philosophischen Manuskripten" — um die Befreiung des Menschen.

Davon können wir uns überzeugen, wenn wir in die ökonomische Lehre von Marx tiefer eindringen und ihren durch und durch humanistischen, moralischen und menschlichen Charakter aufzeigen. Die ökonomische Lehre von Marx zeigt eben, wie sich in der Periode des Kapitalismus mit Notwendigkeit der antihumanistische Charakter der Wirtschaft herausbildete und wie der Kapitalismus naturgemäß die realen — technischen und klassenmäßigen — Kräfte entwickelte, die dann imstande sind, dieses System zu stürzen. Das „ökonomische Bewegungsgesetz der modernen Gesellschaft zu enthüllen" sollte — wie Marx im Vorwort zur ersten Auflage des „Kapitals" schrieb — die Hauptaufgabe seiner Untersuchungen sein; das Motiv seiner Forschungen war die Einsicht, daß die Gesellschaft zwar die notwendigen Entwicklungsphasen nicht zu überspringen vermag, aber durch die Kenntnis dieser Gesetze „die Geburtswehen abkürzen und mildern" [1] kann. Durch das Erkennen dieser Gesetze kann die Aktion des Proletariats die entsprechenden Mittel organisieren und zweckmäßig anwenden.

Vom Beginn seines Wirkens an zeigte Marx einen ausgeprägten Sinn für Realitäten, der ihn utopischen Theorien gegenüber ausgesprochen mißtrauisch und kritisch machte. Marx wollte nicht nur vom besseren Schicksal der Menschen träumen, nicht nur für die Verbesserung der Verhältnisse

---

[1] K. Marx: Das Kapital, Bd. I, Berlin 1953, S. 8.

agitieren, sondern vor allem für diese Ziele erfolgreich kämpfen. Die Erkenntnis des Mechanismus der kapitalistischen Wirtschaft sollte diese Wirksamkeit sichern, ähnlich wie im Bereich der Technik die praktische und theoretische Erkenntnis der Naturgesetze den Erfolg garantiert. Und die ökonomische Lehre von Marx wurde tatsächlich ein solches Instrument des Handelns.

Aber nicht nur die grundlegende Bedeutung der ökonomischen Untersuchungen von Marx stimmt mit der völlig überein, die Marx in seinem Jugendschaffen den Philosophen zugewiesen hat; auch der Inhalt dieser Untersuchungen bewahrte den gleichen — und zwar zutiefst humanistischen — Charakter, den die Betrachtungen des jungen Marx hatten. Marx analysierte die ökonomischen Gesetze, indem er zeigte, daß sie keineswegs natürliche und unveränderliche Gesetze der Dinge, sondern historische Gesetze bestimmter sozialökonomischer Formationen sind. Die Untersuchungen von Marx sollten gerade jenen Fetischcharakter der sogenannten ehernen ökonomischen Gesetze enthüllen und den „Menschen klar machen, daß sie durch die verselbständigten und zu Gunsten der herrschenden Klasse" ausgebeuteten Produkte ihrer eigenen Hände entmenschlicht werden; sie sollten die Menschen ermutigen, gegen diesen Warenfetischismus unter Ausschöpfung aller bei dem bestehenden Entwicklungsstand der Produktivkräfte vorhandenen Möglichkeiten aufzutreten.

Die ökonomischen Untersuchungen von Marx zeigten konkret die Lage der arbeitenden und ausgebeuteten Menschen und nicht nur die Situation auf dem Warenmarkt. Sie zeigten die wirklichen Ursachen für die Herrschaft der Dinge über den Menschen und nicht nur die Prozesse der Kapitalakkumulation. Sie zeigten die Gegenkräfte, die mit der Entwicklung der Technik und des Proletariats heranreifen und den Sturz des kapitalistischen Systems vorbereiten, und somit nicht nur den Funktionsmechanismus dieser Gesellschaftsordnung. Die ökonomischen Lehren von Marx faßten die von den bürgerlichen Ökonomen als endgültig, von den Menschen unabhängig und für deren Leben als maßgeblich akzeptierte kapitalistische Gesellschaftsordnung lediglich als Gegenstand einer Analyse auf, die die Lage der Menschen im Kapitalismus verdeutlichen und zugleich vom Heranwachsen jener Kräfte überzeugen sollte, die die menschliche Emanzipation ermöglichen. Die Analysen von Marx ließen erkennen, wie die Menschen die Herrschaft über ihre eigene produktive Tätigkeit verloren haben, und wie sie diese Herrschaft auf einem unvergleichlich höheren Niveau wiedergewinnen können.

Es ist klar, wie von diesem humanistischen und moralischen Standpunkt aus gesehen die Bilanz der kapitalistischen Wirtschaft ausfällt. Innerhalb des kapitalistischen Systems, schreibt Marx, „vollziehen sich alle Methoden zur Steigerung der gesellschaftlichen Produktivkraft der Arbeit auf Kosten des individuellen Arbeiters; alle Mittel zur Entwicklung der Produktion schlagen um in Beherrschungs- und Exploitationsmittel des Produzenten, verstümmeln den Arbeiter in einen Teilmenschen, entwürdigen ihn zum Anhängsel der Maschine, vernichten mit der Qual seiner Arbeit ihren Inhalt, entfremden ihm die geistigen Potenzen des Arbeitsprozesses, im selben Maße, worin letzterem die Wissenschaft als selbständige Potenz einverleibt wird; sie verunstalten die Bedingungen, innerhalb deren er arbeitet, unterwerfen ihn während des Arbeitsprozesses der kleinlichst gehässigen Despotie, verwandeln seine Lebenszeit in Arbeitszeit, schleudern sein Weib und Kind unter das Juggernautrad des Kapitals. Aber alle Methoden zur Produktion des Mehrwerts sind zugleich Methoden der Akkumulation und jede Ausdehnung der Akkumulation wird umgekehrt Mittel zur Entwicklung jener Methoden .... Die Akkumulation von Reichtum auf dem einen Pol ist also zugleich Akkumulation von Elend, Arbeitsqual, Sklaverei, Unwissenheit, Brutalisierung und moralischer Degradation auf dem Gegenpol, d. h. auf Seite der Klasse, die ihr eignes Produkt als Kapital produziert."[1]

Diesen antagonistischen Charakter der kapitalistischen Ökonomie nahmen sogar bürgerliche Schriftsteller wahr, die ihn

---

[1] K. Marx: Das Kapital, Bd. I, Berlin 1953, S. 680 f.

aber zynisch als unumgänglich notwendig akzeptierten. Besonders die religiösen Schriftsteller wurden — wie Marx zitiert — durch diese Tatsache angeregt, auf die Barmherzigkeit hinzuweisen oder über Sünden und himmlischen Lohn nachzudenken. Dieser Antagonismus war nach Marx kein Naturgesetz. Nicht die Dinge und Maschinen beherrschen die Menschen, sondern umgekehrt die Menschen die Dinge und Maschinen.

Marx' ökonomische Forschungen aus der Reifezeit stehen keineswegs zu seiner frühen humanistischen und revolutionären Einstellung in Widerspruch, sondern bringen sie am umfassendsten und am konkretesten zum Ausdruck, indem sie die Wege zu ihrer gesellschaftlichen Verwirklichung weisen. Diesen wahrhaft humanistischen Charakter der ökonomischen Studien von Marx hat Lenin mit aller Klarheit in seinem bekannten Aufsatz „Drei Quellen und drei Bestandteile des Marxismus" hervorgehoben. In dieser Abhandlung schrieb Lenin: „Wo die bürgerlichen Ökonomen ein Verhältnis von Dingen zueinander sahen (Austausch von Ware gegen Ware), dort enthüllte Marx ein *Verhältnis von Menschen zueinander*." [1]

Lenins Interpretation weist den richtigen Weg zum Verständnis der ökonomischen Untersuchungen von Marx und ist der Schlüssel, den pädagogischen Inhalt zu bestimmen, der in der Analyse von ökonomischen Prozessen steckt und die hinter der gegenständlichen Hülle verborgenen Beziehungen der Menschen zueinander aufzudecken [2].

Somit sind die historisch-ökonomischen Forschungen von Marx, die sich auf die Entstehung und Entwicklung des Kapitalismus konzentrieren, Untersuchungen der Wirtschaft und des auf einer gegebenen geschichtlichen Entwicklungsstufe in bestimmter Weise produzierenden Menschen. Mit der Ablehnung des Psychologismus in der Ökonomie, der die wirtschaftlichen Prozesse mit für die menschliche Natur charakteristischen psychologischen Motiven zu erklären sucht, hat Marx den

[1] W. I. Lenin: Marx, Engels, Marxismus, Moskau 1947, S. 57.
[2] Amerkung (5) des Verfassers, s. Anhang.

Menschen keineswegs übergangen; im Gegenteil, er hat seine Analysen bis zur Klärung der konkreten Eigenschaften des Menschen, die mit dessen jeweiliger Lebenslage verbunden sind, fortgeführt. Aber bei der Auseinandersetzung mit den objektivistischen und fatalistischen Theorien in der Ökonomie, die die wirtschaftliche Entwicklung als „natürlich", d. h. von den Menschen unabhängig, zu erklären bemüht sind, weist Marx zugleich auf die Rolle hin, die das Bewußtsein und die Tätigkeit der Menschen im Rahmen objektiver, die ökonomischen Umwälzungen bestimmender Entwicklungsgesetze spielen können und müssen. Die Einheit vom Wissen um die Ökonomie und der Kenntnis von der Rolle des Menschen bringt das grundlegende dialektische Verhältnis zum Ausdruck, das in Wirklichkeit zwischen den Menschen und der von ihnen geschaffenen Umwelt besteht. Dieses Verhältnis wird gerade in den Werken von Marx mit besonderer Klarheit aufgedeckt.

Die Bedeutung der historisch-ökonomischen Studien von Marx für die Pädagogik erschöpft sich jedoch nicht darin, daß sie den Zusammenhang zwischen Ökonomie und Psychologie feststellen. Der dialektische Charakter dieses Verhältnisses erfordert, daß es nicht mechanisch und objektivistisch aufgefaßt werden darf. Die menschliche Psyche ist nicht einfach das Resultat der menschlichen Lebensbedingungen, sondern zugleich ein Faktor, der bei der Veränderung dieser Verhältnisse mitwirkt. Ihre Beziehung zu den Lebensbedingungen beruht nicht auf unbedingter und völliger Übereinstimmung mit ihnen, sondern auch auf dem Kampf, der neue Verhältnisse schafft. Ihr Verhältnis ist das einer Einheit von Gegensätzen, die auch den Kampf einschließt.

Die Analysen von Marx zeigen nicht nur, wie das sich entwickelnde kapitalistische System die Menschen formte, sondern zugleich deren Auflehnung gegen dieses System. Diese Empörung war jedoch entweder ein historisch fruchtloses und gesellschaftlich schädliches Streben, zu vergangenen, patriarchalisch-feudalen Verhältnissen zurückzukehren, oder es ist eine historisch schöpferische, fortschrittliche Aktion, den Kapitalismus durch die künftige sozialistische Ordnung zu überwinden. Je nach Beschreiten des einen oder anderen Weges bildete sich die Psyche des Menschen unterschiedlich heraus, und welchen Weg man beschritt war von der Klassenzugehörigkeit und in hohem Maße vom Bewußtsein abhängig.

Die Formung der menschlichen Psyche ist ein Prozeß, bei dem die bewußte Erziehungsarbeit die entscheidende Rolle spielt. Diese Erziehung rüstet den menschlichen Geist mit Wissen um die Wirklichkeit und ihre Gesetze aus und befähigt dadurch den Menschen zu erfolgreicher Tätigkeit. Mit diesen Prozessen ändert sich auch das Verhältnis der Menschen zur Umwelt und es werden gewaltige Kräfte der revolutionären Umgestaltung in Bewegung gesetzt. In seinen historischen Untersuchungen, vor allem in den Studien zur Geschichte der Klassenkämpfe, analysiert Marx die Gesellschaft so gründlich, um die ganze Vielfalt der Klassenpositionen der Menschen in einer bestimmten Epoche sichtbar zu machen und um in diesem Zusammenhang die tatsächlichen Motive ihres Handelns zu enthüllen, die zahlreichen ihren Klasseninteressen nützenden Illusionen zu entlarven und um die schöpferische Tätigkeit zu zeigen.

Ähnlich wie in seinen ökonomischen Studien verwirft Marx auch in den Untersuchungen zur politischen Geschichte den Psychologismus, der die Ereignisse und politischen Institutionen aus der Analyse der „menschlichen Natur" ableitet. Marx zeigt auch hier Menschen, die unter bestimmten Bedingungen wirken und durch die eigene Tätigkeit sowie durch diese Verhältnisse geformt wurden.

Die nach dieser Methode durchgeführte Analyse des Menschen und der Geschichte, eine Analyse der Formung des Menschen durch seine Teilnahme an den geschichtlichen Prozessen, rückt ein zweites Grundproblem der Pädagogik in den Vordergrund, und zwar die Frage nach dem Verhältnis von Sein und Bewußtsein im Leben des Einzelnen.

Bereits in der „Deutschen Ideologie" hat Marx davor gewarnt, die Menschen danach zu beurteilen, was sie über sich selbst denken. Er wollte Menschen sehen, „nicht wie sie in der eignen oder fremden Vorstellung erscheinen mögen, sondern wie sie ‚wirklich' sind, d. h., wie sie wirken, materiell produzieren, also wie sie unter bestimmten materiellen und von ihrer Willkür unabhängigen Schranken, Voraussetzungen und Bedingungen tätig sind". Er wies nach, daß „das Bewußtsein... nie etwas Anderes sein kann als das bewußte Sein, und das Sein der Menschen ... ihr wirklicher Lebensprozeß" ist, und wenn im Bewußtsein bestimmte Verzerrungen oder Illusionen vorkommen, so sind die wirklichen Quellen dieser Mißverständnisse im Leben selbst zu suchen [1]. Im Vorwort zu seiner Arbeit „Zur Kritik der politischen Ökonomie" wiederholte Marx die Warnung, daß man ein Individuum nicht „nach dem beurteilt, was es sich selbst dünkt." [2] Die Richtigkeit dieses Hinweises wurde in späteren Studien von Marx durch umfangreiches historisches Material genauer belegt.

In seinen ökonomischen Arbeiten, insbesondere im „Kapital" und in seinen historischen Studien, die vor allem die zeitgenössische Geschichte Frankreichs betreffen, enthüllte Marx, was die Menschen wirklich und wie falsch ihre Vorstellungen von sich selbst sind. „Auf den verschiedenen Formen des Eigentums", schreibt Marx in „Der achtzehnte Brumaire des Louis Bonaparte", „auf den sozialen Existenzbedingungen erhebt sich ein ganzer Überbau verschiedener und eigentümlich gestalteter Empfindungen, Illusionen, Denkweisen und Lebensanschauungen. Die ganze Klasse schafft und gestaltet sie aus ihren materiellen Grundlagen heraus und aus den entsprechenden gesellschaftlichen Verhältnissen. Das einzelne Individuum, dem sie durch Tradition und Erziehung zufließen, kann sich einbilden, daß sie die eigentlichen Bestimmungsgründe und den Ausgangspunkt seines Handelns bilden." [3] Die bürgerliche Anthropologie aber nimmt diese Illusionen als Wahrheit und analysiert die Menschen danach, was sie über sich selbst denken und nicht danach, was sie wirklich sind.

Mit dieser Gegenüberstellung von Sein und Bewußtsein im Leben des Individuums besonders in der bürgerlichen Gesell-

[1] Marx/Engels: Werke, Bd. 3, Berlin 1958, S. 25 f.
[2] K. Marx: Zur Kritik der politischen Ökonomie, Berlin 1947, S. 13.
[3] Marx/Engels: Ausgewählte Schriften, Bd. I, Berlin 1953, S. 250.

schaft waren sehr wichtige Erziehungsfragen verbunden. Im Bewußtsein der herrschenden Klasse mußten sich viele Probleme ganz anders widerspiegeln als sie wirklich waren. Die zu diesen Klassen gehörenden Individuen eigneten sich diese von Klasseninteressen diktierten Illusionen an. Die Erziehung müßte diese Illusionen zerstören, den Individuen die Fähigkeit wiedergeben, sich als das zu erkennen, was sie wirklich sind, und müßte helfen, den Schleier zu zerreißen, durch den ihr „schlechtes Gewissen" sie von der Welt und dem eigenen, wirklich geführten Leben trennt. Auf diese Weise kann die Erziehung — in gewissen Fällen — dazu führen, daß ein Individuum mit der Klasse bricht, zu der es gehörte. Vor allem, wenn der „Klassenkampf sich der Entscheidung nähert" und „der Zersetzungsprozeß innerhalb der herrschenden Klasse einen gewaltsamen und auffallenden Charakter einnimmt" ist ein solcher Bruch und ein Übergang auf die Seite der fortschrittlichen und revolutionären Klasse möglich. Der Erziehung fällt dabei eine große und schöpferische Rolle zu.

Die Klasseninteressen dienenden Irrtümer des mit Einbildungen und Vorstellungen erfüllten Lebens zu entlarven, den Widerspruch aufzudecken, zwischen dem, was man in seinem täglichen Leben tatsächlich ist, und dem, wofür man sich selbst hält — und zwar als einen Widerspruch, der die realen Konflikte der bürgerlichen Gesellschaft widerspiegelt, und weiter den Menschen einen Ausweg aus diesen Verstrickungen des „schlechten Gewissens" durch ihre systematische Einbeziehung in den revolutionären und fortschrittlichen Strom der Geschichte zu zeigen, — das sind ganz neue pädagogische Perspektiven, die der historische Materialismus eröffnet.

Das Problem des Seins und des Bewußtseins im Leben des Individuums führt uns zu einer weiteren wichtigen Frage: der nach dem Verhältnis zwischen der Selbsterziehung der Menschen durch ihre im Verlauf der Geschichte geleistete Arbeit und den zielgerichteten, von den herrschenden Klassen organisierten Erziehungsmaßnahmen. Schon in seinen Frühschriften betonte Marx, daß die Menschen im Verlaufe des historischen Prozesses der Umgestaltung der Natur, ihrer gesellschaftlichen Verhältnisse und ihres individuellen Lebens immer reicher werden. Marx lehnte seitdem stets alle Theorien ab, die diese schöpferische Rolle der menschlichen Tätigkeit unterschätzten. Er bekämpfte sowohl die spiritualistischen Theorien, die diese Tätigkeit deswegen geringschätzten, weil sie den Menschen als ein geistiges, von der materiellen Welt unabhängiges Wesen betrachteten, als auch die naturalistischen Lehren, die dieser schöpferischen Tätigkeit deshalb keine Bedeutung beimaßen, weil sie den Menschen als ein Produkt der Naturbedingungen oder der natürlich-gesellschaftlichen, von ihm unabhängigen Verhältnisse betrachteten.

Im Gegensatz zu diesen Anschauungen unterstrich Marx die Rolle der eigenen Tätigkeit der Menschen bei ihrer Selbsterziehung. Die geschichtliche Entwicklung war die Entwicklung der Produktivkräfte, die stufenweise die bisherigen Schranken der Menschen im Verhältnis zur Natur überwand und die Produktionsverhältnisse immer wieder sprengte. „Alle Kollisionen der Geschichte haben also nach unserer Auffassung ihren Ursprung in dem Widerspruch zwischen den Produktivkräften und der Verkehrsform." [1] Aber die Produktivkräfte sind — wie Marx in seinem Brief an Annenkow präzisierte — „das Resultat der angewandten Energie der Menschen", die in den Grenzen und auf der Grundlage der bisherigen historischen Errungenschaften wirkt. Sie sind nicht Ausdruck einer fremden, metaphysischen Kraft, die den Mechanismus der Geschichte von außen her in Bewegung setzt.

Die Produktivkräfte schaffen wiederum einen bestimmten Typ von Produktionsverhältnissen, der ihnen anfangs entspricht und der sie dann behindert. Bei der Herausbildung dieses Typs formen sie auf bestimmte Art und Weise auch die Menschen in ihrem Verhältnis zueinander. „In der Produktion", schrieb Marx in „Lohnarbeit und Kapital", „wirken die Menschen nicht allein auf die Natur, sondern auch aufeinander." [2] Die

---

[1] Marx/Engels: Werke, Bd. 3, Berlin 1958, S. 73.
[2] Marx/Engels: Ausgewählte Schriften, Bd. I, Berlin 1953, S. 77.

menschlichen Individuen werden ohne Rücksicht darauf, ob sie sich dessen bewußt sind oder nicht, von diesen Verhältnissen geprägt, in denen sie leben.

Die geschichtliche Entwicklung der Produktivkräfte vollzieht sich also nicht losgelöst von den Menschen. Sie vollzieht sich durch sie und in ihnen, in ihrer Produktionstätigkeit, die die Menschen durch Veränderungen sowohl in ihrem Verhältnis zur Natur als auch in ihren Beziehungen zueinander formt und entwickelt. „Die notwendige Folge:" schreibt Marx an Annenkow — „Die gesellschaftliche Geschichte der Menschen ist stets nur die Geschichte ihrer individuellen Entwicklung, ob die Menschen sich dessen bewußt sind oder nicht." [1]

Die Erziehung der Menschen ist also ein wichtiger Prozeß der Selbsterzeugung des Menschen im Verlauf seiner geschichtlichen produktiven Arbeit. Aber dieser Prozeß verläuft — wie der historische Materialismus lehrt — nicht geradlinig. Im Gegenteil, er vollzieht sich in Kämpfen und Widersprüchen. „Auf einer gewissen Stufe ihrer Entwicklung geraten die materiellen Produktivkräfte der Gesellschaft in Widerspruch mit den vorhandenen Produktionsverhältnissen, oder, was nur ein juristischer Ausdruck dafür ist, mit den Eigentumsverhältnissen, innerhalb deren sie sich bisher bewegt hatten. Aus Entwicklungsformen der Produktivkräfte schlagen diese Verhältnisse in Fesseln derselben um. Es tritt dann eine Epoche sozialer Revolution ein. Mit der Veränderung der ökonomischen Grundlage wälzt sich der ganze ungeheure Überbau langsamer oder rascher um." [2] In dieser Periode der Revolution widersetzen sich die von der herrschenden Klasse konservierten gesellschaftlichen Verhältnisse und deren Ideologie lange Zeit den revolutionären Bestrebungen, die sich aus der Evolution der Produktivkräfte und der mit ihnen gewachsenen fortschrittlichen, unterdrückten Klassen ergeben. In dieser Auseinandersetzung dient unter anderem auch die Erziehung als Kampfmittel.

[1] Marx/Engels: Ausgewählte Schriften, Bd. II, Berlin 1953, S. 415.
[2] Marx/Engels: Ausgewählte Schriften, Bd. I, Berlin 1953, S. 338.

Die Erziehung ist in Händen der herrschenden Klassen eine Waffe, eines der wichtigsten Mittel, ihre Herrschaft aufrechtzuerhalten und deren Erschütterung zu verhindern sowie die menschliche Psyche von allen Einwirkungen freizuhalten, die durch die Veränderungen der Produktivkräfte entstehen.

Auf diese Weise steht die Erziehung als zielgerichtete Einwirkung auf die Menschen im Interesse der absterbenden Ordnung im schroffen Widerspruch zu der Erziehung, die als wirklicher Bildungsprozeß neuer Menschen bei der geschichtlichen Entwicklung der Produktivkräfte aufgefaßt wird. Im ersten Falle ist die Erziehung ein Instrument der Klassenunterdrückung, im zweiten dagegen ein Element der Selbsterzeugung der Menschen im Verlauf ihrer historischen produktiven Arbeit. Der Widerspruch zwischen diesen beiden Formen der Erziehung spiegelt den Gegensatz wider, der in der Geschichte zwischen der revolutionierenden und schöpferischen Entwicklung der Produktivkräfte und der hemmenden Kraft der Produktionsverhältnisse entsteht. Dieser Widerspruch ist besonders schroff in der Epoche des Kapitalismus.

Marx zeigt, wie dank der modernen Technik der maschinellen und kollektiven Arbeit große Möglichkeiten für die menschliche Entwicklung entstehen, und wie diese Möglichkeiten durch die kapitalistische Organisation dieser Arbeit zerstört werden. Er legt dar, wie durch dieses kapitalistische System und die in seinem Dienste stehende Erziehung die Menschen unterjocht werden und wie sich diese in der sozialistischen Gesellschaft mit Hilfe der sozialistischen Erziehung allseitig werden entwickeln können.

Dann wird der Widerspruch zwischen der Bildung des Menschen im geschichtlichen Prozeß seiner Arbeit und seiner Mißbildung unter dem Einfluß der Klassenunterdrückung und Klassenherrschaft endgültig überwunden sein. Dann wird die sinnvoll organisierte Erziehung zu einer Kraft, die dem Menschen wirklich hilft, sich allseitig zu entwickeln und aus der Beherrschung der Produktivkräfte den ganzen Bildungsinhalt zu schöpfen.

8. Die dialektische Methode

Lenin stellte fest: „Man kann das ‚Kapital' von Marx und besonders das erste Kapitel nicht vollkommen begreifen, wenn man nicht die *ganze* Logik Hegels durchstudiert und begriffen hat." [1] In der Tat, die eigentliche Grundlage der wissenschaftlichen Errungenschaften des „Kapitals" ist die dialektische Methode, die Hegel auf dem Boden des Idealismus formulierte und die Marx materialistisch faßte. Marx schälte den „rationellen Kern in der mystischen Hülle" heraus und legte zugleich den revolutionären Charakter dieser Methode frei, die die Bewegung der Dinge und ihrer Widersprüche verfolgt. Wenn die Dialektik „in ihrer mystifizierten Form ... das Bestehende zu verklären schien", so ist sie, wie Marx schrieb, „in ihrer rationellen Gestalt ... dem Bürgertum und seinen doktrinären Wortführern ein Ärgernis und ein Greuel, weil sie in dem positiven Verständnis des Bestehenden zugleich auch das Verständnis seiner Negation, seines notwendigen Untergangs einschließt, jede gewordne Form im Flusse der Bewegung, also auch nach ihrer vergänglichen Seite auffaßt, sich durch nichts imponieren läßt, ihrem Wesen nach kritisch und revolutionär ist." [2]

Der Ausarbeitung dieser Methode am Beispiel konkreter Analysen dienen die reifsten Werke von Marx, besonders das „Kapital", und von Engels, vor allem der „Anti-Dühring" und die „Dialektik der Natur". Die Bedeutung dieser Methode für die Pädagogik ist enorm. Ihre Bedeutung besteht darin, daß sie die metaphysische Methode ablehnt, die gerade in der Pädagogik außerordentlich verbreitet war. Sowohl die Erziehungsziele als auch die Auffassungen vom Erziehungsprozeß wurden metaphysisch konstruiert. Dies wurde nicht nur im Lager der Idealisten getan. Auch in den Fällen, wo man die Erziehungsprobleme materialistisch zu erfassen suchte — wie z. B. in der Epoche der Aufklärung —, erfolgte dies in meta-

---

[1] W. I. Lenin: Aus dem Philosophischen Nachlaß, Berlin 1954, S. 99.
[2] K. Marx: Das Kapital, Bd. I, Berlin 1953, S. 18.

physischer Weise. Man suchte stets nach festen Zielen, unveränderlichen Eigenschaften, nach einem ewigen Wesen, um von diesen starren Größen ausgehend konkrete Fälle zu bestimmen, an sie Anforderungen zu stellen, sie zu kontrollieren und zu gestalten. Das war eine Quelle verschiedenartiger Mystifikationen, die zwar den Interessen der herrschenden Klassen dienten, aber zugleich der pädagogischen Theorie das Vordringen zur Wirklichkeit verbauten. Die Erziehung war und ist veränderlich, sie entwickelt und wandelt sich; sie kann also nicht mit Hilfe statischer und metaphysischer Begriffe umrissen werden.

„Für den Metaphysiker", schrieb Engels, „sind die Dinge und ihre Gedankenabbilder, die Begriffe, vereinzelte, eins nach dem andern und ohne das andre zu betrachtende, feste, starre, ein für allemal gegebene Gegenstände der Untersuchung. Er denkt in lauter unvermittelten Gegensätzen..." [1] Ganz anders ist es vom Standpunkt der Dialektik aus. Wenn wir von hier aus „die Natur, oder die Menschengeschichte, oder unsre eigne geistige Tätigkeit der denkenden Betrachtung unterwerfen, so bietet sich uns zunächst dar das Bild einer unendlichen Verschlingung von Zusammenhängen und Wechselwirkungen, in der nichts bleibt, was, wo und wie es war, sondern alles sich bewegt, sich verändert, wird und vergeht." [2]

Diese Betrachtungsweise befreit die pädagogische Theorie vom metaphysischen Schematismus, verbindet sie mit den konkreten Prozessen sowohl der psychologischen als auch der gesellschaftlichen Wirklichkeit, überwindet die Angewohnheit, Ursachen und Wirkungen isoliert zu betrachten, Eigenschaften und Begabungen für unveränderlich zu halten, die Erziehungstätigkeit von der sogenannten natürlichen Entwicklung des Kindes zu trennen usw. Dieser Standpunkt ermöglicht es, sich mit den vielen bürgerlichen Methoden und Theorien, die die grundlegenden pädagogischen Begriffe metaphysisch starr fixieren, erfolgreich und schöpferisch auseinanderzusetzen.

[1] F. Engels: Herrn Eugen Dührings Umwälzung der Wissenschaft. Berlin 1952, S. 24.
[2] Ebenda, S. 22.

Es ist eine schwierige Aufgabe, darzulegen, daß die dialektische Methode, die Marx und Engels sowohl bei naturwissenschaftlichen als auch gesellschaftlichen Forschungen angewandt haben, auch für das Gebiet der Pädagogik große Bedeutung besitzt. In den Werken von Marx und Engels finden wir nur wenige Bemerkungen, die unmittelbar darauf hinweisen. Aber wenn wir die Anwendungsweise der dialektischen Methode in den Studien zur Ökonomie oder Geschichte genauer untersuchen, so können wir die Konsequenzen klar erkennen, die sich für die Pädagogik ergeben.

Besonders wichtig sind hier folgende Probleme. Erstens das Problem des Historischen und Logischen. Marx und Engels zeigten, wie eng die Untersuchungen des Wesens einer bestimmten Erscheinung mit der Erforschung ihrer Geschichte verbunden sind. Bekanntlich ist das „Kapital" gleichermaßen eine Geschichte der kapitalistischen Produktion als auch ihre Analyse und Kritik. In seiner Charakteristik des Werkes von Marx „Zur Kritik der politischen Ökonomie" widmet Engels diesem grundlegenden Problem besondere Aufmerksamkeit und schreibt: „Die Kritik der Ökonomie ... konnte noch auf zweierlei Weise angelegt werden: historisch oder logisch." [1] Die streng historische Methode schien gut zu sein, aber „die Geschichte geht oft sprungweise und im Zickzack und müßte hierbei überall verfolgt werden, wodurch nicht nur viel Material von geringer Wichtigkeit aufgenommen, sondern auch der Gedankengang oft unterbrochen werden müßte ... Die logische Behandlungsweise war also allein am Platz. Diese aber ist in der Tat nichts anderes als die historische, nur entkleidet der historischen Form und der störenden Zufälligkeiten." [2] Daher muß man dort beginnen, wo „diese Geschichte anfängt", während bei weiteren Überlegungen ein abstraktes Spiegelbild des Geschichtsprozesses entstehen kann und muß, das in gewissem Sinne den grundlegenden Entwicklungsgesetzen, wie wir sie aus der Geschichte kennen, entsprechend „korrigiert" ist.

[1] K. Marx: Zur Kritik der politischen Ökonomie, Berlin 1953, S. 217.
[2] Ebenda, S. 218.

Hieraus ergeben sich gerade für die Pädagogik wichtige Folgerungen: Die rein historische Methode erleichtert es uns keinesfalls, zum Kern der Sache vorzudringen, und die rein logische Methode würde zur Spekulation führen. Die Untersuchung der pädagogischen Probleme erfordert eben eine solche logische Methode, die ihrem Wesen nach eine „historische Methode, nur entkleidet der historischen Form" ist. Das ist ein Postulat, das — gründlich durchdacht — es ermöglichen würde, viele Grundprobleme der Wechselbeziehungen zwischen Pädagogik, Geschichte der Pädagogik als Wissenschaft, Geschichte des pädagogischen Denkens und der Geschichte der Bildung und Erziehung einwandfrei zu lösen.

Ein zweites wichtiges Problem ist das des Konkreten und Abstrakten. Für dieses Problem zeigte Marx bereits in der Frühperiode seiner Kritik an Hegel großes Interesse. In der Zeit seiner Arbeiten über die Ökonomie wandte er sich diesen Fragen wieder zu. Die Einleitung des Werkes „Zur Kritik der politischen Ökonomie" enthält direkte Analysen dieses Problems. „Es scheint das Richtige zu sein", schreibt Marx, „mit dem Realen und Konkreten, der wirklichen Voraussetzung zu beginnen", aber das Problem kompliziert sich, wenn wir die Frage stellen, was das „Reale und Konkrete" eigentlich ist. Kann man in der Ökonomie mit der Bevölkerung beginnen? So könnte es scheinen. „Indes zeigt sich dies bei näherer Betrachtung als falsch. Die Bevölkerung ist eine Abstraktion, wenn ich z. B. die Klassen, aus denen sie besteht, weglasse. Diese Klassen sind wieder ein leeres Wort, wenn ich die Elemente nicht kenne, auf denen sie beruhn, z. B. Lohnarbeit, Kapital etc. Diese unterstellen Austausch, Teilung der Arbeit, Preise etc." [1] Man muß daher aus diesem Reichtum von Begriffen einige einfachere auswählen, „immer dünnere Abstrakta", und dann wieder zur Analyse der Konkreta kommen. „Das Konkrete ist konkret", schreibt Marx, „weil es die Zusammenfassung vieler Bestimmungen ist, also Einheit des Mannigfaltigen. Im Denken erscheint es daher als Prozeß der

[1] Ebenda, S. 256.

Zusammenfassung, als Resultat, nicht als Ausgangspunkt, obgleich es der wirkliche Ausgangspunkt und daher auch der Ausgangspunkt der Anschauung und der Vorstellung ist." [1] Wenn wir von der Wirklichkeit zur Abstraktion übergehen, wird „die volle Vorstellung zu abstrakter Bestimmung verflüchtigt", wenn wir zur Wirklichkeit zurückkehren, „führen die abstrakten Bestimmungen zur Reproduktion des Konkreten im Weg des Denkens." [2]

Die Unterscheidung dieser zwei Denkrichtungen, die Erkenntnis des Doppelsinns des Begriffs „Konkret" — der Wirklichkeit und des Denkbildes, das die „Einheit des Mannigfaltigen" zeigt — ist die grundlegende methodologische Richtschnur für die Pädagogik. Sie bewahrt diese vor einem oberflächlichen Gebrauch nichtanalysierter „Fakta" als „Einheit des Mannigfaltigen" und vor engem Empirismus. Sie schützt sie auch vor einer einseitigen Methode der „Abstraktion", die nur „dünne", einfachste Definitionen liefert. Indem sie ein Denken in zwei Richtungen empfiehlt, verknüpft sie die Untersuchungen mit der Wirklichkeit und erlaubt es, diese immer besser zu verstehen.

Das dritte Problem ist das der Theorie und Praxis. Die dialektische Methode beruht darauf, alle Dinge und Erscheinungen als Prozesse zu betrachten. Sie lehrt, die Dinge in Verbindung mit der menschlichen Tätigkeit zu sehen. Unter diesen Bedingungen ist die Praxis nicht nur die Anwendung der Theorie, sondern ein Element der Wirklichkeit, in der sich Erkenntnis und Tätigkeit vereinen. Die dialektische Methode bewahrt sowohl vor Praktizismus, der die Wichtigkeit der Wahrheitserkenntnis unterschätzt, als auch vor einem solchen Theoretisieren, das durch Unterschätzung der Praxis auf spekulative Irrwege gerät. Die dialektische Methode lehrt, Theorie und Praxis richtig zu verbinden; und eben dies hat für die Pädagogik, wie wir noch sehen werden, überragende Bedeutung.

Die Bedeutung der dialektischen Methode für die Pädagogik

---

[1] Ebenda, S. 257.
[2] Ebenda.

ist demnach enorm. Wenn wir diese Tatsache betonen, so müssen wir zugleich mit allem Nachdruck hervorheben, daß dies ein historisches Novum ist. Die Bedeutung späterer Werke von Marx und Engels für die Pädagogik erschöpft sich keineswegs darin, daß sie den idealistischen Konzeptionen die materialistische Lehre von der Kultur und Gesellschaft entgegensetzten. Sie beruht zugleich darauf, daß sie der metaphysischen Auffassung der Wirklichkeit eine dialektische Betrachtung entgegenstellen. Die große Bedeutung von Marx und Engels für die Pädagogik gründet sich auf diese beiden Errungenschaften. Ihre materialistische Lehre war eine dialektische Wissenschaft und richtete sich deshalb nicht nur gegen all das, was idealistisch war, sondern auch gegen alles, was — obwohl materialistisch — einen undialektischen Charakter besaß. Das war ein Kampf an drei Fronten: Gegen den metaphysischen Idealismus, gegen den Idealismus, der sich der Dialektik Hegels bediente und gegen den Materialismus, der keine Dialektik kannte.

Dieser Drei-Fronten-Kampf blieb für die Pädagogik bis in unsere Tage bedeutsam: Die bürgerliche Pädagogik hat im 19. und 20. Jahrhundert entweder die traditionellen Positionen des metaphysischen Idealismus bezogen oder — vor allem im Zusammenhang mit dem Neuhegelianismus — die Prinzipien der idealistischen Dialektik zur Hauptgrundlage des Erziehungsgedankens erklärt oder schließlich die Anschauungen des vulgären Materialismus vertreten, der nicht in der Lage war, die Beziehungen zwischen Psyche und Körper, zwischen Mensch und Umwelt dialektisch zu begreifen.

9. Die letzte Etappe des Kampfes von Marx und Engels um die Arbeiterbildung

Die Bedeutung, die der hier charakterisierte Zeitraum des Wirkens von Marx und Engels für die Pädagogik besitzt, erschöpft sich nicht darin, daß die theoretischen Probleme neu gestellt wurden. Er ist zugleich für die Festlegung der Richtlinien für die Schulpolitik sowie für den Inhalt und die Methoden der Bildung außerordentlich wichtig. Die wissenschaftliche Tätigkeit von Marx und Engels war, wie wir bereits erwähnten, niemals von ihrem politischen Wirken, von ihren Bemühungen um die Schaffung der revolutionären Arbeiterpartei losgelöst. Bei dieser organisatorischen Arbeit schenkten Marx und Engels den Fragen der Bildung große Aufmerksamkeit.

Das ergab sich aus ihrem prinzipiellen wissenschaftlichen und politischen Standpunkt. Der wissenschaftliche Sozialismus unterscheidet sich doch von allen bisherigen sozialistischen Richtungen dadurch, daß er die Notwendigkeit, die Gesetze zu erkennen, die die gesellschaftliche Entwicklung bestimmen, und die Rolle dieser Erkenntnis für die Organisation der sich ihrer Ziele und Methoden bewußten Arbeiterpartei hervorhebt. Bei den Auseinandersetzungen mit ihren Gegnern haben Marx und Engels wiederholt die Grundsätze der wissenschaftlichen Ausbildung als eine Waffe der Arbeiterklasse im Kampf gegen die Bourgeoisie verteidigt. Sie wandten sich mehrfach gegen leere moralisierende Phraseologie, deklamatorische, oberflächliche Agitation und gegen anarchistisch-mystische Kundgebungen einer angeblich revolutionären Haltung.

Seit seinem frühesten Auftreten hat Engels die Oberflächlichkeit und die tendenziöse Art der Schulbildung in der bürgerlichen Gesellschaft angeprangert. Nach Jahren wiederholte er diesen Vorwurf in der „Dialektik der Natur", wo er schreibt, „daß diese veraltete Naturanschauung, obwohl an allen Ecken und Enden durchlöchert durch den Fortschritt der Wissenschaft, die ganze erste Hälfte des neunzehnten Jahrhunderts beherrscht hat und noch jetzt, der Hauptsache nach, auf allen Schulen gelehrt wird." [1]

Mit besonderem Nachdruck haben Marx und Engels die Notwendigkeit betont, die sich auf die Fortschritte der Wissenschaft stützende Bildung unter der Arbeiterklasse zu fördern. Welch großen Wert sie dieser Angelegenheit beimaßen, zeigt die Tatsache, daß sie in der „Instruktion an die Dele-

[1] F. Engels: Dialektik der Natur, Berlin 1955, S. 13.

gierten für den Kongreß der I. Internationale in Genf" im Jahre 1866 der Darlegung der Grundsätze des Kampfes um die Bildung der Arbeiterklasse, der Festlegung eines Erziehungsprogrammes und der Erläuterung seiner gesellschaftlichen Rolle verhältnismäßig große Aufmerksamkeit schenkten.

In dieser Instruktion unterstrichen Marx und Engels mit aller Entschiedenheit, daß „der gebildeteste Teil der Arbeiterklasse" vollkommen versteht, „daß die Zukunft dieser Klasse, also auch die Zukunft der Menschheit, in höchstem Maße von der Erziehung der heranwachsenden Arbeitergeneration abhängig ist". Entschieden lehnten sie die Tendenzen eines falschen Radikalismus ab, der sich gegen den Kampf für Bildungsreformen im Rahmen des bürgerlichen Staates aussprach. Im Gegenteil, Marx und Engels forderten zum Kampf für die Bildung und für die Rechte der Kinder auf Bildung auf, um die bürgerlichen Regierungen zum Erlaß entsprechender Gesetze zu zwingen. Durch Forderung nach solchen Gesetzen, stellten Marx und Engels fest, stärkt die Arbeiterklasse keineswegs die Macht der Regierung. Im Gegenteil! Die Macht, die man jetzt gegen sie richtet, verwandelt sie in ihr eigenes Werkzeug. Durch öffentliche Gesetzgebung erreichen die Arbeiter das, was sie bisher in zahlreichen individuellen Forderungen vergeblich verlangt haben. [1]

Ein solches Herangehen an diese Fragen führte zum Kampf gegen die anarchistisch-mystischen Theorien von Bakunin, der einen systematischen Unterricht der Kinder und Jugendlichen ablehnte, das Prinzip ihrer spontanen, von Einflüssen der Erwachsenen freien Entwicklung vertrat und das Programm einer wissenschaftlichen Ausbildung der Arbeiterklasse bekämpfte. Marx entlarvte diese obskuren Anschauungen Bakunins, seinen „seit langem bekannten Haß gegen die Wissenschaft", seine falsche Politik, die z.B. die Einrichtung einer Universität in Sibirien unmöglich machte u. a. m. [2] Die

---

[1] Marx/Engels über Erziehung und Bildung, Berlin 1960, S. 162,
[2] L'alliance de la démocratie socialiste et l'Association Internationale des Travailleurs, Londres-Hambourg 1873.

Konzeptionen von Bakunin ergaben sich aus seinem grundsätzlich falschen Prinzip, die Revolution mit völliger Anarchie gleichzusetzen. Die Revolution ist nach Auffassung von Bakunin, so stellte Marx fest, „eine Reihe zunächst individueller und dann Massenmorde, das Vorbild des Revolutionärs — ist ein Räuber, die einzige Handlungsweise — ist die glorifizierte jesuitische Moralität. Unter diesen Verhältnissen verbietet man der Jugend sich mit Denken und Wissen zu beschäftigen, indem man das als friedliche Beschäftigung betrachtet, die ihr Gewissen den Fesseln der alles zerstörenden Orthodoxie entreißt." [1].

Das Bildungsprogramm, das sich auf die Fortschritte der Wissenschaft stützte [2], umfaßte nach den Konzeptionen von Marx und Engels auch die Vermittlung polytechnischer Kenntnisse. Marx schilderte im „Kapital" die Ausbeutung der in bürgerlichen Unternehmen beschäftigten Kinder als eines der größten Verbrechen des kapitalistischen Systems; er betonte jedoch stets, daß nicht die bloße Tatsache, daß Kinder produktive Arbeit leisten, schädlich ist, sondern daß die Bedingungen, unter denen diese Arbeit erfolgt und die Ziele, denen sie dient, verwerflich sind. Die Verbindung von produktiver Arbeit mit Erziehung und Unterricht betrachtete Marx als einen richtigen und zweckmäßigen Grundsatz, obgleich dieser in der bürgerlichen Gesellschaft ungeheuerlich entstellt ist.

„Aus dem Fabriksystem, wie man im Detail bei Robert Owen verfolgen kann, entsproß der Keim der Erziehung der Zukunft, welche für alle Kinder über einem gewissen Alter produktive Arbeit mit Unterricht und Gymnastik verbinden wird, nicht nur als eine Methode zur Steigerung der gesellschaftlichen Produktion, sondern als die einzige Methode zur Produktion vollseitig entwickelter Menschen." [3].

In der bereits angeführten Instruktion für den Kongreß in Genf hat Marx diese Forderungen weiter präzisiert, indem

---

[1] Ebenda.
[2] Anmerkung (6) des Verfassers, s. Anhang.
[3] K. Marx: Das Kapital, Bd. I, Berlin 1953, S. 509.

er darauf hinwies, daß man drei Gruppen von Kindern unterscheiden müsse: Im Alter von 9 bis 12, 13 bis 15 und 16 bis 17 Jahren; für jede dieser Gruppen sei ein anderes Maß an produktiver Arbeit vorzusehen. Er betonte nachdrücklich, daß die Rechte der Kinder und Jugendlichen auf keinen Fall verletzt werden dürfen, und ihre geistige und körperliche Entwicklung durch die Gesellschaft besonders geschützt werden muß. Marx verwies darauf, daß eine solche Unterrichts- und Erziehungsorganisation „die Arbeiterklasse bedeutend über den Stand der höheren und mittleren Klassen" erheben wird.

Auf diese Probleme kam Marx noch einmal im Jahre 1875 in der „Kritik des Gothaer Programms" zurück. Er schrieb damals: „Allgemeines Verbot der Kinderarbeit ist unverträglich mit der Existenz der großen Industrie und daher leerer frommer Wunsch. Durchführung desselben — wenn möglich — wäre reaktionär, da bei strenger Reglung der Arbeitszeit nach den verschiedenen Altersstufen und sonstigen Vorsichtsmaßregeln zum Schutz der Kinder, frühzeitige Verbindung produktiver Arbeit mit Unterricht eines der mächtigsten Umwandlungsmittel der heutigen Gesellschaft ist." [1]

Die Teilnahme der Kinder und Jugendlichen an der produktiven Arbeit und die damit verbundene polytechnische Bildung sollte nach dieser Konzeption deren Zusammenwirken mit den revolutionären Kräften zur Zerschlagung der kapitalistischen Gesellschaft herbeiführen, die unter Ausnutzung der Maschinentechnik die Arbeiter zu Automaten degradierte. Sie sollte bei der Überwindung jener Arbeitsteilung mitwirken, die sich unter dem Druck des Kapitalismus vollzog. Marx hob diesen revolutionierenden Charakter der auf eine Verbindung von Wissenschaft und Arbeit hinzielenden Erziehungskonzeption besonders hervor. Marx schrieb: „Wenn die Fabrikgesetzgebung als erste dem Kapital notdürftig abgerungene Konzession nur Elementarunterricht mit fabrikmäßiger Arbeit verbindet, unterliegt es keinem Zweifel, daß die unvermeidliche Eroberung der politischen Gewalt durch die Arbeiterklasse auch dem techno-

[1] Marx/Engels: Ausgewählte Schriften. Bd. II. Berlin 1953, S. 28.

logischen Unterricht, theoretisch und praktisch, seinen Platz in den Arbeiterschulen erobern wird. Es unterliegt ebenso wenig einem Zweifel, daß die kapitalistische Form der Produktion und die ihr entsprechenden ökonomischen Arbeiterverhältnisse im diametralsten Widerspruch stehn mit solchen Umwälzungsfermenten und ihrem Ziel, der Aufhebung der alten Teilung der Arbeit." [1]

Diesen Gedanken äußerte auch Engels in seiner Polemik gegen Dühring. Dühring, stellt Engels fest, verstand gerade diese grundlegende Funktion des pädagogischen Programms, die Wissenschaft mit der Arbeit zu verbinden, nicht. „Da aber ... die alte Arbeitsteilung in der Dühringschen Zukunftsproduktion im wesentlichen ruhig fortbesteht, so ist dieser technischen Schulbildung jede spätere praktische Anwendung, jede Bedeutung für die Produktion selbst, abgeschnitten, sie hat eben nur einen Schulzweck: Sie soll die Gymnastik ersetzen, von der unser wurzelhafter Umwälzer nichts wissen will." [2]

Die Methoden des Kampfes um die Arbeiterbildung, das Bildungsprogramm, das sich auf die Fortschritte der Wissenschaft und die Verbindung von Unterricht und produktiver Arbeit stützt, die Forderung nach Erziehung allseitig entwickelter Menschen, die Perspektiven einer vollständigen Verwirklichung dieses Programms unter sozialistischen Verhältnissen — all dies machte den Komplex von Bildungs- und Erziehungsfragen aus, die Marx und Engels in ihrer letzten Schaffensperiode aufgriffen.

Die hervorragende pädagogische Bedeutung dieses Programms besteht vor allem darin, daß die Unterrichtsaufgaben der revolutionären Forderung nach Überwindung der klassenmäßigen Arbeitsteilung in geistige und physische Arbeit entsprechen. Das wirft ein neues Licht auf die Programme der Allgemein- und Berufsbildung, die in der Zeit der Siege der

---

[1] K. Marx: Das Kapital, Bd. I, Berlin 1953, S. 513 f.
[2] F. Engels: Herrn Eugen Dührings Umwälzung der Wissenschaft, Berlin 1952, S. 401.

Bourgeoisie als zwei entgegengesetzte Unterrichtsprogramme für die Kinder der privilegierten und die der ausgebeuteten Klassen formuliert wurden, und zugleich auf das „philanthropische" Programm des Elementarunterrichts für die Arbeiterkinder, der sich in den von den Produktionsinteressen der Kapitalisten bestimmten Grenzen hielt.

Sie besteht zweitens in der Formulierung des Prinzips der Verbindung von Unterricht und Arbeit, von Theorie und Praxis, von Kenntnisvermittlung und Produktion bei gleichzeitigem Hinweis auf die gesellschaftlichen Verhältnisse und Kräfte, dank deren eine solche Verbindung fortschrittlich, revolutionär und schöpferisch sein wird. Dies unterscheidet den marxistischen Standpunkt von den früheren Konzeptionen der utopischen Sozialisten sowie von den philanthropischen und physiokratischen, weltlichen oder pietistischen Ideen.

Sie besteht drittens in der Formulierung des Prinzips der polytechnischen Bildung als der modernen Bildung, bei der der Gegensatz von sogenannter Allgemein- und Berufsbildung verschwindet und bei der die in der Klassengesellschaft heuchlerisch erhobene und nur für eine Elite erfüllbare Forderung nach allseitig entwickelten Menschen allgemein verwirklicht wird.

Aus dem oben Dargelegten folgt, daß sich Marx und Engels in ihrer letzten und politisch wichtigsten Schaffensperiode für Probleme des Bildungswesens sehr stark interessierten. Sie legten auf die Präzisierung der Aufgaben und des Charakters der Schulbildung unter den Bedingungen der bürgerlichen Gesellschaft und der revolutionären Aktionen des Proletariats großen Wert und umrissen sie auch in allgemeinen Zügen für die zukünftige Gesellschaft. Diese Betonung der besonderen Wichtigkeit der Bildungs- und Erziehungsprobleme resultierte aus den Grundprinzipien des wissenschaftlichen Sozialismus. Der wissenschaftliche Sozialismus deckte die Entwicklungsgesetze der Gesellschaft auf, enthüllte die wachsenden Widersprüche innerhalb des kapitalistischen Systems und zeigte die revolutionären Aufgaben des Proletariats. Dabei legte er besonderen Nachdruck auf die Organisierung der

Arbeiterpartei, auf die Herausbildung des revolutionären Bewußtseins und der proletarischen Moral als der notwendigen Kampfmittel.

Die Arbeiterklasse, schrieb Marx im „Bürgerkrieg in Frankreich", „weiß, daß, um ihre eigne Befreiung und mit ihr jene höhre Lebensform hervorzuarbeiten, der die gegenwärtige Gesellschaft durch ihre eigne ökonomische Entwicklung unwiderstehlich entgegenstrebt, daß sie, die Arbeiterklasse, lange Kämpfe, eine ganze Reihe geschichtlicher Prozesse durchzumachen hat, durch welche die Menschen wie die Umstände gänzlich umgewandelt werden. Sie hat keine Ideale zu verwirklichen; sie hat nur die Elemente der neuen Gesellschaft in Freiheit zu setzen, die sich bereits im Schoß der zusammenbrechenden Bourgeoisgesellschaft entwickelt haben." [1]

Gerade in diesem Prozeß des Aufbaus einer neuen Gesellschaft haben Bildung und Erziehung in jeder Etappe eine sehr wichtige Aufgabe zu erfüllen. Indem sie das Proletariat für den Kampf gegen die Bourgeoisie ausrüsten, müssen sie es auch in Zeiten schwerster Kämpfe, in der Periode der Revolution, in der Zeit der Machtergreifung durch das Volk begleiten, wodurch sie noch bessere Bedingungen für ihre weitere Entwicklung gewinnen können. Diese Rolle und politische Verantwortung von Wissenschaft und Bildung zeigten Marx und Engels bei ihren Analysen der Siege und Niederlagen der Pariser Kommune besonders deutlich.

Nach Marx waren die Mitglieder der Kommune, besonders die Blanquisten, „der großen Masse nach, Sozialisten nur aus revolutionärem, proletarischem Instinkt..." [2] Sie waren mit den Prinzipien des wissenschaftlichen Sozialismus nicht genügend vertraut, und darauf führt Marx auch die zahlreichen Fehler zurück, die sie auf ökonomischem und politischem Gebiet begingen. Dennoch haben die Siege der Pariser Kommune die Umrisse der neuen Gesellschaftsordnung deutlich gezeigt und dem Bildungswesen neue Perspektiven eröffnet.

[1] Marx/Engels: Ausgewählte Schriften, Bd. I, Berlin 1953, S. 495.
[2] Ebenda, S. 453.

„Sämtliche Unterrichtsanstalten", stellte Marx fest, „wurden dem Volk unentgeltlich geöffnet und gleichzeitig von aller Einmischung des Staats und der Kirche gereinigt. Damit war nicht nur Schulbildung für jedermann zugänglich gemacht, sondern auch die Wissenschaft selbst von den ihr durch das Klassenvorurteil und die Regierungsgewalt auferlegten Fesseln befreit." [1]

Die sozialistische Revolution, die Befreiung der Menschen aus den Fesseln der Klassenunterdrückung ist mit der Entwicklung von Wissenschaft und Bildung, ihrer Befreiung von den Fesseln der Vorurteile und ihrer Dienstbarmachung zum Wohle der Menschen durch Bande wechselseitiger Abhängigkeit untrennbar verbunden [2].

[1] Ebenda, S. 491.
[2] Anmerkung (7) des Verfassers, s. Anhang.

KAPITEL II

DIE DIAGNOSE DER GEGENWART

Die wissenschaftliche und philosophische Arbeit von **Marx** und Engels war mit ihrer revolutionären Tätigkeit engstens verbunden. Sie ging aus diesem Wirken hervor und schärfte zugleich die Waffen für ihren weiteren revolutionären **Kampf.** Die Erkenntnis der Realität, vor allem der gesellschaftlichen und historischen Wirklichkeit, und die Aufdeckung der sie regierenden Gesetze ermöglichten es, die Aktionen der Arbeiterklasse gegen die herrschende Ordnung, deren Widersprüche die Wissenschaft enthüllte, wirksam zu organisieren.

Diese enge Verbindung zwischen revolutionärer Tätigkeit und wissenschaftlicher Forschung hatte zur Folge, daß das Grundthema ihrer Untersuchungen eine Analyse der Gegenwart war. Diese Analyse sollte den geschichtlichen Entstehungsprozeß der Gegenwart, die diesen Prozeß bestimmenden historischen Gesetze, die unvermeidlichen Perspektiven der weiteren Entwicklung dieser Verhältnisse und die Methoden eines erfolgreichen revolutionären Wirkens enthüllen. Marx strebte, wie Lenin nachwies, nicht danach, sofort eine Philosophie **der** ganzen geschichtlichen Entwicklung zu schaffen und die in sämtlichen Gesellschaftsformationen und zu allen Zeiten wirkenden Gesetze zu zeigen. Im Gegensatz zu solchen universellen Bestrebungen vieler seiner Vorgänger hat sich **Marx** vor allem eine ganz konkrete und aktuelle Aufgabe gestellt. Diese bestand in der Analyse des kapitalistischen Systems, **die** die Grundgesetze seiner Entwicklung, seines Bestehens und Niederganges aufdecken sollte. Im Zuge dieser grundlegenden Arbeit entwickelten Marx und Engels solche Forschungsmethoden und kamen zu weitführenden Verallgemeinerungen, die auch für andere Geschichtsperioden bedeutsam sind und dazu beitragen, den Bereich der historischen Forschungen zu erweitern.

Ähnlich wurden auch die Erziehungsprobleme nicht unter dem Aspekt einer allgemeinen Kulturtheorie oder allgemeiner Konzeptionen vom Menschen betrachtet. Im Gegensatz zu einem derartigen ahistorischen Universalismus behandelten Marx und Engels Fragen der Erziehung vor allem in engster Verbindung mit der aktuellen historischen Situation und brennenden gesellschaftlichen Aufgaben. Erst von hier aus gelangten sie zu gewissen Verallgemeinerungen.

Dementsprechend schildern wir zu Beginn unserer Analyse, wie Marx und Engels die gesellschaftliche Situation ihrer Zeit, insbesondere die Lage des Menschen unter kapitalistischen Verhältnissen sahen.

1. Der Kapitalismus als Stadium der historischen Entwicklung

Die historischen Studien von Marx, die sich auf die Probleme der Genesis und Entwicklung der kapitalistischen Wirtschaft konzentrierten, behandelten die Situation der Menschen und ihre Tätigkeit im Zusammenhang mit der Entstehung, dem Aufblühen und dem kommenden Untergang des Kapitalismus. Marx bezog dabei mehrmals die dem Kapitalismus vorangehende Epoche des Feudalismus in die Betrachtung ein und lenkte stets auch den Blick in die Zukunft, wobei er nachwies, daß die sozialistische Revolution das Ende der Herrschaft der Bourgeoisie und der Beginn der klassenlosen, nichtantagonistischen Gesellschaft ist. Dieser weitgespannte historische Rahmen kennzeichnet die Art der Charakteristik der kapitalistischen Epoche. Er ließ erkennen, was in ihr im Vergleich zur feudalen Wirtschaft fortschrittlich war und was in ihr zum Kristallisationspunkt der reaktionären Kräfte wurde. Er ermöglichte es, richtige und wirksame Methoden des Kampfes gegen den Kapitalismus von fiktiven, utopischen Rebellionen oder einer Flucht aus ihm zu unterscheiden.

Die allgemeinen Bedingungen des menschlichen Lebens in der Neuzeit werden im „Manifest der Kommunistischen Partei" klar umrissen. Dort heißt es:

„Die Bourgeoisie hat in der Geschichte eine höchst revolutionäre Rolle gespielt. Die Bourgeoisie, wo sie zur Herrschaft gekommen, hat alle feudalen, patriarchalischen, idyllischen Verhältnisse zerstört. Sie hat die buntscheckigen Feudalbande, die den Menschen an seinen natürlichen Vorgesetzten knüpften, unbarmherzig zerrissen und kein anderes Band zwischen Mensch und Mensch übrig gelassen als das nackte Interesse, als die gefühllose ‚bare Zahlung'. Sie hat die heiligen Schauer der frommen Schwärmerei, der ritterlichen Begeisterung, der spießbürgerlichen Wehmut in dem eiskalten Wasser egoistischer Berechnung ertränkt. Sie hat die persönliche Würde in den Tauschwert aufgelöst und an die Stelle der zahllosen verbrieften und wohlerworbenen Freiheiten die *eine* gewissenlose Handelsfreiheit gesetzt. Sie hat, mit einem Wort, an die Stelle der mit religiösen und politischen Illusionen verhüllten Ausbeutung die offene, unverschämte, direkte, dürre Ausbeutung gesetzt." [1]

Auf diese Weise hat die Bourgeoisie die gesellschaftlichen Verhältnisse revolutioniert. Sie änderte die Methoden der Produktion und des Handels, zentralisierte die politische Macht, durchbrach die örtlichen Schranken der Wirtschaft, schuf einen nationalen Markt und begann einen siegreichen kolonisatorischen Vormarsch. Das Vorgehen der Bourgeoisie war die gesellschaftliche und ökonomische Konsequenz aus der Entwicklung der Produktivkräfte, die in der Feudalgesellschaft entstanden, aber durch das in ihr herrschende System der gesellschaftlichen Verhältnisse gefesselt waren.

Aber die „Waffen, womit die Bourgeoisie den Feudalismus zu Boden geschlagen hat, richten sich jetzt gegen die Bourgeoisie selbst." [2] Die durch sie entwickelten Produktivkräfte treten schon über den Rahmen der bourgeoisen Gesellschaft,

[1] Marx/Engels: Ausgewählte Schriften, Bd. I, Berlin 1953, S. 26.
[2] Ebenda, S. 29.

über die Grenzen ihrer ökonomischen Prinzipien, ihrer Begriffe von Eigentum und Profit hinaus. „Seit Dezennien", heißt es im „Manifest", „ist die Geschichte der Industrie und des Handels nur noch die Geschichte der Empörung der modernen Produktivkräfte gegen die modernen Produktionsverhältnisse, gegen die Eigentumsverhältnisse, welche die Lebensbedingungen der Bourgeoisie und ihrer Herrschaft sind." [1]

Der künftige unvermeidliche Untergang der Bourgeoisie erfolgt jedoch nicht automatisch im Ergebnis der weiteren Entwicklung der Produktivkräfte. Er wird das Werk der Menschen sein. „Aber die Bourgeoisie", wird im „Manifest" erklärt, „hat nicht nur die Waffen geschmiedet, die ihr den Tod bringen; sie hat auch die Männer gezeugt, die diese Waffen führen werden — die modernen Arbeiter, die *Proletarier*." [2] Gerade diese von der Bourgeoisie ausgebeutete Gesellschaftsklasse, zu der jene Menschen gehören, die durch den Kapitalismus am stärksten verelenden, ist zugleich die Klasse, in der revolutionärer Wille und revolutionäres Bewußtsein heranreifen.

„Die Arbeit der Proletarier hat durch die Ausdehnung der Maschinerie und die Teilung der Arbeit allen selbständigen Charakter und damit allen Reiz für den Arbeiter verloren. Er wird ein bloßes Zubehör der Maschine, von dem nur der einfachste, eintönigste, am leichtesten erlernbare Handgriff verlangt wird." [3]

„Aber mit der Entwicklung der Industrie vermehrt sich nicht nur das Proletariat; es wird in größeren Massen zusammengedrängt, seine Kraft wächst, und es fühlt sie mehr..." [4] „Von allen Klassen, welche heutzutage der Bourgeoisie gegenüberstehen, ist nur das Proletariat eine wirklich revolutionäre Klasse." [5]

Der Sturz des Feudalismus, das Wachstum der kapitalisti-

---

[1] Ebenda, S. 23 f.
[2] Ebenda, S. 29.
[3] Ebenda, S. 30.
[4] Ebenda, S. 31.
[5] Ebenda, S. 33.

schen Wirtschaft, ihre inneren Widersprüche, der Übergang der einst fortschrittlichen Bourgeoisie zu reaktionären Positionen, die zunehmende Kraft und das wachsende revolutionäre Bewußtsein des Proletariats, der Kampf für die Beseitigung der Klassenordnung — das sind die Umrisse und der historische Hintergrund des Lebens der Menschen in der Neuzeit, das ist das gesellschaftliche Bild der neuen Zeit, das sind die Ziele und Aufgaben, auf die die Menschen ihre Tätigkeit, auch ihre geistige ausrichten; das ist die Klassensituation, in der die Individuen und Gruppen, je nach ihrer Stellung zu den Produktionsmitteln und ihrer Bereitschaft zur Aktion, bestimmte geistige und moralische Züge annehmen.

Die Situation seiner Zeit kennzeichnete Marx in einer Rede, die er auf der Jahresfeier der Zeitung „The People's Paper" im April 1856 hielt. „Es gibt eine große Tatsache, die für dieses unser 19. Jahrhundert bezeichnend ist, eine Tatsache, die keine Partei zu leugnen wagt. Auf der einen Seite sind industrielle und wissenschaftliche Kräfte zum Leben erwacht, von der keine Epoche der früheren menschlichen Geschichte je eine Ahnung hatte. Auf der andern Seite gibt es Verfallssymptome, die die aus der letzten Zeit des Römischen Reiches berichteten Schrecken bei weitem in den Schatten stellen. In unseren Tagen scheint jedes Ding mit seinem Gegenteil schwanger zu gehen. Die Maschinerie, die mit der wundervollen Kraft begabt ist, die menschliche Arbeit zu verkürzen und fruchtbarer zu machen, sehen wir diese zu Hunger und Überarbeit verdammen. Die neuen Quellen des Reichtums werden durch einen seltsamen Schicksalsbann zu Quellen der Not. Die Siege der Kunst scheinen erkauft durch Verlust an Charakter. In dem Maße, wie der Mensch die Natur bezwingt, scheint der Mensch durch andre Menschen oder durch seine eigne Niedertracht unterjocht zu werden. Selbst das reine Licht der Wissenschaft scheint nur auf dem dunklen Hintergrund der Unwissenheit leuchten zu können. Alle unsre Erfindungen und Fortschritte scheinen darin zu resultieren, daß materielle Kräfte mit geistigem Leben begabt werden und daß das menschliche Leben zu einer materiellen Kraft verdummt wird. Dieser

Antagonismus zwischen moderner Industrie und Wissenschaft auf der einen Seite und modernem Elend und Verfall auf der andern Seite, dieser Antagonismus zwischen den Produktivkräften und den gesellschaftlichen Beziehungen unserer Epoche ist eine handgreifliche, überwältigende und nicht wegzuleugnende Tatsache." [1]

Die verschiedenen politischen Parteien erkennen zwar diesen Widerspruch, empfehlen aber falsche Methoden zur Überwindung des Übels. Die einen sehen seine Quelle in allem, was wertvoller Bestandteil der neuen Zeit ist: in der Wissenschaft, der Technik und der wirtschaftlichen Entwicklung und empfehlen die Rückkehr zu den „guten" alten Zeiten. Andere erblicken die Ursache des Übels in der ungenügenden Freiheit der Kapitalisten, in übertriebenen Ansprüchen der werktätigen Massen. Noch andere hüllen sich in das Gewand eines Moralpredigers oder Pfaffen, wettern gegen die Unmoral, rufen zur Askese, Demut, Arbeitsamkeit auf.

Die von Marx empfohlene Therapie ist eine völlig andere, da sie auf echter Kenntnis der Ursachen des Übels beruht. Er kennzeichnete sie in der oben erwähnten Ansprache mit sehr einfachen Worten: „Wir wissen, daß die neuen Kräfte der Gesellschaft nur neuer Menschen bedürfen, die ihrer Meister werden, damit sie gut arbeiten, und das sind die Arbeiter." [2] Der Standpunkt von Marx unterscheidet sich grundsätzlich von allen ahistorischen, religiösen und moralisierenden Anschauungen, die bei der Einschätzung der Epoche nicht konkrete, materielle und gesellschaftliche Faktoren, sondern einzig und allein metaphysische Grundsätze berücksichtigen, denen sie transzendentale ewige Kraft zuerkennen. Er unterscheidet sich von allen konservativen Ansichten, die eine Restaurierung der alten feudal-aristokratischen Ordnung des Zunfthandwerks und der Naturalwirtschaft anstreben. Er unterscheidet sich von der liberal-kapitalistischen Position, die sich für fortschrittlich ausgibt, da sie die Überbleibsel der

[1] Ebenda, S. 333 f.
[2] Ebenda, S. 334.

Feudalepoche bekämpft, die aber den neuen, aufkommenden gesellschaftlichen Kräften gegenüber schon reaktionär ist. Er unterscheidet sich von den reformistischen Anschauungen, die versprachen, die ärgsten Fehler der modernen Zeit mit Hilfe von im Rahmen der bürgerlichen Ordnung durchzuführenden inneren Reformen zu korrigieren, ohne gegen dieses System einen grundsätzlichen, revolutionären Kampf zu führen. Er unterscheidet sich schließlich von den utopisch-sozialistischen Auffassungen, die zwar die bestehenden Verhältnisse prinzipiell ablehnten, aber weder imstande waren, ihr Wesen zu erfassen, noch die historischen und gesellschaftlichen Bedingungen für ihren Sturz zu zeigen.

Marx, der sich auf die Prinzipien des dialektischen und historischen Materialismus stützt, betrachtet die kapitalistische Epoche als eine bestimmte Etappe der historischen Entwicklung, als eine Etappe, die durch eine wachsende Intensität des Kampfes antagonistischer Klassenkräfte gekennzeichnet ist. Das über diese Epoche gefällte Urteil muß den Charakter einer historischen Beurteilung haben, die ihre Genesis, ihre Entwicklungsgesetze und ihren unvermeidlichen Untergang enthüllt. Bei einer solchen Beurteilung werden gleichzeitig die Kräfte genannt, die innerhalb dieser Epoche entstanden und wuchsen, die Produktivkräfte, die Menschen, die gesellschaftlichen Kräfte, die die kapitalistische Ordnung stürzen und durch die Revolution eine neue, sozialistische Entwicklungsetappe herbeiführen.

In dem allgemein bekannten Abschnitt des „Kapitals" „Geschichtliche Tendenz der kapitalistischen Akkumulation" skizziert Marx in der Zusammenfassung seiner Ausführungen den Entwicklungsweg des Kapitalismus. „Auf einem gewissen Höhegrad", schreibt Marx von der feudalen Produktionsweise, „bringt sie die materiellen Mittel ihrer eignen Vernichtung zur Welt. Von diesem Augenblick regen sich Kräfte und Leidenschaften im Gesellschaftsschoße, welche sich von ihr gefesselt fühlen. Sie muß vernichtet werden, sie wird vernichtet. Ihre Vernichtung, die *Verwandlung der individuellen und zersplitterten Produktionsmittel in gesellschaftlich konzentrierte*, daher des zwerghaften Eigentums vieler in das massenhafte Eigentum weniger, daher die *Expropriation der großen Volksmasse von Grund und Boden und Lebensmitteln und Arbeitsinstrumenten,* diese furchtbare und schwierige *Expropriation der Volksmasse* bildet die Vorgeschichte des Kapitals. Sie umfaßt eine Reihe gewaltsamer Methoden ... Die Expropriation der unmittelbaren Produzenten wird mit schonungslosestem Vandalismus und unter dem Trieb der infamsten, schmutzigsten, kleinlichst gehässigsten Leidenschaften vollbracht." [1]

Nachdem jedoch dieser Akt der Expropriation vollzogen war, begann ein weiterer Prozeß: „Je ein Kapitalist schlägt viele tot" [2], aber gleichzeitig reift das Bewußtsein und wächst die Kraft der Arbeiterklasse. Bis die Zeit kommt, in der „die Zentralisation der Produktionsmittel und die Vergesellschaftung der Arbeit ... einen Punkt (erreichen), wo sie unverträglich werden mit ihrer kapitalistischen Hülle. Sie wird gesprengt. *Die Stunde des kapitalistischen Privateigentums schlägt. Die Expropriateurs werden expropriiert.*" [3]

Diese Art der Betrachtung des Kapitalismus läßt eine vollständige, genaue und gerechte Einschätzung zu, die sich sowohl von der moralisierenden Kritik als auch von der bürgerlichen Apologie des Kapitalismus unterscheidet. Beide Anschauungen sind nach Marx Ausdruck einer ahistorischen Denkweise. Die erste, weil sie den realen Verlauf der Geschichte auf eine romantisch-utopische Art unterschätzt und sich der Illusion hingibt, diesen rückgängig machen zu können; die zweite, weil sie eine bestimmte Entwicklungsetappe für unveränderlich und unvergänglich erklärt, ohne auch nur den Gedanken an weitere, qualitativ neue Veränderungen zuzulassen.

Der Fehler dieser beiden Anschauungen beruht jedoch nicht nur auf einer falschen Prognose für die Zukunft, mit der irrige praktische Empfehlungen verbunden werden. Er ergibt sich zugleich aus der fehlerhaften Charakteristik der kapitalistischen

---

[1] K. Marx : Das Kapital, Bd. I, Berlin 1953, S. 802.
[2] Ebenda, S. 803.
[3] Ebenda.

Gegenwart selbst. Weder Ankläger noch Verteidiger des Kapitalismus begreifen das Wesen der antagonistischen Kräfte, die diese Formation prägen. Die einen wie die anderen betrachten sie als ein einheitliches Ganzes, das entweder vollkommen anerkannt oder verurteilt werden muß. Auch dann, wenn sie beabsichtigen, irgendwelche Reformen durchzuführen, wollen sie jene innerhalb dieses einheitlichen Ganzen vornehmen. Marx jedoch konzentriert seine Aufmerksamkeit gerade darauf, die grundsätzlichen Widersprüche dieser Formation sichtbar zu machen, die in der Geschichte ihr Aufblühen und später ihre Zersetzung und ihren Untergang bewirken. Die Zukunft ist bereits in der Gegenwart angekündigt. Sie wird in gewisser Weise schon in der Gegenwart durch die Menschen geschaffen. Die durch den Kapitalismus entwickelten Produktivkräfte und die von der kapitalistischen Wirtschaft hervorgebrachte Arbeiterklasse erstarken, und die revolutionären Bestrebungen kündigen die Stunde der endgültigen Abrechnung an.

Diese Auffassung läßt das Problem der moralischen Einschätzung des Kapitalismus und der aus ihr resultierenden Hinweise für das Verhalten der Menschen in völlig neuem Licht erscheinen. Viele zeitgenössische Kritiker des Kapitalismus bezogen einen moralisierenden Standpunkt und richteten ihre Forderungen sowohl an die Kapitalisten als auch an die Arbeiter, wobei sie den ersteren größere Zurückhaltung und Freigebigkeit, den anderen wiederum mehr Fleiß und Fügsamkeit empfahlen. Das System selbst sollte unverändert bleiben. Sogar diejenigen, deren moralische Einschätzung kompromißloser war, wie manche Romantiker oder utopische Sozialisten, vermochten nicht zu sagen, was man wirklich tun kann und soll, um die böse Wirklichkeit den Forderungen des Gewissens entsprechend zu verändern. Sie beschränkten sich auf romantische Rebellion oder utopische Hoffnung. Die moralischen Forderungen wurden unter diesen Bedingungen zu Wechseln ohne Deckung.

Marx stellte die Frage anders. Gegenstand seiner moralischen Einschätzung war das System und nicht die Menschen. Im

Vorwort zur ersten Auflage des „Kapital" schreibt er: „Die Gestalten von Kapitalist und Grundeigentümer zeichne ich keineswegs in rosigem Licht. Aber es handelt sich hier um die *Personen* nur, soweit sie die *Personifikation ökonomischer Kategorien sind, Träger von bestimmten Klassenverhältnissen und Interessen*. Weniger als jeder andere kann mein Standpunkt, der die *Entwicklung der ökonomischen Gesellschaftsformation* als einen *naturgeschichtlichen Prozeß* auffaßt, den einzelnen verantwortlich machen für Verhältnisse, deren Geschöpf er sozial bleibt, so sehr er sich auch subjektiv über sie erheben mag." [1]

Diese Einschätzung des „Systems" und nicht der „Personen" nahm Marx jedoch unter dem Aspekt der Entwicklung des Menschen vor. Mit Recht stellte Lenin fest: „Wo die bürgerlichen Ökonomen ein Verhältnis von Dingen zueinander sahen (Austausch von Ware gegen Ware), dort enthüllte Marx ein Verhältnis von Menschen zueinander." [2] Und er bemühte sich gerade darum, mit seinen Forschungen die dingliche, angeblich natürliche und notwendige Hülle zu zerreißen, die die Verhältnisse der Gewalt und Ausbeutung zwischen den Menschen verbarg. In seinen zahlreichen Studien, Artikeln und Ansprachen zeigte Marx konkret, wie sich die Lebenslage der Menschen im sich entwickelnden Kapitalismus ist und wie sie sein wird. Mit nüchterner Genauigkeit, die die Schärfe des wissenschaftlichen und moralischen Urteils zum Ausdruck bringt, legte Marx dar, zu welch unmenschlichem Leben der Kapitalismus seine Sklaven zwingt. Gleichzeitig zeigte er aber, wie der Egoismus des Besitzes und die Furcht vor der Katastrophe die Menschen der herrschenden, ausbeutenden Klassen prägte. Eben dieser moralische und humanistische Gesichtspunkt bei der Charakteristik der bestehenden Verhältnisse tritt in den Analysen von Marx sehr klar zutage, die sich mit der Lage der Menschen in der kapitalistischen Epoche befassen und die für die Pädagogik sehr große Bedeutung haben.

[1] Ebenda, S. 8.
[2] W. I. Lenin: Marx, Engels, Marxismus, Moskau 1947, S. 57.

2. Der Mensch und die Arbeitsteilung

Marx betrachtet die Bildung des Individuums durch die Arbeit und in der Gemeinschaft auf dem Hintergrund der geschichtlichen Entwicklung, in deren Verlauf sich zwei einander entgegengesetzte Prozesse vollzogen. Gesellschaft und Arbeit schufen den Menschen und formten ihn im Laufe der Geschichte. Aber in der Klassengesellschaft haben sie ihn entmenschlicht, obwohl sie zugleich größere Möglichkeiten zu seiner volleren Entfaltung boten. In der Epoche des Kapitalismus hat sich dieser Widerspruch besonders verschärft. Die zunehmende Teilung der Arbeit, die wachsende Rolle des Privateigentums und der Klassenunterdrückung wurden zu einem immer stärkeren Faktor der Differenzierung, der die Verbindung des Individuums mit der Arbeit und Gesellschaft zerriß und damit das individuelle Leben zerstörte. Die neuzeitliche Entwicklung der Produktivkräfte zwang andererseits die Individuen zur kollektiven und geistig-schöpferischen Arbeit und schuf die Voraussetzungen für eine allseitig bildende, Arbeit, obwohl diese Möglichkeiten der Entwicklung der Menschen durch den nach immer höheren Profiten strebenden Kapitalismus zunichte gemacht wurden. Erst wenn die proletarische Revolution das kapitalistische System stürzt, werden die den Menschen entwickelnden Kräfte ungehemmt wirken können.

Diese Prozesse des Wachstums, der Widersprüche und der Umwälzung in der Bildung und Entwicklung der Menschen im Zuge ihrer Arbeit und im Rahmen der gesellschaftlichen Verhältnisse hat Marx genauer analysiert.

Die Teilung der Arbeit, die Marx als natürliche oder „Teilung der Arbeit innerhalb der Gesellschaft" oder als „gesellschaftliche Teilung der Arbeit" bezeichnet, setzte in sehr früher Zeit ein. „Innerhalb einer Familie, weiterentwickelt eines Stammes, entspringt eine naturwüchsige Teilung der Arbeit aus den Geschlechts- und Altersverschiedenheiten, also auf rein *physiologischer Grundlage*, die mit der Ausdehnung des Gemeinwesens, der Zunahme der Bevölkerung und namentlich dem

Konflikt zwischen verschiedenen Stämmen und der Unterjochung eines Stammes durch den anderen ihr Material aus-
weitet." [1] Aber zugleich nimmt man den Produktenaustausch
überall dort auf, wo Stämme oder Familien in Kontakt
kommen. Dieser Austausch vermittelt eine Arbeitsteilung
anderer Art, die nicht mehr auf physiologischen Grundlagen
basiert. Erst wenn sich diese ursprüngliche, auf biologischen
Unterschieden, zufälligen Situationen, natürlichen Fähigkeiten
(z. B. Körperkraft) beruhende Arbeitsteilung weiterentwickelt,
nimmt sie qualitativ neue Züge an, wird sie zur eigentlichen
Arbeitsteilung, die mannigfaltige Widersprüche und Gefahren
hervorbringt. An die Stelle einer veränderlichen Teilung der
Arbeit zwischen den Menschen, die von einem bestimmten
Gemeinwesen ausgeführt werden muß, tritt dann die sowohl
quantitativ als auch qualitativ ungleiche Verteilung der Arbeit
und ihrer Produkte, also das Privateigentum, „das in der
Familie, wo die Frau und die Kinder die Sklaven des Mannes
sind, schon seinen Keim, seine erste Form hat." [2]

Von da an beginnt sich „der Widerspruch zwischen dem
Interesse des einzelnen Individuums oder der einzelnen Familie
und dem gemeinschaftlichen Interesse aller Individuen, die
miteinander verkehren" [3], abzuzeichnen. Und seitdem beginnt
sich auch die auf bestimmte Art verteilte Arbeit als objektiv
vorgesehene Tätigkeit, als eine den Individuen aufgezwungene
Funktion zu verselbständigen. Sie können nicht mehr mal
dies, mal jenes sein, auch nicht mehr alles machen oder das
tun, was sie wollen, da sie das sich versachlichende System
der Arbeitsteilung zwingt, bestimmte Tätigkeiten auszuführen.
Jeder hat „einen bestimmten ausschließlichen Kreis der Tätigkeit, der ihm aufgedrängt wird, aus dem er nicht heraus kann;
er ist Jäger, Fischer oder Hirt oder kritischer Kritiker und muß
es bleiben, wenn er nicht die Mittel zum Leben verlieren
will..." [4]

[1] K. Marx: Das Kapital, Bd. I, Berlin 1953, S. 368 f.
[2] Marx/Engels: Werke, Bd. 3, Berlin 1958, S. 32.
[3] Ebenda, S. 32 f.
[4] Ebenda, S. 33.

Diese Teilung der Arbeit, die durch den Warenaustausch vermittelt wird, nimmt in der Geschichte immer mehr zu und ihre Symptome und Faktoren sind vor allem die Scheidung von Stadt und Land, in der sich „die ganze ökonomische Geschichte der Gesellschaft ... resümiert." [1] „Die größte Teilung der materiellen und geistigen Arbeit", schrieb Marx in der „Deutschen Ideologie", „ist die Trennung von Stadt und Land. Der Gegensatz zwischen Stadt und Land fängt an mit dem Übergange aus der Barbarei in die Zivilisation, aus dem Stammwesen in den Staat, aus der Lokalität in die Nation, und zieht sich durch die ganze Geschichte der Zivilisation bis auf den heutigen Tag ... hindurch ... Hier zeigte sich zuerst die Teilung der Bevölkerung in zwei große Klassen, die direkt auf der Teilung der Arbeit und den Produktionsinstrumenten beruht. Die Stadt ist bereits die Tatsache der Konzentration der Bevölkerung, der Produktionsinstrumente, des Kapitals, der Genüsse, der Bedürfnisse, während das Land gerade die entgegengesetzte Tatsache, die Isolierung und Vereinzelung, zur Anschauung bringt." [2]

In diesem Rahmen untersucht Marx die grundsätzlichen Unterschiede zwischen der naturwüchsigen und örtlichen Lebens- und Arbeitsweise und der ausgebildeten Teilung der Arbeit und dem ausgedehnten Handel. „Der Acker (das Wasser etc.) kann als naturwüchsiges Produktionsinstrument betrachtet werden. Im ersten Fall, beim naturwüchsigen Produktionsinstrument, werden die Individuen unter die Natur subsummiert, im zweiten Falle (bei den durch die Zivilisation geschaffenen Produktionsinstrumenten — B. S.) unter ein Produkt der Arbeit ... Der erste Fall setzt voraus, daß die Individuen durch irgendein Band, sei es Familie, Stamm, der Boden selbst pp. zusammengehören, der zweite Fall, daß sie unabhängig voneinander sind und nur durch den Austausch zusammengehalten werden ... Im ersten Fall reicht der durchschnittliche Menschenverstand hin, körperliche und geistige

[1] K. Marx: Das Kapital, Bd. I, Berlin 1953, S. 369.
[2] Marx/Engels: Werke, Bd. 3, Berlin 1958, S. 50.

Tätigkeit sind noch gar nicht getrennt; im zweiten Falle muß bereits die Teilung zwischen geistiger und körperlicher Arbeit praktisch vollzogen sein. Im ersten Falle kann die Herrschaft des Eigentümers über die Nichteigentümer auf persönlichen Verhältnissen, auf einer Art von Gemeinwesen beruhen, im zweiten Falle muß sie in einem Dritten, dem Geld, eine dingliche Gestalt angenommen haben. Im ersten Falle existiert die kleine Industrie, aber subsummiert unter die Benutzung des naturwüchsigen Produktionsinstruments, und daher ohne Verteilung der Arbeit an verschiedene Individuen; im zweiten Falle besteht die Industrie nur in und durch die Teilung der Arbeit." [1]

Die Widersprüche zwischen dem Individuum und der ihm aufgezwungenen Funktion, zwischen Individuum und Gemeinschaft, vertiefen sich in dem Maße, wie sich die Produktionsinstrumente komplizieren. Dann fällt „die geistige und materielle Tätigkeit ... der Genuß und die Arbeit, Produktion und Konsumtion, verschiedenen Individuen" [2] zu. Diese Trennung bildet den eigentlichen sozialen Inhalt der historischen Teilung der Arbeit, ist das, was sich am stärksten gegen den Menschen und die Gesellschaft kehrt. „Die Teilung der Arbeit wird erst wirklich Teilung von dem Augenblick an, wo eine Teilung der materiellen und geistigen Arbeit eintritt." [3]

In diesem Falle werden nicht nur die einzelnen Individuen zwangsweise den ihnen zudiktierten Beschäftigungen untergeordnet, sondern auch ihr Leben unterliegt einer inneren Desorganisation, die durch die Trennung von geistiger und körperlicher Arbeit verursacht wird. „Von diesem Augenblicke an *kann* sich das Bewußtsein wirklich einbilden, etwas Andres als das Bewußtsein der bestehenden Praxis zu sein, *wirklich* etwas vorzustellen, ohne etwas Wirkliches vorzustellen — von diesem Augenblicke an ist das Bewußtsein imstande, sich von der Welt zu emanzipieren und zur Bildung der ‚reinen' Theorie,

[1] Ebenda, S. 65 f.
[2] Ebenda, S. 32.
[3] Ebenda, S. 31.

Theologie, Philosophie, Moral etc. überzugehen." [1] Alle ideologischen Illusionen, die Marx stets bekämpfte, haben eben hier ihren Ursprung.

So ist die mit der Entwicklung der Eigentumsformen engstens verbundene Entwicklung der Arbeitsteilung ein ständiges Element der Widersprüche, in die die Produktivkraft, das soziale Gefüge und das Bewußtsein geraten [2].

Je komplizierter die Produktionsinstrumente werden, um so stärker zeichnet sich ein neuer Typ von Arbeitsteilung ab, der vom Privateigentum abhängig ist und verschiedenen Kategorien von Menschen verschiedene Beschäftigungen zuweist. „Der Gegensatz zwischen Stadt und Land", schreibt Marx, „kann nur innerhalb des Privateigentums existieren. Er ist der krasseste Ausdruck der Subsumtion des Individuums unter die Teilung der Arbeit, unter eine bestimmte, ihm aufgezwungene Tätigkeit, eine Subsumtion, die den Einen zum bornierten Stadttier, den Andern zum bornierten Landtier macht und den Gegensatz der Interessen Beider täglich neu erzeugt." [3] Das Privateigentum an Produktionsmitteln nutzt die gesellschaftliche Arbeitsteilung aus, verwandelt sie in eine aufgezwungene, starre Teilung, die die Menschen nach den Erfordernissen der Werkstatt gliedert. Es führt zu einer weit fortgeschrittenen individuellen Arbeitsteilung, die vom Arbeiter eine ganz bestimmte Tätigkeit verlangt.

Der weitere Verlauf dieses Prozesses hat antihumanistische Folgen. „Eine gewisse geistige und körperliche Verkrüppelung ist unzertrennlich selbst von der Teilung der Arbeit im ganzen und großen der Gesellschaft. Da aber die Manufakturperiode diese gesellschaftliche Zerspaltung der Arbeitszweige viel weiter führt, andererseits erst mit der ihr eigentümlichen Teilung das Individuum an seiner Lebenswurzel ergreift, liefert sie auch zuerst das Material und den Anstoß zur *industriellen Pathologie*." [4]

[1] Ebenda.
[2] Ebenda, S. 32.
[3] Ebenda, S. 50.
[4] K. Marx: Das Kapital, Bd. I, Berlin 1953, S. 381.

Bei der sehr ausführlichen Untersuchung der früheren handwerklich-individuellen sowie der modernen Arbeit zeigte Marx im „Kapital", wie ihre den Menschen bildenden Werte im Kapitalismus verloren gehen und sie die drohende Gefahr einer Entmenschlichung in sich birgt.

„Die eigentliche Manufaktur unterwirft nicht nur den früher selbständigen Arbeiter dem Kommando und der Disziplin des Kapitals, sondern schafft überdem eine *hierarchische* Gliederung unter den Arbeitern selbst. Während die einfache Kooperation die Arbeitsweise der einzelnen im großen und ganzen unverändert läßt, revolutioniert die Manufaktur sie von Grund aus und ergreift die individuelle Arbeitskraft an ihrer Wurzel. Sie verkrüppelt den Arbeiter in eine Abnormität, indem sie sein Detailgeschick treibhausmäßig fördert durch Unterdrückung einer Welt von produktiven Trieben und Anlagen ... Die besondren Teilarbeiten werden nicht nur unter verschiedene Individuen *verteilt*, sondern das Individuum selbst wird geteilt, in das automatische Triebwerk einer Teilarbeit verwandelt..." [1] „Die Kenntnisse, die Einsicht und der Wille, die der selbständige Bauer oder Handwerker, wenn auch auf kleinem Maßstab entwickelt, ... sind jetzt nur noch für das Ganze der Werkstatt erheischt." [2]

Die Arbeit dieser Art hört nicht nur auf, ein Entwicklungs- und Bildungsfaktor des Menschen zu sein, sondern vernichtet sogar seine physischen und geistigen Kräfte, macht ihn stumpf, führt zur Entartung. „In der Manufaktur", schreibt Marx, „ist die Bereicherung des Gesamtarbeiters und daher des Kapitals an gesellschaftlicher Produktivkraft bedingt durch die Verarmung des Arbeiters an individuellen Produktivkräften..." [3] „Eine gewisse geistige und körperliche Verkrüppelung ist unzertrennlich selbst von der Teilung der Arbeit im ganzen und großen der Gesellschaft. Da aber die Manufakturperiode diese gesellschaftliche Zerspaltung der Arbeitszweige viel

[1] Ebenda, S. 378.
[2] Ebenda, S. 379.
[3] Ebenda.

weiter führt, andererseits erst mit der ihr eigentümlichen Teilung das Individuum an seiner Lebenswurzel ergreift, liefert sie auch zuerst das Material und Anstoß zur *industriellen Pathologie.*" [1].

Dieser Prozeß, in dem die menschliche Arbeit aufhört, menschenwürdig und ein Faktor der menschlichen Entwicklung zu sein, in dem sie zur Quelle der Beschränktheit und Verkrüppelung der Menschen wird, nimmt in der folgenden Zeit, der Periode der maschinellen Produktion, neue Züge an. Im Grunde soll die Maschine den Menschen bei allzu schwerer und mechanischer Arbeit ersetzen, ihn zu einem intelligenten Leiter des Produktionsprozesses machen. „Als Maschinerie", stellt Marx fest, „erhält das Arbeitsmittel eine materielle Existenzweise, welche Ersetzung der Menschenkraft durch Naturkräfte und erfahrungsmäßiger Routine durch bewußte Anwendung der Naturwissenschaft bedingt." [2]

Dieser Wert der Maschinen wurde jedoch im Kapitalismus nicht nur nicht ausgenutzt, sondern im Gegenteil vernichtet. Der Kapitalismus bediente sich der Maschinen, um möglichst schnell und leicht Profit zu machen und benutzte sie zur Entmenschlichung der arbeitenden Massen. Worin bestanden die Eigenschaften der Maschine, die eine derartige Exploitierung ermöglichten?

Sie erlaubte vor allem die Frauen- und Kinderarbeit. „Sofern die Maschinerie Muskelkraft entbehrlich macht, wird sie zum *Mittel, Arbeiter ohne Muskelkraft* oder von unreifer Körperentwicklung, aber größerer Geschmeidigkeit der Glieder anzuwenden. *Weiber- und Kinderarbeit* war daher das erste Wort der *kapitalistischen* Anwendung der Maschinerie!" [3] Die kapitalistische Profitgier zerstörte also die Familien, vernichtete die Kindheit, nahm der Frau das Heim. Der Arbeiter, der dem Kapitalisten bisher nur seine eigene Arbeitskraft verkaufte, verkauft ihm jetzt auch seine Frau und sein Kind. Und da

[1] Ebenda, S. 381.
[2] Ebenda, S. 404.
[3] Ebenda, S. 413.

122

die Maschine den Bedarf an unqualifizierten Arbeitskräften steigert, vermindert sie damit den Wert der Arbeitskraft. Obwohl man immer mehr arbeiten muß, lebt man elend.

Die Maschine ist dazu bestimmt, die Arbeitsproduktivität zu steigern und die Arbeitszeit zu verkürzen. Aber in den Händen der Kapitalisten wird sie zu einem mächtigen Mittel zur Verlängerung der Arbeitszeit. Die menschliche Arbeit wird in der Fabrik nur zu einem Anhängsel der Arbeit der Maschinen, die deren Umfang und Tempo diktieren. „In Manufaktur und Handwerk", schreibt Marx, „bedient sich der Arbeiter des Werkzeugs, in der Fabrik dient er der Maschine. Dort geht von ihm die Bewegung des Arbeitsmittels aus, dessen Bewegung er hier zu folgen hat. In der Manufaktur bilden die Arbeiter Glieder eines lebendigen Mechanismus. In der Fabrik existiert ein toter Mechanismus unabhängig von ihnen, und sie werden ihm als lebendige Anhängsel einverleibt." [1] Die Maschine, die den Menschen von allzu schwerer Arbeit befreien sollte, beraubte in der kapitalistischen Fabrik die Arbeit ihres Inhalts, machte sie zur Qual. „Aller kapitalistischen Produktion, soweit sie nicht nur *Arbeitsprozeß*, sondern zugleich *Verwertungsprozeß* des Kapitals, ist es gemeinsam, daß nicht der Arbeiter die Arbeitsbedingung, sondern umgekehrt die Arbeitsbedingung den Arbeiter anwendet, aber erst mit der Maschinerie erhält diese Verkehrung *technisch handgreifliche* Wirklichkeit. Durch seine Verwandlung in einen Automaten tritt das Arbeitsmittel während des Arbeitsprozesses selbst dem Arbeiter *als Kapital* gegenüber, als tote Arbeit, welche die lebendige Arbeitskraft beherrscht und aussaugt." [2]

Ähnlich entstellt der Kapitalismus eine andere Funktion der Maschine. Die Maschine ist im Grunde ein Ausdruck menschlicher Intelligenz, sie zeugt von der wirksamen Beherrschung der Natur durch den menschlichen Geist. Die menschliche Arbeit sollte durch die Maschinen zu einer ver-

[1] Ebenda, S. 444.
[2] Ebenda.

nünftigeren Arbeit werden. Indes wurde gerade die Maschine zu einem Faktor, der die Arbeit des Arbeiters ihres geistigen Inhalts beraubte und den Arbeiter zur bloßen „Arbeitshand" degradierte. Seine Qualifikation ist nicht mehr nötig, sein Denken wird nicht mehr gebraucht.

Dies wiederum schafft die Möglichkeit, massenweise unqualifizierte Arbeiter zu beschäftigen, wodurch die ganze Arbeiterschaft in wachsendem Maße bedroht wird. Ihnen wird nicht nur ihre Arbeit gleichgültig, auch ihr Leben ist voll Angst und Mutlosigkeit. Sie können zu jeder Zeit erwerbslos und ins tiefste Elend gestoßen werden. Der Kapitalismus ruft eine ungeheure industrielle Reservearmee ins Leben, „die im Elend gehalten wird, damit sie ständig bereit ist, den Bedarf des Kapitalismus zu decken". Die auf kapitalistischer Grundlage des Privateigentums an Produktionsmitteln vollzogene Teilung der Arbeit verschärfte so all die Gefahren, die den Menschen schon in der vorangegangenen Epoche von ihr drohten. Obwohl die Maschinen eine Überwindung der bisherigen Arbeitsteilung, eine polytechnische Ausbildung und eine echte Kollektivarbeit zu ermöglichen begannen, hat die kapitalistische Wirtschaft diese Möglichkeiten zunichte gemacht. Die Teilung der Arbeit blieb somit als objektive, von den Menschen unabhängige Tatsache bestehen.

„Dieses Sichfestsetzen der sozialen Tätigkeit, diese Konsolidation unsres eigenen Produkts zu einer sachlichen Gewalt über uns, die unsrer Kontrolle entwächst, unsre Erwartungen durchkreuzt, unsre Berechnungen zunichte macht", schreibt Marx, „ist eines der Hauptmomente in der bisherigen geschichtlichen Entwicklung..." [1]

Die Lage der Menschen unter diesen neuen, durch die kapitalistische Arbeitsteilung geschaffenen Bedingungen unterscheidet sich also grundsätzlich von der früheren, ursprünglichen Situation. „Die Bedingungen, unter denen die Individuen, solange der Widerspruch noch nicht eingetreten ist, miteinander verkehren, sind zu ihrer Individualität gehörige Bedingun-

---

[1] Marx/Engels: Werke, Bd. 3, Berlin 1958, S. 33.

gen, nichts Äußerliches für sie, Bedingungen, unter denen diese bestimmten, unter bestimmten Verhältnissen existierenden Individuen allein ihr materielles Leben und was damit zusammenhängt, produzieren können, sind also die Bedingungen ihrer Selbstbetätigung und werden von dieser Selbstbetätigung produziert. Die bestimmte Bedingung, unter der sie produzieren, entspricht also, solange der Widerspruch noch nicht eingetreten ist, ihrer wirklichen Bedingtheit, ihrem einseitigen Dasein..." [1] In dieser Situation entsteht zwischen den Menschen und ihrer Tätigkeit eine Harmonie, die sie als ihre eigene empfinden; eine Harmonie zwischen den Menschen und der entstandenen Wirklichkeit, deren bewußte Schöpfer sie sind; eine Harmonie innerhalb der ganzen Gesellschaft, in der keine starre und ungerechte Verteilung von Tätigkeit und Gewinn existiert.

Aber mit der Zeit werden diese Bedingungen, „die zuerst als Bedingungen der Selbstbetätigung" erschienen, zu deren Fesseln. Die Produktivkräfte erscheinen als eine eigene Welt, die sich von der individuellen Welt unterscheidet und von ihr unabhängig ist. Und zwar deshalb, weil einerseits „die Individuen, deren Kräfte sie sind, zersplittert werden und im Gegensatz gegeneinander existieren" [2] und andererseits die Produktivkräfte den für die Produktion notwendigen Zusammenschluß dieser Individuen bewirken. Der grundlegende Widerspruch besteht also darin, daß die im Gegensatz zueinander lebenden Menschen durch die Erfordernisse der Produktion, die der aktuelle Stand der Produktivkräfte und gesellschaftlichen Verhältnisse diktiert, zusammengeschlossen werden.

Dieser Widerspruch wird noch durch die Tatsache verschärft, daß die Produktivkräfte vom Privateigentum organisiert werden. Sie treten also den Menschen als eine fremde und selbständige Wirklichkeit gegenüber, hören auf, ihre eigenen Kräfte zu sein, was sie doch tatsächlich sind, und wer-

[1] Ebenda, S. 71 f.
[2] Ebenda, S. 67.

den „Kräfte des Privateigentums". Das bedeutet, daß die Menschen über diese Kräfte nur als Eigentümer verfügen können und nicht als Arbeiter, die in Wirklichkeit selbst Produktivkräfte sind. Die Trennung der Produktivkräfte von den konkret arbeitenden Menschen und ihre Verselbständigung unter der Macht des Privateigentums hat zur Folge, daß den menschlichen Individuen der wesentlichste Lebensinhalt, sowohl im Erwerbs-als auch im moralisch-geistigen Sinne genommen wird.

„Der einzige Zusammenhang, in dem sie noch mit den Produktivkräften und mit ihrer eignen Existenz stehen, die Arbeit, hat bei ihnen allen Schein der Selbstbetätigung verloren und erhält ihr Leben nur, indem sie es verkümmert." [1] Die Arbeit wurde also nur Mittel zur Lebenserhaltung, das Leben aber zu einem elenden Vegetieren. Somit trat in der Arbeit, in der sich die menschliche Tätigkeit, die das Wesen des Menschen selbst ist, am vollkommensten ausdrücken sollte, nur die negative Seite dieser Selbstbetätigung zutage.

Andererseits hat jedoch die Entwicklung, die die Produktivkräfte von den Menschen trennte und diesen die wesentlichsten Eigenschaften raubte, zum immer engeren Zusammenschluß der Menschen als den gesellschaftlichen Produzenten geführt. Die im Dienste des Privateigentums stehende Arbeitsteilung brachte eine ständig wachsende Abhängigkeit und Kooperation zwischen den einzelnen Produktionsgattungen und vor allem — seit der Einführung der Maschine — innerhalb eines jeden Produktionszweiges mit sich. „In der Manufaktur", schreibt Marx, „ist die Gliederung des gesellschaftlichen Arbeitsprozesses *rein subjektiv, Kombination* von Teilarbeitern; im Maschinensystem besitzt die große Industrie einen ganz *objektiven* Produktionsorganismus, den der Arbeiter als fertige materielle Produktionsbedingung *vorfindet.* In der einfachen und selbst in der durch Teilung der Arbeit spezifizierten Kooperation erscheint die Verdrängung des *vereinzelten* Arbeiters durch den *vergesellschafteten* immer noch mehr

[1] Ebenda.

126

oder minder zufällig. Die Maschinerie, mit einigen später zu erwähnenden Ausnahmen, funktioniert nur in der Hand unmittelbar vergesellschafteter oder *gemeinsamer* Arbeit. Der *kooperative Charakter* des Arbeitsprozesses wird jetzt also *durch die Natur des Arbeitsmittels selbst* diktierte *technische Notwendigkeit.*" [1]

Aber diese vom Kapitalismus organisierte und ausgenutzte Kooperation muß sich auf den freien Lohnarbeiter stützen, „der seine Arbeitskraft dem Kapital verkauft", auf den Arbeiter, der dem Kapitalisten zur Verfügung steht und ausgebeutet wird, wenn er zur Arbeit erscheint. Die Kooperation wird auf diese Weise „eine vom Kapital angewandte Methode, um ihn durch Steigerung seiner Produktivkraft profitlicher auszubeuten." [2]

3. Das Individuum und die Klasse in der kapitalistischen Gesellschaft

Die Teilung der Arbeit ist natürlich kein isolierter Prozeß, bei dem sich — wie die Idealisten meinten — die Arbeit an sich als sogenannte reine Idee differenziert hat. Die Teilung der Arbeit ist mit den Veränderungen des Eigentums und der gesellschaftlichen Verhältnisse engstens verbunden. „Die verschiedenen Entwicklungsstufen der Teilung der Arbeit", erklärt Marx, „sind ebensoviel verschiedene Formen des Eigentums; d. h. die jedesmalige Stufe der Teilung der Arbeit bestimmt auch die Verhältnisse der Individuen zueinander in Beziehung auf das Material, Instrument und Produkt der Arbeit." [3] Andererseits beeinflussen die entstehenden Eigentumsformen die Arbeitsteilung, indem sie diese auf eine spezifische Art und Weise gestalten und den Erfordernissen des individuellen Profits entsprechend organisieren.

Die mit der Teilung der Arbeit verbundenen Formen des Eigentums sind zugleich eine bestimmte Form der gesellschaft-

---

[1] K. Marx: Das Kapital, Bd. I, Berlin 1953, S. 404.
[2] Ebenda, S. 351.
[3] Marx/Engels: Werke, Bd. 3, Berlin 1958, S. 22.

lichen Verhältnisse. „Die Produktion des Lebens", schreibt Marx, „sowohl des eignen in der Arbeit wie des fremden in der Zeugung, erscheint nun schon sogleich als ein doppeltes Verhältnis — einerseits als natürliches, andrerseits als gesellschaftliches Verhältnis —, gesellschaftlich in dem Sinne, als hierunter das Zusammenwirken mehrerer Individuen, gleichviel unter welchen Bedingungen, auf welche Weise und zu welchem Zweck, verstanden wird. Hieraus geht hervor, daß eine bestimmte Produktionsweise oder industrielle Stufe stets mit einer bestimmten Weise des Zusammenwirkens oder gesellschaftlichen Stufe vereinigt ist, und diese Weise des Zusammenwirkens ist selbst eine ‚Produktivkraft', daß die Menge der den Menschen zugänglichen Produktivkräfte den gesellschaftlichen Zustand bedingt..." [1]

„Übrigens sind Teilung der Arbeit und Privateigentum identische Ausdrücke — in dem Einen wird in Beziehung auf die Tätigkeit dasselbe ausgesagt, was in dem Andern in bezug auf das Produkt der Tätigkeit ausgesagt wird." [2]

Auf dem Hintergrund des historischen Prozesses der Arbeitsteilung, der vom Privateigentum an Produktionsmitteln gelenkt wird, untersucht Marx die Lage des Individuums und sein Verhältnis zur Gesellschaft und zu den anderen Individuen. Dabei unterstreicht er in der „Deutschen Ideologie", daß — entgegen den Behauptungen der Idealisten — „innerhalb der Teilung der Arbeit die persönlichen Verhältnisse notwendig und unvermeidlich sich zu Klassenverhältnissen fortbilden und fixieren..." [3] Was sich einem Individuum als seine Bedürfnisse oder Tendenzen darstellt, was ihm bei den Beziehungen zu den anderen als sein eigener persönlicher Beitrag erscheint, das alles ist bereits ein Produkt bestimmter gesellschaftlicher Situationen, einer bestimmten Arbeitsteilung, an der die Individuen teilnehmen. Die menschlichen Individuen treten zueinander nicht als „reine Individuen" in Beziehung, sondern

[1] Ebenda, S. 29 f.
[2] Ebenda, S. 32.
[3] Ebenda S. 422

immer als konkrete Menschen, die unter bestimmten Produktionsverhältnissen wirken. Diese soziale Bedingtheit der Individualität wies Marx vor allem in seiner Kritik an Stirner nach. Das bedeutet jedoch nicht, daß Marx bei seiner Ablehnung der metaphysischen Individualitätstheorie jene Konflikte nicht gesehen hätte, die von den Menschen als ein Konflikt zwischen ihrer eigenen Individualität und den Forderungen der Gesellschaft empfunden werden. Im Gegenteil, die historische Analyse der Teilung der Arbeit hat die Unvermeidbarkeit und das Wesen derartiger Konflikte unter den Verhältnissen der Klassengesellschaft klar gezeigt.

„Die Individuen gingen immer von sich aus, natürlich aber von sich innerhalb ihrer gegebenen historischen Bedingungen im Sinne der Ideologen. Aber im Lauf der historischen Entwicklung und gerade durch die innerhalb der Teilung der Arbeit unvermeidliche Verselbständigung der gesellschaftlichen Verhältnisse tritt ein Unterschied heraus zwischen dem Leben jedes Individuums, soweit es persönlich ist und insofern es unter irgendeinem Zweig der Arbeit und die dazugehörigen Bedingungen subsumiert ist." [1] In der Geschichte vollzog sich ein Prozeß der Vergegenständlichung der menschlichen Beziehungen, der darin bestand, daß die Verhältnisse der Menschen zueinander immer mehr zu Verhältnissen von Dingen zueinander wurden, denen die Menschen dienen mußten. Unter diesen Bedingungen vertiefte sich die Kluft zwischen der „Individualität und dem zufälligen Charakter ihrer Arbeit und Stellung". „In der gegenwärtigen Epoche hat die Herrschaft der sachlichen Verhältnisse über die Individuen, die Erdrückung der Individualität durch die Zufälligkeit, ihre schärfste und universellste Form erhalten." [2]

Mit besonderer Deutlichkeit tritt diese Erscheinung beim Proletariat auf, das am stärksten der Zufälligkeit der Lebensbedingungen und der Arbeit preisgegeben ist. „Bei den Proletariern dagegen ist ihre eigne Lebensbedingung, die Arbeit,

[1] Ebenda, S. 75 f.
[2] Ebenda, S. 424.

und damit sämtliche Existenzbedingungen der heutigen Gesellschaft, für sie zu etwas Zufälligem geworden, worüber die einzelnen Proletarier keine Kontrolle haben und worüber ihnen keine *gesellschaftliche* Organisation eine Kontrolle geben kann, und der Widerspruch zwischen der Persönlichkeit des einzelnen Proletariers und seiner ihm aufgedrängten Lebensbedingung, der Arbeit, tritt für ihn selbst hervor, namentlich da er schon von Jugend auf geopfert wird und da ihm die Chance fehlt, innerhalb seiner Klasse zu den Bedingungen zu kommen, die ihn in die andre stellen." [1]

Dieses Unterordnen der Individualität unter die zufälligen, von ihr unabhängigen und durch die Teilung der Arbeit und die Warenwirtschaft bestimmten Arbeits- und Lebensbedingungen ist zugleich ein Unterordnen des Individuums unter die Klasse, der es zugeteilt wurde. „Der Unterschied des persönlichen Individuums gegen das Klassenindividuum" tritt mit voller Deutlichkeit erst mit dem Auftreten der neuzeitlichen Klassengesellschaft ein, die selbst ein Produkt des Kapitalismus ist. Unter den früheren Verhältnissen, im Stamm und auch im Ständewesen, ist dieser Unterschied noch verdeckt: „z. B. ein Adliger bleibt stets ein Adliger, ein Roturier stets ein Roturier, abgesehn von seinen sonstigen Verhältnissen, eine von seiner Individualität unzertrennliche Qualität." [2] In der bürgerlichen Gesellschaft, die die traditionelle starre Ordnung beseitigt, die die Individuen stets mit ihren Lebensbedingungen gleichsetzt, wird die Kluft zwischen dem Individuum und seiner Lebensform noch deutlicher.

„Dies ist nicht so zu verstehen", erläutert Marx, „als ob z. B. der Rentier, der Kapitalist pp. aufhörten, Personen zu sein; sondern ihre Persönlichkeit ist durch ganz bestimmte Klassenverhältnisse bedingt und bestimmt, und der Unterschied tritt erst im Gegensatz zu einer andern Klasse und für sie selbst erst dann hervor, wenn sie Bankerott machen." [3]

[1] Ebenda, S. 77.
[2] Ebenda, S. 76.
[3] Ebenda.

In der „Deutschen Ideologie" untersucht Marx die Stellung des Individuums in der Gesellschaft und ihre Veränderungen unter Klassenverhältnissen. Die Klasse, schreibt Marx, „verselbständigt sich ... gegen die Individuen, so daß diese ihre Lebensbedingungen prädestiniert vorfinden, von der Klasse ihre Lebensstellung und damit ihre persönliche Entwicklung angewiesen bekommen, unter sie subsumiert werden." [1] ... „Diese Subsumtion der Individuen unter bestimmte Klassen kann nicht eher aufgehoben werden, als bis sich eine Klasse gebildet hat, die gegen die herrschende Klasse kein besonderes Klasseninteresse mehr durchzusetzen hat." [2] Die Macht der Klasse aber beruht auf dem Besitz von Privateigentum, auf der Ausnutzung der Teilung der menschlichen Arbeit.

Diese Klassenzugehörigkeit ist — obgleich in der kapitalistischen Gesellschaft völlig real — die Zugehörigkeit zu einer „scheinbaren Gemeinschaft", denn die Menschen vereinigen sich zur Klasse nicht als Einzelindividuen, sondern nur aufgrund sachlicher Bedingungen und Verhältnisse. „Es geht aus der ganzen bisherigen Entwicklung hervor, daß das gemeinschaftliche Verhältnis, in das die Individuen einer Klasse traten, und das durch ihre gemeinschaftlichen Interessen gegenüber einem Dritten bedingt war, stets eine Gemeinschaft war, der diese Individuen nur als Durchschnittsindividuen angehörten, nur soweit sie in den Existenzbedingungen ihrer Klasse lebten, ein Verhältnis, an dem sie nicht als Individuen, sondern als Klassenmitglieder teilhatten." [3]

Die Klasse war demnach ein gewisses „Surrogat der wahren Gemeinschaft", die die menschlichen Individuen als Individuen verband und ihnen so eine allseitige, menschliche Entwicklung sicherte. Sie bildete eine „scheinbare Gemeinschaft", die sich den Individuen gegenüber verselbständigte, um über sie zu herrschen und sie sogar auch dann einzuschränken, wenn sie ihnen — wie die bürgerliche Klasse ihren Mitgliedern — ein

[1] Ebenda, S. 54.
[2] Ebenda, S. 75.
[3] Ebenda, S. 74.

subjektives Gefühl der Freiheit schenkte. Die Klasse war jedoch stets eine Vereinigung der einen Klasse gegenüber einer anderen, was dazu führte, daß die herrschende Klasse in dieser scheinbaren Gemeinschaft nur eine falsche Freiheit erlangte, und die unterdrückte Klasse neue Fesseln auferlegt bekam. Erst in „der wirklichen Gemeinschaft erlangen die Individuen in und durch ihre Assoziation zugleich ihre Freiheit." [1]

Die Klassenzugehörigkeit festigte und vertiefte also noch die Entpersönlichung, die mit der Teilung der Arbeit einsetzte und das Individuum einseitig auf seine Klasse, auf den Kampf mit den Gegnern, auf Exklusivität und Selbstsucht ausrichtete. Sie setzte auch seinem Bewußtsein starre Grenzen. „Die Individuen, welche die herrschende Klasse ausmachen, haben unter Anderm auch Bewußtsein und denken daher; insofern sie also als Klasse herrschen und den ganzen Umfang einer Geschichtsepoche bestimmen, versteht es sich von selbst, daß sie dies in ihrer ganzen Ausdehnung tun, also unter Andern auch als Denkende, als Produzenten von Gedanken herrschen, die Produktion und Distribution der Gedanken ihrer Zeit regeln; daß also ihre Gedanken die herrschenden Gedanken der Epoche sind." [2]

In seinen Analysen lehnt Marx die metaphysischen Theorien ab, die zwischen einem Wesen des menschlichen „Ich" an sich und dessen empirischer Erscheinungsform unterscheiden und weist auf historisch-wissenschaftliche Weise nach, daß in der Klassengesellschaft, in der die Teilung der Arbeit den Bedürfnissen des Privateigentums und der Warenwirtschaft entsprechend organisiert ist, zwischen dem, was der Mensch ist und seinem zufälligen Dasein, zu dem er gezwungen ist, eine unerträgliche, unmenschliche und sich ständig vertiefende Diskrepanz entstehen muß. „Der Unterschied", schreibt Marx, „zwischen persönlichem Individuum und zufälligem Individuum ist keine Begriffsunterscheidung, sondern ein historisches

[1] Ebenda.
[2] Ebenda, S. 46.

Faktum. Diese Unterscheidung hat zu verschiedenen Zeiten einen verschiedenen Sinn, z. B. der Stand als etwas dem Individuum Zufälliges im 18. Jahrhundert, plus ou moins, mehr oder weniger auch die Familie. Es ist eine Unterscheidung, die nicht wir für jede Zeit zu machen haben, sondern die jede Zeit unter den verschiedenen Elementen, die sie vorfindet, selbst macht, und zwar nicht nach dem Begriff, sondern durch materielle Lebenskollisionen gezwungen." [1]

4. Die Lage des Proletariats

Die Analyse des Lebens der Menschen unter kapitalistischen Bedingungen offenbart, wie diese die Teilung der Arbeit und das gesellschaftliche Zusammenleben in Faktoren verwandeln, die die menschliche Entwicklung hemmen. Marx schildert diese Konsequenzen bei der Darstellung des Lebens des Proletariats.

Im „Manifest der Kommunistischen Partei" und in anderen Werken, besonders in der Abhandlung „Lohnarbeit und Kapital", die in der „Neuen Rheinischen Zeitung" im Jahre 1849 veröffentlicht wurde, und in der Arbeit „Lohn, Preis und Profit" (1865), hat Marx auf den Prozeß der geistigen Verkrüppelung der Arbeiter durch den Kapitalismus hingewiesen. Dieser Prozeß war das Ergebnis der Verlängerung des Arbeitstages und der Veränderung des Arbeitscharakters selbst.

„Zeit ist der Raum zu menschlicher Entwicklung. Ein Mensch, der nicht über freie Zeit verfügt, dessen ganze Lebenszeit — abgesehn von rein physischen Unterbrechungen durch Schlaf, Mahlzeiten usw. — von seiner Arbeit für den Kapitalisten verschlungen wird, ist weniger als ein Lasttier. Er ist eine bloße Maschine zur Produktion von fremdem Reichtum, körperlich gebrochen und geistig verroht. Dennoch zeigt die ganze Geschichte der modernen Industrie, daß das Kapital, wenn ihm nicht Einhalt getan wird, ohne Gnade und

---

[1] Ebenda, S. 71.

Barmherzigkeit darauf aus ist, die ganze Arbeiterklasse in diesen Zustand äußerster Degradation zu stürzen." [1]

Die Tragik dieser Situation vertieft sich noch dadurch, daß die Arbeit für den Arbeiter immer fremder, gleichgültiger und ermüdender wird. Der Kapitalismus vollzog die „Trennung zwischen dem Mann der Arbeit und den Mitteln der Arbeit", und die sog. ursprüngliche Akkumulation, die nach Marx ursprüngliche Expropriation genannt werden sollte, „bedeutet eine Reihe historischer Prozesse, die in einer *Auflösung der ursprünglichen Einheit* zwischen dem Arbeitenden und seinen Arbeitsmitteln resultieren." [2] In der kapitalistischen Ordnung wurden die Arbeitsmittel in den Händen der Bourgeoisie konzentriert, die sie im Interesse ihres Profits in der Produktion einsetzte. Die Arbeitsmittel wurden zugleich zu Ausbeutungsmitteln der Arbeiter. Im „Kapital" hat Marx die zunehmende Ausbeutung des Proletariats durch die Kapitalisten, die ihre Werkstätten auf maschinelle Arbeit umstellten, sehr genau analysiert. Wir sahen, schreibt er zusammenfassend, „wie die Maschinerie das menschliche Exploitationsmaterial des Kapitals vermehrt durch Aneignung der Weiber- und Kinderarbeit, wie sie die ganze Lebenszeit des Arbeiters konfisziert durch maßlose Ausdehnung des Arbeitstags, und wie ihr Fortschritt, der ein ungeheuer wachsendes Produkt in stets kürzrer Zeit zu liefern erlaubt, endlich als systematisches *Mittel* dient, in *jedem Zeitmoment mehr Arbeit flüssig zu machen* oder *die Arbeitskraft stets intensiver auszubeuten*." [3]

So wurden die Maschinen zum Instrument der Herrschaft des Kapitals über die Arbeit, und es ist daher begreiflich, daß sich zahlreiche Aktionen der Arbeiter gegen die Maschinen richteten. „Als materielle Grundlage der kapitalistischen Produktionsweise" sind die Maschinen zur Ursache und zum Objekt von Arbeiteraufständen geworden. Man sah in ihnen ein grausames Instrument der kapitalistischen Ausbeutung, das den Arbeitstag verlängerte und intensivierte und „zum *syste-*

---

[1] Marx/Engels: Ausgewählte Schriften, Bd. I, Berlin 1953, S. 412 f.
[2] Ebenda, S. 399.
[3] K. Marx: Das Kapital, Bd. I, Berlin 1953, S. 440.

matischen Raub an den Lebensbedingungen des Arbeiters während der Arbeit, an Raum, Luft, Licht, und an persönlichen Schutzmitteln wider lebensgefährliche oder gesundheitswidrige Umstände des Produktionsprozesses" wurde [1].

Die Aneignung der Maschinen durch die Kapitalisten führte zugleich dazu, daß die Tätigkeit des Arbeiters immer automatischer und ermüdender wurde, denn die Maschine als Arbeitsmittel ermöglicht zwar die „Ersetzung der Menschenkraft durch Naturkräfte und erfahrungsmäßiger Routine durch bewußte Anwendung der Naturwissenschaft" [2], doch ließ das kapitalistische Produktionssystem keine Entfaltung dieser Möglichkeiten zu, sondern stellte die Maschinen in den Dienst des privaten Profits. Daher bestand der Unterschied zwischen der Arbeit an der Maschine und der im Handwerk und Gewerbe unter kapitalistischen Verhältnissen darin, daß die Arbeit an der Maschine besonders ermüdend und unmenschlich war. „In Manufaktur und Handwerk", schrieb Marx, „bedient sich der Arbeiter des Werkzeugs, in der Fabrik dient er der Maschine. Dort geht von ihm die Bewegung des Arbeitsmittels aus, dessen Bewegung er hier zu folgen hat. In der Manufaktur bilden die Arbeiter Glieder eines lebendigen Mechanismus. In der Fabrik existiert ein toter Mechanismus unabhängig von ihnen, und sie werden ihm als lebendige Anhängsel einverleibt. ‚Der trübselige Schlendrian einer endlosen Arbeitsqual, worin derselbe mechanische Prozeß immer wieder durchgemacht wird, gleicht der Qual des Sisyphus; die Last der Arbeit, gleich dem Felsen, fällt immer wieder auf den abgematteten Arbeiter zurück. Während die Maschinenarbeit das Nervensystem aufs äußerste angreift, unterdrückt sie das vielseitige Spiel der Muskeln und konfisziert alle freie körperliche und geistige Tätigkeit. Selbst die Erleichterung der Arbeit wird zum Mittel der Tortur, indem die Maschine nicht den Arbeiter von der Arbeit befreit, sondern seine Arbeit vom Inhalt." [3]

[1] Ebenda, S. 448 f.
[2] Ebenda, S. 404.
[3] Ebenda, S. 444.

Die Arbeitsbedingungen in der kapitalistischen Industrie werden auch deswegen ständig schwerer, weil die durch die kapitalistische Konkurrenz erforderlich gewordene immer größere Teilung der Arbeit immer mehr die „Arbeit selbst vereinfacht" und jedes „Detailgeschick des Arbeiters" überflüssig macht. Der Arbeiter „wird in eine einfache, eintönige Produktivkraft verwandelt, die weder körperliche noch geistige Spannkräfte ins Spiel zu setzen hat. Seine Arbeit wird allen zugängliche Arbeit. Es drängen daher Konkurrenten von allen Seiten auf ihn ein, und überdem erinnern wir, daß, je einfacher, je leichter erlernbar die Arbeit ist, je weniger Produktionskosten es bedarf, um sich dieselbe anzueignen, desto tiefer der Arbeitslohn sinkt, denn wie der Preis jeder andern Ware ist er durch die Produktionskosten bestimmt." [1]

Zusammenfassend unterstreicht Marx: *„In demselben Maße also, worin die Arbeit unbefriedigender, ekelhafter wird, in demselben Maße nimmt die Konkurrenz zu und der Arbeitslohn ab."* [2]

Die Lage der Arbeiterklasse ist unter den Verhältnissen der kapitalistischen Wirtschaft nicht nur ökonomisch äußerst schwierig, sondern auch auf dem Gebiet des geistigen und moralischen Lebens menschenunwürdig. Das sind übrigens zwei Seiten ein und desselben Prozesses: Die ökonomische Sklaverei ist zugleich eine geistige Sklaverei. Die durch die Bourgeoisie unterdrückte Arbeiterklasse befindet sich in einer Lage, die das menschliche Leben der Arbeiter von Grund auf zerstört. Denn was sie aus ihrem Leben zu machen gezwungen sind, hat für sie selbst keinen anderen Sinn, als den, ihr rein biologisches Leben zu verlängern. Mehr noch: Was sie aus ihrem Leben machen, bereichert andere und schafft immer größere und ungeheuerlichere Disproportionen, die für die kapitalistische Wirtschaft typisch sind.

Die Last dieses unmenschlichen Lebens ist aber auch deswegen so schwer zu ertragen, weil der Arbeiter in der bürgerli-

[1] Marx/Engels: Ausgewählte Schriften, Bd. I, Berlin 1953, S. 89.
[2] Ebenda.

chen Gesellschaft de jure kein Sklave ist. Er ist ein Mensch wie jeder andere, er ist frei. Weil er aber „frei" ist, muß er seine Arbeitskraft auf eine Art verkaufen, die sein ganzes menschliches Leben auslöscht.

„Die Arbeitskraft", schreibt Marx, „ist also eine Ware, die ihr Besitzer, der Lohnarbeiter, an das Kapital verkauft. Warum verkauft er sie? Um zu leben. Die Betätigung der Arbeitskraft, die Arbeit, ist aber die eigne Lebenstätigkeit des Arbeiters, seine eigne Lebensäußerung. Und diese *Lebenstätigkeit* verkauft er an einen Dritten, um sich die nötigen *Lebensmittel* zu sichern. Seine Lebenstätigkeit ist für ihn also nur ein Mittel, um existieren zu können. Er arbeitet, um zu leben. Er rechnet die Arbeit nicht selbst in sein Leben ein, sie ist vielmehr ein Opfer seines Lebens. Sie ist eine Ware, die er an einen Dritten zugeschlagen hat. Das Produkt seiner Tätigkeit ist daher auch nicht der Zweck seiner Tätigkeit. Was er für sich selbst produziert, ist nicht die Seide, die er webt, nicht das Gold, das er aus dem Bergschacht zieht, nicht der Palast, den er baut. Was er für sich selbst produziert, ist der *Arbeitslohn,* und Seide, Gold, Palast lösen sich für ihn auf in ein bestimmtes Quantum von Lebensmitteln, vielleicht in eine Baumwollenjacke, in Kupfermünze und in eine Kellerwohnung. Und der Arbeiter, der zwölf Stunden webt, spinnt, bohrt, dreht, baut, schaufelt, Steine klopft, trägt usw., gilt ihm dies zwölfstündige Weben, Spinnen, Bohren, Drehen, Bauen, Schaufeln, Steinklopfen als Äußerung seines Lebens, als Leben? Umgekehrt. Das Leben fängt da für ihn an, wo diese Tätigkeit aufhört, am Tisch, auf der Wirtshausbank, im Bett. Die zwölfstündige Arbeit dagegen hat ihm keinen Sinn als Weben, Bohren usw., sondern als *Verdienen,* das ihn an einen Tisch, auf die Wirtshausbank, ins Bett bringt. Wenn der Seidenwurm spänne, um seine Existenz als Raupe zu fristen, so wäre er ein vollständiger Lohnarbeiter." [1]

Diese Analyse von Marx stellt mit klassischer Klarheit das Problem der Arbeit und des Lebens der Arbeiter unter den Ver-

[1] Ebenda, S. 70.

hältnissen der kapitalistischen Ordnung dar. Diese Analyse greift in zwei Richtungen an. Sie wendet sich erstens gegen alle diejenigen, die durch schwülstige, romantisch-christliche Moralpredigten die Arbeiter zur Arbeit anzuspornen suchen, ihnen einreden wollen, daß die Arbeit eine „Pflicht des Menschen", seine Würde und Ehre sei. Marx zeigt, daß diese Arbeit in der kapitalistischen Gesellschaft ein gewöhnlicher Verkauf der Arbeitskraft ist, die dem Marktpreis entsprechend als ein Element der Produktionskosten bewertet wird.

Zweitens greift die marxistische Analyse jene zu optimistisch kalkulierenden Solidaristen an, die da meinten, daß die weitere Entwicklung der kapitalistischen Wirtschaft ein harmonisches Verhältnis zwischen Arbeitern und Kapitalisten herbeiführen werde. Mitnichten. „Je mehr das produktive Kapital wächst, desto mehr dehnt sich die Teilung der Arbeit und die Anwendung der Maschinerie aus. Je mehr sich die Teilung der Arbeit und die Anwendung der Maschinerie ausdehnt, um so mehr dehnt sich die Konkurrenz unter den Arbeitern aus, je mehr zieht sich ihr Lohn zusammen." [1] Der Konflikt zwischen der Welt der Arbeit und der des Kapitals muß sich unvermeidlich zuspitzen. Die Arbeiter bekommen ihn unmittelbar in ihrem täglichen Leben in Lohnsenkungen, Verschlechterungen der Arbeitsbedingungen und Vernichtung aller Werte der Arbeit zu spüren.

Marx grenzt sich auf diese Weise von den klassenbedingten moralisierenden und solidaristischen Parolen ab und hebt mit voller Schärfe den antihumanistischen Charakter der kapitalistischen Wirtschaft hervor, die den Arbeiter zum „freien Verkäufer" der eigenen Arbeitskraft und damit des eigenen Lebens herabwürdigt, der nur so die Mittel für ein weiteres Vegetieren erlangen kann. Er wendet sich entschieden gegen alle Parolen einer „Erziehung zur Arbeitsamkeit", die von der Bourgeoisie, die ihre Interessen wohl zu wahren weiß, mit Bezug auf die Arbeiter und Bauern formuliert wurden. Er

[1] Ebenda, S. 91.

lehnt das Erziehungsprogramm dieser Klasse ab, ganz gleich, ob es offen oder idealistisch drapiert verkündet wird.

5. *Das Problem der Freizeit in der kapitalistischen Gesellschaft*

Die Lage des Menschen in der kapitalistischen Gesellschaft ist gekennzeichnet durch die Art, wie die freie Zeit sowohl von der herrschenden als auch von der ausgebeuteten Klasse genutzt wird. Ähnlich wie die Arbeitszeit zeigt die Freizeit, wie die Menschen wirklich leben.

Die Philosophie des Genusses, schreibt Marx in der „Deutschen Ideologie" bei seiner Kritik an Stirner, hat ihren Ursprung im griechischen Altertum, und zwar in der kyrenäischen Schule. Aber während ihrer langen Entwicklung war sie nie etwas anderes „als die geistreiche Sprache gewisser zum Genuß privilegierter gesellschaftlicher Kreise." [1] Ihr Inhalt war immer durch das Gesellschaftssystem bedingt und drückte all seine Begrenztheiten und Widersprüche aus. So oft man aus ihr eine allgemeine, überall angewandte Philosophie des Menschenlebens abzuleiten suchte, mußte man — angesichts der Tatsache, daß nicht alle sich dem Genuß hingeben können — stets zu Sophismen und Unwahrheiten Zuflucht nehmen. Die bürgerliche Heuchelei ging sogar soweit, daß man manchmal behauptete, der Genuß sei nur eine Form der Askese. In dieser Form brauchte die Philosophie des Genusses das Publikum nicht mit den Privilegien der Auserwählten zu reizen: Deren Vergnügungen stellten sich ebenfalls als Verzicht heraus.

Wie auf allen anderen Gebieten der Kultur und Erziehung begegnete man auch hier unvermeidlich Widersprüchen und Heucheleien, sobald der Standpunkt der herrschenden Gesellschaftsklasse als ein „allgemein-menschlicher" hingestellt wurde.

Marx weist auf die gesellschaftliche Grundlage der Ver-

[1] Marx/Engels: Werke, Bd. 3, Berlin 1958, S. 402.

änderungen in der modernen hedonistischen Philosophie hin. Sie entsteht in der Umgebung des Hofes in der Zeit des Absolutismus, als sich die Feudalaristokratie in die Hofaristokratie verwandelte und die junge Bourgeoisie, zu diesem Hofleben zugelassen, ihrer Gewohnheit entsprechend, die dort herrschenden Grundsätze als Regeln für das allgemeine Verhalten zu formulieren begann. Eben darin besteht das Revolutionäre der damaligen Bourgeoisie, daß sie das, was für den Adel eine natürliche und unmittelbare Lebensanschauung war, zur Regel erhebt, die alle — natürlich alle diejenigen, die zur Bourgeoisie gehören — für sich in Anspruch zu nehmen berechtigt sind.

Als jedoch in der weiteren historischen Entwicklung die Stellung der Bourgeoisie durch das Proletariat gefährdet wurde, gerieten auch die Grundlagen des Hedonismus ins Wanken. „Der Adel," schreibt Marx, wurde „devot-religiös und die Bourgeoisie feierlich-moralisch und streng in ihren Theorien" [1], während sie sich im Leben durch die versteckte Heuchelei, das Prinzip des Luxus, leiten ließ.

Das hatte entscheidenden Einfluß auf den Charakter der gesuchten Vergnügungen. „Unter der Herrschaft der Bourgeoisie", erklärt Marx, „nahmen die Genüsse ihre Form von den Klassen der Gesellschaft an." [2] Die unter dem Zeichen des Geldes verschafften Genüsse der Bourgeoisie wurden tödlich langweilig, die Genüsse des Proletariats aber brutal, da die qualitativen und quantitativen Beschränkungen des Genusses und das Verlangen nach Zerstreuung nach der anstrengenden und zu langen Arbeit eine höhere Kultur der Freizeit nicht zuließen. Die Vergnügungen dieser beiden Klassen waren vom wirklichen, menschlichen Leben und von wahrer Tätigkeit, die den eigentlichen Inhalt des Lebens ausmacht, losgelöst.

Die Ausnutzung der Lebensreize durch die Bourgeoisie offenbart den gleichen grundsätzlichen Widerspruch, auf dem

[1] Ebenda, S. 403.
[2] Ebenda.

diese ganze Ordnung erwächst. Er tritt als Konflikt von Askese und Lebensgier zutage. „In den historischen Anfängen der kapitalistischen Produktion — und jeder kapitalistische Parvenü macht dieses historische Stadium individuell durch — herrschen Bereicherungstrieb und Geiz als absolute Leidenschaften vor." [1] Später aber melden sich andere Bedürfnisse, und „ein konventioneller Grad von Verschwendung" ist für den Kapitalisten als „Schaustellung seines Reichtums" sogar notwendig, der ihm Kreditmittel und weiteren finanziellen Erfolg bringen kann. Auf diese Weise geht sein persönlicher „Luxus ... in die Repräsentationskosten des Kapitals ein." Obgleich, schreibt Marx weiter, „die Verschwendung des Kapitalisten nie den bona fide [gutgläubigen] Charakter der Verschwendung des flotten Feudalherrn besitzt, in ihrem Hintergrund vielmehr stets schmutzigster Geiz und ängstlichste Berechnung lauern, wächst dennoch seine Verschwendung mit seiner Akkumulation, ohne daß die eine die andre zu beabbruchen braucht. Damit entwickelt sich gleichzeitig in der Hochbrust des Kapitalindividuums ein faustischer Konflikt zwischen Akkumulations- und Genußtrieb." [2] Er nimmt immer schärfere Formen an, je mehr der Reichtum des Kapitalisten ohne eigene Arbeit wächst. In der ersten Zeit mußte er — der andere ausbeutete — sogar selbst arbeiten, denn „die unmittelbare Exploitation der Arbeit kostet Arbeit, wie jeder Sklaventreiber weiß"; später konnte er im Luxus leben, obwohl er stets den Erfordernissen der kapitalistischen Wirtschaft dienen mußte, was er als Askese oder Enthaltsamkeit anpries.

Ähnlich wie in vielen anderen Fällen, zeigt die Analyse von Marx auch hier, wie der Mensch durch seine Teilnahme an den ökonomisch-gesellschaftlichen Prozessen geformt wird. Kapitalistische Akkumulation und Luxus sind objektive ökonomische Kategorien, aber gleichzeitig Elemente des individuellen, entsprechend gestalteten Lebens.

Die Kritik an der Theorie und Praxis des Hedonismus wurde

[1] K. Marx: Das Kapital, Bd. I, Berlin 1953, S. 623.
[2] Ebenda.

jedoch nur dank der wachsenden Kraft des Proletariats möglich, das imstande ist, das gesamte bisherige Leben umzustürzen und zugleich auch seine ganze asketische und hedonistische Moral zu verdammen. Vom Standpunkt des Proletariats aus wurde nicht allein die einseitige soziale Bevorrechtung der einen auf Kosten der anderen sichtbar, sondern ebenso die Inhaltsleere der „Genüsse" der kapitalistischen Gesellschaft.

„Intensität und Produktivkraft der Arbeit gegeben, ist der zur *materiellen Produktion notwendige Teil des gesellschaftlichen Arbeitstags* um so kürzer, der für freie, geistige und gesellschaftliche Betätigung der Individuen eroberte Zeitteil also um so größer, je *gleichmäßiger* die Arbeit unter alle werkfähigen Glieder der Gesellschaft verteilt ist, je weniger eine Gesellschaftsschicht die Naturnotwendigkeit der Arbeit von sich selbst ab- und einer andren Schicht zuwälzen kann. Die absolute Grenze für die Verkürzung des Arbeitstags ist nach dieser Seite hin die *Allgemeinheit der Arbeit.* In der kapitalistischen Gesellschaft wird freie Zeit für eine Klasse produziert durch Verwandlung aller Lebenszeit der Massen in Arbeitszeit." [1]

Wenn diese Ungerechtigkeit beseitigt sein wird und die breiten Massen arbeitsfreie Zeit erlangen und wenn zugleich ihre Arbeit aufhört, eine fruchtlose, ermüdende Plage zu sein und zu ihrer eigenen Produktionstätigkeit wird, wenn die Entfremdung des Menschen überwunden wird, dann kann auch die arbeitsfreie Zeit mit gehaltvoller Betätigung ausgefüllt werden. Eine Kritik und Überwindung der bisherigen Formen der Genüsse kann erst dann erfolgen, wenn die Entwicklung des Proletariats und sein Kampf gegen die Bourgeoisie einen entsprechenden materiellen und ideologischen Stand erreichen. [2]

Marx faßt seine Schlußfolgerungen mit folgenden Worten zusammen: „Die Genüsse Aller bisherigen Stände und Klassen mußten überhaupt entweder kindisch, ermüdend oder brutal

---

[1] Ebenda, S. 555.
[2] Marx/Engels: Werke, Bd. 3, Berlin 1958, S. 404.

sein, weil sie immer von der gesamten Lebenstätigkeit, dem eigentlichen Inhalt des Lebens der Individuen getrennt waren, und sich mehr oder weniger darauf reduzierten, daß einer inhaltslosen Tätigkeit ein scheinbarer Inhalt gegeben wurde." [1]

Die Analyse der freien Zeit in der kapitalistischen Gesellschaft bestätigt alle vorangegangenen Untersuchungen von Marx, in denen dargetan wurde, daß in dieser Gesellschaft alle sittlich und moralisch verkommen. „Wenn der klassischen Ökonomie der Proletarier nur als Maschine zur Produktion von Mehrwert, gilt ihr aber auch der Kapitalist nur als Maschine zur Verwandlung dieses Mehrwerts in Mehrkapital." [2]

6. Der Sturz der Klassenordnung und die Befreiung des Menschen

Die bisherigen Ausführungen lassen die tiefen Widersprüche erkennen, die in der bürgerlichen Gesellschaft an den Menschen zerren. Die Ideologen empfanden zwar diese Widersprüche, deuteten sie aber völlig falsch, indem sie ihre Entstehung irgendwelchen ewigen, metaphysischen Prinzipien zuschrieben, die den grundsätzlichen Konflikt zwischen dem „Ich" und seinen empirischen Erscheinungsformen im Leben hervorgerufen hätten. In der Überzeugung, daß der wirklich existierende Mensch eigentlich kein wahrer Mensch ist, formulierten die Ideologen einen Grundsatz, in dem ein Körnchen Wahrheit steckte; sie formulierten ihn jedoch so, daß die Wahrheit völlig verdeckt und entstellt war. Sie regten nämlich an, das ganze wirkliche Leben der Menschen als einen Schein zu betrachten, anstatt zu seiner wirklichen menschenwürdigen Veränderung aufzurufen.

„Das widersinnige Urteil der Philosophen, daß der wirkliche Mensch nicht Mensch sei, ist nur innerhalb der Abstraktion der universellste, umfassendste Ausdruck des faktisch bestehenden universellen Widerspruchs zwischen den Verhältnissen und

[1] Ebenda.
[2] K. Marx: Das Kapital, Bd. I, Berlin 1953, S. 625.

den Bedürfnissen der Menschen."[1] Die Überwindung dieses Widerspruchs kann nicht allein im ideologischen Bereich erfolgen. Sie erfordert eine Überwindung jenes realen Lebenswiderspruchs, verlangt also eine solche Beherrschung der Verhältnisse, daß sie aus einer fremden Kraft, die die Menschen versklavt, zum Ausdruck ihrer bewußten Aktivität werden. Erst dann kommen wir aus der Verwirrung, der Philosophie und Pädagogik heraus, die entweder die Wirklichkeit zugunsten idealer Vorstellungen degradiert, oder alle moralischen Postulate zugunsten eines passiven Gehorsams der bestehenden Wirklichkeit gegenüber aufgibt. Alle anderen Versuche, aus diesen Widersprüchen herauszukommen, verstricken uns noch tiefer in sie, wie Marx bei seiner Analyse der Stirnerschen Philosophie und des „Humanismus" der „wahren Sozialisten" vor Augen führt[2].

Nur der Sturz des Kapitalismus kann die naturwüchsige, von den herrschenden Klassen ausgenutzte spontane Entwicklung der Produktivkräfte überwinden und zu einem im Interesse des Gemeinwohls bewußt gelenkten Prozeß machen. Erst unter diesen neuen Bedingungen erhalten die menschlichen Individuen die Möglichkeiten, menschliche Beziehungen zueinander herzustellen. „Der Kommunismus", schreibt Marx, „unterscheidet sich von allen bisherigen Bewegungen dadurch, daß er die Grundlage aller bisherigen Produktions- und Verkehrsverhältnisse umwälzt und alle naturwüchsigen Voraussetzungen zum ersten Mal mit Bewußtsein als Geschöpfe der bisherigen Menschen behandelt, ihrer Naturwüchsigkeit entkleidet und der Macht der vereinigten Individuen unterwirft."[3]

Der Kommunismus wird der heutigen Gesellschaft nicht von außen gegeben. Er erwächst vielmehr aus der revolutionären Praxis der Arbeiterklasse, die von den bestehenden Verhältnissen als die Kraft hervorgebracht wird, die ihnen später den Untergang bereitet. Die Arbeiterklasse ist, wie Marx oft betont, eine ganz spezifische Klasse, weil ihr Klasseninteresse nicht

---

[1] Marx/Engels: Werke, Bd. 3, Berlin 1958, S. 415.
[2] Ebenda, S. 101 ff.
[3] Ebenda, S. 70.

darauf gerichtet ist, über andere Klassen zu herrschen; indem sie ihre Interessen vertritt, verficht sie auch die Interessen der gesamten Menschheit.

Die Arbeiterbewegung übernimmt die Verteidigung des durch die Teilung der Arbeit unterjochten Menschen. Die Proletarier müssen einfach aus Lebensnotwendigkeit von den Produktionsmitteln Besitz ergreifen und haben auch genügend Kraft, dies zu tun. Aber die völlige Übernahme der bisher dem Privateigentum dienstbaren Produktivkräfte durch die Arbeiterklasse muß mit der Entwicklung „der den materiellen Produktionsinstrumenten entsprechenden individuellen Fähigkeiten" Hand in Hand gehen. Der Kapitalismus ließ, wie wir wissen, nicht nur alle der modernen Produktionstechnik innewohnenden, die Menschen bildenden Faktoren ungenutzt, sondern vernichtete diese sogar, indem er die Technik den Bedürfnissen des Kapitals entsprechend organisierte. Er verwandelte die kollektive Arbeit in schwere Sklaverei, trennte die in der Technik unentbehrliche Intelligenz von der Arbeit selbst und behielt die geistige Tätigkeit einer besonderen Klasse von Angestellten vor. Die Beherrschung der Produktionsmittel durch die Arbeiter und ihre Organisation für die gemeinsame Nutzung wird alle diese Ansätze und Möglichkeiten verwirklichen müssen. „Die Aneignung einer Totalität von Produktionsinstrumenten ist schon deshalb die Entwicklung einer Totalität von Fähigkeiten in den Individuen selbst." [1]

Jegliche bisherige Aneignung der Produktivkräfte war begrenzt, weil diese Kräfte selbst noch wenig entwickelt und noch wenig universell waren. Ihre Aneignung erfolgte als Privateigentum und bewirkte, daß die menschlichen Individuen, die die Produktionsinstrumente beherrschten, ihnen weiterhin unterworfen blieben. Gegenwärtig beobachten wir eine volle Entwicklung der Produktivkräfte und Verkehrsverhältnisse im großen Maßstab, die die traditionellen Wirtschaftsschranken beseitigen. „Der moderne universelle Verkehr kann nicht anders unter die Individuen subsumiert werden als dadurch,

[1] Ebenda, S. 68.

daß er unter Alle subsumiert wird." Unter früheren Verhältnissen hingegen, da die Produktivkräfte wenig entwickelt waren, beruhte ihre Aneignung auf der Ausschließlichkeit ihrer Nutzung und beschränkte alle anderen Menschen, folglich auch den Besitzer. „Bei allen bisherigen Aneignungen". schreibt Marx, „blieb eine Masse von Individuen unter ein einziges Produktionsinstrument subsumiert; bei der Aneignung der Proletarier müssen eine Masse von Produktionsinstrumenten unter jedes Individuum und das Eigentum unter Alle subsumiert werden." [1]

Diese Aneignung moderner Produktionsinstrumente wird zugleich einen wirklichen Zusammenschluß der Menschen erfordern, der sich grundsätzlich von ihren bisherigen aufgezwungenen und aufgedrängten Vereinigungen unterscheidet, die die einen von der Zusammenarbeit mit den anderen ausschlossen. Dieser sich schon im Schoße des Proletariats anbahnende und dank der Revolution zunehmende Zusammenschluß ist im gleichen Maße das Ergebnis der modernen Produktivkräfte wie auch die Ursache, die deren Aneignung ermöglicht. Menschen mit der Psyche individueller Besitzer wären niemals imstande, das zu tun. Ihre kapitalistische Beherrschung dieser Mittel verewigte die Kämpfe und Gegensätze, die auf einer unteren Entwicklungsstufe unumgänglich sind, aber den modernen Produktionsmöglichkeiten schaden und sie auch einschränken. Nur Menschen, die jeden Eigentums an Produktionsmitteln beraubt sind und durch die Revolution die bürgerliche Lebens- und Arbeitsweise abschütteln, sind fähig, eine kollektiv arbeitende Gesellschaft, ohne starre soziale Gliederung, die nur die Ungleichheiten konserviert, zu schaffen.

Aus diesen Analysen folgt also, daß die jahrhundertelange Trennung des Menschen von seiner Arbeit und des Individuums von der Gesellschaft erst unter den Verhältnissen überwunden wird, die durch die moderne Entwicklung der Produktivkräfte ermöglicht und durch die proletarische Revolution verwirklicht werden. Erst auf dieser historischen Stufe — kündigt Marx

[1] Ebenda.

an — wird die selbständige Tätigkeit der Menschen, ihre individuelle Betätigung mit dem materiellen Leben übereinstimmen, d.h. die Produktion dieses Lebens wird nicht den Charakter des bloßen Erwerbs von Existenzmitteln für die Arbeitenden und der Profite für die Besitzenden haben. Die Produktion des materiellen Lebens für Alle und durch Alle wird zum Ausdruck der menschlichen Betätigung eines jeden Menschen, einer Betätigung, bei der er sich vollkommen und bewußt entwickeln wird.

Diese Annäherung zwischen der Produktion des materiellen Lebens und der individuellen, selbständigen Betätigung der Menschen wird bedeuten, daß sich eine „Entwicklung der Individuen zu totalen Individuen" vollzieht, die sich aller „Naturwüchsigkeit" entledigen, d.h. sich nicht mehr blind und automatisch an die zufälligen Verhältnisse und Situationen anpassen, wie dies für die Entwicklung der menschlichen Gesellschaft in den bisherigen Epochen kennzeichnend war.

Die Verwandlung der menschlichen Arbeit, die lediglich im Kapitalismus ein Mittel der Existenz und des Profits war, in eine selbständige und bewußte Tätigkeit der Menschen, ihre Befreiung von den unterjochenden Fesseln des Privateigentums wird zugleich eine völlige Umgestaltung der Beziehungen der Menschen zueinander mit sich bringen. Sie werden nicht mehr durch die äußeren und sachlichen Erfordernisse der Warenwirtschaft bestimmt. Die Beseitigung des Privateigentums wird die Ungleichheiten im Lebensniveau abschaffen, die bisher immer rein zufällig entstanden. „Während in der bisherigen Geschichte immer eine besondere Bedingung als zufällig erschien, ist jetzt die Absonderung der Individuen selbst, der besondre Privaterwerb eines Jeden selbst zufällig geworden." [1]

Diese ganze Analyse der Gegenwart faßt Marx mit folgenden Worten zusammen: „Wir haben bereits ... gezeigt, daß die Aufhebung .. der Unterwerfung der Individualität unter die Zufälligkeit, der Subsumtion ihrer persönlichen Verhältnisse unter die allgemeinen Klassenverhältnisse etc. in letzter Instanz

[1] Ebenda.

bedingt ist durch die Aufhebung der Teilung der Arbeit. Wir haben ebenfalls gezeigt, daß die Aufhebung der Teilung der Arbeit bedingt ist durch die Entwicklung des Verkehrs und der Produktivkräfte zu einer solchen Universalität, daß das Privateigentum und die Teilung der Arbeit für sie zu einer Fessel wird. Wir haben ferner gezeigt, daß das Privateigentum nur aufgehoben werden kann unter der Bedingung einer allseitigen Entwicklung der Individuen, weil eben der vorgefundene Verkehr und die vorgefundenen Produktivkräfte allseitig sind und nur von allseitig sich entwickelnden Individuen angeeignet, d.h. zur freien Betätigung ihres Lebens gemacht werden können. Wir haben gezeigt, daß die gegenwärtigen Individuen das Privateigentum aufheben *müssen*, weil die Produktivkräfte und die Verkehrsformen sich so weit entwickelt haben, daß sie unter der Herrschaft des Privateigentums zu Destruktivkräften geworden sind, und weil der Gegensatz der Klassen auf seine höchste Spitze getrieben ist. Schließlich haben wir gezeigt, daß die Aufhebung des Privateigentums und der Teilung der Arbeit selbst die Vereinigung der Individuen auf der durch die jetzigen Produktivkräfte und den Weltverkehr gegebenen Basis ist." [1] Eine ganz bestimmte Aufgabe, die die existierenden Individuen erfüllen sollen, besteht darin, „an die Stelle der Herrschaft der Verhältnisse und der Zufälligkeit über die Individuen die Herrschaft der Individuen über die Zufälligkeit und die Verhältnisse zu setzen: Diese durch die gegenwärtigen Verhältnisse vorgeschriebene Aufgabe fällt zusammen mit der Aufgabe, die Gesellschaft kommunistisch zu organisieren." [2]

[1] Ebenda, S. 424.
[2] Ebenda.

KAPITEL III

PROBLEME DER ENTFREMDUNG
UND DES FETISCHISMUS

Die marxistische Analyse der Gegenwart zeigte präzis den historischen Entstehungsprozeß der kapitalistischen Gesellschaftsordnung, unterstrich die Bedeutung dieses Prozesses für das Leben der Menschen und legte die Perspektiven für die Zukunft dar. Diese Analyse schilderte jedoch nicht nur die Lage, sondern deckte auch die sie bestimmenden objektiven Gesetze auf. Marx stellte dabei fest, daß die kapitalistische Gesellschaftsordnung in der Geschichte weder ein zufälliges, noch ein bewußtes Produkt der Tätigkeit der Menschen war, obwohl sie im Ergebnis ihrer Tätigkeit entstanden war; Marx hat die Gesetze entdeckt, die die Entstehung des Kapitalismus, seine Entwicklung und seinen zukünftigen Sturz regieren. Er hat diese objektiven Gesetze wie ein Naturwissenschaftler entdeckt, der dem Menschen die objektiven Naturgesetze zeigt, damit er sie anwenden kann.

Diese die Umwandlungen der Produktivkräfte und Produktionsverhältnisse objektiv regierenden Gesetze bestimmen zugleich die Entwicklung der menschlichen Tätigkeit und des menschlichen Bewußtseins, die von diesen Umwandlungen abhängig und zugleich ihr Prüfstein sind. Auf den sich immer mehr zuspitzenden Widerspruch zwischen den Produktivkräften und den kapitalistischen Produktionsverhältnissen hinweisend, hat Marx damit auch den ihm entsprechenden Widerspruch zwischen der Entwicklung und Bereicherung der menschlichen Natur durch die Arbeit und das gesellschaftliche Leben einerseits und der Knebelung und Sterilisierung geistiger und moralischer Kräfte der Menschen durch die kapitalistische Ordnung andererseits nachgewiesen.

Der Analyse dieses Widerspruchs in der Entwicklung der menschlichen Gesellschaft hat Marx von jeher sehr viel Aufmerksamkeit gewidmet. Der erste große philosophische Streit, den Marx aufnahm, — der Streit mit Hegel — bezog sich vor allem auf die Auffassung von der Entfremdung und die Fehler der idealistischen Entfremdungstheorie.

1. Die marxistische Kritik der Hegelschen Auffassung von der Entfremdung

Die idealistische Auffassung von der Entfremdung beruht auf der metaphysischen Gegenüberstellung von Ich und Welt, deren man sich als eigenes Werk des Ichs nicht bewußt war. Der Prozeß des Bewußtwerdens sollte zum Prozeß der Aufhebung der Entfremdung, zur Rückkehr des Geistes zu sich selbst durch Bewußtwerden seiner eigenen Werke werden.

Marx übt im vollen Bewußtsein der Spezifik seines eigenen Standpunktes Kritik an Hegels Auffassungen, indem er erklärt, daß sie eine gewisse allgemeine und abstrakte Wahrheit enthalten, die aber durch idealistische Interpretation verzerrt wurde. Diese Wahrheit besteht in der Hervorhebung der Selbsterzeugung des Menschen durch seine eigene, die gegenständliche Welt produzierende Tätigkeit. „Das Große an der Hegelschen *Phänomenologie*", schreibt Marx, „und ihrem Endresultate — der Dialektik der Negativität als dem bewegenden und erzeugenden Prinzip — ist also einmal, daß Hegel die Selbsterzeugung des Menschen als einen Prozeß faßt, die Vergegenständlichung als Entgegenständlichung, als Entäußerung und als Aufhebung dieser Entäußerung; daß er also das Wesen der *Arbeit* faßt und den gegenständlichen Menschen, wahren, weil wirklichen Menschen, als Resultat seiner *eignen Arbeit* begreift." [1]

---

[1] Marx/Engels: Die heilige Familie, Berlin 1953, S. 80.

Hegels Irrtum besteht darin, daß er den ganzen Erzeugungsprozeß des Menschen abstrakt faßt. „Die Arbeit, welche Hegel allein kennt und anerkennt, ist die *abstrakt geistige.*" [1] Aus diesem Grunde bringt die Hegelsche Philosophie anstelle konkreter Menschen und einer konkreten Geschichtsentwicklung in den sozialen Veränderungen abstrakte Begriffe und entstellt damit den eigentlichen Sinn der Entfremdung.

Die Entfremdung wird damit eine ausschließlich geistige Angelegenheit, eine Sache des Bewußtseins. Der Mensch entfremdet sich seiner selbst, während seine Werke ihm eine fremde Wirklichkeit angeblich nur deshalb sind, weil er nicht das volle Selbstbewußtsein besitzt, weil er — geistig unreif — den Illusionen des Bewußtseins unterliegt, nicht deshalb aber, weil er faktisch die Wirklichkeit nicht beherrscht, sondern ihr untergeordnet ist. Nach Hegel ist das Selbstbewußtsein das Wesen des Menschen. „Alle Entfremdung des menschlichen Wesens ist daher *nichts* als *Entfremdung des Selbstbewußtseins.* Die Entfremdung des Selbstbewußtseins gilt nicht als *Ausdruck* ... der wirklichen Entfremdung des menschlichen Wesens." [2] Im Gegenteil, diese wirkliche Entfremdung wird als Spiegelbild des unreifen Bewußtseins betrachtet, das mit Erreichung des vollen geistigen Selbstbewußtseins verschwindet. Diese tatsächliche Entfremdung des Menschen ist — nach Hegel — nur eine Erscheinung der Entfremdung, die sich auf der geistigen Ebene vollzieht.

Eine solche Auffassung determiniert die Methode zur Aufhebung der Entfremdung idealistisch. Die Aufhebung vollzieht sich im Denken. Nach Marx verändert sie aber die Verhältnisse nicht, da sie die wirkliche Lage des Menschen akzeptiert und sie nur „im Geiste" ändert. Der idealistischen Auffassung vom Wesen der Entfremdung folgt auf diese Weise die idealistische Auffassung von ihrer Aufhebung. Grundsätzliche Bedeutung in der Hegelschen Philosophie hat daher die These, daß der „Gegenstand des Bewußtseins nur ein Element des Selbst-

[1] Ebenda, S. 81.
[2] Ebenda, S. 82.

bewußtseins ist" oder — anders gesagt — nur ein „vergegenständlichtes Selbstbewußtsein" ist. Alle Gegenständlichkeit sollte von ihrer Natur selbst aus die Grundlage des entfremdeten Verhältnisses sein, da sie dem Menschen fremd ist; die Aufhebung der Entfremdung mußte daher als Aufhebung der Gegenständlichkeit selbst aufgefaßt werden. Die Hegelsche Philosophie zeigte nicht nur, wie der menschliche Geist die Entfremdung aufheben soll, sondern auch, daß diese Aufhebung nur auf dem Boden des Idealismus möglich ist, der die Wirklichkeit der Gegenständlichkeit negiert.

Die Negation, die die gegenständliche Welt dem menschlichen Wesen gegenüber bedeutete, verlor ihre tatsächliche Kraft und wurde ausschließlich Negation des Bewußtseins; sie wurde zum Faktor, der das Bewußtsein zur Aufhebung dieses Hindernisses anregte durch die Feststellung, daß seine Objektivität, Gegenständlichkeit und Unabhängigkeit eine Illusion ist.

Die Hegelsche Philosophie beachtete nicht die realen Entäußerungsprozesse der Menschen in ihren eigenen Werken und die Prozesse der Unterwerfung der Menschen unter diese wirklichen Produkte als einer fremden und übergeordneten Welt. Die Hegelsche Philosophie verwandelt diese Lebensprozesse in Denkprozesse. Das Haupthindernis, mit dem es das Bewußtsein zu tun hatte, war daher die Gegenständlichkeit als solche und nicht die entfremdete Gegenständlichkeit [1]. Beim Versuch, die Gegenständlichkeit des Lebens selbst und nicht nur ihre entfremdeten Formen aufzuheben, wird die Hegelsche Philosophie sowohl zum Element der Mystifikation als auch des Opportunismus. An die Stelle realer Aufhebungen treten ideelle Aufhebungen, an die Stelle realer Umwandlungen der Wirklichkeit als Werk der Menschen tritt ihre totale Degradation, die sich auf den Höhen des Geistes vollzieht und praktisch die Anerkennung der bestehenden Ordnung ist.

Wenn Hegel die realen, konkreten Menschen durch den Begriff des Bewußtseins ersetzt, schreibt Marx in der „Heiligen Familie", so „erscheint die *verschiedenartigste* menschliche

---

[1] Ebenda, S. 87 ff.

Wirklichkeit nur als eine *bestimmte* Form, als *eine Bestimmtheit des Selbstbewußtseins*. ... In Hegels Phänomenologie werden die *materiellen, sinnlichen, gegenständlichen* Grundlagen der verschiedenen entfremdeten Gestalten des menschlichen Selbstbewußtsein *stehen* gelassen, und das ganze destruktive Werk hatte die *konservativste Philosophie* zum Resultat, weil es die gegenständliche Welt, die sinnlich wirkliche Welt überwunden zu haben meint, sobald es sie in ein ‚Gedankending', in eine bloße *Bestimmtheit des Selbstbewußtseins* verwandelt hat..." [1]

Unterdessen ist sowohl die Feststellung der Entfremdung als auch ihre Aufhebung in der Hegelschen Philospohie eine reine Denkoperation, die weder reale Faktoren entdeckt noch sie umorganisiert. Die Hegelsche Philosophie gilt im Grunde genommen dem nicht wirklichen menschlichen Leben, sondern dem Bewußtsein, das als ein grundlegendes Element des Daseins betrachtet wird. Das wirkliche Leben wird als illusorisch, als scheinbar, das Bewußtsein aber als einzig real und bestimmend betrachtet. Die Hegelsche Philosophie ringt eigentlich nicht mit der wirklichen Religion, sondern nur mit der Religion als dem Gegenstand des Bewußtseins, also mit der Dogmatik. Sie analysiert nicht den wirklichen Staat, sondern nur den Staat als den Gegenstand des Bewußtseins, also die Rechts- und Staatswissenschaften. Sie hebt nicht die wirkliche Natur auf, sondern nur die Naturwissenschaft. Das Revolutionäre in der Hegelschen Philosophie gilt also der Welt der Begriffe, Anschauungen und Meinungen. Es gilt aber nicht dem realen Leben selbst. Da sie mit Abstraktionen operiert, unterstellt sie das Bewußtsein als das Sein, als den eigentlichen Ursprung der Wirklichkeit. So entsteht die Metaphysik des „Geistes", die Metaphysik der „Idee". „Der wirkliche Mensch und die wirkliche Natur werden bloß zu Prädikaten, zu Symbolen dieses verborgnen unwirklichen Menschen und dieser unwirklichen Natur." [2]

[1] Ebenda, S. 339.
[2] Ebenda, S. 93.

Obgleich also die Hegelsche Philosophie eine grundsätzlich richtige Idee von der Selbsterzeugung des Menschen in seiner Produktion und seinen Entäußerungen enthielt, die sich ihm entgegenstellten und die dann von ihm aufgehoben wurden, hat sie diese Idee durch die idealistische Metaphysik entstellt. Die Entfremdung und ihre Aufhebung, die Gegenständlichkeit und Negation bekamen einen abstrakten Inhalt, wurden zum Instrument, das die wirkliche Lage der Menschen mystifizierte, zum Instrument des Opportunismus gegenüber den realen Lebensbedingungen.

2. Auf dem Wege zur materialistischen Entfremdungstheorie

Ein noch grober, aber schon grundsätzlicher Umriß der Anschauungen von Marx befindet sich in den zu seinen Lebzeiten unveröffentlichten Manuskripten, die im dritten Band der Gesamtausgabe der Schriften von Marx und Engels im Jahre 1932 unter dem Titel „Ökonomisch-philosophische Manuskripte" [1] herausgegeben wurden, sowie in anderen Arbeiten. besonders in der „Judenfrage", der „Deutschen Ideologie" und der „Heiligen Familie".

Marx interessierte sich damals am stärksten für die Analyse der Situation der Menschen unter den konkreten Lebensbedingungen, die durch Geld und die produktive menschliche Arbeit geprägt werden. Auf diesen Gebieten zeigt Marx, wie sich das menschliche Leben in der Epoche des Kapitalismus entfremdet [2] und seinen wahrhaft menschlichen Inhalt verliert.

Die die Natur verändernde menschliche Arbeit bildet nach Marx die grundsätzliche und spezifische Eigenschaft der menschlichen Gattung. Sie unterscheidet sich durch diese Eigenschaft von den Tieren. Zwar sind die Tiere auch zur Produktion fähig, aber ihre Produktion ist, wie Marx betont, eine völlig andere. Sie vollzieht sich vor allem nur unter dem

---

[1] Marx/Engels: Kleine ökonomische Schriften, Berlin 1955, S. **42 ff.**
[2] Anmerkung (1) des Verfassers, s. Anhang.

unmittelbaren Druck der Lebensbedürfnisse, während der Mensch ohne diesen Druck produzieren kann und sogar um so besser produziert, je mehr er von solchen unmittelbaren Lebensnotwendigkeiten frei ist. Die Lebensfunktion der Tiere ist genau spezifiziert und bewegt sich in den der betreffenden Gattung entsprechenden Grenzen, während der Mensch imstande ist, vielseitig zu schaffen und sich in seinem Schaffen der Natur des Objektes anzupassen, er ist in der Lage — wie das Marx bezeichnet — auch nach den Gesetzen der Schönheit zu schaffen. Das, was die Tiere produzieren, dient nur ihnen zur Lebenserhaltung, während das, was der Mensch schafft, die Natur außerhalb des Menschen erhält und verändert. Das verhält sich so, weil die Produkte der Tiere in gewissem Sinne zu deren Körper gehören, während die menschlichen Produkte als einzelne äußerliche Gegenstände existieren [1]. In dieser die äußere Welt verändernden Tätigkeit zeigt sich, entsteht und festigt sich das Gattungswesen des Menschen. Dank der materiellen Produktion kann die Natur zum menschlichen Werk und zur menschlichen Wirklichkeit werden. Aus diesem Grunde kann man die Arbeit als eine Tätigkeit bezeichnen, deren Inhalt die Vergegenständlichung des Gattungslebens ist. Dank der Arbeit verdoppelt sich der Mensch nicht nur geistig im Bewußtsein, sondern er verdoppelt sich wirklich, indem er praktisch, materiell wirkt und die Welt, in der er sich anschaut, schafft [2].

Dieser Charakter der Arbeit, der das Spezifikum des Menschen als Gattung ist, wird in der kapitalistischen Wirtschaft völlig vernichtet. Denn unter diesen Bedingungen wird der Mensch der Arbeit immer mehr entfremdet. Worin besteht dieser Prozeß der Entfremdung, was ist diese entfremdete Arbeit? Marx weist hier auf vier Eigenschaften hin.

Erstens ist das die Arbeit, deren Erzeugnisse nicht mehr dem gehören, der sie erzeugt hat. Sie gehören ihm auch nicht mehr im menschlichen Sinne und nicht nur im Sinne des

[1] Marx Engels: Kleine ökonomische Schriften, Berlin 1955, S. 104.
[2] Ebenda, S. 105.

ökonomischen Besitzes. Das heißt, er darf sie in keinerlei Form benutzen, weil sie nicht für ihn bestimmt sind. Der Arbeiter kann weder von ihnen leben, noch an ihnen ausgebildet werden, er kann sie nicht ästhetisch bewundern und sie zu seinem geistigen Eigentum machen. Sowohl im materiellen, ökonomischen als auch im geistigen, moralischen Sinne ist ihm das entrissen, was er erzeugt hat. „Was das Produkt", schreibt Marx, „seiner Arbeit ist, ist er nicht." [1] Das Produkt gehört ihm nicht, es bildet und entwickelt ihn also nicht. Der Unterschied zwischen dem, was der Arbeiter produziert und dem, was er real in seinem täglichen Leben sein muß, ist unverhältnismäßig groß und wird immer größer.

„Der Arbeiter wird um so ärmer", schreibt Marx, „je mehr Reichtum er produziert. ... mit der *Verwertung* der Sachenwelt nimmt die *Entwertung* der Menschenwelt in direktem Verhältnis zu." [2] Die Produkte der Arbeit stellen sich wie fremde und unzugängliche Gebilde vor die Menschen, indem sie ihnen ihre Forderungen diktieren. Ihnen dienend, verlieren die Menschen das, was sie wirklich sind, sie verlieren es sowohl im geistigen als auch im physischen Sinne. Obgleich der Arbeiter durch seine Arbeit verschiedenartige Reichtümer produziert, verliert er immer mehr seine wirkliche Existenz, indem er vor Hunger dahinsiecht und geistlos wird. Sein Leben nimmt entfremdete Gestalt an, er wird zum Sklaven seiner Produktion, die ihm völlig fremd ist.

Marx betont in dieser Analyse die wachsende Diskrepanz zwischen dem Leben der Arbeiter und den durch die Arbeiter produzierten Reichtümern. Diese Diskrepanz — und das ist für das Verständnis des marxistischen Gedankens sehr wichtig — ist nicht nur eine ökonomische Diskrepanz, die darin besteht, daß man das, was erzeugt wurde, nicht als Eigentum besitzen kann. Es ist zugleich eine menschliche, geistige Diskrepanz, die darin besteht, daß die produzierten Gegenstände unter diesen Bedingungen keine Entwicklungsfaktoren des menschlichen

[1] Ebenda, S. 99.
[2] Ebenda, S. 98.

Wesens sind und sein können. Der Arbeiter kann als Mensch nicht werden, was die von ihm erzeugten Dinge sind, er kann sie nicht zu Elementen des eigenen, geistigen, moralischen und ästhetischen Lebens machen. Daher wird ihm die Welt der Dinge, die er erzeugt, immer fremder, und gleichzeitig kann er selbst durch seine Entfremdung gegenüber dieser Welt nicht nur nicht seinen menschlichen Inhalt bereichern, sondern er vernichtet ihn. Er sinkt immer tiefer herab und wird zur elendsten Ware, die die Arbeitskraft auch wirklich ist.

Die sich so vollziehende Entfremdung des Menschen hat noch eine zweite Form. Sie tritt gegenüber dem Prozeß selbst auf. Die Arbeit ist nicht mehr die eigene und individuelle Arbeit des Arbeiters, sie wird ihm immer fremder. Sie wird zur Tätigkeit, die er als eine äußerliche, zu keinem Wesen gehörende Tätigkeit empfindet. Der Arbeiter negiert sich selbst in dieser Arbeit und bestätigt sich nicht, er ruiniert seinen Körper und seinen Geist anstatt sie zu härten und zu entwickeln, wie dies bei jeder freien menschlichen Tätigkeit geschieht. Die Arbeitstätigkeit ist in diesem Falle nicht eine Tätigkeit, die die wesentlichen Bedürfnisse des Menschen als eines handelnden Wesens unmittelbar befriedigt, sondern sie ist nur ein Mittel zur Sicherung der Existenz. In der Arbeit führt der Mensch das aus, was ihm aufgetragen wurde, und er gehört daher nicht sich selbst, sondern wird zum Organ von irgend etwas, was durch ihn erfolgen soll. „Wie in der Religion", schreibt Marx, „die Selbsttätigkeit der menschlichen Phantasie, des menschlichen Hirns und des menschlichen Herzens unabhängig vom Individuum, d.h. als eine fremde, göttliche oder teuflische Tätigkeit, auf es wirkt, so ist die Tätigkeit des Arbeiters nicht seine Selbsttätigkeit. Sie gehört einem andren, sie ist der Verlust seiner selbst." [1]

Die Entfremdung des Menschen durch die ihm fremde Arbeit, die fremde Gegenstände produziert, besitzt noch einen dritten Sinn. Er äußert sich in der Natur des Menschen und in seinem Gattungswesen selbst. Wir haben bereits erwähnt, daß

[1] Ebenda, S. 102.

es eben die Arbeit ist, die die Natur verwandelt und aus ihr die menschliche Wirklichkeit schafft. Die entfremdete menschliche Arbeit entstellt nach Marx das Verhältnis des Individuums zu dem, was das Wesen der Menschheit selbst ist. Die spezifische Eigenschaft der menschlichen Gattung ist, daß sie in immer größerem Umfang die Natur als einen unmittelbaren Vorrat an Lebensmitteln sowie als Materie und Instrument der Lebenstätigkeit auf dem Gebiet der theoretischen Erkenntnis, des ästhetischen Schaffens usw. ausnutzt. Das Leben der Menschen ist mit der Natur untrennbar verbunden, die für sie Nahrung, Forschungsobjekt, Kunstgegenstand usw. bedeutet. Wenn also die entfremdete Arbeit die Verbindung zwischen dem Menschen und seinen Werken zerreißt, die eine Verarbeitung der Natur sind, zerreißt sie die Verbindung zwischen dem Menschen und dem allgemein-menschlichen Gattungswesen. Das Individuum nimmt dann nicht mehr an diesem Gattungs- und Menschendasein teil, sondern es unterwirft dieses den eigenen, individuellen Bedürfnissen im Kampf um seine physische Existenz.

Die Lebenstätigkeit erscheint dann dem Individuum nur als Mittel zur Lebenserhaltung, während die Produktion doch tatsächlich ein Merkmal für das spezifische Dasein ist, das die menschliche Gattung kennzeichnet. „Es ist das Leben erzeugende Leben. In der Art der Lebenstätigkeit liegt der ganze Charakter einer species, ihr Gattungscharakter." [1] Ein Merkmal des Menschen als Gattung ist, zu leben, um zu produzieren, während die entfremdete Arbeit die menschlichen Individuen gerade den umgekehrten Grundsatz lehrt und zwar, daß sie produzieren sollen, um zu leben. So macht der Mensch „sein *Wesen* nur zu einem *Mittel* für seine Existenz." [2] Das heißt, daß dieser Inhalt, der das Wesen des Menschen selbst bildet, als nebensächlich, als ein Behelf zur Sicherung seines Auskommens betrachtet wird. Der Mensch wirft das, was er ist, als Existenzmittel gewissermaßen hinter sich und wird so sich

---

[1] Ebenda, S. 104.
[2] Ebenda.

selbst entfremdet, wenn er sich auch dessen nicht voll bewußt ist, denn er entfremdet sich seiner eigenen, der wesentlichsten Natur.

Die Entfremdung reicht hier bis in die Wurzeln des menschlichen Lebens selbst hinein. Sie verursacht nicht nur, daß die von Menschen erzeugte Wirklichkeit ihnen fremd erscheint und die von ihnen übernommene Arbeit in ihrem Prozeß selbst ihnen fremd vorkommt. Sie verursacht auch zugleich, daß die wesentlichsten, die eigensten Fähigkeiten des Menschen — die Produktivfähigkeiten — sich ihm eigentlich als ihm selbst entfremdete darstellen, da sie nur ein Instrument im individuellen Existenzkampf zu sein scheinen. Der Mensch verliert so das Verständnis für sein eigenes Wesen und macht sich falsche Vorstellungen davon, was er ist. Durch die Loslösung von diesem Inhalt, der das Gattungswesen des Menschen ausmacht, isoliert sich das Individuum immer mehr von der Gattung, von dem, was das Allgemeinmenschliche ist, und beginnt ein scheinbar reiches und freies, in Wirklichkeit aber leeres und unmenschliches Leben zu führen.

Das tritt besonders bei denjenigen in Erscheinung, die selbst nicht arbeiten brauchen und frei von materiellen Sorgen leben können. „Zunächst ist zu bemerken, daß alles", schreibt Marx, „was bei dem Arbeiter als *Tätigkeit der Entäußerung, der Entfremdung,* bei dem Nichtarbeiter als *Zustand der Entäußerung, der Entfremdung,* erscheint."[1] Dieser Zustand der Entfremdung, in dem die Nichtarbeitenden leben, ermöglicht ihnen, sich phantastischen Vorstellungen, einem radikalen Individualismus hinzugeben, deren Erscheinungen Marx vor allem am Beispiel Max Stirners verfolgt und kritisiert.

Dem Verlust im schweren Existenzkampf und in der fast tierischen Vegetierung der Einsicht, daß das Wesen der Menschheit eine freie, produktive, bewußte Tätigkeit der Menschen ist, entspricht ein ähnlicher Verlust des Bewußtseins über das menschliche Wesen, der sich unter den Reichen und Nichtarbeitern vollzieht.

[1] Ebenda, S. 111.

Und schließlich die vierte Form der Entfremdung. Das ist die wachsende Entfremdung der Menschen untereinander. Diese Erscheinung ist ein immanenter Teil — und auch ein Ergebnis — der bereits beschriebenen Prozesse. Wenn das Individuum sich seiner Arbeit und seiner selbst entfremdet, so muß es sich auch anderen Menschen entfremden. Denn die wirkliche Verbindung unter den Menschen, die wirkliche menschliche Gemeinschaft kann nämlich nur darauf aufgebaut sein, was das Wesen der Menschheit ausmacht, also auf einer freien, bewußten, produktiven Arbeit. Wenn dieser Inhalt verloren geht und entstellt wird, dann zerfallen die Grundlagen der menschlichen Gemeinschaft. Mehr noch, der Entfremdungsprozeß, der vom Menschen seine eigenen Produkte, seine eigene Arbeit und seine wesentlichsten Fähigkeiten trennt, muß zu starken Gegensätzen unter den Menschen führen, und zwar zwischen denjenigen, die arbeiten und jenen, die über sie herrschen und die Produkte ihrer Arbeit nutzen. Das Privateigentum ist mit der Entfremdung dialektisch verbunden, es erzeugt sie und wird von ihr erzeugt. Die entfremdete Arbeit des Arbeiters erzeugt denjenigen, der sie regiert, den Kapitalisten, ähnlich wie dieser die Entfremdung der Arbeiter erzeugt. Das Privateigentum ist die Negation des „wirklichen und gesellschaftlichen Eigentums", das die Menschen verbinden würde. Es ist ein Element ihres Widerspruches und Kampfes. Die Entfremdung der Menschen und deren Arbeit verursacht also immer schärfere Gegensätze zwischen denjenigen, die aus der Entfremdung einen egoistischen, den Bedürfnissen des Privateigentums entsprechenden Nutzen ziehen, und denen, die die Entfremdung auf eine andere Weise um das menschliche Dasein bringt, d. h. durch Elend und Ausbeutung.

Unter den Arbeitern wächst jedoch die Auflehnung gegen die Entfremdung in der Beziehung von Mensch zu Mensch in der Arbeiterklasse. Die Arbeiter wissen, daß die menschliche Gesellschaft, aus der sie auf Grund ihrer Arbeit ausgeschlossen werden, nicht nur ein politisches Gemeinwesen ist, das bestimmte Rechte oder Privilegien hat, sondern das ein wirklich menschliches Gemeinwesen ein Gemeinwesen ist, in dem für umfassendes physisches und geistiges Leben, für wirklich menschliche Tätigkeit und Freude, für alle Erscheinungen des menschlichen Wesens genug Platz vorhanden ist. Sie beabsichtigen daher einen viel tieferen Umsturz als nur einen politischen, einen Sturz, der alle Hindernisse beseitigen würde, die sich ihrer wirklichen Vereinigung zu einem wahren menschlichen Gemeinwesen entgegenstellen. Und ein wahres menschliches Gemeinwesen, stellt Marx fest, bildet sich dort, wo das menschliche Wesen verwirklicht wird. [1]

Die von Marx vorgenommene Analyse der entfremdeten Arbeit umfaßt also vier ausgedehnte Gebiete, auf denen ihre Folgen zur vollständigen und vielseitigen Entfremdung des Menschen führen: er entfremdet sich den Produkten seiner Arbeit, seinem Arbeitsprozeß selbst, seinem eignen Wesen und den anderen Menschen gegenüber. Die entfremdete Arbeit ist für den Kapitalismus charakteristisch, der sich auf Privateigentum gründet. Das Privateigentum, wie Marx betont, ist nicht nur ein Element der Entfremdung des Menschen, sondern auch ein Element der Entfremdung der Dinge selbst: der Boden hat nämlich mit der Grundrente und die Maschine mit dem Profit nichts Gemeinsames, jedoch für Besitzende, die von Raffgier beherrscht werden, ist der Boden nur die Quelle der Rente und die Maschine das Instrument des Profits [2]. Die allgemeinste Form des Eigentums aber ist das Geld, und die Analyse der Rolle, die das Geld im Leben der Menschen der kapitalistischen Gesellschaft spielt, kann am besten den unmenschlichen Charakter des Privateigentums, seine entfremdende Kraft sichtbar machen.

Bei seinen Überlegungen über den Charakter des Geldes und seine Rolle bei der Formung des Menschen, besonders im Kapitalismus, knüpft Marx an Gedanken von Shakespeare und Goethe an; er weist darauf hin, daß das Geld dem Besitzenden die Erreichung gewünschter persönlicher Eigenschaften auch dann sichert, wenn er diese in Wirklichkeit gar nicht hat. „So

[1] Marx/Engels: Werke, Bd. 1, Berlin 1958, S. 408.
[2] Marx/Engels: Werke, Bd. 3, Berlin 1958, S. 211 f.

groß die Kraft des Geldes", schreibt Marx, „so groß ist meine Kraft. Die Eigenschaften des Geldes sind meine — seines Besitzers — Eigenschaften und Wesenskräfte. Das, was ich *bin* und *vermag,* ist also keineswegs durch meine Individualität bestimmt. Ich *bin* häßlich, aber ich kann mir die *schönste* Frau kaufen. Also bin ich nicht *häßlich,* denn die Wirkung der *Häßlichkeit,* ihre abschreckende Kraft ist durch das Geld vernichtet... Ich bin ein schlechter, unehrlicher, gewissenloser, geistloser Mensch, aber das Geld ist geehrt, also auch sein Besitzer... Ich, der durch das Geld *alles,* wonach ein menschliches Herz sich sehnt, vermag, besitze ich nicht alle menschlichen Vermögen? Verwandelt also mein Geld nicht alle meine Unvermögen in ihr Gegenteil? ... Was ich qua *Mensch* nicht vermag, was also alle meine individuellen Wesenskräfte nicht vermögen, das vermag ich durch das *Geld.*" [1]

Der Besitz des Geldes und die Verfügung über dieses verwischt also in den Augen der Umwelt die Vorstellung darüber, was ich wirklich bin, und erzeugt eine neue Vorstellung, die im Umfange der Finanzmöglichkeiten begründet ist. Es entsteht so eine Diskrepanz zwischen dem, was der Mensch wirklich ist und dem, was er auf Grund des Geldbesitzes zu sein scheint. Diese Diskrepanz ist jedoch nicht nur eine Illusion der Meinung, sie ist zugleich die eigene Illusion des Menschen, der beginnt, sich selbst durch das Prisma seines Geldes und nicht nach den wirklichen Fähigkeiten zu sehen. Moralische und wahrhaft menschliche Kriterien der Einschätzung schwächt oder vernichtet das Primat des Geldes. Menschen und Dinge werden nicht mehr danach beurteilt, was sie sind. Sie werden nach dem Geld eingeschätzt, nach der Macht des Geldes, über die sie verfügen. In der durch das Prisma des Geldes gesehenen Welt ist alles anders als in der Wirklichkeit; es ist alles das möglich, was real nicht möglich sein dürfte. In diesem Sinne bezeichnet Marx das Geld als ein Instrument der allgemeinen Prostitution, als „die allgemeine Hure ... der Menschen und Völker." [2]

[1] Ebenda, S. 162 ff.
[2] Ebenda, S. 163.

Damit endet aber nicht die destruktive Rolle des Geldes in der kapitalistischen Wirtschaft. Es entmenschlicht nicht nur das Leben der Reichen, sondern auch der Armen. Während es den einen das gibt, was sie in Wirklichkeit nicht haben, nimmt es den anderen das weg, was sie tatsächlich sind. Eigenschaften und Wünsche der Menschen, die kein Geld haben, können sich in einer auf Geld aufgebauten Welt nicht verwirklichen. Sie sind in dieser Welt irgend etwas Unwirkliches, obwohl sie ursprünglich und persönlich ganz real waren. „Ich, wenn ich kein Geld zum Reisen habe", schreibt Marx, „habe kein *Bedürfnis*, d.h. kein wirkliches und sich verwirklichendes Bedürfnis zum Reisen. Ich, wenn ich *Beruf* zum Studieren, aber kein Geld dazu habe, habe *keinen* Beruf zum Studieren, d.h. keinen *wirksamen*, keinen *wahren* Beruf. Dagegen ich, wenn ich wirklich *keinen* Beruf zum Studieren habe, aber den Willen *und* das Geld, habe einen *wirksamen* Beruf dazu." [1] Das Geld ist also ein Faktor, der bewirkt, daß viele Eigenschaften und Bedürfnisse armer Menschen absterben, weil sie keine Möglichkeiten für ihre Verwirklichung im gesellschaftlichen Leben haben, das auf den Grundsätzen der kapitalistischen Wirtschaft aufgebaut ist.

Das Leben der Menschen unterliegt in dieser Ordnung einer grundsätzlichen innerlichen Spaltung: die Zone der persönlichen, menschlichen Eigenschaften und die Zone, über die das Geld verfügt, decken sich nicht nur nicht miteinander, sondern stehen sich konträr gegenüber. Der Besitz des Geldes bewirkt, daß wir im Leben das sind, was wir in Wirklichkeit nicht sind. Der Mangel an Geld bewirkt, daß wir im Leben nicht das sind, was wir wirklich sind. „Das *Geld*", schreibt Marx, „als das äußere, nicht aus dem Menschen als Menschen und nicht von der menschlichen Gesellschaft als Gesellschaft herkommende allgemeine — *Mittel* und *Vermögen*, die *Vorstellung in die Wirklichkeit* und *die Wirklichkeit zu einer bloßen Vorstellung* zu machen, verwandelt ebensosehr die *wirklichen menschlichen und natürlichen Wesenskräfte* in bloß abstrakte

---

[1] Ebenda, S. 164.

Vorstellungen und darum *Unvollkommenheiten,* qualvolle Hirngespinste, wie es andrerseits die *wirklichen Unvollkommenheiten und Hirngespinste,* die wirklich ohnmächtigen, nur in der Einbildung des Individuums existierenden Wesenskräfte desselben zu *wirklichen Wesenskräften* und *Vermögen* verwandelt." [1]

Auf diese Weise ist das Leben, das die Menschen in einer unter der Herrschaft des Geldes stehenden Gesellschaft führen, völlig anders geartet im Verhältnis zu dem Leben, das sie nach eigenen, persönlichen, menschlichen Bedürfnissen und Fähigkeiten gestalten könnten und sollten. Die Macht des Geldes vollführt dann den Akt einer allgemeinen „Umkehrung der Individualität", da sie die Menschen in ihre eigenen Gegensätze verwandelt, indem sie in ihnen Eigenschaften erzeugt, die sie nicht hatten, und diejenigen liquidiert, die sie besaßen. Diese Akte sind natürlich keine Erziehungsakte, wodurch sich ein realer und wertvoller Bildungs- und Erziehungsprozeß im Menschen vollzieht. Es sind Akte einer äußeren Gewalt, unter deren Wirkung eine gewisse Form unserer Existenz produziert wird, die zwar lebensnah, jedoch vom Standpunkt unserer persönlichen Eigenschaften unwahr und illusorisch ist; eine Form der Existenz, die — wenn wir Geld haben — mit Unrecht vollkommen ist und die — wenn wir kein Geld besitzen — mit Unrecht elend und beschränkt ist.

Der antihumanistische Charakter der kapitalistischen Gesellschaft drückt sich am krassesten in dieser Diskrepanz aus. Und die ganze Tragik besteht darin, daß dieses Leben, das wir uns für Geld kaufen und das daher unser gefälschtes, fiktives, besseres oder schlechteres Dasein als das ist, was wir wirklich sind, daß eben das „gekaufte" Leben unser einziges wirkliches Leben ist, ein Leben, das wir an jedem Tage unserer Existenz, in unserer Arbeit und in der Freizeitgestaltung, in unseren Beziehungen zu anderen Menschen führen. Dieser ganze Alltag und Feiertag unseres Lebens ist ökonomisch in seinem Inhalt und Bereich durch Geld erschaffen, über das wir verfügen.

[1] Ebenda, S. 164 ff.

Und umgekehrt, unser wahres Leben, das sich darauf aufbauen würde, was wir wirklich sind, auf unseren eigentlichen Bedürfnissen, Bestrebungen, individuellen Eigenschaften, dieses persönlich besessene und erarbeitete und nicht gekaufte Leben hat unter den ökonomischen Verhältnissen Kapitalismus keinen Platz für sich. Es ist ein rein internes, also unreales und unwahres Leben.

Die kapitalistische Gesellschaft erzeugt nicht nur die Bourgeoisie und das Proletariat als zwei Klassen, die auf verschiedene Weise am Produktionsprozeß teilnehmen. Sie erzeugt zugleich die Menschen, Reiche und Arme, deren Leben in immer höherem Grade vom Geld abhängig ist, also Menschen, deren Existenz sich immer mehr vom menschlichen, persönlichen Inhalt trennt und eine „gekaufte" Form annimmt. Die destruktive Rolle, die das Geld im Leben der Menschen spielt, tritt in der kapitalistischen Wirtschaft auf einem weiteren Gebiet auf, auf dem Gebiet der Wertbestimmung von Menschen und Dingen. Diese „Umkehrung der Individualität", von der wir bereits gesprochen haben, verursacht nicht nur eine Desorganisation in der Beurteilung eines konkreten Individuums, sondern auch in der Einschätzung der Dauerhaftigkeit und Selbständigkeit gewisser Merkmale und Situationen. Das Geld, sagt Marx, „verwandelt die Treue in Untreue, die Liebe in Haß, den Haß in Liebe, die Tugend in Laster, das Laster in Tugend, den Knecht in den Herrn, den Herrn in den Knecht, den Blödsinn in Verstand, den Verstand in Blödsinn." [1] Diese Verwandlungen lassen erkennen, daß keine der erwähnten Eigenschaften einen selbständigen Wert bedeutet, sondern daß jede von ihnen vom Grad des Reichtums abhängig und dessen Funktion ist. Weder die Merkmale der Personen noch die gesellschaftlichen Situationen der Individuen scheinen selbständig zu sein. Lohnt es sich, sie ernst zu nehmen? Soll man nicht vielleicht nur das Geld ernst nehmen, das als allgemeiner Wertmesser gilt?

Die kapitalistische Gesellschaft gibt Anlaß, das Problem so

[1] Ebenda, S. 165.

aufzufassen. „Mit der Ausdehnung der Warenzirkulation wächst die Macht des Geldes, der stets schlagfertigen, absolut gesellschaftlichen Form des Reichtums... Da dem Geld nicht anzusehn, was in es verwandelt ist, verwandelt sich alles, Ware oder nicht, in Geld. Alles wird verkäuflich und kaufbar. Die Zirkulation wird die große gesellschaftliche Retorte, worin alles hineinfliegt, um als Geldkristall wieder herauszukommen. Dieser Alchemie widerstehen nicht einmal Heiligenknochen und noch viel weniger minder grobe res sacrosanctae, extra commercium hominum (geheiligte Dinge, außerhalb des Handels der Menschen). Wie im Geld aller qualitative Unterschied der Waren ausgelöscht ist, löscht es seinerseits als radikaler Leveller alle Unterschiede aus." [1]

Der Umtausch aller Dinge in ihren geldlichen Ausdruck liquidiert ihre qualitativen Unterschiede, ihre besonderen, auf andre nicht beziehbaren Werte. „Da das Geld als der existierende und sich bestätigende Begriff des Wertes alle Dinge verwechselt, vertauscht, so ist es die allgemeine *Verwechslung* und *Vertauschung* aller Dinge... Da das Geld nicht gegen eine bestimmte Qualität, gegen ein bestimmtes Ding, menschliche Wesenskräfte, sondern gegen die ganze menschliche und natürliche gegenständliche Welt sich austauscht, so tauscht es also — vom Standpunkt seines Besitzers angesehn — jede Eigenschaft gegen jede — auch ihr widersprechende Eigenschaft und Gegenstand — aus." [2]

Das hat für den Menschen weitreichende Folgen. Es zwingt ihn nämlich dazu, das er am Leben durch Geld und nicht persönlich, nicht durch eigene Tätigkeit, nicht durch eigene Verpflichtung teilnimmt. Marx betont mit Nachdruck diese Konsequenz. „Setze den *Menschen* als *Menschen* und sein Verhältnis zur Welt als ein menschliches voraus", schreibt Marx, „so kannst du Liebe nur gegen Liebe austauschen, Vertrauen nur gegen Vertrauen etc. Wenn du die Kunst genießen willst, mußt du ein künstlerisch gebildeter Mensch sein; wenn

[1] K. Marx: Das Kapital, Bd. I, Berlin 1953, S. 137.
[2] Marx/Engels: Kleine ökonomische Schriften, Berlin 1955, S. 165.

du Einfluß auf andre Menschen ausüben willst, mußt du ein wirklich anregend und fördernd auf andre Menschen wirkender Mensch sein. Jedes deiner Verhältnisse zum Menschen — und zu der Natur — muß eine *bestimmte*, dem Gegenstand deines Willens entsprechende *Äußerung* deines *wirklichen individuellen* Lebens sein." [1]

Die menschlichen Beziehungen zur Umwelt bestehen in einer solchen persönlichen Beteiligung an ihnen, die in diesen psychischen Inhalt einführt, den wir als Antwort der Umwelt erhalten wollen. In der wahrhaft menschlichen Welt wird nur Gleiches gegen Gleiches getauscht; Tauschgut können nur eigene Eigenschaften, wirkliche und nicht angenommene Eigenschaften sein. Diese menschliche Auffassung vom Leben wird vom Fetischismus der Ware und noch mehr von dem mit ihm verbundenen Fetischismus des Geldes bedroht. Er läßt das menschliche Leben als von objektiven Produkten abhängig begreifen, deren wir uns nicht mehr bewußt sind, daß sie aus menschlicher Arbeit entstanden sind und die auf Grund dieses Bewußtseinsverlustes die Macht über die von Menschen unabhängigen Instanzen gewannen, die sie regieren.

Der Mensch wird unter diesen Verhältnissen zur unmenschlichen Existenz gezwungen, zum Verzicht auf sich selbst. Der Mensch wird so zum Element der kapitalistischen Produktion, er wird zur Ware. „Die Produktion produziert den Menschen nicht nur als eine *Ware*, die *Menschenware*, den Menschen in der Bestimmung der *Ware*, sie produziert ihn, dieser Bestimmung entsprechend, als ein ebenso *geistig* wie körperlich *entmenschtes* Wesen." [2]

Die kapitalistische Entfremdung entartet völlig den Menschen. Sie entartet ihn in dem Sinne, daß sie in ihm selbst die wirklich menschlichen Eigenschaften liquidiert und dem menschlichen Wesen fremde Eigenschaften weckt und entwickelt. Marx analysiert genau diesen Vorgang in der Formung des Menschen unter den Bedingungen der kapitalistischen Entfremdung.

[1] Ebenda, S. 165 f.
[2] Ebenda, S. 113.

„Jeder Mensch", schreibt Marx, „spekuliert darauf, dem andern ein *neues* Bedürfnis zu schaffen, um ihn zu einem neuen Opfer zu zwingen, um ihn in eine neue Abhängigkeit zu versetzen und ihn zu einer neuen Weise des *Genusses* und damit des ökonomischen Ruins zu verleiten. Jeder sucht *fremde* Wesenskraft über den andern zu schaffen, um darin die Befriedigung seines eignen eigennützigen Bedürfnisses zu finden. Mit der Masse der Gegenstände wächst daher das Reich der fremden Wesen, denen der Mensch unterjocht ist, und jedes neue Produkt ist eine neue *Potenz* des wechselseitigen Betrugs und der wechselseitigen Ausplünderung. Der Mensch wird um so ärmer als Mensch, er bedarf um so mehr des *Geldes,* um sich des feindlichen Wesens zu bemächtigen, und die Macht seines *Geldes* fällt grade im umgekehrten Verhältnis als die Masse der Produktion, d. h. seine Bedürftigkeit wächst, wie die *Macht* des Geldes zunimmt... Die *Quantität* des Geldes wird immer mehr eine einzige *mächtige* Eigenschaft... Die *Maßlosigkeit* und *Unmäßigkeit* wird sein wahres Maß. Subjektiv selbst erscheint dies so, teils daß die Ausdehnung der Produkte und der Bedürfnisse zum *erfinderischen* und stets *kalkulierenden* Sklaven unmenschlicher, raffinierter, unnatürlicher und *eingebildeter* Gelüste wird — das Privateigentum weiß das rohe Bedürfnis nicht zum *menschlichen* zu machen; sein *Idealismus* ist die *Einbildung,* die *Willkür,* die *Laune,* und ein Eunuche schmeichelt nicht niederträchtiger seinem Despoten und sucht durch keine infameren Mittel seine abgestumpfte Genußfähigkeit zu irritieren, um sich selbst eine Gunst zu erschleichen, wie der Industrieeunuche, der Produzent, um sich Silberpfennige zu erschleichen, aus der Tasche des christlich geliebten Nachbarn die Goldvögel herauszulocken — (jedes Produkt ist ein Köder, womit man das Wesen des andern, sein Geld, an sich locken will, jedes wirkliche oder mögliche Bedürfnis ist eine Schwachheit, die die Fliege an die Leimstange heranführen wird — allgemeine Ausbeutung des gemeinschaftlichen menschlichen Wesens, wie jede Unvollkommenheit des Menschen ein Band mit dem Himmel ist, ein Seite, wo sein Herz dem Priester zugänglich; ...) — sich seinen verworfensten

Einfällen fügt, den Kuppler zwischen ihm und seinem Bedürfnis spielt, krankhafte Gelüste in ihm erregt, jede Schwachheit ihm ablauert, um dann das Handgeld für diesen Liebesdienst zu verlangen.

Teils zeigt sich diese Entfremdung, indem die Raffinierung der Bedürfnisse und ihrer Mittel auf der einen Seite, die viehische Verwilderung, vollständige, rohe, abstrakte Einfachheit des Bedürfnisses auf der andren Seite produziert; oder vielmehr nur sich selbst in seiner gegenteiligen Bedeutung wiedergebiert. Selbst das Bedürfnis der freien Luft hört bei dem Arbeiter auf, ein Bedürfnis zu sein, der Mensch kehrt in die Höhlenwohnung zurück, die aber nun von dem mephitischen Pesthauch der Zivilisation verpestet ist und die er nur mehr *prekär*, als eine fremde Macht, die sich ihm täglich entziehn ... kann, bewohnt ... Nicht nur, daß der Mensch keine menschlichen Bedürfnisse hat, selbst die *tierischen* Bedürfnisse hören auf." [1]

In den oben zitierten Worten zeigt sich auf eine besonders ausdrucksvolle Art das kritische, humanistische Empfinden von Marx für die Selbstentfremdung des menschlichen Wesens, die sich durch die kapitalistische Entfremdung vollzieht. Sie umfaßt alle Klassen, wenn auch die besitzende Klasse anders als das Proletariat. Die von ihr drohende Gefahr hat aber gemeinsame Merkmale: es ist eben die Selbstentfremdung durch das Privateigentum, das nicht nur Elend und Ausbeutung, Begehren und Egoismus, entarteten Luxus und Vertierung sät, sondern zugleich die Einsicht schafft, daß eben so die menschliche Natur sei.

Zwar sind die historische Position und die Lebenslage der Arbeiter und der Bourgeoisie völlig verschieden, auch ist das geistige Antlitz beider Klassen unterschiedlich, aber dennoch sind diese beiden Klassen trotz der Gegensätze miteinander verbunden. Während der geschichtlichen Entwicklung der Produktivkräfte und Produktionsverhältnisse nimmt die kapitalistische Gesellschaftsordnung einen bestimmten und einheitli-

[1] Ebenda. S. 140 ff.

chen Platz ein. Die Einheit dieser Gesellschaftsordnung, voller Gegensätze und Kämpfe, bestimmt für die ganze Gesellschaft die grundlegenden Lebensbedingungen. Ein spezifisches Merkmal dieser Bedingungen ist die kapitalistische Akkumulation, ist die Herrschaft des Geldes, die aus dem Privateigentum an Produktionsmitteln folgt. Diese Bedingungen beeinflussen die Menschen. Ihre Klassenzugehörigkeit wie auch ihre aktive Haltung verändern zwar den Charakter dieses Einflusses, doch treten gewisse grundlegende Erziehungsprobleme gemeinsam auf.

„Die besitzende Klasse und die Klasse des Proletariats stellen dieselbe menschliche Selbstentfremdung dar", stellt Marx in der „Heiligen Familie" fest. „Aber die erste Klasse fühlt sich in dieser Selbstentfremdung wohl und bestätigt, weiß die Entfremdung als ihre *eigne Macht* und besitzt in ihr den *Schein* einer menschlichen Existenz; die zweite fühlt sich in der Entfremdung vernichtet, erblickt in ihr ihre Ohnmacht und die Wirklichkeit einer unmenschlichen Existenz. Sie ist, um einen Ausdruck von Hegel zu gebrauchen, in der Verworfenheit die *Empörung* über diese Verworfenheit, eine Empörung, zu der sie notwendig durch den Widerspruch ihrer menschlichen *Natur* mit ihrer Lebenssituation, welche die offenherzige, entschiedene, umfassende Verneinung dieser Natur ist, getrieben wird." [1] Im Rahmen der Antinomie der kapitalistischen Gesellschaft sind die Besitzenden ein konservatives, die Arbeiter ein revolutionäres Element. Die ersten handeln für die Erhaltung der Antinomie, die zweiten versuchen sie zu vernichten.

3. Der Fetischcharakter der Ware

Eine reifere und konkretere Form gewann diese marxistische Analyse der Entfremdung im „Kapital". Von den allgemeinen Überlegungen über den Menschen und seine Tätigkeit ging Marx zur Untersuchung der objektiven Kräfte über, die in der Zeit des Kapitalismus die Lage der Menschen bestimmen.

[1] Marx/Engels: Die heilige Familie, Berlin 1953. S. 137.

Die marxistische Analyse der Ware im ersten Kapitel des „Kapital" geht sehr wesentlich über die Grenzen hinaus, die von der bürgerlichen ökonomischen Wissenschaft abgesteckt sind. Sie ist eine grundsätzliche Analyse, die der ganzen marxistischen Charakteristik der Neuzeit eine innerliche Geschlossenheit und einen humanistischen Sinn gibt, und damit werden die revolutionären Hinweise zu Hinweisen auf eine Aktion zur Befreiung der Menschen von den Fesseln der Klassensklaverei, die zugleich den Fetischen dienen. Man kann mit Recht behaupten, daß in der ganzen marxistischen Lehre kein zweiter Begriff zu finden ist — außer dem Begriff des Klassenkampfes und der Revolution —, der für die gesellschaftlichen und erzieherischen Konzeptionen so große Bedeutung hätte wie der Begriff der Ware in der Bedeutung, die Marx selbst in der Entdeckung der Gesetze der kapitalistischen Wirtschaft formulierte.

Der Ausgangspunkt marxistischer Überlegungen ist bekanntlich die Unterscheidung von Gebrauchs- und Tauschwert. Die Gebrauchswerte kann der Mensch in der Natur im fertigen Zustand vorfinden, wie z. B. Luft, wild wachsende Bäume usw. Er kann sie auch durch eigene Arbeit selber erzeugen. „Wer durch sein Produkt sein eigenes Bedürfnis befriedigt, schafft zwar *Gebrauchswert*, aber nicht *Ware*" [1], schreibt Marx. Die Tauschwerte setzen das Vorhandensein fremder Bedürfnisse voraus, die ihre Befriedigung durch die Früchte der Arbeit eines anderen suchen und dafür Produkte eigener Arbeit anbieten. In dem Maße, wie „der Gebrauchswert sich verwirklicht nur im Gebrauch oder der Konsumtion", so erscheint „der Tauschwert zunächst als das quantitative Verhältnis, die Proportion, worin sich Gebrauchswerte einer Art gegen Gebrauchswerte anderer Art austauschen". Der Gebrauchswert ist also etwas Konkretes und quantitativ genau Bezeichnetes. Der Tauschwert ist eine Art Abstraktion, ein quantitatives Ergebnis des Vergleiches von verschiedenen Dingen, das ihre eigentümlichen Merkmale außer Acht läßt. Im Tauschvorgang sind die Quali-

[1] K. Marx: Das Kapital, Bd. I, Berlin 1953, S. 45.

täten verschiedener Dinge, die zur Befriedigung verschiedener Bedürfnisse dienen, nicht vergleichbar und können nicht vergleichbar sein. Im Tauschvorgang wird „etwas Drittes" entdeckt und festgestellt, das in bestimmtem Quantum in den beiden oben erwähnten Dingen enthalten ist und ihren Tausch ermöglicht. Das Suchen und Feststellen dieses quantitativen Äquivalents der konkreten und qualitativ verschiedenen Dinge ist das Wesen der Tauschtätigkeit selbst.

Auf dieser Grundlage geht Marx an die Analyse der Ware heran. Im allgemeinsten Sinne ist die Ware „ein äußerer Gegenstand, ein Ding, das durch seine Eigenschaften menschliche Bedürfnisse irgendeiner Art befriedigt." [1] Aber die Unterscheidung von Gebrauchs- und Tauschwert ermöglicht es, tiefer in das Wesen der Ware einzudringen. Sie ist nicht mit jedem Ding identisch, das die menschlichen Bedürfnisse befriedigt. „Ein Ding kann nützlich und Produkt menschlicher Arbeit sein," schreibt Marx, „ohne *Ware* zu sein. Wer durch sein Produkt sein eigenes Bedürfnis befriedigt, schafft zwar *Gebrauchswert*, aber nicht *Ware*. Um Ware zu produzieren, muß er nicht nur Gebrauchswert produzieren, sondern *Gebrauchswert für andre, gesellschaftlichen Gebrauchswert*." [2]. Wobei dieses Produzieren „für andere" nicht den Charakter irgend eines Tributs tragen darf, sondern zum Gegenstand des wirklichen Tausches werden muß. „Das Produkt", kommentiert Engels, „muß auf Tauschwege in die Hände dessen gelangen, dem es als Gebrauchswert dient".

Nicht alle Dinge also, die einen Gebrauchswert haben, sind Waren, aber alle Waren sind solche Gebrauchsgegenstände, die zugleich einen Tauschwert haben. Daher der Doppelcharakter der Ware: Gebrauchs- und Tauschwert. Wenn die Waren ein Produkt der menschlichen Arbeit sind, so drückt sich diese Arbeit in den Waren in doppelter Form aus: als Produzent des Gebrauchswerts der Ware, ihrer Qualität und als Produzent des Tauschwerts der Ware, diesem „Dritten", das erst den Tausch ermöglicht und verschiedene Dinge auf einen gemein-

[1] Ebenda, S. 39.
[2] Ebenda, S. 45.

samen Nenner bringt. In jeder Ware ist also eine gewisse „nützliche Arbeit" eingeschlossen, die bewirkte, daß der Gegenstand eben „so und so" ist, und ein gewisses Arbeitsquantum als Arbeitskraft, als aufgewandte Energie, die bewirkte, daß dieser Gegenstand einen quantitativ bestimmten Tauschwert hat. „Wenn also mit Bezug auf den *Gebrauchswert* die in der Ware enthaltene Arbeit nur *qualitativ* gilt, gilt sie mit Bezug auf die *Wertgröße* nur *quantitativ*, nach dem sie bereits auf menschliche Arbeit ohne weitere Qualität reduziert ist." [1]

Diese Zwieschlächtigkeit hat große Bedeutung. Der Gebrauchswert der Ware ist mit der menschlichen qualitativen Arbeit und mit den menschlichen qualitativen Bedürfnissen, die das Produkt befriedigt, verbunden. Der Tauschwert der Ware ist aber in ihr selbst nicht „sinnlich" enthalten. Er ist irgend etwas Gesellschaftliches, ein Ausdruck der gesellschaftlichen Meßmethode für den zur Produktion des Gegenstandes benötigten Arbeitsaufwand. Aber diese Meßmethode ist von vielen Faktoren und vor allem vom Stand der Produktivkräfte und von der Gesellschaftsordnung abhängig und kann von dem tatsächlichen Gebrauchswert des Gegenstandes sehr wesentlich abweichen. So ist die natürliche Form der Ware, die Gebrauchsform, ihrer Tauschform unterworfen.

Das ist in entwickelten Wirtschaftssystemen besonders wichtig. „Das Arbeitsprodukt", schrieb Marx, „ist in allen gesellschaftlichen Zuständen Gebrauchsgegenstand, aber nur eine historisch bestimmte Entwicklungsepoche, welche die in der Produktion eines Gebrauchsdings verausgabte Arbeit als seine ‚gegenständliche' Eigenschaft darstellt, d. h. als seinen Wert, verwandelt das Arbeitsprodukt in Ware." [2]

Eine genaue Analyse zeigt die Entwicklung der Wertform von der einfachen bis zur allgemeinen, geldlichen Form. Sie zeigt, wie sich immer deutlicher ein Gesamtäquivalent aller Waren herausbildet, das ihre gegenseitigen Tauschbeziehungen in Abstraktion von konkreten Qualitäten und unterschiedlicher

[1] Ebenda, S. 50.
[2] Ebenda, S. 67.

Arbeit und nur in Verbindung mit der Bezeichnung des Quantums an verausgabter nicht differenzierter Arbeitskraft bestimmt.

Diesen Prozeß bezeichnet Marx als „Fetischcharakter der Ware und sein Geheimnis"; er hat — wie wir bereits erwähnt haben — für das Verständnis des humanistisch-revolutionären Sinns der marxistischen Lehre entscheidende Bedeutung.

„Die Gleichheit der menschlichen Arbeiten erhält die sachliche Form der gleichen Wertgegenständlichkeit der Arbeitsprodukte, das Maß der Verausgabung menschlicher Arbeitskraft durch ihre Zeitdauer erhält die Form der Wertgröße der Arbeitsprodukte, endlich die Verhältnisse der Produzenten, worin jene gesellschaftlichen Bestimmungen ihrer Arbeit betätigt werden, erhalten die Form eines gesellschaftlichen Verhältnisses der Arbeitsprodukte." [1] Es bilden sich feste Umrisse der sozial-ökonomischen Wirklichkeit, die, obwohl sie ursprünglich nur konkrete Verhältnisse zwischen den arbeitenden, die Gegenstände erzeugenden und austauschenden Menschen ausdrückte, die Selbständigkeit erlangt und zu einem gleichsam unabhängigen und übergeordneten, die menschliche Arbeit einschätzenden Kriterium wird. „Das Geheimnisvolle der Warenform", stellt Marx fest, „besteht also einfach darin, daß sie den Menschen die gesellschaftlichen Charaktere ihrer eignen Arbeit als gegenständliche Charaktere der Arbeitsprodukte selbst, als gesellschaftliche Natureigenschaften dieser Dinge zurückspiegelt, daher auch das gesellschaftliche Verhältnis der Produzenten zur Gesamtarbeit als ein außer ihnen existierendes gesellschaftliches Verhältnis von Gegenständen." [2] Die reale. physische Natur der durch den Menschen erzeugten Gebrauchsgegenstände enthält nichts, was diese zur Bestimmung objektiver Tauschverhältnisse untereinander benutzen könnten. Diese Verhältnisse zwischen den Menschen, die sich unterschiedlich gestalten, führen dazu, daß die Produkte ihrer Arbeit mit Hilfe eines quantitativen Äquivalents auf gewisse Art verglichen

[1] Ebenda, S. 77.
[2] Ebenda.

und geschätzt werden. Je komplizierter und abstrakter dieser Tauschprozeß ist, um so stärker festigt sich im menschlichen Bewußtsein die illusorische Meinung, daß in den Gebrauchsgegenständen etwas enthalten ist, was dazu zwingt, daß sie eben so und nicht anders ausgetauscht werden.

Das Verhältnis zwischen den Waren, schreibt Marx, „ist nur das bestimmte gesellschaftliche Verhältnis der Menschen selbst, welches hier für sie die phantasmagorische Form eines Verhältnisses von Dingen annimmt. Um daher eine Analogie zu finden, müssen wir in die Nebelregion der religiösen Welt flüchten. Hier scheinen die Produkte des menschlichen Kopfes mit eignem Leben begabte, untereinander und mit den Menschen in Verhältnis stehende selbständige Gestalten. So in der Warenwelt die Produkte der menschlichen Hand. Dies nenne ich den Fetischismus, der den Arbeitsprodukten anklebt, sobald sie als Waren produziert werden, und der daher von der Warenproduktion unzertrennlich ist." [1]

Dieser Fetischcharakter der Ware bewirkt, daß die Menschen statt sich ihrer selbst als Produzenten bewußt zu sein und über die eigenen Produkte zu verfügen, den Anforderungen der Tauschverhältnisse zwischen den Waren sklavisch folgen und in diesen Verhältnissen etwas Objektives, von ihnen selbst Unabhängiges, sehen, etwas, was vielleicht eine Instanz zur Beurteilung ihrer Arbeit und ihres Lebens sein kann. Die Steigerung des Warenaustausches verdeckt immer mehr die Gebrauchswerte, verdeckt immer mehr die qualitativ differenzierte Arbeit, die der Ursprung dieser qualitativ unterschiedlichen Gegenstände war, neigt immer mehr dazu, daß man seine Arbeit als eine indifferente „Verausgabung der Energie" und die erzeugten Dinge als Gebrauchsware für die anderen betrachtet.

Der Warenaustausch übt also einen starken Einfluß auf die Menschen aus und formt ihre Haltung.

Auf diese Konsequenz legt Marx besonderen Wert. Er betont, daß das ursprüngliche und natürliche Verhältnis des Menschen

[1] Ebenda, S. 78.

zu seiner eigenen Arbeit die Produktion von Gebrauchsgegenständen ist. Erst wenn dieser Gegenstand den Charakter tauschbarer Ware erhält, bringt das den Menschen zur Einsicht, daß darin, was er machte, nicht nur eine qualitative, für ihn einen Gebrauchsgegenstand erzeugende Arbeit enthalten war, sondern sich auch eine gewisse Anstrengung befand, die quantitativ gemessen und mit der ähnlichen Anstrengung anderer Menschen vergleichbar ist. Seitdem sich der Mensch über den zwieschlächtigen Charakter der eigenen Arbeit bewußt ist. wandelt sich sein Verhältnis zu ihr. Er beginnt nämlich schon bei der Arbeitsübernahme den Gebrauchs- und Tauschwert der Arbeit getrennt zu bestimmen. „Was die Produktenaustauscher zunächst praktisch interessiert, ist die Frage, wieviel fremde Produkte sie für das eigne Produkt erhalten, in welchen Proportionen sie also die Produkte austauschen." [1]

Durch die Änderung ihrer eigenen Haltung geben die Menschen immer mehr den Forderungen nach einem „Warenaustausch" nach, der ihnen durch von ihnen unabhängige Gesetze, entsprechend den objektiven Eigenschaften der Dinge selbst geregelt zu sein scheint. So beherrschen die sogenannten Austauschgesetze die Menschen, statt daß die Menschen sie beherrschen. Die Austauschverhältnisse, die in Wirklichkeit Verhältnisse zwischen den Menschen sind, betrachten die Menschen als die sich aus dem Charakter der Dinge selbst ergebenden Verhältnisse zwischen den Dingen.

Der Einfluß dieser schädlichen Illusion ist so groß, daß sie — nach Marx — der wissenschaftlichen Argumentation standhalten kann, die beweist, daß „die Arbeitsprodukte, soweit sie Werte, bloß sachliche Ausdrücke der in ihrer Produktion verausgabten menschlichen Arbeit" und nicht sie selbst sind. „Den in den Verhältnissen der Warenproduktion Befangenen" erscheint. wie das Marx bezeichnet, die Eigenschaft dieser besonderen Produktionsform, und zwar wonach der spezifisch gesellschaftliche Charakter der voneinander unabhängigen Privatarbeiten in ihrer Gleichheit als menschliche Arbeit besteht

[1] Ebenda, S. 80.

und die Form des Wertcharakters der Arbeitsprodukte annimmt, auch weiterhin sachlich, dauerhaft und ganz sicher, trotz der wissenschaftlichen Analyse, die den wechselhaften, sozialen Charakter der Verhältnisse zwischen den Produzenten aufdeckt [1].

Die Ideologie der kapitalistischen Epoche bemüht sich, diesen Zustand, der in der Selbstentfremdung des Menschen besteht, durch das Eigentum zu rechtfertigen und zu vertiefen. Engels, schreibt Marx, hat mit Recht Smith als den Luther der politischen Ökonomie bezeichnet. Luther entdeckte, daß der Glaube den Religionsinhalt selbst bedeutet und das Wesen des christlichen Lebens ist. Er trat daher gegen die äußerliche Religiösität auf, schuf aber gleichzeitig die Fundamente für die innerliche Religiösität der Menschen. Er trat daher gegen die Geistlichkeit auf, verankerte aber den Geistlichen in der Seele jedes Menschen. Ein analoger Prozeß vollzog sich durch Smith in der politischen Ökonomie. Der Reichtum, der einst im Verhältnis zum Menschen etwas Äußerliches war, wurde als „Privateigentum" zu etwas Persönlichem und Begehrtem. Der Reichtum, der ehemals etwas von Menschen Unabhängiges und Objektives war, wurde — nach dieser Theorie — zur Frucht seiner Arbeit, also zu etwas dem Menschen sehr nahe Liegendem, zu seinem Eigenen. Auf diese Weise verkörperte die politische Ökonomie das „Privateigentum" im Wesen des Menschen selbst als ihrem natürlichen Ausdruck.

Wie durch Luther die Religion aufhörte, etwas Objektives, eine Sache der Geistlichkeit und der Kirche zu sein, und so zu einer inneren, eigenen Angelegenheit des Menschen wurde, so ähnlich hörte auch der Reichtum durch Smith auf, etwas Äußerliches und dem Menschen Fremdes zu sein, indem er zu einer menschlichen, durch innere Bedürfnisse geleiteten Errungenschaft wurde.

Diese Ideologie scheint auf den ersten Blick den Menschen anzuerkennen und ihn sogar aus den Fesseln der Äußerlichkeit zu befreien, seine inneren und persönlichen Bedürfnisse zu

---

[1] Ebenda.

respektieren. Aber bald stellt sich heraus, daß sie den Menschen eine noch schrecklichere Sklaverei bereitet, eine Sklaverei, deren Fesseln internen Charakter tragen. „Unter dem Schein einer Anerkennung des Menschen ist also die Nationalökonomie, deren Prinzip die Arbeit, vielmehr nur die konsequente Durchführung der Verleugnung des Menschen, indem er selbst nicht mehr in einer äußerlichen Spannung zu dem äußerlichen Wesen des Privateigentums steht, sondern er selbst dies gespannte Wesen des Privateigentums geworden ist." [1]

Dieses Eindringen der vom Menschen erzeugten Dingwelt in sein eigenes Inneres und die Verleugnung seiner spezifisch menschlichen Merkmale bezeichnet Marx als Entfremdung. Solange eine derartige Erscheinung nicht eintritt, haben wir es nur mit der Vergegenständlichung, der Entäußerung des menschlichen Wesens durch seine Tätigkeit zu tun. „Was früher *Sichäußerlichsein*, reale Entäußerung des Menschen, ist nur zur Tat der Entäußerung, zur Veräußerung geworden." [2]

Diese marxistische Definition hat eine große Bedeutung, weil sie unterstreicht, daß die gegenständliche Welt — im Falle einer Entfremdung — auf die Menschen durch Verleugnung der wirklich menschlichen Merkmale wirkt und daß sie das unter dem Schein einer wahrheitsgetreuen Äußerung ihres angeblich wahren Innenlebens, unter dem Schein ihrer eigenen Tätigkeit macht. Dieser Prozeß der unbewußten Selbstentfremdung des Menschen ist das Wesen der Entfremdung selbst.

4. Die Aufhebung der Entfremdung

Die Entwicklung der Welt sozial-ökonomischer Verhältnisse zur Welt der die Menschen verleugnenden Fetische beruht natürlich nicht auf einem unglücklichen Irrtum des Bewußtseins. Sie hatte ihre realen Ursachen, die enthüllt werden müssen. Marx kritisierte Feuerbach wegen seiner rein abstrakt-kontemplativen Kritik der Religion, deshalb, weil er sie als

---

[1] Marx/Engels: Kleine ökonomische Schriften, Berlin 1955, S. 120.
[2] Ebenda, S. 120 f.

Illusionen betrachtete und nicht die realen, sozialen Wurzeln dieser Illusionen gezeigt hat; auch Marx hat, nachdem er auf den Fetisch- und entfremdeten Charakter der ökonomischen Wirklichkeit hingewiesen hatte, natürlich nicht versäumt, die Ursachen aufzuzeigen, die dazu führten, wie auch die Methoden zu ihrer Beseitigung.

In der Einleitung zur „Deutschen Ideologie" hat Marx diesen Geschichtsprozeß genauer erläutert, der zur Entstehung und Verschärfung der Entfremdung führte. Es war der Prozeß einer fortschreitenden Arbeitsteilung. Dieser Prozeß erfolgte unter der Einwirkung natürlicher Lebensbedürfnisse und war keine bewußte Tat der Menschen, „solange die Tätigkeit also nicht freiwillig, sondern naturwüchsig geteilt ist, die eigne Tat des Menschen ihm zu einer fremden, gegenüberstehenden Macht wird, die ihn unterjocht, statt daß er sie beherrscht.

... Dieses Sichfestsetzen der sozialen Tätigkeit, diese Konsolidation unsres eignen Produkts zu einer sachlichen Gewalt über uns, die unsrer Kontrolle entwächst, unsre Erwartungen durchkreuzt, unsre Berechnungen zunichte macht, ist eines der Hauptmomente in der bisherigen geschichtlichen Entwicklung... Die soziale Macht, d. h. die vervielfachte Produktionskraft, die durch das in der Teilung der Arbeit bedingte Zusammenwirken der verschiedenen Individuen entsteht, erscheint diesen Individuen, weil das Zusammenwirken selbst nicht freiwillig, sondern naturwüchsig ist, nicht als ihre eigne, vereinte Macht, sondern als eine fremde, außer ihnen stehende Gewalt, von der sie nicht wissen woher und wohin, die sie also nicht mehr beherrschen können, die im Gegenteil nun eine eigentümliche, vom Wollen und Laufen der Menschen unabhängige, ja dies Wollen und Laufen erst dirigierende Reihenfolge von Phasen und Entwicklungsstufen durchläuft." [1]

Durch Spezialisierung in bestimmter Arbeit konnten die Menschen dadurch nicht alle ihre mannigfaltigen Bedürfnisse unmittelbar befriedigen, sondern mußten sich die Arbeits-

[1] Marx/Engels: Werke, Bd. 3, Berlin 1958, S. 33 f.

produkte anderer Menschen zunutze machen. Zugleich aber konnten sie infolge der Spezialisierung nicht alle ihre Produkte selbst verbrauchen, sondern mußten einen großen Teil davon auf dem Tauschweg an andere Menschen abgeben. Das war ein weiteres Element der Entfremdung.

„Dieser Fetischcharakter der Warenwelt ʼentspringt...", schreibt Marx, „aus dem eigentümlichen gesellschaftlichen Charakter der Arbeit, welche Waren produziert. Gebrauchsgegenstände werden überhaupt nur Waren, weil sie *Produkte voneinander unabhängig betriebner Privatarbeiten* sind. Der Komplex dieser Privatarbeiten bildet die gesellschaftliche Gesamtarbeit. Da die Produzenten erst in gesellschaftlichen Kontakt treten durch den Austausch ihrer Arbeitsprodukte, erscheinen auch die spezifisch gesellschaftlichen Charaktere ihrer Privatarbeiten erst innerhalb dieses Austausches. Oder die Privatarbeiten betätigen sich in der Tat erst als Glieder der gesellschaftlichen Gesamtarbeit durch die Beziehungen, worin der Austausch die Arbeitsprodukte und vermittelst derselben mit Produzenten versetzt. Den letzteren *erscheinen* daher die gesellschaftlichen Beziehungen ihrer Privatarbeiten als das was sie *sind*, d.h. nicht als unmittelbar gesellschaftliche Verhältnisse der Personen in ihren Arbeiten selbst, sondern vielmehr als *sachliche Verhältnisse* der Personen und *gesellschaftliche Verhältnisse der Sachen.*" [1]

Die Teilung der Arbeit, die nicht von Anfang an gesellschaftliche Teilung ist, bewirkt, daß die Produkte als grundsätzliche Elemente der Verhältnisse zwischen den Menschen erscheinen. Die Verhältnisse zwischen den Menschen werden daher vor allem zu gegenständlichen Verhältnissen. Die Verhältnisse zwischen den Produkten menschlicher Arbeit erhalten auf dem Tauschmarkt den Charakter selbständiger gesellschaftlicher Verhältnisse, deren Zwang sich die Menschen nicht entziehen können. Auf diese Weise beginnen die Dinge die Menschen zu beherrschen, obwohl letztere annehmen, daß sie frei sind, weil sie individuell das produzieren, was sie wollen. Aber diese

---

[1] K. Marx: Das Kapital, Bd. I, Berlin 1953, S. 78.

Illusion entfernt sich um so mehr von der Wirklichkeit, je stärker sich die Warenwirtschaft entwickelt.

„Unsre Warenbesitzer", schreibt Marx, „entdecken daher, daß dieselbe Teilung der Arbeit, die sie zu *unabhängigen Privatproduzenten*, den gesellschaftlichen Produktionsprozeß und ihre Verhältnisse in diesem Prozeß *von ihnen selbst unabhängig macht*, daß die Unabhängigkeit der Personen voneinander sich in einem System allseitiger sachlicher Abhängigkeit ergänzt. Die Teilung der Arbeit verwandelt das Arbeitsprodukt in Ware und macht dadurch seine Verwandlung in Geld notwendig. Sie macht es zugleich zufällig, ob diese Transsubstantiation gelingt." [1]

Die Überwindung dieser Folgen der Arbeitsteilung ist nur unter der Bedingung einer grundsätzlichen Umwandlung des Charakters der Arbeitsteilung selbst möglich. Aus einem zufälligen, natürlichen und individuellen Prozeß muß ein gesellschaftlicher und bewußter Prozeß werden. Verschiedene Arbeiten würden dann Elemente einer allgemein gesellschaftlichen Produktion werden. Die gesellschaftlichen Verhältnisse der Menschen würden sich in ihrer Arbeit und in den Produkten dieser Arbeit äußern, die Verhältnisse zwischen den Produkten aber würden ihre selbständige Bedeutung verlieren und nicht mehr das Verhältnis von Mensch zu Mensch regeln.

In der Analogie zu Robinson erläutert Marx seine Gedanken. Robinson mußte viele verschiedene Dinge erzeugen, aber alle benutzte er persönlich. Er vollzog die Teilung der Arbeit in sich und nur für sich selbst, er beherrschte also weiterhin seine eigenen Produkte, er unterlag nicht den Fetischen. Nur in einer Gesellschaft freier Menschen, „die mit gemeinschaftlichen Produktionsmitteln arbeiten und ihre vielen individuellen Arbeitskräfte selbstbewußt als eine gesellschaftliche Arbeitskraft verausgaben", gestalten sich die Verhältnisse genau so wie auf Robinsons Insel, nur daß das produzierende und konsumierende Subjekt ein kollektives Subjekt und kein einsames Individuum ist. Durch die Teilnahme an der Pro-

[1] Ebenda, S. 113.

duktion erwirbt jeder das Recht zur Teilnahme an der Konsumtion. „Die gesellschaftlichen Beziehungen der Menschen zu ihren Arbeiten und ihren Arbeitsprodukten bleiben hier durchsichtig einfach in der Produktion sowohl als in der Distribution." [1] Hier ist keine Öffnung, durch die ein unverständlicher und zwingender Fetisch hereinschlüpfen könnte. Die Arbeitsprodukte werden nicht zu selbständigen Waren, erzeugen kein Kapital, machen die Beziehungen der Menschen zueinander nicht von sich abhängig. Nur unter diesen Bedingungen ist die volle Entwicklung des Menschen möglich.

Zwischen der Periode der Urgemeinschaft, in der die Teilung der Arbeit noch wenig entwickelt war, und der Zukunft, in der sie gesellschaftlich organisiert wird, liegt eine Zeit, in der sie zum Faktor der Einseitigkeit im Leben der Menschen, zur Quelle der Ausbeutung und Enteignung des Menschen wurde. Dieser Zeitraum hatte verschiedene Phasen, aber in keiner traten diese Erscheinungen so schroff wie im Kapitalismus auf. Noch im Feudalismus sind, wie Marx feststellte, die gesellschaftlichen Verhältnisse den Menschen als gesellschaftliche, nicht aber als gegenständliche Verhältnisse bewußt geworden. Diese Verhältnisse waren durch die Sklaverei und Herrschaft, durch die persönliche Abhängigkeit der Menschen voneinander gekennzeichnet. Da man aber diese persönliche Abhängigkeit der Menschen voneinander als legal und moralisch anerkannte und die Verhältnisse persönlicher Abhängigkeit eine gesellschaftliche Grundlage schufen, ist es nicht erforderlich, daß die Arbeit und ihre Produkte eine phantastische Gestalt annehmen, die sich von ihrem wirklichen Wesen unterscheidet. Sie finden ihren eigentlichen Platz im gesellschaftlichen Getriebe, als Naturaldienste und Naturalleistungen... „Wie man daher immer die Charaktermasken beurteilen mag, worin sich die Menschen hier gegenübertreten, die gesellschaftlichen Verhältnisse der Personen in ihren Arbeiten erscheinen jedenfalls als ihre eignen persönlichen Verhältnisse, und sind nicht verkleidet in gesellschaftliche Verhältnisse der Sachen, der Arbeitsprodukte." [2]

---

[1] Ebenda, S. 84.   [2] Ebenda, S. 83.

Erst im Kapitalismus vollzog sich diese Mystifikation in vollem Maße. Die Verhältnisse zwischen den Menschen gründeten sich prinzipiell auf der Anerkennung der Freiheit und Gleichheit, in Wirklichkeit aber waren sie Arbeitsleistungen der einen zum Nutzen der anderen. Wenn aber diese Leistungen aus der sozialen Struktur selbst nicht folgten, dann wurden sie als notwendige Forderung ökonomischer Gesetze, als sachliche Notwendigkeit, als Wille der Warenwelt hingestellt. Die wirklichen und zunehmend wachsenden Unterschiede zwischen den Menschen in der kapitalistischen Ordnung wurden dann „gegenständlich" getarnt.

Die Aufdeckung der tatsächlichen Ursachen der Entstehung und Entwicklung von Entfremdungsprozessen erlaubt es — nach Marx — wirksame Methoden zu gewinnen, die angewandt werden müssen, um die Entfremdung aufzuheben. Diese Methoden können keine philosophischen Methoden sein, die gewisse Begriffe oder Vorstellungen enthüllen. Wenn wir uns solcher Methoden bedienen, verlassen wir nicht die Sphäre des Bewußtseins, die nach Marx keineswegs der Ursprung des wirklichen Lebens der Menschen, sondern sein Ausdruck ist. Wenn wir die Entfremdung als eine wirkliche, konkrete Loslösung des Menschen von sich selbst, von seinem menschlichen Inhalt verstehen und darauf hinweisen, daß die Ursachen der Entfremdung nicht nur illusorische, sondern auch verderbliche Theorien sind, dann muß natürlich auch die Überwindung der Entfremdung im Sinne der gesellschaftlichen realen Tätigkeit aufgefaßt werden.

Diese Tätigkeit hat bestimmte Voraussetzungen. Wenn die Entfremdung ein Prozeß ist, der die Situation und den Bewußtseinszustand der Menschen besonders in der kapitalistischen Gesellschaft kennzeichnet, so hängt ihr Wachstum und ihr Untergang mit den allgemeinen Gesetzen zusammen, die diese Gesellschaft regieren. Die geschichtliche Entwicklung der Produktivkräfte erzeugt das Privateigentum und die mit ihm verbundenen entfremdeten Lebensformen. Zugleich aber bereitet diese Entwicklung die zukünftigen Möglichkeiten zur Überwindung der Entfremdung durch den Sturz der auf

Privateigentum basierenden Ordnung vor. „Aber desto *prakti-scher* hat die Naturwissenschaft vermittelst der Industrie in das menschliche Leben eingegriffen und es umgestaltet und die menschliche Emanzipation vorbereitet, so sehr sie unmittelbar die Entmenschung vervollständigen mußte." [1]

Die Entfremdung wird dann aufgehoben, sagt Marx, wenn diese Entwicklung gewisse Bedingungen erfüllt hat. Die Entfremdung wird erst dann unerträglich sein, wenn eine große Masse von Menschen völlig des Eigentums beraubt ist, in Elend und in Unterdrückung unter fremdem Reichtum, ohne Kultur lebt, wenn sich die Produktivkräfte so stark entwickeln, daß sie selbst allen das Nötige gewähren können. Der Widerspruch zwischen dieser massenhaften Selbstentfremdung der Menschen und den ungenutzten Möglichkeiten ihrer vollen menschlichen Entwicklung ist das grundsätzliche Merkmal der Epoche, die die Aufhebung der Entfremdung verwirklicht.

Die Aufhebung der Entfremdung der Menschen im Kapitalismus ist die Aufgabe des Kommunismus. Der Kommunismus, schreibt Marx, „weiß sich ... schon als Reintegration oder Rückkehr des Menschen in sich, als Aufhebung der menschlichen Selbstentfremdung... *Der Kommunismus* als *positive* Aufhebung des *Privateigentums,* als *menschlicher Selbstentfremdung,* und darum als wirkliche *Aneignung des menschlichen* Wesens durch und für den Menschen; darum als vollständige, bewußt und innerhalb des ganzen Reichtums der bisherigen Entwicklung gewordne Rückkehr des Menschen für sich als eines *gesellschaftlichen,* d. h. menschlichen Menschen." [2]

Durch die kommunistische Revolution fallen alle finsteren Schuppen von den Augen, und alle Beschränkungen, die die Menschlichkeit der Menschen fesseln und desorganisieren, werden beseitigt. Die Aufhebung des Privateigentums ist die vollständige Befreiung aller menschlichen Eigenschaften und Gefühle. Das Verhältnis von Mensch zu Welt und von Mensch

---

[1] Marx/Engels: Kleine ökonomische Schriften, Berlin 1955, S. 136.
[2] Ebenda, S. 127.

zu Mensch wird echt menschlich sein. „Religion, Familie, Staat, Recht, Moral, Wissenschaft, Kunst etc. sind nur *besondre* Weisen der Produktion und fallen unter ihr allgemeines Gesetz. Die positive Aufhebung des *Privateigentums,* als die Aneignung des *menschlichen* Lebens, ist daher die positive Aufhebung aller Entfremdung, also die Rückkehr des Menschen aus Religion, Familie, Staat etc. in sein *menschliches,* d.h. *gesellschaftliches* Dasein." [1]

Erst die Aufhebung der Entfremdung läßt die menschlichen Kräfte und Fähigkeiten voll aufblühen, erlaubt eine immer vollständigere Entwicklung der Menschlichkeit, die sich auf Grund der menschlichen Arbeit vollzieht. Die Arbeit, die unter den Bedingungen des Privateigentums zum Mittel des Profits und zum Werkzeug der Ausbeutung wurde, erhält eine ihrem Charakter entsprechende Funktion. Sie wird Güter für alle erzeugen und zu einer Kraft werden, die im Schoße der Natur eine immer bessere menschliche Welt baut. Der Mensch befreite sich aus den Fesseln der tierischen Existenz durch die Arbeit, und durch die Arbeit wird er sich auch weiterhin selbst entwickeln, wenn die Arbeitsprodukte allen gehören werden.

Die Analyse der Aufhebung der Entfremdung und der Perspektiven, die diese Aufhebung eröffnet, bestätigt die Richtigkeit unserer marxistischen Interpretation des Entfremdungsbegriffes. Er ist nicht mit dem Begriff der Vergegenständlichung identisch, er bedeutet durchaus nicht nur die Tatsache, daß die Menschen den Produkten ihrer eigenen Arbeit unterworfen sind, da sie sich ihrer eigenen Produktion nicht bewußt sind. Die Entfremdung weist auf die naturwüchsige Kraft der Dingwelt hin, eine fremde und nicht menschliche Kraft, die in die Menschen eindringt und sie entmenschlicht. Wenn die Entfremdung überwunden ist, hört die Vergegenständlichung der Menschen in der Arbeit und durch die Arbeit durchaus nicht auf. Im Gegenteil, sie entwickelt sich besonders stark. Die Rückkehr des Menschen zu sich selbst ist im marxistischen Sinne keine mystische Rückkehr zu dem ewig vorhandenen

---

[1] Ebenda, S. 128.

Inhalt, ist keine nach innen gerichtete Kontemplation. *„Der Mensch"*, schreibt Marx, „das ist kein abstraktes, außer der Welt hockendes Wesen. Der Mensch, das ist *die Welt des Menschen*, Staat, Sozietät." [1] Diese Beziehung, die Marx später in den „Thesen über Feuerbach" in sehr präziser Form wiederholt, weist auf das in den geschichtlichen Prozessen der gesellschaftlichen Arbeit wachsende Wesen der Menschheit.

Dann wird die im Schoß der Natur eine neue, menschliche Welt erzeugende Arbeit, die in der Epoche der Entfremdung ein Ausbeutungsgegenstand war, die Umwelt des Menschenlebens frei und vollständig verwandeln, immer mehr und bessere Werke produzieren und dadurch den Menschen entwickeln und verändern. Die Schaffung der objektiven Welt der Dinge und Verhältnisse durch den Menschen war in der Zeit der kapitalistischen Entfremdung ein Anlaß zur Selbstentfremdung der Menschen von ihrer Menschlichkeit. Das gleiche Schaffen in der Zeit der überwundenen Entfremdung wird zu einem Faktor der weiteren allseitigen Entwicklung der Menschen.

„Wir haben gesehn", schreibt Marx, „welche Bedeutung unter der Voraussetzung des Sozialismus *die Reichheit* der menschlichen Bedürfnisse und daher sowohl eine *neue Weise der Produktion* als auch ein neuer *Gegenstand* der Produktion hat. Neue Betätigung der *menschlichen* Wesenskraft und neue Bereicherung des *menschlichen* Wesens." [2] Die Produktion, die im Kapitalismus schädliche und künstliche, „unmenschliche" Bedürfnisse weckt und gleichzeitig auch unterdrückt, macht den Weg des allgemeinen Wachstums und der allgemeinen Entwicklung frei.

Aus diesen Erwägungen folgt, daß Marx das Problem der Entfremdung, „der Entmenschung" des Menschen durch Unterwerfung unter die Macht seiner eigenen Produkte, immer mehr konkret und real auffaßte und formulierte. Seine zunehmend präzisere Diagnose über die Situation der neuen Welt, gestellt auf Grund der Analyse der Entwicklungsgesetze der

[1] Marx/Engels: Die heilige Familie, Berlin 1953, S. 11.
[2] Marx/Engels: Kleine ökonomische Schriften, Berlin 1955, S. 140.

kapitalistischen Wirtschaft, wies immer stärker auf den sich in der herrschenden Klasse vollziehenden und die Arbeiterklasse zugleich bedrohenden Entmenschlichungsprozeß hin.

Im dritten Band des „Kapitals" stellt Marx bei der Behandlung der kapitalistischen Wirtschaft fest, daß sie mehr als jede andere Produktionsweise die Menschen und ihre lebendige Arbeit vernichtet und nicht nur Fleisch und Blut, sondern auch Nerven und Geist vergeudet. Das Problem der Befreiung des Menschen durch seine Befreiung von der Unterdrückung und Ausbeutung war nach Ansicht von Marx gar nicht ein ausschließlich „materielles" oder ausschließlich „politisches" Problem. Es war ebenso ein humanistisches und pädagogisches Problem.

Es war sein grundsätzlicher Inhalt, den Menschen von seiner bisherigen Abhängigkeit von der Welt seiner eigenen Produkte zu befreien, in ihm das Bewußtsein eigener schöpferischer Kräfte und Aufgaben zu wecken, neue Möglichkeiten einer vielseitigen Entwicklung zu eröffnen.

5. Die marxistische Auffassung von der Entfremdung der Menschen im Kapitalismus

Wenn wir unsere Ausführungen zusammenfassen, müssen wir feststellen, daß sich die marxistische Auffassung von der Entfremdung sowohl von der Hegelschen als auch von der Feuerbachschen Interpretation grundsätzlich unterscheidet und daß auch alle landläufigen Interpretationen — besonders in der französischen Literatur — am Kern der Sache vorbeigehen, da sie Momente in den Vordergrund stellen, die für die marxistische Konzeption nur von sekundärer Bedeutung sein können, und die wichtigsten dagegen außer acht lassen.

Die marxistische Auffassung von der Entfremdung unterscheidet sich grundsätzlich von allen jenen idealistischen Auffassungen, die in der Entfremdung einen spezifischen Zustand des Bewußtseins sehen oder — genauer gesagt — einen Zustand, indem sich der Mensch der eignen Produktion nicht voll bewußt ist. Zum Begriff der Entfremdung gehört, daß die

Menschen nicht erkennen, daß die Wirklichkeit, in der sie leben, ihr eigenes Werk ist; dieses Element ist weder einziger Inhalt der Entfremdung, noch ihr wichtigster entscheidender Bestandteil. Diese Tatsache hat eine reale, sozialökonomische Grundlage und ist keineswegs Angelegenheit des „reinen" Bewußtseins. Das wirkliche Leben widerspiegelt sich im Bewußtsein der versklavten und ausgebeuteten Menschen in Gestalt der objektiven, dem Menschen fremden Verhältnisse. Die Menschen begreifen die Wirklichkeit nicht als ihr eigenes Werk, weil sie diese Wirklichkeit zwar produzierten, aber nicht bewußt organisieren konnten, denn sie gehorchte ihnen nicht, sondern beherrschte sie vielmehr.

Wenn die gesellschaftliche Wirklichkeit vom menschlichen Bewußtsein als ihm fremd und von ihm unabhängig betrachtet wird, so kommt darin der bisherige Verlauf der Geschichte unter folgendem Aspekt zum Ausdruck: Die Menschen waren zwar die Schöpfer der Wirklichkeit, beherrschten sie aber nicht. Das ist nach Marx ein Grundelement der Entfremdungserscheinung. Wie bei vielen anderen Problemen beschränkt sich Marx auch bei diesem nicht auf die Analyse des Bewußtseinsinhalts, wie das die idealistischen Philosophen taten, sondern dringt vielmehr zu den materiellen, gesellschaftlichen Wurzeln in der Bewußtseinsbildung vor. Er begnügt sich nicht mit der Feststellung, daß die Menschen sich täuschen oder irgend etwas nicht bemerken. Er will die Ursachen dieser bewußten Zustände zeigen, und zwar die Ursachen, die nicht in der Logik oder Psychologie, sondern im realen gesellschaftlichen Leben zu suchen sind.

Die marxistische Auffassung von der Entfremdung ist also eine Auffassung, die eine materielle (gesellschaftliches Sein) und ideelle (gesellschaftliches Bewußtsein) Erscheinung bezeichnet, wobei die wirkliche, konkrete Entfremdung des Menschen in seinem täglichen Leben das Bewußtsein an der Analyse der Welt und der Rolle des Menschen hindert.

Daher wendet Marx seine Untersuchungen vor allem der materiellen, gesellschaftlichen Wirklichkeit zu, in der die Menschen leben, und nicht religiösen oder philosophischen

Spekulationen. Er spricht nicht von Gott und vom „objektiven Geist", nicht vom Ich und vom Nicht-Ich. Diese den Philosophen teuren Begriffe ersetzt er durch seine Auffassung von den Menschen, die unter ganz bestimmten konkreten Bedingungen leben und wirken. Und er analysiert vor allem, was mit diesen Menschen im täglichen Leben geschieht. Diese Analyse wird dadurch zu einer Analyse, die sich konkret mit dem Menschen befaßt, zu einer — im eigentlichen Sinne des Wortes — humanistischen und ethischen Analyse. Und sie ist zugleich — als Analyse des konkreten Lebens der Menschen — auch eine historische Analyse. Die Entfremdung ist nach Marx kein metaphysischer Begriff, der die ewige Struktur des Seins oder auch das ewige, unabänderliche Schicksal des Menschen als eines geistigen Wesens bestimmt, sondern ein Begriff, der ebenso wie er historisch entstanden ist wieder verschwindet.

Die Überwindung der Entfremdung ist eben das Problem, bei dessen Lösung sich die Auffassungen von Marx und seinen Vorgängern grundsätzlich unterscheiden. Für sie war die Überwindung der Entfremdung eine Sache der kritischen philosophischen Forschung, die Illusionen beseitigen und den Menschen das Bewußtsein der Produzenten wiedergeben würde. Für Marx aber war die Überwindung der Entfremdung eine Überwindung der Lebensbedingungen, unter denen sie entstand. Er konzentrierte seine Untersuchungen auf diese Bedingungen und wies nach, daß sich das auf Privateigentum an Produktionsmitteln gründende Wirtschaftssystem infolge der gesellschaftlichen Arbeitsteilung und der Entwicklung der Produktivkräfte zu einem System entwickeln wird, in dem die von den Menschen geschaffenen Verhältnisse immer mehr die Menschen beherrschen, in dem die Rolle objektiver Mächte immer größer wird und die Menschen immer mehr unterjocht.

Darum, lehrt Marx, ist die Revolution und nicht die Philosophie der einzige Weg zur tatsächlichen Überwindung der Entfremdung. Und darum wird nicht den „Denkern", sondern der Klasse der Proletarier das Verdienst der Überwindung der

Entfremdung gebühren, denn nur sie ist fähig, die bestehende Ordnung zu stürzen und durch eine Gesellschaft zu ersetzen, in der die Menschen die von ihnen produzierten Dinge bewußt beherrschen.

Solche Unterschiede reichen natürlich bis zum Inhalt des Entfremdungsbegriffes selbst. Nach den allgemeinsten Begriffsbestimmungen der idealistischen Philosophie sollte die Entfremdung darin bestehen, daß das Subjekt im Produktionsprozeß seinen wesentlichsten Inhalt vergegenständlichte, der ihm fremd zu sein schien. Diese Konzeption ging von der idealistischen Voraussetzung aus, daß der einzige Ursprung der Wirklichkeit das Bewußtsein ist, daß also das Sein gleichartig ist und daß alle Dinge vom Bewußtsein produziert und — entgegen allem Anschein — mit ihm identisch seien. Der Materialismus aber ließ einer derartigen Philosophie der „verhüllten Identität" gar keinen Raum.

Wenn Marx auch die Bedeutung der Produktivkräfte für die Entwicklung der Menschen unterstrich, so hat er damit keineswegs behauptet, daß in dem, was die Menschen produzieren, ihr Wesen vergegenständlicht ist. Der Mensch und die von ihm produzierten Gegenstände sind durchaus nicht im metaphysischen Sinne identisch. Die von den Menschen produzierten Gegenstände sind zwar in gewisser Hinsicht eine Art ihrer Vergegenständlichung, jedoch keineswegs im idealistischen Sinne, demzufolge sie das gleiche „Wesen" oder die gleiche Substanz hätten. Der Mensch und die Gesellschaft sind eng miteinander verbunden und beeinflussen sich gegenseitig, man kann aber nicht sagen, daß die von den Menschen produzierte dingliche Welt das vergegenständlichte Wesen des Menschen ist. Daher kann die Entfremdung im marxistischen Sinne auch nicht darin bestehen, daß die Menschen ihr Wesen vergegenständlichen und später nicht mehr erkennen und es als etwas Fremdes betrachten.

Die Entfremdung gewinnt ihren Inhalt aus dem materialistisch-dialektischen Begriff von der Arbeit und ihrer Vergegenständlichung in den Produkten. Die Arbeit ist eine Tätigkeit, die sich die Natur dienstbar macht und sie verändert. Die menschlichen Produkte sind Ergebnis des Zusammenwirkens und der Auseinandersetzung mit der Natur. Diese Produkte sind Ergebnis komplizierter Prozesse der gesellschaftlichen Arbeitsteilung und hängen in sehr hohem Maße von ihnen ab. Marx zeigte eben, daß die Produktion keineswegs nur vom „Wesen" der Menschen, sondern von der Entwicklung der Produktivkräfte bestimmt wird. Der Mensch „vergegenständlichte sich" zwar in seinen Produkten, aber in ganz anderem Sinne, als es die Idealisten verstanden. Die Arbeit hat den Menschen zum Menschen gemacht, seine körperlichen und geistigen Fähigkeiten entwickelt. Sie wurde aber auch — vor allem im Kapitalismus — zu einem Instrument der Unterjochung der Menschen durch den Menschen, seines körperlichen, geistigen und moralischen Ruins.

Mit Entfremdung bezeichnet Marx eben jenen Prozeß, bei dem der Mensch durch Dinge und Verhältnisse, an deren Schaffung er mitwirkte, die er aber nicht beherrschte, seiner Menschlichkeit beraubt wird. Die Entfremdung ist die Herrschaft einer unmenschlichen und feindlichen Wirklichkeit über uns, die uns gerade dessen beraubt, was wir selbst an Menschlichem und Wertvollem besitzen. Nach der ersten Bedeutung wäre die Überwindung der Entfremdung die wiedergewonnene Einheit von Wir und Wirklichkeit. Nach der zweiten Begriffsbestimmung ist die Aufhebung der Entfremdung eine Überwindung der Wirklichkeit überall dort, wo sie wirklich fremd und unmenschlich ist, d.h. unsere Menschlichkeit vernichtet.

Die marxistische Anerkennung dieser zweiten Interpretation des Entfremdungsbegriffes entsprach nicht nur der grundsätzlichen, materialistischen Auffassung von der Arbeit, sondern auch der historischen Konzeption, die den Trend der geschichtlichen Entwicklung und deren innere Widersprüche zeigt. Im marxistischen Sinne ist die Entfremdung ein krankhafter Auswuchs im Prozeß der menschlichen Produktionstätigkeit, zugleich aber auch ein wichtiger Faktor zur Beschleunigung und Intensivierung der Produktionsleistung. Es entstand so ein grundsätzlicher Widerspruch zwischen dem Wachstum der Produktivkräfte und der sich in der kapitalistischen Wirtschaft vollziehenden Entfremdung der Menschen. Dieser Widerspruch, der mit zunehmender Reife des Proletariats immer schärfer in Erscheinung tritt, war der grundsätzliche Faktor für die weitere Entwicklung, die die Entfremdung endgültig überwindet.

Die marxistische Konzeption vom Charakter und der Rolle der menschlichen Tätigkeit führt zu weiteren, spezifischen Merkmalen der Entfremdung, zur Unterscheidung von Vergegenständlichung und Entfremdung. Die idealistische Metaphysik sah die Vergegenständlichung des Menschen in materieller Form als Entfremdung seines geistigen Wesens. Marx konnte diesen Standpunkt nicht teilen und kritisierte Hegel, weil die Aufhebung der Entfremdung in seinem System eine Aufhebung der Vergegenständlichung überhaupt war. Die Vergegenständlichung war für Marx kein Beweis für die Entfremdung, sie war die Wirklichkeit, in der die Menschen leben und wirken und diese gegenständliche Wirklichkeit real verändern können. Es ist weder rätselhaft noch unverständlich, daß die Menschen Gegenstände produzieren, die sie in gewisser Hinsicht ausdrücken, ohne sie selbst zu sein. Eine solche Vergegenständlichung des Menschen ist die spezifisch menschliche Form der Tätigkeit.

In dieser Tätigkeit verändern die Menschen die Wirklichkeit und zugleich sich selbst. Darin besteht auch der reale Prozeß der Selbsterzeugung des Menschen. Von einer „Aufhebung" dieser Vergegenständlichung, von der Enthüllung seines materiellen Inhalts als einer angeblichen Form des Bewußtseins, kann keine Rede sein.

Die Entfremdung ist keineswegs mit diesem großen historischen Prozeß der Vergegenständlichung identisch. Sie entsteht auf seinem Hintergrund unter bestimmten Bedingungen. Diese Bedingungen sind: eine auf Privateigentum an Produktionsmitteln gegründete Ordnung, das fehlende Bewußtsein über die eigene Tätigkeit und die Veränderungen in der materiellen und gesellschaftlichen Welt. Unter solchen Bedingungen verselbständigen sich die Produkte im Bewußtsein der Menschen und beginnen negativ auf die Menschen einzuwirken. Wenn der große Prozeß der Vergegenständlichung ein Entwicklungsprozeß des menschlichen Wesens, eine Bereicherung seines Inhalts ist, so ist der Entfremdungsprozeß ein Prozeß der Versklavung des Menschen, der Ausbeutung seiner Kräfte, seiner Entmenschlichung.

Diese Unterscheidung von Vergegenständlichung und Entfremdung zeigt uns noch ein weiteres grundsätzliches Merkmal der marxistischen Auffassung von der Entfremdung. Es genügt keineswegs, wie landläufig versucht, sie mit Hilfe jenes Kriteriums zu bestimmen, über das A. Cornu z.B. schreibt: „Die Entfremdung im Hegelschen und marxistischen Sinne bedeutet für ein Wesen die Vergegenständlichung dessen, was in ihm steckt und sein Wesen bildet, und die Betrachtung dessen, was vergegenständlicht wurde, als irgend etwas, was sich von sich unterscheidet, als die Wirklichkeit, die fremd ist und sich ihm zugleich entgegenstellt." [1] Eine solche Darstellung, die die Vergegenständlichung mit der Entfremdung verwechselt, fördert nicht die Tatsache zutage, daß — nach Marx — die Entfremdung vor allem in der Entmenschlichung besteht, die sich verborgen vollzieht, wodurch die von Menschen produzierten Dinge in ihr Bewußtsein als angeblich wahrheitsgetreues Abbild eindringen, obwohl sie in Wirklichkeit ein destruktives Element sind. Die Entfremdung besteht nicht nur darin, daß sich die Menschen ihrer eignen Werke nicht voll bewußt sind, sondern in der Desorganisation der Menschen als Produzenten, im Auferlegen eines Zwanges, der ihnen als ihr eigenes Bedürfnis, als ihr eigener Wille erscheint. Die Entfremdung vernichtet von innen her die Fülle der Menschlichkeit, hemmt ihre weitere Entwicklung und führt im menschlichen Leben zu Falschheit und Mystifikation.

6. Die pädagogische Bedeutung der Entfremdung

Die marxistische Auffassung von der Entfremdung hat eine große pädagogische Bedeutung. Diese Bedeutung beruht vor

---

[1] A. Cornu: L'idée de l'alienation chez Hegel. Feuerbach et Karl Marx. („La Pensée" 1948. Nr. 17).

allem auf dem „realen Humanismus", der konkret zeigt, was die Entwicklung des Menschen hemmt und wie diese Hemmnisse beseitigt werden können. Im Vorwort zur „Heiligen Familie" kennzeichnet Marx sehr genau die Position seiner Gegner. „Der reale Humanismus hat in Deutschland keinen gefährlicheren Feind, als den Spiritualismus oder den spekulativen Idealismus, der an die Stelle des wirklichen individuellen Menschen das „Selbstbewußtsein" oder den „Geist" setzt und mit dem Evangelisten lehrt: „der Geist ist es, der da lebendig macht, das Fleisch ist kein Nütze." [1] Im Gegensatz dazu sah Marx immer ganz klar die wirklichen Formen des menschlichen Lebens, unterschied zwischen dem, was die Menschen wirklich sind, und dem, wofür sie sich halten. Die Diskrepanz zwischen dem, was sie sind, und dem, wofür sie sich halten, zeigte Marx mehrmals in seinen Studien, Artikeln und Polemiken. In seinen historischen Abhandlungen ging es Marx grundsätzlich um die Aufdeckung dieses Widerspruchs. Hier entlarvte Marx alle Illusionen, die durch Religion oder Philosophie genährt wurden und mit dem wirklichen Leben der Menschen unvereinbar waren.

Die wissenschaftliche Erkenntnis der Entfremdung ist eben eines der Elemente des realistischen Humanismus, den Marx gegen die Idealisten und Spiritualisten verteidigte. Sowohl in seiner Analyse des Arbeitsprozesses, als auch in der Analyse der Funktionen des Geldes und der Ware widmet Marx seine besondere Aufmerksamkeit dem Prozeß, der die Menschen aufhören läßt, das zu sein, was sie wirklich sind, sie entwickeln nicht mehr ihre wirklichen, menschlichen Eigenschaften und verwandeln sich selbst in die mit fremden Kräften angetriebenen Mechanismen, die nicht nur zu ihrer zweiten, sondern zu ihrer einzigen Natur werden. Marx zeigt, daß ein Arbeiter sein Leben nicht nach dem gestalten kann, was er produziert, daß der Geldbesitzer nicht das ist, was er in den gesellschaftlichen Situationen dank seines Vermögens usw. ist.

Und dieses im sklavischen Dienst der Dinge „erworbene"

---

[1] Marx/Engels. Die heilige Familie. Berlin 1953. S. 101.

Leben ist das wirkliche, von Menschen geführte Leben, alles andere dagegen stirbt entweder in ihnen gänzlich ab, oder geht auch in die Sphäre des „reinen Bewußtseins", der fruchtlosen Schwärmereien und schädlichen Illusionen über. Die idealistische Philosophie erhebt diese Sphäre zur Würde eines selbständigen, mehr noch, des wichtigsten Daseins. In seiner Kritik an Hegel wendet Marx seine Aufmerksamkeit diesem Punkt zu, der für Erzieher besonders wichtig ist. Marx hebt nämlich hervor, daß Hegels Konzeptionen von der Vergegenständlichung der menschlichen Tätigkeit, der Entfremdung des Menschen und deren Aufhebung, nicht nur falsch, sondern zugleich für das moralische Leben der Menschen schädlich sind. Die von Hegel vertretene allgemeine und abstrakte Auffassung vom Bewußtsein ist — nach Marx — durch einen konkreten Begriff „Bewußtsein des Menschen" zu ersetzen. Dann erst leuchtet ein, wohin eine solche Theorie im konkreten Leben der Menschen führen muß. Das Bewußtsein stellt nämlich nicht nur das Bewußtsein des Lebens, sondern zugleich das Leben selbst, den wirklichen Lebensinhalt, die Wirklichkeit dar. Die sich im Bewußtsein vollziehenden Überwindungen stellen sich — angeblich — als wirkliche Überwindungen dar, obwohl sich in der Wirklichkeit nichts geändert hat. Der Mensch führt dasselbe Leben weiter, das er bereits führte, und in seinem Bewußtsein bildet er sich ein, daß er sich schon auf einer anderen, höheren Stufe befindet. „Der Mensch", schreibt Marx, „der in Recht, Politik etc. ein entäußertes Leben zu führen erkannt hat, führt in diesem entäußerten Leben als solchem sein wahres menschliches Leben." [1]

Es entsteht so ein Widerspruch zwischen dem wirklichen Leben, das als unwirklich, und dem eingebildeten Leben, das als wirklich betrachtet wird. Die Entfremdung wird nicht nur nicht aufgehoben, sondern bleibt bestehen, behaftet mit der Lüge einer angeblichen Aufhebung. Zu den Widersprüchen, die darauf beruhen, daß der Mensch sich seiner Handlungen und Produkte nicht bewußt ist, kommt noch ein weiterer

[1] Ebenda, S. 89.

hinzu, der darin besteht, daß sich der Mensch der Natur des eigenen Bewußtseins nicht bewußt ist und seine Schlüsse als die Wirklichkeit selbst betrachtet. Die wirkliche Entfremdung ist auf diese Weise durch eine scheinbare Überwindung verhüllt, die in Wirklichkeit die Spaltung des menschlichen Lebens in ein reales und gehorsames, entfremdetes, sowie in ein gedachtes, freies und illusorisches Leben bedeutet.

Es ist völlig klar, daß in einer solchen Situation keine erzieherische Aktion wirksam sein kann. Die Voraussetzung für eine erfolgreiche Erziehung ist die tatsächliche Beseitigung dieser Konfusion und Heuchelei. Hegel hat richtig gesehen, daß der Erziehungsprozeß des Menschen die Aufdeckung dieser Tatsache erfordert, daß der Mensch im Prozeß seiner eigenen Tätigkeit sich selbst erzeugt. Aber mit seiner idealistischen, metaphysischen Konzeption erschwerte Hegel die Lösung der Aufgabe. Um sie zu lösen, muß man jetzt nicht nur den wirklichen Verlauf der Geschichtsprozesse, in denen die Menschen zu Produzenten der Dinge wurden, ohne sich dessen bewußt zu sein, aufdecken. Aus ihrem Bewußtsein muß noch die falsche und schädliche Vorstellung entfernt werden, nach der die Entfremdung ausschließlich die Sache des Bewußtseins und die Aufhebung der Entfremdung Sache der philosophischen Kritik ist. Man muß also nicht nur um die reale Überwindung der Entfremdung im Leben ringen, sondern auch zugleich die schädliche und illusorische Konzeption der Überwindung der Entfremdung durch die Philosophie bekämpfen.

In dem Brief vom September 1843 schrieb Marx: „Die Reform des Bewußtseins besteht *nur* darin, daß man die Welt ihr Bewußtsein innewerden läßt, daß man sie aus dem Traum über sich selbst aufweckt, daß man ihre eignen Aktionen ihr *erklärt*... Unser Wahlspruch muß also sein: Reform des Bewußtseins nicht durch Dogmen, sondern durch Analysierung des mystischen, sich selbst unklaren Bewußtseins, trete es nun religiös oder politisch auf." [1]

---

[1] Marx/Engels: Werke, Bd. 1. Berlin 1956. S. 346.

Die Erziehungsforderungen von Marx betreffen also zugleich die Veränderung des wirklichen Lebens der Menschen und ihres Bewußtseins. Die ganze Schärfe der Kritik von Marx konzentriert sich also auf die Diskrepanz zwischen diesen beiden Bereichen. Die realen Lebensbedingungen, unter denen der Mensch sich selbst entfremdet, führen zur Entstehung einer bestimmten Form des menschlichen Daseins, die real und zugleich unreal ist. Sie ist real, weil der Mensch eben so lebt, und sie ist unreal, weil dieses Leben, das er führt, ihm eigentlich fremd und sogar feindlich ist. Die humanistische Tragik der Entfremdung besteht darin, daß dieses fremde Leben, das der Mensch führt, sein einziges, wirklich konkretes Leben ist.

Unter diesen Bedingungen kann der Wesens- und Gattungsinhalt der Menschheit nicht nur nicht zum Vorschein kommen und sich entwickeln, sondern er wird durch das Bewußtsein entstellt, das das wirkliche menschliche Leben, das entfremdete und nicht jenes tatsächliche, vergewaltigte, das Leben der Gattung zum Ausdruck bringt. Die Art, in welcher das Bewußtsein dieses wirkliche Leben ausdrückt, ist unterschiedlich. Manchmal geschieht das offen und unmittelbar, manchmal wird die Wirklichkeit vom Bewußtsein durch die falsche aber zweckmäßige und für die besitzende Klasse vorteilhafte Idealisierung verdeckt.

Die Aufhebung dieser Entfremdung des Bewußtseins ist nur durch die Aufhebung der Entfremdung möglich, die im Leben der Menschen im Kapitalismus auftritt. Dann erst kommt es zu einer Übereinstimmung von Bewußtsein und Leben, die eine Übereinstimmung im Handeln und Denken des wesentlichsten Inhalts des Menschen als einer besondren Gattung in der Natur, als eines schöpferischen Wesens sein wird.

Die pädagogische Bedeutung der marxistischen Auffassung von der Entfremdung besteht also darin, den Doppelsinn dieser Diskrepanz zwischen dem Leben der Menschen im Kapitalismus und seinem Bewußtsein zu zeigen. Erstens ist das eine Diskrepanz zwischen dem Bewußtsein und dem, was das menschliche Wesen in seinem Gattungsinhalt wirklich ist. Zweitens ist das eine Diskrepanz zwischen dem Bewußtsein und dem, was die Menschen in ihrem wirklichen, gewöhnlichen Leben sind. Die Erziehung muß nicht nur darum bemüht sein, daß das menschliche Bewußtsein mit dem wirklichen, konkreten Leben übereinstimmt, sondern sie muß darüber hinaus auch bestrebt sein, daß dieses Leben bei der Befreiung aus der Entfremdung die durch wesentliche „Gattungseigenschaften" des Menschen erforderliche Gestalt erhält und daß dadurch das ihm entsprechende Bewußtsein wächst und sich vervollkommnet.

Der Begriff der Entfremdung, der auf den Prozeß der Entmenschlichung und dadurch auf die Negation des menschlichen Wesens hinwies, stellte damit eine positive These, eine These des Schutzes dieses Wesens vor Unterjochung dar. Ein spezifisches Merkmal dieses „Ideals" vom Menschen war aber, wie wir sahen, daß es nicht in metaphysischen und statischen Kategorien formuliert wurde. Marx hat oftmals den Inhalt der Klasseninteressen enthüllt, der sich hinter den Idealen des Menschen verbirgt. Das menschliche Wesen, das durch die Entfremdung unterjocht wird, war also ein Wesen, das sich historisch entwickelt und durch seine Arbeit die Natur verändert. Die Aufhebung der Entfremdung war also keine Rückkehr zu einem starren und festen Inhalt des menschlichen Wesens, sondern die Erschließung größerer Möglichkeiten für seine weitere bewußte Entwicklung.

Die Betonung dieses historischen und dialektischen „Ideals" hat also für das Verständnis marxistischer Anschauungen insofern Bedeutung, als sie hervorhebt, daß der marxistische Standpunkt nicht nur die Kritik der Diskrepanzen zwischen Bewußtsein und Leben im Kapitalismus, sondern auch die vom Standpunkt des Wesens- und „Gattungsinhaltes" des Menschen geübte Kritik des Lebens und des Bewußtseins dieser Epoche ist.

KAPITEL IV

DIE BEDEUTUNG DER SOZIALISTISCHEN REVOLUTION FÜR DIE ERZIEHUNG

Die Analyse der Lage des Menschen unter den Bedingungen des Kapitalismus zeigte die zunehmende Entfremdung, die eine allseitige Entwicklung der werktätigen Massen unmöglich macht, ihr Verhältnis zur Arbeit und zur Gesellschaft zerstört und ihr Bewußtsein deformiert.

Wenn die Erziehung wirklich die wichtige Aufgabe der allseitigen Entwicklung des Menschen erfüllen soll, dann müssen vor allem jene Fesseln gesprengt werden, die im Kapitalismus die Menschen stark behinderten. Das Schicksal der Erziehung ist letzten Endes von der gesellschaftlichen Umwälzung, vom Sturz der kapitalistischen Gesellschaftsordnung abhängig. Aus diesem Grunde wird es in der sozialistischen Gesellschaft zu einer grundsätzlichen Annäherung zwischen den Bedingungen und Erfordernissen des gesellschaftlichen Lebens und den Aufgaben und den Möglichkeiten der Erziehungstätigkeit kommen.

Welche Rolle spielt aber die Erziehung unter den Bedingungen des Kapitalismus in seiner Niedergangsphase, d.h. in der Epoche der proletarischen Revolution?

Die Antwort auf diese Frage erfordert eine genaue *Analyse* sowohl der bürgerlichen Erziehungspolitik und der Situation der Schule in der kapitalistischen Gesellschaft als auch der Bedeutung der Entwicklung der Produktivkräfte und des revolutionären Kampfes der Arbeiterklasse für die Erziehung und Bildung.

1. Der Klassencharakter des Bildungswesens in der bürgerlichen Gesellschaft

Die marxistische Grundthese hinsichtlich der Erziehung im Kapitalismus ist die These von ihrem Klassencharakter, der mit ideologischer Phraseologie getarnt ist. Die Erziehung ist ein Instrument in den Händen der herrschenden Klassen, die entsprechend ihren Klasseninteressen Charakter und Umfang der eigenen Bildung und der der unterdrückten Klassen bestimmen. Da aber die Bourgeoisie den Kapitalismus für die vollendete Verwirklichung der „natürlichen und vernünftigen" Lebensordnung ausgibt, wird das Erziehungs- und Bildungssystem, das in Wirklichkeit ein Instrument ihrer Interessen ist, mit schönen Phrasen von der Freiheit und den Entwicklungsmöglichkeiten der Menschen verbrämt. Immer wieder deckt Marx das auf und zeigt zugleich, was die Erziehung in der kapitalistischen Gesellschaft für die verschiedenen Klassen wirklich bedeutet.

Im „Kommunistischen Manifest" wird dieses Problem grundsätzlich behandelt. Auch auf kulturellem Gebiet weist Marx die Falschheit und Heuchelei der Angriffe der Bourgeoisie gegen die Kommunisten nach. „Alle Einwürfe", lesen wir im Manifest, „die gegen die kommunistische Aneignungs- und Produktionsweise der materiellen Produkte gerichtet werden, sind ebenso auf die Aneignung und Produktion der geistigen Produkte ausgedehnt worden. Wie für den Bourgeois das Aufhören des Klasseneigentums das Aufhören der Produktion selbst ist, so ist für ihn das Aufhören der Klassenbildung identisch mit dem Aufhören der Bildung überhaupt. Die Bildung, deren Verlust er bedauert, ist für die enorme Mehrzahl die Heranbildung zur Maschine... Aber, sagt ihr, wir heben die trautesten Verhältnisse auf, indem wir an die Stelle der häuslichen Erziehung die gesellschaftliche setzen. Und ist nicht auch eure Erziehung durch die Gesellschaft bestimmt? Durch die gesellschaftlichen Verhältnisse, innerhalb derer ihr erzieht, durch die direktere oder indirektere Einmischung der Gesellschaft, vermittelst der Schule usw.? Die Kommunisten erfinden nicht die Einwirkung der Gesellschaft auf die Erziehung; sie verändern nur ihren Charakter, sie entreißen die Erziehung dem Einfluß der herrschenden Klasse." [1]

Der Klassencharakter der bürgerlichen Erziehung tritt in doppelter Hinsicht zutage. Einmal insofern, als die Erziehung, die angeblich allen Menschen dienen sollte, nur den Kindern der Bourgeoisie zuteil wird. Die Erziehung ist nicht Element der sozialen Gleichheit, sondern vielmehr ein Element der modernen bürgerlichen Gesellschaftshierarchie. Bereits während des Studiums der Hegelschen Philosophie hebt Marx die Rolle der Erziehung in der bürgerlichen Gesellschaft hervor. Er wies darauf hin, daß sich die moderne bürgerliche Gesellschaft im Gegensatz zum Feudalismus der Ständestruktur entledigte und vorgab, eine Gesellschaft gleicher Menschen zu werden. In Wirklichkeit jedoch wurde sie zu einer Gesellschaftsordnung mit noch unversöhnlicheren Klassengegensätzen. Die formale politische Gleichheit aller Bürger wird durch die wirkliche, soziale Ungleichheit der Menschen illusorisch. Nach Marx ist diese Ungleichheit ganz zufällig und willkürlich auf zwei Momente zurückzuführen: auf Privateigentum und Bildung. [2]

Das zeigt, wie sehr sich Marx der gesellschaftlichen Bedeutung der Erziehung im Kapitalismus und ihrer Aufgabe, die Vertreter der herrschenden Klassen für „höhere Posten" auszuwählen, bewußt war. Diese Rolle der Erziehung entlarvte Marx vor allem auf dem Gebiet der Allgemeinbildung, die die Bourgeoisie organisierte. Entgegen den leichtfertigen und utopischen Hoffnungen, daß die Verbesserung der Allgemeinbildung ein Zeichen des humanistischen Standpunktes der Bourgeoisie und ein Element der evolutionären Verbesserung der Lage der unterdrückten Schichten ist, zeigte Marx, daß alle Konzessionen der herrschenden Klasse Ergebnis ökonomischer Notwendigkeiten sind, die mit der maschinellen Großproduktion erwachsen und die neuen Interessen der Bourgeoisie ausdrücken.

[1] Marx/Engels: Ausgewählte Schriften, Bd. I, Berlin 1953, S. 38 f.
[2] Ebenda.

Die Volksbildung, besonders aber die Arbeiterbildung ist ein notwendiges Element der Produktion, hat aber im Kapitalismus nur die Aufgabe zu erfüllen, willige Arbeitskräfte heranzubilden und wird niemals höher oder vielseitiger entwickelt als es die Interessen der kapitalistischen Produktion erfordern. Eine genaue Analyse des Charakters der Arbeiterbildung zeigt das deutlich.

Zweitens beruht der Klassencharakter der bürgerlichen Erziehung darauf, daß sie angeblich zu einem wirksamen Instrument der „sozialen Erneuerung" wird. Sooft die Bourgeoisie gezwungen ist zuzugeben, daß die kapitalistischen Verhältnisse unerträglich sind, sucht sie gern mit „erzieherischen Argumenten" zu beweisen, daß die Verhältnisse u.a. nur deshalb so schlecht sind, weil die Menschen schlecht sind und daß es erst besser sein wird, wenn die Menschen sich bessern. Die Erziehung soll so zu einer Bürgschaft für die zukünftige Besserung der Menschen werden, die sie in Wirklichkeit gar nicht sichern kann, weil die herrschenden gesellschaftlichen Verhältnisse und nicht die Menschen das Übel sind.

Bereits Morus wies auf die Fruchtlosigkeit der Erziehung unter Bedingungen hin, die die Menschen zum Elend verurteilen und sie zum Verbrechen treiben. Besonders in der Auseinandersetzung mit dem utopischen Sozialismus unterstrich Marx mit vollem Nachdruck die Fruchtlosigkeit einer solchen Erziehung. Das gesamte wissenschaftliche Wirken von Marx war darauf gerichtet, den objektiven Charakter der historischen Entwicklung nachzuweisen. Daher mußte sein revolutionäres Ringen nach dem Sturz der bestehenden kapitalistischen Gesellschaftsordnung und nicht nach einer sentimentalen „Verbesserung" der Menschen trachten. In der antagonistischen Klassengesellschaft sind die Verhältnisse der Menschen untereinander „nicht die Verhältnisse von Individuen zu Individuen, sondern die von Arbeiter zu Kapitalist, von Pächter zu Grundbesitzer usw." [1] Nicht nur die Menschen, sondern vor allem die

[1] K. Marx: Das Elend der Philosophie, Berlin 1952, S. 121.

Verhältnisse und Institutionen des gesellschaftlichen Lebens müssen geändert werden.

Wenn daher die bürgerlichen Schriftsteller die Erziehung als ein Heilmittel für soziale Sünden ihrer eigenen Gesellschaftsordnung empfehlen, machen sie die Erziehung zu einem Ablenkungsmanöver, das die Unzufriedenheit und den wachsenden revolutionären Zorn der Massen dämpfen soll. Die Erziehung übernimmt dann eine Funktion, die sie nicht ausüben darf. In einem seiner ersten Artikel schrieb Marx: „Selbst der Teil der englischen Bourgeoisie, der von der Gefahr des Pauperismus durchdrungen ist, faßt diese Gefahr, wie die Mittel zur Abhilfe, in einer nicht nur partikulären, sondern, um es ohne Umschweife zu sagen, kindischen und albernen Weise auf. So reduziert z. B. Dr. Kay [1] in seiner Broschüre ‚Recent measures for the promotion of education in England' alles auf die vernachlässigte Erziehung. Man errate, aus welchem Grunde! Aus Mangel an Erziehung sehe nämlich der Arbeiter die natürlichen Gesetze des Handels nicht ein, Gesetze, die ihn notwendig auf den Pauperismus herabbringen. Darum lehne er sich auf." [2]

So bemühte sich die Bourgeoisie, alle Probleme in den Bereich der Erziehung zu verlagern, die nur im gesellschaftlichen Leben gelöst werden konnten. In dem Maße, wie die herrschenden Klassen der Erziehung eine Wunderkraft zuschrieben, die negative Erscheinungen der bürgerlichen Gesellschaft angeblich beheben konnte, fanden sie opferfreudige, aber naive Idealisten, die nicht begriffen, daß ihre „erzieherischen Moralpredigten" nichts anderes als Verrat an den Interessen der unterdrückten Klassen bedeutete.

Mit dieser Analyse decken Marx und Engels den grundsätzlichen Widerspruch der bürgerlichen Erziehungspolitik auf. Er besteht zwischen den Klasseninteressen der Bourgeoisie, die zu einer Beschränkung der Bildung der unterdrückten

---

[1] Anmerkung (1) des Verfassers, s. Anhang.
[2] Marx/Engels: Werke, Bd. 1, Berlin 1956, S. 396.

Klassen zwingen und jenen Interessen der Bourgeoisie, die auf Grund der Entwicklung der Produktivkräfte eine gewisse Hebung des Bildungsniveaus verlangen. Bereits in der „Lage der arbeitenden Klasse in England" stellte Engels fest, daß die Bourgeoisie gezwungen ist, sich nur so weit mit der Arbeiterbildung zu beschäftigen, wie dies ihr Profitstreben gebietet. Denn gleichzeitig muß sie zu verhindern suchen, daß die Arbeiterbildung zu einer gefährlichen Waffe in den Händen der unterdrückten Klasse wird.

Unter diesen Bedingungen schließt die Bourgeoisie nur zu gern ein Bündnis mit der Kirche, denn sie ist überzeugt, daß eine religiöse Erziehung den besten Schutz gegen die Gefahren der revolutionären Erziehung der Volksmassen bietet. Dieses Bündnis erweist sich als besonders nützlich, wenn die Herrschaft der Bourgeoisie zu wanken beginnt. Das läßt sich am Beispiel verschiedener kapitalistischer Länder verfolgen. Marx veranschaulicht das besonders am Beispiel Frankreichs. „Durch das Unterrichtsgesetz", schreibt Marx im „Achtzehnten Brumaire des Louis Bonaparte", „suchte die Bourgeoisie den alten Gemütszustand der Massen zu sichern, der das Steuersystem ertragen ließ. Man ist erstaunt, die Orleanisten, die liberalen Bourgeois, diese alten Apostel des Voltairianismus und der eklektischen Philosophie, ihren Stammfeinden, den Jesuiten, die Verwaltung des französischen Geistes anvertrauen zu sehen. Aber Orleanisten und Legitimisten konnten in Beziehung auf den Kronprätendenten auseinandergehen, sie begriffen, daß ihre vereinte Herrschaft die Unterdrückungsmittel zweier Epochen zu vereinigen gebot, daß die Unterjochungsmittel der Julimonarchie durch die Unterjochungsmittel der Restauration ergänzt und verstärkt werden mußten." [1]

Ein weiteres Moment der bürgerlichen Erziehung, dem Marx besondere Aufmerksamkeit widmete, ist ihr antinationaler imperialistischer Charakter. Beispiele dafür sind die preußische Bildungspolitik auf polnischem Territorium und die englische Kolonialpolitik in Indien. Im Posener Gebiet haben so die

[1] Marx Engels: Ausgewählte Schriften, Bd. I, Berlin 1953, S. 263.

preußischen Behörden die Schulen zur Festigung ihrer Herrschaft und zur Sicherung der Interessen von Militär und Junkertum benutzt. In der englischen Kolonialpolitik trat der Klassencharakter der bürgerlichen Erziehung noch deutlicher hervor. „Die tiefe Heuchelei der bürgerlichen Zivilisation und die von ihr nicht zu trennende Barbarei liegen unverschleiert vor unseren Augen", schreibt Marx, „sobald wir den Blick von ihrer Heimat, in der sie unter respektablen Formen auftreten, nach den Kolonien wenden, wo sie nackt gehen." [1] Dort in Indien haben die englischen Imperialisten die indische Zivilisation vernichtet, indem sie „die einheimischen Gemeinwesen zerschlugen, das einheimische Gewerbe entwurzelten und alles, was an der einheimischen Gesellschaftsordnung groß und erhaben war, nivellierten." [2]

Nachdem England das alles vernichtet hatte, bekümmerte es sich nicht weiter um die gesellschaftliche und kulturelle Entwicklung des Landes. Es vernichtete die traditionelle Kultur, ohne aber ein modernes Erziehungs- und Bildungswesen zu schaffen, obgleich selbst nach Ansicht der konservativsten britischen Beamten die indische Bevölkerung „eine große industrielle Energie besitzt, wohl fähig ist zur Akkumulation von Kapital und sich durch mathematische Klarheit des Kopfes, Gewandtheit im Rechnen und Talent für exakte Wissenschaften auszeichnet."

Die englische Erziehungspolitik stellte sich vielmehr eine andere Aufgabe. Sie versuchte nämlich eine Anzahl indischer Kinder von den Massen zu isolieren und auf diese Weise eine neue Schicht englischer Verwalter eines großen Landes zu erziehen. „Aus den widerwillig und in geringer Zahl unter englischer Aufsicht erzogenen indischen Eingeborenen", schreibt Marx, „wächst eine neue Klasse heran, welche die zum Regieren erforderlichen Eigenschaften besitzt und europäisches Wissen in sich aufgenommen hat." Dieser antinationale Charakter der Erziehung ist eng mit dem Bestreben verbunden, die große

---

[1] Ebenda, S. 331.
[2] Ebenda. S. 327.

Masse der indischen Bevölkerung in Unwissenheit, Aberglaube und Hilflosigkeit gegenüber den neuen Lebensbedingungen zu belassen, die die Engländer herbeigeführt hatten.

2. Die Bildung und Erziehung der Arbeiterkinder im Kapitalismus

Der Klassencharakter der bürgerlichen Erziehung tritt immer besonders deutlich in Erscheinung, wenn wir uns mit der Erziehung beschäftigen, die den Arbeiter- und Bauernkindern zuteil wird und nicht mit der, die die Bourgeoisie ihren eigenen Kindern und denen des Adels gewährt. Beruht die Erziehung der Kinder der herrschenden Klassen — wie wir bereits sahen — auf Lug und Trug, so beschränkt sich die Erziehung der Kinder der unterdrückten Klassen nur auf das Allernötigste. Was aber unerläßlich notwendig ist, das entscheiden nicht die Bedürfnisse der Kinder oder die allgemeinen Bedürfnisse der Gesellschaft, sondern die Kapitalisten.

Marx gibt im „Kapital" erschütternde Beispiele für das Elend und die Ausbeutung der Arbeiterfamilien, die sich den Kapitalisten als „billige" Arbeitskräfte verdingen müssen. Die Kapitalisten sind der Ansicht, „der Arbeitstag zählt täglich volle 24 *Stunden* nach Abzug der wenigen Ruhestunden, ohne welche die Arbeitskraft ihren erneuerten Dienst absolut versagt. Es versteht sich zunächst von selbst, daß der Arbeiter seinen ganzen Lebenstag durch *nichts ist außer Arbeitskraft*, daß daher *alle* seine *disponible Zeit* von Natur und Rechts wegen *Arbeitszeit* ist, also der *Selbstverwertung des Kapitals* angehört. Zeit zu menschlicher Bildung, zu geistiger Entwicklung, zur Erfüllung sozialer Funktionen, zu geselligem Verkehr, zum freien Spiel der physischen und geistigen Lebenskräfte, selbst die Feierzeit des Sonntags- und wäre es im Lande der Sabbatheiligen — reiner *Firlefanz*!"[1] Diese Lebensbedingungen der Arbeiter treffen besonders grausam die Kinder, die bereits von frühester Jugend an körperlich schwer arbeiten müssen. Diese

[1] K. Marx: Das Kapital. Bd. I. Berlin 1953, S. 275.

Arbeit macht nicht nur alle Bildung unmöglich, sondern vernichtet sie auch physisch.

Was für ein Unterricht soll denn möglich sein, wenn die Kinder ganze Tage und nicht selten auch die Nächte über ihre Kräfte hinaus arbeiten müssen? Die gesetzlichen Tagesnormen für die Kinderarbeit sind übermäßig hoch und machen jegliche Bildung unmöglich. Dabei werden diese Normen aber im allgemeinen nicht eingehalten. Die Kinder verwandeln sich in Arbeitskraft und werden grenzenlos ausgebeutet.

Marx unterstreicht besonders den verbrecherischen Charakter dieser geistigen Verödung, der die arbeitenden Kinder zum Opfer fallen. „Die intellektuelle Verödung aber", schreibt er, „künstlich produziert durch die Verwandlung unreifer Menschen in bloße Maschinen zur Fabrikation von Mehrwert, und sehr zu unterscheiden von jener naturwüchsigen Unwissenheit, welche den Geist in Brache legt ohne Verderb seiner Entwicklungsfähigkeit, seiner natürlichen Fruchtbarkeit selbst, zwang endlich sogar das englische Parlament in allen dem Fabrikgesetz unterworfenen Industrien, den Elementarunterricht zur gesetzlichen Bedingung für den produktiven Verbrauch von Kindern unter 14 Jahren zu machen." [1]

Dieses Gesetz wurde laufend verletzt, was Marx mit vielen konkreten Beispielen belegte. Sie alle kennzeichnen die Situation der Kinder und bezeugen sowohl Marx' pädagogisches Interesse als auch seinen Scharfsinn auf diesem Gebiet. Die kritische Analyse der realen Lebensbedingungen als der umstößlichen Grundlage für die Entwicklung höherer geistiger und moralischer Lebensformen ermöglicht es Marx, das Problem der Kindererziehung real und konkret, frei von jeder illusionären pädagogischen Phraseologie zu sehen. Marx lenkt seine Aufmerksamkeit auf die Arbeitsbedingungen der Kinder in Fabrik und Schule, auf die Stellung der Eltern und Lehrer gegenüber den Kapitalisten. Hier wird nämlich unmittelbar die ganze Verlogenheit und Oberflächlichkeit der bürgerlichen Bildungs- und Erziehungsarbeit sichtbar.

[1] Ebenda, S. 419.

3. Die Verbindung von Erziehung und Arbeit — der Keim der sozialistischen Erziehung

Die Analyse des Klassencharakters der Erziehung in der bürgerlichen Gesellschaft und die Enthüllung der unerträglichen Arbeits- und Erziehungsbedingungen der Kinder trübten Marx keineswegs den Blick für die Werte, die im Grunde genommen in der Verbindung von körperlicher Arbeit und Erziehung bestehen und die sich im Kapitalismus nicht nur nicht entwickeln konnten, sondern geradezu vernichtet wurden. Marx erkannte sehr wohl, daß trotz der ungeheuer schwierigen Lebens- und Lernbedingungen für die Arbeiterkinder und trotz der weit besseren Voraussetzungen für die Kinder der Bourgeoisie die erste Kindergruppe der zweiten überlegen ist.

„Aus dem Fabriksystem, wie man im Detail bei Robert Owen verfolgen kann", schrieb Marx, „entsproß der Keim der Erziehung der Zukunft, welche für alle Kinder über einem gewissen Alter produktive Arbeit mit Unterricht und Gymnastik verbinden wird, nicht nur als eine Methode zur Steigerung der gesellschaftlichen Produktion, sondern als die einzige Methode zur Produktion vollseitig entwickelter Menschen." [1] Die arbeitenden Kinder haben eben die Möglichkeit, die körperliche Tätigkeit mit der geistigen Arbeit, die Theorie mit der Praxis zu verbinden und damit im Grunde die Möglichkeit einer vielseitigeren Entwicklung. Zwar werden diese Möglichkeiten durch die kapitalistische Produktion dauernd und systematisch vernichtet, sie äußern sich aber zumindest darin, daß „die Fabrikkinder, obgleich sie nur halb so viel Unterricht genießen als die regelmäßigen Tagesschüler, ebenso viel und oft mehr lernen." [2]

Ähnlich wie die maschinelle Arbeit den Arbeiter — nach Marx — nicht deshalb tötet, weil sie maschinell ist, sondern weil sie von Kapitalisten organisiert wird, ist auch die Kinderarbeit nur deshalb mörderisch. weil sie die Kapitalisten zum

---

[1] Ebenda, S. 509.
[2] Ebenda. S. 508.

Gegenstand der Ausbeutung machen. Aber ebenso wie die maschinelle Produktion im Sozialismus zum Element der Befreiung und Entwicklung des Menschen wird, wird auch die Verbindung von Erziehung und produktiver Arbeit im Sozialismus großen erzieherischen Wert haben.

Marx wies auf die Möglichkeiten der Erziehung hin, die mit der Entwicklung der Produktivkräfte gegeben sind, aber durch die kapitalistischen Produktionsverhältnisse gehemmt werden, und betonte mit besonderem Nachdruck die Bedeutung dieser Entwicklung für die allseitige Erziehung und Bildung der Menschen. Die gesellschaftliche Teilung der Arbeit, die sich vor Jahrhunderten vollzog, führte zu einer ersten Beschränkung und Verknöcherung des Menschen, zu seiner Unterwerfung unter die Macht der sich verselbständigenden Tätigkeitsarten.

Der Kapitalismus hat — wie wir das oben darlegten — die Folgen der Arbeitsteilung durch die Organisation der Manufakturen und weit mehr noch durch die Organisation der Fabriken unerhört verstärkt. Die Organisation der Manufaktur beruhte doch gerade darauf, daß man die manuelle Arbeit, die früher von einem qualifizierten Handwerker ganz ausgeführt wurde, jetzt aufteilte und die einzelnen Teilarbeiten verschiedene Arbeiter ausführen ließ. So wurde allmählich der Arbeiter zum „Teilarbeiter". Er sollte das ganze Leben hindurch dieselbe einfache Tätigkeit ausführen und seinen Körper in ein „einseitiges und automatisches Organ dieser Tätigkeit" verwandeln. Die Manufaktur schafft somit Menschen mit einer engbegrenzten Spezialisierung, die ihre lebenslängliche Arbeitsform sein soll und rekrutiert zugleich — für einfachste Tätigkeiten völlig unqualifizierte Arbeiter. „Wenn sie", schreibt Marx, „die durchaus vereinseitigte Spezialität auf Kosten des ganzen Arbeitsvermögens zur Virtuosität entwickelt, beginnt sie auch schon den Mangel aller Entwicklung zu einer Spezialität zu machen." [1]

Die Maschinen lehnten sich in gewisser Hinsicht gegen diese Verhältnisse auf, verschärften sie zugleich aber auch. In der

---

[1] Ebenda, S. 367.

Großindustrie vollzog sich eine endgültige „Scheidung der geistigen Potenzen des Produktionsprozesses von der Handarbeit und die Verwandlung derselben in Mächte des Kapitals über die Arbeit." [1] Wissen und Intelligenz verkörpern sich in Maschinen und Fachleuten, während die Arbeiter nur Arbeitskraft werden. „Man hat gesehn, daß die große Industrie die manufakturmäßige Teilung der Arbeit mit ihrer lebenslänglichen Annexion eines ganzen Menschen an eine Detailoperation technisch aufhebt, während zugleich die kapitalistische Form der großen Industrie jene Arbeitsteilung noch monströser reproduziert, in der eigentlichen Fabrik durch Verwandlung des Arbeiters in den selbstbewußten Zubehör einer Teilmaschine, überall sonst teils durch sporadischen Gebrauch der Maschinen und der Maschinenarbeit, teils durch Einführung von Weiber-, Kinder- und ungeschickter Arbeit als neuer Grundlage der Arbeitsteilung." [2]

„Die Natur der großen Industrie bedingt daher Wechsel der Arbeit, Fluß der Funktion, allseitige Beweglichkeit des Arbeiters", denn die Großindustrie lebt von der ununterbrochenen Revolutionierung des Produktionsprozesses, von der Entwicklung und Verbesserung der Technik und der Arbeitsmethoden und von der Schaffung neuer Produktionszweige. Dieses revolutionierende Element der Produktion steht in schroffem Widerspruch zur kapitalistischen Arbeitsorganisation, die auf der „vereinseitigten Spezialität" und der „ungeschickten Arbeit" der Arbeiter basiert. So treten bald die ersten Anzeichen einer anderen als der vom Kapitalismus geprägten Lebensweise hervor.

Die Großindustrie erheischt — ohne Rücksicht auf die Interessen der Kapitalisten — den Grundsatz „der möglichsten Vielseitigkeit der Arbeiter", ihrer guten und allseitigen Vorbereitung auf die Arbeit. Die Entwicklung der Produktivkräfte erfordert Menschen, die fähig sind, „den wechselnden Arbeitserfordernissen" gerecht zu werden; „das Teilindividuum, den

[1] Ebenda, S. 444.
[2] Ebenda, S. 509.

bloßen Träger einer gesellschaftlichen Detailfunktion, durch das total entwickelte Individuum, für welches verschiedne gesellschaftliche Funktionen einander ablösende Betätigungsweisen sind", zu ersetzen [1]. Die sich „naturwüchsig" vollziehende Entwicklung des Berufsschulwesens ist, wie Marx schreibt, eben eine der Erscheinungen und eins der Elemente dieses Prozesses. Marx zitiert dabei die Worte eines Arbeiters über seine in Kalifornien gemachten Erfahrungen: „Ich hätte nie geglaubt, daß ich fähig wäre, alle die Gewerbe auszuüben, die ich in Kalifornien betrieben habe. Ich war fest überzeugt, daß ich außer zur Buchdruckerei zu nichts gut sei... Einmal in der Mitte dieser Welt von Abenteurern, welche ihr Handwerk leichter wechseln als ihr Hemde, meiner Treu! ich tat wie die andren. Da das Geschäft der Minenarbeit sich nicht einträglich genug auswies, verließ ich es und zog in die Stadt, wo ich der Reihe nach Typograph, Dachdecker, Bleigießer usw. wurde. Infolge dieser Erfahrung, zu allen Arbeiten tauglich zu sein, fühle ich mich weniger als Molluske und mehr als Mensch." [2] Diese Erfahrungen sind nach Marx ein Beispiel dafür, wie sich die arbeitenden Menschen unter kapitalistischen Produktionsverhältnissen naturwüchsig einen Weg zu neuen Lebensmöglichkeiten bahnen, zu einem Leben, das durch keine Teilspezialisierung eingeengt ist.

Sowohl die breite, technische Ausbildung als auch die Variabilität der Arbeit sind aber selbstredend nur verhaltene Anzeichen. „Es unterliegt ebensowenig einem Zweifel, daß die kapitalistische Form der Produktion und die ihr entsprechenden ökonomischen Arbeiterverhältnisse im diametralsten Widerspruch stehn mit solchen Umwälzungsfermenten und ihrem Ziel, der Aufhebung der alten Teilung der Arbeit." [3] Aber eben diese Widersprüche bestimmen die künftige historische Entwicklung. Die technischen Erfindungen haben dem alten, aus der Manufakturperiode stammenden Prinzip: Schu-

[1] Ebenda, S. 513.
[2] Ebenda, S. 513, Anm. 308.
[3] Ebenda, S. 514.

ster bleib bei deinem Leisten! grundsätzlich ein Ende bereitet. Sie bahnten sich den Weg zur Überwindung der Arbeitsteilung in ihrer bisherigen Form, die zur Verelendung der Menschen durch ihre einseitige Teilspezialisierung führte und eröffnete damit den Weg zur Beseitigung der schroffen Gegensätze zwischen körperlicher und geistiger Arbeit. Der Sturz der kapitalistischen Ordnung, die entgegen der Entwicklungstendenz der Produktivkräfte die bisherigen unerträglichen Zustände aufrecht erhält, wird es gestatten, diese in ihrem ganzen Umfang auf neue Weise zu organisieren.

Diese erzieherischen und auch sozialen Möglichkeiten erkannten bereits vor Marx einige Schriftsteller. Marx zitiert Bellers: er, wie Marx schreibt, „begriff schon Ende des 17. Jahrhunderts mit vollster Klarheit die notwendige Aufhebung der jetzigen Erziehung und Arbeitsteilung, welche Hypertrophie und Atrophie auf beiden Extremen der Gesellschaft, wenn auch in entgegengesetzter Richtung, erzeugen." [1] Die einen leiden nämlich unter dem Übermaß an geistiger, abstrakter Bildung, während die anderen unter der Last einer mechanischen, verdummenden physischen Arbeit zusammenbrechen [2].

Die Verbindung von Erziehung und Arbeit war also nach Marx auch deshalb wertvoll, weil sie die Trennung der körperlichen Arbeit von der geistigen, die sich im Ergebnis der gesellschaftlichen Arbeitsteilung vollzog, die einseitige, schädliche Entwicklung des menschlichen Individuums überwand. Marx hat des öfteren nicht nur darauf verwiesen, daß die körperliche Arbeit ohne geistige Elemente die Natur des Menschen zerstört, sondern er hat auch dargelegt, daß die von der körperlichen Arbeit losgelöste geistige Tätigkeit leicht auf den Irrweg eines künstlichen Idealismus und einer falschen Abstraktheit gerät. In seiner Kritik an den Philosophen bemängelte er gerade ihre völlige Loslösung von der Arbeit, und somit vom wirklichen Leben. „Die Verselbständigung der Gedanken und Ideen" ist, wie Marx schreibt, „eine Folge der

---

[1] Ebenda.
[2] Anmerkung (2) des Verfassers, s. Anhang.

Verselbständigung der persönlichen Verhältnisse und Beziehungen der Individuen." [1] Die Arbeitsteilung, die einer gewissen Gruppe von Menschen lediglich das „Denken" gestattet, verdirbt sowohl das Denken als auch die Menschen selbst.

Marx schätzte daher die Verbindung von körperlicher und geistiger Arbeit hoch. Er sprach von ‚Bellers mit großer Anerkennung („ein wahres Phänomen in der Geschichte der politischen Ökonomie") und unterstrich dabei seine richtigen Analysen und erzieherischen Hinweise. Bellers sagte in überzeugender Weise: „Ein müßiges Lernen ist wenig besser als das Lernen von Müßiggang... Arbeit ist so notwendig für die Gesundheit des Körpers, wie Essen für sein Leben... Arbeit tut Oel auf die Lampe des Lebens, Denken aber entzündet sie." Wie genau aber Marx die pädagogischen Strömungen seiner Zeit kannte, beweist die Bemerkung, mit der er die Worte von Bellers versah: „Eine kindisch dumme Beschäftigung läßt den Geist der Kinder dumm." Diese Bemerkung erläutert, daß sich Bellers' Worte prophetisch auf die Basedowschen Konzeptionen und „die modernen Nachstümper" beziehen [2]. Dieser Kommentar zeigt sofort den grundsätzlichen Unterschied zwischen der marxistischen Auffassung über die Verbindung von Erziehung und Arbeit und ähnlichen bürgerlichen Auffassungen. Basedow und vor allem sein Schüler Salzmann organisierten in bürgerlicher Sorge um das Volk einen praktischen Unterricht für Kinder — vor allem für Waisenkinder —, um sie auf das Leben vorzubereiten. Diese Theorien enthielten weder allgemeine Thesen über die gleichmäßige theoretische und praktische Entwicklung der Menschen noch revolutionäre Tendenzen einer gesellschaftlichen Umwälzung.

Diese unzulängliche Verbindung von Erziehung und Arbeit blieb auch weiterhin bestehen; daher haben sie Marx und Engels ständig bekämpft. In seinem „Anti-Dühring" führte Engels aus: „Freilich hat Herr Dühring auch etwas davon läuten gehört, daß in der sozialistischen Gesellschaft Arbeit und

[1] Marx/Engels: Werke, Bd. 3, Berlin 1958, S. 432.
[2] K. Marx: Das Kapital, Bd. I, Berlin 1953, S. 514.

Erziehung verbunden und dadurch eine vielseitige technische Ausbildung, sowie eine praktische Grundlage für die wissenschaftliche Erziehung gesichert werden solle; auch dieser Punkt wird daher für die Sozialität in üblicher Weise dienstbar gemacht. Da aber, wie wir sahen, die alte Arbeitsteilung in der Dühringschen Zukunftsproduktion im wesentlichen ruhig fortbesteht, so ist dieser technischen Schulbildung jede spätere praktische Anwendung, jede Bedeutung für die Produktion selbst, abgeschnitten, sie hat eben nur einen Schulzweck: sie soll die Gymnastik ersetzen, von der unser wurzelhafter Umwälzer nichts wissen will." [1]

Mit diesen Worten wird der grundsätzliche Unterschied klar, der zwischen den bürgerlichen Ideen einer Verbindung von Arbeit und Erziehung, die im Dienste philanthropistischer oder reformistischer Ideologien stehen, und der marxistischen Konzeption besteht, derzufolge sich die durch die moderne Entwicklung der Produktivkräfte ermöglichte und geforderte Verbindung von Arbeit und Erziehung erst in der sozialistischen Gesellschaft voll entwickeln kann.

So formulierten Marx und Engels in unerbittlichem Kampf gegen die kapitalistische Ausbeutung der Kinderarbeit die Prinzipien der Verbindung von Erziehung und produktiver Arbeit. Sie schufen damit die Richtlinien für die Erziehungspolitik der Arbeiterklasse und ihr künftiges Programm. In diesem Sinne verkündete das „Manifest der Kommunistischen Partei" die „Beseitigung der Fabrikarbeit der Kinder in ihrer heutigen Form", zugleich aber forderte es die „Vereinigung der Erziehung mit der materiellen Produktion". In der „Kritik des Gothaer Programms" präzisiert Marx diesen Standpunkt weiter, indem er sich gegen das uneingeschränkte Verbot der Kinderarbeit wandte und in dieser Frage die genaue Bestimmung der Altersgrenze forderte. Marx schrieb: „Allgemeines Verbot der Kinderarbeit ist unverträglich mit der Existenz der großen Industrie und daher leerer frommer Wunsch. Durchführung desselben — wenn möglich — wäre

[1] F. Engels: Herrn Eugen Dührings Umwälzung der Wissenschaft, Berlin 1952, S. 401.

reaktionär, da bei strenger Reglung der Arbeitszeit nach den verschiednen Altersstufen und sonstigen Vorsichtsmaßregeln zum Schutz der Kinder, frühzeitige Verbindung produktiver Arbeit mit Unterricht eines der mächtigsten Umwandlungsmittel der heutigen Gesellschaft ist." [1]

Marx hat die Grundsätze einer solchen Verbindung nicht näher bestimmt. In der „Instruktion an die Delegierten des Provisorischen Zentralrats über einzelne Fragen" (1866) forderte Marx nur, daß die technischen Schulen ihre Unterhaltsmittel wenigstens zum Teil aus dem Verkauf produzierter Gegenstände bestreiten und daß diese ökonomisch produktive Arbeit mit einem entsprechenden Programm geistiger und körperlicher Beschäftigungen verbunden werde. „Die Verbindung von bezahlter produktiver Arbeit, geistiger Bildung, körperlicher Übung und polytechnischer Abrichtung wird die Arbeiterklasse weit über die höhern und mittlern Klassen heben." [2]

Erst die sozialistische Revolution wird dieses wichtige Problem der Erziehung des Menschen zur Arbeit und durch die Arbeit zugleich auch praktisch stellen können, und zwar so, daß die Arbeit nicht den Menschen einengt, sondern vielmehr allseitig entwickelt. Erst diese Revolution wird die kapitalistischen Fesseln sprengen, die die Entwicklung der Produktivkräfte hemmen. Dadurch wird es zum ersten Mal in der Geschichte möglich, die Frage der Erziehung des Menschen zur Arbeit und durch die Arbeit in einer neuen menschlichen Sphäre zu stellen, in der die Menschen zu selbständigen, verantwortlichen Produzenten werden, was sie aus der Sphäre der Züchtung von Sklaven und der Ausbildung von „Arbeitskräften" herauslöst.

4. Die Erziehung für und durch die Revolution

Die Konzeption der Verbindung von Erziehung und produktiver Arbeit ist jedoch nur eines der grundlegenden Elemen-

---

[1] Marx/Engels: Ausgewählte Schriften. Bd. II, Berlin 1952. S. 28.
[2] Marx/Engels über Erziehung und Bildung. Berlin. 1960. S. 162.

te des Bildungs- und Erziehungsprogramms, das die Begründer des wissenschaftlichen Sozialismus aufstellen. Das zweite grundlegende Element ist das Prinzip, die Bildung und Erziehung mit der revolutionären Tätigkeit der Arbeiterklasse zu verbinden. Die allgemeine Konzeption des Kampfes gegen den Kapitalismus, die Marx und Engels entwickelten, beinhaltet vor allem entschiedene Ablehnung aller utopischen Programme, in denen keine konkreten Maßnahmen zur Verwirklichung der angedeuteten Ideale festgelegt wurden. Hauptprinzip von Marx und Engels war, den wissenschaftlichen Sozialismus mit dem revolutionären Kampf der Arbeiterklasse aufs engste zu verbinden und diesen Kampf als den einzigen Weg, der zum Sozialismus führt, zu organisieren. Der Unterschied zwischen utopischen Hoffnungen, Erwartungen oder sogar Versuchen, im Schoß der bisherigen Gesellschaft „zukünftige" Gemeinden zu organisieren, und der konkreten Politik des revolutionären Kampfes, der zur Beseitigung der bestehenden Verhältnisse führt, war so prinzipiell, daß er alle gesellschaftlichen Probleme, also auch die Erziehungsfragen, berühren mußte. Es leuchtet ein, daß die Menschen auf der Grundlage des utopischen Sozialismus ganz anders erzogen werden mußten als entsprechend den Prinzipien des Klassenkampfes der Arbeiterklasse.

Das erforderte eine umfassende und intensive ideologische und organisatorische Arbeit von Marx und Engels. Wenn auch die Überwindung der utopischen Traditionen in der Periode des immer stärkeren Anwachsens der Arbeiterbewegung und der Entwicklung des ideologisch-politischen Bewußtseins der Arbeiter kaum noch größere Schwierigkeiten bereitete, so war hingegen die Festlegung des richtigen Vorgehens in konkreten politischen Situationen eine ebenso schwierige wie außerordentlich verantwortungsvolle Aufgabe. Dabei mußten Marx und Engels zahlreiche Hindernisse aus dem Weg räumen und sich von vielen feindlichen Konzeptionen entschieden abgrenzen. Da sie die revolutionäre Politik der Arbeiterklasse formten, mußten sie häufig Angriffe der liberalen Bourgeoisie zurückweisen und die kleinbürgerlichen Programme widerlegen. Außerdem galt es, alle Versuche, die grundsätzlichen Klassengegensätze zu verwischen und eine Versöhnungs- und Kompromißpolitik zu betreiben, zu bekämpfen sowie die anarchistischen und konspirativen Tendenzen zu entlarven, die sich im Glauben an eine spontane revolutionäre Aktion äußerten, ohne daß die objektiven Bedingungen hierfür gegeben sind.

Im Gegensatz dazu verband die politische Linie von Marx und Engels das Prinzip des revolutionären Kampfes mit der nüchternen und präzisen Analyse der gesellschaftlichen Wirklichkeit, mit einer wohldurchdachten Strategie und Taktik. Das stand natürlich in enger Beziehung zu ihren philosophischen und wissenschaftlichen Auffassungen über die Gesetze der historischen Entwicklung, im besonderen der des Kapitalismus. Die Betonung des objektiven Charakters dieser Entwicklungsgesetze und die gleichzeitige Hervorhebung der Rolle des bewußten Handelns der Arbeiterklasse bildete die Grundlage für den kompromißlosen Kampf gegen alle opportunistischen und anarchistischen Strömungen. Im Verlauf dieses Kampfes mußte ein vollkommen neues Programm der Arbeiterbildung entwickelt werden. Und in der Tat! Das Ringen von Marx und Engels um die konsequente revolutionäre Linie des politischen Kampfes der Arbeiter fand seinen Niederschlag in den Konzeptionen über die Volksbildung und in den Vorstellungen über die Erziehung der Menschen, die an der Gestaltung der sozialistischen Zukunft mitwirken sollen.

Der Gegenstand unserer weiteren Überlegungen muß daher gerade die Analyse jener grundlegenden Auffassungen über die Erziehung der Arbeiterklasse zur Erfüllung ihrer historischen Aufgaben sein, die den Erziehungsprogrammen der utopischen Sozialisten und zugleich auch den Programmen des kleinbürgerlichen Sozialismus aller Schattierungen, besonders der Opportunisten und Anarchisten, entgegengesetzt wurden.

„Das Wichtigste in der Marxschen Lehre", so schreibt Lenin, „ist die Klarstellung der weltgeschichtlichen Rolle des Proletariats als des Schöpfers der sozialistischen Gesellschaft." [1] Diese

[1] W. I. Lenin: Ausgewählte Werke, Bd. I, Berlin 1954, S. 69.

Rolle der Arbeiterklasse war nach Marx der Hauptfaktor, der es ermöglichte, das Elend, die Ausbeutung und die ihr von den besitzenden Klassen bereitete Erniedrigung siegreich zu überwinden.

Schon in seiner Abhandlung „Zur Kritik der Hegelschen Rechtsphilosophie" hat Marx die besonderen Aufgaben des Proletariats allgemein formuliert.

„Ein bestimmter Stand", schrieb Marx, „muß der Stand des allgemeinen Anstoßes, die Inkorporation der allgemeinen Schranke sein;" die Befreiung „von dieser Sphäre erscheint als die allgemeine Selbstbefreiung." [1] Gegen diese unterjochende Klasse erhebt sich die Klasse der Befreier.

Diese Klasse ist eben das Proletariat. Das Proletariat wird im Kapitalismus so unterdrückt, daß seine Forderungen den Charakter allgemein gesellschaftlicher Forderungen tragen, und nicht nur auf die Bedürfnisse einer bestimmten Gruppe von Menschen zugeschnitten sind.

Diese Klasse nimmt für sich keine besonderen Rechte in Anspruch; wenn sie diese jedoch fordert, dann tut sie es zugleich im Interesse aller. Dabei beruft sie sich nicht auf historische Ansprüche, sondern bezieht sich einfach auf den menschlichen Standpunkt. Die Befreiung des Proletariats ist die Befreiung der ganzen Gesellschaft, „eine völlige Wiedergewinnung des Menschen", der sonst einem „völligen Verlust" unterliegen müßte [2].

Das Proletariat muß den Kampf gegen die herrschenden Klassen nicht nur deswegen aufnehmen, weil dies seine unmittelbaren Lebensinteressen erfordern, sondern auch deswegen, weil es eine neue Gesellschaftsordnung erstrebt und daher gegen jene Klassen kämpfen muß, die seine Negation sind. In diesem Kampf entwickelt sich das Bewußtsein des Proletariats und die Erkenntnis seiner besonderen historischen Rolle. Dieses Bewußtsein muß die Philosophie fördern, die die geistige Waffe des Proletariats ist.

---

[1] Marx Engels: Die heilige Familie, Berlin 1953, S. 24.
[2] Ebenda, S. 26.

Diese Auffassung von der Rolle des Proletariats, die Marx in seiner Frühschrift dargelegt hat, war auch Gegenstand seiner weiteren Überlegungen und Untersuchungen. Entsprechend den materialistischen Prinzipien seiner Philosophie versuchte Marx, die vielen verschiedenen Auffassungen von der Rolle der Arbeiterklasse, auf die er damals stieß, zu widerlegen. Vor allem mußte er sich gegen die unbegründete, utopistische Idealisierung des Proletariats, die im Proletariat alle Tugenden und Werte in fertigem und vollkommenem Zustand erblickte, wie auch gegen die fatalistische Geringschätzung des bewußten und opferbereiten revolutionären Kampfes des Proletariats wenden. Im Gegensatz zu diesen beiden Standpunkten vertrat Marx die Auffassung, daß durch die objektive geschichtliche Entwicklung der Arbeiterklasse die entscheidende welthistorische Aufgabe gestellt wird und daß von ihrer Bereitschaft, ihrem Bewußtsein und ihrer Aktivität die Erfüllung dieser Aufgabe abhängt. Er vertrat auch entschieden die Überzeugung, daß sich die Arbeiterklasse im Verlauf dieser Kämpfe und Anstrengungen entwickeln wird, daß dies Ergebnis der revolutionären sozialistischen Arbeiterbewegung, nicht aber mechanistische Konsequenz aus der Lage der Arbeiter selbst und ihrer Lebensbedingungen sein wird.

Bereits in der „Heiligen Familie" kritisieren Marx und Engels entschieden die naiven, idealistischen Darstellungen des Proletariats. „Wenn die sozialistischen Schriftsteller", schreibt Marx, „dem Proletariat diese weltgeschichtliche Rolle zuschreiben, so geschieht dies keineswegs wie die kritische Kritik zu glauben vorgibt, weil sie die Proletarier für Götter halten. Vielmehr umgekehrt. Weil die Abstraktion von aller Menschlichkeit, selbst von dem Schein der Menschlichkeit im ausgebildeten Proletariat praktisch vollendet ist, weil in den Lebensbedingungen des Proletariats alle Lebensbedingungen der heutigen Gesellschaft in ihrer unmenschlichsten Spitze zusammengefaßt sind, weil der Mensch in ihm sich selbst verloren, aber zugleich nicht nur das theoretische Bewußtsein dieses Verlustes gewonnen hat, sondern auch unmittelbar durch die nicht mehr abzuweisende, nicht mehr zu beschönigende, absolut gebieterische Not — den praktischen Ausdruck der Notwendigkeit — zur Empörung gegen diese Unmenschlichkeit gezwungen ist, darum kann und muß das Proletariat sich selbst befreien." [1]

Die Rolle des Proletariats wird durch den objektiven Prozeß der gesellschaftlichen Entwicklung bestimmt, nicht aber durch irgendwelche besonderen, angeborenen psychischen Qualitäten der Menschen, die ihnen eigen sind. Die bewußte Idealisierung der Eigenschaften der Arbeiterklasse als „Argument" für die Möglichkeit ihrer Befreiung entspricht keineswegs den Tatsachen und zeugt außerdem von naiven, utopischen Anschauungen über die gesellschaftliche Entwicklung und ihre real wirkenden Faktoren. Eine solche Idealisierung ruft übrigens gewöhnlich als Reaktion alle möglichen Anklagen hervor, die gegen die Arbeiter erhoben werden. Diese Anklagen sollen einzig und allein die Notwendigkeit rechtfertigen, die Arbeiter auch weiterhin ihrer menschlichen Lebensbedingungen zu berauben.

Die ganze Diskussion gleitet dann schnell auf falsche Bahnen ab und wird zu einer unwissenschaftlichen, tendenziösen und fruchtlosen Polemik. Wesentlich ist nicht, wie dieser oder jener Arbeiter, ja sogar die Mehrheit der Arbeiter beschaffen ist, ebensowenig wie es für den Anfang unwichtig ist, „was dieser oder jener Proletarier oder selbst das ganze Proletariat als Ziel sich einstweilen vorstellt. Wichtig ist es nur zu wissen, was das Proletariat ist und was es diesem Sein gemäß geschichtlich zu tun gezwungen sein wird. Sein Ziel und seine geschichtliche Aktion ist in seiner eignen Lebenssituation, wie in der ganzen Organisation der heutigen bürgerlichen Gesellschaft sinnfällig, unwiderruflich vorgezeichnet." [2] Mit dieser Problemstellung unterstreicht Marx jene wichtige pädagogische Erkenntnis, die man mit „Heranwachsen der Menschen an ihre Aufgaben" bezeichnen könnte.

Das heißt, in der Erziehungsarbeit muß man nicht nur in

[1] Ebenda, S. 138.
[2] Ebenda.

Betracht ziehen, was die einzelnen Menschen zu gegebener Zeit sind, sondern auch — und vor allem —, wozu sie alle in einer konkreten historischen Situation berufen werden und welche aus der objektiven geschichtlichen Entwicklung resultierende Aufgabe ihnen erwächst. Das ist ein folgenschwerer Gesichtspunkt. Er besagt, daß man dem psychologischen Determinismus, wonach der Mensch im Laufe seines Lebens stets das bleibt, was er von Anfang an war, keine übergroße Bedeutung beimessen darf. Das bedeutet, daß man Vertrauen in die Entwicklung haben muß, die sich auf Grund objektiver Bedingungen durch die Lösung objektiv möglicher Aufgaben vollzieht.

Die marxistische Lehre ist nicht nur eine Lehre von der historisch unvermeidlichen proletarischen Revolution, sondern sie ist zugleich eine Lehre von der Erziehung des Proletariats zur Erfüllung dieser geschichtlichen Aufgaben. Diese Erziehung muß sich in der „revolutionären Praxis" vollziehen.

Der Marxismus ist ein Beweis dafür, daß sich die geschichtliche Entwicklung in Etappen vollzieht, die durch revolutionäre Umwälzungen gekennzeichnet werden. „Denn Marx", sagte Engels in seiner Rede am Grabe von Karl Marx, „war vor allem Revolutionär. Mitzuwirken, in dieser oder jener Weise, am Sturz der kapitalistischen Gesellschaft und der durch sie geschaffenen Staatseinrichtungen, mitzuwirken an der Befreiung des modernen Proletariats, dem er zuerst das Bewußtsein seiner eigenen Lage und seiner Bedürfnisse, das Bewußtsein der Bedingungen seiner Emanzipation gegeben hatte — das war sein wirklicher Lebensberuf. Der Kampf war sein Element." [1]

Marx lehnte sich immer gegen eine versöhnlerische Politik auf, die lediglich danach strebte, „kleine Erfolge" zu erzielen und die auf diese Weise die revolutionäre Kraft des Proletariats zunichte machte. „Die demokratischen Kleinbürger, weit entfernt, für die revolutionären Proletarier die ganze Gesellschaft umwälzen zu wollen, erstreben eine Änderung der gesell-

[1] Marx/Engels: Ausgewählte Schriften. Bd. II, Berlin 1953. S. 157.

schaftlichen Zustände, wodurch ihnen die bestehende Gesellschaft möglichst erträglich und bequem gemacht wird... Diese Forderungen können der Partei des Proletariats aber keineswegs genügen. Während die demokratischen Kleinbürger, die Revolution möglichst rasch und unter Durchführung höchstens der obigen Ansprüche zum Abschlusse bringen wollen, ist es unser Interesse und unsre Aufgabe, die Revolution permanent zu machen, solange, bis alle mehr oder weniger besitzenden Klassen von der Herrschaft verdrängt sind." [1]

Unnachgiebigkeit und Permanenz des revolutionären Kampfes, kompromißlose Auflehnung gegen die bürgerliche Gesellschaft sind — nach Marx — grundlegende politisch-erzieherische Momente. Im revolutionären Kampf wurde sich das Proletariat seiner eigenen Aufgaben und seiner eigenen Kraft voll bewußt. Der revolutionäre Kampf war die beste Schule des neuen sozialistischen Menschen. Die in der „Deutschen Ideologie" enthaltenen äußerst wichtigen Gedanken präzisieren diesen Standpunkt, den Marx während seines ganzen Lebens getreu befolgte.

Marx lenkt die Aufmerksamkeit auf die absolute historische Neuheit der sozialistischen Revolution, die nicht nur eine bestimmte herrschende Klasse stürzt, sondern darüber hinaus die Klassengesellschaft überhaupt vernichtet und unterstreicht dabei die große Bedeutung des kommunistischen Bewußtseins. Er schreibt: „Sowohl zur massenhaften Erzeugung dieses kommunistischen Bewußtseins wie zur Durchsetzung der Sache selbst ist eine massenhafte Veränderung der Menschen nötig, die nur in einer praktischen Bewegung, in einer Revolution vor sich gehen kann; daß also die Revolution nicht nur nötig ist, weil die stürzende Klasse nur in einer Revolution dahin kommen kann, sich den ganzen alten Dreck vom Halse zu schaffen und zu einer neuen Begründung der Gesellschaft befähigt zu werden." [2]

Die Bedeutung der Tatsache, daß Marx die Revolution als

[1] Marx/Engels: Ausgewählte Schriften, Bd. I, Berlin 1953, S. 96 f.
[2] Marx/Engels: Werke, Bd. 3, Berlin 1958, S. 70.

Schule des neuen Menschen betrachtet, wird erst dann in vollem Umfange klar, wenn wir betonen, daß die Revolution nach Auffassung der Klassiker des Marxismus nicht ein fernliegender und einmaliger Akt sein kann. Eine Revolution, die die Klassengesellschaft endgültig beseitigt, muß die Krönung eines langen revolutionären Kampfes sein. In diesem Sinne schrieb Marx: „Der Kommunismus ist für uns nicht ein Zustand, der hergestellt werden soll, ein Ideal, wonach die Wirklichkeit sich zu richten haben wird. Wir nennen Kommunismus die wirkliche Bewegung, welche den jetzigen Zustand aufhebt. Die Bedingungen dieser Bewegung ergeben sich aus der jetzt bestehenden Voraussetzung." [1] Die konkrete, reale Tätigkeit, die sich unter bestimmten Bedingungen vollzieht, den idealen Vorstellungen der Zukunft gegenüberzustellen, ist die Grundthese der marxistischen politisch-ideologischen Taktik, die eine große erzieherische Bedeutung besitzt.

Sie besagt, daß sich die Menschen gegenüber den objektiven historischen Aufgaben nicht abwartend, sondern aktiv verhalten müssen.

Die Revolution ist also nach Marx nicht etwas Fernliegendes, sondern nur die letzte Etappe des revolutionären Handelns der Gegenwart. Sie ist, wie das in den „Thesen über Feuerbach" genannt wird, die „revolutionäre Praxis". Die Organisation dieser Praxis war die Hauptaufgabe der kommunistischen Vorhut des Proletariats. Nur in der „revolutionären Praxis" wurden die Menschen von morgen erzogen.

Die marxistische Konzeption knüpft so ein enges Band zwischen dem Handeln in der Gegenwart und dem Wirken für künftige Ziele. Das ist die Hauptthese der politischen Taktik, die das „Manifest der Kommunistischen Partei" in folgende Worte faßte: „Die Kommunisten kämpfen für die Erreichung der unmittelbar vorliegenden Zwecke und Interessen der Arbeiterklasse, aber sie vertreten in der gegenwärtigen Bewegung zugleich die Zukunft der Bewegung." Dieser Grundsatz bestimmte den Charakter der „Erziehung des Proletariats

[1] Ebenda, S. 35.

223

für die revolutionären Aufgaben" als einer Erziehung, die mit der Praxis der revolutionären Tätigkeit verbunden ist. So nahm die Erziehungskonzeption der Begründer des wissenschaftlichen Sozialismus besonders wichtige Züge an. Bekanntlich bestand in der Erziehungstheorie stets ein gewisser Konflikt zwischen dem, was mit Rücksicht auf die aktuellen Bedürfnisse und Möglichkeiten der Zöglinge zu tun sei, und dem, was für die künftigen Bedürfnisse und Aufgaben berücksichtigt werden müsse. Die Erziehung, die sich mit der Gegenwart befaßte, kümmerte sich zu wenig um die Zukunft, während die Erziehung, die sich mit der Zukunft beschäftigte, keine Möglichkeit hatte, in der Gegenwart zu wirken. Dieser Konflikt äußerte sich besonders kraß, als sich in der bürgerlichen Gesellschaft der Kampf der Arbeiterklasse gegen die kapitalistische Ordnung verschärfte. In der bürgerlichen Pädagogik hatte die Erziehung in bezug auf die bestehende Ordnung apologetischen Charakter und bereitete die Jugend nicht auf eine neue Zukunft vor. Nach den Auffassungen der Utopisten unterband die Erziehung für die Zukunft die Verbindung zu den Gegenwartsbedingungen. Die marxistische Konzeption hingegen legt dar, wie man jene Erziehung organisieren muß, die bereits in der kapitalistischen Gegenwart die sozialistische Zukunft vorbereitet.

Diese Auffassung stand auch im Zusammenhang mit der neuen materialistischen Konzeption von der menschlichen Psyche, den Quellen ihrer Kraft und der Dauerhaftigkeit ihrer Vorstellungen und Anschauungen. Wie bereits erwähnt, wandte sich Marx dagegen, den Inhalt des Bewußtseins zu substantivieren und zu verabsolutieren und ihn als Ausdruck unveränderlicher und autonomer Quellen der Persönlichkeit zu betrachten. Er vertrat die gegenteilige Auffassung, daß nämlich der wesentliche Motor des persönlichen Lebens des Menschen seine Tätigkeit in der realen Existenz ist, die sich mehr oder weniger richtig in seinen Vorstellungen, Anschauungen, Gefühlen usw. widerspiegelt. „Das Sein produziert das Bewußtsein" sowohl im gesellschaftlichen wie auch bis zu einem gewissen Grade im individuellen Bereich. Die Aussonderung bestimmter Ideen aus dem menschlichen Bewußtsein und die Einführung neuer vollzieht sich — nach Marx — nicht so sehr auf dem Wege einer vom Leben losgelösten, intellektuellen Kritik, wie auf dem Wege eines wirklich veränderten Lebens. Die Reinigung des Bewußtseins von irrtümlichen Vorstellungen wird „durch veränderte Umstände, nicht durch theoretische Deduktionen bewerkstelligt." [1] Im individuellen Leben bestätigt sich in letzter Instanz die gleiche Wahrheit, die in der Geschichte gilt, und zwar, daß „nicht die Kritik, sondern die Revolution die treibende Kraft der Geschichte auch der Religion, Philosophie und sonstigen Theorie ist." [2]

Aber die Bedeutung der Revolution für die Erziehung besteht nicht nur darin, daß sie für die Menschen neue Bedingungen schafft, unter denen sich ein neues gesellschaftliches Bewußtsein herausbilden kann, sondern auch darin, daß sie die Menschen aufruft, bewußt an der Schaffung neuer gesellschaftlicher Verhältnisse mitzuwirken. „Die Umstände", schreibt Marx, „machen ebensosehr die Menschen, wie die Menschen die Umstände machen." [3]

Die revolutionäre Tätigkeit ist eben diese „Annäherung von veränderten Umständen und menschlicher Tätigkeit", die tatsächlich die „Umwandlung" der Menschen bedingt.

5. *Die Organisation der Volksmassen und die Bedeutung ihrer Erfahrungen*

Das Wichtigste ist neben dem Charakter des Proletariats wie seine historischen Aufgaben und die revolutionäre Praxis, in der das Proletariat zu diesen Aufgaben heranreifen kann, beschaffen sind. Wenn das so ist, dann besteht das Zentralproblem der Erziehung selbstverständlich in der Frage, wie dieser Reifungsprozeß organisiert werden muß. Sollte das in der realen, konkreten revolutionären Tätigkeit geschehen, dann muß diese Tätigkeit natürlich eine Tätigkeit der Massen

[1] Ebenda, S. 40.
[2] Ebenda, S. 38.
[3] Ebenda.

sein. Marx besaß ein feinentwickeltes Empfinden für den Wert eines jeden Menschen, und war daher auch ein entschiedener Feind jeder Spielart des Elitarismus, der die „Masse" verachtet. Dieses moralische Empfinden verband er mit der Theorie von der geschichtlichen Entwicklung, nach der nicht bedeutende Individuen den entscheidenden Einfluß auf den Ablauf der Ereignisse ausüben, sondern die Entwicklung der Produktivkräfte, also jene Faktoren, die mit den Existenz- und Arbeitsbedingungen der breiten Massen aufs engste verknüpft waren. Wenn Marx Hegel kritisierte, dann unter anderem auch deshalb, weil Hegels idealistische Theorie der „elitaristischen" Geschichtsauffassung Argumente lieferte und zu der falschen Bezeichnung „Repräsentanten des objektiven Geistes" ermunterte. In seiner Kritik an den französischen Doktrinären, die mit dem Begriff der Vernunft jonglierten, wies er nach, daß dieser Begriff dazu benutzt werde, die Massen von der Teilnahme an der Regierung auszuschließen.[1] Ebenso übte Marx an Stirner Kritik, der den Massen jegliche Bedeutung absprach und in ihnen die „Negation des Geistes" sah.

Im Gegensatz zu diesen Auffassungen unterstrich Marx die Bedeutung der Volksbewegungen in der Geschichte. Bedeutung und Größe historischer Ereignisse erhöhen sich — nach Marx — zugleich mit dem Anwachsen der Massen, die an ihnen aktiv teilnehmen. Dennoch aber waren die Massen in der bisherigen Geschichte von der Teilnahme an den Gütern der Kultur ausgeschlossen, die allmählich Domäne der Privilegierten geworden waren. Dieser Zustand mußte geändert werden und der Kritik, die die Kommunisten auf diesem Gebiet üben, entspricht — nach Marx — die Wirklichkeit in der Form von Emanzipationsbewegungen der Massen. „Man muß das Studium", schreibt er, „die Wissbegierde, die sittliche Energie, den restlosen Entwicklungstrieb der französischen und englischen Ouvriers kennengelernt haben, um sich von dem *menschlichen* Adel dieser Bewegung eine Vorstellung machen zu können."[2]

[1] Marx/Engels: Werke, Bd. 2, Berlin 1958, S. 89 f.
[2] Ebenda, S. 89.

Die Aktivität, die die Massen ergriff, war somit zugleich eine historische Notwendigkeit zu jener Zeit, als sich das Proletariat als revolutionärste Klasse herausbildete, die mit ihrer Hände Arbeit am Produktionsprozeß teilhatte. Sie war gleichzeitig aber auch die Erfüllung der sittlichen, menschlichen Forderungen. Mit dieser Arbeitsaktivität, deren ersten Aufschwung Marx in Frankreich und England beobachtete, wuchs auch das neue Bewußtsein des Proletariats.

Erfaßt diese Aktivität die breiten Massen, dann muß der Inhalt ihrer Tätigkeit mit den geschichtlichen Aufgaben des Proletariats engstens verbunden sein. Denn nur dann hat diese Tätigkeit erzieherische Wirksamkeit. Diese Verbindung faßte Marx ganz konkret. Er war immer Gegner der Konzeptionen jener Politiker, die lediglich versuchen, mit den Massen zu operieren oder ihre zahlenmäßige Stärke auszunutzen. Er kämpfte stets für eine lebendige, aktive und organisierte Bewegung der Arbeitermassen. Der Kommunismus kann nicht irgendwie von oben aufgebaut werden, weder durch Philosophen noch durch Gesetzgeber oder Politiker. Er kann nur und muß von unten mit den Händen der Arbeiter errichtet werden.

„Jeder Schritt wirklicher Bewegung", schrieb Marx an Bracke, „ist wichtiger als ein Dutzend Programme." [1] Von der gleichen Haltung zeugt auch Marx' Stellung zur Pariser Kommune. „Ihr wahres Geheimnis", schrieb Marx, „war dies: Sie war wesentlich eine Regierung der Arbeiterklasse", eine Regierung, die unmittelbar von Arbeitern selbst gebildet wurde, trotz aller „politischen Spekulanten" und „politischen Kartelle". Schwierigkeiten und Irrtümer waren von diesem neuen, großen Beispiel des Aufbaus einer sozialistischen Gesellschaft nicht zu trennen. Aber eben diese umfassende, selbständige Anstrengung war von großer erzieherischer Bedeutung. „Die Arbeiterklasse", schrieb Marx, „verlangte keine Wunder von der Kommune. Sie hat keine fix und fertigen Utopien durch Volksentschluß einzuführen. Sie weiß, daß, um ihre eigne

[1] Marx/Engels: Ausgewählte Schriften, Bd. II, Berlin 1953, S. 9.

Befreiung und mit ihr jene höhre Lebensform hervorzuarbeiten ... sie, die Arbeiterklasse, lange Kämpfe, eine ganze Reihe
geschichtlicher Prozesse durchzumachen hat, durch welche die
Menschen wie die Umstände gänzlich umgewandelt werden.
Sie hat keine Ideale zu verwirklichen; sie hat nur die Elemente
der neuen Gesellschaft in Freiheit zu setzen, die sich bereits
im Schoß der zusammenbrechenden Bourgeoisgesellschaft
entwickelt haben." [1]

Der historische Materialismus beschreibt die Entstehung
neuer Kräfte im Schoß der untergehenden kapitalistischen
Vergangenheit und ihren Kampf gegen das Alte, Überlebte.
Er bildete das wesentlichste Fundament eben dieser politischen
Taktik, die die Notwendigkeit des revolutionären Kampfes der
Massen unterstrich und besonderen Wert auf die Prozesse der
Formung der Menschen in diesem Kampf legte. Der historische
Materialismus fordert Mißtrauen gegenüber den verschiedenen
wirklichkeitsfremden „Idealen" und „Systemen". Zugleich
verlangt er jedoch Vertrauen zu dem im Schoß der alten
Verhältnisse keimenden neuen Leben und ein aktives Handeln
im neuen Geist für eine neue Zukunft.

Dieser Realismus der sozialistischen Aktivität der Massen
lehnte alle Konzeptionen nachdrücklich ab, die sich die künftige
gesellschaftliche Entwicklung als Ergebnis geschickten Handelns von Politikern oder auch wunderwirkender Konzessionen
der herrschenden Klassen vorstellten. Er wandte sich damit
gegen alle Auffassungen, nach denen die neue Gesellschaft
nicht im Ergebnis eines unversöhnlichen Kampfes der Klassengegensätze entstehen sollte.

Der revolutionäre Kampf der Arbeiterklasse ist nach Marx
das wichtigste Element des Aufbaus der sozialistischen Zukunft.
Der Prozeß der Erziehung der Erbauer des Sozialismus und
ihre Teilnahme an den historischen Umwälzungen, die sich
im Ergebnis ihres Kampfes vollziehen, bilden ein einheitliches,
in sich geschlossenes Ganzes. Diese Konzeption der Erziehung
wandte sich entschieden gegen alle Formen der Individual-

---

[1] Marx/Engels: Ausgewählte Schriften, Bd. I, Berlin 1953. S. 495.

erziehung „ohne Maß", die die Entwicklungstendenzen der Gesellschaft nicht beachteten und damit allen wissenschaftlichen Kriterien entbehrten. Die marxistische Konzeption hingegen legt mit besonderem Nachdruck diese Kriterien fest. Sie können nur durch das Maß der aktiven gesellschaftlichen Tätigkeit gegeben sein. Diese Konzeption wandte sich scharf gegen alle illusionären Vorstellungen einer individualistischen Erziehung, die vorgab, die Menschen losgelöst vom gesellschaftlichen Handeln und vom historischen Prozeß des Kampfes um die sozialistische Zukunft zu erziehen.

6. Die spontane und die bewußte Tätigkeit

Aus dem Dargelegten geht eindeutig hervor, daß das Problem der Herausbildung des sozialistischen Bewußtseins aufs engste mit dem Anwachsen des revolutionären Kampfes verbunden ist. Mit der Feststellung, daß das gesellschaftliche Sein das gesellschaftliche Bewußtsein bestimmt, haben Marx und Engels immer wieder die Bedeutung des gesellschaftlichen Fortschritts für die Entwicklung des Bewußtseins hervorgehoben. Wie deutlich Marx diesen Zusammenhang erkannte, zeigt seine Entlarvung der englischen Kolonialpolitik in Indien, die die indische Kultur vernichtete: „... so dürfen wir doch darüber nicht vergessen, daß diese idyllischen Dorfgemeinschaften, so harmlos sie auch aussehen mögen, seit jeher die feste Grundlage des orientalischen Despotismus gebildet haben, daß sie den menschlichen Geist auf den denkbar engsten Gesichtskreis beschränkten, ihn zum gefügigen Werkzeug des Aberglaubens, zum unterwürfigen Sklaven traditioneller Regeln machten und ihn jeglicher Größe und geschichtlicher Energien beraubten." [1]

Der Übergang vom Feudalismus zum Kapitalismus war wohl für die Volksmassen unsagbar tragisch, doch erschloß er dem Proletariat historisch die Möglichkeit seiner Befreiung. Der Nutzung dieser Möglichkeiten sollte unter anderem die Formung des Bewußtseins der Arbeiter dienen.

[1] Ebenda, S. 324.

Die Tatsache, daß der Sozialismus durch eine genaue Analyse der gesellschaftlichen Wirklichkeit wissenschaftlich begründet wurde, machte die Aufdeckung grundlegender Entwicklungsgesetze der kapitalistischen Gesellschaft möglich. Das hatte natürlich große Bedeutung für die Erziehung. Bei der Herausbildung des politischen Bewußtseins des Proletariats kommt daher dem Wissenserwerb eine eminente Bedeutung zu. Trotz der langen Tradition, an die Gefühle zu appellieren, trotz verschiedenartiger Formen der Sittenlehre, trotz vieler halbmystischer und fast ritueller Formen des Handelns, trotz allem, woran in der Praxis der utopische Sozialismus und auch der kleinbürgerliche französische und deutsche Sozialismus krankten, rangen Marx und Engels vor allem darum, exaktes Wissen und den bewußten Willen zum Handeln dem Proletariat zu vermitteln.

„Und Kommunismus hieß nun nicht mehr: Ausheckung, vermittelst der Phantasie, eines möglichst vollkommenen Gesellschaftsideals, sondern: Einsicht in die Natur, die Bedingungen und die daraus sich ergebenden allgemeinen Ziele des vom Proletariat geführten Kampfs. Wir waren nun keineswegs der Absicht, die neuen wissenschaftlichen Resultate in dicken Büchern ausschließlich der ,gelehrten' Welt zuzuflüstern. Im Gegenteil. Wir saßen beide schon tief in der politischen Bewegung, hatten unter der gebildeten Welt, namentlich Westdeutschlands, einen gewissen Anhang und reichliche Fühlung mit dem organisierten Proletariat. Wir waren verpflichtet, unsre Ansicht wissenschaftlich zu begründen." [1] Im Vorwort zum „Manifest der Kommunistischen Partei" stellte Engels in seiner Rede über die Entwicklungsperspektiven der Internationalen Arbeiterassoziation vom Jahre 1890 fest: „Für den schließlichen Sieg der im Manifest aufgestellten Sätze verließ sich Marx einzig und allein auf die intellektuelle Entwicklung der Arbeiterklasse, wie sie aus der vereinigten Aktion und der Diskussion notwendig hervorgehn mußte." [2]

[1] Marx/Engels: Ausgewählte Schriften, Bd. II, Berlin 1953, S. 320.
[2] Marx/Engels: Ausgewählte Schriften, Bd. I, Berlin 1953, S. 20.

Dieser Standpunkt bewirkte, daß die geistigen Werte des Proletariats und die Faktoren ihrer Entwicklung besonders behutsam eingeschätzt wurden. Sowohl Marx als auch Engels haben des öfteren mit allem Nachdruck auf die intellektuelle Feinsinnigkeit und Redlichkeit der Arbeiter im Gegensatz zur Oberflächlichkeit und zum geistigen Konventionalismus der sogenannten gebildeten Schichten hingewiesen. Schon Engels' Frühschrift „Briefe aus London" enthielt neben einer scharfen Kritik der rückständigen englischen Universitäten auch die Feststellung, daß sich nur die sogenannten unteren Schichten für Kunst und Wissenschaft interessieren. Nur sie lesen Byron und Shelley, nur für sie gibt man in billigen Heften das „Leben Jesu" von Strauß sowie Übersetzungen von Rousseau, Voltaire und Holbach heraus [1]. Diese Feststellung wiederholte Engels in seiner späteren Studie über die „Lage der arbeitenden Klasse in England", in der er noch stärker betonte, „wie sehr es dem englischen Proletariat gelungen ist, sich eine selbständige Bildung zu erwerben. Ich habe manchmal Arbeiter, deren Samtröcke nicht mehr zusammenhalten wollten, mit mehr Kenntnis über geologische, astronomische und andre Gegenstände sprechen hören, als mancher gebildete Bourgeois in Deutschland davon besitzt." [2]

Auch den Scharfsinn der Arbeiter, mit denen er sehr gern diskutierte, schätzte Marx besonders. In der Einschätzung von Weitlings Hauptwerk „Garantien der Harmonie und Freiheit" schrieb Marx im Jahre 1844: „Vergleicht man die nüchterne kleinlaute Mittelmäßigkeit der deutschen politischen Literatur mit diesem maßlosen und brillanten literarischen Debut der deutschen Arbeiter; vergleicht man diese riesenhaften Kinderschuhe des Proletariats mit der Zwerghaftigkeit der ausgetretenen politischen Schuhe der deutschen Bourgeoisie, so muß man dem deutschen Aschenbrödel eine Athletengestalt prophezeien." [3]

[1] Marx/Engels: Werke, Bd. 1, Berlin 1958, S. 469.
[2] F. Engels: Die Lage der arbeitenden Klasse in England, Berlin 1952, S. 292.
[3] Marx/Engels: Werke, Bd. 1, Berlin 1958, S. 405.

Mit ähnlicher Begeisterung sprach Marx von den Arbeiten Dietzgens und stellte fest, daß sie „bewundernswerte Gedanken" enthalten [1]. Diese hohe Wertschätzung der geistigen Potenzen der Arbeiterklasse fand ihren Ausdruck in den grundlegenden Forderungen, die Marx und Engels an die ideologisch-politische Arbeit unter den Arbeitern stellten. In einer scharfen Diskussion am 30. März 1846 im Brüsseler Korrespondenzkomitee wandte sich Marx gegen die Tendenzen zur Unterschätzung von Wissenschaft und Bildung. Nach dem Bericht von Annenkow soll Marx geäußert haben: „Vor allem in Deutschland sich an den Arbeiter ohne eine streng wissenschaftliche Idee und positive Theorie zu wenden, ist ein leeres und schändliches Spiel in Prediger, bei dem man einerseits einen begeisterten Propheten braucht und andererseits aber nur Esel zugelassen werden, die ihm mit offenem Mund zuhören." [2]

Ein gleiches Urteil fällt Engels einige Jahre später als er feststellte, daß „die deutschen Arbeiter ... dem theoretischsten Volk Europas angehören und daß sie sich den theoretischen Sinn bewahrt haben, der den sogenannten ‚Gebildeten' Deutschlands so gänzlich abhanden gekommen ist." Mit diesem „unter den deutschen Arbeitern entwickelten theoretischen Sinn" begründete Engels die Tatsache der großen Anziehungskraft des Sozialismus, wobei er gleichzeitig feststellte, daß die „Gleichgültigkeit gegen alle Theorien" „eine der Hauptursachen ist, weshalb die englische Arbeiterbewegung, trotz aller ausgezeichneten Organisation der einzelnen Gewerke, so langsam vom Flecke kommt". Mit ungenügender theoretischer Vertiefung begründete auch Engels die „Verwirrung, die der Proudhonismus in seiner ursprünglichen Gestalt bei Franzosen und Belgiern, in seiner durch Bakunin weiter karikierten Form bei Spaniern und Italienern angerichtet hat." Aus diesen Gründen, urteilte Engels, gehören dazu „verdoppelte Anstrengungen auf jedem Gebiet des Kampfes und der Agitation. Es wird namentlich die Pflicht der Führer sein, sich über alle theo-

[1] K. Marx: Briefe an Kugelmann, Berlin 1952, S. 74.
[2] E. P. Kandel: Marks i Engels — organizatorzy Związku Komunistów, Warszawa 1954, S. 126 (poln.).

retischen Fragen mehr und mehr aufzuklären, sich mehr und mehr von dem Einfluß überkommener, der alten Weltanschauung angehöriger Phrasen zu befreien und stets im Auge zu behalten, daß der Sozialismus, seitdem er eine Wissenschaft geworden, auch wie eine Wissenschaft betrieben, d.h. studiert werden will. Es wird darauf ankommen, die so gewonnene, immer mehr geklärte Einsicht unter den Arbeitermassen mit gesteigertem Eifer zu verbreiten." [1]

Diese Konzeption des politisch-erzieherischen Handelns verteidigten Marx und Engels stets mit aller Entschiedenheit. Das zeigte sich in den Kämpfen, die Marx und Engels als Organisatoren des Bundes der Kommunisten und später als Organisatoren der Internationalen Arbeiterassoziation führten. In den zahlreichen Diskussionen, die in den vierziger Jahren im Deutschen Arbeiterbildungsverein geführt wurden, forderte Marx unentwegt, daß die Propaganda wissenschaftlichen, nicht aber agitatorisch-moralisierenden und sentimentalen Charakter tragen solle [2]. In den Polemiken gegen Bakunin und seine Anhänger verurteilten Marx und Engels die Abneigung derselben gegen Wissenschaft und Bildung und betonten die hervorragende Bedeutung der Verbreitung des sozialistischen Wissens für die Hebung des Niveaus der revolutionären Tätigkeit. Mit Entrüstung stellten sie fest, daß man in diesen Kreisen der Jugend verbiete, sich mit Denken und Wissenschaft zu beschäftigen, nur weil man fürchte, daß dies die Gehorsamkeit gegenüber der Orthodoxie verletzen könnte [3].

Wenn Marx und Engels die intellektuelle Erziehung des Proletariats zur Bewältigung seiner historischen Aufgaben so hervorgehoben haben, dann soll das keinesfalls heißen, daß sie „Kabinettsgelehrte" waren, wie es ihnen z. B. Weitling vorwarf, und daß sie die intellektuelle Erziehung als spezifische Offenbarung der Wahrheit betrachteten, die von den Wissenschaftlern für die Massen gewonnen wurde. Im Gegenteil! Marx und Engels betonten den Zusammenhang zwischen

[1] F. Engels: Der deutsche Bauernkrieg, Berlin 1951, S. 28 f.
[2] Marx/Engels: Werke, Bd. XXVIII, S. 60 ff (russ.).
[3] Marx/Engels: Werke, Bd. XIII, T. II, S. 605 (russ.).

richtiger Erkenntnis der Wirklichkeit und der fortschrittlichen Tätigkeit auf neue Weise. In ihrer Kritik an den utopischen Sozialisten wiesen sie nach, daß ihr Hauptfehler die Überzeugung war — die übrigens auch von den französischen, englischen und auch kleinbürgerlichen deutschen Kommunisten geteilt wurde, — daß der Sozialismus ihnen allen der Ausdruck der absoluten Wahrheit, Vernunft und Gerechtigkeit ist und nur entdeckt zu werden brauche, um durch eigene Kraft die Welt zu erobern; da die absolute Wahrheit unabhängig ist von Zeit, Raum und menschlicher und geschichtlicher Entwicklung, so ist es bloßer Zufall, wann und wo sie entdeckt wird. So öffnete sich das für völlig subjektive Visionen, die angeblich eine „Revelation" der Wahrheit sein sollten und von den Anhängern einen passiven Gehorsam forderten, für sehr verschiedenartige Visionen, die man versuchte, mit einer Methode in Einklang zu bringen, die Engels als „gegenseitiges Abschleifen der Ecken" bezeichnete. Dieser so verbreiteten „Methode" der Erzeugung eines sozialistischen Bewußtseins setzte Engels den Grundsatz entgegen: „Um aus dem Sozialismus eine Wissenschaft zu machen, mußte er erst auf einen realen Boden gestellt werden." [1]

Dieser reale Standpunkt bedeutete die enge Verbindung mit dem Leben und mit der Tätigkeit des Proletariats als der geschichtlichen Klasse, die historisch zum Totengräber der Bourgeoisie wird. „In demselben Maß, wie die Bourgeoisie ihre Industrie, ihren Handel und ihre Verkehrsmittel entwickelt", schrieb Engels, „in demselben Maß erzeugt sie Proletariat. Und an einem gewissen Punkt — der nicht überall gleichzeitig oder auf gleicher Entwicklungsstufe einzutreten braucht — beginnt sie zu merken, daß dieser ihr proletarischer Doppelgänger ihr über den Kopf wächst." [2] Von diesem Zeitpunkt an kämpft die Bourgeoisie immer rücksichtsloser gegen das Proletariat und immer entschiedener gegen die wissenschaftliche Wahrheit, die ihre Herrschaft ge-

[1] Marx/Engels: Ausgewählte Schriften, Bd. II, Berlin 1953, S. 118.
[2] F. Engels: Der deutsche Bauernkrieg, Berlin 1951, S. 14.

fährdet. In dem allgemein bekannten Vorwort zum „Kapital"
weist Marx darauf hin, wie die Bourgeoisie allmählich zum
Feind der „freien wissenschaftlichen Forschung" wird. Selbst
auf jenen Gebieten der Wissenschaft, auf denen die Bourgeoisie
in der aufstrebenden Entwicklungsphase des Kapitalismus wertvolle Ergebnisse erzielen konnte, begann jetzt eine reaktionäre
Entwicklung. So war es z. B. auf dem Gebiet der politischen
Ökonomie: „Die Bourgeoisie", schrieb Marx „hatte in Frankreich und England politische Macht erobert. Von da an gewann
der Klassenkampf, praktisch und theoretisch, mehr und mehr
ausgesprochne und drohende Formen. Er läutete die Totenglocke der wissenschaftlichen bürgerlichen Ökonomie. Es
handelte sich jetzt nicht mehr darum, ob dies oder jenes
Theorem wahr sei, sondern ob es dem Kapital nützlich oder
schädlich, bequem oder unbequem, ob polizeiwidrig oder nicht.
An die Stelle uneigennütziger Forschung trat bezahlte Klopf-
fechterei, an die Stelle unbefangner wissenschaftlicher Untersuchung das böse Gewissen und die schlechte Absicht der
Apologetik." [1] Ähnlich war es auf dem Gebiet der Geschichtsschreibung. Ihr Verdienst war die Entdeckung des Klassenkampfes in der Geschichte, aber der Geltungsbereich dieser
Entdeckung wurde entsprechend dem Klasseninteresse der
Bourgeoisie eingeschränkt. Hier ein Beispiel dafür, wie Marx
den prominenten französischen Historiker A. Thierry beurteilt,
der gewisse Zeit unter dem Einfluß von Saint-Simon stand:
„Sonderbar, wie dieser Herr, le père des ‚Klassenkampfes' in
der französischen Geschichtsschreibung, sich in der Vorrede
über die ‚Neuen' erzürnt, die nun auch einen antagonism zwischen Bourgeoisie und Proletariat sehn und Spuren dieses
Gegensatzes selbst schon in der Geschichts des tiers-état bis
1789 entdecken wollen. Er gibt sich viele Mühe zu beweisen,
daß der tiers - état alle Stände, die nicht noblesse und clergé
umschließt, und die Bourgeoisie ihre Rolle spielt als Repräsentant aller dieser andern Elemente." [2] Aus diesem Grunde werden

[1] K. Marx: Das Kapital, Bd. I, Berlin 1953, S. 13.
[2] Marx/Engels: Ausgewählte Briefe, Berlin 1953, S. 105.

die Wahrheit durch Zwecklügen verschleiert, und die Interessen der Besitzenden wissenschaftlich drapiert. Sich aus solchen Netzen herauszufinden, ist für den Wissenschaftler gar nicht so einfach. Autoritäten und Regierungen Widerstand leisten, das erfordert persönlichen Mut; der Wissenschaftler riskiert dabei seinen Frieden, Wohlstand oder gar das Leben. Ähnlich wie in vielen anderen Situationen ist das Problem der exakten Analyse der Wirklichkeit keinesfalls nur ein Problem der psychologisch-moralischen Qualifikation des Wissenschaftlers. Es ist zugleich und vor allem ein Problem der objektiven Kriterien. Es gibt außerpsychologische Kriterien, mit deren Hilfe man den Weg zum richtigen Forschen und Verstehen, auch unter den Bedingungen der Klassengesellschaft, bestimmen kann und die vor Fehlern bewahren.

Diese Kriterien kann man im allgemeinen als eine Verbindung des forschenden Geistes mit der revolutionären Praxis bezeichnen. Wie Marx diese Verbindung aufgefaßt hat, bezeugt seine gesamte praktische und theoretische Tätigkeit. Sehr klar erörtert Marx dieses Problem in seiner Kritik an Proudhon. Die ganze Darstellung zeigt, daß Proudhon als Vertreter der kleinbürgerlichen Interessen das revolutionäre Handeln der Arbeiterklasse nicht begreifen konnte, und da er an diesem Handeln selbst nicht teilnahm, war er auch nicht imstande, ihre gesellschaftlich-ökonomische Theorie einwandfrei zu formulieren. Proudhon hat — wie Marx schreibt — zusammen mit den Utopisten „auf eine sogenannte ‚*Wissenschaft' Jagd*" gemacht, „wodurch eine Formel für die ‚Lösung der sozialen Frage' a priori herausspintisiert werden soll, statt die Wissenschaft aus der kritischen Erkenntnis der geschichtlichen Bewegung zu schöpfen, einer Bewegung, die selbst die *materiellen Bedingungen der Emanzipation produziere.*" [1]

Im Zusammenhang mit der Kritik an Proudhon und an den bürgerlichen Ökonomen weist Marx am Beispiel der Utopisten den Weg, der zur schöpferischen Verbindung des Denkens mit der revolutionären Praxis führt. „Wie die *Ökonomen*

---

[1] K. Marx: Das Elend der Philosophie, Berlin 1952, S. 43.

die wissenschaftlichen Vertreter der Bourgeoisklasse sind, so sind die *Sozialisten* und *Kommunisten* die Theoretiker der Klasse des Proletariats. Solange das Proletariat noch nicht genügend entwickelt ist, um sich als Klasse zu konstituieren, und daher der Kampf des Proletariats mit der Bourgeoisie noch keinen politischen Charakter trägt, solange die Produktivkräfte noch im Schoße der Bourgeoisie selbst nicht genügend entwickelt sind, um die materiellen Bedingungen durchscheinen zu lassen, die notwendig sind zur Befreiung des Proletariats und zur Bildung einer neuen Gesellschaft, solange sind diese Theoretiker nur Utopisten, die um den Bedürfnissen der unterdrückten Klasse abzuhelfen, Systeme ausdenken und nach einer regenerierenden Wissenschaft suchen. Aber in dem Maße, wie die Geschichte vorschreitet und mit ihr der Kampf des Proletariats sich deutlicher abzeichnet, haben sie nicht mehr nötig, die Wissenschaft in ihrem Kopfe zu suchen; sie haben nur sich Rechenschaft abzulegen von dem, was sich vor ihren Augen abspielt, und sich zum Organ desselben zu machen. Solange sie die Wissenschaft suchen und nur Systeme machen, solange sie im Beginn des Kampfes sind, sehen sie im Elend nur das Elend, ohne die revolutionäre umstürzende Seite darin zu erblicken, welche die alte Gesellschaft über den Haufen werfen wird. Von diesem Augenblick an wird die Wissenschaft bewußtes Erzeugnis der historischen Bewegung, und sie hat aufgehört, doktrinär zu sein, sie ist revolutionär geworden." [1]

Unter diesen Bedingungen ist ein weiterer Fortschritt der Wissenschaft, ein konsequenter Kampf um die Wahrheit nur vom Standpunkt einer neuen, aufstrebenden Klasse, der Arbeiterklasse möglich. Nur von der Position der revolutionären Arbeiterbewegung aus kann man die bürgerliche Philosophie und Wissenschaft entlarven und die wesentlichen Gesetzmäßigkeiten der historischen Entwicklung erkennen. Die Entwicklung dieser Bewegung war nicht nur ein gesellschaftlicher Fortschritt, sondern bedeutete zugleich einen Fort-

[1] Ebenda. S. 146.

schritt auf dem Gebiet der Wirtschafts- und Gesellschaftswissenschaften.

Bereits in seinen ersten Arbeiten wies Marx auf diese enge
Verbindung von Philosophie und Proletariat hin. In zahlreichen
späteren Äußerungen hoben Marx und Engels den erkenntnis-
theoretischen Wert der geschichtlichen Erfahrungen der
Arbeiterbewegung hervor. So erörterte z.B. Marx in seiner
„Inauguraladresse der Internationalen Arbeiterassoziation" davon ausgehend die Bedeutung des Sieges der Arbeiter im
Kampf um den Zehnstundentag. „Die Mittelklasse hatte durch
die notorischsten Organe ihrer Wissenschaft, durch Dr. Ure,
Professor Senior und andre Weisen von diesem Schlag, vor-
hergesagt und nach Herzenslust demonstriert, daß jede
gesetzliche Beschränkung der Arbeitszeit die Totenglocke der
englischen Industrie läuten müsse, einer Industrie, die vam-
pirmäßig Menshenblut saugen müsse, vor allem Kinderblut ...
Der Kampf über die gesetzliche Beschränkung der Arbeitszeit wütete um so heftiger, je mehr er, abgesehen von auf-
geschreckter Habsucht, in der Tat die große Streitfrage traf,
die Streitfrage zwischen der blinden Herrschaft der Gesetze
von Nachfrage und Zufuhr, welche die politische Ökonomie
der Mittelklasse bildet, und der Kontrolle sozialer Produktion
durch soziale Ein- und Vorsicht, welche die politische Ökonomie der Arbeiterklasse bildet. Die Zehnstundenbill war daher
nicht bloß eine große praktische Errungenschaft, sie war der
Sieg eines Prinzips. Zum erstenmal erlag die politische
Ökonomie der Mittelklasse in hellem Tageslicht vor der politischen Ökonomie der Arbeiterklasse." [1]

Gleichzeitig erwähnt Marx, daß im Verlauf des weiteren
Kampfes der Arbeiterklasse gegen die Unterdrückung „ein
noch größerer Sieg der politischen Ökonomie der Arbeit über
die politische Ökonomie der Kapitals" bevorsteht. Dies
geschah durch die Kooperativbewegung. Obwohl Marx hinsichtlich der politischen Hoffnungen, die man mit dieser Bewegung

---

[1] Marx Engels: Ausgewählte Schriften, Bd. I, Berlin 1953, S. 356.

verknüpfte, sehr ernste Bedenken erhob, würdigte er die Tatsache in ihrer vollen Tragweite, daß die Arbeiter in dieser Bewegung „durch die Tat, statt durch Argumente, bewiesen ..., daß Produktion auf großer Stufenleiter und im Einklang mit dem Fortschritt moderner Wissenschaft vorgehen kann ohne die Existenz einer Klasse von *Meistern* (masters), die eine Klasse von ,*Händen'* anwendet, daß, um Früchte zu tragen, die Mittel der Arbeit nicht monopolisiert zu werden brauchen als Mittel der Herrschaft über und Mittel der Ausbeutung gegen den Arbeiter selbst und daß wie Sklavenarbeit, wie Leibeignen- arbeit so *Lohnarbeit* nur eine vorübergehende und unter- geordnete gesellschaftliche Form ist, bestimmt zu verschwin- den vor der *assoziierten* Arbeit, die ihr Werk mit williger Hand, rüstigem Geist und fröhlichen Herzens verrichtet." [1]

So wurde zwischen den Erfahrungen und Errungenschaften der revolutionären Arbeiterbewegung und dem wissenschaftli- chen Sozialismus eine enge wechselseitige Verbindung her- gestellt. Gerade diese Verbindung war die Grundlage, von der aus Marx und Engels sich dagegen wandten, daß die Herausbildung des sozialistischen Bewußtseins der Massen von ihrem konkreten Leben isoliert werde und die Arbeiterbe- wegung der spontanen Entwicklung überlassen bleibe. Wollte man auf die Anerziehung wissenschaftlicher Grundsätze des Sozialismus verzichten und einseitig auf den „revolutionären Instinkt" der Massen vertrauen — diese Auffassung griff Engels in der Polemik mit Tkatschoff [2] an — so würde man die Arbeiterbewegung der bürgerlichen und kleinbürgerlichen Ideologie als Beute überlassen. Andererseits waren aber die wissenschaftlichen Grundsätze des Sozialismus keine willkür- lichen Spekulationen der Wissenschaftler, die den Massen of- fenbart wurden. Sie gingen vielmehr aus der konkreten histo- rischen Situation hervor und waren das Ergebnis einer vom proletarischen Standpunkt aus geführten Analyse, die es

[1] Ebenda, S. 357.
[2] Marx/Engels: Ausgewählte Schriften, Bd. II, Berlin 1953, S. 48.

ermöglichte, umfassender und tiefgründiger die historischen Prozesse wissenschaftlich zu erforschen als dies vom Standpunkt der herrschenden Klassen möglich war.

So war das Problem der Verbindung von wissenschaftlichem Sozialismus und Arbeiterbewegung, von Theorie und Praxis, dialektisch gelöst und eben diese Lösung bestimmte die Prinzipien der ideologisch-politischen Arbeit. Wie genau diese Prinzipien von Marx und Engels beachtet wurden, beweisen am besten die Werke von Lenin, besonders „Was tun?". An die bereits zitierte Engelssche Vorbemerkung zum „Bauernkrieg" anknüpfend, unterstreicht Lenin, daß Engels — neben dem politischen und ökonomischen Kampf — die große Bedeutung des ideologischen, theoretischen Kampfes erkannt hat. Gegen die Ideologen der „Spontaneität" in der Arbeiterbewegung gewandt, betont Lenin: „Ohne revolutionäre Theorie kann es auch keine revolutionäre Bewegung geben"[1]. Lenin zeigt das am Beispiel der historischen Entwicklung und führt aus: „Die Geschichte aller Länder zeugt davon, daß die Arbeiterklasse ausschließlich aus eigner Kraft nur ein trade-unionistisches Bewußtsein hervorzubringen vermag, d. h. die Überzeugung von der Notwendigkeit, sich in Verbänden zusammenzuschließen, einen Kampf gegen die Unternehmer zu führen, der Regierung diese oder jene für die Arbeiter notwendigen Gesetze abzutrotzen u. a. m. Die Lehre des Sozialismus ist hingegen aus den philosophischen, historischen und ökonomischen Theorien hervorgegangen, die von gebildeten Vertretern der besitzenden Klassen, der Intelligenz, ausgearbeitet wurden."[2]

Die dialektische Einheit von der Theorie des wissenschaftlichen Sozialismus und der revolutionären Arbeiterbewegung ist daher die Grundlage für alle Maßnahmen zur Herausbildung des sozialistischen Bewußtseins der Arbeiter und schützt gleichzeitig vor allen Abweichungen, die sich aus falschen Abstraktionen oder der Anerkennung der Spontaneität ergeben.

[1] W. I. Lenin: Werke. Bd. 5. Berlin 1955. S. 379.
[2] Ebenda. S. 385 f.

7. Der Kampf um die revolutionäre materialistische Auffassung von der Erziehung

Marx und Engels haben während ihres konsequent geführten, systematischen politischen Kampfes, deren Ziel die Organisierung der Arbeiterklasse und die Schaffung einer Arbeiterpartei war, das Erziehungs- und Bildungsprogramm konkret verwirklicht. „Ein Element des Erfolges besitzt sie, die Zahl. Aber Zahlen fallen nur in die Waagschale, wenn Kombination sie vereint und Kenntnis sie leitet." [1]

Diesem Grundsatz gemäß kämpften Marx und Engels um die Schaffung einer Partei neuen Typus, der revolutionären Arbeiterpartei. Dieser Kampf galt sowohl dem Grundsatzprogramm der Partei als auch ihrer Zusammensetzung und Organisation. Bei der Ausarbeitung dieses Programms ging es vor allem um die scharfe Ablehnung aller Strömungen der bürgerlichen und der kleinbürgerlichen Ideologie, die Entwicklung einer eigenständigen proletarischen Ideologie und die genaue Fixierung der Prinzipien des revolutionären Kampfes. In den vierziger Jahren organisierten Marx und Engels im Ergebnis langwieriger Diskussionen ideologischer und taktischer Probleme des revolutionären Kampfes den Bund der Kommunisten, dessen Charakter und Aufgaben in der Abhandlung von Engels „Grundsätze des Kommunismus" (1847) gekennzeichnet und später im „Manifest der Kommunistischen Partei" weiter konkretisiert wurden.

Worum ging es in diesen Diskussionen? Welche Bedeutung hatten sie für die Erziehung? Es galt vor allem die historischen Aufgaben und die Methoden der politischen Arbeit zu konkretisieren. Natürlich mußte sich das entscheidend auf die Menschen und die ihnen hinsichtlich der intellektuellen und der Charakterbildung gestellten Aufgaben auswirken.

Diese Diskussionen [2] dauerten einige Jahre und wurden in verschiedenen Zentren geführt. An ihnen beteiligten sich auch

---

[1] Marx/Engels: Ausgewählte Schriften, Bd. I, Berlin 1953, S. 358.
[2] Marx/Engels: Werke, Bd. XIII, T. II, S. 379 (russ.).

„Sozialisten", die von Marx und Engels bekämpft wurden, weil
deren gemeinsamer Standpunkt war, das Proletariat solle sich
nicht nach den Erfordernissen des Kampfes organisieren, der
ihm täglich aufgezwungen wird, sondern danach, wie sich
manche Illusionisten die zukünftige Gesellschaft vorstellen.
Im Gegensatz dazu brachten Marx und Engels ihre in der
„Heiligen Familie" und in der „Deutschen Ideologie" dargelegte Überzeugung zum Ausdruck, daß der Ausgangspunkt
der sozialistischen Bewegung die wissenschaftliche Analyse
der Entwicklung der kapitalistischen Gesellschaft, die Analyse
der konkreten politischen Situation sowie das Verständnis der
revolutionären Aufgaben des Proletariats und der aus ihnen
resultierenden Taktik des revolutionären Kampfes sein muß.
Das war die Auffassung, daß „sich das Proletariat selbst
befreien kann und muß" und „nicht umsonst die strenge,
abhärtende Schule der Arbeit durchmacht". Gerade diese
Grundsätze — Lenin unterstreicht ihre Bedeutung im „Philosophischen Nachlaß", als er die „Heilige Familie" analysierte
— wurden zum Ausgangspunkt der Kritik des utopischen und
kleinbürgerlichen Sozialismus, dessen Einflüsse noch immer
spürbar waren. Auf einer Versammlung des Londoner Bil-
dungsvereins wurde allgemein behauptet, daß der „Ursprung
allen Unglücks" auf Erden die Erfindung des Privateigentums
sowie die religiöse und nationale Heuchelei sei und nur die
Bildung imstande wäre, die Erde in einen blühenden Garten
und die Menschheit in eine Familie zu verwandeln. Sehr langsam kamen auch andere Anschauungen zu Wort, für die der
Standpunkt Bauers charakteristisch war. Auf der Vereins-
versammlung vom 6. Juli 1845 stellte er den oft empfohlenen
Bildungsweg in Frage. „Man kann nicht damit rechnen", sagte
er „daß die normale friedliche Bildungstätigkeit irgendwelche
ernsten Ergebnisse bringt. Die besitzende Klasse wird niemals
Zugeständnisse machen, wenn sie nicht unter starken physischen Druck gesetzt wird." Aus diesem Grunde glaubte Bauer
daran, daß „die Bildungstätigkeit immer eine neue Revolution
vorbereitet". Bauer verstand also die Rolle der Bildung als
Komponente, die zwar bei der Vorbereitung der Revolution

mitwirkt, sie jedoch nicht ersetzen kann. Er erwartet von den Wissenschaftlern und Philosophen, daß sie bei der Organisierung eines Bildungswesens mithelfen, das den Arbeitern ihren Entscheidungskampf erleichtert [1]. Im Ergebnis dieser Bestrebungen griff man im Bildungsverein auf die Lektüre der Werke von Feuerbach, besonders „Die Religion der Zukunft", zurück. Das zeigte natürlich, wie weit diese Gruppen noch von einer revolutionären, proletarischen Weltanschauung entfernt waren, und daß der Einfluß von Marx und Engels im Arbeiterverein nur langsam wirksam wurde.

Gleichzeitig führten Marx und Engels einen erbitterten Kampf gegen den „wahren Sozialismus", besonders gegen die Parolen, die von Grün und Kriege propagiert wurden. Marx und Engels verurteilten, daß sich Kriege eines oberflächlichen Liebe-Haß-Schemas bediente, statt die Lage exakt zu analysieren und den Weg zum Handeln zu weisen. Krieges Diskussionen über die Liebe bedeuteten nichts anderes als pompöse Anerkennung des Bewußtseins, das sich vollkommen in der Hand der Religion befand. Die vernichtendste Kritik am „wahren Sozialismus" wird in der „Deutschen Ideologie" geübt, was zugleich die Beschränktheit des Feuerbachschen Humanismus zeigt, der den „wahren Sozialisten" die Argumente lieferte. „Wenn also die theoretischen Vertreter der Proletarier", schreiben Marx und Engels, „irgend etwas durch ihre literarische Tätigkeit ausrichten wollen, so müssen sie vor allem darauf dringen, daß alle Phrasen entfernt werden, die das Bewußtsein der Schärfe dieses Gegensatzes schwächen, alle Phrasen, die diesen Gegensatz vertuschen und wohl gar den Bourgeois Gelegenheit bieten sich kraft ihrer philantropischen Schwärmereien der Sicherheit halber den Kommunisten zu nähern." [2]

Den Hauptkampf gegen den „wahren Sozialismus" in Paris, wo Grün wirke, führte Engels, der sich vor allem aus diesem Grund im Jahre 1846 nach Paris begeben hatte. „Die Haupt-

[1] „Archiv für die Geschichte des Sozialismus und der Arbeiterbewegung", Jg. X, S. 362 ff.

[2] Marx Engels: Die deutsche Ideologie, Berlin 1953, S. 500.

sache dabei war", schrieb Engels an Marx, „die Notwendigkeit der gewaltsamen Revolution nachzuweisen und überhaupt den Grünschen wahren Sozialismus, der in der Proudhonschen Panacee neue Lebenskräfte gefunden, als antiproletarisch, kleinbürgerlich, straubingerisch, zurückzuweisen." [1]

Der Kampf gegen Grün mußte also auch auf Proudhon ausgedehnt werden, und das tat Marx mit seinem Werk „Das Elend der Philosophie", das alle „metaphysischen Illusionen" als theoretisch falsch und für die politische Praxis schädlich entlarvte. Dabei legte Marx die grundlegenden historischen Aufgaben des Proletariats dar. So wurde dieses Werk zur Grundlage des gesamten weiteren revolutionären Kampfes, durch den das Proletariat die kapitalistische Gesellschaftsordnung stürzen und sich selbst aus eigener Kraft befreien sollte.

So reiften die Bedingungen für den Entscheidungskampf heran. Er fand in London in den Jahren 1847/48 statt und zwar auf Grund der Stellung von Marx und Engels zum Bund der Gerechten. Schon die ersten Diskussionen mit den Vertretern des Bundes offenbarten die Differenzen, die den Kommunismus eines Schapper, Moll und Bauer von dem „kritischen Kommunismus" [2] von Marx und Engels trennten. Die Führer des Bundes waren sich über die „Unhaltbarkeit der bisherigen theoretischen Vorstellungen" und der „sich daraus herleitenden praktischen Abirrungen" [3] im klaren und versuchten sich bis zu einem gewissen Grade von den Einflüssen des „wahren Sozialismus" zu befreien. Schon im Aufruf an die Mitglieder zu Beginn des Jahres 1847 hieß es: „Wir fordern euch auf, gegen das dumme Zeug von der Liebe, das leider hie und da in die Umwelt der Kommunisten eingedrungen ist, zu kämpfen." [4] Mitte 1847 wurde ein Kongreß des Bundes der Gerechten nach London einberufen, um das neue Statut zu beraten. In diesem Statut wurden die früheren konspirativen Tendenzen,

[1] Marx/Engels: Ausgewählte Briefe, Berlin 1953, S. 26 f.
[2] Marx/Engels: Ausgewählte Schriften, Bd. II, Berlin 1953, S. 323.
[3] Ebenda, S. 322.
[4] E. P. Kandel: Marks i Engels — organizatorzy Związku Komunistów, Warszawa 1954, S. 174 (poln.).

das halbmystische Zeremoniell bei der Aufnahme neuer Mitglieder abgeschafft und vor allem aber Inhalt und Ziele der Bestrebungen des Bundes geändert. An die Stelle des alten Bundesmottos: „Alle Menschen sind Brüder" trat der neue Schlachtruf: „Proletarier aller Länder, vereinigt euch!". Statt bisher nebelhafter Zielvorstellungen wurde nun im § 1 des Statuts festgelegt: „Der Zweck des Bundes ist der Sturz der Bourgeoisie, die Herrschaft des Proletariats, die Aufhebung der alten, auf Klassengegensätzen beruhenden bürgerlichen Gesellschaft und die Gründung einer neuen Gesellschaft ohne Klassen und ohne Privateigentum." [1]

So ging aus dem Bund der Gerechten der Bund der Kommunisten hervor. Zur Propagierung seiner Grundsätze gründeten Marx und Engels in Brüssel den Deutschen Bildungsverein, der Kenntnisse über die wissenschaftlichen Grundlagen des Sozialismus verbreiten sollte. In diesem Verein fanden jede Woche Vorträge statt; aus den Vorlesungen, die Marx dort hielt, entstand seine Schrift „Lohnarbeit und Kapital". Man interessierte sich für Kunst, Literatur und Theater. Von welcher Bedeutung das war, zeigt die Tatsache, daß die Tätigkeit des Vereins über den Kreis der deutschen Arbeiter hinausging und zur Gründung der Internationalen Demokratischen Gesellschaft führte.

Die weitere Tätigkeit von Marx und Engels in den Arbeiterorganisationen ließ die Grundkonzeption der Bildungsarbeit, wie sie von ihnen im Kampf um die Organisierung der Arbeiterpartei vertreten wurde, deutlich erkennen [2]. Diese Konzeption basierte auf der konsequenten Berücksichtigung der Errungenschaften der Wissenschaft in ihrer Bildungsarbeit. Marx und Engels wandten sich gegen starke Tendenzen, die Bildungsarbeit unter den Arbeitern mit den religiösen Grundsätzen zu verbinden oder ihren Bereich nur auf die praktischen Lebensauffassungen zu reduzieren oder schließlich sie gar durch eine spezifische utopische und moralisierende Mystik

---

[1] Marx/Engels: Ausgewählte Schriften, Bd. II. Berlin 1953. S. 323.
[2] Anmerkung (3) des Verfassers, s. Anhang.

zu ersetzen. Mit Entschiedenheit verteidigten sie die wissenschaftlichen Grundlagen der Volksbildung und ihren intellektuellen Charakter.

Das war von besonderer Bedeutung für den Kampf gegen die religiösen Konzeptionen, die damals sowohl unter verschiedenen Splittergruppen der utopischen Sozialisten als auch unter führenden Vertretern des Volksbildungswesens vorhanden waren. Marx und Engels vertraten den Standpunkt, daß die Kritik dieses religiösen Scheinbildes der Wirklichkeit ein notwendiger Schritt zur Erkenntnis der Welt war.

Im „Kapital", wo Marx seine Jugendthese, daß die Welt des religiösen Glaubens lediglich ein Abbild des Elends in der wirklichen Welt sei, bewiesen hat, führte er aus: „Für eine Gesellschaft von Warenproduzenten, deren allgemein gesellschaftliches Produktionsverhältnis darin besteht, sich zu ihren Produkten als *Waren,* also als *Werten* zu verhalten, und in dieser *sachlichen* Form ihre Privatarbeiten aufeinander zu beziehn als *gleiche menschliche Arbeit,* ist das *Christentum,* mit seinem Kultus des abstrakten Menschen, namentlich in seiner bürgerlichen Entwicklung, dem Protestantismus, Deismus usw., die entsprechendste *Religionsform.*" Früher, auf einer niedrigeren Entwicklungsstufe der Produktivkräfte und bei starker Beschränkung des Menschen durch „den materiellen Lebenserzeugungsprozeß", herrschten „gefangene Verhältnisse der Menschen ... zueinander und zur Natur". Das „spiegelt sich ideell wider in den alten Natur- und Volksreligionen". „Der *religiöse Widerschein* der wirklichen Welt", schreibt Marx, „kann überhaupt nur verschwinden, sobald die Verhältnisse des praktischen Werkeltagslebens den Menschen tagtäglich durchsichtig vernünftige Beziehungen zueinander und zur Natur darstellen. Die Gestalt des gesellschaftlichen Lebensprozesses, d.h. des materiellen Produktionsprozesses, streift nur ihren mystischen Nebelschleier ab, sobald sie als Produkt frei vergesellschafteter Menschen unter deren bewußter planmäßiger Kontrolle steht. Dazu ist jedoch eine materielle Grundlage der Gesellschaft erheischt oder eine Reihe materieller Existenzbedingungen. welche wieder das naturwüchsige Produkt einer langen und qualvollen Entwicklungsgeschichte sind." [1]

Im Verlauf dieser Entwicklung kann die wissenschaftlich begründete und mit der revolutionären Tätigkeit verbundene Erziehung und Bildung zur Beseitigung religiöser Illusionen beitragen, die die wirklichen Verhältnisse verschleiern und vor der revolutionären Umwälzung zu bewahren suchen.

Gerade diesem Anliegen der Erziehung diente Marx in seinem ganzen Leben. Im Vorwort zur deutschen Ausgabe des „Manifests der Kommunistischen Partei" von 1890 schreibt Engels: „Für den schließlichen Sieg der im Manifest aufgestellten Sätze verließ sich Marx einzig und allein auf die intellektuelle Entwicklung der Arbeiterklasse, wie sie aus der vereinigten Aktion und der Diskussion notwendig hervorgehn mußte." [2] Die wissenschaftliche Tätigkeit von Marx und Engels bestimmte diese Entwicklung, während ihre politische Tätigkeit die gesellschaftlichen Kräfte formte. In ihren zahlreichen Studien und Äußerungen über Probleme der Philosophie und der Wissenschaft, der Kunst und der Literatur enthüllten Marx und Engels die falschen Werte der bürgerlichen Kultur, deckten ihren verborgenen Klassencharakter auf und lehrten, wie die Verbindung zu den fortschrittlichen kulturellen Errungenschaften vergangener Jahrhunderte hergestellt werden kann.

Dabei ließen sie sich immer von den wachsenden Kultur- und Bildungsbedürfnissen der Arbeiterklasse leiten. Engels stellte bereits in der „Lage der arbeitenden Klasse in England" fest, daß die Bildung in der englischen Bourgeoisie vor allem die egoistische Anlage, die die Selbstsucht zu ihrer herrschenden Leidenschaft [3] macht, entwickelt, während die Arbeiter, die diese Bildung nicht kannten und sogar des Lesens und Schreibens unkundig waren, die Wirklichkeit kennenlernen und sich über die Welt zu orientieren suchen. „Bleiben ihm

[1] K. Marx: Das Kapital, Bd. I, Berlin 1953, S. 84 f.
[2] Marx/Engels: Ausgewählte Schriften, Bd. I, Berlin 1953, S. 20.
[3] F. Engels: Die Lage der arbeitenden Klasse in England, Berlin 1952, S. 264.

trotz aller Mühe der Pfaffen die himmlischen Fragen sehr unklar, so weiß er desto besser Bescheid in irdischen, politischen und sozialen Fragen." [1] Die politische Organisation der Arbeiterklasse entwickelt ihre Kultur- und Bildungsinteressen so, daß diese Klasse im englischen Volk allmählich zur führenden Klasse wurde. Die Arbeiter schätzen die großen Werke der Literatur der Vergangenheit und entwickeln eine neue, eigene Literatur, die „an Gestalt der ganzen Bourgeois - Literatur bei weitem voraus ist." [2]

So entstand zwischen der Analyse und der Kritik des kulturellen Erbes und der gesellschaftlich-politischen Aktivität der Arbeiterklasse ein dialektischer Zusammenhang. Diese dialektische Verbindung aber wurde zur Grundlage des Bildungsprogramms, das Marx und Engels der bürgerlichen Schule und ihren verlogenen Phrasen von einer „allgemeinen Kultur" entgegensetzten.

In diesem Programm verloren die sogenannten Werte einer allgemeinmenschlichen Kultur ihren autonomen Charakter. Deutlich war zu erkennen, welche von ihnen lediglich eine Tarnung bürgerlicher Interessen sind und welche lebendige und wertvolle Traditionen verkörpern. Marx und Engels deckten die Quellen des weiteren Fortschritts der Wissenschaft und Kunst auf und verwiesen darauf, daß nur die Arbeiterklasse als die aufstrebende Klasse, die kapitalistischen Fesseln sprengen, die Unterdrückten befreien und so das Fundament für einen wahren, tiefgründigen Humanismus legen kann.

Den Inhalt dieser Bildung formulierten sie zwar allgemein, doch klar verständlich. Schon im „Manifest der Kommunistischen Partei" wird betont, daß nicht nur der Zugang zur Bildung, sondern auch ihr Inhalt ein Klassenphänomen sind. Mit dem Hinweis, daß die „Liquidierung des Klassencharakters der gegenwärtigen Bildung" keineswegs die Liquidierung der Bildung überhaupt bedeute — wie das die Vertreter bürgerlicher Anschauungen darzustellen versuchten — betonten Marx und

---

[1] Ebenda, S. 156.
[2] Ebenda, S. 293.

Engels, daß es sich lediglich um die Beseitigung jener Bildung handle, die „für die enorme Mehrheit die Heranbildung zur Maschine ist". Im Gegensatz zu einer solchen Bildung faßten Marx und Engels die Bildung als ein Instrument zur Erkenntnis und zur Umgestaltung der Welt auf.

Eine so verstandene Bildung muß vor allem die Kenntnis der Wirklichkeit umfassen, wobei der Hauptakzent auf die Erkenntnis der Gesetze in Natur und Gesellschaft zu legen ist. Bei der Behandlung dieser Gesetze muß besonders ihr dialektischer Zusammenhang hervorgehoben werden. Wie die weiteren Abschnitte des vorliegenden Buches noch zeigen werden, bezweifelte Marx die Berechtigung einer unterschiedlichen Betrachtung von Natur- und Gesellschaftswissenschaften. Gerade ihre Verbindung ist Ausdruck jenes fundamentalen geschichtlichen Prozesses, der die Natur und die Menschen umgestaltete. „Die Technologie", schrieb er, „enthüllt das aktive Verhalten des Menschen zur Natur, den unmittelbaren Produktionsprozeß seines Lebens, damit auch seiner gesellschaftlichen Lebensverhältnisse und der ihnen entquellenden geistigen Vorstellungen. Selbst alle Religionsgeschichte, die von dieser materiellen Basis abstrahiert, ist — unkritisch... Die Mängel des abstrakt naturwissenschaftlichen Materialismus, der den *geschichtlichen Prozeß* ausschließt, ersieht man schon aus den abstrakten und ideologischen Vorstellungen seiner Wortführer, sobald sie sich über ihre Spezialität hinauswagen." [1]

So wird das Verstehen des geschichtlichen Vorgangs, in welchem sich die Entwicklung der Produktivkräfte und der Herrschaft des Menschen über die Natur mit dem Erkennen der Natur selbst und der gesellschaftlichen Verhältnisse, die der Mensch beherrschen kann, verbinden, zum wesentlichen Inhalt der Bildung.

Das zweite grundsätzliche Bildungselement ergibt sich aus dem Kampf um die Befreiung der produktiven Arbeit der Menschen vom kapitalistischen Joch, das den Menschen an die Maschinen und an den ihm aufgedrängten Beruf fesselte. Um die

[1] K. Marx: Das Kapital. Bd. I. Berlin 1953, S. 389

Forderung des „Manifests der Kommunistischen Partei" nach einer „freien Entwicklung aller Individuen" zu erfüllen, müssen Erziehung und Bildung bereits im Kapitalismus so organisiert werden, daß durch die Veränderung der Lebens- und Arbeitsbedingungen der Kinder die „moralische Verkümmerung und intellektuelle Verödung"[1], die die Entwicklung der Menschen verhindert, beseitigt werden. Das ist aber nur der erste Schritt. Der nächste muß die allgemeine Erhöhung des Bildungsniveaus bringen, damit den Menschen vielfältige Arbeitsmöglichkeiten und die Voraussetzungen für die Ausbildung vielseitiger Fähigkeiten und Fertigkeiten gegeben werden. „Wenn die Fabrikgesetzgebung", schreibt Marx, „als erste, dem Kapital notdürftig abgerungene Konzession nur Elementarunterricht mit fabrikmäßiger Arbeit verbindet, unterliegt es keinem Zweifel, daß die unvermeidliche Eroberung der politischen Gewalt durch die Arbeiterklasse auch dem technologischen Unterricht, theoretisch und praktisch, seinen Platz in den Arbeiterschulen erobern wird."[2] Marx wies darauf hin, daß die Entwicklung der modernen Industrie trotz weit fortgeschrittener Spezialisierung auch die Bedeutung der „wenigen großen Grundformen der Bewegung" erkennen läßt, „worin alles produktive Tun des menschlichen Körpers, trotz aller Mannigfaltigkeit der angewandten Instrumente, notwendig vorgeht", und daß „die Mechanik durch die größte Komplikation der Maschinerie sich über die beständige Wiederholung der einfachen mechanischen Potenzen nicht täuschen läßt."[3] Damit umriß Marx die Grundlagen und Möglichkeiten der polytechnischen Bildung.

Die Bestimmung des Bildungsinhaltes in diesen beiden Bereichen war ein neuer, wichtiger Beitrag von Marx und Engels zu einem Problem, das die bürgerliche Pädagogik zwar seit langem angeschnitten, aber schon in den Grundlagen falsch aufgefaßt hat.

[1] Ebenda, S. 419.
[2] Ebenda, S. 513.
[3] Ebenda, S. 512.

Marx und Engels formulierten das Programm der intellektuellen Erziehung der Arbeiterklasse im Kapitalismus und später in der sozialistischen Gesellschaft und hoben mit größtem Nachdruck die Rolle der Schule hervor. Sie betrachteten diese als eine Institution, die ein vielseitiges und solides Wissen vermitteln muß, das sich auf die neuesten Erkenntnisse der Wissenschaft gründet. Während der Auseinandersetzung mit Dühring wandte sich Engels gegen dessen pädozentrische [1] Einfälle, nach denen die Kinder nur das lernen sollten, wofür sie unmittelbares Interesse zeigten. Es sollte daher für sie ein allgemeines Programm der „Elemente des Wissens" aufgestellt werden, das speziell für den Schulgebrauch zugeschnitten ist [2].

Im Gegensatz dazu forderte Engels einen Lehrplan, der die Ergebnisse der modernen Wissenschaft enthält, mit den Fähigkeiten zur Handhabung wissenschaftlicher Methoden bei der Erkenntnisgewinnung und Umgestaltung der Realität ausstattet und mithilft, unzulässige Verallgemeinerungen sowie gesellschaftliche und religiöse Vorurteile zu widerlegen.

Nur durch einen solchen systematischen Unterricht können in den Köpfen der Kinder und Jugendlichen Elemente einer wissenschaftlichen Weltanschauung und Erkenntnisse gewonnen werden. Marx und Engels überwanden damit die schlechten Traditionen der „formalen Bildung", die die Bedeutung des Lehrstoffs unterschätzte und des „enzyklopädischen Wissens", das für das moderne Leben unbrauchbare Kenntnisse vermittelte. Gleichzeitig wiesen sie auf den Zusammenhang hin, der zwischen der Ausbildung der intellektuellen Fähigkeiten und der Aneignung des fortschrittlichen Wissens über die Natur und Gesellschaft besteht.

[1] Abgeleitet von Pädozentrismus — idealistische Strömung in der Pädagogik. Alle Fragen der Erziehung und Bildung betrachtet sie ausschließlich vom Standpunkt des Kindes und seiner subjektiven Bedürfnisse. (Anm. d. Red.)

[2] F. Engels: Herrn Eugen Dührings Umwälzung der Wissenschaft. Berlin 1952. S. 397.

8. Probleme der sittlichen Erziehung

Nach der Konzeption von Marx und Engels sollte die moralische Erziehung sich auf die wissenschaftlichen Erkenntnisse der Welt stützen, die in ihr wirkenden Gesetze aufdecken und konkrete Möglichkeiten für das Handeln der Menschen zeigen. Die sittliche Erziehung konnte sich also nicht — wie in den idealistischen bürgerlichen Konzeptionen — auf die Religion und die sittlichen Traditionen der herrschenden Klassen gründen und sich nicht von Gefühlsappellen oder irrationalen Exaltationen leiten lassen. Das Problem der sittlichen Erziehung ist vor allem ein Problem der gesellschaftlichen Aktivität der Menschen, ihrer wirklichen Rolle im Leben und ihrer konkreten Beziehungen zueinander. Marx enthüllte damit die typisch bürgerliche Heuchelei auf dem Gebiet der Moral. Sie bestand vor allem darin, daß man zwischen dem sogenannten inneren und äußeren Leben grundsätzlich unterschied. Das äußere Leben, das im Grunde genommen das wirkliche, konkrete Leben der Menschen war, tat man geringschätzig ab und richtete daher stärker das Augenmerk auf das von ihm völlig unabhängige Innenleben. Um ein solches moralisches Alibi besser zu fundieren, hüllte man oftmals das äußere Leben unverdient in Gewänder und fand dort, wo brutales egoistisches Klasseninteresse vorlag, gleißende Worte vom Dienst am Vaterlande, am Menschen, an der Zukunft usw.

Marx enthüllte diese Verlogenheit und betonte immer wieder, daß die Klassengewänder, in die sich die Menschen der bürgerlichen Gesellschaft hüllen, um ihre menschliche Leere und ihr schlechtes Gewissen zu verbergen, heruntergerissen werden müssen. Oft wies er darauf hin, daß der Mensch im moralischen Sinne das sei, was er in seinen Gedanken und in seiner Phantasie aus sich macht.

Damit berührten Marx und Engels ein Grundproblem der Moral, nämlich das Problem der Freiheit und der Verantwortlichkeit der Menschen unter ihren konkreten historischen Lebensbedingungen. Solange die Moral im „Inneren" der Menschen eingeschlossen war, konnten keine objektiven Kriterien existieren und die historische Situation des Menschen wurde als nebensächlich hingestellt. Äußert sich die Moral hingegen im konkreten Handeln, in der gesellschaftlichen Praxis, tritt sie in einen engen Kontakt mit der Geschichte. Und dann stehen wir vor einem Problem, das bereits Hegel klar erkannt hat, als er darauf hinwies, daß die individuelle Moral keine die Geschichtsentwicklung beurteilende Instanz sein könne. Marx schrieb im Vorwort zum „Kapital": „Weniger als jeder andere kann mein Standpunkt, der die Entwicklung der ökonomischen Gesellschaftsformation als einen naturgeschichtlichen Prozeß auffaßt, den einzelnen verantwortlich machen für Verhältnisse, deren Geschöpf er sozial bleibt, so sehr er sich auch subjektiv über sie erheben mag." [1]

Wenn Marx hervorhebt, daß eine richtige Interpretation der Geschichte zu der Feststellung führen muß, daß der Kapitalismus die Kapitalisten schafft und nicht umgekehrt, so hat er dadurch den Menschen keineswegs von der konkreten Verantwortung für die Wahl seines Lebensweges entbunden. Gerade dann, wenn sich der Mensch über die gesellschaftlichen Verhältnisse, die seine Situation und Funktion, und damit auch ihn selbst im realen Leben bestimmen, „subjektiv erhebt", entsteht die ernste Frage, welche Folgen diese „Erhebung" hat. Wenn sie im Bereich der Gefühle und Vorstellungen bleibt, ist der Mensch moralisch verloren; er siegt aber moralisch, wenn diese „subjektive Erhebung" eine konkrete Umwälzung des Lebens, das man führt, zur Folge hat.

Die Wahl des persönlichen Lebensweges ist keine Wahl zwischen irgendwelchen Wegen; sie wird durch die geschichtliche Entwicklung, durch den gesellschaftlichen Fortschritt bestimmt, der die Menschen zum Mitwirken aufruft. Diesen Weg des Fortschritts unterstützen die Massen, denen er die Befreiung bringen soll. Aus diesem Grunde steht die Moral der um eine bessere Zukunft kämpfenden Menschen objektiv im Gegensatz zur Moral der Bourgeoisie, zur Moral der herrschenden Klasse.

[1] K. Marx: Das Kapital. Bd. I. Berlin 1953. S. 8.

In seiner Auseinandersetzung mit Dühring hat Engels den Charakter und die Grundlagen einer solchen Moral genau bestimmt. Nach dem Hinweis, daß es verschiedene Moralsysteme gibt, führt er aus: „...aber sicher wird diejenige Moral die meisten, Dauer versprechenden, Elemente besitzen, die in der Gegenwart die Umwälzung der Gegenwart, die Zukunft, vertritt, also die proletarische." [1]

Diese proletarische Moral ist im Kapitalismus eine Moral des Klassenkampfes für den Sturz der bürgerlichen Herrschaft, um die Befreiung der Menschen von den Fesseln der Ausbeutung und Unterdrückung; im Sozialismus wird sie ein Grundfaktor der Entwicklung der neuen Gesellschaft und bei ihrer Verteidigung sein. Im Kapitalismus bildet sich während des revolutionären Kampfes in der Arbeiterklasse elementar eine neue, proletarische Moral der Zusammenarbeit und Ausdauer. Diese Moral muß bewußt und zielgerichtet entwickelt und gefestigt werden. Marx und Engels scheuten keine Anstrengung, die falsche und schädliche Theorie der bürgerlichen Moral zu entlarven und die wissenschaftlichen und gesellschaftlichen Grundlagen der proletarischen Moral darzulegen, die mit dem Sieg der sozialistischen Revolution in eine allgemein menschliche, wahrhaft humanistische Moral hinüberwächst. Sie macht dem Kampf ums Dasein ein Ende und „damit erst scheidet der Mensch, in gewissem Sinne, endgültig aus dem Tierreich, tritt aus tierischen Daseinsbedingungen in wirklich menschliche." [2]

Auf dem Weg in diese Zukunft sind große Anstrengungen und Opfer, entschlossener Wille und Mut notwendig. Das durch die Bourgeoisie ihrer materiellen und geistigen Güter beraubte Proletariat nimmt den Kampf um seine Befreiung auf, zum Schutze der sozialistischen Ordnung, zum Schutze seines wirklichen Vaterlandes, aus dem es die Bourgeoisie verdrängen wollte. Engels sah den Kampf der Bourgeoisie gegen die Länder

---

[1] F. Engels: Herrn Eugen Dührings Umwälzung der Wissenschaft, Berlin 1952, S. 112.
[2] Ebenda, S. 351.

des Sozialismus voraus und sprach daher seine unerschütterliche Überzeugung aus, daß der proletarische Mut und die gerechte Sache die Kraft der mechanisch ausgebildeten Armee der Kapitalisten zunichte machen werden.[1] Die moralische Erziehung der Arbeiterklasse aber dient eben diesem siegreichen Kampf.

Die Organisation der Arbeiterklasse konnte nach Marx nicht nur eine Organisation der politischen Kraft, sondern mußte zugleich auch eine Organisierung des gemeinsamen Bewußtseins und der gegenseitigen Gefühle der Brüderlichkeit sein. Diese beiden Seiten gehören eng zusammen. Die politische Kraft der Arbeiterklasse gründet sich eben auf ihre bewußte, wirkliche Solidarität. Diese Solidarität ist die echte, lebensvolle Bindung an die Pflicht. Sie unterscheidet sich von allen sentimentalen und verbalen Proklamationen dadurch, daß sie über politische Kraft verfügt.

Die Verknüpfung dieser beiden Seiten der Organisation der Arbeiterklasse verleiht der Lehre von Marx auch ihr besonderes erzieherisches Gepräge. Die Erziehung wird hier zum Prozeß der gegenseitigen Hilfe und Unterstützung der Menschen auf Grund der gemeinsamen politischen Aktion. Das Verhältnis von Mensch zu Mensch hört auf, nur eine Privatsache zu sein, die bar jeder politischen Konsequenz ist. Das politische Aktionsprogramm ist nicht von den täglichen, menschlichen Problemen, von den konkreten Verhältnissen der Menschen zueinander zu trennen[2].

Die Heranführung der Arbeiterklasse an ihre revolutionären historischen Aufgaben führte dank der Organisierung der täglichen politischen Arbeit und dank des wissenschaftlichen Charakters des sozialistischen Bewußtseins auch zur Erziehung neuer Menschen. Darauf haben Marx und Engels oft hingewiesen. Sie traten der idealistischen Anschauung entgegen, daß man nur durch die Erziehung neuer Menschen eine neue Gesellschaft schaffen könne, und unterstrichen die materiali-

[1] Marx/Engels: Kleine ökonomische Schriften, Berlin 1955, S. 360.
[2] Anmerkung (1) des Verfassers, s. Anhang.

stische Lehre von der Erziehung der neuen Menschen im Zuge der Schaffung der neuen gesellschaftlichen Verhältnisse. Die Führung des politischen Kampfes und die Entwicklung des sozialistischen Bewußtseins waren zwei eng miteinander verbundene Seiten dieser Erziehung, deren hervorragende Bedeutung Marx und Engels stets sehr hoch einschätzten.

Sehr bemerkenswert sind ihre Meinungen, die sie hierzu in späteren Jahren äußerten. So lehnte z. B. Marx die Trennung des Generalrates der Internationale von dem Regionalrat mit folgendem Schreiben ab: „Obgleich die revolutionäre Initiative wahrscheinlich von Frankreich ausgehen wird, kann England allein als *Hebel* für eine ernsthafte ökonomische Revolution dienen... Es ist das einzige Land, wo der Klassenkampf und die Organisation der Arbeiterklasse durch die *Trades Unions* einen gewissen Grad der Reife und der Allgemeinheit erlangt haben. Dank seiner Herrschaft auf dem Weltmarkt ist es das einzige Land, wo jede Revolution in den ökonomischen Verhältnissen unverzüglich auf die ganze Welt zurückwirken muß... Der Generalrat ist jetzt in der glücklichen Lage, die *Hand direkt an dem großen Hebel der proletarischen Revolution zu halten*, welche Torheit, ja, man könnte fast sagen, welches Verbrechen wäre es da, ihn in bloß englische Hände fallen zu lassen! Die Engländer besitzen *alle* für die soziale Revolution notwendigen *materiellen Vorbedingungen*. Was ihnen fehlt, das ist der *Geist der Verallgemeinerung* und die *revolutionäre Leidenschaft.*" [1]

In seiner Beschreibung der Geschichte des Bundes der Kommunisten erinnert Engels 1885 an seine erste Begegnung mit Heinrich Bauer, Schapper und Moll, den Funktionären des Bundes der Gerechten mit folgenden Worten: „Ich lernte sie alle drei 1843 in London kennen; es waren die ersten revolutionären Proletarier, die ich sah; und soweit auch im einzelnen damals unsre Ansichten auseinandergingen — denn ich trug ihrem bornierten Gleichheitskommunismus damals noch ein gut Stück ebenso bornierten philosophischen Hochmuts

[1] K. Marx: Briefe an Kugelmann, Berlin 1952, S. 102.

entgegen —, so werde ich doch nie den imponierenden Eindruck vergessen, den diese drei wirklichen Männer auf mich machten, der ich damals eben erst ein Mann werden wollte." [1] Also bedeutete, „ein Mann werden", den Stand des revolutionären Handelns und Denkens erreichen.

Der Formung der Menschen widmeten Marx und Engels auch in ihren historischen Studien große Aufmerksamkeit. Sie untersuchten eingehend, wie unterschiedliche historische Bedingungen es den Menschen erleichtern oder erschweren, das Niveau des wahren Menschlichen zu erreichen. In seinen Studien, die der Geschichte Frankreichs im 19. Jahrhundert gewidmet sind, legte Marx dar, wie sich unter dem Druck bestimmter ökonomischer und politischer Verhältnisse und im Ergebnis der Klassenkämpfe Menschen-Helden der Kommune, aber auch Menschen-Verbrecher herausbilden. „Wie dem auch sei, diese jetzige Erhebung von Paris", schrieb Marx an Kugelmann, „wenn auch unterliegend vor den Wölfen, Schweinen und gemeinen Hunden der alten Gesellschaft — ist die glorreichste Tat unserer Partei seit der Pariser Juniinsurrektion. Man vergleiche mit diesen Himmelsstürmern von Paris die Himmelssklaven des deutsch-preußischen heiligen römischen Reichs mit seinen posthumen Maskeraden, duftend nach Kasernen, Kirche, Krautjunkertum und vor allem Philistertum." [2]

Im „Deutschen Bauernkrieg" zog Engels eine Parallele zwischen Luther und Müntzer, als er zeigte, wie sich Charakterzüge und Tätigkeitsmerkmale in bestimmten Situationen wechselseitig bedingen, wie „die Unentschiedenheit, die Furcht vor der ernsthaft werdenden Bewegung selbst, die feige Fürstendienerei Luthers ganz der zaudernden, zweideutigen Politik der Bürgerschaft entsprach, und wie die revolutionäre Energie und Entschlossenheit Müntzers in der entwickelten Fraktion der Plebejer und Bauern sich reproduzieren." [3] Und im Zusammenhang mit dem weiteren Vorgehen Müntzers zeigt Engels, daß es das Schlimmste ist, „was dem Führer einer extremen Partei

---

[1] Marx/Engels: Ausgewählte Schriften, Bd. II, Berlin 1953, S. 316.
[2] K. Marx: Briefe an Kugelmann, Berlin 1952, S. 124 f.
[3] F. Engels: Der deutsche Bauernkrieg, Berlin 1951, S. 83 f.

widerfahren kann, wenn er gezwungen wird, in einer Epoche die Regierung zu übernehmen, wo die Bewegung noch nicht reif ist für die Herrschaft der Klasse, die er vertritt." Unter diesen Umständen entsteht ein schroffer Widerspruch zwischen dem, was er tun soll und dem, was er tun kann. Die Pflicht zeigt ihm einen den verkündeten Idealen entsprechenden aber unrealen Weg; die sich erschließenden Möglichkeiten zwingen ihn „nicht seine Partei, seine Klasse, sondern die Klasse zu vertreten, für deren Herrschaft die Bewegung gerade reif ist". In dieser Situation muß er „die Interessen einer ihm fremden Klasse durchführen und seine eigne Klasse mit Phrasen und Versprechungen, mit der Beteuerung abfertigen, daß die Interessen jener fremden Klasse ihre eigenen Interessen sind." Die Schlußfolgerung, die Engels aus dieser Analyse zieht und die er zugleich verallgemeinert, indem er sich auch auf die Lage Frankreichs im 19. Jahrhundert bezieht, lautet: „Wer in diese schiefe Stellung gerät, ist unrettbar verloren." [1] Als Führer und als Mensch ist verloren, wer nach Meinung seiner Nächsten Erbitterung und Enttäuschungen bringt und tiefe innere Widersprüche offenbart.

Von großer Bedeutung für die Entstehung des „wahren Menschentums" ist die richtige Philosophie. Darauf lenkte Marx die Aufmerksamkeit, als er Proudhon und besonders den Einfluß seiner Ideologie auf die Jugend kritisierte. „Erst ergriff und bestach", schrieb Marx, „seine Scheinkritik und sein Scheingegensatz gegen die Utopisten... die, ‚jeunesse brillante', die Studenten, dann die Arbeiter, besonders die Pariser, die als Luxusarbeiter, ohne es zu wissen, ‚sehre' dem alten Dreck angehören. Unwissend, eitel, anmaßend, schwatzsüchtig, emphatisch aufgeblasen..." [2]

Faßt man diese Analyse zusammen, so kann man feststellen, wie tiefgründig und neu die erzieherischen Folgerungen waren, die sich aus dem politischen Programm und aus dem politischen Kampf von Marx und Engels ergaben. Unter dem Aspekt der

[1] Ebenda, S. 158 f.
[2] K. Marx: Briefe an Kugelmann, Berlin 1952, S. 32.

Erziehung war ihr Kampf gegen den utopischen Sozialismus, gegen den „wahren" Sozialismus, gegen verschiedene Spielarten des Opportunismus und gegen anarchistische Tendenzen zugleich ein Kampf gegen idealistische Erziehungskonzeptionen sowie ein Ringen um die materialistische Auffassung von der Rolle der Erziehung und Bildung und um die materialistischen Grundlagen ihres Inhalts und ihrer Methoden.

Den utopischen Illusionen von der besonderen und autonomen Rolle der Erziehung und Bildung bei der gesellschaftlichen Umwälzung stellten Marx und Engels die These von der „permanenten Revolution" entgegen. Diese Revolution ist der einzige Weg zur neuen Gesellschaft und zugleich die einzige schöpferische Quelle einer Erziehung zur Heranbildung wahrer Menschen. Diese These war zugleich eine scharfe Kampfansage an alle versöhnlerischen Tendenzen und Kompromisse, die die Klassenunterschiede verwischen, das sogenannte individuelle Fortkommen erleichtern und die Meinung von der Überflüssigkeit revolutionärer Methoden verbreiten sollten. Das bedeutete, daß die Erziehung der Zukunft dienen muß. Dieser Dienst durfte sich aber nicht darin äußern, vom aktuellen Geschehen losgelöste Hoffnungen zu nähren und Tugenden zu entwickeln, die angeblich in der „idealen Gesellschaft" notwendig sind. Sie sollte sich vielmehr in der Organisation des täglichen, konkreten Lebens, das im Zeichen des revolutionären Kampfes steht, widerspiegeln. In diesem Kampf wird sich die Gemeinschaft der Menschen und die Kraft ihrer Persönlichkeit entwickeln. Daher wurde auch hier entgegen allen Auffassungen, daß die Erziehung nur der Entwicklung von Gefühlen und Vorstellungen gelte, mit größtem Nachdruck die Notwendigkeit der Herausbildung des sozialistischen Bewußtseins, des Verstehens der gesellschaftlichen Wirklichkeit und des aktiven revolutionären Handelns hervorgehoben.

Dementsprechend ist das Hauptproblem der sittlichen Erziehung das Problem der Teilnahme der Menschen am Kampf um den geschichtlichen Fortschritt. Was im „Inneren" des Menschen vorgeht, ist tief durchdrungen von dem, was um ihn herum geschieht und woran er teilnimmt. So wird der

Mensch von den Hirngespinsten der eigenen Vorstellungen, von der Isolierung und den Verlockungen der utopischen Moral befreit und bekommt so ein enge Verbindung zur Wirklichkeit. Diese Verbindung überwindet zugleich den Opportunismus, der die bestehenden kapitalistischen Verhältnisse als unveränderlich betrachtet und bewahrt vor einer utilitaristischen Anpassung an diese Verhältnisse, die die Moral im eigentlichen Sinne des Wortes beseitigen. Damit bleibt der Unterschied zwischen dem, was ist und dem, was sein soll, erhalten, und zwar im Kampf um die neue gesellschaftliche Wirklichkeit, im Kampf um die Verwirklichung dessen, was sein soll.

Dieser Gesichtspunkt ermöglicht es, das sozialistische System der sittlichen Erziehung sowohl den bürgerlichen Systemen des Hedonismus und Utilitarismus als auch den Systemen des ethischen Rigorismus und Formalismus gegenüberzustellen. Durch dieses System der sittlichen Erziehung wird der Mensch sich in dem Maße entwickeln, wie er aktiv am Kampf der progressiven geschichtlichen Kräfte teilnimmt.

KAPITEL V

ÜBER DIE GRUNDLAGEN DER MARXISTISCHEN KULTURTHEORIE

In den vorangegangenen Kapiteln haben wir das Bildungs- und Erziehungsprogramm von Marx und Engels analysiert, das sich aus ihrer Lehre von den Gesetzmäßigkeiten der gesellschaftlichen Entwicklung in der Periode des beginnenden und sich verschärfenden Kampfes der Arbeiterklasse gegen die Bourgeoisie sowie aus den revolutionären Erfahrungen der internationalen Arbeiterbewegung ergibt. Dieses Programm war zugleich ein Element des revolutionären Kampfes um die neue Gesellschaftsordnung. Die Verbindung der pädagogischen Fragen mit den allgemeinen Problemen der gesellschaftlichen Entwicklung und den Bestrebungen zur Beseitigung der kapitalistischen Klassengesellschaft schuf völlig neue Grundlagen für die Erziehungsarbeit und ihre Theorie. So entstand im Gegensatz zu den pädagogischen idealistischen Konzeptionen die materialistische Auffassung von der Erziehung.

Verwurzelt in dem unter konkreten historischen Bedingungen geführten politischen Kampf, wuchs diese pädagogische Konzeption in allgemeine Überlegungen hinüber, die den Charakter philosophischer Verallgemeinerungen, den Menschen und seine Entwicklung betreffend, trugen. Dabei kämpften Marx und Engels von Anfang an gegen verschiedene Strömungen der idealistischen Philosophie. In dieser Auseinandersetzung begründeten und präzisierten sie den Standpunkt des dialektischen Materialismus. Das hat für die Pädagogik besonders große Bedeutung. Marx und Engels stellten nicht nur ein ganz neues Programm für die Erziehungs- und Bildungsarbeit auf, sondern gewannen auch die Grundlagen für eine neue pädagogische Theorie. Und wenn wir ihr Wirken auf dem Gebiet der Gesellschafts- und Wirtschaftswissenschaften zu Recht als bahnbrechend bezeichnen und sie die Schöpfer der wahrhaft wissenschaftlichen Soziologie und Ökonomie nennen, so können wir mit gleichem Recht behaupten, daß sie auch in der pädagogischen Wissenschaft eine entscheidende Rolle gespielt haben. Zwar haben sich weder Marx noch Engels direkt mit der pädagogischen Theorie beschäftigt, doch formulierten sie in ihren philosophischen Studien alle grundlegenden Thesen, auf die sich die Theorie der sozialistischen Pädagogik stützen muß [1].

Nach der Darlegung des Erziehungsprogramms von Marx und Engels im Zusammenhang mit der allgemeinen Theorie der gesellschaftlichen Entwicklung und des politischen Kampfes wenden wir uns nunmehr einem anderen Aspekt des Problems zu, und zwar dem philosophischen, der in diesem Programm enthalten ist und zusammen mit ihm entwickelt wurde.

Wir halten es für richtig, diese Analyse mit allgemeinen Problemen der Kulturtheorie zu beginnen, um dann zu komplizierteren und zentraleren Problemen der Betrachtung des Menschen, der Grundlagen und Faktoren seiner Tätigkeit und Entwicklung sowie der Prozesse der Entwicklung seiner Persönlichkeit überzugehen. Diese Probleme werden in den folgenden Kapiteln Gegenstand unserer Überlegungen sein.

Wenn wir jedoch mit dem Kulturproblem beginnen, so tun wir das nicht nur deswegen, weil es das allgemeinste Problem ist, sondern auch deswegen, weil sich Marx schon sehr früh gerade für diese Fragen interessierte und sich übrigens auch auf diesem Gebiet mit Hegel grundsätzlich auseinandersetzte. Die materialistische Wissenschaft von der Kultur bildete sich zunächst in hartem Kampf gegen die Hegelsche Philosophie heraus, die Grundlage einer idealistischen Kulturtheorie war.

Die materialistische Kulturtheorie richtet sich natürlich gegen alle idealistischen Konzeptionen und nicht nur gegen die

[1] Anmerkung (1) des Verfassers, s. Anhang.

mehr oder minder stark von Hegel beeinflußten. Der Hegelsche Idealismus war jedoch zweifelsfrei die höchste Form des Idealismus, denn in keiner anderen Kulturtheorie trat uns die wissenschaftliche Problematik der Entwicklung der Kultur und der kulturellen Werte so vielseitig entgegen, wie eben in den Hegelschen Konzeptionen. Die Auseinandersetzung mit der Hegelschen Kulturtheorie war daher in philosophischer Hinsicht ebenso fruchtbar wie notwendig. Die Marxsche Kritik an Hegel läßt faktisch die grundlegenden methodologischen und ideologischen Widersprüche zwischen dem Materialismus und dem Idealismus erkennen. Vergegenwärtigen wir uns die Bedeutung der Hegelschen Philosophie für die vielen späteren Kulturtheorien, und besonders des Neohegelianismus für die sogenannte Kulturpädagogik um die Wende des 19. und 20. Jahrhunderts, so gelangen wir zu der richtigen Schlußfolgerung, daß die Marxsche Kritik an der Hegelschen Philosophie noch heute von aktueller Bedeutung ist.

All das veranlaßt uns, unsere Analyse der Grundlagen der materialistischen Kulturtheorie mit der Darstellung der Marxschen Kritik an Hegel zu beginnen[1].

1. Die marxistische Auffassung von der menschlichen Tätigkeit

In der ersten Feuerbach-These schrieb Marx, die Kritik des bisherigen Materialismus zusammenfassend: „Daher wurde die tätige Seite abstrakt im Gegensatz zum Materialismus vom Idealismus — der natürlich die wirkliche, sinnliche Tätigkeit als solche nicht kennt — entwickelt." Dieser Satz enthält das Ergebnis langjähriger Studien, besonders von Hegels Philosophie. Marx und Hegel waren oft Thema eingehender Studien, über deren Ergebnis hier nicht berichtet werden soll. Wir wenden uns vielmehr ausschließlich den Elementen des Verhältnisses von Marx und Hegel zu, die für die pädagogische Theorie besondere Bedeutung haben.

[1] Anmerkung (2) des Verfassers, s. Anhang.

Hegels Verdienst besteht nach Marx darin, daß er im Gegensatz zur Philosophie der Aufklärung den aktiven und historischen Charakter des Menschen unterstreicht, „daß er also das Wesen der *Arbeit* faßt und den gegenständlichen Menschen, wahren, weil wirklichen Menschen, als Resultat seiner *eignen Arbeit* begreift." [1] Diese Konzeption vom Menschen als eines sich im Verlauf seiner geschichtlichen Tätigkeit selbst produzierenden Wesens wurde jedoch von Hegel entstellt und seiner theoretischen und praktischen Bedeutung beraubt und zwar deshalb, weil „die Arbeit, welche Hegel allein kennt und anerkennt, ... die *abstrakt* geistige" ist [2]. So konnte er das reale Leben und das wirkliche historische Geschehen sowie die realen Faktoren aller Veränderungen in Natur und Gesellschaft nicht erkennen. Gott, der absolute Geist, die Idee, die sich ihrer selbst bewußt wird und die sich manifestiert, wurden zum Scheinsubjekt, das durch sein Wirken und durch seine Entäußerung sich selbst und die Wirklichkeit schaffen sollte. So werden „der wirkliche Mensch und die wirkliche Natur... bloß zu Prädikaten, zu Symbolen dieses verborgenen unwirklichen Menschen und dieser unwirklichen Natur. Subjekt und Prädikat haben daher das Verhältnis einer absoluten Verkehrung zueinander [3].

Marx geht oftmals auf diesen Einwand ein. In der „Kritik des Hegelschen Staatsrechts" erwähnt er die Mystifikationen auf rechtlichem und gesellschaftlichem Gebiet, wie sie sich aus dieser falschen Auffassung des Verhältnisses von gesellschaftlichem Sein und Bewußtsein ergeben. Hegel analysierte das Verhältnis des Staates zur Gesellschaft und zur Familie, indem er es als Verwirklichung einzelner Phasen der Entwicklung des Geistes darstellt. Die wirklichen Verhältnisse wurden unter diesem Gesichtspunkt zu einer bloßen Manifestation der verborgenen, aber wesentlichen ideellen Prozesse. „Dies *wirkliche Verhältnis*", schreibt Marx, „wird von der Spekulation als

---

[1] Marx/Engels: Die heilige Familie, Berlin 1953, S. 80.
[2] Ebenda.
[3] Ebenda, S. 93.

Erscheinung, als *Phänomen* ausgesprochen. Diese Umstände, diese Willkür, diese Wahl der Bestimmung, diese *wirkliche* Vermittlung sind bloß die *Erscheinung einer Vermittlung,* welche die wirkliche Idee mit sich selbst vornimmt und welche hinter der Gardine vorgeht. Die Wirklichkeit wird nicht als sie selbst, sondern als eine andere Wirklichkeit ausgesprochen." [1] Hegel analysiert nicht die wirklichen und konkreten Elemente des gesellschaftlichen Lebens, er analysiert nicht die bürgerliche Ideologie, die Institutionen der Familie und die gesellschaftlichen Institutionen. Er erkennt nicht an, daß in der Sphäre der gesellschaftlichen Wirklichkeit reale Elemente ihrer Veränderung existieren sollten und hält diese Veränderungen nur für ein Phänomen tiefer und verborgener Veränderungen des Geistes.

Diese mystifizierte Verkehrung des Verhältnisses zwischen der „Sphäre des Seins" und der „Sphäre des Bewußtseins" führt dazu, daß das einzige Problem, um das es Hegel geht, die Enthüllung jener abstrakten Bestimmungen ist, die die konkreten, individuellen Bestimmungen regieren. Die gesamte Erkenntnistätigkeit wird so auf die abstrakte Analyse von Begriffen und Kategorien reduziert. Überall kann im Ergebnis einer solchen geistigen Arbeit festgestellt werden, wie das im Bereich der empirischen Wirklichkeit real handelnde „wirkliche Subjekt" in das Prädikat verwandelt wird, obwohl Marx lapidar feststellt: „Die Entwicklung geht aber immer auf Seite des Prädikats vor." [2]

Der Hegelsche Wirklichkeitsbegriff lehrt, in den Veränderungen der Realität einen bestimmten Sinn und eine bestimmte Gesetzmäßigkeit zu erkennen; sie ist aber sinnlicher Ausdruck und Gesetzmäßigkeit der nichtempirischen, geistigen Welt. Hegel weist darauf hin, daß die empirische Wirklichkeit vernünftig ist, „aber sie ist nicht vernünftig wegen ihrer eigenen Vernunft, sondern weil die empirische Tatsache in ihrer empirischen Existenz eine andre Bedeutung hat als sich selbst. Die

---

[1] Marx/Engels: Werke, Bd. 1, Berlin 1956, S. 206.
[2] Ebenda, S. 209.

Tatsache, von der ausgegangen wird, wird nicht als solche, sondern als mystisches Resultat gefaßt." [1]

Aus diesem Grunde ist die Hegelsche Geschichtsphilosophie auch keine Philosophie der wirklichen, sondern der mystifizierten Geschichte. In seiner Kritik an der Proudhonschen Geschichtsauffassung schreibt Marx: „Unfähig, die wirkliche Bewegung der Geschichte zu verfolgen, liefert Herr Proudhon eine Phantasmagorie, die den Anspruch erhebt, eine dialektische Phantasmagorie zu sein. Er fühlt sich nicht bemüßigt, vom 17., 18., 19. Jahrhundert zu sprechen, denn seine Geschichte spielt sich im nebelhaften Bereich der Einbildung ab und ist hoch erhaben über Zeit und Ort. Mit einem Wort: Das ist Hegelscher alter Kohl, das ist keine Geschichte, das ist keine profane Geschichte — Geschichte der Menschen —, sondern heilige Geschichte — Geschichte der Ideen. Nach seiner Ansicht ist der Mensch bloß das Werkzeug, dessen sich die Idee oder die ewige Vernunft zu ihrer Entwicklung bedient." [2] Zu dieser Gegenüberstellung von „profaner Geschichte" und „heiliger Geschichte" kehrt Marx oftmals zurück, wobei er unterstreicht, daß Hegel all das, was als „Reihenfolge im Verstande" vorging, als einen geistigen Prozeß betrachtete, der sich in der Philosophie, in seiner eigenen Philosophie widerspiegelte. So wurde die Philosophie der Geschichte nur noch zur Geschichte der Philosophie [3]. Die Analyse der Menschen und ihrer realen Lebens- und Arbeitsbedingungen wurde völlig außer acht gelassen. Aber gerade das ist unerläßlich. Wir sind gezwungen — wiederholt Marx immer wieder — „im einzelnen zu untersuchen, welches die Menschen des elften und die des achtzehnten Jahrhunderts waren, welches ihre jedesmaligen Bedürfnisse, ihre Produktivkräfte, ihre Produktionsweise, die Rohstoffe ihrer Produktion, welches endlich die Beziehungen von Mensch zu Mensch waren, die aus allen diesen Existenzbedingungen hervorgingen." Wenn wir so vorgehen, werden wir die Unterlagen sammeln für „die wirkliche, profane Geschichte

---

[1] Ebenda, S. 207 f.
[2] K. Marx: Das Elend der Philosophie, Berlin 1952, S. 8.
[3] Ebenda, S. 135.

der Menschen eines jeden Jahrhunderts", für die Darstellung jener Menschen, „wie sie in einem Verfasser und Schausteller ihres eigenen Dramas waren." [1]

Die vorgenannten Fehler der Hegelschen Konzeptionen sind — nach Marx — nicht theoretische Fehler schlechthin. Wie alle falschen Denkoperationen hängen sie mit den Klassenschranken des Bewußtseins zusammen und führen zu schädlichen praktischen Konsequenzen, zu falschem reaktionären Handeln. In der „Einleitung zur Kritik der Hegelschen Rechtsphilosophie" erläutert Marx die gesellschaftlichen Voraussetzungen für die Entstehung der klassischen bürgerlichen Philosophie in Deutschland und ihre künftigen, mit der revolutionären Umwälzung verbundenen Perspektiven. Im Vergleich zu anderen Ländern war die ökonomische Entwicklung Deutschlands bedeutend zurückgeblieben, während die deutsche Philosophie vorausgeeilt war und ein Niveau erreicht hatte, das dem ökonomischen Entwicklungsstand der anderen Länder entsprach. Sie war eine ideelle Vorwegnahme der Zukunft, die die Deutschen in Wirklichkeit noch nicht durchlebt hatten: „Wie die alten Völker ihre Vorgeschichte in der Imagination erlebten, in der Mythologie, so haben wir Deutsche unsere Nachgeschichte im Denken erlebt, in der Philosophie. Wir sind philosophische Zeitgenossen der Gegenwart, ohne ihre historischen Zeitgenossen zu sein." [2] Angesichts dessen entsteht eine doppelte, widersprüchliche Illusion. Die einen, die „Politiker der Praxis", lehnen diese Philosophie ab, ohne sich aber dessen bewußt zu sein, daß sie vor ihrer Verwirklichung nicht beseitigt werden kann. Die anderen, „Politiker der Theorie" stützen sich auf diese Philosophie, sind sich aber nicht klar darüber, daß sie sich nur durch ihre Aufhebung verwirklichen kann, denn diese Philosophie proklamiert ja, daß sie zwar die in Deutschland bestehende soziale und gesellschaftliche Ordnung kritisierte, gleichzeitig aber zu ihr gehöre. „Die Deutschen haben in der Politik gedacht, was die anderen Völker getan haben." [3]

[1] Ebenda, S. 136.
[2] Marx/Engels: Die heilige Familie, Berlin 1953, S. 17.
[3] Ebenda, S. 19.

Die praktische Verwirklichung dieser Philosophie kann daher nur zu ihrer Aufhebung durch die Praxis führen. Das Wesen des Problems besteht nicht darin, daß man sich für oder gegen diese Philosophie erklärt, sondern allein in der praktischen Frage, ob Deutschland „zu einer Revolution gelangen kann, die es nicht nur auf das offizielle Niveau der modernen Völker erhebt, sondern auf die menschliche Höhe, welche die nächste Zukunft dieser Völker sein wird." [1]

Im Begreifen des erwähnten doppelten Fehlers jener Menschen, die glauben, daß man „die Philosophie aufheben kann, ohne sie zu verwirklichen" liegt der Schlüssel für das marxistische Verhältnis zum Hegelschen Problem der Philosophie und des Lebens, also auch zu dem Problem, das mit der Pädagogik eng verknüpft ist. Der erste Fehler entsteht durch das Mißverständnis, die deutsche politische Philosophie würde die wirkliche deutsche Geschichte ideell antizipieren und die diese Philosophie ablehnende Kritik würde nur dann reale Bedeutung haben, wenn die deutsche Geschichte sich nicht nur über den augenblicklichen Stand hinaus entwickelt, sondern sich sogar über jenen Stand erhebt, den gerade diese Philosophie der augenblicklichen Realität gegenüberstellt. Indem wir die klassische deutsche bürgerliche Philosophie der Kritik unterwerfen, kritisieren wir in der ideellen Sphäre das, was sich in anderen, fortgeschrittenen Ländern in der realen ökonomischen Basis vollzieht. „Was bei den fortgeschrittenen Völkern praktischer Zerfall mit den modernen Staatszuständen ist, das ist in Deutschland, wo diese Zustände selbst noch nicht einmal existieren, zunächst kritischer Zerfall mit der philosophischen Spiegelung dieser Zustände." [2] Von radikalen Standpunkt aus kritisieren wir daher mit Recht diese Philosophie, die zwar auf dem Wege des Fortschritts weiter führt als die reale deutsche Geschichte, jedoch nicht so weit, wie dies auf Grund der Entwicklung der ökonomisch führenden Länder möglich wäre. In Wirklichkeit jedoch kann sich die Ablehnung und

[1] Ebenda, S. 20.
[2] Ebenda, S. 17.

Aufhebung dieser Philosophie nicht in der ideellen Sphäre vollziehen. Sie wird erst dann wirklich abgelehnt und aufgehoben, wenn das deutsche Volk ein höheres Niveau der gesellschaftlichen Befreiung erreicht.

Was bedeutet das? Wie ist das möglich? Das ist möglich durch den revolutionären Kampf der Arbeiterklasse, die sich gegen die Grundfesten der bisherigen Gesellschaftsordnung wendet und alle unterdrückten Menschen befreit. Das ist möglich, wenn von den bisherigen bourgeoisen Teilreformen, die nur einzelnen Bevölkerungsschichten Erleichterungen brachten, zur revolutionären Beseitigung der kapitalistischen Gesellschaftsordnung übergegangen wird. Dann vollzieht sich „die allgemeine und menschliche Emanzipation", eine wirkliche „Emanzipation des Menschen".

So betrachtet, offenbart die deutsche bürgerliche Philosophie sofort ihren reaktionären Charakter. Zunächst wird er zwar durch den fortschrittlichen Charakter verhüllt, der ihr im Vergleich zur gegenwärtigen deutschen Ökonomie zukommt, dann tritt aber schnell mit aller Deutlichkeit der Illusionismus jener Kreise zutage, die diese Philosophie verwirklichen wollten, sich dabei aber nicht im klaren darüber waren, daß die Verwirklichung derselben ihren Gesichtskreis sprengen und zum Zusammenbruch all ihrer Prinzipien führen würde. Dieselbe Praxis, die zur Verwirklichung dieser Philosophie notwendig ist, wird ein vernichtendes Urteil über sie sprechen; sie muß daher aufgehoben werden.

Unter diesen Aspekten des revolutionären Kampfes der Arbeiterklasse faßt Marx das Problem der Verwirklichung und Aufhebung dieser Philosophie. Damit wendet er sich grundsätzlich gegen die Hegelsche Konzeption der „Selbstaufhebung" des Denkens, gegen seine Konzeption der immanenten Entwicklung der Ideen, die sich auf dem Wege innerer Negationen vollziehe. Ebenso wie die Hegelsche Geschichtsphilosophie zu Unrecht behauptete, der Prozeß der historischen Entwicklung sei lediglich die Verwirklichung der Entwicklung der Ideen und daher eine allegorische „heilige Geschichte", huldigte sie auch falschen politischen Vorstellungen, die im Denken selbst die Instanzen seiner Verwirklichung und Aufhebung suchten. Wenn aber die ökonomische Basis die Ideen hervorbringt und nicht umgekehrt, so entscheidet eben diese gesellschaftliche Wirklichkeit über ihre reale Bedeutung.

Das erläuterte Marx in demselben Artikel, der die Kritik an Hegel enthält. „Die Waffe der Kritik", schrieb er darin, „kann allerdings die Kritik der Waffen nicht ersetzen, die materielle Gewalt muß gestürzt werden durch materielle Gewalt, allein auch die Theorie wird zur materiellen Gewalt, sobald sie die Massen ergreift. Die Theorie ist fähig, die Massen zu ergreifen, sobald sie ad hominem demonstriert, und sie demonstriert ad hominem, sobald sie radikal wird. Radikal sein ist die Sache an der Wurzel fassen. Die Wurzel für den Menschen ist aber der Mensch selbst." [1] Nur eine Philosophie, die die Beseitigung aller die Menschen erniedrigenden und benachteiligenden gesellschaftlichen Verhältnisse sowie eine vollständige und allgemeine Befreiung der Menschen kategorisch fordert, nur eine solche Philosophie kann den wachsenden Bedürfnissen, den realen, materiellen Bedingungen des revolutionären Kampfes gerecht werden. „Wie die Philosophie im Proletariat ihre *materiellen*, so findet das Proletariat in der Philosophie seine *geistigen* Waffen." [2]

In diesem Sinne schreibt Marx am Ende des zitierten Artikels: „Der *Kopf* dieser Emanzipation ist die *Philosophie*, ihr *Herz* das *Proletariat*. Die Philosophie kann sich nicht verwirklichen ohne die Aufhebung des Proletariats, das Proletariat kann sich nicht aufheben ohne die Verwirklichung der Philosophie." [3]

Die Kritik der Hegelschen Theorie der Geschichtsentwicklung, die Kritik der Hegelschen Staats- und Rechtstheorie, sowie die Kritik der Hegelschen Theorie des Bewußtseins und der Rolle der Philosophie liefen in der wesentlichen Marxschen Überzeugung zusammen, daß es notwendig ist, jede idealistische und abstrakte Aktivität zu schaffen, die aber diese

[1] Ebenda, S. 20.
[2] Ebenda. S. 27.
[3] Ebenda.

Aktivität konkret und sinnlich wahrnehmbar, praktisch und klassenmäßig, real und historisch fassen würde, und nicht — wie das Hegel tat — als geistige Aktivität, die die Veränderungen der Idee außerhalb der wirklich menschlichen Welt ausdrückt. „Der Mensch", sagt Marx in der Einleitung zur Kritik der Hegelschen Rechtsphilosophie, „das ist *die Welt des Menschen*, Staat, Sozietät." [1]

Diese historisch konkrete Betrachtung des Menschen als eines unter den realen Bedingungen der materiellen Existenz, unter den realen Bedingungen der Klassengesellschaft real wirkenden Wesens wurde zum Kern der Kulturphilosophie, die Marx Hegel entgegenstellte.

2. Die Marxsche Kritik an Hegels Kulturkonzeption

Überall dort, wo Hegel in Ereignissen und Menschen die Verwirklichung der Idee sah, zeigt Marx den wirklichen Menschen unter wirklichen Existenzbedingungen. Überall dort, wo Hegel die abstrakte Methode der dialektischen Konfrontierung von Begriffen anwendet, kennt Marx nur konkrete Untersuchung der Wirklichkeit. Überall dort, wo Hegel von Gegensätzen in der Idee spricht, weist Marx auf die realen Klassengegensätze hin. Die Hegelsche Philosophie ist eine „allegorische" Philosophie, weil sie die reale, sinnlich wahrnehmbare Welt als bloße Erscheinung des Bewußtseins hinstellt, die marxistische Philosophie ist eine realistische Philosophie, weil sie die reale Welt als wirklich betrachtet, in deren Grenzen auch die Quellen der eigenen Entwicklung zu suchen sind. Marx kennzeichnet die Hauptmerkmale dieser materialistischen Betrachtung, die dem Idealismus entgegengesetzt ist. „Ganz im Gegensatz zur deutschen Philosophie, welche vom Himmel auf die Erde herabsteigt, wird hier von der Erde zum Himmel gestiegen. D.h., es wird nicht ausgegangen von dem, was die Menschen sagen, sich einbilden, sich vorstellen, auch nicht von den gesagten, gedachten, eingebildeten, vorgestellten Menschen,

[1] Ebenda, S. 11.

um davon aus bei den leibhaftigen Menschen anzukommen; es wird von den wirklich tätigen Menschen ausgegangen und aus ihrem wirklichen Lebensprozeß auch die Entwicklung der ideologischen Reflexe und Echos dieses Lebensprozesses dargestellt... Die Moral, Religion, Metaphysik und sonstige Ideologie und die ihnen entsprechenden Bewußtseinsformen behalten hiermit nicht länger den Schein der Selbständigkeit. Sie haben keine Geschichte, sie haben keine Entwicklung, sondern die ihre materielle Produktion und ihren materiellen Verkehr entwickelnden Menschen ändern mit dieser ihrer Wirklichkeit auch ihr Denken und die Produkte ihres Denkens. Nicht das Bewußtsein bestimmt das Leben, sondern das Leben bestimmt das Bewußtsein. In der ersten Betrachtungsweise geht man von dem Bewußtsein als dem lebendigen Individuum aus, in der zweiten, dem wirklichen Leben entsprechenden, von den wirklichen lebendigen Individuen selbst und betrachtet das Bewußtsein nur als *ihr* Bewußtsein." [1] Dieser Realismus lenkt das pädagogische Denken auf die Analyse konkreter Lebensbedingungen der Menschen, ihrer konkreten Bedürfnisse und Interessen, sowie ihrer konkreten Gegensätze und Kämpfe.

Die Erziehungstheorie ist damit nicht mehr eine Theorie der Handlungen, die auf Grund von Begriffsanalysen der grundsätzlichen „Ideen" [1] bestimmt wurden. Angeblich sollen diese „Ideen" den Hauptinhalt des menschlichen Lebens und seiner Veränderungen ausmachen. Die Erziehungstheorie muß von jetzt an in enger Verbindung mit den konkreten Lebensbedingungen der betreffenden Gesellschaft, mit ihrer Tätigkeit und ihrer Produktion entwickelt werden. Diese Theorie gründet sich auf bestimmte Voraussetzungen. Diese Voraussetzungen sind die wirklichen Menschen, die bestehenden Produktionsverhältnisse sowie die Veränderungen in den Produktivkräften, die eine revolutionäre Aktion zur Veränderung der gesellschaftlichen Verhältnisse ermöglichen.

Die idealistische pädagogische Theorie hingegen stützte

---

[1] Marx/Engels: Werke, Bd. 3, Berlin 1958. S. 26 f.

sich auf willkürlich angenommene und konstante Begriffe vom Menschen und auf unkontrollierbare, subjektive Vorstellungen. Mit Recht warfen die Hegelianer den Empirikern vor, sie würden die Geschichte als bloße Anhäufung von aufeinanderfolgenden Ereignissen betrachten, die jedoch ohne sinnvollen und notwendigen Zusammenhang wären. Sie selbst erblickten in der Geschichte eine gewisse Ordnung. Da sie aber ihre wirkliche, materielle Natur nicht begriffen, machten sie aus der Geschichte „eine gebildete Aktion eingebildeter Subjekte". Durch die Überwindung dieser beiden Fehler — sagt Marx — bahnen wir uns den Weg zu wissenschaftlichen Untersuchungen, mit deren Hilfe wir die bisherige Geschichtsschreibung mit ihrer Darstellung von einzelnen Fakten und die Historiographie metaphysischer Spekulationen ersetzen werden. So entsteht die Möglichkeit für eine wirkliche, „positive Wissenschaft, die Darstellung der praktischen Betätigung, des praktischen Entwicklungsprozesses der Menschen." [1]

Damit die materialistische Erziehungswissenschaft die spekulative, idealistische Erziehungsphilosophie zu ersetzen vermag, brauchen wir tiefgründige Geschichtsstudien, die unsere Kenntnis des realen Menschen erweitern. Marx warnte oftmals davor, die Geschichte als eine Sammlung toter Fakten zu betrachen, die durch bestimmte allgemeine Begriffskategorien und apriorische Konstruktionen der Geschichtsphilosophie „systematisiert" und „erläutert" werden sollen. Lenin hat in seiner bekannten Polemik mit Michailowski diese Denkweise von Marx mit Nachdruck hervorgehoben. „Ebenso ist natürlich", schreibt Lenin, „ ‚Das Kapital' nicht das entsprechende Werk für einen Metaphysiker in der Soziologie, der die Unfruchtbarkeit aprioristischer Betrachtungen darüber, was die Gesellschaft sei, nicht bemerkt, der nicht begreift, daß solche Methoden an Stelle einer Untersuchung und Erklärung der Gesellschaft lediglich dazu führen, daß für den Begriff der Gesellschaft entweder die bürgerlichen Ideen eines englischen Krämers oder die spießbürgerlich-sozialistischen Ideale eines

[1] Ebenda, S. 27.

russischen Demokraten untergeschoben werden — und weiter nichts. Aus diesem Grunde sind denn auch alle diese philosophisch-historischen Theorien wie Seifenblasen entstanden und auch wie diese geplatzt, da sie bestenfalls ein Symptom der sozialen Ideen und Verhältnisse ihrer Zeit sind, ohne das Verständnis, die *Auffassung* auch nur irgendwelcher einzelner, dafür jedoch wirklicher (nicht aber ‚der menschlichen Natur entsprechender') sozialer Verhältnisse durch den Menschen im geringsten zu fördern. Der Riesenschritt vorwärts, den Marx in dieser Hinsicht getan hat, bestand ja gerade darin, daß er alle diese Räsonnements über Gesellschaft und Fortschritt im allgemeinen verwarf und dafür die *wissenschaftliche* Analyse einer *einzigen* Gesellschaft, nämlich der kapitalistischen, und eines *einzigen* Fortschritts, des kapitalistischen, lieferte." [1]

Die Kritik an Hegel ist, so gesehen, eine Kritik der aus seiner Philosophie resultierenden Tendenzen, die Pädagogik als eine die „ewigen Gesetze" des Bewußtseins bestimmende Wissenschaft anzusehen, die auf die Formulierung „allgemeingültiger" Regeln und auf die Verwischung des historischen Charakters der Erziehungsprozesse abzielt. Hegel war zwar Geschichtsphilosoph, jedoch zeigte die marxistische Kritik, daß in der Hegelschen Konzeption die Geschichte nur eine allegorische Geschichte war. Das erklärt die Tatsache, daß die Hegelschen Konzeptionen von den Anhängern der absolutistischen Philosophie, einer Philosophie ewiger Wahrheiten und ewiger Werte leicht ausgenutzt werden konnten. Durch die lapidare Feststellung, daß die Welt der geistigen Produkte keine eigene Geschichte habe, sondern lediglich die Registrierung der in der materiellen Welt sich vollziehenden historischen Veränderungen sei, bewirkt Marx in der Pädagogik eine wahre kopernikanische Umwälzung, indem er darauf hinweist, daß nicht das Leben um die Ideen, sondern die Ideen um das Leben kreisen. Von nun an soll die Pädagogik vor allem das Leben und nicht die Idee begreifen. Sie soll den realen Menschen

[1] W. I. Lenin: Ausgewählte Werke, Bd. I, Berlin 1954. S. 38.

unter konkreten Verhältnissen erkennen und nicht die Ideen vom Menschen und von der Kultur. Darin besteht die wahre „kopernikanische Umwälzung" in der Pädagogik.

3. Gegen die Methode abstrakter Spekulationen

Die Marxsche Kritik an Hegel ist eine Kritik der Verallgemeinerungen, die sich das Recht auf „Subordination" und „Interpretation" des Besonderen nehmen und dabei übersehen, daß sie selbst das Produkt einer besonderen Situation sind. Hegel — schreibt Marx — verwandelt logisch-abstrakte Kategorien und das, was aus konkreter realer Welt hervorgegangen ist, in Subjekte. „Der konkrete Inhalt, die wirkliche Determination sind formell und die formelle völlig abstrakte Determination stellt sich als der konkrete Inhalt dar."

Marx legte auf die bewußte Überwindung abstrakter Gewohnheiten im philosophischen Denken, die das Wirklichkeitsbild verzerren und es in umgekehrter Gestalt darstellen, großen Wert. Die Arbeitsteilung, die einigen Menschen ermöglichte, sich nur mit „Denken" zu befassen und lediglich „Produkte des Denkens" zu erzeugen, trug — nach Ansicht von Marx — zur Verbreitung und Festigung jener gefährlichen Illusion bei, daß die Abstraktionen wirkliche, konkrete, einzelne Gegenstände erzeugen. Die Befreiung von dieser Illusion ist die unumgängliche Voraussetzung für die Inangriffnahme wissenschaftlicher Untersuchungen auf allen Gebieten, besonders aber auf dem Gebiet der Pädagogik, weil auf diesem Gebiet die Betrachtung der Erscheinungen vom Standpunkt idealer Abstraktionen besonders verbreitet war. Das pädagogische Denken, das sich mit moralisierenden Tendenzen verband, unterlag besonders stark den Anfechtungen falscher Abstraktionen. Daher hat die von Marx an der Hegelschen Methode geübte Kritik für die Pädagogik einen besonderen Wert.

In der „Heiligen Familie" analysiert Marx sehr einleuchtend die gefährlichen Fehler des Hegelschen Denkens als Ausdruck eines idealistischen, spekulativen Denkens. „Wenn ich mir aus den wirklichen Äpfeln, Birnen, Erdbeeren, Mandeln die allgemeine Vorstellung ‚*Frucht*' bilde, wenn ich weitergehe und mir *einbilde*, daß meine aus den wirklichen Früchten gewonnene abstrakte Vorstellung ‚*die* Frucht' ein außer mir existierendes Wesen, ja das *wahre* Wesen der Birne, des Apfels etc. sei, so erkläre ich — *spekulativ* ausgedrückt — ‚die Frucht' für die ‚*Substanz*' der Birne, des Apfels, der Mandel etc. Ich sage also, der Birne sei es unwesentlich, Birne, dem Apfel sei es unwesentlich, Apfel zu sein. Das Wesentliche an diesen Dingen sei nicht ihr wirkliches, sinnlich anschaubares Dasein, sondern das von mir aus ihnen abstrahierte und ihnen untergeschobene Wesen, das Wesen meiner Vorstellung, ‚*die* Frucht'. Ich erkläre dann Apfel, Birne, Mandel etc. für bloße Existenzweisen, *Modi* ‚*der* Frucht'." [1] Und obwohl ich praktisch imstande bin, eine Birne von einem Apfel zu unterscheiden, so versucht mich der spekulative Geist zu überzeugen, daß dieser sinnliche praktische Unterschied weder wesentlich noch wichtig sei. Einzelne, konkrete Früchte sind nur eine verschiedenartige Erscheinungsform dessen, was in ihnen gemeinsam und für sie wirklich wesentlich ist, und zwar der Frucht.

Eine solche spekulative Auffassung — sagt Marx — blockiert die wissenschaftliche Forschung. Welchen Wert hätte ein Mineraloge, der betonen würde, das Wesen jedes Minerals bestehe darin, daß es ein Mineral ist. Die Offensichtlichkeit dieses Unsinns zeigt sich auf anderen Gebieten weniger deutlich. Es muß zugegeben werden, daß besonders die sogenannte philosophische Pädagogik zu einer solchen idealistisch-abstrakten Denkweise neigte. Mit Vorliebe verwandelte sie die der Wirklichkeit entnommenen Begriffe in selbständige Seinsformen, gegenüber denen die konkrete und vielfältige empirische Wirklichkeit den Wert einer „wahren Existenz" einbüßte. Begriffe wie Intelligenz, Persönlichkeit, Bildung, Fähigkeiten, Bedürfnisse, Triebe, Interessen, psychologischer Typ, Schule, Strafen, Spiel, Arbeit u.ä. wurden zu solchen idealen Wesen, die in einzelnen konkreten Erscheinungen stecken und ihnen einen

---

[1] Marx Engels: Werke. Bd. 2. Berlin 1958. S. 60.

„wahren", tief unter der unwesentlichen, unwichtigen Erscheinungsform der empirischen Existenz verborgenen Inhalt verleihen sollten.

Alles, was in der bürgerlichen Pädagogik lebensfremd und gekünstelt ist, entspringt dieser Denkweise. Damit hängt auch die praktische Unfruchtbarkeit dieser Pädagogik zusammen. Welcher Gärtner könnte mit Erfolg arbeiten, wenn er nur theoretische Kenntnisse über die Pflege der Obst- und Beerensträucher vermittelt bekäme, wenn man ihm nicht gleichzeitig sagte, wie man Apfelbäume und Erdbeeren pflegt? Indessen war die bürgerliche Pädagogik immer auf „höchste Allgemeinheit", auf Erziehung des Menschen eingestellt und schätzte die Bedeutung jener konkreten wirklichen Formen, in denen der Mensch in der Geschichte existiert, nicht gebührend ein. Wie Marx beweist, entsprach eine solche Einstellung besonders den Interessen der Bourgeoisie, weil sie diese geschichtliche Ordnung, in der sie die herrschende Klasse war, als „vernünftige", als menschliche Ordnung betrachten lehrte. Das empirische und historische Denken hingegen, das von dem ausging, was mannigfaltig und veränderlich, was wirklich und konkret ist, wäre für die Interessen der Bourgeoisie eine gefährliche revolutionäre Kraft gewesen, die zur Umgestaltung der Wirklichkeit, außerhalb des Rahmens der durch die bisherige Entwicklung bestimmten Formen und idealen Kategorien der Typen und Werte, hinstrebt. Dieser Kritik zufolge sollte das pädagogische Denken, anstatt sich in der Fertigkeit der Deduktion zu üben, Fertigkeiten erwerben, um die Prozesse der Umgestaltung und der Teilnahme an dieser Umgestaltung durch menschliche Arbeit aufmerksam studieren zu können.

Die Analyse der spekulativen Denkweise wird aber von Marx noch weiter geführt. Die Spekulation — schreibt Marx — begnügt sich nicht damit, die wirklichen Birnen, Äpfel usw. auf ihr Wesen, die Frucht zu reduzieren. Sie muß noch erläutern, wie aus dem allgemeinen Wesen der Frucht die einzelnen Früchte entstehen. Der Weg von den konkreten Gegenständen zu Begriffen ist einfach, doch der Weg von Begriffen, die als unabhängige und schöpferische „Urwesen" aufgefaßt werden, zu ihren konkreten Erscheinungsformen ist ein schwer erklärbarer Weg. „Wenn der Apfel, die Birne, die Mandel, die Erdbeere in Wahrheit nichts anders als die ‚*die* Substanz', ‚*die* Frucht' sind, so fragt es sich, wie kommt es, daß ‚*die* Frucht' sich mir bald als Apfel, bald als Birne, bald als Mandel zeigt, woher kommt dieser Schein der *Mannigfaltigkeit*, der meiner spekulativen Anschauung von der *Einheit*, von ‚*der* Substanz', von ‚*der* Frucht' so sinnfällig widerspricht?" [1] Auf diese spekulative Frage, die künstliche Schwierigkeiten ausdrückt, die sich aus idealistischen, metaphysichen Überlegungen ergeben, antwortet die Hegelsche Philosophie mit der Feststellung, daß jene allgemeinen Begriffe nicht starr und leblos sind, sondern auf irgendeine Art mit Leben und Bewegung, mit irgendeiner sich entwickelnden Mannigfaltigkeit versehen sind. „ ‚*Die* Frucht' ist also" — nach dieser Konzeption — „keine inhaltslose, unterschiedlose Einheit mehr, sie ist die Einheit als *Allheit*, als ‚Totalität' der Früchte, die eine ‚*organisch gegliederte Reihenfolge*' bilden... Man muß also nicht mehr sagen, wie auf dem Standpunkt der Substanz: die Birne ist ‚*die* Frucht', der Apfel ist ‚*die Frucht*', die Mandel ist ‚*die* Frucht', sondern viel mehr: ‚*die* Frucht' setzt sich als Birne, ‚*die* Frucht' setzt sich als Apfel, ‚*die* Frucht' setzt sich als Mandel, und die Unterschiede, welche Apfel, Birne, Mandel voneinander trennen, sind eben die Selbstunterscheidungen ‚*der Frucht*' und machen die besondern Früchte eben zu unterschiedenen Gliedern im Lebensprozesse ‚*der* Frucht'." [2]

Dieser Prozeß vereinigt scheinbar das spekulative Denken mit der empirischen Wirklichkeit, indem er es als Prozeß der Verwirklichung geistiger schöpferischer Möglichkeiten erklärt. Aber diese Vereinigung, die die Hegelsche Philosophie als Überwindung der Abstraktion darstellt, ist eigentlich eine viel extremere, wenn auch stärker verhüllte Geringschätzung der konkreten Wirklichkeit, sie ist eine noch radikalere Abstraktion. „Aber die Äpfel, Birnen, Mandeln und Rosinen", schreibt Marx,

---

[1] Ebenda, S. 61.
[2] Ebenda.

„die wir in der spekulativen Welt wiederfinden, sind nur mehr *Schein*äpfel, *Schein*birnen, *Schein*mandeln und *Schein*rosinen, denn sie sind Lebensmomente ,*der* Frucht', dieses abstrakten *Verstandeswesens*, also selbst abstrakte *Verstandeswesen*. Was dich daher in der Spekulation freut, ist, alle wirklichen Früchte wiederzufinden, aber als Früchte, die eine höhere mystische Bedeutung haben, die, aus dem Äther deines Gehirns und nicht aus dem materiellen Grund und Boden herausgewachsen, die Inkarnationen ,*der Frucht*', des *absoluten Subjekts* sind." [1] Der von der Abstraktion zur Wirklichkeit führende Weg ist ein Weg, auf dem das, was konkret und wirklich ist, den mystischen Wert einer „sich entwickelnden Idee der Frucht" erlangt, einer Idee die sich in einzelnen Formen gestaltet. Eine solche Auffassung regt dazu an, diese Formen als Etappen einer immer vollkommeneren und vollständiger werdenden Verwirklichung „der Frucht" zu bewerten und in eine bestimmte Rangordnung zu bringen. „Der Wert der profanen Früchte besteht daher auch *nicht mehr* in ihren *natürlichen* Eigenschaften, *sondern* in ihrer *spekulativen* Eigenschaft, wodurch sie eine bestimmte Stelle im Lebensprozesse ,*der* absoluten Frucht' einnehmen." [2]

Der spekulative Philosoph gibt daher Worten, die in der Umgangssprache konkrete Dinge bezeichnen, eine spezifisch metaphysische Bedeutung. Indem er für die Bezeichnung seiner geistigen Produkte solche Worte gebraucht, regt er zu der Überzeugung an, daß sie etwas Reales sind, das einzige Reale, etwas, was die empirische Gestalt der Dinge erzeugt. Er behandelt die eigene geistige Tätigkeit, durch die es ihm möglich wurde, den Apfel von der Birne zu unterscheiden, als Tätigkeit des „absoluten Subjekts", als Entwicklungsprozeß der ,Frucht'. Er hört damit endlich auf, die ,Wirklichkeit' profan zu begreifen und beginnt sie als heilige Wirklichkeit zu betrachten.

Diesen ganzen intellektuellen Prozeß — schreibt Marx — „nennt man in spekulativer Redeweise: die *Substanz* als *Subjekt*, als *inneren Prozeß*, als *absolute Person* begreifen, und

---

[1] Ebenda, S. 61 f.
[2] Ebenda, S. 62.

dies Begreifen bildet den wesentlichen Charakter der *Hegel-schen* Methode." [1]

Wir haben ausführlich zitiert, weil uns die Kritik der verbreiteten, spekulativ-idealistischen Denkweise in der bürgerlichen Pädagogik besonders wichtig erscheint. Setzen wir in den zitierten Auszügen an die Stelle der gärtnerischen Vergleiche von Marx, anstelle von Birnen, Äpfeln usw. irgendeinen pädagogischen Begriff, z. B. den Begriff der Strafe, Belohnung, Bildung, Intelligenz, des Kindes, der Umwelt usw., so werden wir feststellen, daß in der bürgerlichen Pädagogik diese abstrakte, spekulative Denkweise, die Marx mit klassischer Klarheit kritisiert, zur Gewohnheit geworden ist. Dort ist man daran gewöhnt, die empirische Vielgestaltigkeit als Phasen, Etappen oder Formen der Idee aufzufassen, die in sich selbst die Kraft der Entwicklung und inneren Differenzierung haben sowie die Fähigkeit, in verschiedenen hierarchisch angeordneten Formen in Erscheinung zu treten.

Sowohl das statische „substanzielle" Denken als auch das historische Denken ist also in der idealistischen Interpretation ein spekulatives Denken, das weder näher an die Wirklichkeit heranführt noch erlaubt, die in ihr wirkenden realen Ursachen zu begreifen; also auch nicht ihre Umgestaltung erleichtert. Das ist also ein Denken, das sich sehr wenig für die Pädagogik eignet, obwohl es gerade in der bürgerlichen Pädagogik sehr häufig Anwendung fand.

Die in der Pädagogik von Marx vollzogene „kopernikanische Umwälzung" besteht also nicht nur, wie bereits erwähnt, in der Umkehrung des bisher angenommenen Verhältnisses zwischen Sein und Bewußtsein, sondern zugleich auch in der Umkehrung des Verhältnisses zwischen Konkretem und Abstraktem in den herrschenden Denkweisen. Marx weist wissenschaftliche, nicht-spekulative Denkwege, d. h. Wege, die von Fakten zu Verallgemeinerungen, vom Konkreten zum Abstrakten führen. Marx warnt auch davor, die erzielten Abstraktionen zu verselbständigen und ihre Bedeutung zu verallgemeinern. Sie

---

[1] Ebenda.

sollen immer und ausschließlich Verallgemeinerungen sein, die für jene konkreten Materialien gelten, von denen sie abgeleitet wurden. Ihre weitere Verwendung muß stets von neuem überprüft werden. Sie dürfen nicht zu Schemata werden und sich nicht zu Dimensionen absoluter und unveränderlicher Ursachen ausweiten.

Die Marxsche Methodologie befindet sich im Gegensatz zur Methodologie Hegels und seinem Geschichtsdenken. Marx wendet sich gegen die Verwendung allgemeinmenschlicher Schemata in der Geschichte und entlarvt sie als Produkt der Klasseninteressen in einer bestimmten historischen Situation. Er lehnt daher gleichzeitig auch Denkweisen ab, die es nicht ermöglichten, die sich verändernde konkrete Wirklichkeit ins Auge fassen und zu untersuchen und die darauf gerichtet waren, die „Substanz" zu erfassen und auch jene, die die Bewegung als ewige Veränderung der Idee auffassen.

Sich gegen Hegel zu stellen, bedeutet somit auf pädagogischem Gebiet insbesondere die Ablehnung universalistischer Konzeptionen der Geschichte und spekulativer Denkweisen. Pädagogisches Denken darf nicht den Charakter des Denkens mit „Substantiven", sondern soll vor allem den Charakter des Denkens mit „Adjektiven" tragen. Das heißt, daß alle diejenigen Kategorien, die „die Einheit der Gegenstände als Einheit der in Verschiedenheiten verborgenen Substanz" identifizieren und wahrnehmen lassen, ungültig sind. Gültig sind dagegen jene Kategorien, die die konkrete Vielfalt und die spezifischen Eigenschaften im Zusammenhang mit bestimmten realen Bedingungen erkennen lassen. Daher soll sich das pädagogische Denken nicht auf das „Kind", sondern auf das Kind mit der größten Anzahl von Bestimmungen orientieren. Der Begriff „Kind" als „Kind überhaupt", als „Idee der Kindheit" ist unwichtig und nicht angemessen. Wichtig ist es, das konkrete Kind zu kennen, also z. B. ein Kind vom Dorfe, aber wiederum nicht ein „ländliches überhaupt" (wie es die bürgerliche Soziologie liebt), sondern das Kind eines konkreten Dorfes, also z. B. eines genossenschaftlichen Dorfes, ein Kind aus einer Familie der Dorfarmut oder der Dorfreichen usw.

Ähnlich ist es mit allen anderen Begriffen. Nicht spekulative Verallgemeinerungen in Form von Substantiven, die von „Substantialität", „Wesen" oder „Geist" zeugen, sondern wissenschaftliche Untersuchungen, die die Mannigfaltigkeit der Sachverhalte registrieren und sie in Gruppen nach wichtigen empirischen Ähnlichkeiten, nach Merkmalen, die sich unter bestimmten Umständen herausgebildet haben, zusammenfassen, also Untersuchungen, die mit Adjektiven operieren — das ist der erste Hinweis, der sich aus der Marxschen Kritik an Hegel für die Pädagogik ergibt.

Wenn wir nach diesem Grundsatz die Beschreibungen, Analysen, Schlußfolgerungen und Empfehlungen der bürgerlichen philosophischen Pädagogik zu durchdenken versuchen, werden wir feststellen, daß sie fast ausschließlich in der substantivischen Sprache idealistischer Spekulationen formuliert sind, die die Konkretheit und Veränderlichkeit geringschätzen; hier wird ersichtlich, wie fruchtbar die Marxsche Kritik ist und wie eigentlich alles in der Pädagogik von neuem zu sichten ist, wenn anstelle allgemeiner und metaphysischer Begriffe — Ideen — Verallgemeinerungen treten, die in Verbindung mit der Wirklichkeit gewonnen wurden, und wenn diese Verallgemeinerungen immer von neuem geprüft werden müssen, sobald sich die Wirklichkeit, von der sie abgeleitet wurden, verändert hat.

Die von Marx entwickelte und bei sozial-ökonomischen Untersuchungen angewendete dialektische Methode zeigt, wie diese Sichtung und Umorientierung erfolgen kann und muß. Hier scheiden sich das Hegelsche Denken und der Weg, den Marx in seiner Kritik an Hegel gewiesen hat. Den Unterschied kann man am Beispiel einiger pädagogischer Einzelprobleme erkennen, für deren Lösung Hegel in der bürgerlichen Pädagogik bestimmte Formeln und Anregungen entwickelte.

4. Das Erbe des Hegelianismus in der bürgerlichen Pädagogik

Es darf nicht vergessen werden, daß der Einfluß der Hegelschen Philosophie auf das bürgerliche pädagogische Denken besonders um die Mitte des 19. und 20. Jahrhunderts sehr stark war und sich nicht nur auf die sogenannte Kulturpädagogik beschränkte, die die Begriffe Kultur und Persönlichkeit nach der Hegelschen „Theorie des objektiven Geistes" faßte. Diese Pädagogik verwandelte die psychologischen Analysen von Personen im Sinne Hegels in ein logisches System der „Geistesrichtungen" und betrachtete die Erziehungsarbeit als Anleitung beim „Erarbeiten" der absoluten Wertstruktur [1].

Der Einfluß Hegels ging jedoch weit über den Rahmen der Kulturpädagogik hinaus. Aber auch dort, wo seine Methode als Ganzes abgelehnt wurde, schätzte man einzelne Tendenzen und nutzte sie nach Bedarf aus. Die Theorie der staatsbürgerlichen Erziehung, die die Bourgeoisie besonders in der Periode des Imperialismus entwickelte, knüpfte an den Hegelschen Staatsbegriff als der Verkörperung des Geistes, als der Personifizierung der höchsten objektiven Moral, die die subjektive Moral erzeugt. Die faschistische Erziehungstheorie von Gentile hätte ohne die Hegelsche Philosophie nicht die begriffliche Form annehmen können, die sie besaß, obwohl Gentile in mancher Hinsicht in Gegensatz zu Hegel stand. Auch die sogenannte Gemeinschaftspädagogik — besonders die Konzeption von Petersen — fand in der Hegelschen Philosophie reiche Quellen für ihre Entwicklung. Schließlich muß man noch betonen, daß die Methode dieser Philosophie, die Methode der idealistischen Dialektik, die Methode des objektiven Idealismus, die Methode der idealistischen Betrachtung der Evolution dem bürgerlichen pädagogischen Denken eine ganz bestimmte und spezifische Richtung geben.

In der bürgerlichen Pädagogik war der Einfluß Hegels im 20. Jahrhundert sicher am stärksten. Das ist leicht zu begreifen. Nach dem siegreichen Kampf gegen den Feudalismus verließ die Bourgeoisie immer offensichtlicher die früheren fortschrittlichen und revolutionären Positionen und bezog konservative, reaktionäre Verteidigungsstellungen. In dem Maße, wie die Bourgeoisie von ihrer ursprünglichen Position abwich,

[1] Anmerkung (3) des Verfassers, s. Anhang.

entfernte sie sich von der materialistischen Philosophie und verband sich mit der idealistischen Philosophie. Die Geschichte der Bourgeoisie bezeugt, schreibt R. Garaudy, „daß sie sich des Materialismus bediente, um die Macht in ihre Hände zu bekommen und des Idealismus, um diese Macht zu behalten." [1]

Hegel war ohne Zweifel der bedeutendste Philosoph des Idealismus. Daher war in der Periode der höchsten Bedrohung der bürgerlichen Ordnung durch die Arbeiterklasse die geistige Rückkehr zu Hegel ein taktisches Manöver, um die für den Kampf notwendigen Waffen zu beschaffen. Und wie das im Kampf üblich ist, war es nicht notwendig, daß die Kämpfer wußten, wer die Waffen produziert, mit denen sie kämpften. Es genügte, daß sie mit den Waffen zufrieden waren. In vielen bürgerlichen pädagogischen Anschauungen trifft man auf Hegelsche Gedanken, obwohl Hegel selbst nicht zitiert wird. Seine Formulierungen und die Betrachtungsweise der Wirklichkeit stimmten so genau mit den Klassenbedürfnissen überein, daß sie als einleuchtend, allein möglich und selbstverständlich erschienen. Sie hatten den Anschein, „die Stimme des Geistes selbst" zu sein, obwohl sie nur die Stimme der bürgerlichen Interessen waren, die Hegel mit „philosophischer Mystifikation" umhüllte.

Die Marxsche Kritik an Hegel ist unter diesen Verhältnissen nicht nur Kritik an einem großen Philosophen aus der Jugendzeit von Marx, nicht nur Kritik an einem großen Philosophen einer vergangenen Epoche, sondern zugleich die grundsätzliche Kritik eines Standpunktes, der im bürgerlichen Denken fortlebt und es im ganzen nächsten Jahrhundert beeinflussen wird. Besonders auf dem Gebiet der Pädagogik, die mit der Hegelschen Tradition so eng verbunden ist, hat die Marxsche Kritik zukunftsweisenden Wert. Sie wird hier zum Instrument des Verstehens und richtigen Beurteilens der vergangenen, sowie auch der zeitgenössischen Strömungen in der bürgerlichen Pädagogik. Hierbei handelt es sich um die vielleicht gefährlichsten Strömungen, da sie unter den Losungen der Kultur, Moral

[1] R. Garaudy: Le Manifeste du Parti communiste, Paris 1953. S. 27.

und Persönlichkeit auftraten, die in breiten Kreisen der Lehrerschaft schon von ihrem Klang her Anerkennung fanden.

Wir sind natürlich nicht in der Lage, ein so kompliziertes Thema wie die Kritik der Hegelschen Richtung in der bürgerlichen Pädagogik im Rahmen der vorliegenden Arbeit genau zu behandeln. Wir beschränken uns daher auf einige Grundrichtungen dieser Kritik.

Das erste Problem ist die Frage der gesellschaftlichstaatspolitischen Erziehung. Für Hegel war der Erziehungsprozeß allgemein ein Prozeß der Überwindung des Natürlichen und Subjektiven durch das Geistige und Objektive. In den einzelnen Phasen dieser Überwindung hatten Staat und Gesellschaft eine entscheidende Rolle. Vor allem aber wurde der Staat von Hegel als höchste Instanz der Erziehung betrachtet, als der wesentliche moralisch-objektive Bezugspunkt für die Prozesse der Erziehung und Selbsterziehung. Der Staat als objektiver Geist befreite das Individuum von den Fesseln der Subjektivität und der Staatsdienst hob das Individuum auf den Stand des wahrhaft sittlichen, geistigen Lebens empor.

Dieser Dienst hat die Merkmale einer strengen, heroischen Moral. „Die Weltgeschichte", schrieb Hegel, „ist nicht der Boden des Glücks. Die Perioden des Glücks sind leere Blätter in ihr." [1] Das Individuum muß daher seine kleinen und unwichtigen, privaten Wünsche nach Frieden und Freude, Behaglichkeit und Genuß überwinden. „Denn man muß wissen", führte Hegel weiter aus, „daß ein solcher (Staat, Anm. d. Redaktion) die Realisation der Freiheit, d.i. des absoluten Endzwecks ist, daß er um sein selbst willen ist; man muß ferner wissen, daß allen Wert, den der Mensch hat, alle geistige Wirklichkeit, er allein durch den Staat hat... Der Staat ist die göttliche Idee, wie sie auf Erden vorhanden ist." [2] Auf diese Hegelsche Lehre griff das pädagogische Denken des Imperialismus allzugern zurück, besonders wenn es darauf ankam, dem

[1] G. W. F. Hegel: Vorlesungen über die Philosophie der Geschichte, Leipzig o. J., S. 62 f.
[2] Ebenda. S. 77 f.

„Staatsdienst" den höchsten moralischen Wert und der Staatsraison den Charakter der „Geschichtsvernunft" zuzuschreiben. Das taten nicht nur die Pädagogen des Faschismus und Hitlerismus wie Gentile oder Krieck, sondern auch Pädagogen der liberal-bürgerlichen Richtung wie z. B. Kerschensteiner. Indem er betonte, daß er einen „Staat des Rechts und der Kultur" meine, kritisierte er alle individualistischen pädagogischen Konzeptionen (wie z. B. Gaudigs) und versuchte zu beweisen, daß die Erziehung als „Verwirklichung der ethischen Idee des höchsten äußeren Gutes im wohlverstandenen Dienste des gegebenen Staates" zu verstehen sei [1].

Die Marxsche Kritik greift die Hegelsche Konzeption an ihrer Wurzel an. Dadurch, daß Marx die gesellschaftlichen Probleme „von der Erde" aus und nicht „vom Himmel" aus zu betrachten, sie als „profane Geschichte" und nicht als „heilige Geschichte" zu sehen empfiehlt, weist er auf die realen historischen Faktoren zur Bildung und Umgestaltung der Staaten und auf ihre geschichtliche Rolle hin, die im Schutz der Interessen der herrschenden Klasse besteht. Es ist nicht wahr, daß der Staat als unabhängige und höhere sittliche Persönlichkeit die Individuen und ihr gesellschaftliches Leben gestalten sollte. Gerade das Gegenteil ist der Fall. Die den Produktionsverhältnissen entspringenden Interessen bilden das Material für die Organisation des Staates, der Sieg einer Gesellschaftsklasse über die andere und die Beherrschung der Produktionsmittel durch sie bedeutet aber die Machtergreifung im Staat. In diesem Sinne ist der bürgerliche Staat ein Produkt der bürgerlichen Gesellschaft.

Dieser Gesichtspunkt gestattet es, „die Unantastbarkeit, Heiligkeit und Moral" des Staates als eines Instruments in den Händen der herrschenden Klassen revolutionär anzugreifen. Er ermöglicht es auch, die Erziehung zur Pflichterfüllung und Aufopferung gegenüber den Bedürfnissen und Aufgaben der unterdrückten Klassen und nicht zur Loyalität gegenüber den Ausbeutungs- und Machtinstitutionen zu organisieren. Marx

[1] G. Kerschensteiner: Begriff der Arbeitschule, Stuttgart 1957. S. 8.

setzte in der „Kritik des Hegelschen Staatsrechts" den Staats-
konzeptionen jene Auffassung entgegen, die er früher als
Demokratie bezeichnet und später als Konzeption des Sozialismus präzisiert hat. Marx wies in diesem Zusammenhang
sehr deutlich auf den grundsätzlichen Unterschied zwischen
ihm und Hegel hin. „Hegel", schrieb er, „geht vom Staat aus
und macht den Menschen zum versubjektivierten Staat; die
Demokratie geht vom Menschen aus und macht den Staat zum
verobjektivierten Menschen. Wie die Religion nicht den Menschen, sondern wie der Mensch die Religion schafft, so schafft
nicht die Verfassung das Volk, sondern das Volk die Verfassung." [1] Das Volk ist — nach Ansicht von Marx — das
Konkrete, aus dem der Staat als Abstraktion hervorgeht.
Wie aus den früheren Analysen hervorgeht, trennte sich der
bürgerliche Staat besonders kraß von der „zivilen Gesellschaft"
ab. Damit trat seine formal-juristische Rolle als Instrument
im Interesse der Bourgeoisie besonders deutlich in Erscheinung.
Die geschichtsphilosophische und ethische Begeisterung für
dieses Instrument ist also eine schädliche pädagogische Mystifizierung desselben. Die „Staatserziehung", sofern man sie so bezeichnen darf, muß auf die zukünftigen Verhältnisse vorbereiten,
in denen der Staat durch die Beseitigung der Klassenordnung
aus den konkreten Tätigkeiten des gesellschaftlichen Lebens
hervorgehen wird, unter denen eine die gesellschaftlich-
produktive Tätigkeit sein wird. Das heißt, daß sie unter den
konkreten Verhältnissen des bürgerlichen Staates eine „staats-
feindliche" Erziehung sein müßte, die den Klassencharakter
des Staates entlarvt und ihm die moralische oder göttliche
Autorität abspricht. Im Gegensatz zu den Spekulationen Hegels,
daß von den Höhen der Abstraktion — vom objektiven Geist,
vom Staat, von der Vernunft der Geschichte — der „wirkliche
Sinn" auf die konkreten Subjekte herabkomme, zeigt Marx
nach den Grundsätzen seiner Methode, wie aus konkreten,
realen Produktions- und gesellschaftlichen Verhältnissen Verallgemeinerungen, Ziele und Werte entstehen. Auch auf diesem

[1] Marx/Engels: Werke, Bd. 1, Berlin 1956, S. 231.

Gebiet stellt Marx „Hegel auf die Füße", indem er anstelle dessen Behauptung, daß der Staat einen wahren, realen Menschen erzeuge, die These begründet, daß — gerade umgekehrt — der Staat ein Produkt des wirklichen gesellschaftlichen Lebens der Menschen, ihrer Verhältnisse und Tätigkeit ist.

Diese wesentlichen Unterschiede werden in den Folgerungen deutlich, die sich auf das Verhältnis zwischen Individuum und Gesellschaft beziehen.

Die Geschichte als Entwicklung der Idee betrachtend, muß Hegel die menschliche, historische Tätigkeit als etwas Sekundäres und — im eigentlichen Sinne — Unwirkliches auffassen; er muß dann also die tatsächliche Existenz der Menschen als Erscheinung des objektiven geistigen Geschichtsprozesses ansehen; die Welt des objektiven Geistes wird so — nach Ansicht von Marx — „versubjektiviert, während die subjektive Welt der Menschen auf die Höhen des Objektiven gehoben wird." [1] Deshalb hat die Hegelsche Konzeption, obwohl sie den objektiven, vernünftigen Charakter der geschichtlichen Entwicklung betont und Auffassungen widerlegt, wonach sie durch die individuellen Eigenschaften der Individuen gestaltet werde, dem Kult der „auserwählten Individuen" Tür und Tor geöffnet. Die Bedeutung dieser Individuen sollte darin bestehen, daß sie in der Lage wären, durch Identifizierung ihrer persönlichen Ziele mit den allgemeinen den „Schritt des Geistes" zu begreifen und ihn anderen zu enthüllen. „Dies sind die großen Menschen in der Geschichte", schrieb Hegel, „deren eigne partikulare Zwecke das Substantielle enthalten, welches Wille des Weltgeistes ist." Diese großen Menschen haben die Massen begeistert, weil sie verborgene und unbewußte, aber diese bewegende Bedürfnisse und Aufgaben zum Ausdruck brachten. „Denn der weitergeschrittene Geist ist die innerliche Seele aller Individuen, aber die bewußtlose Innerlichkeit, welche ihnen die großen Männer zum Bewußtsein bringen. Deshalb folgen die andern diesen Seelenführern, denn sie fühlen die unwiderstehliche Gewalt ihres eignen inneren Geistes, der ihnen ent-

[1] Ebenda. S. 206.

gegentritt." [1] Man braucht nicht besonders zu erörtern, mit welcher Vorliebe und in welchem Maße die imperialistische Pädagogik diese Theorie für ihre Zwecke ausnutzte. Die auf dem „Führerprinzip" aufgebaute Pädagogik, sowohl die Kinder- als auch die Erwachsenenpädagogik, fand hier ein reiches Arsenal geeigneter Waffen vor.

Die Marxsche Kritik macht alle pädagogischen Spekulationen dieser Art unmöglich. Ihr Angriff gegen Hegel richtet sich zugleich gegen alle seine späteren Anhänger. Wie modern die pädagogischen Konsequenzen der Marxschen Kritik an Hegel sind, können wir aus den Worten von Marx selbst ersehen, die zwar vor hundert Jahren geschrieben, sich aber unmittelbar gegen die faschistischen Konzeptionen des Neohegelianismus richten. Hierzu schreibt Marx in der „Heiligen Familie": Die Hegelsche Geschichtsauffassung ist nichts anderes „als der *spekulative* Ausdruck des *christlich-germanischen* Dogmas vom Gegensatze des *Geistes* und der *Materie*, *Gottes* und der *Welt*. Dieser Gegensatz drückt sich nämlich innerhalb der Geschichte, innerhalb der Menschenwelt selbst so aus, daß wenige aus- erwählte *Individuen* als *aktiver* Geist der übrigen Menschheit als der *geistlosen* Masse, als der *Materie* gegenüberstehen. *Hegels* Geschichtsauffassung setzt einen *abstrakten* oder *absoluten* Geist voraus, der sich so entwickelt, daß die Mensch- heit nur eine *Masse* ist, die ihn unbewußter oder bewußter trägt. Innerhalb der *empirischen*, exoterischen Geschichte läßt er daher eine *spekulative*, esoterische Geschichte vorgehn. Die Ge- schichte der Menschheit verwandelt sich in die Geschichte des *abstrakten*, daher dem wirklichen Menschen *jenseitigen Geistes* der Menschheit." [2] Schlußfolgerungen aus dieser Hegelschen Theorie zogen in Frankreich die sogenannten Doktrinäre. Sie proklamierten die Souveränität der Vernunft im Gegensatz zur Souveränität des Volkes, um so die Massen von der Teil- nahme an der Regierung auszuschließen und selbst zu regieren. Das ist logisch — stellt Marx fest. „Wenn die Tätigkeit der

[1] G. W. F. Hegel: Vorlesungen über die Philosophie der Geschichte, Leipzig o. J., S. 67.

[2] Marx/Engels: Die heilige Familie, Berlin 1953, S. 201.

wirklichen Menschheit nichts als die Tätigkeit einer *Masse* von menschlichen Individuen ist, so muß dagegen die *abstrakte Allgemeinheit,* die Vernunft, *der* Geist im Gegenteil einen abstrakten, in wenigen Individuen erschöpften Ausdruck besitzen. Es hängt dann von der Position und der Einbildungskraft eines jeden Individuums ab, ob es sich für diesen Repräsentanten ,*des Geistes*' ausgeben will. Schon bei *Hegel* hat der *absolute* Geist der Geschichte an der *Masse* sein Material und seinen entsprechenden Ausdruck erst in der *Philosophie.*" [1]

Diese Kritik ist völlig verständlich. Wenn man die geschichtliche Entwicklung als „heilige" Entwicklung, also als Entwicklung auffaßt, die sich „im Geiste" vollzieht und sich nur in Menschen manifestiert, aber von ihnen nicht erzeugt wurde, dann muß jenen Individuen besondere Bedeutung zugeschrieben werden, die fähig sind, die Wege dieser Entwicklung zu begreifen. Erziehung muß dann allmählich zur Führung und Einweihung werden. Wird jedoch die Entwicklung der Geschichte als eine Entwicklung der Produktivkräfte und der gesellschaftlichen Verhältnisse, die aus den Produktivkräften und der bewußten revolutionären Klassenaktivität hervorgehen, aufgefaßt, dann kommt den Elementen des wirklichen Lebens der Menschen, der Arbeit und der kollektiven Tätigkeit in der Erziehung entscheidende Bedeutung zu. Die wertvollste Erziehung wächst dann „von unten" her als Prozeß, der mit den revolutionären Bestrebungen der unterdrückten und um die Befreiung des Menschen kämpfenden Klassen eng verknüpft ist.

In einer solchen Interpretation der Erziehung erhalten Persönlichkeit, Gemeinschaft und Bildung einen völlig anderen Sinn als bei Hegel und den späteren, von ihm beeinflußten Strömungen der bürgerlichen Pädagogik.

Die Hegelsche Auffassung von der Erziehung legte den Akzent auf die innere Dialektik des Subjekts und Objekts, interpretierte sie aber „geistig und spekulativ", und nicht sinnlich und praktisch.

[1] Ebenda, S. 201 f.

Der Erziehungsprozeß wurde in dieser Auffassung zu einem Selbsterziehungsprozeß des Individuums, zu einem Bildungsprozeß der Persönlichkeit durch geistige Arbeit, die in der Überwindung der natürlichen Subjektivität und in der aktiven Aneignung der objektiven Werte bestand. Die Kulturpädagogik des 20. Jahrhunderts knüpfte an diese metaphysisch-historischen Konzeptionen Hegels an. „Der objektive Geist", schreibt z.B. Spranger, „ist eine überindividuelle Struktur, ein überindividueller Sinn- und Wirkungszusammenhang. Er existiert nur, insofern er von lebendigen Individuen erlebt und getragen wird. Aber er ist vor jedem einzelnen Individuum und bedeutet für jedes einzelne einen vorgefundenen Komplex von Lebensbedingungen und richtunggebenden Faktoren. Seine Struktur ist durch dieselben Grundrichtungen der Werte bestimmt, die auch im Individuum walten. Aber der objektive Wertsinn, den wir in ihm als einen identisch festliegenden Gehalt voraussetzen, wird nicht von jedem ihm eingegliederten Individuum adäquat erfaßt. Vielmehr ist es ein entscheidender Satz der Geisteswissenschaft, daß sich objektiver Sinn und subjektiv erlebter Sinn nicht völlig decken." [1] Unter diesen Perspektiven des objektiven und subjektiven Geistes, der objektiven Werte und subjektiven Erlebniswerte, der geistigen Konflikte und ihrer Lösungen betrachtete man in der Kulturpädagogik den Prozeß der Selbsterziehung der Persönlichkeit.

Marx unterzieht die Grundlagen dieser ganzen Konzeption einer vernichtenden Kritik. Hegel begriff richtig, daß der Mensch sich durch seine eigene Tätigkeit selbst erschafft und daß darauf die Erziehung beruht. Er beschränkt aber zu Unrecht diese Tätigkeit auf die rein geistige Tätigkeit, indem er den Menschen dem Selbstbewußtsein gleichsetzt. „Das *menschliche Wesen*, der *Mensch*", schreibt Marx, „gilt für Hegel gleich *Selbstbewußtsein*." Von diesem Standpunkt aus wird jeder Gegenstand des Bewußtseins ausschließlich zum Selbstbewußtsein des Gegenstands, und der ganze Prozeß der Be-

[1] E. Spranger: Psychologie des Jugendalters, Leipzig 1945, S. 12.

freiung des Menschen von den Fesseln der Entfremdung beschränkt sich auf die Überwindung dieser Fesseln im Bereich des Bewußtseins. Wenn der Mensch in sein Bewußtsein die Welt — auch die materielle Welt — inkorporiert, so bedeutet das, daß der Mensch den Gegenstand als fremd überwunden hat, indem er ihn als das Werk des eigenen Bewußtseins erkennt; der Mensch erhebt sich dann auf eine höhere Stufe des Selbstbewußtseins [1].

Eine solche Behandlung des Problems ist falsch. Der Mensch ist mit seinem Selbstbewußtsein nicht identisch. Der Mensch ist ein materielles, konkretes und lebendiges Wesen. Seine Entwicklung vollzieht sich in der realen, materiell-sozialen, geschichtlichen Umwelt und nicht ausschließlich im Bewußtsein. Diese Entwicklung ist das Ergebnis der konkreten, wirklichen Tätigkeit, die das „Objekt" keineswegs nur im Geiste, sondern konkret und praktisch überwindet. Indes transponierte Hegel all das auf die Abstraktionen. Er begriff, daß der Mensch in einer entfremdeten Welt lebt und daß seine Entwicklung in der Überwindung dieser Entfremdung besteht. Er begriff jedoch nicht, daß sowohl die Entfremdung selbst als auch die Methoden zu ihrer Überwindung der wirklichen, materiell-gesellschaftlichen nicht aber der imaginären Welt angehören, in der wesentliche Entäußerungen des Lebens sich sekundär und auf mystische Weise manifestieren. Daher führte der von Hegel gewiesene Weg nicht nur zur Aufhebung der Entfremdung, sondern auch zur Aufhebung aller Objektivität, er ließ also den Menschen im luftleeren Raum, in einer Welt der Illusion schweben.

Wie wir in Kapitel III dargelegt haben, kann die Entfremdung nur dann überwunden werden, wenn auch jene Klassenverhältnisse überwunden werden, die sie infolge der Ausbeutung der menschlichen Arbeit erzeugten und auch aufrechterhalten. Das idealistische Transponieren der Entfremdung auf die geistige Ebene, in die Problematik des Bewußtseins und

[1] Marx/Engels: Die heilige Familie, Berlin 1953, S. 81 ff.

Selbstbewußtseins, in die metaphysische Problematik des Ichs und Nicht-Ichs ist ein Angriff auf jene wirklich realen, revolutionären Aufgaben, durch die eine wahrhaft vollkommene „Befreiung des Menschen" erreicht werden kann. Das ist ein anderer Weg zur Betrachtung und Erziehung der Persönlichkeit als der Hegels. Der Marxsche Weg betrachtet den Menschen in der konkreten Welt, unter ökonomisch-sozialen Verhältnissen, in der Arbeit und kollektiven Tätigkeit. Er ist eine Methode zur Erfassung und Bildung der Persönlichkeit in Verbindung mit den revolutionären sozialen Grundsätzen, mit dem Kampf an der Seite der Unterdrückten gegen die Unterdrücker. Das Bewußtsein ist hier ein Ausdruck der wirklich erreichbaren Umgestaltungen der Umwelt und der gesellschaftlichen Verhältnisse, nicht aber eine Bestandsaufnahme innerer, individueller, psychischer Komplikationen. An die Stelle des introvertiert-idealistischen „Erarbeitens der Persönlichkeit" tritt die klare und empirische Konzeption der Teilnahme an einer solchen Umgestaltung der materiellen und sozialen Lebensbedingungen, die jeden sich in seinem Leben vielseitig entwickeln läßt.

Die Unterschiede, die in den Standpunkten von Marx und Hegel bezüglich des Gemeinschaftsbegriffes bestehen, sind ebenso unüberbrückbar. Der Gemeinschaftsbegriff war ein Begriff, den die bürgerliche Pädagogik des Imperialismus mit Vorliebe zur Grundlage ihrer erzieherischen Tätigkeit machte. Einige Pädagogen faßten ihn in Verbindung mit der Konzeption objektiver Werte auf. Die Gemeinschaft war für sie ein Sich-Zusammenschließen der Persönlichkeiten um gleiche geistige Inhalte. So ging im allgemeinen die Kulturpädagogik vor. Die anderen dagegen — wie z.B. Petersen — faßten sie als „Lebensgemeinschaft", also immanent und nicht normativ auf. „Unter Erziehung", schrieb Petersen, „verstehen wir hier nicht die Summe der erfundenen und in der Praxis angewendeten Mittel der Erziehungskunst, sondern eine Funktion, die die ganze Wirklichkeit umfaßt, die das bewirkt, was wir im Menschen Vergeistigung, Vermenschlichung, seine Sein-

Persönlichkeit nennen. Die Erziehung ist in diesem Sinne die gleiche Tatsache wie das Leben." [1]

Hegel war für beide Konzeptionen der Gemeinschaftserziehung eine ergiebige Quelle. In seiner Berliner Antrittsvorlesung im Jahre 1918 führte Petersen aus: „Das, was im Leben echt, groß und göttlich ist, ist es dank der Idee. Die Aufgabe des Philosophen ist, diese Idee in ihrer wahren Gestalt und Allgemeinheit zu erfassen. Die Natur ist so eingeschränkt, daß sie die Vernunft nur notwendigerweise verwirklichen kann, aber das Reich des Geistes ist das Reich der Freiheit. All das, was das Menschenleben im Ganzen erhält, das, was einen Wert besitzt und verpflichtet, ist Geist. Und dieses Reich des Geistes existiert nur dank der Auffassung der Idee." Geist und Bewußtsein des Geistes verbindet die Menschen zu Gemeinschaften, die dann zu Zentren der Erziehung der Individuen würden.

Die gleichermaßen pantheistische und transzendente Konzeption Hegels wurde leicht zum Ausgangspunkt für die pädagogischen Theorien der „Wert-" und „Lebensgemeinschaften". Der Anteil dieser Theorien am Hitlerismus und Faschismus zeigte deutlich die in ihnen verborgenen Gefahren, sowie die unter dem Deckmantel schöner Worte verborgenen Lügen. Abermals also deckt die marxistische Kritik an Hegel nicht nur seine Fehler, sondern zugleich auch die Fehler seiner späteren Schüler auf.

Marx zeigt, daß in den Hegelschen Konzeptionen vom Zusammenleben der Individuen und Gruppen sich immer der gleiche, grundlegende Fehler der spekulativen Auffassung des Problems rächt. Hegel läßt die Gemeinschaft als sich „von oben" bildend, als Sache der Idee auffassen, während die Individuen und ihre Gruppen nur ihre Erscheinung sind. Würde man z.B. — meint Marx — Familie, Gesellschaft, Staat, d.h. diese sozialen Existenzialweisen des Menschen als Verwirklichung seines Wesens analysieren, so erscheinen diese Formen als einem Subjekt inhärente Qualitäten. Der Mensch bleibt immer

---

[1] P. Petersen: Szkoła wspólnoty życia, Warszawa 1934, S. 19 (poln.).

das Wesen aller dieser Wesen, aber diese Wesen erscheinen auch als seine wirkliche Allgemeinheit, daher auch als das Gemeinsame. Wenn man dagegen Familie, Gesellschaft, Staat gerade verkehrt begreift, als Selbstbestimmung der Idee, als ihre Existenzweise in der empirischen Welt, dann werden die Verbindungen zwischen den Menschen zur Allegorie. Die Menschen können dann nicht ihre wirkliche Gemeinschaft verstehen, das Leben der Individuen wird tatsächlich isoliert, aber zugleich werden sie auf der abstrakten Ebene verbunden [1]. Diese allegorische Gemeinschaft wird zum Kultgegenstand, den die Erziehung propagiert und damit die echten Lebenskonflikte und Kämpfe mit der Parole einer „höheren, geistigen Gemeinsamkeit" verdeckt. Diese Lösung übt in der Klassengesellschaft eine für die herrschenden Klassen wichtige „gemeinschaftsbildende" Funktion aus. Die größte Gefahr dieser Anschauung besteht nach Ansicht von Marx nicht darin, daß man neben der wirklichen Welt eine Welt der „geistigen Gemeinsamkeit, wie das einst das Christentum tat, produziert, sondern darin, daß man die bestehenden Formen des gesellschaftlichen Lebens der Menschen als „Formen der Idee" allegorisiert, anstatt sie wissenschaftlich und konkret zu analysieren, indem man ihre Wurzeln und die Entwicklungsfaktoren bloßlegt. „Die empirische Existenz wird so als die wirkliche Wahrheit der Idee betrachtet", also auf eigenartige Weise heiliggesprochen, von den realen Quellen abgeschnitten und vom zweckmäßigen Handeln der Menschen unabhängig gemacht. Eine solche „geistige Gemeinschaft", gezeigt an wirklichen Formen des Zusammenlebens, ist die sicherste Methode der reaktionären Festigung der Macht, eine Methode, die den Menschen Kühnheit und die Fähigkeit des Handelns raubt und sie auf die Ebene einer fatalistischen Fügsamkeit gegenüber „dem Gemeinschaftsgeist", der sie erzieht, hinabstößt.

Aus dem Gesagten folgt, daß die Marxsche Kritik an Hegel jene Elemente seiner Doktrin trifft, die in der bürgerlichen Gesellschaft große pädagogische Bedeutung hatten und auch

---

[1] Marx/Engels: Werke, Bd. 1, Berlin 1956, S. 241.

heute noch haben. Die allgemeinen Auffassungen von der Kultur und vom Menschen sowie die Grundthesen der abstrakt-spekulativen Denkweise Hegels gehörten zur Substanz der bürgerlichen Pädagogik verschiedener Richtungen. Eine Reihe von Einzelthesen, die sich auf den Staat, die Persönlichkeit und Gemeinschaft beziehen, benutzten die bürgerlichen Pädagogen des 20. Jahrhunderts in einer Weise, die selbst Hegel übertraf, so daß diese Thesen dem verschärften Klassenkampf im Imperialismus angepaßt waren.

Wenn wir aber heute diese Anschauungen einer Kritik unterziehen und restlos verstehen wollen, worin die Marxsche Methode des Erfassens der Erziehungsprozesse und -tätigkeiten besteht, so können wir diese Aufgaben am besten durch gründliches Studium und Durchdenken des Kampfes lösen, den Marx gegen den Hegelschen Idealismus führte.

5. Die Weiterentwicklung der materialistischen Kulturtheorie

Die in der Polemik mit Hegel auftretenden umfassenden theoretischen Probleme waren auch in späterer Zeit Gegenstand eines lebhaften wissenschaftlichen Interesses von Marx. In dem Maße, wie er seine Lehre von der Gesellschaft und vor allem von dem Grundwiderspruch zwischen der Entwicklung der Produktivkräfte und den Veränderungen der gesellschaftlichen Verhältnisse sowie seine Lehre vom Klassenkampf und der Diktatur des Proletariats entwickelte, präzisierten sich auch die Grundbegriffe der Kultur und ihrer historischen Entwicklung. Im Vorwort zur „Kritik der politischen Ökonomie" faßte Marx in den allgemein bekannten Sätzen seine Anschauungen über die Kulturtheorie zusammen. „In der gesellschaftlichen Produktion ihres Lebens", schrieb er dort, „gehen die Menschen bestimmte, notwendige, von ihrem Willen unabhängige Verhältnisse ein, Produktionsverhältnisse, die einer bestimmten Entwicklungsstufe ihrer materiellen Produktivkräfte entsprechen. Die Gesamtheit dieser Produktionsverhältnisse bildet die ökonomische Struktur der Gesellschaft, die reale

Basis, worauf sich ein juristischer und politischer Überbau erhebt, und welcher bestimmte gesellschaftliche Bewußtseinsformen entsprechen. Die Produktionsweise des materiellen Lebens bedingt den sozialen, politischen und geistigen Lebensprozeß überhaupt. Es ist nicht das Bewußtsein der Menschen, das ihr Sein, sondern umgekehrt ihr gesellschaftliches Sein, das ihr Bewußtsein bestimmt." [1]

In dieser materialistischen Auffassung ist die geistige Kultur im materiellen Leben der Menschen fest verwurzelt. Sie ist nicht mehr etwas über dem Leben Dahinschwebendes, etwas, was sich — wie die bürgerliche Theorie behauptete — nur einige wenige durch intensive Erziehungsarbeit und angeborene Anlagen „erarbeiten", sondern etwas, was in einer bestimmten ökonomischen Formation als Ausdruck gesellschaftlicher Verhältnisse und Bestrebungen existiert.

Die materialistische Theorie bestimmte so den wirklichen Zusammenhang, der zwischen dem sogenannten „Leben" und der sogenannten „Kultur" in den Anschauungen der Bourgeoisie besteht. Die materialistische Theorie vertrat die Ansicht, daß die so benannten Phänomene ein einziger geschichtlicher Prozeß sind, in dem nur mit Hilfe der dialektischen Methode die Einzelelemente herausgearbeitet werden können. Trotz einiger Unterschiede und manchmal auch Gegensätze stehen sie miteinander in engstem Zusammenhang. In diesem Zusammenhang sind sie die notwendigen Kettenglieder der geschichtlichen Entwicklung. „Steht es den Menschen frei", fragt Marx im Brief an Annenkow vom 28. Dezember 1846, „diese oder jene Gesellschaftsform zu wählen? Keineswegs. Unterstellen Sie einen bestimmten Entwicklungsstand der Produktivkräfte der Menschen, und Sie erhalten eine entsprechende Form des Verkehrs (commerce) und der Konsumtion. Unterstellen Sie bestimmte Stufen der Entwicklung der Produktion, des Verkehrs und der Konsumtion, und Sie erhalten eine entsprechende Form sozialer Konstitution, eine entsprechende Organisation der Familie, der Stände oder Klassen, mit einem Wort, eine

[1] Marx/Engels: Ausgewählte Schriften, Bd. I, Berlin 1953, S. 337 f.

entsprechende bürgerliche Gesellschaft (societé civile). Unterstellen Sie eine solche Gesellschaft als gegeben, und Sie erhalten einen entsprechenden politischen Zustand (état politique), der nur der offizielle Ausdruck dieser Gesellschaft ist." [1]

Von diesem Gesichtspunkt aus erscheint das Problem der Dauerhaftigkeit und Vermittlung der Kultur ganz anders als in den idealistischen Konzeptionen. Wenn eine bestimmte geistige Kultur in der Geschichte erhalten bleibt, so nicht deshalb, weil ihre Errungenschaften von den Erziehern gepflegt und der jungen Generation, besonders der herrschenden Klasse, weitergegeben werden, sondern in erster Linie deshalb, weil sich in Wirklichkeit der Typ des materiellen Lebens, der Typ der sozial-politischen Existenz behauptet, in dem die betreffende geistige Kultur entstanden und mit dem sie engstens verknüpft ist. Die unter diesen Verhältnissen zur Welt kommenden Menschen sind natürlich nicht in der Lage, sich eine andere Lebensweise zu wählen und müssen daher zu dem Typus gehören, der zur Zeit ihrer Geburt herrscht. „Man braucht nicht hinzufügen", schrieb Marx an Annenkow, „daß die Menschen nicht frei über ihre Produktivkräfte — die Grundlage ihrer ganzen Geschichte — verfügen; denn jede Produktivkraft ist eine erworbene Kraft, das Produkt einer früheren Tätigkeit ... Dank der einfachen Tatsache, daß jede nachfolgende Generation von der vorhergehenden Generation erworbene Produktivkräfte vorfindet, die ihr als Rohmaterial für neue Produktion dienen, entsteht ein Zusammenhang in der Geschichte der Menschen, entsteht die Geschichte der Menschheit, die um so mehr zur Geschichte der Menschheit wird, je mehr die Produktivkräfte der Menschen und infolgedessen ihre sozialen Beziehungen sich entwickeln. [2]

Die materialistische Kulturtheorie beseitigte so die imaginären Vorstellungen der Erzieher von ihrer autonomen Sendung als Künder und Verbreiter der Kultur und führte den

---

[1] Marx/Engels: Ausgewählte Schriften, Berlin 1953, Bd. II, S. 414.
[2] Ebenda, S. 414 f.

Bestand und die Veränderlichkeit der geistigen Kultur vor allem auf die Beständigkeit und Veränderlichkeit des gesellschaftlichen Lebens zurück. Die materialistische Theorie lenkte in Theorie und Praxis die Aufmerksamkeit der Erzieher auf die Probleme der gesellschaftlich materiellen Klassenlage der Menschen, auf die Probleme ihrer produktiven Arbeit und auf die Prozesse der Herausbildung ihrer Vorstellungen und Anschauungen im wirklichen täglichen Leben. Die Teilnahme an der sogenannten geistigen Kultur wurde mit der Rolle, die die Menschen im Leben spielen, in Zusammenhang gebracht und nicht mit der von der Wirklichkeit losgelösten Überlieferung des geschichtlichen Erbes großer Kulturschaffender. Der Weg zur Aneignung dieses wertvollen Erbes sollte über die Schaffung eines realen Lebens und nicht über rein idealistische Appelle an das Bewußtsein der Individuen führen. Dies erforderte natürlich völlig andere Erziehungsmethoden als die von der bürgerlichen Pädagogik empfohlenen, die sich auf die „Heranbildung einer Elite an den Kulturgütern" gründeten.

6. Die Kritik der naturalistischen Kulturauffassung

Das Wesen der materialistischen Erziehungskonzeption ist aber mit dem bis jetzt Dargelegten noch nicht ausreichend bestimmt worden. Sie wurde lediglich unter dem Aspekt der idealistischen Theorien einer autonomen Kultur und Erziehung charakterisiert. Diese sehr verbreiteten Theorien erschöpfen aber keinesfalls den bürgerlichen Standpunkt. Er äußert sich auch in den Auffassungen, die eine sehr starke Abhängigkeit der Kultur von außerkulturellen Faktoren verschiedener Art vertraten. Wir sind nicht in der Lage, hier die verschiedenartigen Theorien zu untersuchen, die die geistige Kultur als Ausdruck biologischer, geographischer, sozialer u.a. Faktoren betrachten. Ihr gemeinsamer Zug war die Überzeugung, daß die geistige Kultur eine Funktion dieser Verhältnisse sei, eine Funktion, die ähnlich wie die physikalischen und chemischen Prozesse untersucht werden kann und muß, da sie, ähnlich wie diese, im fatalistischen Sinne determiniert ist. Es hätte — von diesem Standpunkt aus — gar keinen Sinn über den autonomen Charakter der Kultur zu sprechen und auf dieser Grundlage die Erziehungsarbeit zu organisieren. Man muß die Kultur und die sie determinierenden Faktoren analysieren und so eine entsprechend wirksame Orientierung in der Erziehungsarbeit gewinnen. Diese wird sich um die primären Ursachen, nicht um die sekundären Erscheinungen kümmern müssen, nicht wie das die pädagogische Theorie und Praxis tat, die sich auf die Autonomie der kulturellen Entwicklung in der Geschichte und in den menschlichen Individuen stützte.

So richten sich die Marxsche Kulturtheorie und die in ihr enthaltene Erziehungskonzeption entschieden gegen die fatalistischen Auffassungen und gegen die Konzeption einer autonomen Kultur. Eine Betrachtung der Kultur als Ausdruck eines mechanischen Produktes der Verhältnisse oder der biologisch-geographischen bzw. ökonomisch-sozialen Umwelt ist aber der von Marx geäußerten Auffassung völlig fremd. Es besteht kein Zweifel, daß Marx niemals den naturalistischen Fatalismus vertreten und niemals die Kultur als Produkt der Rasse oder des Milieus, der Vererbung oder des Klimas betrachtet hat. Die Marxschen Schriften, einschließlich der Frühschriften, betonen die aktive Rolle der Menschen bei der Umgestaltung der natürlichen Umwelt und unterstreichen die Bedeutung des gesellschaftlichen Lebens für die Umgestaltung des Menschen, so daß das kritische Verhältnis von Marx zu den Thesen des fatalistischen Naturalismus unumstritten war.

Anders verhält es sich aber mit dem Problem der Rolle der ökonomischen Faktoren. Die Vulgärmaterialisten faßten den Entwicklungsprozeß der materiellen Produktion als einen selbständigen Prozeß auf, der die anderen Inhalte des Lebens der Menschen und ihre historischen Veränderungen im fatalistischen Sinne determiniert. Die Kritiker des Marxismus nutzten diese Vereinfachung nur allzugern für effektvolle Angriffe aus, um dadurch in der öffentlichen Meinung die Ansicht zu verbreiten, der Marxismus sei hinsichtlich seiner Kulturtheorie eine eigenartige Abwandlung des fatalistischen Ökonomismus.

Aus diesem Grunde müssen wir die wirkliche Marxsche Auffassung über die Rolle der materiellen Faktoren bei der Erzeugung der geistigen Kultur, über den angeblichen ökonomischen Fatalismus, der auf dem geistigen Schaffen der Menschen lasten soll, etwas genauer analysieren. Erst im Ergebnis dieser Analyse werden wir ein abgerundetes Bild von der marxistischen Kulturtheorie und der in ihr enthaltenen Erziehungskonzeption erhalten. Diese Konzeption unterscheidet sich nicht nur von den idealistisch-utopischen Theorien einer autonomen Entwicklung der geistigen Kultur und ihrer Weitergabe durch die Erziehung, sondern auch von den pessimistisch-fatalistischen Theorien, die die Kultur und Erziehung als ein von materiell-gesellschaftlichen Faktoren determiniertes Produkt betrachten.

Das Problem des richtigen Verstehens der Marxschen Lehre von der Kultur wurde bereits zu Lebzeiten Engels', des großen Freundes und Mitstreiters von Karl Marx, aktuell. Bekanntlich wandte er sich in den neunziger Jahren entschieden gegen jede Interpretation der geistigen Kultur als mechanisches Produkt der ökonomischen Verhältnisse. „Daß von den Jüngeren zuweilen mehr Gewicht auf die ökonomische Seite gelegt wird", schrieb er an J. Bloch am 21. September 1890, „als ihr zukommt, haben Marx und ich teilweise selbst verschulden müssen. Wir hatten, den Gegnern gegenüber, das von diesen geleugnete Hauptprinzip zu betonen, und da war nicht immer Zeit, Ort und Gelegenheit, die übrigen, an der Wechselwirkung beteiligten Momente zu ihrem Recht kommen zu lassen. Aber sowie es zur Darstellung eines historischen Abschnitts, also zur praktischen Anwendung kam, änderte sich die Sache, und da war kein Irrtum möglich." [1] Die Bemerkung von Engels, daß man die Unterlagen zur Veranschaulichung der marxistischen Kulturtheorie nicht nur im theoretischen Schrifttum allein, sondern — und vielleicht vor allem — in den historischen Studien von Marx suchen sollte, ist sehr wertvoll. In der Tat hat Marx, wie Engels mit Nachdruck unterstreicht,

---

[1] Marx/Engels: Ausgewählte Schriften, Bd. II, Berlin 1953, S. 460.

„kaum etwas geschrieben, wo sie (die Theorie des historischen Materialismus, Anm. d. Verf.) nicht eine Rolle spielt." [1]

In den Geschichtsstudien — zu denen in hohem Maße auch das „Kapital" gehört — weist Marx auf die grundlegende Rolle der materiellen Faktoren und Klassenkämpfe in der Entwicklung der geistigen Kultur hin. Er hebt darin zugleich den ganzen komplizierten Mechanismus von Aktion und Reaktion hervor, der zwischen den Prozessen im Bereich der Produktivkräfte und den Prozessen im Bereich des ökonomischen und politischen Denkens, der geistigen und literarischen Strömungen, der religiösen und moralischen Vorstellungen usw. besteht.

Das dialektische Denken macht es tatsächlich notwendig, alle Sachverhalte in ihrer Entwicklung, in ihrem wechselseitigen Zusammenhang, der auf der Einheit und dem Kampf der Gegensätze beruht, und in ihren Wechselwirkungen zu begreifen. Das dialektische Denken richtet sich damit gegen eine statische Loslösung einzelner Fakten sowie ganzer Gebiete der Wirklichkeit und gegen ihre Einordnung nach starren logischen Kategorien.

Marx gebrauchte die Bezeichnung „Basis" und „Überbau". Diese Kategorien erinnern an den Bau eines Gebäudes und werden allgemein als Bezeichnung für die Eigenart und Unselbständigkeit des Überbaus gegenüber der unbedingt determinierenden Rolle der Basis verwendet. Ohne Zweifel richteten sich diese Bezeichnungen von Marx gegen die idealistisch-spiritualistischen Theorien, nach denen sich die Kultur völlig spontan nach eigenständigen Gesetzen des Geistes entwickelt: sie sollten die reale Verwurzelung der Kultur im gesellschaftlichen Sein besonders unterstreichen. Keineswegs aber sollten sie bedeuten, daß die Kultur das mechanische Produkt materieller Verhältnisse ist.

Marx hat — entsprechend den Forderungen der Dialektik — niemals die wirklichen Geschichtsprozesse in abstrakt und statisch unterschiedliche Elemente „der Materie und des Geistes", der Produktivkräfte und Produktionsverhältnisse, der

[1] Ebenda.

ökonomischen Grundlage und gesellschaftlichen Struktur usw. getrennt. Da aber der Materialismus von Marx dialektisch war, so zeigte er immer, wie in der Entwicklung der Materie neue Qualitäten entstehen, die an den Prozessen der Weiterentwicklung aktiv teilnehmen. Bereits in seinen Jugendwerken hat Marx die falschen Auffassungen abgelehnt, die das materielle Sein der Menschen nur als etwas „streng" Materielles, als etwas, was keine psychischen Elemente mehr enthält, betrachten, und empfahl der Psychologie, ihre Untersuchungen besonders auf diese „materielle" Seite des Lebens der Menschen zu richten [1].

Auf ähnliche Weise hat Marx auch später in seinen Analysen der „materiellen" Lage der Arbeiter und der „materiellen" ökonomischen Wirklichkeit die in ihnen enthaltenen Elemente des Bewußtseins, des Willens, der moralischen Einschätzung usw. enthüllt. Sein wissenschaftliches Hauptstreben ging dahin zu zeigen, daß eine Trennung der „menschlichen Inhalte", der psychischen und sozialen Inhalte unseres Lebens von den materiellen Inhalten, von den materiellen Daseinsbedingungen, die ausschließlich als materielle, ökonomische oder technische gefaßt werden, ganz und gar nicht berechtigt ist. Die menschlichen Inhalte, also die geistigen, sittlichen, ästhetischen usw. Inhalte unseres Lebens sind nicht irgendwo, außerhalb unseres realen, materiellen Lebens angesiedelt, sondern sind immanent in ihm enthalten und bilden mit ihm eine dialektische Einheit.

Ein ausgezeichnetes Beispiel für eine solche Betrachtungsweise ist die Analyse der menschlichen Arbeit, die Marx im „Kapital" gab. Nachdem er den geschichtlichen Prozeß der Bildung der menschlichen Arbeit geschildert hat, schreibt Marx: „Wir unterstellen die Arbeit in einer Form, worin sie dem Menschen ausschließlich angehört. Eine Spinne verrichtet Operationen, die denen des Webers ähneln, und eine Biene beschämt durch den Bau ihrer Wachszellen manchen menschlichen Baumeister. Was aber von vornherein den schlechtesten Baumeister vor der besten Biene auszeichnet, ist, daß er die

---

[1] Marx/Engels: Kleine ökonomische Schriften, Berlin 1955, S. 135 f.

Zelle in seinem Kopf gebaut hat, bevor er sie in Wachs baut. Am Ende des Arbeitsprozesses kommt ein Resultat heraus, das beim Beginn desselben schon in der Vorstellung des Arbeiters, also schon ideell vorhanden war. Nicht daß er nur eine Formveränderung des Natürlichen bewirkt; er verwirklicht im Natürlichen zugleich seinen Zweck, den er weiß, der die Art und Weise seines Tuns als Gesetz bestimmt und dem er seinen Willen unterordnen muß. Und diese Unterordnung ist kein vereinzelter Akt. Außer der Anstrengung der Organe, die arbeiten, ist der zweckmäßige Wille, der sich als Aufmerksamkeit äußert, für die ganze Dauer der Arbeit erheischt, und um so mehr, je weniger sie durch den eignen Inhalt und die Art und Weise ihrer Ausführung den Arbeiter mit sich fortreißt, je weniger er sie daher als Spiel seiner eignen körperlichen und geistigen Kräfte genießt." [1]

Diese dialektische Einheit physischer und geistiger Anstrengung, materieller und geistiger Tätigkeit, realer Existenz und geistiger, sittlicher sowie ästhetischer Kultur zerstören gerade jene Spiritualisten, die den „Geist" zu einem selbständigen Reich machen. Das gleiche tun die Mechanisten, wenn sie das Geistesleben und die kulturelle Aktivität der Menschen als einfache Aufeinanderfolge von Situationen und materiellen Prozessen betrachten, als eine Aufeinanderfolge, die als „Wirkung" herausgelöst wird und nicht, von Anfang an an der Entwicklung dieser Prozesse als ihr wesentliches, charakteristisches und aktives Element teilnimmt.

Marx stimmte niemals einer solchen starren Betrachtungsweise des menschlichen Lebens, der Gesellschaft und der Kultur zu. Das Gegenteil ist der Fall. Er betonte stets die dialektische Einheit des menschlichen Lebens, d.h. er unterstrich den unaufhörlichen Prozeß der Wechselwirkungen verschiedenartiger Elemente, den Prozeß der Einheit und des Kampfes der Gegensätze, der wechselseitigen Durchdringung und Entstehung neuer Elemente. Dieser Prozeß hatte — nach Ansicht von Marx — seine Gesetzmäßigkeit, und daher konnten

[1] K. Marx: Das Kapital, Bd. I, Berlin 1953, S. 186.

die Einzelelemente nicht im Sinne der Spiritualisten „frei" sein. Aber diese in einer langwierigen geschichtlichen Entwicklung entstehenden Elemente trugen den Charakter real existierender und real wirkender verschiedenartiger Qualitäten und waren keineswegs nur Neben- und Passivprodukte eines von ihnen abgesonderten und ausschließlich materiellen Prozesses, wie das die Mechanisten meinten.

Der zitierte Brief von Marx an Annenkow bestätigt eine solche Interpretation. Auf die Frage, ob es den Menschen freistehe, diese oder jene Gesellschaftsform zu wählen, gibt dieser Brief eine verneinende Antwort. Er stellt fest, daß in einer konkreten Epoche zwischen den verschiedenen Elementen des gesellschaftlichen Lebens ein unvermeidlicher Zusammenhang besteht: bestimmte Produktionsformen haben entsprechende gesellschaftliche Verhältnisse, bestimmte gesellschaftliche Verhältnisse haben entsprechende politische Formen usw. Man darf jedoch nicht annehmen, daß Marx damit sagen wollte, die einzelnen Elemente würden unabhängig voneinander und erst nach Herausbildung des vorhergehenden wie die Stockwerke eines im Bau befindlichen Hauses entstehen. Auch darf nicht angenommen werden, daß diese Formulierungen, die die notwendige Verbindung der einzelnen Elemente bestimmen, die Gegensätze, die unter ihnen bestehen und die Quelle ihrer Weiterentwicklung sind, ausschließen würden.

Die dialektische Betrachtung betont in der Entwicklung der Kultur den Zusammenhang zwischen den einzelnen, qualitativ unterschiedlichen Elementen und den bestehenden Gegensätzen, sie unterstreicht die Rolle der materiellen Faktoren, deren Veränderungen besonders revolutionierend sind, die aber in der menschlichen Gesellschaft mit allen übrigen Elementen eine dialektische Einheit bilden. Die dialektische Betrachtung verwirft das dogmatische Verfahren, die „Kultur" in eine gesonderte, unabhängige Wirklichkeit zu verlagern, liquidiert sie aber nicht und würdigt sie auch nicht zu einer sekundären Begleiterscheinung der Materie herab. Sie hebt damit um so deutlicher die wirkliche und verantwortungsvolle Rolle der „Kultur" bei den gesellschaftlichen Umwälzungen, in der Entwicklung und im allgemeinen Fortschritt hervor. Davon zeugt die gesamte wissenschaftliche und gesellschaftliche Tätigkeit von Marx und Engels.

7. Die Rolle und Verantwortlichkeit der Schöpfer der geistigen Kultur

Die Hervorhebung der aktiven Rolle der geistigen Kultur in der Geschichte ist von folgenschwerer Bedeutung. Sie besagt vor allem, daß die Kulturschaffenden die Verantwortung für den Charakter und die Einflußrichtung ihrer Werke im gesellschaftlichen Leben tragen. Dieser individuellen Verantwortlichkeit entspricht auf seiten der Gesellschaft das Recht, die Tätigkeit der Kulturschaffenden, der Künstler und Wissenschaftler einzuschätzen und zu beurteilen.

In seinen zahlreichen Studien hat Marx die Rolle der Philosophen und Wissenschaftler, Moralprediger und Ideologen, Künstler und Erzieher im gesellschaftlichen Leben ihrer Zeit kritisch untersucht. Seitdem er in seiner Jugendschrift „Zur Kritik der Hegelschen Rechtsphilosophie" festgestellt hatte, daß man die Kritik der Religionen auf die Illusionen enthüllende Kritik der Kultur ausdehnen müsse, nahm er einen erbitterten polemischen Kampf gegen die bürgerliche Philosophie und Wissenschaft auf, die das Erkennen der Wirklichkeit und ihre Umgestaltung entsprechend den menschlichen Bedürfnissen unmöglich machten. In der „Heiligen Familie" wurden die offenen Gegner des „realen Humanismus" kritisiert, die den Versuch unternahmen, zum Spiritualismus und Individualismus zurückzukehren. Die umfangreiche Studie, die der deutschen Ideologie gewidmet war und gemeinsam mit Engels verfaßt wurde, richtete sich bald danach gegen die Pseudoradikalen, nach deren Philosophie die Welt vorwärts treiben würde. Wie im Vorwort angekündigt wird, bezweckte diese Studie, „diese Schafe, die sich für Wölfe halten und dafür gehalten werden, zu entlarven, zu zeigen, wie sie die Vorstellungen der deutschen Bürger nur philosophisch nachblöken, wie die Prahlereien dieser philosophischen Ausleger nur die Erbärmlichkeit der wirklichen deutschen Zustände widerspiegeln." [1]

Die außerordentliche Bedeutung, die Marx einer fortschrittlichen Ideologie beimißt, kam im „Manifest der Kommunistischen Partei" deutlich zum Ausdruck, dessen dritter Teil der Analyse und Kritik falscher, mystifizierender Ideologie gewidmet ist. Sie trat auch in späteren Studien von Marx hervor, wo immer die positiven Thesen mit der Kritik der Fehler und Illusionen der Gegner verknüpft wurden. Im Vorwort zum „Kapital" formulierte er einen bitteren Vorwurf an die Adresse der zeitgenössischen geistigen und moralischen Kultur, die gegen den Kapitalismus nicht kämpfen wollte: „Perseus brauchte eine Nebelkappe zur Verfolgung von Ungeheuern. Wir ziehen die Nebelkappe tief über Aug' und Ohr, um die Existenz der Ungeheuer wegleugnen zu können." [2]

Die Betonung der Rolle, die der geistigen Kultur im materiellen Leben der Gesellschaft zukommt, sowie die Formulierung eindeutiger Kriterien für die Beurteilung der Kulturschaffenden und ihrer Werke sind nur dann möglich, wenn die Abhängigkeit der Kultur von der materiellen Basis in dialektischem Sinne wirklich exakt begriffen wird. Wenn nämlich die geistige Kultur tatsächlich einen gewissen realen Einfluß auf den Verlauf der Lebensprozesse der menschlichen Gesellschaft ausübt, so kann sie nicht ein Produkt dieser Prozesse im Sinne der Mechanisten sein, die sie als völlig unselbständige, passive Abbildung der Verhältnisse betrachteten.

Der Fehler der mechanistischen Interpretation bestand u. a. auch darin, daß sie diese Verhältnisse als ein bestimmtes und einheitliches Ganzes statisch auffaßte. In Wirklichkeit aber ist es ganz anders. Die materiellen Verhältnisse, unter denen sich die Gesellschaft und ihre Kultur entwickeln, sind ein Prozeß der Veränderungen, voller Widersprüche und Kämpfe. In diesem Prozeß kann man vor allem erkennen, was jung und neu ist, was um die Zukunft kämpft, und was alt, morsch und vergänglich ist. Die geistige Kultur jeder Epoche ist mit

[1] Marx/Engels: Werke, Bd. 3, Berlin 1958, S. 13.
[2] K. Marx: Das Kapital, Bd. 1, Berlin 1953, S. 7.

diesen oder jenen Kräften verknüpft. Ihr Entstehungs- und Umwandlungsprozeß ist und kann daher auch kein Prozeß der mechanischen Widerspiegelung der Verhältnisse in der Psyche der Schaffenden sein, sondern ist — wenigstens in bestimmten Fällen und in einem bestimmten Bereich — ein Prozeß der bewußten Wahl zwischen zwei Wegen, ist ein Prozeß der Entscheidung für die Reaktion oder für den gesellschaftlichen Fortschritt.

Es ist durchaus verständlich, daß die Wahl des zweiten Weges, des Fortschritts, sich tiefgreifender mit dem Bewußtsein verbindet als die Wahl des ersten Weges. Bei der Wahl des ersten Weges wirken automatisch Traditionen, Gewohnheiten, Vorbilder und die anspornende öffentliche Meinung mit, die von den Interessen der bisher herrschenden Klassen inspiriert wird. Beschreitet man den zweiten Weg, so erfordert das den Bruch mit dem Automatismus und Auflehnung gegen die nächste Umwelt, Willensstärke und Verstandeskräfte, die die Richtung der sich im Leben vollziehenden Veränderungen weisen.

Wenn also die Existenz konservativer Elemente in der geistigen Kultur ein Beweis für die mechanistische These sein könnte, nach der die Kultur ein Nebenprodukt der Verhältnisse ist, so zeigt dieser ganze Komplex, der sich mit den fortschrittlichen, die Zukunft gestaltenden Kräften verbindet, Elemente einer schöpferischen, bewußten und verantwortlichen Wahl, die in den mechanistischen Interpretationen überhaupt nicht enthalten sind. Diese Wahl erfordert eine in die Tiefe eindringende Analyse der Wirklichkeit und die richtige Erkenntnis ihrer Entwicklungsgesetze. Diese Erkenntnis geht nicht mechanisch aus der sozialen Wirklichkeit hervor, sondern trifft vielmehr innerhalb dieser Wirklichkeit auf zahlreiche Hindernisse, die den klaren Blick verschleiern. Gerade jene Fragen, die für die weitere geschichtliche Entwicklung sehr bedeutsam sind, werden gewöhnlich durch diejenige Gesellschaftsklasse, welche an der Erhaltung der bestehenden Ordnung interessiert ist, verhüllt und entstellt.

Ein Beispiel dafür ist die politische Ökonomie. Als Marx

seine ökonomische Theorie formulierte, hob er hervor, daß die klassische Ökonomie anfänglich bestimmte Probleme überhaupt nicht beachtete, später als ihr Klassencharakter deutlich wurde, vermochte sie diese gar nicht mehr real zu erkennen. Im Vorwort zum „Kapital" zeigt Marx deutlich, wie der Fortschritt der wissenschaftlichen Forschung gehemmt wird und wie sie ihre Fesseln zerreißt.

Eine korrekte wissenschaftliche Theorie ist also — vor allem im Bereich der gesellschaftlichen Probleme — keineswegs das notwendige und passive Resultat der vorhandenen Verhältnisse. Die bestehenden Verhältnisse, speziell die jeweils herrschenden und sich zuspitzenden Gegensätze, sind lediglich die Vorbedingung für die Möglichkeit, eine Theorie zu schaffen, die diese Verhältnisse verallgemeinern und erläutern würde. Der Formulierung einer solchen Theorie greifen sie keineswegs vor, ja sie erschweren sie in gewisser Hinsicht noch. Man muß entschlossen die Partei der unterdrückten und fortschrittlichen Klassen ergreifen, man muß einen mutigen und kritischen, einen genialen Verstand haben, um aufzudecken, was in der geschichtlichen Entwicklung heranreift und was sich im gesellschaftlichen Bewußtsein noch nicht richtig widerspiegelt.

Die Formulierung neuer und fortschrittlicher Theorien, die eine neu entstehende gesellschaftliche Wirklichkeit widerspiegeln, ist also das Ergebnis eines mutigen und kritischen Bemühens des Bewußtseins, eines kompromißlosen offenen Kampfes gegen die Überbleibsel in Philosophie und Wissenschaft, gegen die Klasseninteressen nützlichen Mystifikationen. Je reifer die Prozesse der geschichtlichen Entwicklung werden, desto größer wird die Aussicht auf ein korrektes Abbild ihrer Gesetze im Bewußtsein. Aber dieses Abbild ist niemals das mechanische Ergebnis der Verhältnisse selbst.

8. Die Einführung in die Kultur als Vorbereitung für die Zukunft

Wie die Analyse ausweist, wandte sich die Marxsche Auffassung der geistigen Kultur grundsätzlich sowohl gegen die metaphysischen Konzeptionen der völligen Autonomie der Kultur als auch gegen die mechanistischen Auffassungen des Soziologismus, nach denen sie ein automatisches Abbild der Umweltverhältnisse sein sollte. Die Feststellung, daß die geistige Kultur eine bestimmte, durch die allgemeine Entwicklung begrenzte Autonomie habe, führt zu einer entschiedenen und präzisen Wertung ihrer Rolle. Diese Rolle kann entweder reaktionär oder progressiv sein, je nachdem, mit welchen gesellschaftlichen Kräften — den abtretenden oder aufstrebenden — sie verbunden ist. Mit diesem Standpunkt richtet sich die Marxsche Konzeption gegen jeglichen Kulturfetischismus, zu dem die Idealisten neigten, die die Kultur als Ausdruck des „Geistes", als etwas Höheres und nicht Handgreifliches, als Realität betrachteten, die die Menschen zu gläubigem Gehorsam und nicht zur Kritik verpflichtet. Gleichzeitig richtet sich die Marxsche Auffassung gegen jeglichen Fatalismus des Vulgärökonomismus, wonach die „Kritik der Kultur" sinnlos sei, da die Kultur selbst etwas nicht im geringsten Unabhängiges wäre, sondern ein passives Abbild der herrschenden Verhältnisse.

Die Marxsche Feststellung, daß die Kultur als Betätigung über eine bestimmte Selbständigkeit verfügen solle, hängt mit der Verschärfung der sozialen Forderungen zusammen, die an diese Tätigkeit gestellt werden müssen. Die Freiheit darf nicht durch Schöngeister und Sonderlinge ausgenutzt werden. Diese Freiheit trägt damit eine um so größere Verantwortung für die soziale Entwicklung, für die sich entwickelnde Zukunft. Die Werke der kulturellen Produktion können und sollten dem Grade nach beurteilt werden, wie sie die fortschrittlichen Kräfte der Geschichte zum Ausdruck bringen und ihnen den Sieg erleichtern.

Das bedeutet, daß die Erziehungsfragen nicht nur als Überlieferung einer vorgefundenen Kultur gelöst werden können. Diese Entscheidungen erfordern nämlich erstens, die Kenntnis der allgemeinen geschichtlichen Entwicklung, in deren konkreten Phasen die Menschen einer bestimmten Epoche leben und wirken und dabei ihr eigenes materielles und geistiges

Leben schaffen. Zweitens erfordern sie ein mit dieser Kenntnis eng verknüpftes Handeln, das die Zukunft näherrücken läßt. Die Erziehung ist — nach der Marxschen Betrachtung der Gesellschaft und Kultur — keineswegs in erster Linie eine Sache der „Bildung an den Kulturgütern", wie es besonders die Schriftsteller der Bourgeoisie verkündeten, sondern die Heranbildung von Kämpfern für den sozialen Fortschritt. Die Teilnahme an diesem Kampfe schafft und erzieht wirkliche Menschen.

Die Teilnahme ist aber ein bewußter Akt, der von der Erziehung abhängt.

Indem die dialektische Interpretation darauf hinweist, daß die Kultur mit den Lebensbedingungen im Zusammenhang steht und zugleich auf diese ihren Einfluß ausübt, lehrt sie die Kultur vom Standpunkt des sozialen Fortschritts aus zu beurteilen. Sie vertritt die Ansicht, daß die Kultur in jeder Epoche reaktionäre und progressive Züge aufweist und formuliert unter Berücksichtigung dieses Sachverhaltes besondere Pflichten der Erzieher. Sie bestehen in der psychischen Formung der jungen Generation, damit diese zum aktivsten Erbauer des Fortschritts wird. Im Vorwort zum „Kapital" schrieb Marx: „Neben den modernen Notständen drückt uns eine ganze Reihe vererbter Notstände, entspringend aus der Fortvegetation altertümlicher, überlebter Produktionsweisen mit ihrem Gefolge von zeitwidrigen gesellschaftlichen und politischen Verhältnissen. Wir leiden nicht nur von den Lebenden, sondern auch von den Toten. Le mort saisit le vif." [1] Und im „Achtzehnten Brumaire des Louis Bonaparte" stellte er fest: „Die Tradition aller toten Geschlechter lastet wie ein Alp auf dem Gehirne der Lebenden ... Die soziale Revolution des neunzehnten Jahrhunderts kann ihre Poesie nicht aus der Vergangenheit schöpfen, sondern nur aus der Zukunft. Sie kann nicht mit sich selbst beginnen, bevor sie allen Aberglauben an die Vergangenheit abgestreift hat." [2]

---

[1] K. Marx: Das Kapital, Bd. I, Berlin 1953, S. 6 f.
[2] Marx/Engels: Ausgewählte Schriften, Bd. I, Berlin 1953, S. 226 ff.

Die Erziehungsarbeit müßte gerade auf die revolutionäre Hinwendung des psychischen Lebens auf die Zukunft gerichtet sein.

Diese Verbindung der Erziehungstheorie und -praxis mit der revolutionären Aktion der Arbeiterklasse brachte den Standpunkt von Marx und Engels in einen grundlegenden Gegensatz zu allen bisherigen pädagogischen Konzeptionen. Die Forderung nach Zusammenarbeit bei der Vorbereitung der Revolution machte es erforderlich, das Verhältnis der Erziehung zum Kulturerbe ganz anders zu bestimmen als dies die bürgerliche Pädagogik getan hat. Diese Pädagogik behauptete, daß der grundsätzliche Inhalt der Erziehungstätigkeit darin bestehe, der jungen Generation das Kulturgut zu vermitteln, das die herrschende Klasse als die zur Ausbildung der Menschen unentbehrliche Kultur „überhaupt" betrachtete. Bei der Einführung in die so verstandene Kultur spielte die Erziehung die Rolle eines Faktors, der die bestehende Ordnung aufrechterhält und damit zu einem wichtigen Element des Überbaus wurde, der einer bestimmten Basis dient. Die pädagogischen Theorien verschleierten diesen Tatbestand, indem sie nachzuweisen versuchten, daß sich in der Erziehungsarbeit ein über den Klassen und über der Zeit stehender Erziehungsprozeß an den allgemeinmenschlichen Kulturgütern vollzieht.

Von dem Standpunkt aus betrachtet, den Marx und Engels zum Problem der Kultur und Erziehung eingenommen haben, verhält sich das völlig anders. Von diesem Standpunkt aus konnte man nicht nur die Zwecklügen der bürgerlichen Konzeption entlarven, sondern auch das Verhältnis der Erziehung zur Kultur als Bildungsinhalt auf exakte, von jeglicher metaphysischen Phraseologie freie, wissenschaftliche Art bestimmen.

KAPITEL VI

DIE KRITIK DER IDEALISTISCH-METAPHYSISCHEN AUFFASSUNG VOM MENSCHEN

Die Auffassung vom Menschen ist neben der Auffassung von der Kultur das zweite Kernproblem der pädagogischen Theorie. Die Anschauungen von der Erziehung verbinden sich immer mit einem bestimmten Begriff vom Menschen; auch dann, wenn dieser Begriff nicht Gegenstand einer speziellen Untersuchung des Pädagogen ist, sondern lediglich von den herrschenden Klassen übernommen wird. Die bürgerliche Pädagogik operierte mit einer eigenartigen Auffassung vom Menschen, in der sich sowohl eine gewisse Kritik feudaler Konzeptionen als auch eine verhüllte Fortführung dieser Konzeptionen ausdrückte.

Die Konzeption vom Menschen, die von der herrschenden Ideologie des Feudalismus entwickelt wurde, stützte sich auf religiöse Grundsätze und diente damit den Interessen der Kirche und den weltlichen Machthabern. Sie forderte Frömmigkeit und Demut und begründete damit die hierarchische Gesellschaftsstruktur und die überirdische Orientierung der Menschen. Die Bourgeoisie, die den Kampf gegen die geistliche und weltliche Macht aufnahm, mußte sich dieser Konzeption vom Menschen entgegenstellen, und tatsächlich wurde diese fideistische Betrachtung des Menschen in der Renaissance einer Kritik unterzogen, die im Menschen liegenden autonomen Werte, besonders die intellektuellen, wurden hervorgehoben, die irdische Tätigkeit des Menschen stark betont und Grundsätze der weltlichen Moral formuliert.

Diese Opposition gegen die mittelalterliche Auffassung war jedoch begrenzt. In der bürgerlichen Ideologie herrschte die überkommene Grundauffassung von der Existenz eines allgemeinen, unveränderlichen Begriffsinhaltes „Mensch". Diese Ideologie versuchte, auf einigen Gebieten diesen Begriffsinhalt anders zu definieren, sie brach aber nicht mit der Überzeugung, daß das sogenannte Wesen „Mensch" ein eigenartiges ideales Urbild für alle konkreten Menschen sei.

Die bürgerliche Philosophie übernahm diese idealistisch-apriorische Betrachtungsweise von der Scholastik und suchte entsprechend ihren Forderungen nach einer Definition für das „Wesen" des Menschen. Sie verwarf mystische und fideistische Lösungsversuche und glaubte die wesentlichen Merkmale in der Vernunft und Sprache, in der praktisch-mechanischen Tätigkeit oder schließlich in der sozialen Lebensweise gefunden zu haben. In den bekannten Definitionen des Menschen als „vernunftbegabtes Tier" oder als „politisches Wesen" oder schließlich als „homo faber" drückten sich grundlegende Tendenzen dieses Suchens nach dem „Wesen" des Menschen aus.

Diese philosophischen Überlegungen führten zwar zu den unterschiedlichsten Ergebnissen — in der bürgerlichen Geistesgeschichte wurden zwischen den Anhängern voneinander abweichender Lösungen des „Rätsels" Mensch, wie z. B. zwischen den Pragmatisten und Rationalisten, scharfe Auseinandersetzungen geführt —, aber sie alle stützten sich auf den gleichen methodologischen Grundsatz, das Wesen des Menschen als einen konstanten, allgemeinen und grundlegenden „Idealinhalt" zu definieren, der den Menschen schafft [1].

Diese Denkweise hatte für die Pädagogik einen besonderen Wert. Die Pädagogik als Wissenschaft von der Erziehung des Menschen wollte erfahren, worin das „wahre Wesen" des Menschen bestehe, um es den Zöglingen „einprägen" zu können. Ein konkretes, empirisches Individuum muß der Erzieher so gestalten, daß sich in ihm das „wahre Wesen" des Menschen realisiert. Das Wissen von diesem Wesen wurde somit zur Grundlage der Erziehungsziele und des Programms der Erziehungsarbeit. Dank den erzieherischen Bemühungen wurden

---

[1] Anmerkung (1) des Verfassers, s. Anhang.

die Kinder in diesem Sinne zu „Menschen", so daß die Idee vom Menschen — die übrigens in ihnen schon auf irgendeine Weise schlummerte — in ihnen erwachte und von den Höhen der Abstraktion herabstieg, indem sie sich — natürlich nur fragmentarisch — in ihrem individuellen Sein verkörperte.

Diese metaphysische Art der „Menschwerdung" war der Kern der bürgerlichen pädagogischen Konzeption, die sich auf die metaphysische Auffassung vom Menschen gründete. Der progressive Wert dieser Erziehung hielt solange an, wie sie als Mittel des Kampfes gegen die scholastischen Konzeptionen, die das Wesen des Menschen in mystischer und fideistischer Weise erklärten, genutzt wurde. Im Widerspruch zu diesen Konzeptionen stand die Pädagogik Komenskýs. Nach ihr bedeutet Erziehung, das Kind in einen Menschen zu verwandeln, ihm Bildung zu geben. Das war ein großer Fortschritt in der Erziehung. In der Weiterentwicklung wurde aber immer augenfälliger, daß diese metaphysische Konzeption vom Wesen des Menschen reaktionäre Folgen haben muß. Diese Theorie ließ den historischen Entwicklungsprozeß des Menschen unbeachtet und legte die scheinbar konstanten und allgemeinen Merkmale als wesentliche fest. Der metaphysisch aufgefaßte „Mensch", den die Erziehung verwirklichen sollte, war nunmehr nur eine Zusammenfassung der bisherigen geschichtlichen Erfahrung. In der Frühperiode der Entwicklung der kapitalistischen Gesellschaft, als es darauf ankam, die feudalen Überreste zu beseitigen, half diese neue, bürgerliche Begriffsbestimmung des Wesens des Menschen mit ihrem antifeudalen Inhalt, neue Verhältnisse zu schaffen. Mit der allmählichen Stabilisierung der bürgerlichen Gesellschaftsordnung aber wurde diese metaphysische Definition des Menschen zum Faktor der weiteren Festigung dieser Verhältnisse.

Diese Auffassung vom Menschen gipfelte nämlich darin, die im Kapitalismus existierenden Merkmale des Menschen als „substantielle" Merkmale der Menschheit überhaupt zu betrachten und damit die herrschende Ordnung als die der „menschlichen Natur" am besten entsprechende zu proklamieren.

Wenn wir die Schicksale und Funktion der metaphysischen Auffassung des Menschen — besonders im 18. und 19. Jahrhundert — analysieren, werden wir mühelos feststellen, daß die Theorie von der Natur des „Menschen" zur Sicherung der entstehenden kapitalistischen Ordnung diente. Die bürgerliche Philosophie strebt weiterhin danach, das „wahre Wesen" des Menschen von ihrem Standpunkt aus zu bestimmen, also inhaltlich anders als in der Zeit des Feudalismus. Da sich aber allmählich der Gegner ändert, gegen den man kämpfen muß — es ist nicht mehr die feudale Welt, sondern die Volksmassen und vor allem das Proletariat —, so behandelt man „das wahre Wesen" des Menschen als ein überzeugendes Argument, für die Begründung, daß die bürgerliche Ordnung gerecht und beständig sei, weil sie eben der Natur des Menschen entspricht.

Heute können wir ohne Mühe diesen Prozeß der philosophischen Mystifizierung enthüllen, der dem kapitalistischen System die höchste metaphysische Sanktion geben sollte. Aus den herrschenden gesellschaftlichen Verhältnissen im Kapitalismus wurde „herausgelesen", wie die Natur des Menschen durch diese Verhältnisse geformt wurde. Dann aber — man betrachtete dieses „Herauslesen" als Enthüllung der beständigen und wesentlichen, von Umständen unabhängigen Merkmale — versuchte man zu beweisen, daß die Natur des Menschen selbst die Erhaltung der bürgerlichen Ordnung fordere, da sie die einzige, dem „Wesen" des Menschen adäquate Natur sei.

So wurde die metaphysische Auffassung vom Menschen zum wichtigen Faktor der Verteidigung bürgerlicher Positionen, zugleich aber machte sie jeden Fortschritt zu einer wirklichen Erkenntnis des Menschen unmöglich. Die Theorie der „Natur des Menschen" war im Vergleich zu den kirchlich-feudalen Auffassungen vom Menschen ein relativer Fortschritt und spielte in der Geschichte — besonders in der Renaissance — eine fortschrittliche Rolle. In der Periode des beginnenden Befreiungskampfes der Arbeiterklasse wurde sie zu einer Theorie, die die Bestrebungen nach Änderung der herrschenden Verhältnisse erschwerte und den historischen Entwicklungs-prozeß des Menschen einengte und entstellte, weil sie dem bürgerlichen Modell Vollkommenheit und Unveränderlichkeit zusprach.

1. Die Kritik spiritualistischer und naturalistischer Konzeptionen

Bereits in seinen frühen Werken gibt Marx eine Analyse des Menschen. Er führt sie im Kampf gegen metaphysische und statische Konzeptionen religiös-spiritualistischer Prägung und gegen die Auffassungen des Naturalismus, speziell der sensualistischen Philosophie durch. Das menschliche Wesen kann nach Marx nicht als ein Wesen verstanden werden, dessen Inhalt auf ewig festgelegt und dessen wirkliches Leben nur ein seit Jahrhunderten gleiches Streben nach Verwirklichung dieses Wesens sei. Es kann aber auch nicht als ein ausschließlich durch die Naturkräfte geschaffenes Wesen betrachtet werden, wie das bei den Tieren der Fall ist. Will man in das Wesen des Menschen eindringen, muß man grundsätzlich seine, die Umwelt verändernde Aktivität berücksichtigen und sich den fundamentalen Prozeß der Selbsterzeugung des Menschen durch die schöpferische Arbeit vergegenwärtigen. Alle Theorien aber, die den Menschen auf eine außermenschliche — religiöse, geistige oder materielle — Wirklichkeit reduzieren, fassen ihn als mechanisches Produkt des Wirkens fremder Kräfte auf.

Bereits in seinem Werk „Zur Kritik der Hegelschen Rechtsphilosophie" schrieb Marx, als er die Religion analysierte und sie als Ausdruck der Sehnsucht des Menschen in einer Welt voller Elend interpretierte, folgendes: Die Religion ist „die phantastische Verwirklichung des menschlichen Wesens, weil das menschliche Wesen keine wahre Wirklichkeit besitzt". Marx will damit sagen, daß der Mensch sich in der bisherigen Geschichte noch nicht erschaffen hat. Es existiert also dieses menschliche Wesen noch nicht, das die Metaphysiker beschrieben haben und das ein von Ewigkeit an bestehendes und unveränderliches Urbild sein soll, nach dem die empirischen

Einzelwesen beurteilt werden sollten. Dieses Wesen unterlag — nach Marx — einem unaufhörlichen Werden dank der Aktivität, die die Welt verändert und den Menschen grundsätzlich vom Tier unterscheidet. *„Aber der Mensch"*, schrieb Marx in der gleichen Abhandlung, „ist kein abstraktes, außer der Welt hockendes Wesen. Der Mensch, das ist *die Welt des Menschen*, Staat, Sozietät." [1]

In den „Ökonomisch-philosophischen Manuskripten" wurde dieser Gedanke weiterentwickelt. Der Angriff richtet sich hier nicht nur gegen die metaphysischen Konzeptionen der Religion, sondern vor allem gegen die des Naturalismus sensualistischer Prägung. Marx wandte sich sowohl gegen diejenigen, die den Menschen als ein besonderes, geistiges Wesen von der Natur loslösen, als auch gegen jene, die den Menschen ganz in die Welt eingliedern und ihn zum Produkt dieser Welt machen wollen. Marx betonte sehr stark den engen Zusammenhang des Menschen mit der Natur, doch betonte er auch, daß dieser Zusammenhang eine spezifische Form der Aktivität hat, die die Natur und den Menschen zur „menschlichen Welt" werden läßt.

Die ganze Geschichte ist ein Prozeß des Werdens jener menschlichen Welt, in deren Grenzen der Mensch die Natur und sich selbst verändert.

Diese aktive und historische Konzeption wirft — nach Marx — jene Theorien um, die aus der Gegenüberstellung der Welt der Natur und der Welt der Menschen ein Grundprinzip der Weltanschauung machten. Marx lehrt zu begreifen, „wie das natürliche Verhalten des Menschen zu seinem menschlichen Verhalten wurde, oder anders gesagt, wie seine menschliche Existenz zu seiner natürlichen Existenz und seine menschliche Natur einfach zu seiner Natur wurde". In diesem Sinne ist jeder Schritt, der zur Beherrschung und Veränderung der Natur führt und den Menschen immer enger mit den Naturkräften verbindet, ein Schritt zur Bildung eines umfassenderen menschlichen Inhalts. Diese Verbindung der mensch-

[1] Marx/Engels: Die heilige Familie, Berlin 1953, S. 11.

lichen Kräfte mit den Kräften der Natur ist nach Marx der Schlüssel zur Auflösung des „Widerstreites zwischen dem Menschen mit der Natur und mit dem Menschen, die wahre Auflösung des Streits zwischen Existenz und Wesen, zwischen Vergegenständlichung und Selbstbestätigung, zwischen Freiheit und Notwendigkeit, zwischen Individuum und Gattung." [1]

Je weiter die Menschen auf diesem Wege zur Schaffung einer „menschlichen Welt" in ihrer geschichtlichen Tätigkeit vorankommen, um so stärker werden sie die beiden bis dahin gegensätzlichen Konzeptionen des fatalistischen Naturalismus und des spiritualistischen Humanismus ablehnen. Sie sind der Ausdruck der historischen Ratlosigkeit und Unselbständigkeit, des mangelnden Bewußtseins, daß sie selbst die Schöpfer ihrer eigenen Welt in der Natur sind. Unter diesen Bedingungen entstanden die ebenso falschen Auffassungen derjenigen, die den Menschen tatenlos den Kräften der Natur in und außerhalb desselben unterwarfen, sowie auch derjenigen, die die menschliche Größe in der völligen Loslösung von der Natur, im Reich des „reinen Geistes" erblickten.

Im Gegensatz zu beiden Auffassungen hebt Marx hervor, daß die Beherrschung der Natur den Menschen erst zum Menschen im eigentlichen Sinne macht und daß das Menschwerden mit dem immer stärkeren Hineinwachsen des Menschen in die Natur identisch ist. „Die Geschichte selbst", schreibt Marx, „ist ein *wirklicher* Teil der *Naturgeschichte*, des Werdens der Natur zum Menschen. Die Naturwissenschaft wird später ebensowohl die Wissenschaft von dem Menschen, wie die Wissenschaft von dem Menschen die Naturwissenschaft unter sich subsumieren: es wird *eine* Wissenschaft sein." [2]

Der Weg, der dorthin führt, ist die Entwicklung der Industrie, die im allgemeinsten Sinne als Entwicklung der menschlichen Tätigkeit zur Umgestaltung der Natur verstanden wird. Diese Tätigkeit ist — wie sie Marx bezeichnet — „das *aufgeschlagene* Buch der *menschlichen Wesenskräfte*, die sinnlich vorliegende

---

[1] Marx/Engels: Kleine ökonomische Schriften, Berlin 1955, S. 127.
[2] Ebenda, S. 137.

menschliche Psychologie". Denn sie ist nicht nur ein äußerlicher, materieller Erwerb von Lebensmitteln, sondern zugleich eine moderne Bildung der Menschen und ihrer Wechselbeziehungen, ihres individuellen und sozialen Seins in spezifischer Weise. Darum muß — nach Marx — vor allem die Psychologie dieses „aufgeschlagene Buch" analysieren, wenn sie erkennen will, was der Mensch ist und was er sein wird.

Die Industrie ist ein reales geschichtliches Verhältnis der Menschen zur Natur, also auch der Naturwissenschaften zum Menschen; in diesem Prozeß bildet sich die menschliche Natur des Menschen, seine wahre Natur. Je menschlicher die Natur wird, um so menschlicher wird auch der Mensch. Er bildet und entwickelt sich an den Werken seiner eigenen Hände und seines eigenen Geistes, der ihn in der Natur erfolgreich wirken läßt.

Die Kritik, die Marx am Sensualismus übte [1], enthüllt die fehlerhafte Auffassung, daß die menschlichen Sinne von Natur aus ein fertiger Empfangsapparat seien. Er weist darauf hin, daß die menschlichen Sinne erst in der Tätigkeit der Menschen wahrhaft „menschlichen" Charakter bekommen. In der Tätigkeit schaffen die Menschen aus dem Material der Natur menschliche Gegenstände, und so entwickeln sich die Sinne und die Fähigkeit zum Handeln. „Die Bildung der fünf Sinne", schreibt Marx, „ist eine Arbeit der ganzen bisherigen Weltgeschichte".

Je menschlicher die Natur ist, desto unabhängiger ist der Mensch von den natürlichen Notwendigkeiten, desto freier und gerechter kann er die Wechselbeziehungen gestalten. Die Siege in der Beherrschung der Natur sind die Grundlage für den Sieg im gesellschaftlichen Leben. Der Kommunismus, der nur auf einer hohen Entwicklungsstufe der Produktivkräfte möglich ist, ist sowohl die Überwindung der Herrschaft der Natur über die Menschen als auch die Überwindung der Herrschaft der Menschen über die Menschen. Die Entwicklung der Industrie schafft die Voraussetzungen für die „menschliche Emanzipation", die den Kommunismus verwirklicht.

[1] Ebenda, S. 134.

Als Ergebnis dieser Überlegungen formuliert Marx im Zusammenhang mit der Bekämpfung der sogenannten „wahren" Sozialisten die These, daß dieser „menschliche Inhalt" ganz von der Stufe der Produktion und des Verkehrs der Menschen abhinge [1].

Wie aus diesen Überlegungen ersichtlich, packte Marx die metaphysische Konzeption vom Menschen an ihren Wurzeln. Es wurde bereits erwähnt, daß sich die bürgerliche Konzeption im Inhalt von der feudalen Konzeption unterschied, nicht aber — und das betrifft auch frühere Auffassungen — in ihrem metaphysischen Charakter. Gerade an diesen methodologischen Grundsätzen der bürgerlichen Konzeption, die ihr und allen anderen Theorien vom Menschen gemeinsam waren, übte Marx Kritik. Diese Kritik stellte den sich historisch entwickelnden dialektischen Standpunkt der statischen und metaphysischen Betrachtungsweise entgegen. Die allgemein bekannte Feuerbach-These lautete: „Das menschliche Wesen ist kein dem einzelnen Individuum innewohnendes Abstraktum. In seiner Wirklichkeit ist es das Ensemble der gesellschaftlichen Verhältnisse." [2] In dieser lapidar formulierten These war der ganze Reichtum eines Gedankens enthalten, der die bisherigen Anschauungen von mehreren Seiten aus angriff und so der Erkenntnis den eindeutig richtigen Weg für die Zukunft wies.

Die Marxsche Kritik der idealistischen Philosophie Hegels, die wir im vorhergehenden Kapitel analysierten, zeigt die Angriffsrichtung auf die metaphysischen Konzeptionen vom Menschen. Ihr grundsätzlicher Fehler besteht nach Marx darin, daß sie das „Wesen" als ursprünglich und übergeordnet im Verhältnis zum konkreten Menschen betrachtet, als eine „Tatkraft", die die Menschen formt, als einen eigenartigen „Präinhalt", aus dem die empirische Welt entsteht. Sogar dort, wo die bürgerliche Philosophie geschichtliche Prozesse erblickt, betrachtet sie sie als abhängig, als „Verwirklichung" von Abwandlungen

[1] Marx/Engels: Werke, Bd. 3, Berlin 1958, S. 500.
[2] Ebenda, S. 534.

des menschlichen „Wesens". „Wenn man diese Entwicklung der Individuen", schreibt Marx, „in den gemeinsamen Existenzbedingungen der geschichtlich aufeinanderfolgenden Stände und Klassen und den ihnen damit aufgedrängten allgemeinen Vorstellungen *philosophisch* betrachtet, so kann man sich allerdings leicht einbilden, in diesen Individuen habe sich die Gattung oder der Mensch, oder sie haben den Menschen entwickelt; eine Einbildung, womit der Geschichte einige starke Ohrfeigen gegeben werden. Man kann dann diese verschiedenen Stände und Klassen als Spezifikationen des allgemeinen Ausdrucks, als Unterarten der Gattung, als Entwicklungsphasen des Menschen fassen." [1] Dieser falsche, irreführende Standpunkt äußert sich in der Annahme des Allgemeinen als des Ursprünglichen und erst die Einzelfakten Erzeugenden. In diesem Sinne findet bei den metaphysischen Philosophen die „Präexistenz der Klasse" Beachtung, weil man z.B. glaubt, daß „der Bourgeois nur ein Exemplar der Bourgeoisgattung sei", eine Meinung, die — nach Marx — „voraussetzt, daß die *Klasse* der Bourgeois schon vor den sie konstituierenden Individuen existiert haben." [2]

In Wirklichkeit verhält sich das Problem aber ganz anders. Nicht „der Mensch überhaupt" verwirklicht sich in den einzelnen Perioden der Geschichte, sondern „diese Summe von Produktionskräften, Kapitalien und sozialen Verkehrsformen, die jedes Individuum und jede Generation als etwas Gegebenes vorfindet, ist der reale Grund dessen, was sich die Philosophen als ‚Substanz' und ‚Wesen des Menschen' vorgestellt haben." [3] Wenn also die Metaphysiker den geschichtlichen Prozeß als den Entwicklungsprozeß „des Menschen" betrachten, so verwechseln sie grundsätzlich die Ursachen mit den Erscheinungen. Sie haben „den ganzen", schrieb Marx, „von uns entwickelten Prozeß als den Entwicklungsprozeß ‚des Menschen' gefaßt, so daß den bisherigen Individuen auf jeder geschichtlichen Stufe ‚der Mensch' untergeschoben und als die treibende

[1] Marx/Engels: Werke, Bd. 3, Berlin 1958, S. 75.
[2] Ebenda.
[3] Ebenda, S. 38.

322

Kraft der Geschichte dargestellt wurde. Der ganze Prozeß wurde so als Selbstentfremdungsprozeß ,des Menschen' gefaßt, und dies kommt wesentlich daher, daß das Durchschnittsindividuum der späteren Stufe immer der früheren und das spätere Bewußtsein den früheren Individuen untergeschoben [wurde]." [1]

2. Die Kritik der Grundlagen der bürgerlichen Mystifikation

Die metaphysische Auffassung vom Menschen ist also eine an sich unbewußte Registrierung von Tatsachen der bisherigen Entwicklung des Menschen, die mit den sozialen Verhältnissen und der gesellschaftlichen Tätigkeit der Menschen verknüpft ist. Die metaphysische Theorie betrachtet dieses nichterkannte geschichtliche Erbe als Äußerung des „wahren Wesens" des Menschen und macht dadurch sein wirkliches Begreifen unmöglich. In einer bestimmten Phase der Geschichte kommt gerade das der Bourgeoisie zugute und verleiht dieser Theorie einen reaktionären Charakter. Marx verwandte auf die Entlarvung des mystischen Charakters der bürgerlichen Theorien viel Arbeit, indem er die vom bürgerlichen Denken als angeblich vollkommensten Ausdruck des menschlichen Wesens formulierten Ideale präzis analysierte. Die bürgerlichen Schriftsteller haben oft das Ideal des Menschen als Ziel der Erziehungsarbeit hingestellt, ohne die Tatsache zu begreifen oder begreifen zu wollen, daß dieses Ideal durch die Interessen und Erfahrungen der Bourgeoisie in seinem Inhalt beschränkt ist. „Herr Proudhon behauptet nicht direkt", schreibt Marx im Brief an Annenkow, „daß das bürgerliche Leben für ihn eine ewige Wahrheit sei. Er sagt es indirekt, indem er die Kategorien vergöttlicht, die die bürgerlichen Verhältnisse in der Form des Gedankens ausdrücken. Er nimmt die Produkte der bürgerlichen Gesellschaft für spontan entstandene, mit eigenem Leben ausgestattete, ewige Wesen, da sie sich ihm in der

[1] Ebenda, S. 69.

Form von Kategorien, in der Form des Gedankens darstellen. So kommt er nicht über den bürgerlichen Horizont hinaus. Da er mit bürgerlichen Gedanken derart operiert, als wenn sie ewig wahr wären, sucht er die Synthese dieser Gedanken, ihr Gleichgewicht, und sieht nicht, daß die Art und Weise, wie sie sich gegenwärtig das Gleichgewicht halten, die einzig mögliche Art und Weise ist. Er tat nichts weiter, als was alle guten Bourgeois tun. Sie sagen alle, daß die Konkurrenz, das Monopol usw. im Prinzip, das heißt als abstrakte Gedanken genommen, die alleinigen Grundlagen des Lebens sind, in der Praxis aber viel zu wünschen übriglassen. Sie wollen alle die Konkurrenz ohne die unheilvollen Folgen der Konkurrenz. Sie wollen alle das Unmögliche, das heißt bürgerliche Lebensbedingungen ohne die notwendigen Konsequenzen dieser Bedingungen. Sie verstehen alle nicht, daß die bürgerliche Form der Produktion eine historische und vorübergehende Form ist, genauso wie es die feudale Form war. Dieser Irrtum stammt daher, daß der Bourgeois-Mensch für sie die einzig mögliche Grundlage aller Gesellschaft ist, daher, daß sie sich keinen Gesellschaftszustand denken können, in dem der Mensch aufgehört hätte, Bourgeois zu sein." [1]

Die bürgerlichen Schriftsteller begreifen nicht, daß das, was sie mit „Mensch" bezeichnen, ein Ausdruck der spezifischen, in der bürgerlichen Gesellschaft herrschenden Verhältnisse ist; sie verabsolutieren den vorgefundenen Inhalt und machen ihn zum unantastbaren ewigen Vorbild.

Die im Gewand hinreißender Parolen von Freiheit, Menschlichkeit, von Entwicklung des Individuums usw. auftretende Erziehungspraxis ist in Wirklichkeit einzig und allein die Bildung des bürgerlichen Menschen. All das — schreibt Marx — ist nur „die Anerkennung des egoistischen, bürgerlichen Individuums und der zügellosen Bewegung der geistigen und materiellen Elemente, welche den Inhalt des heutigen bürgerlichen Lebens bilden." [2]

---

[1] Marx/Engels: Ausgewählte Briefe, Berlin 1953, S. 50 f.
[2] Marx/Engels: Werke, Bd. 2, Berlin 1958, S. 119.

Diese Heuchelei der Bourgeoisie wächst ständig; sie ist die Folge der wachsenden Kraft des Proletariats.

Die Differenzen zwischen Bourgeoisie und Proletariat erschöpfen sich nämlich nicht im Bereich der aktuellen sozial-ökonomischen Situation dieser beiden Klassen. Sie sind auch mit ihrer unterschiedlichen Rolle in der Zukunft verbunden. Das Proletariat ist eine Klasse, die in der Zukunft herrschen wird, indem sie eine klassenlose sozialistische Gesellschaft schafft, während die Bourgeoisie eine zum Untergang verurteilte Klasse ist. Im Kampf der durch die Kapitalisten ausgebeuteten und unterdrückten Arbeiter reift eine neue Welt heran, in der sie nach dem Sturz der bürgerlichen Gesellschaftsordnung zu herrschen beginnen. Was sie heute in ihrer täglichen Arbeit schaffen, wird zwar durch den Kapitalismus ausgebeutet und vernichtet, es wird aber voll aufblühen, wenn sich die Arbeiter die Produktionsinstrumente erkämpft haben. Wohl können sie zunächst in ihrem revolutionären Kampf Niederlagen erleiden, doch formen und festigen sich darin die neuen Züge des sozialistischen Menschen, die sich in Zukunft weiter entfalten werden.

Anders verhält es sich mit der Rolle der Bourgeoisie. „An der bürgerlichen Periode der Geschichte ist es", schreibt Marx, „die materielle Grundlage einer neuen Welt zu schaffen — einerseits den auf der gegenseitigen Abhängigkeit der Völker beruhenden Weltverkehr und die hierfür erforderlichen Verkehrsmittel, andrerseits die Entwicklung der menschlichen Produktivkräfte und die Umwandlung der materiellen Produktion in wissenschaftliche Beherrschung der Naturkräfte. Bürgerliche Industrie und bürgerlicher Handel schaffen diese materiellen Bedingungen einer neuen Welt in der gleichen Weise, wie geologische Revolutionen die Oberfläche der Erde geschaffen haben. Erst wenn eine große soziale Revolution die Ergebnisse der bürgerlichen Epoche, den Weltmarkt und die modernen Produktivkräfte, gemeistert und sie der gemeinsamen Kontrolle der am weitesten fortgeschrittenen Völker unterworfen hat, erst dann wird der menschliche Fortschritt nicht mehr jenem scheußlichen heidnischen Götzen gleichen, der den Nektar nur aus den Schädeln Erschlagener trinken wollte." [1]

Die geschichtliche Rolle der Bourgeoisie besteht also in der Vorbereitung des Bodens für ein System, das die Negation dieser Bourgeoisie sein wird. Doch keine Gesellschaftsklasse würde ihre eigene Vernichtung zu ihrem Lebensideal erheben wollen. Das tut auch die Bourgeoisie nicht. Im Gegenteil, sie bemüht sich, in ihrer Ideologie den Nachweis für die Rechtmäßigkeit und Ewigkeit ihrer Existenz zu führen. Da aber das kapitalistische System nur eine Entwicklungsetappe der Menschheit ist und daher als Verwirklichung der natürlichen Vernunft und Gerechtigkeit nicht ewig dauern kann, muß die bürgerliche Ideologie voller Widersprüche, Heucheleien und Illusionen sein. Die Bourgeoisie ist daher an wissenschaftlichen Untersuchungen, die ihren historischen Charakter und ihre Rolle enthüllen würden, nicht interessiert. Im Gegenteil, sie muß solche Arbeiten vernichten, da die gewonnenen Ergebnisse die Grundlagen ihrer Herrschaft gefährden. Dagegen muß sie eine Philosophie schätzen, die die bürgerliche Ordnung als von der Geschichte unabhängig, allgemein, beständig und in metaphysischer Hinsicht verpflichtend hinstellt, indem sie unbewußt dem gesellschaftlichen Leben die Hauptgrundsätze dieser Ordnung entnimmt.

Marx deckte mit besonderer Eindringlichkeit diese typischen bürgerlichen Illusionen auf und entlarvte sie. Er tat das gegenüber den Philosophen der Aufklärung, die die Privilegien und Wünsche der bürgerlichen Klasse als Naturrecht darstellten, er tat das Hegel gegenüber, der die Errungenschaften des bürgerlichen Staates für die Metaphysik des Staates nutzbar machte, und er tat das auch gegenüber der „deutschen Ideologie" und dem sogenannten „wahren" Sozialismus.

Heuchelei und Blindheit der bürgerlichen Ideologie sind nach Marx besonders in jenen Varianten ersichtlich, die sich als fortschrittlich und sogar sozialistisch anpreisen. In diesem „konservativen oder Bourgeoissozialismus" tritt am deutlichsten

---

[1] Marx/Engels: Ausgewählte Schriften, Bd. I, Berlin 1953, S. 332.

die unreale Aufgabe hervor, die man sich gestellt hat, nämlich die kapitalistische Ordnung zu verbessern, ohne sie zu stürzen. „Die sozialistischen Bourgeois", heißt es im „Manifest der Kommunistischen Partei", „wollen die Lebensbedingungen der modernen Gesellschaft ohne die notwendig daraus hervorgehenden Kämpfe und Gefahren. Sie wollen die bestehende Gesellschaft mit Abzug der sie revolutionierenden und sie auflösenden Elemente. Sie wollen die Bourgeois ohne das Proletariat". Als Vertreter einer solchen Philosophie galt Proudhon, den Marx oft bekämpfte.

3. Der bürgerliche Utilitarismus als falsche Theorie der Motive des menschlichen Handelns

Bei der Entlarvung der Klassenfunktion der bürgerlichen Erziehungsphilosophie analysierte Marx zwei grundsätzliche Konzeptionen vom Menschen, die diese Philosophie vertrat. Die eine trug den Charakter theoretischer Überlegungen über die menschliche Natur und ihre Handlungsmotive, die andere war bemüht, die Aufgaben des Individuums als Bürger und Mensch zu bestimmen. Grundlage der bürgerlichen Überlegungen waren im ersten Falle die aus der wachsenden kapitalistischen Wirtschaft, ihrem Charakter und ihren Methoden gewonnenen Erfahrungen, im zweiten Falle die Erfahrungen, die bei der Bildung des bürgerlichen Staates gemacht wurden.

Die Betrachtungen, die sich auf die Natur des Menschen bezogen, führten zu der Schlußfolgerung, daß die Haupttriebkraft des menschlichen Handelns sein Verlangen nach Profit ist. Dieser Gedanke wurde von der bürgerlichen Philosophie als für die Erziehung besonders wertvoll hingestellt. Die Heranbildung der Individuen zu Menschen, die ihren Interessenkreis gut und vernünftig begreifen, sollte das Grundsatzprogramm der individuellen und gesellschaftlichen Erziehung sein.

Marx kritisierte diese Konzeption, indem er vor allem auf ihre von bürgerlichen Interessen eindeutig bestimmte Entstehungsgeschichte hingewiesen hat.

Welcher Art ist die historische Situation und das geistige Antlitz der Bourgeoisie? Die Bourgeoisie hat in der Geschichte dank ihrem beharrlichen und siegreichen Kampf gegen den Feudalismus eine große Revolution vollbracht. Diese Revolution trug den Charakter eines von der ganzen Gesellschaft erreichten Fortschritts. Und während die Bourgeoisie die bisherige Ordnung, die alle knebelte, stürzte, eroberte sie selbst ihre Positionen. „Die *Revolutionen* von 1648 und 1789 waren keine *englischen* und *französischen* Revolutionen, sie waren Revolutionen *europäischen* Stils. Sie waren nicht der Sieg einer *bestimmten* Klasse der Gesellschaft über die *alte politische* Ordnung; sie waren die *Proklamation der politischen Ordnung für die neue europäische Gesellschaft.* Die Bourgeoisie siegte in ihnen; aber der *Sieg der Bourgeoisie* war damals der *Sieg einer neuen Gesellschaftsordnung,* der Sieg des bürgerlichen Eigentums über das feudale, der Nationalität über den Provinzialismus, der Konkurrenz über die Zunft, der Teilung über das Majorat der Herrschaft, des Eigentümers des Bodens über die Beherrschung des Eigentümers durch den Boden, der Aufklärung über den Aberglauben, der Familie über den Familiennamen, der Industrie über die heroische Faulheit, des bürgerlichen Rechts über die mittelaltrigen Privilegien." [1] Die bürgerliche Revolution war eine notwendige und fortschrittliche Etappe der geschichtlichen Entwicklung, sie mobilisierte die Produktivkräfte, die im Schoße der feudalen Ordnung heranreiften und in ihrem Rahmen nicht die notwendige Handlungsfreiheit erlangten. Aber obwohl diese Revolution objektiv wertvoll war, so vollzog sie sich doch in Formen, die in der Bourgeoisie subjektiv niedrigste Tendenzen entfachten und festigten. „Die Verwandlung der individuellen und zersplitterten Produktionsmittel in gesellschaftlich konzentrierte, daher des zwerghaften Eigentums vieler in das massenhafte Eigentum weniger, daher die Expropriation der großen Volksmasse von Grund und Boden und Lebensmitteln und Arbeitsinstrumenten, diese furchtbare und schwierige Expropriation der Volksmasse

---

[1] Marx/Engels: Ausgewählte Schriften, Bd. I, Berlin 1953, S. 56 f.

bildet die Vorgeschichte des Kapitals... Die Expropriation der unmittelbaren Produzenten wird mit schonungslosestem Vandalismus und unter dem Trieb der infamsten, schmutzigsten, kleinlichst gehässigsten Leidenschaften vollbracht." [1]

Diese in der bürgerlichen Klasse ausgelösten Handlungsmotive wurden allmählich zur Quelle sozial-ethischer Ideologien, die von dieser Klasse geschaffen wurden, um ihre Handlungsweisen zu begründen. Zugleich sollten sie auch die junge Generation über eine entsprechende Erziehung an dieses Handeln gewöhnen. Einen solchen Charakter hatte die Philosophie des Utilitarismus und Hedonismus.

Der philosophische Utilitarismus war ein Äquivalent der bürgerlichen Praxis im Bereich der sozial-ökonomischen Tätigkeit. Verschiedenartige Formulierungen dieses Utilitarismus entsprachen verschiedenen Phasen der Entwicklung der kapitalistischen Wirtschaft und verschiedenen Positionen der bürgerlichen Klasse in der Gesellschaft. Bei Hobbes und Locke angefangen, über die Ökonomisten und Physiokraten, über Helvétius und Holbach bis zu Bentham und Mill kann man die Entwicklung der utilitaristischen Philosophie verfolgen, deren einzelne Glieder — nach Ansicht von Marx — die Verwandlung der Bourgeoisie aus einer „kämpfenden, noch unentwickelten" in eine „herrschende, entwickelte" Klasse ausdrücken [2]. Aber nicht diese Verwandlungen sind hier für uns wichtig. Wichtig ist der Erziehungsinhalt der utilitaristischen Konzeption selbst.

Marx analysiert dieses Problem in der „Deutschen Ideologie" und unterstreicht sehr stark den erzieherisch schädlichen Einfluß utilitaristischer Theorien. Er wies nämlich darauf hin, daß diese Theorien jenes Verhältnis des Menschen zu sich selbst, zur eigenen Tätigkeit und zu anderen Menschen, das die Bourgeoisie selbst praktizierte, registrieren und es als Idealbild hinstellen. Für die Bourgeoisie gab es aber nur eine Art von Verhältnissen — die Ausbeutung. Alle anderen Ver-

[1] K. Marx: Das Kapital, Bd. I, Berlin 1953, S. 802.
[2] Marx/Engels: Werke, Bd. 3, Berlin 1958, S. 397.

hältnisse erkannte sie nur insofern an, als sie sich in die Grundhaltung der Ausbeutung eingliedern ließen. Sogar dann, wenn bestimmte Verhältnisse sich unter das Ausbeutungsverhältnis nicht subsumieren ließen, nahm die Bourgeoisie diese Unterordnung zumindestens illusorisch vor. „Der materielle Ausdruck dieses Nutzens ist das Geld, der Repräsentant der Werte aller Dinge, Menschen und gesellschaftlichen Verhältnisse." [1] Die utilitaristische Philosophie verhüllte jedoch ihren klassenmäßigen Ursprung. Obwohl sie ihnen den Ideengehalt des Nutzens entnahm, stellte sie den Nutzen als Idee hin, die mit Hilfe der Vernunft aus der Natur des Menschen oder aus der Natur der Welt abgeleitet wurde. Nach dieser Philosophie sollten die konkreten sozialökonomischen Verhältnisse nicht ihr Nährboden, sondern ihre Anwendung, ihre fortschreitende Verwirklichung sein. Die bürgerliche Ordnung erhielt so von der Philosophie her ihre höchste metaphysische Sanktion. Die utilitaristische Philosophie behandelte ihre eigenen Klassenquellen als soziale Verwirklichung der von ihr entdeckten Prinzipien und Gesetze des Seins. Damit trug sie jedoch nicht zum historischen Verständnis der Nützlichkeitsideologie und ihrer gesellschaftlichen Funktion bei, sondern verbreitete im Gegenteil die Überzeugung vom ewigen und über den Klassen stehenden Sinn dieser Ideologie.

Und doch war — nach Marx — diese Ideologie eng mit der Geschichte der Bourgeoisie als Ausdruck ihres Wirkens verbunden. Sie war progressiv, als sie im Kampf gegen den Feudalismus den Solidarismus und die Ethik der Pflicht, Aufopferung und Demut entlarvte und zeigte, daß sich hinter der Fassade der Brüderlichkeit und Nächstenliebe egoistische Motive verbargen, die nur nach eigenem Nutzen Ausschau hielten. Diese Ideologie wurde aber im dem Augenblick reaktionär, als sie — oft ohne sich dessen bewußt zu sein, daß die bürgerliche Ordnung eine in der Geschichte vorübergehende Klassenordnung ist — aus der bürgerlichen Ausbeutungspraxis eine dauerhafte und einzige Kategorie der menschlichen Tätig-

[1] Ebenda, S. 395.

keit und der Beziehungen der Menschen untereinander machen wollte. Nicht nur, daß eine solche Betrachtung die Entwicklung des Menschen auf die bürgerliche Welt beschränkte, stellte sie sogar die Tätigkeit des Menschen in den Verhältnissen der bürgerlichen Gesellschaft falsch dar.

„Bei Holbach", schreibt Marx, „wird alle Betätigung der Individuen durch ihren gegenseitigen Verkehr als Nützlichkeits- und Benutzungsverhältnis dargestellt, z. B. Sprechen, Lieben etc. Die wirklichen Verhältnisse, die hier vorausgesetzt werden, sind also Sprechen, Lieben, bestimmte Betätigungen bestimmter Eigenschaften der Individuen. Diese Verhältnisse sollen nun nicht die ihnen eigentümliche Bedeutung haben, sondern der Ausdruck und die Darstellung eines dritten, ihnen untergeschobenen Verhältnisses sein, des Nützlichkeits- oder Benutzungsverhältnisses." [1] Diese „Umschreibung" der Wirklichkeit ist — nach Ansicht von Marx — sinnlos und willkürlich.

Aber eine derartige „Maskerade" hat vom Standpunkt der Klasse aus doch einen Sinn. Sie drückt das Wesen der bürgerlichen Gesellschaftsordnung aus, in der die Nützlichkeitkategorie (des Profits und der Ausbeutung) auf jegliche Arbeit und alle ihre Produkte bezogen wird, ohne überhaupt ihren Inhalt zu beachten. Auch Arbeit und Arbeitsprodukte sind nur „Waren", die ausschließlich den Kriterien des Profits unterliegen. Diese Denkweise wird auf alle psychologischen und moralischen Probleme übertragen und engt damit das Ganze des Menschen ein. Für diese erzieherischen Konsequenzen ist die Philosophie des Utilitarismus verantwortlich. Sie stellt nämlich als Wesen der menschlichen Natur das dar, was lediglich Eigenschaften der Menschen unter kapitalistischen Produktionsverhältnissen sind.

Sie stellt als einzig wahre und allgemeinmenschliche Erziehungsnormen das dar, was lediglich Anpassung des Menschen an diese „unmenschlichen" Existenzbedingungen ist. Die geistige und vor allem die sittliche Erziehung wird rücksichts-

[1] Ebenda, S .394.

los und in verhüllter Form den Interessen der herrschenden Klasse untergeordnet.

Marx zeigt die Fehlerhaftigkeit und Lügenhaftigkeit der bürgerlichen Erziehungsideale sowie den Wesenskern der utilitaristischen Konzeptionen von Moral und Erziehung. Zugleich lenkte er die Aufmerksamkeit auf jene Schlagworte, die sie als ihre wertvollste Errungenschaft am liebsten im Kampf verwendete. Es waren die Losungen vom „Menschen und Bürger", mit denen die Bourgeoisie ihren Sieg über die Feudalordnung feierte und die sie zum Hauptkanon der neuen Ordnung erhob, die angeblich allen Menschen Glück und Freiheit bringen sollte.

4. Die Entstehungsgeschichte und der wahre Inhalt der bürgerlichen Ideale vom Menschen und Staatsbürger

Als Marx sich der Aufgabe zuwandte, das bürgerliche Programm zur Befreiung des Menschen von den bisherigen Fesseln und die neue Erziehung zu analysieren, wählte er als Ausgangspunkt den historischen Entwicklungsprozeß der Gesellschaft und ihres Staates. Auf diesem Hintergrund erörterte er den bürgerlichen Humanismus und seine Klassenschranken. In der „Kritik der Hegelschen Rechtsphilosophie" unternahm er den ersten Versuch, den Charakter der modernen Gesellschaft und ihres Staates und die Grundbegriffe des Menschen und Staatsbürgers zu beleuchten.

Marx analysiert dort die geschichtlichen Veränderungen in der Beziehung der Gesellschaft zum Staat, besonders aber die Beziehungen zwischen der „bürgerlichen" und „politischen Gesellschaft".

Marx faßt diese Probleme historisch auf und führt aus, „man kann den Geist des Mittelalters so aussprechen: Die Stände der bürgerlichen Gesellschaft und die Stände in politischer Bedeutung waren identisch, weil die bürgerliche Gesellschaft die politische Gesellschaft war; weil das organische Prinzip der bürgerlichen Gesellschaft das Prinzip des Staates war." [1] Das Individuum ging in seinem konkreten, täglichen Privatleben nach bestimmten „bürgerlichen" Grundsätzen vor, die zugleich als Grundlage öffentlicher Institutionen, als Fundament der politischen Organisation des Staates dienten. So waren z. B. Eigentum, Familie, Arbeit nicht nur privat-bürgerliche Existenzformen des Individuums, sondern auch — als Organisation des Feudalbesitzes, Bedeutung der Herkunft, Rolle der Zunft — Funktionsformen des Staates. So wurden die politische Mitarbeit des Individuums und seine politischen Rechte durch seinen „bürgerlichen Stand" bestimmt. Sein bürgerlicher Stand war ein politischer Stand. Das war sogar dann so, wenn dieser bürgerliche Stand ein Individuum von allen oder einigen politischen Rechten ausschloß. Gerade dann erwies sich die bürgerliche Situation als Kern der politischen Situation.

Diese Identität wurde im Laufe der weiteren geschichtlichen Entwicklung zerstört, und zwar zuerst durch die absolute Monarchie und dann durch die französische Revolution. In der absoluten Monarchie verloren die politischen Stände ihren Sinn, denn die Verwaltung des Staates stützte sich nicht mehr auf sie; sie bildeten nicht mehr ihre objektive organisatorische Struktur. Die politischen Rechte oder Privilegien gingen auf den Monarchen über, er schuf sie willkürlich und verlieh sie an irgend jemand als Auszeichnung für persönliche Verdienste.

Die reale Grundlage und das Instrument der neuen politischen Organisation wurde allmählich die durch den absoluten Herrscher gelenkte Bürokratie. Diese Veränderungen brachten natürlich keine reale Gleichheit der Menschen, da sie weiterhin den verschiedenen sozialen Ständen angehörten und sich daher real voneinander unterschieden. Diese Veränderungen bewirkten nur, daß diese gesellschaftlichen „bürgerlichen" Unterschiede aufhörten, einen direkten und objektiven politischen Sinn zu haben. „Wie die Christen", schreibt Marx, „gleich im Himmel, ungleich auf der Erde so die einzelnen Volksglieder

---

[1] Marx/Engels: Werke, Bd. 1, Berlin 1956, S. 275.

gleich in dem Himmel ihrer politischen Welt, ungleich in dem irdischen Dasein der Sozietät sind." [1]

Dieser Prozeß der Trennung des gesellschaftlichen vom politischen Leben erreichte durch die französische Revolution seinen Höhepunkt, denn noch unter der absoluten Monarchie hatten die Unterschiede des gesellschaftlichen Standes wenigstens bestimmte politische Konsequenzen. Die französische Revolution dagegen beseitigte radikal alle „politischen Stände" und machte aus den realen Unterschieden in der Gesellschaft ausschließlich soziale Unterschiede, Unterschiede im Bereich des Privatlebens, die auf dem politischen Gebiet keine Bedeutung hatten. „Die Trennung des politischen Lebens und der bürgerlichen Gesellschaft war damit vollendet" [2], schreibt Marx.

Diese Trennung zieht im Leben der Menschen wichtige Folgen nach sich. Die Folgen sind daher ein Grundelement der pädagogischen Betrachtungen, die die Erziehung des modernen Menschen zum Ziel haben. Als Folge erscheint die Trennung der menschlichen Person in einen „Bürger im politischen Sinne" und einen „Bürger im sozialen Sinne". Seine politischen Rechte und Pflichten erfüllte das Individuum bisher losgelöst von seiner gesellschaftlichen Position, von seiner wirklichen, konkreten, bürgerlichen Rolle (in der bürgerlichen Gesellschaft). Als Bürger (im politischen Sinne) ist der Mensch einfach nur ein Individuum, das von der realen Basis, von der Gemeinschaft und von all den konkreten Bestimmungen getrennt ist, die das gesellschaftliche Leben des Menschen erfüllen. Und umgekehrt ist der Mensch als Bürger (im gesellschaftlichen Sinne) vom Staat getrennt, der sich in seiner politischen Struktur nicht auf die Organisation der bürgerlichen Gesellschaft stützt. In dieser Organisation tritt der Mensch als „Privatmensch" auf und steht daher in keinerlei Beziehung zum Staat.

Diese innere Spaltung, die die tatsächliche Trennung von

[1] Ebenda, S. 283.
[2] Ebenda, S. 284.

Staat und Gesellschaft widerspiegelt, ist für die Problematik der Erziehung besonders wichtig, da das, was der Mensch in seinem Leben — in der Familie, in der Arbeit und in der Gesellschaft — konkret ist, in seiner politisch-staatlichen Sphäre, wohin der Mensch nur „als Mensch", auf Grund der ihm „von Natur aus" zukommenden Rechte gelangen kann, keine Bedeutung hat. Und umgekehrt steht die politische, bürgerliche, staatliche Funktion des Individuums in keinem Zusammenhang mit seinem gesellschaftlichen Stand und seiner Tätigkeit, die gleichsam außerhalb des Staates, in irgendeiner privaten Sphäre vor sich geht. In dieser Situation erhebt sich die grundsätzliche Frage, in welcher Sphäre eigentlich der Mensch wirklich sein menschliches Leben lebe: etwa in der politischen, in der er von allen konkreten und sozialen Bestimmungen losgelöst, als abstrakte Individualität, als „reines Individuum" wie alle anderen auftritt, oder in der gesellschaftlichen, in der er ein bestimmter Jemand ist, der durch konkrete Bindungen der wechselseitigen Abhängigkeit mit anderen Menschen verbunden ist und wo er sich von ihnen unterscheidet, also in einer Sphäre, die nicht von Interesse für den Staat ist und daher nur als private Sphäre erscheint.

Die Antwort auf diese Frage darf keine unbestimmte, ahistorische Antwort sein. Im Gegenteil, sie ergibt sich aus der historischen Situation. Nach der Auffassung von Marx läßt diese Analyse den allegorischen Charakter der bisher vorgeschlagenen Antworten auf die Frage, wie man den Menschen und wie man den Bürger fassen solle, begreifen. Sie ermöglicht aber auch das Verständnis für die Frage, welche realen Bedingungen erfüllt sein müssen, damit die auf das wechselseitige Verhältnis dieser Begriffe hinweisende Antwort das widerspiegelt, was wirklich real ist. In dem Streit zwischen denen, die den Konflikt zwischen Mensch und Bürger als dauerhaften Konflikt betrachten und entweder die Ideologie des „menschlichen Lebens" oder die des „bürgerlichen Lebens" verfechten und jenen, die die Dauerhaftigkeit des Konflikts nicht anerkennen und zu beweisen suchen, daß man durch die Erziehung eine Verbindung von Mensch und Bürger erreichen könne, bildet sich die Marxsche Position in spezifischer Weise heraus. Die historische Methode, die den Verlauf realer geschichtlicher Prozesse aufdeckt, die zur Entstehung und Festigung der Trennung des politischen und gesellschaftlichen Lebens führen, ermöglicht zugleich die Quellen ideologischer und pädagogischer Illusionen aufzudecken, die gegenwärtig zum Problem der Übereinstimmung der beiden Sphären bestehen. Gleichzeitig können die realen Voraussetzungen gezeigt werden, von denen eine richtige, reale und nicht allegorisch-illusorische Lösung des Problems abhängig ist.

Nach diesen beweiskräftigen Ausführungen setzt Marx seine Analyse der sozialpolitischen Entwicklung Europas, vom Mittelalter angefangen, fort. Es genügt nicht, so meint Marx, nur auf den Ablösungsprozeß „der bürgerlichen Gesellschaft" von „der politischen Gesellschaft" hinzuweisen, der sich infolge der absoluten Monarchie und der französischen Revolution vollzog. Man muß sich genauer mit den Veränderungen „der bürgerlichen Gesellschaft" befassen, die sich in Verbindung mit diesem Prozeß vollzogen haben. Bereits in der „Kritik der Hegelschen Rechtsphilosophie" ist der weitere Weg seiner Überlegungen gewiesen. „Die Stände der bürgerlichen Gesellschaft", schreibt Marx, „verwandelten sich ebenfalls damit: die bürgerliche Gesellschaft war durch ihre Trennung von der politischen eine andere geworden." [1]

Von dem Augenblick an, da die Struktur der „bürgerlichen Gesellschaft" keine konstitutive politische Bedeutung mehr hatte, begann sie ausschließlich „private" Bedeutung anzunehmen. Da alle Menschen vor der Regierung und dem Recht als gleich erklärt wurden, hatten die realen Lebensunterschiede nur noch für die „private Sphäre" Bedeutung. Die Teilung in Stände — in soziale Stände — auf Grund der Art der Arbeit und Tätigkeit, der Geburt usw. verliert ihre frühere objektive Berechtigung. Sie wurde zu einem unveränderlichen, willkürlich gelösten Problem. Zu grundsätzlichen Kriterien werden jetzt Geld und Bildung.

[1] Ebenda, S. 284.

Das hat für den Menschen eine hervorragende Bedeutung. In der feudalen Gesellschaft gehörte das Individuum zu einem bestimmten Stand, und sein reales Leben war zugleich sein gesellschaftliches und politisches Leben. In der gegenwärtigen Gesellschaft — schreibt Marx — ist es ganz anders. Der Stand des Individuums „steht vielmehr in gar keiner wirklichen Beziehung zu seinem substantiellen Tun, zu seinem wirklichen Stand. Der Arzt bildet keinen besonderen Stand in der bürgerlichen Gesellschaft. Der eine Kaufmann gehört einem andern Stand an als der andere, einer andren sozialen Stellung." [1] Das heißt, daß diese Stellung im Verhältnis zum Individuum etwas „Äußeres" zu sein beginnt, wenn sie sich nicht aus seiner Arbeit ergibt und dem Individuum nicht auf Grund seiner Zugehörigkeit zur objektiven Gemeinschaft, die nach ständigen Gesetzen organisiert ist, zukommt. Unter diesen Verhältnissen erscheint die „wahre" menschliche Existenz entweder als völlig private oder als politische Existenz. In der privaten Sphäre scheint das Individuum von allen „äußeren und zufälligen" Bestimmungen frei zu sein, die seine gesellschaftliche Rolle, seine Verbindung mit der ganzen Gesellschaft bestimmen. Diese ist nach der Anschauung des Individualismus für den Menschen keineswegs wesentlich. In der politischen Sphäre ist die Rolle des Individuums ebenfalls keine Funktion seines Lebens und seiner Arbeit, sie kommt ihm von „Natur" aus zu und ist ein ewiges „Grundrecht des Menschen". Sobald nun der Mensch in den beiden Existenzbereichen ein scheinbar „wahres menschliches" Leben führt, beginnt sein reales, tägliches, konkretes Leben als unwichtig und unwesentlich zu erscheinen.

„Die moderne Zeit, die Zivilisation, begeht den umgekehrten Fehler. Sie trennt das gegenständliche Wesen des Menschen als ein nur äußerliches, materielles von ihm" [2], während im Mittelalter das konkrete gesellschaftliche Sein des Menschen restlos seine ganze Existenz, einschließlich der politischen Rechte erfaßte. Dies bedeutete, daß der Mensch sein menschliches

[1] Ebenda.
[2] Ebenda.

Leben nicht anders entwickeln konnte, als dies von seiner eigenen konkreten Existenz bestimmt wurde. In diesem Sinne — sagt Marx — hat das Mittelalter den Menschen „zu einem Tier gemacht, das unmittelbar mit seiner Bestimmtheit zusammenfällt". Und so betrachtet, ist „das Mittelalter die Tiergeschichte der Menschheit, ihre Zoologie." [1] Aber die moderne Gesellschaft beging ebenfalls einen schwerwiegenden Fehler, obwohl er grundsätzlich anders ist: sie unterschätzt überhaupt den konkreten Inhalt des menschlichen Lebens und sieht nicht, daß gerade er die „wahre Wirklichkeit" des Menschen ist, weil durch ihn tatsächlich sein Leben bestimmt wird, ja sogar dann, wenn dies — unter den Bedingungen der bürgerlichen Gesellschaft — keine bestimmten Rechte in der politischen oder sogar gesellschaftlichen Sphäre nach sich zieht.

Diese Analyse greift Marx in seinen späteren Studien auf und führt sie weiter, indem er seine Aufmerksamkeit auf den Entstehungsprozeß der bürgerlichen Gesellschaft hinlenkt. In sehr klarer Form legte er in der „Judenfrage" die Grundthesen zu diesem Problem dar. Nach dem das gesellschaftliche Ständesystem seinen politischen Sinn, den es in der Feudalgesellschaft besaß, verloren hatte, bildeten sich in dem gleichen Maße, wie sich „der politische Staat" von „der bürgerlichen Gesellschaft" lostrennte, egoistische Tendenzen heraus. Solange die Gesellschaftsordnung unmittelbar Staatsordnung war, mußte die Bourgeoisie in ihren politischen Rechten, die sich aus ihrem „Stand" ergaben, gewisse politische Elemente erblicken, die sie gegenüber dem Wohl der Allgemeinheit verpflichteten. Nachdem aber die bürgerliche Revolution endgültig diesen Zusammenhang gelöst hatte und die politische Tätigkeit zur Tätigkeit von Menschen — von Individuen, die von ihrer Situation im konkreten Leben unabhängig waren, geworden war, und die konkreten bürgerlichen Elemente des Lebens ihren politischen Sinn verloren und ausschließlich individuelle Bedeutung erhalten hatten, traten die in den Menschen verborgenen Eigenschaften des Egoismus, der Raff-

---

[1] Ebenda, S. 285.

gier und Genußsucht zügellos und unverhüllt hervor. Die bürgerliche Gesellschaft wurde von den politischen Pflichten befreit, ja sogar vom Anschein, irgendwelche gemeinsamen Inhalte zu besitzen oder zu vertreten. So vollzog sich der endgültige Zusammenbruch der feudalen Gesellschaft, und der in feudalen Verhältnissen geformte, aber noch nicht gebändigte Typus eines Menschen-Egoisten gewann unter den neuen Verhältnissen uneingeschränkte Handlungsfreiheit.

Die bürgerliche Gesellschaft gestaltete den feudalen Menschen nicht um; sie befreite ihn nur von den Fesseln, Hemmungen und Verpflichtungen. „Der Mensch", schreibt Marx, „wurde daher nicht von der Religion befreit, er erhielt die Religionsfreiheit. Er wurde nicht vom Eigentum befreit. Er erhielt die Freiheit des Eigentums. Er wurde nicht von dem Egoismus des Gewerbes befreit, er erhielt die Gewerbefreiheit." [1] Die bürgerliche politische Revolution stürzte die feudale Ständeordnung, eine Ordnung von Gemeinschaften, die durch Privilegien miteinander verbunden waren, und durch die einzelne Gruppen von anderen abgesondert wurden. Sie zerstörte zugleich den Grundsatz, daß das politische Leben und die politische Organisation des Staates ein Ausdruck dieser Ständestruktur sei. An die Stelle trennender Privilegien setzte man den Grundsatz des gleichen Rechts für alle Menschen. So wurde die bürgerliche Gesellschaft zu einer Summe gleicher, natürlicher Individuen umgestaltet. Aber die bürgerliche Revolution revolutionierte durchaus nicht die Grundelemente des gesellschaftlichen Lebens, die mit dem Privateigentum verbunden waren. Sie ließ diese nur unmittelbar hervortreten, indem sie die institutionellen und moralischen Fesseln zerbrach, an die sie im Feudalismus gebunden waren oder durch die sie verschleiert wurden. Die Folge dieses Sachverhaltes waren die spezifisch-bürgerlichen Auffassungen vom Menschen und Bürger. Die Marxsche Analyse dieser Ansichten hat für die Pädagogik eine besondere Bedeutung.

Während sich die bürgerliche Revolution der feudalen

[1] Ebenda, S. 369.

Fesseln der Privilegien entledigte, durch die in der Gesellschaft verschiedene Kreise des Gemeinwesens bestimmt wurden, und die bürgerliche Gesellschaft zum Sammelbecken „gleicher" Individuen wird, führen diese Individuen ihre gewohnte Lebensweise fort und meinen, daß das ihre natürliche Lebensweise sei. Der egoistische Mensch ist unter diesen Umständen „Gegenstand der unmittelbaren Gewißheit"; er ist unmittelbar und unbestreitbar gegeben als unerschütterliche Basis, als „Naturbasis". Er ist einfach Mensch. Seine politischen Rechte und Pflichten dagegen, die ihm wie anderen Menschen in gleicher Weise als Mitglied der Gesellschaft und nicht als Ergebnis seines konkreten Lebens und seiner konkreten Funktionen in der Gruppe des Gemeinwesens zustehen, scheinen — eben aus diesem Grunde — etwas Abstraktes, für alle Gleiches, von der konkreten Stellung Losgelöstes zu sein. „Endlich gilt der Mensch, wie er Mitglied der bürgerlichen Gesellschaft ist, für den eigentlichen Menschen, für den homme im Unterschied von dem citoyen, weil er der Mensch in seiner sinnlichen individuellen nächsten Existenz ist, während der politische Mensch nur der abstrahierte, künstliche Mensch ist, der Mensch als eine allegorische, moralische Person. Der wirkliche Mensch ist erst in der Gestalt des egoistischen Individuums, der wahre Mensch erst in der Gestalt des abstrakten citoyen anerkannt." [1]

Auf dieses Fundament gründet Marx seine Analyse der von der französischen Revolution beschlossenen „Menschen- und Bürgerrechte" und zeigt dabei ihre Widersprüche und Illusionen auf. Was sind das für „Menschenrechte?" Das sind die Rechte eines Menschen, der Mitglied der bürgerlichen Gesellschaft ist, Rechte des egoistischen Menschen, eines Menschen, der vom Menschen und Gemeinwesen abgesondert ist. Gleichheit, Freiheit, Sicherheit und Eigentum — alles das sind Rechte dieser Art. „Keines der sogenannten Menschenrechte geht also über den egoistischen Menschen hinaus", schreibt Marx, „über den Menschen, wie er Mitglied der bür-

[1] Ebenda, S. 369 f.

gerlichen Gesellschaft, nämlich auf sich, auf sein Privatinteresse und seine Privatwillkür zurückgezogenes und vom
Gemeinwesen abgesondertes Individuum ist. Weit entfernt,
daß der Mensch in ihnen als Gattungswesen aufgefaßt wurde,
erscheint vielmehr das Gattungswesen selbst, die Gesellschaft,
als ein den Individuen äußerlicher Rahmen, als Beschränkung
ihrer ursprünglichen Selbständigkeit. Das einzige Band, das
sie zusammenhält, ist die Naturnotwendigkeit, das Bedürfnis
und das Privatinteresse, der Konservation ihres Eigentums und
ihrer egoistischen Person." [1]

Der Entstellung des Begriffes „Mensch" entspricht die Entstellung des Begriffes „Bürger". Durch den Sturz der feudalen
politischen Struktur des Staates macht die bürgerliche Revolution aus dieser Struktur eine Wirklichkeit, die dem realen
Leben der gemeinsam wirkenden Individuen fremd ist. Der
Staat wird unter diesen Bedingungen der ausschließliche
Garant individueller, egoistischer Bedürfnisse, die als Menschenrechte bezeichnet werden. So wird „der Bürger" zum Instrument „des Menschen", der in Wirklichkeit nur ein bürgerlicher
Egoist ist. „Die Sphäre, in welcher der Mensch sich als Gemeinwesen verhält, degradiert, endlich nicht der Mensch als citoyen,
sondern der Mensch als bourgeois für den eigentlichen und
wahren Menschen genommen wird." [2]

Doch der Staat soll sich zugleich als das „Gemeingut", als
das höhere moralische Ganze, als Gegenstand der idealen
Anhänglichkeit und Aufopferung seiner Bürger repräsentieren.
Es entsteht so das gefährliche politische Vorurteil, daß die
bürgerliche Gesellschaft vom Staat gebildet werde, während
in Wirklichkeit der Staat von den Interessen dieser Gesellschaft geschaffen wird. Dieses Vorurteil heißt an den Staat
als Verkörperung der höheren Ordnung appellieren, während
der Staat gerade jene Ordnung ist, gegen die man Berufung
einlegen will. „Die Anarchie", schreibt Marx, „ist das Gesetz
der von den gliedernden Privilegien emanzipierten bürgerlichen

---

[1] Ebenda, S. 366.
[2] Ebenda.

Gesellschaft, und die Anarchie der bürgerlichen Gesellschaft ist die Grundlage des modernen öffentlichen Zustandes, wie der öffentliche Zustand wieder seinerseits die Gewähr dieser Anarchie ist. So sehr sich beide entgegengesetzt sind, so sehr bedingen sie sich wechselseitig." [1]

Diese Analyse enthüllt somit nicht nur den bürgerlichen Inhalt der „Menschenrechte", sondern zugleich auch den der „Bürgerrechte". Auch zeigt sie, daß die Gegensätze zwischen „Mensch" und „Bürger" keine grundsätzlichen Gegensätze sind. In ihnen drückt sich nur jener Konflikt aus, der zwischen dem Egoismus der einzelnen Individuen und der von dem gleichen Egoismus diktierten Notwendigkeit besteht, bestimmte Abkommen und Verständigungen abzuschließen. Sie warnt schließlich vor Illusionen, die dann entstehen, wenn man den Staat mit dem Gewand moralischer und rechtlicher Erhabenheit umgibt, oder wenn man ihn in einen Staat der Brüderlichkeit und Gerechtigkeit umwandeln möchte, ohne dabei die Verhältnisse und den Charakter des bürgerlichen Lebens zu ändern.

Diesen Illusionen gab man sich um so lieber hin, je mehr die bürgerliche Gesellschaft die feudalen Bindungen der Gemeinschaft auflöste und sich in eine Summe von Einzelindividuen verwandelte. Gerade deshalb verwies sie auf den Staat als Mittelpunkt der Bindungen und der Gemeinschaft. Es läßt sich begreifen, daß solche Sehnsüchte und Illusionen entstehen, keinesfalls darf man sie aber als gerechtfertigt ansehen. Man muß erkennen, daß sie die wahre Natur des bürgerlichen Staates in falscher und schädlicher Weise allegorisieren. Der Staat hat denselben Charakter wie im Altertum und im Mittelalter, obwohl er als etwas völlig anderes erscheinen mag. Im Altertum stützte er sich auf die Sklaverei und im Mittelalter auf die Privilegien. Wenn er sich heute auf die „Menschenrechte" stützt, so bildet er nur scheinbar erst heute das „Gemeinwohl", das er bis dahin niemals gewesen war. Denn das System des Privilegs und das System der Sklaverei bleiben

---

[1] Marx/Engels: Werke, Bd. 2, Berlin 1958, S. 124.

weiterhin bestehen, allerdings unter anderem Namen. Was ist die Grundlage des heutigen Staates? Marx kennzeichnet sie knapp und präzis, wenn er schreibt: „An die Stelle des Privilegiums ist hier das Recht getreten." [1] Das heißt, daß die feudalen Privilegien, die gewisse Gruppen absondern, beseitigt wurden, aber eben nur deswegen, weil sie die Auserwählten absonderten. Ihr Inhalt dagegen, der ein freies, egoistisches Leben garantierte, blieb erhalten und wurde zum „Recht" für alle Menschen. Wenn die „freie Industrie" und der „freie Handel" die früheren Privilegien der Auserwählten ersetzten, verwandelte sich damit die Gesellschaft aus einer Gesellschaft exklusiver Gruppen in eine Summe von Individuen, die untereinander um ihre individuellen Interessen kämpfen. Gerade diesen Stand der Dinge sanktionierte und festigte der bürgerliche Staat, indem er die sogenannten „Menschenrechte" formulierte. Der Staat ist also kein Gemeingut, sondern eine „politische Abstraktion", die die Interessen der bürgerlichen Gesellschaft schützt.

Man kann in dieser Analyse noch weiter gehen. Im bürgerlichen Staat bleibt nicht nur das in das allgemeine Recht verwandelte Privilegium, sondern auch das antike System der Sklaverei erhalten. Es bleibt trotz des Anscheins einer zunehmenden Freiheit bestehen. Die Freiheit ist hier nur freies Verfügen über das Eigentum, freies Unterliegen egoistischer Begierden und Interessen. „Eben das Sklaventum der bürgerlichen Gesellschaft", schreibt Marx, „ist dem Schein nach die größte Freiheit, weil sie scheinbar vollendete Unabhängigkeit des Individuums, welches die zügellose, nicht mehr von allgemeinen Banden und nicht mehr vom Menschen gebundene Bewegung seiner entfremdeten Lebenselemente, wie z. B. des Eigentums, der Industrie, der Religion etc. für seine eigne Freiheit nimmt, während sie vielmehr seine vollendete Knechtschaft und Unmenschlichkeit ist." [2] Von diesem Standpunkt aus betrachtet, kann zwischen dem antiken und dem bürger-

[1] Ebenda, S. 123.
[2] Ebenda.

lichen Staat in bezug auf die Grundlagen, auf die sie sich stützen, eine völlige Analogie festgestellt werden. „Wie nämlich der antike Staat das Sklaventum, so hat der moderne Staat die bürgerliche Gesellschaft zur Naturbasis, sowie den Menschen der bürgerlichen Gesellschaft, d. h. den unabhängigen, nur durch das Band des Privatinteresses und der bewußtlosen Naturnotwendigkeit mit dem Menschen zusammenhängenden Menschen, den Sklaven der Erwerbsarbeit und seines eignen wie des fremden eigennützigen Bedürfnisses." [1] Dementsprechend kann Marx sagen, daß „die Anerkennung der Menschenrechte durch den modernen Staat keinen andern Sinn hat als die Anerkennung der Sklaverei durch den antiken Staat". Und so kann er auch feststellen: „Der Gegensatz von demokratischem Repräsentativstaat und bürgerlicher Gesellschaft ist die Vollendung des klassischen Gegensatzes von öffentlichem Gemeinwesen und Sklaventum. In der modernen Welt ist jeder zugleich Mitglied des Sklaventums und des Gemeinwesens." [2]

Die Analysen von Marx zeigen also die falsche, klassenmäßige Einengung des Begriffes „Mensch", der durch die angebliche Natürlichkeit seiner Strebungen und Befugnisse entstellt wird. Gleichzeitig weisen sie auf die falsche Allegorisierung des Staates hin, der in Wirklichkeit Ausdruck der bürgerlichen Interessen ist. Sie weisen auf den wirklichen Charakter des Konfliktes zwischen „Mensch" und „Bürger" hin, eines Konfliktes, der eine Form des Gegensatzes zwischen den konkreten egoistischen Interessen und der abstrakten politischen Pflicht im bürgerlichen Staat ist. Diese Analysen zeigen auch die Möglichkeiten, um aus diesen Mißverständnissen und Entstellungen herauszukommen. Die Studien, die wir bisher betrachtet haben, geben nur allgemeine Hinweise, die eine spätere Analyse im einzelnen vorwegnehmen. „Die politische Emanzipation", sagt Marx, „ist die Reduktion des Menschen, einerseits auf das Mitglied der bürgerlichen Gesellschaft, auf

[1] Ebenda, S. 120.
[2] Ebenda, S. 123.

das egoistische unabhängige Individuum, andrerseits auf den Staatsbürger, auf die moralische Person. Erst wenn der wirkliche individuelle Mensch den abstrakten Staatsbürger in sich zurücknimmt und als individueller Mensch in seinem empirischen Leben, in seiner individuellen Arbeit, in seinen individuellen Verhältnissen, Gattungswesen geworden ist, erst wenn der Mensch seine ‚forces propres' als gesellschaftliche Kräfte erkannt und organisiert hat und daher die gesellschaftliche Kraft nicht mehr in der Gestalt der politischen Kraft von sich trennt, erst dann ist die menschliche Emanzipation vollbracht." [1] Worin dieser Prozeß der wirklichen Befreiung des Menschen besteht, das bestimmen deutlich spätere Studien von Marx. Sie sind das Ergebnis des dialektischen und historischen Materialismus, der die Möglichkeit gibt, die natürliche und gesellschaftliche Wirklichkeit zu begreifen und umzugestalten, während der sensualistische Materialismus sie nur beschrieben hat. Indem er sie aber beschrieb, vermochte er weder in die Entwicklungsgesetze dieser Wirklichkeit, noch in die Bedingungen, unter denen diese Entwicklung verläuft, genügend einzudringen und mußte daher in der sozial-politischen Sphäre falsche Vorstellungen manifestieren, die durch die Widersprüche der gesellschaftlichen Entwicklung und die Klasseninteressen erzeugt wurden.

Die beiden Prozesse der Idealisierung des Staates und der historischen Gestaltung der egoistischen bürgerlichen Gesellschaft bildeten nach Marx eine eigenartige Einheit von Gegensätzen. Sie unterstützten sich gegenseitig. In der Idealisierung des Staates fand das schlechte Gewissen der Bourgeoisie seine moralische Beruhigung. In der realistischen, egoistischen Behandlung von Lebensfragen befriedigten sie die Interessen der herrschenden Klasse. Die Trennung des politischen vom sozialökonomischen Leben, vom bürgerlichen Leben ermöglichte nicht nur, den Staat und die Politik zu idealisieren, sondern erlaubte zugleich den Individuen in ihrem eigennützigen Leben ohne jede allgemeine, öffentliche Verantwortlichkeit zu wirken.

[1] Marx/Engels: Werke, Bd. 1, Berlin 1956, S. 370.

„Allein die Vollendung des Idealismus des Staats", schreibt Marx, „war zugleich die Vollendung des Materialismus der bürgerlichen Gesellschaft." [1] Wenn früher die politischen Pflichten der Menschen aus ihrer sozialen Stellung, aus ihrer Standeszugehörigkeit erwuchsen, so legten sie damit bereits der egoistischen Tätigkeit bestimmte Zügel an. Wenn aber im demokratisch-bürgerlichen Staat diese Pflichten zu Pflichten des Individuums als eines abstrakten Menschen wurden, so mußte die Idealisierung derselben mit der Befreiung der Individuen vom öffentlichen Dienst im Tätigkeitsbereich des gesellschaftlichen Lebens zusammenfallen.

Der dialektische Zusammenhang zwischen der Idealisierung des Staatslebens und der Materialisierung des gesellschaftlichen Lebens im Kapitalismus bewirkt, daß die Erziehungssituation der Menschen besonders schwierig ist. Sie besteht nämlich in einer zunehmenden inneren Heuchelei. Der Charakter dieser Heuchelei ist wesentlich komplizierter als die Diskrepanz zwischen dem, was man im Rahmen der bürgerlichen Gesellschaft tat und dem, was man in bezug auf das staatliche Gemeinwesen verkündet. Er betrifft die Lebensgrundlagen des Menschen selbst. Marx konzentriert — wie in vielen anderen Fragen, so auch in dieser — seine Aufmerksamkeit darauf, was das wahre und was das scheinbare, wenn auch faktische Leben der Menschen ist.

Das reale Leben der Menschen im Kapitalismus ist ihr Leben im Rahmen der bürgerlichen Gesellschaft, ein tägliches, berufliches und wirtschaftliches Leben. Aber gerade dieses Leben ist vom Standpunkt des idealisierten Staates aus ein zufälliges, unwesentliches, für den Menschen unwichtiges Leben. Das wahre und wichtige, wirklich menschliche Leben soll von diesem Gesichtspunkt aus das Leben eines Staatsbürgers, das Leben im Rahmen des Staatswesens sein. Aber gerade dieses Leben ist das unwirkliche Leben des Individuums, ist sein abstraktes Leben, bar jeglicher Konkretheit. Das konkrete und wirkliche Leben des Menschen, das er in der Gesell-

---

[1] Ebenda, S. 369.

schaft führt, wird auf diese Weise als unwesentliches, im Verhältnis zum menschlichen Wesen äußerliches und nur für seine physische Existenz notwendiges Leben betrachtet, während das menschliche Leben im Rahmen des Staates, das politische Leben, das abstrakt ist, als das im wahrsten Sinne des Wortes menschliche gilt. Andererseits aber muß das im Rahmen der bürgerlichen Gesellschaft geführte Menschenleben geschätzt werden, weil dies das einzig wirkliche, konkrete, individuell mannigfaltige ist, und nicht das staatsbürgerliche Leben, in dem der Mensch als ein abstraktes Subjekt, als ein „Individuum" erscheint, das auf Grund seiner Existenz die gleichen Rechte und Pflichten hat wie alle anderen. „Der wirkliche Mensch ist erst in der Gestalt des egoistischen Individuums, der wahre Mensch erst in der Gestalt des abstrakten citoyen anerkannt." [1]

So entsteht die Heuchelei, die sowohl das wirklich existierende Leben der Menschen als auch deren wahres Wesen verfälscht. Die Menschen gestalten in falscher und schädlicher Weise ihr Verhältnis zu dem, was sie in ihrem täglichen, wirklichen Leben tun, so wie auch zu dem, was sie als seinen wesentlichen Inhalt betrachten. Im ersten Falle lassen sie sich von egoistischer Habgier leiten, die um so rücksichtsloser wird, als sie angeblich zur „Äußerlichkeit" des Menschen gehört, im zweiten hingegen von einer um so freizügigeren Idealisierung, insofern als sie von allen konkreten Bestimmungen befreit ist.

Aber die konkrete Existenz des Menschen darf — wie Marx feststellt — nicht von ihm selbst als der scheinbaren materiellen Äußerlichkeit losgelöst werden. Man darf den so gestalteten Inhalt nicht als unwesentlich geringschätzen, denn er drückt das wirkliche Menschenleben aus. Gerade in diesem Leben muß das wiedergefunden werden, was das eigentliche Wesen des Menschen ausmacht, und es muß vor den feindlichen Kräften, die es verhüllen, verteidigt werden.

Die sich daraus ergebenden Erziehungsperspektiven unterscheiden sich grundsätzlich vom bürgerlichen Standpunkt: die Erziehung des Menschen muß durch und durch realistisch sein,

[1] Ebenda, S. 370.

aber dieser Realismus wird nur dann nicht zum Opportunismus, wenn gleichzeitig das Leben selbst so umgestaltet wird, daß alle Formen der menschlichen Entfremdung beseitigt werden.

5. Die Kritik der bürgerlichen Erziehung des „Menschen" und „Bürgers"

Die von Marx bereits in seinen frühen Schriften gegebene Analyse der bürgerlichen Gesellschaft und des bürgerlichen Staates hat in vielen Punkten für das pädagogische Denken entscheidende Bedeutung. Marx betrachtet die bürgerliche Revolution als den Abschluß der Trennung der „politischen Gesellschaft" von der „bürgerlichen Gesellschaft" und als einen Versuch, die Staatsorganisation in Anlehnung an abstrakte „Bürgerrechte" zu schaffen. Dieser Prozeß beruht darauf, daß sich die gesellschaftlichen Verhältnisse, die einzelne Individuen und Gruppen durch gegenseitige Abhängigkeiten und Pflichten miteinander verbinden, nicht direkt und offen in die Organisation des Staates, in seine politische Struktur verwandeln. Diese Organisation geht angeblich aus allgemein moral-rechtlichen Grundsätzen hervor, aus natürlichen Bürgerrechten, die jedem Menschen als Menschen zustehen, während sie in Wirklichkeit ein Ausdruck der Klasseninteressen der Bourgeoisie sind, die aus diesem demokratisch-liberalen Staat ein Instrument zum Schutz individueller Interessen macht.

Dieser Sachverhalt hat für die reale Position der einzelnen Individuen und für die sozialpolitischen Anschauungen, durch die die gesellschaftlich-politische Wirklichkeit in allegorischer Weise dargestellt wird, wichtige Konsequenzen. Die Erziehungsprozesse vollziehen sich nämlich unter dem Einfluß dieser realen Situationen sowie auch unter Einwirkung solcher mystifizierenden Auffassungen, die das menschliche Verhalten stark beeinflussen. Die Erziehungstheorien, die diese Prozesse abhandeln, weisen daher die in ihnen enthaltenen Widersprüche und Mißverständnisse auf.

Der erste Fragenkomplex umfaßt die Erziehung „des Menschen" und „des Bürgers". In der Aufklärung wurden diese

Begriffe eng miteinander verknüpft und in gegenseitiger Bedingtheit gesehen. Aber schon Rousseau erkannte zwischen ihnen einen deutlichen Widerspruch, obwohl er sich über dessen Entstehung und wahren Charakter nicht ganz klar wurde. „Ist man gezwungen, entweder die Natur zu bekämpfen oder die gesellschaftlichen Einrichtungen, muß man wählen, ob man einen Menschen oder einen Bürger erziehen will; denn man kann nicht gleichzeitig das eine und das andere tun... Diesen einander notwendig entgegengesetzten Dingen entspringen zwei entgegengesetzte Arten der Unterweisung: die eine öffentlich und gemeinsam, die andere gesondert und häuslich." [1] Der von Rousseau angedeutete Konflikt wurde zum Ausgangspunkt einander entgegengesetzter pädagogischer Richtungen: der individuellen und der staatlichen Erziehung.

In der bürgerlichen Gesellschaft war aber weder eine wahre Erziehung des „Menschen" noch die des „Bürgers" möglich; auch eine einwandfreie Theorie dieser Erziehungszweige war nicht möglich. Zwar erstreckt sich die Kritik von Marx nicht auf die pädagogischen Theorien, aber ihre unmittelbaren Schlußfolgerungen für dieselben sind — nach dem, was dargelegt wurde — ganz eindeutig.

Die Parolen von der Erziehung des Menschen als der Herausbildung seiner „ursprünglichen Anlagen" gründen sich auf eine gefährliche Illusion. Sie betrachten den „natürlichen Menschen" als festen und grundsätzlichen Orientierungspunkt für die Erziehungsarbeit. Und doch ist der sogenannte natürliche Mensch lediglich das Produkt der bürgerlichen Gesellschaft, also das Produkt einer vorübergehenden Phase der Geschichte. Die angebliche Menschenfreundlichkeit dieser natürlichen Erziehung entlarvt sich somit als Anerkennung der bisherigen Gesellschaftsordnung, die den „Menschen erschaffen hat, d. h. sie bestimmte den Inhalt seiner Bedürfnisse, Gewohnheiten, Bestrebungen und Meinungen über sich selbst. Sie enthüllt also die Anerkennung seiner individualistischen und egoistischen „Natur", die scheinbar ewig und angeboren ist.

[1] J. J. Rousseau: Über die Erziehung, Berlin 1959, S. 96 ff.

Die Erziehung des Bürgers zeigt sich als Herausbildung der gemeinschaftlichen Bindungen in Verhältnissen, die jegliche Gemeinschaft real beseitigen, als Verbindung mit dem Staat, der das Gemeinwohl zu sein vorgibt und im Grunde genommen nur der Garant der Einzelinteressen ist. Die bürgerliche Erziehung steht also im Gegensatz zur Erziehung des Menschen, wie Rousseau treffend bemerkt hat. Und es kann auch gar nicht anders sein, wenn nicht die staatliche Organisation unmittelbar aus der Gesellschaft hervorgeht. Sofern die Erziehung des Menschen im Gegensatz zum Staat steht, muß sie auch zugleich für ihn mehr oder minder wichtig sein. Sie scheint für ihn wichtiger zu sein, weil sie Gehorsam gegenüber der „Gesamtheit" empfiehlt, und scheint weniger wichtig, weil sie nicht das reale, konkrete Wesen des Menschen erfaßt und sich nicht auf seine „ursprünglichen Anlagen" stützt.

Die Pädagogen der Aufklärung irrten auch, als sie das Erziehungsprogramm des Menschen formulierten, als sie das Prinzip der Natur und der Individualität verteidigten, als sie das Erziehungsprogramm des Bürgers festlegten, als sie für die Anerziehung von Gehorsam und Begeisterung für den Staat sorgten. Beide Programme brachten die begrenzte Auffassung der Probleme des Menschen und der Gesellschaft vom Standpunkt der im Verfall begriffenen feudalen Ordnung und der im Aufbau befindlichen kapitalistischen Ordnung zum Ausdruck, beide spiegelten die unter den damaligen Klassenverhältnissen dem gesellschaftlichen Leben immanenten Widersprüche wider.

Diese Kritik von Marx richtet sich nicht nur gegen die Konzeption der Aufklärung, sie bezieht sich auch auf die spätere Zeit und bewahrt ihre Gültigkeit bis zum heutigen Tag. Die bürgerliche Pädagogik drehte sich in ihrer Entwicklung immer in demselben Kreise der Begriffe „Mensch" und „Bürger", den die Bourgeoisie in der Zeit ihres Sieges über den Feudalismus ihr gewonnen hatte. Eine der grundlegenden Auseinandersetzungen, die in der Pädagogik des 19. und 20. Jahrhunderts geführt wurden, war der Streit zwischen den Anhängern der individualistischen und der gesellschaftlichen

Erziehung. Dieser Streit wurde auf die Höhen eines metaphysischen Gegensatzes gehoben, der angeblich eine ewige und beständige Antinomie der Erziehung berührt, die sich bereits in der griechischen Pädagogik gezeigt und seither unverändert angedauert hat, obwohl sich die äußeren Formen desselben geändert haben. Die meisten bürgerlichen Verfahren zur Klassifizierung der pädagogischen Strömungen machten aus diesem Gegensatz eine Grundfrage der Einteilung [1].

Die Bedeutung der Analysen von Marx besteht vor allem in der Feststellung, daß diese Gegensätze, die lediglich Gegensätze des gesellschaftlich-staatlichen Lebens zum Ausdruck bringen, ihren historischen Charakter verändern. Sie sind besonders für die sich konstituierende bürgerlich-kapitalistische Ordnung charakteristisch, die die feudale Vereinigung der bürgerlichen Gesellschaft mit dem Staat überwand und die staatliche Organisation auf den „abstrakten" Bürger gründete und sie damit von den konkreten gesellschaftlichen Verhältnissen trennte. Unter diesen Verhältnissen mußten die individualistische und die staatliche Erziehung als einander diametral entgegengesetzt erscheinen. Jedoch ist das ein durch die historischen Bedingungen der Klassenordnung bewirkter Gegensatz und keineswegs eine innere und metaphysische Antinomie.

Diese Feststellung hat für alle Versuche der Überwindung dieses Konfliktes entscheidende Bedeutung. Die bürgerliche Pädagogik hat entsprechend den Grundthesen der kapitalistischen Gesellschaft auf den verschiedenen Stufen ihrer Entwicklung und in verschiedenen konkreten Situationen zwei Wege zu dieser Überwindung gezeigt. Der eine geht von der Auffassung aus, daß in der Erziehung des Individuums alles das enthalten sein kann und muß, was für das Gesamtwohl, für den Staat wirklich notwendig ist, der andere hingegen von dem Standpunkt, daß sich in der Erziehung für die Gemeinschaft die ganze wirklich wichtige und wertvolle individuelle Erziehung verbirgt, weil das Individuum erst durch den Dienst am Staat oder am Volk zum Menschen wird. Die einen

[1] Anmerkung (2) des Verfassers, s. Anhang.

meinten, eine „gesellschaftliche Erziehung", die nicht im Rahmen der individuellen Erziehung enthalten ist, sei überflüssig und sogar schädlich für die Gesellschaft, während die anderen das Gegenteil annahmen, daß eine Erziehung des Einzelwesens, die sich nicht im Rahmen einer staatlich-nationalen Erziehung vollzieht, eigentlich eine schädliche Desorganisation des Lebens des Individuums darstellte.

Diese beiden Lösungen, die sich bereits zu Beginn des 19. Jahrhunderts, besonders unter den spezifisch deutschen Verhältnissen, im Gegensatz zu den Anschauungen Humboldts und Fichtes ankündigten, wurden durch die Kritik von Marx als falsch und nicht dem Sachverhalt entsprechend zurückgewiesen. Diese Lösungen stützten sich auf die These, daß die bürgerliche Gesellschaft eine „Gesellschaft an sich", d. h. eine beständige und natürliche Form der menschlichen Existenz sei sowie auf die Feststellung, die erzieherische Tätigkeit könne von sich aus, autonom die sich in den menschlichen Erlebnissen manifestierenden Konflikte überwinden.

In Wirklichkeit aber sind diese Konflikte im „privaten" und „bürgerlichen" Erleben nur eine Widerspiegelung der realen Konflikte der kapitalistischen Gesellschaftsordnung, die zugleich die Individuen auf die Stufe eines rein privaten und persönlichen Lebens hinabstößt und dem Willen des Staats unterwirft, der zum Schutze der Interessen der besitzenden Klassen großangelegte politische Aktionen unternimmt. Keine Erziehungsform kann an diesem Zustand rütteln. Das läßt sich einzig und allein durch eine Revolution erreichen, die die auf dem Privateigentum beruhenden Klassenordnung stürzt und ein neues Verhältnis zwischen der „bürgerlichen Gesellschaft" und dem Staat schafft. In der sozialistischen Gesellschaft, die auf der Grundlage der gemeinsamen Arbeit aller Bürger errichtet wird, verschwindet dieser Gegensatz zwischen „Mensch" und „Bürger".

In dieser Kritik aber, die Marx gegenüber den bürgerlichen Konzeptionen vom Menschen und Bürger übte, ist noch ein pädagogisch wichtiges Element enthalten, das wir bisher wenig beachtet haben. Marx unterstreicht nämlich, daß die bürgerliche Trennung „der bürgerlichen Gesellschaft" vom Staat zur Entstehung von zwei schädlichen „Abstraktionen" führt. Die erste ist „die Abstraktion des Bürgers". Sobald man von „Natur" aus und nicht auf Grund bestimmter, konkreter Tätigkeiten existiert, sobald alle, schon dadurch, daß sie auf einem bestimmten Territorium des Staates leben, gleiche Bürger dieses Staates sind, ist diese Kategorie „des Bürgers" eine „abstrakte" Kategorie, die — wie Marx feststellte — von den konkreten Formen des verschiedenartigen realen Lebens einzelner Menschen und ihrer Tätigkeit losgelöst ist. Sie ist also nur irgendeine gemeinsame und formale Bezeichnung für alle, in der niemand seinen eigenen konkreten Lebensinhalt wiederzuerkennen vermag.

Es entsteht aber zugleich eine zweite Abstraktion. Diese Abstraktion ist „mein Privatleben", mein „wahrhaft menschliches" Leben. Sie bildet sich im Gegensatz zu den Rechten und Pflichten des Bürgers als eine Sphäre persönlicher Bedürfnisse und Bestrebungen, die in der kapitalistischen Gesellschaft ein stark egoistisches Gepräge haben. Dieses Privatleben, das persönliche Leben ist eine Abstraktion, weil es vom konkreten, realen, täglichen Leben der Arbeit und der gesellschaftlichen Tätigkeit losgelöst ist, weil es selbständig und unabhängig als „allgemeinmenschlich" und nicht mit einer besonderen materiellen Form „meiner" Existenz verbunden betrachtet wird.

Indem die Menschen in der bürgerlichen Gesellschaft diesen beiden Abstraktionen „des Menschen" und „des Bürgers" unterliegen, verlieren sie das Verständnis für ihr wirkliches, konkretes Leben, d. h. für ein Leben in ganz bestimmten sozialökonomischen Verhältnissen, das mit einer bestimmten Arbeit und einer zu einer bestimmten Zeit und an einem bestimmten Ort ausgeführten Tätigkeit ausgefüllt ist. Sie setzen irrtümlich voraus, wie Marx später in den „Thesen über Feuerbach" schreibt, daß sie dadurch zu Menschen werden, weil in jedem von ihnen gewissermaßen ein „abstraktes menschliches Wesen" steckt, und daß sie dieses Wesen zum Ausdruck bringen, wenn sie sich vom konkreten Leben loslösen. In Wirklichkeit aber bestimmt das „Ensemble der gesellschaftlichen Verhältnisse", unter denen sie leben, was sie wirklich sind.

Auf dieses Problem greift Marx in seinen Untersuchungen immer wieder zurück. Diese wie auch die ganze spätere bürgerliche Pädagogik legte auf eine exakte und wissenschaftlich präzise Untersuchung des Verhältnisses von Bewußtsein und Sein geringen Wert. Stillschweigend behielt sie den traditionellen Grundsatz bei, daß die Sphäre des Bewußtseins die ausschließliche Sphäre des erzieherischen Handelns sei. Sogar als sie die Rolle der kindlichen Aktivität besonders hervorhob, ging sie nicht von ihrem Grundschema ab, wonach die Erziehung Formung des Bewußtseins ist.

Diese These war in gewissem Sinne richtig und im Vergleich zu den Thesen der feudalen Pädagogik sogar fortschrittlich. Sie war aber nicht restlos einwandfrei. Sie betrachtete das Bewußtsein so, als ob es autonom wäre, als ob es sich vom Erzieher beliebig gestalten ließe. Sie erkannte weder die Bedingtheit des Bewußtseins durch das konkrete Leben, das der Mensch führt, noch die gesellschaftlichen Ursachen, die zur Entstehung von Illusionen im Bewußtsein führen.

Im Gegensatz zu diesem Standpunkt machte Marx darauf aufmerksam, daß eine gesellschaftlich bestimmte Lebensweise das Psychische des Menschen in entscheidendem Maße formt und in ihm Bedürfnisse und Strebungen weckt, die in der weiteren Folge vom Bewußtsein als angeblich angeborene, natürliche und allgemeinmenschliche entdeckt werden. Er machte auch darauf aufmerksam, daß in vielen Fällen vom Bewußtsein fiktive Bilder der menschlichen Größe entworfen werden, durch die der Mensch über den wahren Sinn seiner Handlungen getäuscht wird. Es ist also aus beiden Gründen ratsam, mit der Fundierung der Pädagogik mittels der Analyse des Bewußtseins vorsichtig zu sein. Eine solide Erziehung müßte eine kritische Analyse des vorhandenen Bewußtseins des Menschen vornehmen, das doch der Ausdruck seiner bisherigen sozialen Existenzbedingungen ist. Diese Analyse dürfte dann weder als unerschütterliche Grundlage des erzieherischen Handelns noch als dessen Kriterium gelten.

Entsprechend diesem Grundsatz wies Marx auf Mißverständnisse hin, die dann entstehen, wenn man reale und konkrete Lebenselemente des Individuums als unwichtig und äußerlich betrachtet, ohne zu begreifen, was sie wirklich sind. Gerade dieser Gesichtspunkt erlaubte eine Kritik an der Verlogenheit der sittlichen Erziehung der Bourgeoisie und die Grundlagen für eine konkrete, gesellschaftlich-moralische Erziehung des Menschen zu entwickeln helfen.

ERFOLGE UND FEHLER DES METAPHYSISCHEN MATERIALISMUS IN DER BETRACHTUNG DES MENSCHEN

1. Die geschichtliche Stellung des metaphysischen Materialismus

In der bürgerlichen Philosophie äußerte sich die idealistische Theorie vom Menschen meist in unterschiedlichsten Spekulationen über „das wahre Wesen" des Menschen. Bereits im 18. Jahrhundert aber begann sich eine zweite Strömung zu entwickeln, die nur scheinbar in Gegensatz zur erwähnten Spielart des Idealismus stand und sie offen bekämpfte. Diese Strömung versuchte mit aller Gewalt, die konkreten menschlichen Individuen nach Postulaten zu formen, die sie aus ihrer Kenntnis „des menschlichen Wesens" ableitete. Sie berief sich auf das Leben des Menschen selbst und wollte außer ihm keine andere Instanz gelten lassen. An dieser Aktion gegen den „illusorischen und wunderlichen Idealismus" und zum Schutz der Rechte „des Menschen aus Fleisch und Blut" beteiligten sich sehr differenzierte Richtungen. Sie alle hatten aber bestimmte Quellen gemeinsam.

Während der langen Zeit des Kampfes, den die Bourgeoisie gegen den Feudalismus führte, dienten die „idealen" Konzeptionen als wirksame Waffe zur Überwindung der herrschenden Verhältnisse und Anschauungen. Durch den Appell an das Naturrecht, das als vollkommenes, ewiges und unantastbares Lebensrecht galt, konnten die überlebten Feudalrechte intensiver angegriffen werden. Die Theorie des Gesellschaftsvertrages und der idealen Gesellschaft ermöglichte es, die bestehende Feudalgesellschaft und ihre absoluten Herrscher mutiger und bedrohlicher anzugreifen. Mit der Konzeption von der „menschlichen Natur" konnte das Primat der Kirche auf dem Gebiet der Erziehung heftiger kritisiert werden. In dem Maße aber, wie die Bourgeoisie den Sieg davontrug und auf den Trümmern des Feudalismus — teilweise im Bündnis mit ihm — eine neue Ordnung errichtete, in der sie zur herrschenden Klasse aufstieg, begann die bisherige Denkweise in gesellschaftlichen Fragen gefährlich zu werden. Die sogenannten „Ideale" gingen oft über die herrschenden Verhältnisse hinaus, die bereits den Interessen der Bourgeoisie entsprachen und keiner Veränderung mehr bedurften. In der Restaurationsperiode zeichnete sich schon sehr deutlich diese von der feudalen Reaktion am „Idealismus" geübte Kritik ab. Dieser Kritik schlossen sich dann unter dem Druck der revolutionären Bestrebungen der Massen immer häufiger auch die Vertreter der Bourgeoisie an.

Wenn die verschiedenen Konzeptionen von den unveränderlichen Naturgesetzen und dem unveränderlichen Wesen des Menschen bisher gute Dienste im Kampf für die Verwirklichung der Forderungen der Bourgeoisie leisteten, so wurden sie nun bei der Festigung der bürgerlichen Ordnung überflüssig oder sogar schädlich. Es genügte, sich auf das Leben selbst zu berufen, auf ein Leben, wie es sich darbot, und gerade aus der Tatsache seiner Existenz die Gewißheit zu schöpfen, daß es richtig sei. Der häufige Appell an den „Idealismus" wurde unter diesen Umständen entweder zum Instrument der feudalen Reaktion, die sich mit dem Sieg der Bourgeoisie nicht abfinden konnte, oder zum Schlagwort der in ihren Bestrebungen unbefriedigten Demokratie und des utopischen Sozialismus.

In der Restaurationsperiode kann man diese Dualität, die durch die Unzufriedenheit mit den bestehenden Lebensverhältnissen verursacht wurde, bereits deutlich erkennen. Die Unzufriedenheit „von rechts" äußert sich in der reaktionären Romantik, die ideale Bilder des Lebens konstruiert und an die mittelalterliche, religiöse Ideologie anknüpft, die Unzufriedenheit „von links" dagegen in der utopischen Kritik an der herrschenden Ordnung, im utopischen Idealismus, der für eine unbestimmte Zukunft andere gesellschaftliche Verhältnisse ankündigt. Zwischen diesen beiden Polen bewegen sich diejenigen, die den Sieg errungen haben und für die die bestehende Wirklichkeit als unantastbar gilt. Diese Stellung nimmt der Liberalismus ein, der einen Zweifrontenkrieg führt: er bekämpft einerseits die Reaktion, die den Menschen die alten Fesseln wieder aufzwingen möchte, und andererseits die Demokraten, die eine tiefgehende Veränderung der herrschenden Verhältnisse anstreben. Sein metaphysisches Vertrauen zur „besten aller Welten" äußert der Liberalismus, indem er die Unantastbarkeit der sich entwickelnden bürgerlichen Gesellschaft proklamiert. In diese Richtung gehen auch andere ideologische Strömungen. Es ist bekannt, daß die Hegelsche Philosophie in diesem opportunistischen Geist wieder auflebt. Eine ähnliche Tendenz hatten auch die Hoffnungen, die mit der Entstehung der Soziologie als Wissenschaft verknüpft waren. Sie sollte endlich den verschiedenen Spekulationen ein Ende machen und dem menschlichen Denken und den moralischen Normen eine feste Stütze im gesellschaftlichen Sein zeigen.

Die Veränderungen in der Philosophie spiegeln jene grundsätzlichen ideologischen Konflikte treffend wider, die auf Grund der Kritik der traditionellen Metaphysik „des Wesens" erkennbar wurden [1]. Vor allem die Philosophie des Empirismus verteidigte den Menschen vor dem Bestreben, ihm apriorische Konzeptionen seines Wesens aufzudrängen. Sie faßte die Seele des Menschen als eine tabula rasa auf, in der sich alle seine Erfahrungen einprägen. Diese Konzeption wurde der Ausgangspunkt für eine neue Betrachtungsweise des Menschen und hatte sehr bedeutsame Konsequenzen, auf Grund derer sowohl das geistige Leben als auch das moralische Leben des Menschen völlig anders interpretiert werden mußte als bisher. Und tatsächlich wurden im 18. Jahrhundert zahlreiche Versuche unter-

---

[1] Anmerkung (1) des Verfassers, s. Anhang.

nommen, den Menschen so aufzufassen, daß keine idealen Inhalte, die das Wesen des Menschen von innen her gestalten, angenommen werden brauchten. Der von La Mettrie geprägte Begriff „Mensch-Maschine" sollte gerade den Gedanken zum Ausdruck bringen, daß der Mensch im Laufe seines eigenen Lebens vollkommen entstehe, daß er von der Natur „konstruiert" werde. Die berühmte Statue Condillac's, die unter der Einwirkung der Umwelt schließlich zum Menschen wird, drückte den gleichen Gedanken aus.

Ende des 18. Jahrhunderts begannen sich neben den empirischen auch historische Konzeptionen abzuzeichnen. Diese Konzeptionen wollten die Frage, was der Mensch ist, nicht in der Analyse der Umwelt, sondern in der Analyse der Geschichte beantwortet finden. Die Darstellung der veränderlichen Geschichte des Menschen sollte das beste Argument gegen die traditionellen Konzeptionen sein, die das Wesen des Menschen apriorisch bestimmten. Die Entwicklung der Geschichtswissenschaft und der Soziologie im 19. und 20. Jahrhundert unterstützte diesen Gesichtspunkt wesentlich. So wurde die Reduzierung des Menschen und seiner Kultur auf die historischen Existenzbedingungen zu einem fast überall anerkannten Forschungsprogramm.

Um die Wende des 19. zum 20. Jahrhundert machte sich schließlich eine gegen die traditionellen Anschauungen gerichtete Strömung stark bemerkbar. Lebensphilosophie, Pragmatismus und Phänomenologie versuchten, trotz vieler grundsätzlicher Gegensätze, den Menschen auf Grund seiner selbst, auf Grund seiner freien Tätigkeit, seiner persönlichen Erlebnisse und Erfahrungen zu erfassen und zu begreifen.

Diese Tendenzen wurden schließlich vom Existentialismus fortgesetzt, der sich, übrigens mit einem gewissen Recht, für den Erben viel früherer Bestrebungen ausgibt, deren Ziel es war, die Metaphysik des Wesens zu überwinden, die philosophische Betrachtung des Menschen auf Grund seines konkreten Lebens vorzunehmen und schließlich die Metaphysik selbst nicht als Instanz des menschlichen Lebens, sondern als Ausdruck desselben zu betrachten.

Will man diese verschiedenen Strömungen, die im Gegensatz zur traditionellen Konzeption standen, charakterisieren, so muß man mit allem Nachdruck auf die ihnen innewohnenden Widersprüche hinweisen. Es handelt sich nicht um ein einheitliches Lager, vielmehr bekämpften sich hier völlig entgegengesetzte Tendenzen. Einerseits handelte es sich um die Tendenzen, die die Existenz des Menschen mit dem ganzen Bereich seiner Entwicklungsmöglichkeiten identifizierten, andererseits waren es Tendenzen, die die Auflehnung gegen die bestehenden Lebensverhältnisse als mit den Erfahrungen der menschlichen Existenz nicht übereinstimmend anstrebten. Diese Auflehnung äußerte sich wiederum in doppelter Form: teils als romantisch-utopische Flucht aus der bösen Wirklichkeit, teils als Organisierung des konkreten Handelns zur Umgestaltung des Lebens.

Diese Gegensätze spitzten sich allmählich im 19. und 20. Jahrhundert zu. In den vierziger Jahren des vergangenen Jahrhunderts entstand eine besondere ideologische Situation, in der das Denken über den Menschen zum ersten Mal am Scheidewege stand. Von hier aus war es möglich, sowohl eine gewisse Bilanz der Vergangenheit zu ziehen als auch die Richtung der künftigen Entwicklung zu erkennen [1].

Der in verschiedenen Ländern ungleichmäßig geführte Kampf der Bourgeoisie gegen den Feudalismus, der verspätete Ausbruch der bürgerlichen Revolution in einigen Ländern und die drohende Gefahr, sie könnte zur Volksrevolution werden, dazu noch ein starker Druck der feudalen Ideologie unter gleichzeitigem Heranreifen des proletarischen Bewußtseins — all das bewirkte, daß sich die Lage besonders komplizierte. Wohl zeichnete sich bereits vom Standpunkt der Rechten aus die Kritik der idealistischen bürgerlichen Metaphysik an der Betrachtung des Menschen ab, doch gewann die Kritik der Linken bald die Oberhand. Für sie bedeutete die Berufung auf das konkrete Leben der Menschen eine endgültige Befreiung von den Fesseln der Kirche und der Religion, die Rechtmäßigkeit laizistischer und rationalistischer Bestrebungen, die

---

[1] Anmerkung (2) des Verfassers, s. Anhang.

Anerkennung der materiellen Bedürfnisse der Menschen und die Zerstörung des gesamten feindlichen Überbaus, der das freie Leben der Menschen in die Ketten der feudalen Moral und des feudalen Staatsapparates legte. In dieser Richtung bewegten sich die Junghegelianer, insbesondere Feuerbach.

Aber gerade hier entstand ein philosophisches Grundproblem, von dessen Lösung in dieser Periode der Entscheidung die Richtung der Weiterentwicklung der Ideologie „des Menschen" abhing.

Das Problem lautete: Wenn wir die metaphysisch-idealistische Auffassung vom Menschen, die ihn als konkrete Verkörperung des „idealen Wesens" betrachtet, ablehnen und den Menschen auf Grund seines eigentlichen wirklichen Lebens fassen wollen, wie können wir uns dann in philosophischer Hinsicht vor einem flachen Naturalismus und in gesellschaftlicher Hinsicht vor einem Opportunismus bewahren, der die gegebenen Lebensverhältnisse als im wahrsten Sinne des Wortes „menschlich" ansieht?

Das war — wie wir vor allem heute erkennen, da wir die hundertjährige Entwicklung der idealistischen Auffassung des Menschen kennen — ein Kernproblem. Ohne die einwandfreie Lösung dieses Problems mußte der Angriff gegen die idealistisch-metaphysische Auffassung vom Menschen zu existentialistischen Konzeptionen führen, wie das bereits bei Stirner und später bei Nietzsche deutlich zum Ausdruck kam. Ohne eine einwandfreie Lösung dieses Problems war weder eine Unterscheidung des Menschen vom Tier — die bislang dank den idealistischen Theorien vorgenommen wurde — noch ein Angriff der naturalistischen Theorien möglich, die das gesellschaftliche Leben auf natürliche Faktoren zurückführten und den Klassenkampf als eine Form des allgemeinbiologischen Kampfes ums Dasein betrachteten. Ohne eine einwandfreie Lösung dieses Problems war es schließlich nach Ablehnung des bisherigen metaphysischen Idealismus nicht möglich, solche Positionen zu schaffen, von denen aus eine Kritik und die Umgestaltung des Lebens möglich wäre, Positionen also, von denen aus zu verstehen wäre, daß die Wirklichkeit, obwohl sie die

Grundlage unserer Begriffe vom Menschen ist, dennoch „einer Kritik in der Theorie und der revolutionären Umgestaltung in der Praxis unterliegen müsse".

Den ersten Versuch einer Lösung dieser Aufgaben machte im 18. Jahrhundert der metaphysische Materialismus, der durch Feuerbach weitergeführt wurde. Obwohl Marx den historischen Wert dieser Bemühungen richtig einschätzte, beurteilte er sie doch sehr kritisch.

2. Die Kritik des sensualistischen Materialismus

Bei der Bestimmung des materialistischen Standpunkts wies Marx des öfteren auf die progressive Bedeutung des früheren metaphysischen Materialismus sowie des mechanistischen und sensualistischen Materialismus hin. Zugleich legte er die Besonderheiten dar, die ihn von der neuen dialektischen Konzeption des Materialismus unterscheiden, der die philosophische Waffe des Proletariats ist. Diese Unterscheidung ist für das Verständnis der pädagogischen Schlußfolgerungen, die sich aus dem Marxschen Standpunkt ergeben, besonders wichtig. Daher wollen wir damit beginnen.

In der „Heiligen Familie" hat Marx seine Auffassung über den Charakter, die Entwicklung und die Bedeutung des Materialismus der Aufklärung, besonders des französischen Materialismus formuliert. Er unterstrich darin die fortschrittliche Bedeutung dieses Materialismus, die auf dem Kampf gegen die Metaphysik eines Descartes, Spinoza und Leibniz sowie gegen die Religion beruhte. Er verwies auf den Dualismus in der cartesianischen Physik und Metaphysik sowie auf die Rolle von Lockes Sensualismus in der Entwicklung des französischen Materialismus des 18. Jahrhunderts. Er enthüllte die sozialen Wurzeln der Geistesströmungen und die gesellschaftlichen Ursachen für den Verfall der traditionellen Metaphysik in der Aufklärung. Er lenkte die Aufmerksamkeit auf Bacon, Hobbes, Locke, Bayle und ferner auf Helvetius, Condillac, La Mettrie und verwies dabei auf die Verbindung des englischen Materialismus mit dem französischen sowie auf seine kritische Tendenz zum Sturz der bisherigen Autoritäten. Er unterstrich auch die optimistischen Hoffnungen dieses Materialismus auf eine Umgestaltung der Welt durch die Erziehung.

Marx übte eine grundsätzliche und vernichtende Kritik an diesem Materialismus der Aufklärung, indem er den progressiven Wert experimenteller, empirischer Forschungs-methoden hervorhob, sich gegen rationalistische Spekulationen und den Fideismus wandte und auf den progressiven Wert einer Untersuchung der Natur, die von jeglicher göttlicher Inter-vention frei ist, sowie auf die Erforschung des Menschen als eines materiellen Teilchens der großen Welt der Natur hin-wies. Eine synthetische und reife Formulierung dieser Kritik liefern die „Thesen über Feuerbach", aber ihre erste umfang-reiche Bearbeitung befindet sich in der frühen Abhandlung unter dem Titel „Ökonomisch-philosophische Manuskripte" aus dem Jahre 1844, die jedoch zu Lebzeiten von Marx nicht ver-öffentlicht wurde.

In dieser Abhandlung greift Marx die Einseitigkeit des sensu-alistischen Materialismus, seine Fehler, Illusionen und abstrak-ten Fiktionen an, die mit der konkreten Existenz des Menschen und mit seinen realen wechselseitigen Beziehungen zur Natur im Widerspruch stehen.

Das Hauptargument ist die Enthüllung des metaphysischen, asozialen Charakters des sensualistischen Materialismus. Dieser Materialismus vertritt die Ansicht, daß der Mensch seine Er-kenntnis den Sinnen verdanke, die ihn mit den Dingen in Berührung bringen und ihm die Eindrücke liefern, aus denen dann Begriffe entstehen. Dieser Materialismus berücksichtigt aber nicht, daß das Verhältnis des Menschen zum Objekt weit komplizierter ist. Es ist keineswegs als eine geheimnisvolle Brücke zu betrachten, die von den Sinnen zu den beiden sich fremd und feindlich gegenüberstehenden Welten — der menschlichen Welt und der Welt der Dinge — geschlagen wird. Es ist vielmehr ein Verhältnis des wechselseitigen Ineinander-greifens und der wechselseitigen Bedingtheit, ein Verhältnis der wechselseitigen Erschaffung und Umgestaltung.

„Ich kann mich praktisch", schreibt Marx, „nur menschlich

zu der Sache verhalten, wenn die Sache sich zum Menschen menschlich verhält." [1] Die Dinge, mit denen wir zu tun haben, sind nur scheinbar eine vom Menschen unabhängige natürliche Wirklichkeit. Im Grunde genommen sind sie entweder menschliche Werke oder die menschliche Umgestaltung der Naturelemente. In diesem Prozeß des aktiven Handelns bilden sich die menschliche Welt der Dinge und der Mensch selbst sowie seine Sinneswerkzeuge. „Das Auge", schreibt Marx, „ist zum *menschlichen* Auge geworden, wie sein Gegenstand zu einem gesellschaftlichen, *menschlichen*, vom Menschen für den Menschen herrührenden Gegenstand geworden ist." [2] Das Vermögen des menschlichen Auges und der menschliche Inhalt der Wahrnehmungen bildeten sich im Verlauf dieses historischen Erschaffungsprozesses der menschlichen Welt durch die Menschen. Ähnlich verhält es sich mit allen übrigen Sinnen. Sie sind keineswegs irgendeine natürliche Ausrüstung, die ihn mit den von ihm unabhängigen Gegenständen verbindet. Sie werden durch die gesellschaftliche Tätigkeit des Menschen entwickelt, die die Wirklichkeit erschafft und umgestaltet.

Der Mensch geht also inmitten der Gegenstände der realen Welt nicht unter, wenn er sie als menschliche Gegenstände, als gesellschaftliche Gegenstände wahrnimmt. Die menschlichen Sinne unterrichten ihn von der Realität dieser objektiven Welt, sie werden aber zugleich von dieser Welt gebildet. Sie nehmen diese Gegenstände dann als nützliche oder nicht nützliche, schöne oder häßliche, als solche, die auf uns wirken und von uns umgestaltet werden, wahr. Die enge und wechselseitige Abhängigkeit der Sinne und Gegenstände der menschlichen Welt kann auf allen Gebieten festgestellt werden. So z. B. auf dem Gebiet der Musik. „Wie erst die Musik", schreibt Marx, „den musikalischen Sinn des Menschen erweckt, wie für das unmusikalische Ohr die schönste Musik *keinen* Sinn hat, (kein) Gegenstand ist, weil mein Gegenstand nur die Bestätigung einer meiner Wesenkräfte sein kann." [3] Ähnlich ist es mit dem

---

[1] Marx/Engels: Kleine ökonomische Schriften. Berlin 1955, S. 132.
[2] Ebenda.   [3] Ebenda, S. 133 f.

Sehen, Fühlen, Riechen. Man kann also sagen, daß „die *Sinne* des gesellschaftlichen Menschen *andre* Sinne wie die des ungesellschaftlichen" sind und daher kann man verstehen, daß „erst durch den gegenständlich entfalteten Reichtum des menschlichen Wesens wird der Reichtum der subjektiven *menschlichen* Sinnlichkeit, wird ein musikalisches Ohr, ein Auge für die Schönheit der Form, kurz werden erst menschlicher Genüsse fähige *Sinne,* Sinne, welche als *menschliche* Wesenskräfte sich bestätigen, teils ausgebildet, teils erzeugt." [1]

Ähnliche Überlegungen können — nach Marx — gegenüber allen anderen Elementen des psychischen Lebens angestellt werden. Nicht nur die traditionellen fünf Sinne, sondern auch die menschlichen Wünsche, Bestrebungen und Erlebnisse aller Art sind Erscheinungen, die erst im Verlauf der engen und wechselseitigen Beziehung des Menschen zu der menschlichen Wirklichkeit auftreten, die im gesellschaftlichen Leben geschaffen wird. „Jedes seiner *menschlichen* Verhältnisse zur Welt, Sehn, Hören, Riechen, Schmecken, Fühlen, Denken, Anschauen, Empfinden, Wollen, Tätigsein, Lieben, kurz, alle Organe seiner Individualität, wie die Organe, welche unmittelbar in ihrer Form als gemeinschaftliche Organe sind, sind in ihrem *gegenständlichen* Verhalten oder in ihrem *Verhalten zum Gegenstand* die Aneignung desselben; die Aneignung der *menschlichen* Wirklichkeit, ihr Verhalten zum Gegenstand ist die *Betätigung der menschlichen Wirklichkeit*; ... menschliche *Wirksamkeit* und menschliches *Leiden*, denn das Leiden, menschlich gefaßt, ist ein Selbstgenuß des Menschen." [2]

Der Sinn dieser Überlegungen trifft die metaphysische Konzeption des Sensualismus, der den Menschen als ein Wesen auffaßt, das der Welt der Dinge fremd gegenübersteht und das durch das Einwirken dieser Dinge auf die Sinne entwickelt wird. Er stellt die scharfe dogmatische Gegenüberstellung von Subjekt und Objekt sowie die statische Betrachtungsweise des Menschen als eines ewig mit dem gleichen Sinnesapparat aus-

---

[1] Ebenda, S. 134.
[2] Ebenda, S. 132.

gestatteten Wesens in Zweifel. Darüber hinaus führt er sozial-historische Untersuchungsmethoden zur Analyse der physiologischen und psychischen Ausstattung des Menschen ein und eröffnet damit völlig neue Perspektiven.

„Man sieht", schreibt Marx, „wie die Geschichte der *Industrie* und das gewordene *gegenständliche* Dasein der Industrie das *aufgeschlagene* Buch der *menschlichen Wesenskräfte,* die sinnlich vorliegende menschliche *Psychologie* ist, die bisher nicht in ihrem Zusammenhang mit dem *Wesen* des Menschen, sondern immer nur in einer äußeren Nützlichkeitsbeziehung gefaßt wurde, weil man — innerhalb der Entfremdung sich bewegend — nur das allgemeine Dasein des Menschen, die Religion oder die Geschichte in ihrem abstrakt allgemeinen Wesen, als Politik, Kunst, Literatur etc., als Wirklichkeit der menschlichen Wesenskräfte und als menschliche Gattungsakte zu fassen wußte." Es war — nach Marx — ein großer Fehler, daß bis dahin die Geschichte der Technik, der Arbeit und der Produktion vom einseitigen Standpunkt des Nutzens, den sie für den Menschen hat, betrachtet wurde, ohne ihre Bedeutung für die Formung des menschlichen Wesens, für die Bereicherung seines physiologischen und psychischen Handeln, für seine Erziehung zu erkennen. „In der *gewöhnlichen, materiellen* Industrie... haben wir unter der Form *sinnlicher, fremder, nützlicher Gegenstände,* unter der Form der Entfremdung, die *vergegenständlichten Wesenskräfte* des Menschen vor. Eine *Psychologie,* für welche dies Buch, also grade der sinnlich gegenwärtigste, zugänglichste Teil der Geschichte zugeschlagen ist, kann nicht zur wirklichen, inhaltvollen und *reellen* Wissenschaft werden. Was soll man überhaupt von einer Wissenschaft denken, die von diesem großen Teil der menschlichen Arbeit *vornehm* abstrahiert und nicht in sich selbst ihre Unvollständigkeit fühlt, so lange ein so ausgebreiteter Reichtum des menschlichen Wirkens ihr nichts sagt, als etwa, was man in einem Wort sagen kann: ‚*Bedürfnis*' gemeines *Bedürfnis*'?" [1]

---

[1] Ebenda, S. 135 f.
Anmerkung (3) des Verfassers, s. Anhang.

Dieser sozial-historische Gesichtspunkt zeigt die Fiktion der naturalistischen Auffassung des Menschen und der Welt, in der er lebt. Die Welt der Natur ist keine vom Menschen unabhängige Umwelt seines Lebens. Es hat daher ebensowenig einen Sinn, die Natur und den Menschen als zwei einander fremde und selbständige Wirklichkeiten gegenüberzustellen, wie die Naturwissenschaften und Gesellschaftswissenschaften als grundsätzlich und ständig verschieden voneinander zu trennen. Der Mensch verändert die Natur und in dieser Tätigkeit verändert er sich selbst. Er erzeugt sich selbst und seine menschliche, natürliche Welt. „Die in der menschlichen Geschichte — dem Entstehungsakt der menschlichen Gesellschaft — werdende Natur ist die *wirkliche* Natur des Menschen, darum die Natur, wie sie durch die Industrie, wenn auch in *entfremdeter* Gestalt wird, die wahre *anthropologische* Natur ist." [1]

In diesem Sinne kann man sagen, daß die Produktion und die Industrie das historische und reale Bindeglied sind, das die Natur und Naturwissenschaft mit dem Menschen verbindet, und daß dadurch die Naturwissenschaften nicht mehr dem Menschen fremd sind und so eigentlich zur Grundlage der Lehre vom Menschen werden, ähnlich wie die Produktion zur Grundlage des wirklichen Lebens der Menschen wurde. Man kann auch sagen, daß in Zukunft nur eine menschliche Wissenschaft bestehen wird, weil die Naturwissenschaften immer mehr zur Wissenschaft der vom Menschen umgestalteten Natur und die humanistischen Wissenschaften zur Wissenschaft vom Menschen werden, der sich dank der die „menschliche natürliche Umwelt" erzeugenden Arbeit umgestaltet.

Die Weltgeschichte ist „die Erzeugung des Menschen durch die menschliche Arbeit, also das Werden der Natur für den Menschen". Der Mensch wurde so zum Mittelpunkt der Existenz der umgestalteten Natur, ähnlich wie auch die umgestaltete Natur zum Mittelpunkt der Existenz des Menschen wurde. Diese wechselseitigen Bindungen können nicht gelöst werden, und daher sind alle Versuche einer metaphysischen

[1] Ebenda, S. 136.

und statischen Gegenüberstellung von „Mensch" und „Natur" eine schlechte Abstraktion, die in der Trennung des realen, konkreten, sich geschichtlich entwickelnden Inhalts, der konkreten, wirklichen Existenz von den Menschen und der Natur besteht [1].

Die Marxsche Kritik trifft damit die Grundthese des naturalistischen Materialismus, nach der sich die Dinge als Objekte und der Mensch als Subjekt fremd und voneinander unabhängig gegenüberstehen. Die Sinne — so lehrt dieser Materialismus — unterrichten uns entsprechend ihrer physiologischen Natur von der Existenz der Dinge, aber diese Information beeinflußt weder die Dinge selbst noch die Umgestaltung des Menschen. Die Dinge bleiben so, wie sie waren, und der Mensch als Wesen, das von Natur aus nur mit ganz bestimmten Rezeptoren ausgerüstet ist, wird so, wie es ihm zu werden bestimmt war. Zwar stand der sensualistische Materialismus im Gegensatz zur Theorie der angeborenen Ideen, die die Entwicklung des Individuums vorbestimmen sollten; da er jedoch die Rolle der Umwelt und der gewonnenen Eindrücke stark betonte, bewahrte er eigentlich das statische Element früherer Konzeptionen. Durch die sinnliche Verbindung mit der Wirklichkeit entwickelte sich der Mensch nicht und gestaltete sich auch nicht um: Wie auf einer photographischen Platte zeichnete sich lediglich in seinem Geist irgendein Bild der Wirklichkeit, immer der gleichen, unveränderlichen und unabhängigen Wirklichkeit ab. Der Mensch konnte daher als Maschine, als ein nach empfangenen Impulsen mechanisch funktionierender Automat gefaßt werden. Er konnte durch und durch naturalistisch gefaßt werden, so wie man Tiere auffaßt, die in einer bestimmten, aber von ihnen unabhängigen Umwelt seit Jahrhunderten das gleiche Leben führen.

Marx weist überzeugend nach, daß Mensch und Natur sich in einem wechselseitigen spezifischen Zusammenhang von Einwirkung und Umgestaltung befinden. Der Mensch als Subjekt existiert schon im Objekt, in der Natur, sobald diese

[1] Ebenda, S. 139.

für den Menschen wirklich Objekt ist. Was die menschlichen Sinne übernehmen, ist bereits in gewisser Weise durch die gesellschaftliche Tätigkeit des Menschen umgewandelt. Und was durch diese Tätigkeit umgestaltet ist, formt die menschlichen Sinne als Erkenntniswerkzeuge der dinglichen Welt. Daher muß nach Marx das wichtige, die sensualistischen Materialisten quälende und durch ihre Kritiker ausgenutzte Problem der Objektivität der sinnlichen Erkenntnis ganz anders gelöst werden. Ob die Sinne uns nur von der Existenz der Gegenstände unterrichten, ob sie uns ihre Eigenschaften wahrheitsgetreu schildern, ob vielleicht nur einzelne dieser Eigenschaften sich in unserer sinnlichen Erkenntnis widerspiegeln und andere vielmehr ein Produkt unseres Sinnesapparats sind, alles das ist — wie Marx sagte — so lange ein „rein scholastisches" Problem, als es losgelöst von der Praxis erfaßt wird. Nicht die Sinne, sondern die Praxis bildet den Grundzusammenhang zwischen Mensch und Natur. Es handelt sich also hier um einen gesellschaftlichen und historischen, veränderlichen und ständig wachsenden, aktiven und wechselseitigen Zusammenhang. Die Signalisierung der Wirklichkeit durch die Sinne drückt ein Wirken aus, daß diese Realität und denjenigen, der sie umwandelt, umgestaltet. Gerade ein solches Leben ist im Gegensatz zum Leben der Tiere ein menschliches Leben [1].

Die von Marx am sensualistischen Materialismus geübte Kritik beschränkt sich nicht nur auf die allgemeinen, metaphysischen Überlegungen. Diese sind mit der Analyse gesellschaftlicher Situationen eng verknüpft, in denen imaginäre Überzeugungen und Theorien entstehen, die aus der Beschränkung und Verkrüppelung des Menschen erwachsen. Eine Hinwendung zu diesen Analysen ist in dem obenerwähnten Standpunkt von Marx enthalten. Wenn man das Problem des menschlichen Bewußtseins nicht mit naturalistischen, physiologischen Kategorien erfassen kann, wenn es gesellschaftlich betrachtet werden muß, reichen rein philosophische Analysen für die Kritik des Sensualismus nicht aus.

[1] Anmerkung (4) des Verfassers, s. Anhang.

Die Sinne des Menschen bilden und entwickeln sich in Verbindung mit den Objekten seiner gesellschaftlichen Tätigkeit nur dann in wahrhaft menschlichem Sinne, wenn die Voraussetzungen dafür erfüllt werden, dank denen jene Objekte vom Menschen als Objekte der menschlichen Welt erfaßt werden können. Diese Bedingungen sind aber leider nicht immer erfüllt. „Für den ausgehungerten Menschen existiert nicht die menschliche Form der Speise, sondern nur ihr abstraktes Dasein als Speise; ebensogut könnte sie in rohester Form vorliegen, und es ist nicht zu sagen, wodurch sich diese Nahrungstätigkeit von der *tierischen* Nahrungstätigkeit unterscheide. Der sorgenvolle, bedürftige Mensch hat keinen Sinn für das schönste Schauspiel; ... also die Vergegenständlichung des menschlichen Wesens, sowohl in theoretischer als praktischer Hinsicht, gehört dazu, sowohl um den *Sinn* des Menschen *menschlich* zu machen als um für den ganzen Reichtum des menschlichen und natürlichen Wesens entsprechenden *menschlichen* Sinn zu schaffen." [1]

Die Erfüllung dieser Bedingungen, durch die der Mensch an der ihn umgebenden Wirklichkeit als der menschlichen Wirklichkeit teilnehmen kann, ist nicht vom individuellen Schicksal des Individuums, sondern von der objektiven gesellschaftlichen Struktur abhängig, in der die Individuen leben. Diese Struktur kann so geartet sein, daß sie das Erkennen der realen Umwelt als ein gesellschaftliches Werk der Menschen erleichtert oder aber so, daß sie es verhindert und den Menschen zwingt, sie als fremde und unabhängige Wirklichkeit zu betrachten, in der dann die Teilnahme des Menschen für ihn keineswegs bildend ist. Welches ist der entscheidende Faktor, wovon die Beschränkung und Vernichtung des menschlichen Verhältnisses zur Welt abhängig ist? Dieser Faktor ist das Privateigentum.

Indem das Privateigentum die Klassengesellschaft schuf und bewirkte, daß die gesellschaftlich produzierten Gegenstände zum Objekt des Besitzes der aus den herrschenden

---

[1] Marx/Engels: Kleine ökonomische Schriften, Berlin 1955, S. 134.

Klassen kommenden Menschen werden, hat uns „das Privateigentum", schreibt Marx, „so dumm und einseitig gemacht, daß ein Gegenstand erst der *unsrige* ist, wenn wir ihn haben, (er) also als Kapital für uns existiert oder von uns unmittelbar besessen, gegessen, getrunken, an unsrem Leib getragen, von uns bewohnt etc., kurz, *gebraucht* wird." [1] In einer Gesellschaftsordnung, in der das menschliche Leben nur durch den Besitz an Eigentum möglich ist, in der diejenigen, die kein Eigentum besitzen, von der Gesellschaft und der Kultur ausgeschlossen werden, entwickelt sich das Verlangen nach Besitz allmählich zum wesentlichen Erlebnisinhalt des Menschen, der sein Verhältnis zur Welt gestaltet. Der Mensch hört auf, in der ihn umgebenden Wirklichkeit die Produkte der gesellschaftlichen Tätigkeit der Menschen zu sehen und beginnt diese Wirklichkeit lediglich als Arena des Kampfes um Besitz, als Terrain der Ausbeutung kraft des Besitzes zu werten. Diese Betrachtungsweise vereinseitigt und verarmt jedoch den Menschen. „An die Stelle aller physischen und geistigen Sinne ist daher die einfache Entfremdung aller dieser Sinne, der Sinn des Habens getreten. Auf diese absolute Armut mußte das menschliche Wesen reduziert werden, damit es seinen innern Reichtum aus sich herausgebäre. Die Aufhebung des Privateigentums ist daher die vollständige Emanzipation aller menschlichen Sinne und Eigenschaften." [2] Das besagt, daß durch die Aufhebung des Privateigentums die falsche und schädliche Betrachtungsweise der Wirklichkeit als Objekt des individuellen Besitzes beseitigt und die natürliche und wahre wieder hergestellt wird, die sich aus der Erkenntnis ergibt, daß die Wirklichkeit durch die gesellschaftliche Arbeit der Menschen gestaltet wird. Die Dinge erscheinen uns dann als unsere eigenen Werke, als wir selbst in vergegenständlichter Form, als Frucht der gesellschaftlichen Tätigkeit. Unsere Betrachtung wird dann das Objekt als „menschliche Sache" unmittelbar erfassen und sich der Sache aus Liebe zu ihr, nicht aus Be-

[1] Ebenda, S. 132.
[2] Ebenda.

rechnung, nicht aus dem egoistischen Verlangen nach Besitz zuwenden. In diesem Sinne sagt Marx, daß „Sinne unmittelbar, in der Praxis, zu Theoretikern werden": sie sind nämlich unter diesen Umständen keine Kraft zur Kontaktaufnahme mit den Dingen, um diese zu besitzen, sondern eine Kraft, in den Dingen gesellschaftliche, menschliche Produkte wiederzuerkennen, eine Kraft, die im Prozeß des Wiedererkennens sich selbst übt und entwickelt. Auge und Ohr des Menschen entwickeln sich — wie bereits ausgeführt — als Organe des menschlichen Sehens und Hörens, wenn sie lernen, Farben und Formen zu sehen und Töne zu hören, die zur menschlichen Welt gehören und menschlichen Sinn haben.

Der Sturz der auf Privateigentum beruhenden Ordnung, der die Aufgabe des Kommunismus ist, schafft also die Grundlagen für eine echte menschliche Erziehung. Unter diesen neuen Bedingungen wird der Mensch begreifen, daß seine Tätigkeit die Schaffung der menschlichen Welt, also gleichzeitig Entwicklung seiner selbst ist, und nicht einfach Produktion von Gütern für den eigenen oder fremden individuellen Besitz. Er wird verstehen, „wie unter Voraussetzung des positiv aufgehobnen Privateigentums der Mensch den Menschen produziert, sich selbst und den andren Menschen; wie der Gegenstand, welcher die unmittelbare Betätigung seiner Individualität, zugleich sein eignes Dasein für den andern Menschen, dessen Dasein, und dessen Dasein für ihn ist." [1] Er wird also begreifen, daß die Produktion auf allen ihren Gebieten keine dem Menschen fremde Welt der Dinge oder Produkte ist, sondern ein gesellschaftlicher Prozeß der Entäußerung der Menschen in der Produktionstätigkeit und ihrer individuellen Entwicklung durch diese Tätigkeit. Er wird begreifen, daß das Privateigentum das bewußte Erfassen dieses Charakters des Menschen fälschlicherweise auf die Beschaffung von Gütern für den individuellen Besitz beschränkte, und daß es in ebenso falscher Weise gerade in dieser Tätigkeit das Wesen des menschlichen Lebens erkennen ließ.

[1] Ebenda, S. 129.

Mit der Befreiung der Produktionstätigkeit der Menschen von diesen Beschränkungen und Entstellungen und mit dem vollen Bewußtwerden ihres gesellschaftlichen Charakters, der im Werden der Menschen durch die Schaffung der objektiven Welt ihres Lebens, der menschlichen Welt, besteht, vollzieht sich in kommunistischen Lebensverhältnissen eine völlige Umwandlung der Verhältnisse der Menschen zu ihren eigenen Werken. Sie erkennen in dieser ihrer angeblich fremden Welt, die nur der individuellen egoistischen Aneignung dienen sollte, das eigene gesellschaftliche Werk und sie werden an ihm allseitig und frei von Raffgier teilhaben.

Unter diesen Umständen werden sich die Menschen nicht mehr die einzelnen Gegenstände als Objekte der unmittelbaren egoistischen Ausbeutung und des Privateigentums aneignen, sondern als menschliche Werke, als gesellschaftliche Produkte, als Ausdruck des menschlichen Wesens und Lebens. Dadurch wird sich aber der Mensch entwickeln, bereichern und zur weiteren Tätigkeit angespornt werden. Er wird immer menschlicher werden, weil er in immer höherem Maße sich den menschlichen Inhalt der gesellschaftlich geschaffenen Welt aneignen wird. Der ganze Reichtum des historischen Erbes der Menschheit, das bislang als menschliches Werk verkannt wurde, wird nun zur Schule des Menschen.

Die kommunistische Ordnung ist dann eine Ordnung, die der Produktion und Konsumtion der Menschen einen echt menschlichen, vielseitigen, bewußten, gesellschaftlichen Sinn verleiht, weil sie die durch das Privateigentum geschaffenen Beschränkungen, Entstellungen und Illusionen beseitigt.

3. Pädagogische Schlußfolgerungen aus der Kritik des sensualistischen Materialismus

Die Marxsche Analyse des Materialismus der Aufklärung hat für die Pädagogik eine große Bedeutung. In den materialistischen Strömungen dieser Epoche wurden nämlich wesentliche Thesen der bürgerlichen Pädagogik formuliert, die sich gegen die feudale Pädagogik richteten. Es waren Thesen, die das ganze 19. Jahrhundert hindurch als eine der Hauptströmungen der pädagogischen Theorie wirken sollten. Auch im 20. Jahrhundert knüpfte das bürgerliche pädagogische Denken an sie an. Der progressive Charakter dieser materialistisch-sensualistischen Ideen, der ihnen unter den gesellschaftlichen Bedingungen des 18. Jahrhunderts zukam, wurde nicht selten als Legitimation einer angeblichen Fortschrittlichkeit und Wissenschaftlichkeit derjenigen Strömungen des 20. Jahrhunderts mißbraucht, die sich von ihnen herleiteten.

Aus diesem Grunde ist eine richtige und exakte Auffassung über den Wert und die Fehler der sensualistischen Pädagogik nicht nur ein Problem der historischen Beurteilung und Orientierung, sondern zugleich der Mitwirkung an der intellektuellen Gestaltung der Einstellung zur modernen pädagogischen Problematik und zu den verschiedenen falschen Problemstellungen und Lösungsversuchen. Dieser Aufgabe aber dient unmittelbar die marxistische Kritik des Sensualismus.

Erstens weist sie auf den historischen Wert und die Fortschrittlichkeit der sensualistischen Pädagogik im Gegensatz zur Pädagogik „der angeborenen Ideen" hin. Die Pädagogik „der angeborenen Ideen" machte das Werden des Menschen von den sozialen Verhältnissen, der Umwelt und der Erziehung unabhängig. Sie war die Pädagogik „der selbständigen inneren Entwicklung", die Pädagogik des metaphysischen Rationalismus, die Pädagogik des scholastischen Lehrens. Im Gegensatz dazu lenkte die auf der sensualistischen und empirischen Philosophie aufgebaute Pädagogik die Aufmerksamkeit der Erzieher auf die realen und konkreten Lebensbedingungen, auf die Wirklichkeit, die Erfahrung und Tätigkeit. In der Meinung, daß der menschliche Geist sich dank der gewonnenen Eindrücke bildet, hob sie die Rolle der Umwelt und die der Erziehung bei der Bildung des Menschen hervor. Sie eröffnete optimistische Möglichkeiten für eine bessere Erziehung der Menschen und für die Hebung ihres geistigen und moralischen Niveaus durch zielbewußte Erziehung.

In der „Heiligen Familie" betont Marx eindeutig den fortschrittlichen Charakter dieser Theorien und ihre enge Verbindung mit dem Sozialismus.

Nach dem Hinweis auf die Tätigkeit von Condillac, Helvetius und Holbach geht Marx zu einer allgemeinen Schlußfolgerung über den Charakter und die Folgen dieses Materialismus über, indem er schreibt: „Es bedarf keines großen Scharfsinnes, um aus den Lehren des Materialismus von der ursprünglichen Güte und gleichen intelligenten Begabung der Menschen, der Allmacht der Erfahrung, Gewohnheit, Erziehung, dem Einflusse der äußern Umstände auf den Menschen, der hohen Bedeutung der Industrie, der Berechtigung des Genusses etc. seinen notwendigen Zusammenhang mit dem Kommunismus und Sozialismus einzusehen. Wenn der Mensch aus der Sinnenwelt und der Erfahrung in der Sinnenwelt alle Kenntnis, Empfindung etc. sich bildet, so kommt es also darauf an, die empirische Welt so einzurichten, daß er das wahrhaft Menschliche in ihr erfährt, sich angewöhnt, daß er sich als Mensch erfährt. Wenn das wohlverstandne Interesse das Prinzip aller Moral ist, so kommt es darauf an, daß das Privatinteresse des Menschen mit dem menschlichen Interesse zusammenfällt. Wenn der Mensch unfrei im materialistischen Sinne, d. h. frei ist, nicht durch die negative Kraft, dies und jenes zu meiden, sondern durch die positive Macht, seine wahre Individualität geltend zu machen, so muß man nicht das Verbrechen am Einzelnen strafen, sondern die antisozialen Geburtsstätten des Verbrechens zerstören und jedem den sozialen Raum für seine wesentliche Lebensäußerung geben. Wenn der Mensch von den Umständen gebildet wird, so muß man die Umstände menschlich bilden. Wenn der Mensch von Natur gesellschaftlich ist, so entwickelt er seine wahre Natur erst in der Gesellschaft, und man muß die Macht seiner Natur nicht an der Macht des einzelnen Individuums, sondern an der Macht der Gesellschaft messen." [1]

Wir dürfen aber hinter dieser positiven Einschätzung nicht die wesentlichen Mängel und Fehler der sensualistischen Päd-

---

[1] Marx/Engels: Die heilige Familie, Berlin 1953, S. 261.

agogik, der Pädagogik der Aufklärung und der Pädagogik der letzten Zeiten, die unmittelbar an diese Tradition anknüpft, übersehen. In der Kritik des sensualistischen Materialismus hat Marx unmittelbar auf die Quellen jener Fehler hingewiesen, die dazu führten, daß diese Pädagogik die mit ihr verknüpften progressiven Hoffnungen nicht erfüllte, bei ihrer Annäherung an den Sozialismus die von den Interessen der Bourgeoisie bestimmten Grenzen nicht überschritt und oft — besonders in der nachfolgenden Zeit — entgegen allen Hoffnungen einen entschieden reaktionären Standpunkt bezog.

Die sensualistische Pädagogik hatte vor allem eine falsche Auffassung vom Menschen und seinem Verhältnis zur äußeren Wirklichkeit. Sie betrachtete den Menschen als ein Wesen, das von der Natur mit bestimmten, fertigen Sinnen ausgestattet ist, die ihn über die unveränderliche, unabhängige Welt informieren und damit seinen Geist und sein Wollen bilden. Wie bereits dargelegt, stellte Marx diesen metaphysischen Naturalismus in Frage. Er wies auf die Verbindung „der Physiologie” des Menschen mit seiner gesellschaftlichen Tätigkeit hin, durch die die natürliche Welt in eine „menschliche Welt” umgewandelt und diese menschliche Welt durch den Klassenkampf, der das Privateigentum beseitigt, weiterentwickelt wird.

An die Stelle dieser metaphysischen, ahistorischen und asozialen Konzeptionen setzt Marx Thesen, die den engen, wechselseitigen Zusammenhang des Menschen mit der Welt, in der er lebt, hervorheben. Es sind Thesen, die den praktischen, aktiven Zusammenhang betonen, der sich im Prozeß der gesellschaftlichen Entwicklung herausbildet, sich objektiv als wachsender Reichtum der „menschlichen Welt” manifestiert und subjektiv als gleichzeitige und voneinander abhängige Umgestaltung und Bereicherung des menschlichen Wesens zeigt.

Marx' Kritik richtet sich unmittelbar gegen alle sensualistischen Erziehungstheorien, die die Erziehungsarbeit als die „Edukation” der naturalistisch verstandenen Sinne betrachten. Marx war sich über die pädagogischen Konsequenzen seines Standpunktes im klaren, obwohl er sie nicht weiter ausführte.

In den „Ökonomisch-philosophischen Manuskripten" finden wir unter anderem einen Satz, der durch seine Einfachheit und Tiefe überrascht. Er lautet: „Die Erziehung der fünf Sinne ist eine Arbeit aller vergangenen menschlichen Generationen." Dieser Satz faßt die dargelegte Kritik des Sensualismus zusammen und formuliert zugleich die pädagogische Hauptthese, mit deren Hilfe das auf dem Sensualismus aufgebaute Bildungs- und Erziehungsprogramm abgelehnt werden kann.

Von diesem Standpunkt aus sind in diesem Programm folgende Punkte besonders kritisch zu betrachten. Erstens die Auffassung vom Bewußtsein als einer passiven Macht, die die Sinnesangaben registriert und zusammenstellt. Bei Locke trat der Sensualismus noch in begrenzter Form auf, bei La Mettrie und Condillac aber ist er zu einer radikal formulierten These geworden.

Als La Mettrie das Bewußtsein analysierte, verglich er es mit der „Laterna magica, die die im Auge abgebildeten Gegenstände zurückwirft". Er vertrat die Ansicht, daß „unsere Ideen ebenso entstehen, wie die botanischen Bezeichnungen dem Gärtner beim Anblick der Pflanzen bewußt werden." Nach diesen Konzeptionen besteht die Formung des Bewußtseins in der Bereicherung desselben mit Eindrücken, in der Entwicklung der Beobachtungsfähigkeiten und in der Anregung zum Zusammenstellen und Vergleichen. Diese Erziehungsarbeit muß aber berücksichtigen, daß „Urteilskraft, Vernunft, Gedächtnis keineswegs selbständig wirken" und daß die Natur nicht alle gleichermaßen ausgerüstet hat, indem sie dem einzelnen Individuum „ein besser oder schlechter organisiertes Gehirn" gab. Sich dieser Beschränkungen bewußt, wird die Arbeit des Lehrers einseitig auf die Bahn einer Methodik der Sinnesübungen gelenkt. Zugleich wird der Lehrer angehalten, die Übungen je nach der angeblichen „natürlichen Ausrüstung" zu differenzieren.

Condillac's bedeutender sensualistischer pädagogischer Traktat „Cours d'études pour l'instruction du prince de Parme" enthält — trotz seiner Fortschrittlichkeit — eindeutig Elemente dieser Beschränkungen, die mit der Zuspitzung des Klassenkampfes noch zunehmen werden. Um die Wende des 19. und 20. Jahrhunderts stellen die Anschauungen von Lay einerseits und die von M. Montessori andererseits die Fortsetzung jener sensualistischen Ansichten dar, die Marx an ihrer Quelle zerschlagen hat.

Der zweite Vorbehalt betrifft die Art, wie die menschliche Aktivität aufgefaßt wird. Die sensualistische Pädagogik erkennt zwar nicht die historische und gesellschaftliche Tätigkeit der Menschen, sie erkennt nicht ihren Anteil an der Umgestaltung der eigenen Lebensbedingungen der Menschen, sie bestimmt aber in ihrem eigentlichen Bereich in gewisser Weise die menschliche Aktivität: es ist die Aktivität des Beobachtens und Vergleichens von Wahrnehmungen. Bei Condillac finden wir sehr präzise didaktische Ratschläge, die sich auf die Entwicklung einer solchen Aktivität des Bewußtseins erstrecken. Die Losungen von der Herausbildung von „Assoziationen" und „Reflexionen" werden — ähnlich wie alle anderen Losungen der Pädagogik der Aufklärung — von der Bourgeoisie des 19. und 20. Jahrhunderts aufrechterhalten, weil sie auf eine für die Gesellschaft sichere Art und Weise die Verbindung von Bildung und Arbeit ermöglichten. Besonders in einigen Strömungen der Arbeitsschule wurde die Tätigkeit des Kindes als Übung der Sinne durch die Übung manueller Geschicklichkeiten aufgefaßt. Diese beiden Übungsarten sollten zugleich eine Übung des Bewußtseins als des Assoziations- und Reflexionsorgans darstellen, das mit dem sinnlichen Material operiert.

Aus beiden Vorbehalten geht hervor, daß sich die Marxsche Kritik gegen die sensualistische Konzeption der Anschaulichkeit richtet. Die Anschaulichkeit kann nicht — wie aus Überlegungen von Marx folgt — als eine „eigentümliche physiologische Augenscheinlichkeit" verstanden werden. Sie muß als eine Erkenntnis konkreter Gegenstände aufgefaßt werden, durch die der gesellschaftliche Sinn dieser Gegenstände als Produkte der menschlichen Arbeit oder ihres Materials klar werden würde. Die Anschaulichkeit ist mit dem Begreifen des gesellschaftlichen Inhalts der Gegenstände verknüpft, die zur historisch entstandenen menschlichen Welt gehören.

Der dritte kritische Vorbehalt betrifft die überspitzte Auffassung von der Bedeutung der Kindheit für die Entwicklung des Menschen. Eine solche Auffassung war leicht als Folge der sensualistischen Theorie zu verstehen. Schon Locke war sich darüber im klaren, als er in der Einleitung zu „Gedanken über Erziehung" schrieb: „Die kleinen oder fast unmerklichen Eindrücke auf unsere zarte Kindheit haben sehr wichtige und dauernde Folgen: und es ist hier wie bei den Quellen gewisser Flüsse, wo ein leises Anlegen der Hand die lenksamen Wasser in Kanäle leitet, welche ihnen einen ganz verschiedenen Lauf geben; durch diese unmerkliche Leitung, welche man ihnen gleich bei der Quelle gibt, empfangen sie dann verschiedene Richtungen und langen zuletzt an ganz entfernten und abliegenden Orten an." [1] Die Nachfolger von Locke betonten noch stärker die Rolle der Umwelt und der Erziehung in der frühsten Kindheit, wo die ersten Eindrücke das Bewußtsein des Kindes bilden. Diese sensualistische Theorie ist zusammen mit der Psychoanalyse, die der Kindheit aus anderen Gründen entscheidende Bedeutung beimißt, in den Bestand der Grundthesen der modernen bürgerlichen Pädagogik eingegangen. Diese Pädagogik wehrte sich gegen die Anerkennung der Möglichkeit und Notwendigkeit, die heranwachsenden und erwachsenen Menschen durch die Verhältnisse und die Erziehung, durch Arbeit und revolutionäre Tätigkeit umzugestalten.

Die erwähnten wesentlichen Eigenschaften der sensualistischen Pädagogik, die unter den gesellschaftlichen Bedingungen des 19. und 20. Jahrhunderts in zunehmendem Maße reaktionäre Bedeutung gewinnt [2], wurden rechtzeitig, schon während ihrer Entstehung, als sie noch gewisse fortschrittliche Züge aufwiesen, von der herrschenden Kritik widerlegt. Diese Kritik widerlegte, indem sie die Grundthesen des Sensualismus zer-

[1] Lockes Gedanken über Erziehung, Langensalza 1910, S. 84.
[2] Anmerkung (5) des Verfassers, s. Anhang.

schlug, die pädagogischen Hinweise zur Bildung des Menschen durch Ausbildung seiner Sinne, und stellte die angeblich entscheidende Rolle der Eindrücke und Erfahrungen in der frühen Kindheit in Frage. Darüber hinaus lehnte sie die enge, philosophisch-mechanistische Betrachtung der Tätigkeit des Menschen ab. Jedoch drang die Kritik noch tiefer in die Problematik ein.

Die Kritik des Sensualismus war nicht nur eine Kritik der Erkenntnistheorie und Metaphysik. Sie erstreckte sich zugleich auf die gesellschaftlichen Fehler und Mängel, die dem Sensualismus eigen waren, und auf den gesellschaftlichen Inhalt der sensualistischen Pädagogik.

Die sensualistische Pädagogik spielte bei der Beseitigung der rationalistisch-metaphysischen Pädagogik der angeborenen Ideen eine wichtige Rolle. Durch den Hinweis auf den Bildungsprozeß des Menschen in der ihn umgebenden Wirklichkeit, wies sie neue Möglichkeiten, die Erziehungsprobleme zu erfassen. Jedoch enthielt diese Pädagogik keine Sicherungen gegen falsche und gefährliche Theorien einer utopischen oder reaktionären Interpretation der Erziehung.

Schon bei Helvetius können wir ein Schwanken zwischen der utopischen Überzeugung, „die Erziehung kann alles" und der reaktionären Meinung, die Erziehung bestätige nur das, was die bestehende Gesellschaftsordnung und die zufälligen Lebensumstände aus den Menschen machen, feststellen.

In der Vorrede zu seinem Werk „Vom Menschen, seinen intellektuellen Fähigkeiten und seiner Erziehung" schreibt Helvetius: „Wenn ich bewiese, daß der Mensch in der Tat nur ein Produkt seiner Erziehung ist, so würde ich ohne Zweifel den Nationen eine große Wahrheit enthüllt haben. Sie würden wissen, daß sie das Werkzeug ihrer Größe und ihrer Glückseligkeit in ihren Händen haben und daß es sich, um glücklich und mächtig zu werden, bloß darum handelt, die Erziehungswissenschaft zu vervollkommnen." Die These von der Allmacht der Erziehung muß zu utopischen Vorstellungen führen, die eine gesellschaftliche Umgestaltung und eine entsprechende Erziehung der jungen Generation in Aussicht stellen. Gerade im utopischen Sozialismus wurde das Problem oftmals in dieser Weise aufgeworfen.

Andrerseits aber konnte die Betonung der entscheidenden Erziehungsfunktion der Umwelt durch Helvetius zu konservativen Interpretationen Anlaß geben. Das war auch oft so. Helvetius selbst hat in seinem Werk eine Reihe von Formulierungen dieser Art gebraucht. Wenn er schrieb, daß „die wahren Lehrmeister des Kindes die es umgebenden Dinge sind, denn es verdankt ihnen alle seine Gedanken", wenn er die Rolle der Zufälligkeit unterstrich, indem er das menschliche Leben als „langes Gewebe solcher Zufälligkeiten" bezeichnete, wenn er darauf hinwies, daß der wahre Erzieher der Jugend „die Regierungsform ist, unter welcher sie lebt und die Sitten, welche diese Regierungsform der Nation beibringt", wenn er feststellte, daß „die Erziehung aus uns das macht, was wir sind", und wir das sind, was die Gesellschaft aus uns macht — so konnten diese Formulierungen im Kapitalismus leicht zum Ausgangspunkt für Grundsätze einer gesellschaftlichen Erziehung werden, die als Anpassung des Menschen an die Umwelt, die ihn sowieso bildet, als Anpassung an die Bedürfnisse der herrschenden Gesellschaftsklasse aufgefaßt wird.

Je mehr sich der Klassenkampf zwischen der Bourgeoisie und dem Proletariat zuspitzte, um so schärfer traten diese Schwankungen hervor. Und es wurde immer deutlicher, daß die ganze Erziehungskonzeption des sensualistischen Materialismus bestimmte grundsätzliche Fehler enthält, die aus ihrer Klassenbedingtheit hervorgehen und bewirken, daß sie nicht zur Grundlage einer zukünftigen Pädagogik werden kann. Marx hat klar auf den Charakter dieser Fehler hingewiesen. In den „Thesen über Feuerbach" schrieb er: „Der Hauptmangel alles bisherigen Materialismus (den Feuerbachschen mit eingerechnet) ist, daß der Gegenstand, die Wirklichkeit, Sinnlichkeit nur unter der Form des *Objekts oder der Anschauung* gefaßt wird; nicht aber als *sinnlich menschliche Tätigkeit, Praxis;* nicht subjektiv." [1]

---

[1] Marx/Engels: Werke, Bd. 3, Berlin 1958, S. 5.

Die Spitze der Argumentation, die in den „Thesen über Feuerbach" in lapidarer Form zum Ausdruck gebracht wird, richtet sich gegen den sensualistischen Materialismus, weil er die — natürliche und gesellschaftliche — Wirklichkeit statisch und von der menschlichen Tätigkeit unabhängig faßt. Der sensualistische Materialismus verkennt die Rolle der gesellschaftlichen Tätigkeit, die die Wirklichkeit umgestaltet, und wird so zu einer falschen Erkenntnistheorie und zu einer schädlichen Theorie von der Erziehung. Er ist nicht imstande, die in der Gesellschaft bestehenden Widersprüche, die sie zum Ausdruck bringenden Klassenkämpfe und die Bedeutung der revolutionären Tätigkeit zu erkennen, durch die allein die Befreiung von Utopie und Reaktion möglich ist. Er vermag daher auch nicht das Grundproblem „die Erziehung des Erziehers" zu lösen und muß entweder glauben, daß die „neuen Erzieher" nirgendwo entstehen, oder aber, daß die bestehende Gesellschaft, d. h. ihre herrschende Klasse sie heranbildet.

Marx' Kritik greift also hier sowohl die utopischen Theorien „der sozialen Umgestaltung durch Erziehung" als auch die opportunistischen Theorien „der Erziehung als Funktion der Umwelt" an. Marx weist auf die Rolle der praktischen und vor allem revolutionären Tätigkeit hin und betrachtet sie als eine Tätigkeit, die die natürliche und gesellschaftliche Wirklichkeit des Menschen umgestaltet und sie in gewissem Sinne schafft. Er fordert daher die grundsätzliche Ablehnung des sensualistischen Materialismus. Nur der dialektische und historische Materialismus kann die Wirklichkeit wahrheitsgetreu widerspiegeln und die menschliche Tätigkeit, darunter auch die Erziehung des Menschen richtig organisieren.

4. Die Kritik der Feuerbachschen Philosophie

Die Kritik „des anschauenden Materialismus", die Marx übte, als er die Sensualisten der französischen Aufklärung und Feuerbach angriff, hatte eine wesentlich größere Tragweite, als wir bisher darstellen konnten. Die Thesen über Feuerbach hoben mit aller Deutlichkeit den Zusammenhang zwischen der

Erkenntnistheorie „des früheren Materialismus" und seiner Gesellschaftstheorie sowie zwischen der Erkenntnistheorie „des neuen Materialismus" und seiner Gesellschaftswissenschaft hervor. „Das Höchste, wozu der anschauende Materialismus kommt, d. h. der Materialismus, der die Sinnlichkeit nicht als praktische Tätigkeit begreift, ist die Anschauung der einzelnen Individuen und der bürgerlichen Gesellschaft." [1] „Der Standpunkt des alten Materialismus ist die bürgerliche Gesellschaft, der Standpunkt des neuen die menschliche Gesellschaft oder die gesellschaftliche Menschheit." [2]

In dieser Verknüpfung spielte der Begriff des Menschen die Hauptrolle. Die sechste These über Feuerbach präzisiert die Grenzen und Fehler des vormarxistischen Materialismus in der Auffassung des Menschen. Zwar bemühte sich Feuerbach, die traditionelle Betrachtungsweise des Menschen zu überwinden, vermochte das aber nicht konsequent zu Ende zu führen. Wohl verwarf er die metaphysischen Bestimmungen des idealen Wesens, nahm jedoch als „wirkliches Wesen" des Menschen das an, was das Produkt der bisherigen Verhältnisse war. Da Feuerbach dieses „wirkliche Wesen" keiner Kritik unterzog und nicht begriff, daß es „das Ensemble der gesellschaftlichen Verhältnisse" ist, mußte er sowohl das Individuum als auch sein Zusammenleben, und damit den Menschen, falsch betrachten. Er mußte daher zum Ausgangspunkt seiner Überlegungen „ein abstrakt — isoliert — menschliches Individuum" wählen und seinen ihm innewohnenden, gemeinsamen Inhalt ausschließlich als „Gattung", also rein „natürlich" auffassen.

Im Gegensatz zu dieser Konzeption unterstrich Marx, daß die Negation der traditionellen These, der Mensch sei ein abstraktes, außer der Welt hockendes Wesen, die These sein muß, „der Mensch, das ist die Welt des Menschen" [3], die These, daß der Mensch „in Wirklichkeit einer bestimmten Gesellschaftsform angehört." [4]

[1] Ebenda, S. 7.
[2] Ebenda.
[3] Marx/Engels: Die heilige Familie, Berlin 1953, S. 11.
[4] Marx/Engels: Ausgewählte Schriften, Berlin 1953, Bd. II, S. 378.

Bei der Ausarbeitung der Grundlagen des wissenschaftlichen Sozialismus setzte sich Marx nicht nur mit der Hegelschen Philosophie auseinander, sondern unterzog zugleich die ganze Hegelsche Schule einer Kritik. Selbstverständlich interessierte ihn weniger das Schicksal der Rechten und mehr die Entwicklung der Hegelschen Linken. In dieser Kritik deckte Marx ihre wesentlichen Fehler auf, die dazu führten, daß die von ihr verbreiteten Grundsätze nur scheinbar revolutionär und fortschrittlich waren, während sie in Wirklichkeit die reaktionären Tendenzen von Hegel fortsetzten. Die Schule der Junghegelianer analysierte das religiöse Bewußtsein und versuchte nachzuweisen, daß das politische, rechtliche und moralische Bewußtsein bisher eine Form des religiösen Bewußtseins war und mit ihm zusammen der Kritik unterworfen werden muß. Indem die Junghegelianer ihr Programm so formulierten, stimmten sie mit den konservativen, rechten „Althegelianern überein in dem Glauben an die Herrschaft der Religion, der Begriffe, des Allgemeinen in der bestehenden Welt. Nur bekämpften die Einen die Herrschaft als Usurpation, welche die Andern als legitim feierten. Da bei diesen Junghegelianern die Vorstellungen, Gedanken, Begriffe, überhaupt die Produkte des von ihnen verselbständigten Bewußtseins für die eigentlichen Fesseln der Menschen gelten, gerade wie sie bei den Althegelianern für die wahren Bande der menschlichen Gesellschaft erklärt werden, so versteht es sich, daß die Junghegelianer auch nur gegen diese Illusionen des Bewußtseins zu kämpfen haben." [1] Und es ist nicht verwunderlich, daß keiner von ihnen den realen, materiellen und sozialen Grundlagen der Anschauungen, die das menschliche Bewußtsein ausfüllen, Aufmerksamkeit schenkte und darauf achtete, daß die wirkliche und wirksame Kritik jener Illusionen des Bewußtseins über die revolutionäre Kritik und die Umgestaltung der materiellen Verhältnisse führen muß, die ihre Grundlage bilden.

Diese Gedanken formuliert Marx bereits sehr klar in seinem Werk „Zur Kritik der Hegelschen Rechtsphilosophie". Er zeigt

[1] Marx/Engels: Werke, Bd. 3, Berlin 1958, S. 19 f.

darin, daß die Kritik der Religion solange nicht vollständig und wirksam sein kann, wie sie die Verhältnisse nicht berücksichtigt, unter denen die Religion gesellschaftlich ist. Wenn die Junghegelianer sagen, daß „der Mensch Gott schuf und nicht Gott den Menschen", wenn sie die Religion als menschliches Werk, als ein Produkt menschlicher Vorstellungen darstellen, so sprechen sie nicht die ganze Wahrheit aus. Sie operieren falsch mit dem allgemeinen Begriff vom Menschen und seiner Natur, anstatt konkret zu zeigen, unter welchen gesellschaftlichen Verhältnissen die Menschen eines religiösen Trostes bedürfen.

„Die Religion", schreibt Marx, „ist der Seufzer der bedrängten Kreatur, das Gemüt einer herzlosen Welt, wie sie der Geist geistloser Zustände ist. Sie ist das Opium des Volks. Die Aufhebung der Religion als des illusorischen Glücks des Volkes ist die Forderung seines wirklichen Glücks. Die Forderung, die Illusionen über seinen Zustand aufzugeben, ist die Forderung, einen Zustand aufzugeben, der der Illusionen bedarf. Die Kritik der Religion ist also im Keim die Kritik des Jammertales, dessen Heiligenschein die Religion ist." [1] Die Kritik der Religion, erläutert dann Marx, „hat die imaginären Blumen an der Kette zerpflückt, nicht damit der Mensch die phantasielose, trostlose Kette trage, sondern damit er die Kette abwerfe und die lebendige Blume breche. Die Kritik der Religion enttäuscht den Menschen, damit er denke, handle, seine Wirklichkeit gestalte wie ein enttäuschter, zu Verstand gekommener Mensch... Die Kritik des Himmels verwandelt sich damit in die Kritik der Erde, die Kritik der Religion in die Kritik des Rechts, die Kritik der Theologie in die Kritik der Politik." [2]

Diese Schlußfolgerungen einer Kritik der Religion — die übrigens Elemente einer vollständigen, wahren und exakten Kritik der Religion sind — beachteten die deutschen Philosophen nicht, die sich auf die Entlarvung der Religion als eines Produktes der menschlichen Phantasie beschränkten. Vor

[1] Marx/Engels: Die heilige Familie, Berlin 1953, S. 12.
[2] Ebenda.

allem formulierte Feuerbach deutlich den Standpunkt, daß „die Religion der Traum des menschlichen Geistes ist", daß „der wahre Sinn der Theologie die Anthropologie ist", daß die Schaffung der Religion durch den Menschen seinen grundsätzlichen Unterschied gegenüber den Tieren zeigt." [1] In der Feuerbachschen Philosophie kann man daher besonders deutlich jene Irrwege erkennen, auf die das von den gesellschaftlichen Verhältnissen losgelöste Denken über die Religion und das Denken vom Menschen als angeblich religionsbildendes „Wesen" geraten muß.

Wenn wir die Religion allgemein und metaphysisch als ein „menschliches Produkt" betrachten, so tragen wir dadurch zur Stärkung der Überzeugung bei, daß der Mensch seiner Natur nach ein religiöses Wesen sei, und daß die Erzeugung religiöser Vorstellungen sein grundsätzliches und ständiges Bedürfnis sei. Eine solche Kritik der Religion nimmt ihr den objektiven Warheitsgehalt, festigt aber im Menschen selbst um so mehr „die Religion" als spezifisch menschliche Form des geistigen Schaffens. Eine solche Betrachtungsweise muß in besonderem Maße einer Kritik unterzogen werden. Wir dürfen in der Religion weder die Darstellung der objektiven Wirklichkeit noch den Ausdruck der subjektiven menschlichen Wirklichkeit sehen. Nicht der Mensch an sich, sondern die konkrete Gesellschaft erzeugt die Religion als ein falsches Bewußtsein der Welt, weil diese Gesellschaft selbst eine falsche Welt ist, d. h. nicht so wie die wahrhaft menschliche Gesellschaft sein wird. Die Religion ist daher „die phantastische Verwirklichung des menschlichen Wesens, weil das menschliche Wesen keine wahre Wirklichkeit besitzt." [2] Anstatt also die Aufmerksamkeit und alle Kräfte auf den Kampf gegen die Religion als die objektive theologische Dogmatik zu richten, muß man diese Kräfte zum Kampf gegen die Religion als die Form des inneren Lebens sammeln. Schon Luther hat — nach Ansicht von Marx — den Menschen von der „äußern Religiosi-

---

[1] L. Feuerbach: Das Wesen des Christentums, Bd. I, Berlin 1956, S. 19, 22, 35.

[2] Marx/Engels: Die heilige Familie, Berlin 1953, S. 11.

tät" befreit, aber eben dadurch hat er um so mehr die „innere Religiosität" gestärkt. Daher ist in der heutigen Zeit nicht so sehr der Kampf der Laien gegen die Pfaffen, sondern der Kampf eines jeden mit seinem „eignen innern Pfaffen, seiner pfäffischen Natur" notwendig [1].

Der so verstandene Kampf geht wesentlich über den Rahmen des von der Aufklärung geführten „Kampfes gegen den Aberglauben" hinaus. In diesem Kampf handelt es sich um das Begreifen des menschlichen „Wesens". Es geht um die Betrachtung des Menschen als Inhalt, der sich in der Geschichte durch die eigene menschliche Aktivität entfaltet, um einen Angriff gegen alle Formen der metaphysischen Betrachtung des menschlichen „Wesens" als unveränderliches und von Ewigkeit her fertiges Wesen, das sich nur fragmentarisch und annähernd in den einzelnen Geschichtsepochen offenbart; es geht schließlich um ein historisch-gesellschaftliches Begreifen des menschlichen „Wesens" als etwas, was sich historisch entwickelt. Diese Richtung verleiht dem Kampf eine qualitativ neue philosophische und soziale Bedeutung und ist besonders für die Pädagogik wichtig.

Im ersten Teil der „Deutschen Ideologie" entwickelt Marx seinen Standpunkt zu diesen Fragen. Obwohl sich Feuerbach — nach Ansicht von Marx — für einen Materialisten hält, operiert er weiterhin mit der metaphysischen Auffassung vom Menschen, weil er nicht imstande ist, den Menschen als ein Wesen zu fassen, das in konkreter praktischer Tätigkeit seine Umwelt und sich selbst verändert. Feuerbach faßt den Menschen nur als „sinnlichen Gegenstand" und nicht als „sinnliche Tätigkeit"; „da er sich auch hierbei in der Theorie hält, die Menschen nicht in ihrem gegebenen gesellschaftlichen Zusammenhange, nicht unter ihren vorliegenden Lebensbedingungen, die sie zu Dem gemacht haben, was sie sind, auffaßt, so kommt er nie zu den wirklich existierenden, tätigen Menschen, sondern bleibt bei dem Abstraktum der Mensch stehen und bringt es nur dahin, den ‚wirklichen, individuellen leibhaftigen Men-

[1] Ebenda, S. 20 f.

schen' in der Empfindung anzuerkennen, d. h. er kennt keine andern ‚menschlichen Verhältnisse' ‚des Menschen zum Menschen', als Liebe und Freundschaft, und zwar idealisiert" [1]. Ähnlich wie für die Materialisten der Aufklärung, ist für Feuerbach die ganze sinnliche Welt eine Welt der Dinge und nicht eine Welt der sinnlichen gesellschaftlichen Tätigkeit der Menschen, die aus ihrer Arbeit, ihrer Technik und ihren gesellschaftlichen Verhältnissen hervorgeht. Eine solche abstrakte Betrachtung des Menschen, losgelöst von den konkreten gesellschaftlichen Bestimmungen, schafft die Illusion, das „Wesen" des Menschen sei irgendwie früher als seine reale Existenz da, es sei seine ideale Vorankündigung, seine moralische Bestimmung, die immer und überall gültig ist. Eine solche Betrachtung regt an, jenes „Wesen" im Bewußtsein— mit Hilfe der Philosophie— zu suchen und zu begreifen, um es dann — wenigstens annähernd — verwirklichen zu können. Das ist der Weg, auf dem man zur Überschätzung der Rolle des „Bewußtseins" und zur Unterschätzung des „Seins" kommt. Das ist der Weg der mystifizierenden Philosophie.

In Wirklichkeit verhält es sich aber anders. Nicht dadurch beginnen sich die Menschen von den Tieren zu unterscheiden, daß in ihrem Bewußtsein — wie Feuerbach lehrte — spezifische, z. B. religiöse Inhalte entstehen, sondern dadurch, daß sie beginnen, ihre Existenzmittel zu produzieren. Marx betont, daß man diese Produktion nicht ausschließlich von dem Standpunkt aus auffassen dürfe, daß sie dem Menschen das Leben im physischen Sinne gewährleistet. „Sie ist vielmehr schon eine bestimmte Art der Tätigkeit dieser Individuen, eine bestimmte Art, ihr Leben zu äußern, eine bestimmte Lebensweise derselben. Wie die Individuen ihr Leben äußern, so sind sie. Was sie sind, fällt also zusammen mit ihrer Produktion, sowohl damit, was sie produzieren, als auch damit, wie sie produzieren. Was die Individuen also sind, das hängt ab von den materiellen Bedingungen ihrer Produktion." [2]

[1] Marx/Engels: Werke, Bd. 3, Berlin 1958, S. 44.
[2] Ebenda, S. 21.

In der späteren geschichtlichen Entwicklung komplizieren sich die Arbeit in der Produktion, die Produktionsverhältnisse sowie der ideologische, juristische und kulturelle Überbau. Aber der Kern der Sache selbst bleibt bestehen: Das Sein bestimmt das Bewußtsein. Es ist wahr, daß die Menschen Produzenten ihrer Vorstellungen, ihrer Ideen usw. sind, aber die wirklich tätigen Menschen sind durch eine bestimmte Entwicklung der Produktivkräfte, ihrer Produktion bedingt. „Das Bewußtsein kann nie etwas Andres sein als das bewußte Sein, und das Sein der Menschen ist ihr wirklicher Lebensprozeß." [1] Marx unterstreicht, daß die „Produkte des Bewußtseins" im Grunde genommen die „Sprache des wirklichen Lebens" sind, weil sie von der materiellen Tätigkeit und den materiellen Verhältnissen der Menschen bestimmt werden. Weiterhin hebt er hervor, daß unter bestimmten Verhältnissen — und er wird diese Verhältnisse später als Verhältnisse der Klassenordnung bezeichnen — diese Abhängigkeit im Bewußtsein des Menschen „auf den Kopf gestellt" erscheint.

Diese Tatsache darf keinesfalls die methodologische Grundregel des „Vertrauens zur Wirklichkeit" und nicht zum Bewußtsein verändern, im Gegenteil, sie muß diese Regel noch schärfer hervorheben. Wenn wir die Menschen analysieren, meint Marx, sollten wir nicht den Weg vom Himmel auf die Erde suchen, sondern uns von der Erde zum Himmel erheben. Das heißt, wir sollten nicht das zum Ausgangspunkt wählen, „was die Menschen sagen, sich einbilden, sich vorstellen, denken", und auf dieser Basis zu den wirklichen Menschen zu gelangen suchen, sondern „es wird von den wirklich tätigen Menschen ausgegangen und aus ihrem wirklichen Lebensprozeß auch die Entwicklung der ideologischen Reflexe und Echos dieses Lebensprozesses dargestellt." [2] Der Inhalt ihres Bewußtseins ist also etwas Sekundäres, etwas, das sowohl exakter Ausdruck des wirklichen Lebens als auch Selbsttäuschung sein kann. Die Aufgabe der Wissenschaft ist es, gerade durch das Eindringen in die

[1] Ebenda, S. 26.
[2] Ebenda.

realen Grundlagen der Erkenntnis die Richtigkeit und Fehler des menschlichen Bewußtseins zu enthüllen.

Der Mensch ist nicht das, was er sich selbst dünkt. Er ist auch nicht so, wie er sich den anderen Menschen vorstellt. Alle diese Bilder des Bewußtseins können illusorisch sein. Der Mensch ist tatsächlich so, wie er in seinem wirklichen, konkreten und produktiven gesellschaftlichen Leben, dem täglichen Leben erscheint, das unter bestimmten Verhältnissen der materiellen Produktion abläuft. In den lebenden und konkreten Menschen entstehen die „Produkte des Bewußtseins" — Religion, Kunst, Philosophie, Moral und Gesetze usw., die ihr wirkliches Leben exakt oder entstellt ausdrücken. Gerade dieses wirkliche, sich historisch entwickelnde und umgestaltende Leben erzeugt und bereichert, verändert und entwickelt „das Wesen" der Menschheit, das — im Gegensatz zur Betrachtung der idealistischen Philosophie — die immer lebendige Frucht der menschlichen Tätigkeit in der Geschichte, und nicht ihr ewig gleichbleibender Motor sein wird. „Die Geschichte ist ein Prozeß der wirklichen und stetigen Menschengeburt", ein Prozeß seiner Geburt aus eigener Arbeit — wie das Marx in der Kritik an Hegel feststellte.

Diese Kritik des Feuerbachschen Standpunkts faßt Marx selbst in der sechsten These über Feuerbach zusammen. „Feuerbach", schreibt Marx, „löst das religiöse Wesen in das menschliche Wesen auf. Aber das menschliche Wesen ist kein dem einzelnen Individuum innewohnendes Abstraktum. In seiner Wirklichkeit ist es das Ensemble der gesellschaftlichen Verhältnisse. Feuerbach, der auf die Kritik dieses wirklichen Wesens nicht eingeht, ist daher gezwungen: 1. von dem geschichtlichen Verlauf zu abstrahieren und das religiöse Gemüt für sich zu fixieren und ein abstrakt — isoliert — menschliches Individuum vorauszusetzen; 2. kann bei ihm daher das menschliche Wesen nur als ‚Gattung', als innere, stumme, die vielen Individuen bloß natürlich verbindende Allgemeinheit gefaßt werden." [1]

[1] Ebenda, S. 534.

Die Marxsche Kritik deckt damit in der Feuerbachschen Analyse der Religion ein nicht richtig gestelltes und falsch gelöstes Problem des Menschen auf. Feuerbach hat auf diesem Gebiet folgende Fehler gemacht. Er geht über den Gesichtskreis des sensualistischen Materialismus nicht hinaus und ist daher nicht imstande, den eigentlichen Zusammenhang von Mensch und Natur zu begreifen. Er faßt die Wirklichkeit als Gegenstand der Wahrnehmungen, nicht aber als sinnliche, praktische Tätigkeit der Menschen auf. „Er sieht nicht", schreibt Marx, „wie die ihn umgebende sinnliche Welt nicht ein unmittelbar von der Ewigkeit her gegebenes, sich stets gleiches Ding ist, sondern das Produkt der Industrie und des Gesellschaftszustandes, und zwar in dem Sinne, daß sie ein geschichtliches Produkt ist, das Resultat der Tätigkeit einer ganzen Reihe von Generationen, deren Jede auf den Schultern der vorhergehenden stand, ihre Industrie und ihren Verkehr weiter ausbildete, ihre soziale Ordnung nach den veränderten Bedürfnissen modifizierte." [1] Selbst die Gegenstände der einfachsten „sinnlichen Gewißheit", fügt Marx hinzu — wie z. B. Bäume, Früchte sind keine einfache „Natur, sondern ein Produkt bestimmter sozialökonomischer Verhältnisse, des Ackerbaus, des Handels usw."

Ohne zu erkennen, daß die Menschen seit Jahrhunderten die Natur umgestalten und in jeder Epoche es mit der „geschichtlich geformten Natur" zu tun haben, stellt Feuerbach phantastische Spekulationen über die sogenannte „Einheit des Menschen mit der Natur" an, die er dem Schein nach materialistisch, im Grunde genommen aber idealistisch und metaphysisch auffaßt, weil er diese Einheit als eine von der Philosophie enthüllte spekulative Wahrheit betrachtet, und dabei vergißt, daß eine wirkliche „Einheit des Menschen mit der Natur" seit Jahrhunderten in Form von menschlicher, sich verändernder und erweiternder Produktion bestand.

Da Feuerbach den Menschen unter dem Aspekt einer sich nicht verändernden und von ihm unabhängigen Natur sieht,

[1] Ebenda, S. 43.

kann er auch nicht begreifen, daß der Mensch sein eigenes geschichtliches Produkt ist, das Produkt der selbst geschaffenen Verhältnisse, das Ergebnis — und zugleich auch die Ursache — einer bestimmten Produktion. Er kann nicht verstehen, daß im Zusammenhang mit der Komplizierung ihrer Arbeit sich auch die Verhältnisse der Menschen untereinander komplizieren, daß die menschliche Tätigkeit, die die natürliche Umwelt verändert, um so reicher und wirksamer wird. Feuerbach faßt den Menschen „naturalistisch” auf, als ein von Anfang an fertiges und immer gleichbleibendes Produkt der Natur, als ein eigenartiges „menschliches Wesen”, das neben anderen Produkten der Natur steht und sich von ihnen durch das „Bewußtsein” unterscheidet. Dadurch sei es ihm möglich, sich als Fragment der menschlichen Gattung zu erkennen, wozu Tiere nicht fähig sind. Dieses Bewußtsein produziert — nach Ansicht von Feuerbach — den Menschen, denn es produziert das, was menschlich im Menschen, was sein „inneres Leben” ist. Eine solche Betrachtung des Menschen ist aber eine idealistische Betrachtung. Sie ist eine von den gesellschaftlichen Verhältnissen, von der Geschichte und der praktischen gesellschaftlichen Tätigkeit losgelöste Anschauung.

Die sensualistische und mechanistische Philosophie Feuerbachs hinderte ihn, den Menschen und die Natur richtig zu erkennen, d. h. ihre Verknüpfung durch Kampf und Arbeit, durch wechselseitige Umgestaltung in der Geschichte, die die Etappen dieser Umwandlung registriert, zu verstehen. Feuerbach vermochte nicht, den Materialismus mit der Geschichte zu verbinden, weil er die Rolle der menschlichen Tätigkeit nicht begriff. „Soweit Feuerbach Materialist ist”, schreibt Marx, „kommt die Geschichte bei ihm nicht vor, und soweit er die Geschichte in Betracht zieht, ist er kein Materialist. Bei ihm fallen Materialismus und Geschichte ganz auseinander.” [1]

Die Fehler in der Auffassung vom Menschen können natürlich im Bereich der praktischen Philosophie nicht ohne Folgen bleiben. Wenn das menschliche Wesen das Bewußtsein ist,

[1] Ebenda, S. 45.

muß Feuerbach danach streben, dieses Bewußtsein zu verstehen, zu reinigen und zu vertiefen, kurz gesagt, eine Reform des Bewußtseins durchzuführen. Aber diese Reform des Bewußtseins, die losgelöst von den Existenzbedingungen und von der revolutionären Tätigkeit, die diese Bedingungen reformiert, durchgeführt wird, bleibt eine nur scheinbare, fiktive Reform. Sie verstrickt den Menschen nur noch mehr in falsche Vorstellungen über sich selbst.

Marx' Kritik an Feuerbach hat für das Verständnis dieser vom historischen Materialismus entwickelten Theorie des Menschen große Bedeutung. Feuerbach bewirkte damit nicht nur, daß Marx einige Thesen, die er anläßlich der Kritik am sensualistischen Materialismus der Aufklärung und in seinem Kampf gegen die Hegelsche Philosophie entwickelt hatte, wiederholte und präziser formulierte, sondern auch, daß er sich von bestimmten Formen der materialistischen Kritik an Hegel distanzierte und die Anschauungen über das Problem „der wirklichen und bewußten Existenz des Menschen" fundierte. Hier handelt es sich übrigens um ein Zentralproblem, das sowohl für die damalige als auch besonders für die heutige Pädagogik Bedeutung hat [1].

5. Die Kritik der Pädagogik der „Bewußtseinsreform"

Die Bedeutung der Marxschen Kritik an der nachhegelschen Philosophie und vor allem der Kritik an Feuerbach für die Pädagogik zeigt sich klar in der Vorrede zur „Deutschen Ideologie". Marx stellt dort fest, daß die Menschen sich bisher stets falsche Vorstellungen über sich selbst gemacht haben, wenn sie glaubten, daß ihre Begriffe über Aufgaben, Werte und Pflichten auch ihr wirkliches Leben und ihre Lebensbedingungen schaffen. Durch diese Auffassung wurden sie zu Sklaven ihrer eigenen Vorstellungen. Philosophen, die diese Illusionen durchschauten, versprachen, eine Reform der Menschen über die Reform ihres Bewußtseins durchzuführen. An die Stelle der alten Illusion setzten sie so eine neue.

[1] Anmerkung (6) des Verfassers, s. Anhang.

Diese neue Illusion ist eben eine typisch pädagogische Illusion, weil der Pädagoge allzuschnell bereit ist, daran zu glauben, daß eine „Verbesserung des Bewußtseins" automatisch vollzogen werden kann und dadurch wieder zur Umgestaltung des Menschen im Ganzen und der Gesamtheit seiner Beziehungen zur Wirklichkeit führt.

Gegen solche Illusionen der Pädagogik richtet sich die erdachte Geschichte, die Marx mit dem ihm eigenen Witz erzählt und die zum Symbol der von ihm geübten grundsätzlichen Kritik wird. „Ein wackrer Mann bildete sich einmal ein", schreibt Marx, „die Menschen ertränken nur im Wasser, weil sie vom Gedanken der Schwere besessen wären. Schlügen sie sich diese Vorstellungen aus dem Kopfe, etwa indem sie dieselbe für eine abergläubische, für eine religiöse Vorstellung erklärten, so seien sie über alle Wassergefahr erhaben. Sein Leben lang bekämpfte er die Illusion der Schwere, von deren schädlichen Folgen jede Statistik ihm neue und zahlreiche Beweise lieferte." [1]

Dieser Pädagogik „der Reform des Gedankens der Schwere" setzt Marx selbstverständlich, obwohl er das schon nicht mehr sagt, die Pädagogik des Schwimmenkönnens als die einzige Methode zur wirklichen Überwindung des Gravitationsgesetzes entgegen.

Wir wollen versuchen, diese Geschichte zu interpretieren. Welche Grundthesen der Pädagogik greift Marx in seiner Kritik an und was stellt er ihnen entgegen? Er widerlegt hier die Thesen von der Autonomie des Bewußtseins und der selbständigen Rolle, die dieses autonome Bewußtsein bei der Bildung des Menschen spielen soll. Feuerbach war offensichtlich weder der erste noch der einzige Denker, der diese Thesen vertrat. Sie bildeten die gemeinsamen Grundgedanken vieler bürgerlicher pädagogischer Richtungen, vor allem aber waren sie in der Zeit der Aufklärung das fundamentale Glaubensbekenntnis. Das Erziehungsprogramm der Aufklärung stellte im Grunde genommen das Programm einer großen

[1] Marx/Engels: Werke, Bd. 3, Berlin 1958. S. 13 f.

Bewußtseinsreform, das Programm der Reinigung des Bewußtsein von Aberglauben und Illusionen dar. Daher muß man die Kritik, die Marx an Feuerbach übte, als eine Kritik verstehen, die wohl durch die Feuerbachschen Schriften ausgelöst wurde, aber doch einen unvergleichlich breiteren Anwendungsbereich hat. Marx selbst war sich übrigens sehr wohl darüber im klaren, daß er sich durch die Polemik gegen Feuerbach gegen eine sehr verbreitete Art des Philosophierens und eine sehr populäre Methode der Einwirkung auf die Menschen wandte.

Im Kampf gegen den Feudalismus zerstörte das Bürgertum die traditionellen Bindungen der feudalistischen Gesellschaftsordnung und formulierte Erziehungsgrundsätze, die sich auf das Recht der Natur und der Vernunft stützten. Das war das Programm der Erziehung durch Bildung und Formung des Bewußtseins. Der Feudalerziehung, die den Charakter und den Inhalt der erzieherischen Bemühungen dem gesellschaftlichen Sein, dem „Stand" des Zöglings anpaßte, stellte die bürgerliche Erziehung die Auffassung entgegen, daß der vom Individuum erreichte Bildungsgrad das soziale Fortkommen desselben bestimmen muß und kann. Aber diese Überzeugung war lediglich eine Phrase, die in der Periode der Entwicklung des Kapitalismus immer mehr durch die konkrete sozialökonomische Wirklichkeit negiert wurde. Aus diesem Grunde nahm sie einen idealistischen, mystifizierenden Charakter an. Daher begann sich die „Erziehung des Bewußtseins" immer weniger auf die reale Form der täglichen Existenz des Menschen zu beziehen und wurde damit immer „autonomer", immer mehr „vergeistigt", zugleich aber für das Leben und die Gesellschaft unfruchtbar.

So war das Prinzip der „Erziehung des Bewußtseins" als Methode zur Umgestaltung des Lebens im Kampf des Bürgertums gegen den Feudalismus ein progressiver, revolutionierender Grundsatz, in der weiteren geschichtlichen Entwicklung, in der Epoche des Sieges der Bourgeoisie aber wurde es immer offensichtlicher zu einem utopischen und reaktionären Grundsatz. Den Umfang und Charakter des Bewußtseins, der durch die kapitalistische Produktionsweise herausgebildet wurde, behandelte die Bourgeoisie als „natürlich" und „vernünftig" und damit als existent und verpflichtend. Die so geschaffenen hauptsächlichen Begriffe, Vorstellungen und Grundsätze sollten durch die Ausbildung aufrechterhalten, weitervermittelt und vertieft werden. Die „Reform des Bewußtseins" wurde so zur Gestaltung dieses Bewußtseins nach den Grundsätzen der bürgerlichen Ordnung. An die Stelle des früheren Kampfes gegen den Aberglauben tritt nun der Kampf gegen neue Anschauungen, die mit den Aktionen der Arbeiterklasse einhergehen.

Angefangen von der „Reform des Bewußtseins", die auf der Reinigung desselben von Vorurteilen beruhte, bis zur „Verteidigung des Bewußtseins" der Bourgeoisie blieb die Grundauffassung erhalten, daß die Erziehungsarbeit es vor allem mit dem Bewußtsein zu tun habe. Das Bewußtsein müsse und könne sie losgelöst von den konkreten Lebensverhältnissen des Individuums, von seiner täglichen Arbeit und von seiner Stellung in Produktion und Gesellschaft entwickeln.

Diesen Intellektualismus greift Marx mit dem Hinweis an, daß das Bewußtsein nicht als Basis, sondern als Produkt der Bedingungen des täglichen Lebens des Menschen, seiner täglichen Arbeit und Tätigkeit betrachtet werden kann. Eine Reform des Bewußtseins bleibt ohne Resultat, wenn sie nicht von der Reform des gesellschaftlichen Lebens begleitet wird. Die Verewigung eines bestimmten Bewußtseinstyps ist schädlich — und auf lange Sicht erfolglos, wenn nämlich die Entwicklung des realen Lebens in einer anderen Richtung verläuft. Marx hat mit ungewöhnlicher moralisch-erzieherischer Schärfe auf die schädlichen Illusionen hingewiesen, nach denen der Mensch so ist, wie er es sich selbst in seinem Bewußtsein vorstellt, und so sein wird, wie es sein durch den Erzieher geformtes Bewußtsein verlangt. Er zeigte, daß „der Mensch wirklich so ist, wie ihn das Leben zeigt". Das heißt, daß das Wie und Was der Mensch erzeugt, den wirklichen konkreten Inhalt seines „Wesens" ausmacht.

Wenn aber sowohl individuelle als auch kollektive „Ideen, Vorstellungen, Bewußtsein" die „Stimme des realen Lebens" sind, dann ist nur diejenige Erziehung allein wirksam, die den Menschen durch Umgestaltung seiner realen Lebensverhältnisse und durch die Veränderung der auf bestimmten Produktionsformen beruhenden Gesellschaftsordnung selbst umgestaltet. Die Erzieher werden so zu Verbündeten des um die revolutionäre Umgestaltung der bestehenden Klassenverhältnisse kämpfenden Proletariats, zu Anhängern der „revolutionären Praxis", die sie selbst entsprechend den Lebensbedingungen verändert.

Die Marxsche Kritik richtet sich also gegen die grundlegende These der bürgerlichen Pädagogik, gegen die These von der Autonomie des Bewußtseins, einer Autonomie, die das Recht verleiht, die Erziehung ausschließlich auf das Bewußtsein zu richten und von diesem Einwirken jegliche Erziehungserfolge zu erwarten. Gestützt auf den Grundsatz von der Autonomie des Bewußtseins formulierte die bürgerliche Pädagogik ihr Programm für psychologische, pädagogische und didaktische Untersuchungen, die darüber unterrichten sollten, durch welche Methoden die Umgestaltung des Bewußtseins maximalen Erfolg hat. Marx weist der Pädagogik einen anderen Weg. Wenn das Bewußtsein nicht autonom ist, wenn es zu seinem Wesen gehört, „die Lebensbedingungen auszudrücken", so kann es von den Erziehern nicht als das einzige und ausschließliche Objekt ihrer Tätigkeit betrachtet werden. Eine erfolgreiche Erziehung ist nicht nur das Ergebnis einer richtigen Kenntnis der „Natur des Bewußtseins" und ihrer Entwicklungsgesetze, nicht nur das Ergebnis der Philosophie oder Psychologie, sondern vor allem eine Funktion der gesellschaftlichen Tätigkeit, der revolutionären Tätigkeit, die durch die Umgestaltung der Verhältnisse zugleich die Voraussetzungen für die Umgestaltung des Bewußtseins schafft.

Die Marxsche Kritik wendet sich gegen die Grundlagen der bürgerlichen „Pädagogik des Bewußtseins", sie vernichtet daher verschiedene Varianten dieser Konzeption sogleich an der

Wurzel, ohne sie unmittelbar anzugreifen. Die Pädagogik des Bewußtseins trat in zwei Grundformen auf: in der objektivistischen und in der psychologistischen Form. Die erste war mit der apriorischen und transzendentalen Theorie des Bewußtseins — besonders mit der Philosophie von Kant — verknüpft und faßte die Erziehung als die den Forderungen der apriorischen Struktur des Bewußtseins unterworfene Tätigkeit auf. Die zweite war mit den empirischen und biologischen Theorien des Bewußtseins verknüpft und betrachtete die Erziehung als eine den psychologischen Gesetzen unterworfene Tätigkeit. Diese beiden Formen beruhen auf einer gemeinsamen Grundlage, auf der These von der Autonomie des Bewußtseins gegenüber den gesellschaftlichen Verhältnissen des menschlichen Lebens. Die Kritik, die diese These endgültig widerlegt, macht eine weitere Erörterung der verschiedenen Formulierungen, die sich auf diese These gründen, überflüssig.

Die Kritik von Marx hat daher besonders einen vorausschauenden Wert; denn sie berührt die Grundlagen selbst — und nicht einzelne pädagogische Theorien. Sie behält ihre Gültigkeit auch für spätere Zeiten, bis zum heutigen Tag, für die ganze Periode, in der zwar viele neue pädagogische Theorien geschaffen wurden, die sich aber alle auf die gleichen Grundthesen stützen. Ähnlich wie die Kritik der „sensualistischen Pädagogik", der „Milieupädagogik" und der „Kulturpädagogik" geht auch diese Kritik der „Bewußtseinspädagogik" weit über den Rahmen ihrer Entstehungsperiode und der Umstände, unter denen sie entstand, hinaus.

Die Marxsche Kritik der „Pädagogik des Bewußtseins" enthält aber noch ein wichtiges Element, das wir bisher nicht beachtet haben. Marx erklärt nicht nur, warum man dem Bewußtsein als der scheinbar autonomen Basis des menschlichen Lebens nicht trauen dürfe, sondern er erläutert auch, weshalb ein derartiges illusorisches Vertrauen entsteht. „Wenn in der ganzen Ideologie die Menschen und ihre Verhältnisse", schreibt Marx, „wie in einer Camera obscura auf den Kopf gestellt erscheinen, so geht dies Phänomen ebensosehr aus ihrem historischen Lebensprozeß hervor, wie die Umdrehung der

Gegenstände auf der Netzhaut aus ihrem unmittelbar physischen." [1]

Wendet man sich erneut dem Beispiel mit dem Schwimmen zu, dann kann gesagt werden, daß Marx nicht nur überzeugend darlegt, daß keine Kritik „der Idee der Schwerkraft" den Menschen wirklich an der Oberfläche zu halten vermag, sondern zugleich erläutert, wie sowohl die Ansicht, daß der Mensch versinkt, weil er im Bewußtsein diese Idee hat, als auch die Ansicht, daß die Überwindung dieser Idee irgendeine praktische Bedeutung habe, möglich ist. Marx weist darauf hin, daß unter bestimmten gesellschaftlichen Verhältnissen den herrschenden Klassen dieser Prozeß der „auf den Kopf gestellten" Erkenntnis der Wirklichkeit vonnöten ist. Wie wir gesehen haben, ist der Nachweis dieses Sachverhaltes am Beispiel der Religion ein grundlegendes Argument gegen Feuerbach, der die gesellschaftliche Bedingtheit der Religion und ihre Notwendigkeit in bestimmten gesellschaftlichen Verhältnissen nicht erkannt hat.

Eine solche Fragestellung zieht sehr wichtige pädagogische Konsequenzen nach sich. Die Tatsache, daß Marx die Kritik an der „Bewußtseinspädagogik" in der Polemik mit Feuerbach entwickelte, ist deshalb wichtig, weil Feuerbach nicht nur von der langen bürgerlichen Tradition „der Autonomie des menschlichen Bewußtseins" beeinflußt war, sondern — zusammen mit anderen Religionskritikern dieser Zeit — ihr eine gewisse Tendenz verlieh, die von da an in der bürgerlichen Gesellschaft stärker werden und gesellschaftlich-erzieherische Bedeutung gewinnen sollte; eine schädliche und gefährliche Tendenz, die Marx im Augenblick ihres Entstehens erkannte und angriff.

6. Die Kritik der irrationalen Konzeptionen der Bewußtseinsreform

Die Erziehungskonzeption, die sich seit Jahrhunderten auf die individualistische Annahme stützte, daß die Bildung des Bewußtseins die Bildung des ganzen wirklichen Menschen sei,

[1] Ebenda, S. 26.

enthielt gewöhnlich eine realistische Interpretation des Bewußtseins, d. h., sie setzte voraus, daß uns der Inhalt des
Bewußtseins auf irgendeine Art und Weise über das objektive
Sein informiert. Das Bewußtsein sollte daher entwickelt werden,
damit der Mensch besser über die Wirklichkeit informiert werde und mehr von ihr wisse. Noch bei Hegel — und in
der von ihm beeinflußten Kulturpädagogik — war dieser
Objektivismus, wenn auch in veränderter Form, erhalten
geblieben.

Feuerbach und die Kritiker der Religion, besonders Strauß,
stellen aber die Probleme ganz anders dar. Indem Feuerbach den
objektiven Wert der Religion anzweifelt und ihre theoretische
und historische Wahrheit verwirft, macht er sie zum Produkt
des menschlichen Bewußtseins. Zwar entspricht ihm keine
Wirklichkeit, nichtsdestoweniger ist es aber Ausdruck des
menschlichen Wesens. Das Bewußtsein gewinnt hier eine besondere Autonomie — die Autonomie gegenüber der Wirklichkeit. Indem Feuerbach die Theologie als Anthropologie entlarvt,
beweist er, daß der Mensch ein Wesen ist, dessen Natur sich in
der Schaffung religiöser Vorstellungen ausdrückt, ein Wesen,
das, wie Strauß sagt, Mythen schafft. „Wir haben bewiesen",
schreibt Feuerbach im Schlußteil seines Werkes, „daß der
Inhalt und Gegenstand der Religion ein durchaus menschlicher
ist, bewiesen, daß das Geheimnis der Theologie die Anthropologie, des göttlichen Wesens das menschliche Wesen ist." [1] Und
obwohl Feuerbach betont, daß nach dieser Folgerung alles das,
was die Religion als göttlich hinstellte, in Wirklichkeit eine
allegorisch gestaltete und angebetete „menschliche Gattung"
ist, so führten alle seine Überlegungen, die sich — wie Marx
nachgewiesen hat — auf den Menschen im allgemeinen beziehen, zu der Überzeugung, daß seine religionsbildende Fähigkeit, nämlich die Fähigkeit, das eigene Leben und die
eigenen Strebungen in die Form der Religion umzuwandeln,
eine dauerhafte Eigenschaft des menschlichen Lebens sei.
Daher ist Feuerbach tatsächlich der Meinung, daß die Religion

---

[1] Feuerbach: Das Wesen des Christentums, Berlin 1956, S. 408.

den Hauptunterschied zwischen Mensch und Tier bildet [1]. Das ist auch völlig verständlich. Wenn man nämlich — wie Marx — nachweist, aus welchen Gründen die Menschen unter bestimmten Verhältnissen die religiöse Mystifikation brauchen, so muß deren jahrhundertelanges Bestehen als Bedürfnis der „menschlichen Natur", als spezifische Funktion des menschlichen Bewußtseins interpretiert werden.

Im Vorwort zu seinem Werk gibt Feuerbach dafür die Erklärung: „Allein es wäre eine Aufgabe ohne alles philosophische Interesse gewesen, wenn der Verfasser den Beweis, daß dieses moderne Gespenst nur eine Illusion, eine Selbsttäuschung des Menschen ist, zum Ziele seiner Arbeit sich gesetzt hätte." [2] Er wollte nicht die Religion als Aberglaube ablehnen, sondern sie als menschliches Produkt hinstellen, sie auf eine anthropologische Weise erläutern, d. h., darauf hinweisen, daß „das Wesen des Glaubens, das Wesen Gottes ... aber, wie bewiesen, selbst nichts anderes als das außer den Menschen gesetzte, außer dem Menschen vorgestellte Wesen des Menschen (ist). Die Reduktion des außermenschlichen, übernatürlichen und widervernünftigen Wesens Gottes auf das natürliche, immanente, eingeborne Wesen des Menschen ist daher die Befreiung des Protestantismus, des Christentums überhaupt, von seinem Grundwiderspruch, die Reduktion desselben auf seine Wahrheit — das Resultat, das notwendige, nachweisbare, ununterdrückbare, unumstößliche Resultat des Christentums." [3]

Das bedeutet, daß der Mensch ein Wesen ist, das seine Erlebnisse in Form von religiösen Bildern vergegenständlicht, die als seine unabhängigen, wirklichen, übernatürlichen Inhalte betrachtet werden. Feuerbach wollte diese Illusion entlarven; da er aber ihre äußeren gesellschaftlichen Quellen nicht darlegte, mußte er sie gleichzeitig als die der menschlichen Natur eigenen Inhalte anerkennen. Daher auch sein Schwanken zwischen Kritik und Billigung. So schrieb er z. B., daß die Reli-

[1] Ebenda, S. 36.
[2] Ebenda, S. 6.
[3] L. Feuerbach: Das Wesen des Christentums, Berlin 1956, S. 540 f.

gion der Traum des menschlichen Geistes ist und fügte hinzu: „aber auch im Traume befinden wir uns nicht im Nichts oder im Himmel, sondern auf der Erde — im Reiche der Wirklichkeit, nur daß wir die wirklichen Dinge nicht im Lichte der Wirklichkeit und Notwendigkeit, sondern im entzückenden Scheine der Imagination und Willkür erblicken." [1] In diesem Sinne darlegend, daß die Religion Bildern gleicht, fügte er hinzu, daß er sie als ein Schaffen von Bildern durch den Menschen, als eine eigenartige „psychische Pathologie" betrachten wird.

Feuerbach versuchte auf diese Weise, die Ablehnung des „unmenschlichen" Inhalts der Religion mit der Beibehaltung ihres „menschlichen" Wesens [2], die Überwindung religiöser Illusionen mit der Verteidigung ihres anthropologischen Inhalts zu verknüpfen. Indem er der Religion ihren übernatürlichen Charakter nahm und darauf hinwies, daß der Mensch sie unbewußt geschaffen hat, machte er die religionsbildenden Eigenschaften des Menschen zu seinen wesentlichen Eigenschaften, obwohl diese auch kritisiert und umgestaltet werden müßten. Gerade die Philosophie sollte nach Ansicht von Feuerbach die Therapie sein, die es dem menschlichen Wesen ermöglicht, in der Religion sein eigenes, verhülltes und scheinbar fremdes Werk zu sehen. Diese „Bewußtseinstherapie" setzt der „psychischen Pathologie" ein Ende, die im Glauben an den objektiven und transzendentalen Inhalt der von uns geschaffenen Bilder besteht. Der Mensch wird so von den Illusionen befreit, in die ihn sein eigener Geist verstrickt hat. Den Beginn dieser Therapie bezeichnet Feuerbach als den „Wendepunkt in der Geschichte". Es „ist daher dieses offene Bekenntnis und Eingeständnis, daß das Bewußtsein Gottes nichts andres ist als das Bewußtsein der Gattung, daß der Mensch sich nur über die Schranken seiner Individualität oder Persönlichkeit erheben kann und soll, aber nicht über die Gesetze, die Wesensbestimmungen seiner Gattung, daß der Mensch kein andres We-

[1] L. Feuerbach: Das Wesen des Christentums, Bd. I, Berlin 1956, S. 22.
[2] Ebenda, S. 19.

sen als absolutes, als göttliches Wesen denken, ahnden, vorstellen, fühlen, glauben, wollen, lieben und verehren kann als das menschliche Wesen." [1] Das ist folgerichtig. Wenn religiöse Visionen unmittelbar aus dem menschlichen Bewußtsein und nicht aus gesellschaftlichen Verhältnissen hervorgehen, dann vermag nur die psychische Therapie — und nicht die soziale Reform — durch Aufklärung über den wahren Mechanismus unseres psychischen Erlebens das richtige Verhältnis zur Religion und zu uns selbst zu schaffen.

Die Konzeption von Feuerbach enthält also zwei Thesen: erstens, daß der Mensch ein religionsbildendes Wesen ist, zweitens, daß er vom Irrglauben an die Objektivität und Übernatürlichkeit der Religion, die sein eigenes Produkt ist, nach der Methode der „Bewußtseinstherapie" geheilt werden kann.

Vom Standpunkt der Weiterentwicklung der bürgerlichen Pädagogik aus sind diese Thesen deshalb so wichtig, weil sie zum ersten Male die neue Konzeption des Menschen sehr klar zum Ausdruck brachten, die der neuen Klassenlage der Bourgeoisie und den neuen Formen der kapitalistischen Wirtschaft besser als die alte entsprach. Die alte Konzeption stützte sich auf den Menschen als „animal rationale" [2] und entsprach vor allem der Epoche des Frühkapitalismus, jener Epoche, in der die Grundlagen einer neuen, naturwissenschaftlichen, rationalistischen Weltanschauung gelegt wurden, in der gegen die romantische Kultur des Rittertums und gegen die mystisch-religiöse Kultur der Kirche gekämpft und eine „zweckmäßige, sparsame, arbeitsame und kalkulierende" bürgerliche Kultur ins Leben gerufen wurde. In der Zeit des aufblühenden Kapitalismus des 19. Jahrhunderts und später im monopolistischen Kapitalismus gewannen neue irrationalistische Auffassungen vom Menschen an Bedeutung.

In den Studien über das Christentum findet Feuerbachs Konzeption vom Menschen ihren Ausdruck. Sie faßt ihn als ein

---

[1] Feuerbach: Das Wesen des Christentums, Berlin 1956, S. 408 f.
[2] Vernünftiges Lebewesen, Anm. d. Red.

Wesen, das sich in seinen eigenen Illusionen verstrickt, das „Bilder schafft", das infolge seines Glaubens an den objektiven Charakter der eigenen Visionen psychopathisch ist und durch das Bewußtwerden der eigenen, noch mystisch verhüllten Kraft geheilt wird. Die Theorie der Erziehung wurde so zu einer Methode der Bildung des Menschen, die ihm seine psychischen Tätigkeiten bewußt macht und ihn lehrt, mit Hilfe der Vernunft die eigenen Neigungen zu Gefühlen und Vorstellungen zu beherrschen. So bekam die bürgerliche „Pädagogik des Bewußtseins" eine immer stärker werdende introvertierte Orientierung. Das letzte Glied dieser Kette wurde in der Epoche des Imperialismus und des Verfalls der bürgerlichen Kultur die psychoanalytische Pädagogik. Ihre Konzeption vom Menschen und seiner „Heilbehandlung" mit Hilfe der Erziehung erweitert und entwickelt diese Feuerbachschen Thesen wesentlich. Und tatsächlich heben sich die Auffassungen über die irrationale Natur des Menschen immer deutlicher ab und das sowohl bei den Nachfolgern Feuerbachs, die sich nach seinem Hinweis mit dem „Anthropologisieren der Theologie" befaßten, als auch bei den Philosophen, die sich mit der Analyse des Menschen beschäftigten. Die Anschauungen von Nietzsche und Freud sind auf diesem Gebiet besonders charakteristisch. Beide bemühten sich, eine Auffassung vom Psychischen zu begründen, nach welcher das Psychische eine spezifische Kraft sei, die Fiktionen erzeugt. Diese Fiktionen sind für das Individuum sowohl nützlich und lebensnotwendig als auch schädlich, falsch und Ursache psychischer Erschütterungen. Besonders Freud übernahm die Feuerbachsche Konzeption „der Religion als Traum des menschlichen Geistes" und hat sie psychologisch entwickelt, indem er auf den komplizierten Mechanismus der Triebe, Hemmungen und religionsbildenden Komplexe verwies. Je „tiefer" man aber in das Phänomen der Religion auf Grund der Analyse der „menschlichen Natur" eindrang, um so intensiver wurde in diese Natur das Element der Religiosität, ein Element eines eigentümlichen Mystizismus, einer mystischen Phantasie, eingeführt.

Auch auf anderen Gebieten — so auf dem Gebiet der individuellen Erlebnisse und der gesellschaftlichen Beziehungen der Menschen untereinander — festigte die psychoanalytische Richtung, speziell in den angelsächsischen Ländern die Überzeugung vom irrationalen Charakter der menschlichen Natur, die ihren Trieben und den von ihnen beherrschten Phantasievorstellungen ausgeliefert ist. Sie begründete die Notwendigkeit einer „psychischen Hygiene" durch Entladung der Komplexe, die mit Hilfe der Methode des Bewußtmachens subjektiver Inhalte verwirklicht wird. Entsprechend diesen Auffassungen sollte die Erziehung bei der Lösung „innerer Schwierigkeiten" Hilfe leisten und die Neigung der Menschen zum Psychopathischen beseitigen. So sollte angeblich Frieden und soziale Gerechtigkeit herbeigeführt werden, weil nach dieser Ansicht Kriege und Ausbeutung aus Trieben hervorgehen, die noch nicht vollständig sublimiert wurden, aus Illusionen, denen man einen objektiven Inhalt zugestand, aus Komplexen, die ungelöst blieben.

Diese mit der imperialistischen Periode des Kapitalismus verknüpfte pädagogische Theorie kündigte sich in der Feuerbachschen Konzeption vom Menschen als dem Schöpfer der Religion an. Die Marxsche Kritik griff in geradezu genialer Weise das Fundament dieser Position an, indem sie auf die gesellschaftlichen Bezüge religiöser Erlebnisse und die gesellschaftliche Bedingtheit des Psychischen im Menschen hinwies. Die Auffassung vom Menschen nahm dadurch einen historischen und gesellschaftlichen Charakter an, der Mensch wurde so zu einem konkreten Wesen, das in der objektiven Wirklichkeit tätig ist und diese in seinem Erleben widerspiegelt, zu einem Wesen, das durch bestimmte Produktionsverhältnisse bestimmt und in bestimmte Klassen der Gesellschaft eingegliedert ist. Die Erziehung erhielt damit eine objektive und gesellschaftliche Orientierung, die frei war von den falschen Meinungen, daß das innere Leben selbständig und die menschliche Natur irrational sei, daß irgendeine psychische Therapie die Individuen und gesellschaftlichen Verhältnisse verbessern könnte.

Marx geht aber in seiner Kritik noch weiter. Sie betrifft nicht nur diese Strömung, die in gewisser Hinsicht die Feuerbachschen Anschauungen weiterführte, sondern auch jene Strömung, die — auf ihrer Grundlage —, eine völlig andere Endlösung vorschlug. Obwohl Feuerbach den mythenbildenden Charakter der menschlichen Natur betonte, vertrat er die Meinung, daß der Wendepunkt in der Geschichte durch seine Philosophie der anthropologischen Liquidierung der Theologie herbeigeführt werde. Dies bedeutete, daß der Mensch sich von dem Augenblick an, da er sich seines Charakters bewußt wird, nicht mehr in gefährliche Illusionen verwickeln werde. Gerade diese Meinung kann bezweifelt werden: Kann und muß man die menschliche Fähigkeit, „Bilder" zu schaffen und die menschliche Bereitschaft, an sie als an etwas Reales zu glauben, entlarven und vernichten?

Die Feuerbachsche Konzeption verstärkte in der so veränderten Interpretation die romantischen Theorien eines Schelling, nach denen eine der wertvollsten Haupteigenschaften des menschlichen Geistes die mythenbildende Kraft der Menschen sein sollte. Mit diesen Theorien wurde die anthropologische Kritik der Religion zu einem reichen Sammelbecken von Anschauungen, die im Imperialismus von der Bourgeoisie für die Verteidigung ihrer Positionen durch Bildung von Mythen ausgenutzt wurden. Sie waren für den Menschen angeblich „anthropologisch" notwendig, und eine Erziehung, die sie nicht berücksichtigt, wäre eine unvollständige, schädliche, rein rationalistische Erziehung. Diese Theorien breiteten sich vor allem in den Ländern des Faschismus aus. Sie bildeten neben der psychoanalytischen Erziehung, die in den USA Triumphe feierte, die zweite wesentliche Strömung der imperialistischen bürgerlichen Pädagogik. Beide Strömungen waren trotz ihrer Widersprüche miteinander verwandt. Sie entstanden in der gleichen gesellschaftlichen Situation, in der die Konzeption des Menschen als irrationales, mythenbildendes Wesen den Interessen der Bourgeoisie entsprach. Ob man diese Neigung der Bourgeoisie zu Illusionen unterstützen und entwickeln soll oder sie beherrschen und durch Umgestaltung des

Bewußtsein überwinden muß, ist von zweitrangiger Bedeutung gegenüber der grundlegenden Ähnlichkeit, die in der metaphysischen, antisozialen und ahistorischen Betrachtung des menschlichen „Wesens" besteht, in welchen das — so oder anders gelöste — Verhältnis der irrationalen Kräfte zum „kritischen Bewußtsein" eine konstitutive Rolle spielen soll.

Wie wir sahen, zerstört Marx die Grundlagen dieser beiden Varianten. Er wendet sich auch gegen diejenigen, die einen gegebenen Inhalt des Bewußtseins als ewig und als Zeugnis der unveränderlichen Wahrheit betrachten sowie gegen diejenigen, die glauben, die Kritik des Bewußtseins, die seine Illusionen aufdeckt, würde an sich schon einen praktischen Wert haben. Er wendet sich also auch gegen die Verteidiger der Mythisierung sowie gegen diejenigen, die sie philosophisch „überwinden". Oder mit anderen, der Erzählung vom Schwimmen entlehnten Worten: Marx weist die schädliche Naivität sowohl derjenigen nach, die da meinen, der Mensch müsse ertrinken, weil er in sich die Gravitationsidee trage, als auch jener, die den festen Glauben haben, daß der Mensch nicht mehr ertränke, wenn man ihm diese Einbildung nimmt. Die ganze Diskussion verlagert Marx auf eine völlig andere Ebene: auf die Ebene der konkreten gesellschaftlichen Tätigkeit.

Auf dieser Ebene liegen die Quellen des Bewußtseins, und sein Inhalt verändert sich nur im historischen Prozeß dieser Tätigkeit. So wird die ganze „Bewußtseinspädagogik" einer vernichtenden Kritik unterzogen: sowohl ihre allgemeinen und ursprünglichen Formulierungen hinsichtlich der Möglichkeit auf das Bewußtsein einzuwirken, als auch jene Formulierungen, die beim Übergang vom Kapitalismus zum Imperialismus entstehen. Die Kritik an Feuerbach ist also vom pädagogischen Standpunkt aus eine Kritik an einer Hauptströmung in der bürgerlichen Pädagogik. Diese Kritik weist zugleich die richtigen Wege für die theoretische und praktische Pädagogik. Die Befreiung von den Illusionen des Bewußtseins und von den Illusionen, zu denen sich die Kritiker bekannten, ist nur durch die reale Umgestaltung der menschlichen Lebensbedingungen möglich, d. h. durch den Sturz der Klassenordnung, die die

Grundlage dieser verschiedenen Illusionen bildet. Die Erziehung kann nur dann wirklich wirksam sein, wenn sie an der Umgestaltung dieser Bedingungen mitwirkt.

7. Die Besonderheiten der sozialistischen Pädagogik

Der pädagogische Standpunkt von Marx, der sich auf der Grundlage der Kritik an Feuerbach abzeichnet, muß mit der Kritik an der Pädagogik der Aufklärung verglichen werden, damit in der ganzen Weite erkannt wird, daß die Marxsche Konzeption vom Menschen und seiner Erziehung einen durch und durch originellen Standpunkt darstellt, der sich weder auf frühere Positionen noch auf irgendeine ihrer Kombinationen zurückführen läßt. Die Marxsche Kritik greift im gleichen Augenblick zwei sich bekämpfende und scheinbar grundsätzlich voneinander verschiedene Lager an: das Lager der „Milieupädagogik" und das der „Bewußtseinspädagogik". Diejenigen, die meinten, daß der Mensch unter dem Einfluß der Umwelt gebildet wird, kritisierten gewöhnlich die Illusionen der Pädagogen, die da versprachen, den Zögling durch Einwirkung auf sein Bewußtsein zu bilden. Und umgekehrt kritisierten diejenigen, die die Erziehungsarbeit mit der philosophischen und psychologischen Kenntnis der menschlichen „Natur" begründeten, die Anschauung, daß sich diese „Natur" unter dem Einfluß der Umwelt bilde. Die ersten verbanden sich mit dem Empirismus und den Gesellschaftswissenschaften, die zweiten mit dem Idealismus und der Psychologie [1].

Marx lehnte diese Alternative ab. Er wies darauf hin, daß der Mensch weder ausschließlich unter dem Einfluß der Umweltbedingungen, noch allein unter dem Einfluß seines Bewußtseins, noch schließlich unter dem Einfluß irgendeiner Kombination dieser beiden Faktoren gebildet wird. Das entscheidende Element im Bildungsprozeß des Menschen ist die gesellschaftlich-produktive Tätigkeit der Menschen, die ihre

---

[1] Anmerkung (7) des Verfassers, s. Anhang.

Umwelt verändert. Dieser Prozeß verläuft historisch und nimmt auf verschiedenen Entwicklungsetappen — je nach den Verhältnissen, den Produktivkräften und der Gesellschaftsstruktur — verschiedene Formen an. Was bedeutet es, in der Klassengesellschaft des sich entwickelnden Kapitalismus die Auffassung in Frage zu stellen, daß der Erziehungsprozeß des Menschen ein Prozeß der Formung durch die Umwelt oder ein Prozeß der Formung durch Gestaltung seines Bewußtseins sei? Das bedeutet sowohl den reaktionären, soziologischen Automatismus als auch die idealistische Utopie, die „die Bewußtseinsreform" mit der Sozialreform identifiziert, abzulehnen. Welcher Weg bleibt nach Ablehnung dieser beiden Wege bestehen? Das Zusammenfallen des „Änderns der Umstände und der menschlichen Tätigkeit oder Selbstveränderung kann nur als revolutionäre Praxis gefaßt und rationell verstanden werden", schreibt Marx in der dritten These über Feuerbach. Diesen Weg der revolutionären Praxis, die in der Klassenordnung der einzige Weg einer realen Verbindung der täglichen Erziehungsarbeit mit der Zukunft ist, hat Marx in der Kritik des utopischen Sozialismus genauer entwickelt.

Diesen Weg wollte aber die Bourgeoisie nicht anerkennen, als sie die Theorie der Umwelterziehung formulierte oder das Erziehungsprogramm für die Bildung des Bewußtseins begründete.

Diese beiden pädagogischen Positionen waren durch und durch idealistisch. Hat doch sogar der Materialist Feuerbach geschrieben: „Ich bin Idealist nur auf dem Gebiet der praktischen Philosophie, d. h. ich mache hier die Schranken der Gegenwart und Vergangenheit nicht zu Schranken der Menschheit, der Zukunft, glaube vielmehr unerschütterlich, daß gar manches, jawohl gar manches, was den kurzsichtigen, kleinmütigen Praktikern heute für Phantasie, für nie realisierbare Idee gilt... im nächsten Jahrhundert — Jahrhunderte im Sinne des einzelnen Menschen sind Tage im Sinne des Lebens der Menschheit — in voller Realität dastehen wird. Kurz, die Idee ist mir nur der Glaube an die geschichtliche Zukunft, an den Sieg der Wahrheit und Tugend, hat mir nur politische und moralische Bedeutung." [1]

Während Feuerbach diese Sätze formulierte, war er sich dessen nicht bewußt, daß die in ihnen enthaltenen und nur auf das praktische politisch-moralische Gebiet bezogenen Beschränkungen absolut fiktiven Charakter haben, weil der auf diesem Gebiet vertretene Idealismus gerade der Idealismus „an sich" ist, ohne Rücksicht auf „andere" philosophische Anschauungen des Autors. Er war sich darüber nicht im klaren, daß das der für den bürgerlichen pädagogischen Standpunkt typische Idealismus ist, der über die Formung des Bewußtseins den künftigen Sieg der „Wahrheit und Tugend" erreichen will. Die pädagogische Bedeutung der Kritik an Feuerbach läßt sich darauf reduzieren, daß Marx nach Ablehnung der Position der „Milieupädagogik" auch jenen Standpunkt verwarf, der die Konsequenz jener Ablehnung zu sein schien, und daß er seinen eigenen neuen Standpunkt formulierte.

Der Weg zur revolutionären Praxis, zur revolutionären Aktion des Proletariats zum Sturz der kapitalistischen Ordnung und der Herrschaft der Bourgeoisie wird von nun an zum Kriterium für das pädagogische Denken und die pädagogische Praxis. Dieses Kriterium wird die Richtung angeben, die auch von jenen Strömungen der bürgerlichen Pädagogik abweichen wird, die in einer bestimmten geschichtlichen Entwicklungsetappe eine progressive Rolle gespielt, in der Zeit des Kampfes der Bourgeoisie gegen das Proletariat aber reaktionäre Züge angenommen haben.

[1] L. Feuerbach: Das Wesen des Christentums, Bd. I, Berlin 1956, S. 15 f.

KAPITEL VIII

DER KAMPF UM DIE MATERIALISTISCHE PERSÖNLICHKEITSTHEORIE

1. Die Frage der Persönlichkeit

Die materialistische Kulturauffassung und die historisch-gesellschaftliche Betrachtung des Menschen als eines Wesens, das sich im Prozeß der Praxis selbst schafft, bildeten die Grundlagen zur Lösung der Probleme des persönlichen Lebens. Marx' theoretische und gesellschaftliche Tätigkeit war von dem Wunsche bestimmt, allen Menschen menschliche Lebensbedingungen zu garantieren, um die ganze Schönheit des Menschen, die uns aus dem von der Arbeit verhärteten Antlitz entgegenschaut [1], ans Tageslicht zu befördern und sie zu verallgemeinern, um die den Menschen vernichtende Entfremdung wirklich zu überwinden. Wir haben diese Bestrebungen von Marx und Engels im ersten Teil des vorliegenden Buches im einzelnen analysiert. Sie hatten zugleich einen konkreten allgemeinphilosophischen Aspekt, der mit der Frage nach den Grundlagen und dem Inhalt des individuellen Lebens, nach den grundsätzlichen Methoden seiner Gestaltung verknüpft ist. Die Antwort auf die Frage, was der Mensch sei, enthielt das Material für die Antwort, was das menschliche Individuum ist und was es sein kann.

Bei seiner Analyse der kapitalistischen Klassengesellschaft verwies Marx auf die Entstehung des sich immer mehr zuspitzenden Widerspruchs des persönlichen Individuums gegen das Klassenindividuum [2], eines Unterschiedes zwischen „per-

---

[1] Marx/Engels: Kleine ökonomische Schriften, Berlin 1955, S. 149.
[2] Marx/Engels: Werke, Bd. 3, Berlin 1958, S. 76.

sönlichem Individuum und zufälligem Individuum", d. h. einem durch Lebens- und Arbeitsformen gebildeten und sich auf Privateigentum stützenden Individuum [1]. Erst in einer Gesellschaftsordnung ohne Privat- und Klasseneigentum sollte — erinnern wir uns an das III. Kapitel — eine solche Vereinigung des Individuums mit der Arbeit und mit anderen Menschen möglich werden, die die volle und freie Entwicklung der Persönlichkeit gewährleisten würde. Wenn an die Stelle der bisherigen „scheinbaren Gemeinschaft" die „wirkliche Gemeinschaft" tritt, dann wird folgendes klar: „Erst in der Gemeinschaft (mit Andern hat jedes) Individuum die Mittel, seine Anlagen nach allen Seiten hin auszubilden; erst in der Gemeinschaft wird also die persönliche Freiheit möglich." [2]

Die Frage der Persönlichkeit ist für Marx jedoch nicht nur ein Problem der Zukunft. Es ist durchaus ein Gegenwartsproblem, da es aufs engste mit der revolutionären Arbeiterbewegung verknüpft ist. Die Zugehörigkeit des Individuums zu jeder beliebigen Klasse ist an die Erfüllung bestimmter Bedingungen gebunden, was im Hinblick auf das Leben des betreffenden Individuums von Zufälligkeiten abhängig ist. Die Individuen wirken in der herrschenden Klasse „nicht als Individuen, sondern als Klassenmitglieder" mit. Ganz anders verhält es sich mit der Teilnahme an der Arbeiterklasse. „Bei der Gemeinschaft der revolutionären Proletarier dagegen," schreibt Marx, „die ihre und aller Gesellschaftsmitglieder Existenzbedingungen unter ihre Kontrolle nehmen, ist es gerade umgekehrt; an ihr nehmen die Individuen als Individuen Anteil." [3]

In der Gemeinschaft der revolutionären Proletarier ist von all den Gütern, die rein zufällig anderen Menschen geschenkt werden und die sie in die Existenzbedingungen der herrschenden Klasse eingliedern, nichts zu verlieren. Aber gerade deshalb ist in der Gemeinschaft der revolutionären Proletarier die Vereinigung der Individuen möglich, die nichts besitzen und sich

[1] Ebenda, S. 71.
[2] Ebenda, S. 74.
[3] Ebenda, S. 74 f.

immer mehr darüber klar werden, daß sie, um ihrer Persönlichkeit Geltung zu verschaffen, ihre bisherige Existenzbedingung — nämlich die Lohnarbeit und den sich auf sie gründenden Staat — beseitigen müssen. Das ist zugleich die Existenzbedingung der ganzen bisherigen Gesellschaft. „Und sie müssen den Staat stürzen, um ihre Persönlichkeit durchzusetzen." [1]

Die Frage der Persönlichkeit wird also mit der revolutionären Tätigkeit verbunden, die die Zufälligkeit der menschlichen Existenz und mit ihr auch die Zufälligkeit der Gebundenheit der Individuen an verschiedene Existenzbedingungen ausschließt. Diese allgemeine Marxsche Konzeption wurde zum Ausgangspunkt für die Kritik einiger sehr wichtiger Theorien der Erziehung der Persönlichkeit. Wenn die bürgerliche Pädagogik das Problem der Persönlichkeitserziehung in Angriff nahm, wählte sie gewöhnlich objektive Voraussetzungen und Erfordernisse — gewöhnlich Erfordernisse des Staates oder der Kultur — zum Ausgangspunkt. Über die Kritik dieser Richtungen haben wir bereits in den früheren Kapiteln geschrieben. Jedoch betrachtete sie das Problem der Persönlichkeitserziehung auch von einem anderen Standpunkt aus, indem sie sich dabei vor allem auf die subjektiven Bedürfnisse und Eigenschaften der Menschen stützte. Im zweiten Fall zeichnete sich ein weiterer wichtiger Dualismus ab: von diesem subjektiven Ausgangspunkt aus konnte man entweder zu gesellschaftlichen Pflichten oder zu einem extremen Individualismus gelangen. Zur ersten Richtung tendierte die Pädagogik der Utopisten und die späteren, mit ihr verbundenen Strömungen. Die Pädagogik der Utopisten erkannte den Zusammenhang zwischen der Erziehung der Persönlichkeit, zwischen ihren Bedürfnissen und Trieben und der gesellschaftlichen Situation, aber sie verstand es nicht, diesen Zusammenhang einwandfrei und damit für die Praxis fruchtbar zu erklären. In die zweite Richtung gingen die individualistischen Theorien, die diese Zusammenhänge entweder negierten oder ihnen keine größere Bedeutung beimaßen; nach ihnen sollte die Entwicklung der Persönlichkeit

[1] Ebenda, S. 77.

413

dank den „inneren Kräften" entweder trotz der oder entgegen den gesellschaftlichen Faktoren erfolgen.

Die von Marx und Engels an der Pädagogik der Utopisten geübte Kritik zeigt uns die Fehler der ersten dieser beiden Richtungen; die Kritik an Max Stirner, der „die Befreiung des Individuums" auf dem Wege des bürgerlichen Individualismus verhieß, zeigt die Fehler der zweiten Richtung.

2. Die Kritik der Pädagogik der Utopisten

Als Marx und Engels die Theorie des wissenschaftlichen Sozialismus entwickelten, präzisierten sie deren qualitativen Unterschied gegenüber dem Standpunkt des utopischen Sozialismus. Diese Unterschiede zeigen sehr deutlich die spezifischen Merkmale der grundlegenden Erziehungsprobleme des Marxismus.

Die Pädagogik der Utopisten bemühte sich wohl, die Erziehung des Menschen mit der gesellschaftlichen Umgestaltung zu verknüpfen. Sie tat das aber unter einem ganz anderen Gesichtspunkt als Marx. Diese Pädagogik entstand in der Zeit der aufstrebenden bürgerlichen Gesellschaft. Die Utopisten, besonders Thomas Morus, erkannten, daß die im Entstehen begriffene sozialökonomische Ordnung gegenüber dem Feudalismus einen Fortschritt bedeutet, daß sie aber gleichzeitig zum Anwachsen des Elends und der Ausbeutung breiter Bevölkerungsschichten führt. Morus' berühmte Analyse zeigt, daß „Schafe die Menschen aufgefressen haben", und veranlaßte ihn zur Schlußfolgerung, daß der Mensch unter den bestehenden sozialökonomischen Verhältnissen der Klassenordnung zum Dieb und Verbrecher gestempelt wird und daß die Erziehung nichts dagegen tun könne, weil diese Ordnung immer Diebe erziehen wird, die dann von den Gerichten aufgehängt werden.

Das utopische Denken verbreitete sich in der Periode der sich entwickelnden kapitalistischen Ordnung nur langsam und wurde dabei von den plebejischen Schichten getragen. Erst im 19. Jahrhundert, in der Epoche der industriellen Revolution und der zunehmenden Bedeutung der Arbeiterklasse, nahm dieser Gedanke an Intensität zu. Die utopischen Sozialisten griffen die von Morus geäußerte Idee vom Einfluß der sozialen Verhältnisse auf die Erziehung der Menschen und von der Notwendigkeit sozialer Reformen als der Grundlage einer wirksamen Erziehung auf. Da sie aber die Natur der sozialen Prozesse und die ihnen zugrunde liegenden Gesetze der Veränderung nicht verstanden und ein mangelndes revolutionäres Vertrauen in die Kraft und historische Rolle der Arbeiterklasse hatten, vermochten sie auch keine realen Wege zur Umgestaltung der bestehenden gesellschaftlichen Verhältnisse zu zeigen und begnügten sich mit der bloßen Gegenüberstellung idealer Verhältnisse.

„Die eigentlich sozialistischen und kommunistischen Systeme", schreiben Marx und Engels im „Manifest der Kommunistischen Partei", „die Systeme St. Simons, Fouriers, Owens usw. tauchen auf in der ersten, unentwickelten Periode des Kampfs zwischen Proletariat und Bourgeoisie, die wir eben dargestellt haben. Die Erfinder dieser Systeme sehen zwar den Gegensatz der Klassen wie die Wirksamkeit der auflösenden Elemente in der herrschenden Gesellschaft selbst. Aber sie erblicken auf der Seite des Proletariats keine geschichtliche Selbsttätigkeit, keine ihm eigentümliche politische Bewegung. Da die Entwicklung des Klassengegensatzes gleichen Schritt hält mit der Entwicklung der Industrie, finden sie ebensowenig die materiellen Bedingungen zur Befreiung des Proletariats vor und suchen nach einer sozialen Wissenschaft, nach sozialen Gesetzen, um diese Bedingungen zu schaffen. An die Stelle der gesellschaftlichen Tätigkeit muß ihre persönlich erfinderische Tätigkeit treten, an die Stelle der geschichtlichen Bedingungen der Befreiung phantastische, an die Stelle der allmählich vor sich gehenden Organisation des Proletariats zur Klasse eine eigens ausgeheckte Organisation der Gesellschaft. Die kommende Weltgeschichte löst sich für sie auf in die Propaganda und die praktische Ausführung ihrer Gesellschaftspläne." [1]

[1] Marx/Engels: Ausgewählte Schriften, Bd. I, Berlin 1953, S. 50 f.

Es ist völlig klar, daß unter diesen Bedingungen die utopischen Sozialisten an die Erziehung besondere Hoffnungen knüpften. Wiederholt behauptete Owen: „Jeder beliebige Charakter, der beste wie der schlechteste, der unwissendste wie der intelligenteste, kann jeder Gemeinschaft, ja der ganzen Welt aufgeprägt werden, wenn man gewisse Mittel anwendet, die in bedeutendem Maße den Regierenden der Nationen zur Verfügung stehen oder ohne Schwierigkeiten verschafft werden können." [1] Owen war der Ansicht, daß die Ursache allen Übels die ewige, falsche Überzeugung sei: „Jeder Mensch forme seinen eignen Charakter selbst und sei daher für all seine Gefühle und Gewohnheiten verantwortlich, verdiene daher auch teils Belohnung, teils Strafe." [2] Diese Überzeugung verdirbt — nach Owens Ansicht — die Beziehungen der Menschen untereinander und verursacht eine Abneigung gegenüber allen Reformen der sozialen Umwelt, da sie überflüssig sind, sobald wir das Recht und die Möglichkeit haben, von jedem Menschen zu verlangen, daß er „gut sei". In Übereinstimmung mit diesen Anschauungen brachte Owen die Meinung zum Ausdruck, daß eine vernünftige Erziehung in entsprechend organisierten Lebensverhältnissen neue wertvolle Menschen erziehen werde. „Wer gewöhnt ist, Kinder aufmerksam zu beobachten," schreibt Owen, „wird wissen, daß gerade in den allerersten Jahren dem Kind viel Gutes oder Schlechtes beigebracht wird oder das Kleinkind sich selbst Gutes oder Schlechtes aneignet. So wird sein Gemüt und Wesen schon zu einem großen Teil richtig oder falsch geformt, ehe es das zweite Lebensjahr erreicht, viele dauernde Eindrücke werden am Ende des ersten Jahres oder sogar schon nach den ersten sechs Monaten haftenbleiben." [3]

Owen glaubte an diese Rolle der Erziehung und vertraute fest darauf, daß der Weg zu einer glücklichen Zukunft über das „System der Volkserziehung" führe. „Daraus folgt", schrieb er, „daß jeder Staat, der gut regiert werden soll, seine haupt-

[1] R. Owen: Pädagogische Schriften, Berlin 1956, S. 67.
[2] Ebenda, S. 110.
[3] Ebenda, S. 105.

416

sächlichste Aufmerksamkeit auf die Charakterbildung richten muß. Deshalb wird der am besten regierte Staat jener sein, der das beste System einer Volkserziehung besitzt. Unter der Führung von Menschen, die zu seiner Leitung befähigt sind, sollte ein System der Volkserziehung eingeführt werden, welches das sicherste, bequemste, wirksamste und sparsamste Mittel zum Regieren der Bevölkerung werden wird, das man sich vorstellen kann. Dieses System kann so ausgebaut werden, daß es der großen und nützlichen Aufgabe, die es zu erfüllen gilt, gewachsen ist." [1]

Einen anderen Weg ging Fourier. Ähnlich wie Owen vermochte er keine realen Möglichkeiten für eine soziale Umgestaltung anzugeben, suchte nach untauglichen Mitteln und mußte daher seine Hoffnungen mit der Erziehung verknüpfen. Er tat das aber in anderer Weise. Er glaubte, daß eine glückliche Gesellschaftsordnung das Produkt des Verstehens der menschlichen Natur und vor allem der Mannigfaltigkeit und Vielfältigkeit der menschlichen Triebe sein kann. Fourier verwandte große Mühe darauf, die menschlichen Leidenschaften zu klassifizieren und auf Grund dessen die geeignetste Gesellschaftsordnung ausfindig zu machen, die jedem Menschen eine Arbeit sichert, die ihm zusagt und zugleich der Gesellschaft nützt. „Um also die Gesellschaft umgestalten zu können", schreiben Armand und Maublanc über Fourier, „braucht man keineswegs die menschliche Natur zu ändern, es genügt, nur sie dem Menschen zu zeigen und ihn zu unterrichten, wie er mit ihr umgehen soll, d. h. solche Institutionen zu schaffen, die keine Leidenschaft, keinen Menschen hemmen." [2] Die erste mustergültige Phalanstere [3] sollte eine solche aufklärende und nachahmenswerte Institution sein. Fourier zweifelte nicht daran, daß er in der menschlichen Geschichte eine solche entscheidende und bahnbrechende Rolle spielen wird.

Wie Marx nachgewiesen hat, bestand der utopische Cha-

[1] Ebenda, S. 140.
[2] F. Armand/R. Maublanc: Fourier, Warschau 1949, S. 125 (poln.).
[3] Phalanstere ist die Bezeichnung für die von Charles Fourier geplanten sozialistischen Kolonien.

rakter der Konzeptionen von Owen und Fourier darin, daß sie die realen gesellschaftlichen Faktoren der Umwälzung nicht zu zeigen vermochten, die sich aus der Entwicklung der Produktivkräfte und der zunehmenden Kraft des Proletariats ergaben, und daß sie aus diesem Grunde auf phantastische Verfahren hinwiesen, wie auf die entsprechende Erziehung während der Kindheit, die Überzeugungstätigkeit, die Aufklärung der Menschen über das Wesen ihrer Natur, die Propaganda und das Vorbild. Der Grundwiderspruch dieser Anschauungen bestand darin, daß sie nicht zu klären vermochten, wie man in alten, verdammungswürdigen gesellschaftlichen Verhältnissen eine glückliche und gerechte Zukunft vorbereiten kann, wie man in Verhältnissen, die den Menschen demoralisieren, eine neue Generation freier, guter und vernünftiger Menschen erziehen kann.

Die Utopisten — besonders Owen — hoben sehr stark die Rolle hervor, die die Umwelt in der Erziehung des Menschen spielt. Sie mußten diese Rolle betonen, weil sie zeigen wollten, wie die Umwelt den Menschen degeneriere. Sie taten es aber auch, um sich damit von allen reaktionären Theorien der „angeborenen Ideen" sowie von jeglichem moralisierenden Pharisäertum abzugrenzen, das an den Menschen die Forderung stellte, ohne Rücksicht auf die bestehenden Lebensverhältnisse „gut" zu sein. Aber diese Hervorhebung der Rolle der Umwelt, die bei Owen zur völligen Verneinung des Einflusses des menschlichen Willens auf den Charakter des Menschen und seine Anschauungen führte, verwandelte den Erziehungsprozeß in das fatalistische Ergebnis der bestehenden Umwelt und machte damit eigentlich alle Erziehungsarbeit, besonders diejenige, die in ihren Ergebnissen die bestehende Umwelt verändern sollte, unmöglich. Es blieb dann höchstens noch die Berufung auf den Verstand und den guten Willen der Regierung, die die Gesellschaft durch Erziehung verändern konnte.

Im Zusammenhang mit der Kritik des utopischen Sozialismus erhellte Marx diesen Grundwiderspruch, diesen circulus vitiosus, in den sich die Pädagogik der Utopisten verstrickt hat. „Die materialistische Lehre", schrieb Marx in der dritten These über Feuerbach, „daß die Menschen Produkte der Umstände und der Erziehung, veränderte Menschen also Produkte anderer Umstände und geänderter Erziehung sind, vergißt, daß die Umstände eben von den Menschen verändert werden und daß der Erzieher selbst erzogen werden muß. Sie kommt daher mit Notwendigkeit dahin, die Gesellschaft in zwei Teile zu sondern, von denen der eine über der Gesellschaft erhaben ist. (Z.B. bei Robert Owen.) Das Zusammenfallen des Änderns der Umstände und der menschlichen Tätigkeit kann nur als umwälzende Praxis gefaßt und rationell verstanden werden." [1]

Dieser Standpunkt von Marx wurde im „Manifest der Kommunistischen Partei" weiterentwickelt. In Verbindung mit der Kritik des utopischen Sozialismus weist Marx darauf hin, daß seine Begründer in der Periode des noch unentwickelten Klassenkampfes wirkten und an die ganze Gesellschaft, ja sogar an die herrschende Klasse appellierten. Sie gaben sich der Illusion hin, daß sie auf diesem Wege ihr System verwirklichen können. „Sie verwerfen daher alle politische, namentlich alle revolutionäre Aktion, sie wollen ihr Ziel auf friedlichem Wege erreichen und versuchen, durch kleine, natürlich fehlschlagende Experimente, durch die Macht des Beispiels dem neuen gesellschaftlichen Evangelium Bahn zu brechen. Diese phantastische Schilderung der zukünftigen Gesellschaft entspringt in einer Zeit, wo das Proletariat noch höchst unentwickelt ist, also selbst noch phantastisch seine eigne Stellung auffaßt, seinem ahnungsvollen Drängen nach einer allgemeinen Umgestaltung der Gesellschaft." [2]

Marx enthüllt also die Grundlagen des utopischen circulus vitiosus. Wenn wir meinen, daß der Mensch das Produkt der Verhältnisse und der Erziehung ist, ohne zu bemerken, daß er auch ihr Schöpfer ist, so müssen wir unvermeidlich entweder die bestehenden Verhältnisse erhalten und verewigen oder aber die Hoffnungen auf ihre Veränderung in eine Gruppe von

---

[1] Marx/Engels: Ausgewählte Schriften, Bd. II, Berlin 1952, S. 376 f.
[2] Marx/Engels: Ausgewählte Schriften, Bd. I, S. 51.

Menschen setzen, denen diese Verhältnisse durch einen merkwürdigen Zufall ihren Charakter nicht aufgeprägt haben. Konformismus oder Utopie sind die notwendige Konsequenz eines solchen Standpunktes. Je stärker wir im Kampf gegen die traditionellen Konzeptionen der sittlichen Erziehung die These betonen, daß der Mensch ein Produkt der Umwelt ist, um so schneller können wir die realen Grundlagen für die Erziehungsarbeit finden ,die den Menschen verändern, um so stärker wird die Erziehung nur die Bestätigung dessen sein, was die Umstände aus den Menschen machen. Von einem solchen Umweltfatalismus kann man sich nur durch die illusorischen Hoffnungen befreien, daß die Verhältnisse künftig zu einem noch unbestimmten Zeitpunkt, an unbestimmtem Ort und von unbestimmten Urhebern geändert werden [1].

Der Fehler der utopischen Pädagogik ist jedoch nicht rein theoretischer Natur. Er resultiert aus dem gesellschaftlichen Leben selbst und aus der Stellung, die die Autoren utopischer Systeme in diesem Leben eingenommen haben. Da die utopischen Sozialisten die historische und revolutionäre Rolle des Proletariats nicht erkannten, konnten sie auch nicht begreifen, wie die Menschen zu Schöpfern ihrer eigenen Lebensumstände werden können. Sie verstehen im besten Falle die Möglichkeit, kleine individuelle Aktionen, kleine erste Versuche durchzuführen und Vorbilder zu geben, die zur Nachahmung anregen. Sie verknüpften damit übertriebene, also illusorische Hoffnungen, ohne den Massen den Weg zum Handeln zu weisen und standen ratlos dem Widerstand der Macht der Tradition als der Macht fremder Interessen gegenüber. Um die These, daß die Menschen selbst die Schöpfer ihrer Lebensverhältnisse sein können, frei von allen Illusionen eines guten Willens oder individueller Revolten, zu begreifen, um diese These empirisch und für die Praxis fruchtbar begreifen zu können, muß man die sozialökonomischen Gesetze der Entwicklung und die aus ihnen resultierende historische und revolutionäre Rolle des Proletariats verstehen.

[1] Anmerkung (1) des Verfassers, s. Anhang.

Das Problem des Kampfes gegen den utopischen Sozialismus war somit nicht nur ein theoretisches Problem. Dazu stellte Engels mit Recht fest: „Die Anschauungsweise der Utopisten hat die sozialistischen Vorstellungen des 19. Jahrhunderts lange beherrscht und beherrscht sie zum Teil noch." Der Kampf gegen diese Anschauungen war in den vierziger Jahren fast täglich der Inhalt des Wirkens von Marx und Engels. Gerade in diesem Kampf bildeten sich in präziser Form die Auffassungen heraus, die Marx und Engels gegenüber den Vertretern des utopischen Denkens zum Ausdruck brachten.

Das trat besonders deutlich in der großen Diskussion hervor, die 1847 im Bildungsverein in London geführt wurde. Sie war durch die Ankunft von E. Cabet ausgelöst worden, der einen Entwurf für eine Massenumsiedlung auf die andere Erdhälfte vorlegte, um die Verfolgungen in Europa zu umgehen und dort eine kommunistische Gemeinde zu gründen. Die Diskussion dauerte ein Woche und führte zu einer Resolution, die das Projekt von Cabet ablehnte [2]. In der Begründung dieser Ablehnung richtete man die Aufmerksamkeit auf die Schwierigkeiten einer richtigen Erziehung der Menschen. Die Auswanderer aus Europa werden so mit den Lastern behaftet sein, die sie sich unter schlechten Lebensbedingungen und unter dem Einfluß einer schlechten Erziehung angeeignet haben, so daß sie keine kommunistische Gemeinde werden gründen können. Die Gründung einer solchen Gemeinde unter fremden und feindlichen Verhältnissen könne zu keinem positiven Ergebnis führen und würde vielmehr die kommunistischen Ideale diskreditieren. Zwar herrschen in den europäischen Staaten tatsächlich Unterdrückung und Elend des Volkes, aber es war gerade die Aufgabe der Kommunisten, das Volk aufzuklären, in ihm Mut zu wecken und den Kampf gegen die Unterdrücker zu organisieren.

Die Diskussion über den Cabet-Plan zeigt die praktischen Folgen des Kampfes gegen die utopischen Konzeptionen und

---

[1] Marx/Engels: Ausgewählte Schriften, Bd. II, Berlin 1952, S. 118.
[2] „Deutsche Worte", Jahrg. XVIII, 1898, S. 105 ff.

weist der Erziehung völlig andere Aufgaben zu: sie soll nicht unter isolierten und künstlichen Bedingungen auf wunderbare Weise neue Menschen schaffen, sondern an der Organisation des konkreten Kampfes gegen die herrschende Ordnung der Unterdrückung mitwirken.

Von diesem Standpunkt aus ist die Erziehung keine Anpassung des Menschen an die von den Verhältnissen bestimmten Einflüsse und auch keine Vorbereitung des Menschen auf eine utopische Zukunft, sondern sie wird zur aktiven Teilnahme an der revolutionären Praxis, die —nach den genialen Worten von Marx — einzig und allein imstande ist, den circulus vitiosus der bisherigen pädagogischen Erkenntnisse und Hinweise zu durchbrechen. Nur in der revolutionären Praxis verbindet sich die Umgestaltung der bisherigen Verhältnisse mit der Umgestaltung der Menschen durch die Erziehung. Nur die revolutionäre Praxis kann zur Grundlage für die Überwindung des Opportunismus, der die Anpassung an die bestehenden Verhältnisse fordert, und der Utopie werden, die zu einer verschwommenen Vorstellung von der Erziehung für eine bessere Zukunft anregt. Nur sie wird nach Überwindung des Fatalismus die Erziehung nicht einer wandelbaren, von Stimmungen beeinflußten, individuellen Willkür ausliefern. Die revolutionäre Praxis ist kollektives Handeln, das sich auf die objektiven Notwendigkeiten gründet, ist ein Handeln, in dem sich das Bewußtwerden der gesellschaftlichen Entwicklungsgesetze mit der Energie und dem Willen aktiver Teilnahme an der Gestaltung dieser Entwicklung verbindet. Die revolutionäre Praxis ist der Klassenkampf der unterdrückten Proletarier gegen die sie ausbeutende Bourgeoisie, ein Kampf, der zur sozialistischen Gesellschaftsordnung führt. Die Erziehung muß daher als Mitwirkung an dieser revolutionären Praxis in jeder Phase ihrer Veränderungen verstanden werden.

Dieser Standpunkt präzisiert noch schärfer die Position, die Marx gegenüber der Pädagogik der Aufklärung eingenommen hat. Als Marx die fortschrittliche und die reaktionäre Haltung der bürgerlichen Philosophen jener Epoche analysierte, wies er dabei auf die Gefahr und die Fehler hin, die sich hinter den

Thesen über die erzieherische Bedeutung der Umwelt und die dominierende Rolle der Erziehung verbargen. Er wies darauf hin, daß die erste dieser Thesen in der bürgerlichen Fassung zum Konservativismus und die zweite zur utopischen Auffassung führen muß. Die Tätigkeit der utopischen Sozialisten wurde so zum Anlaß für eine nochmalige, klare Bestimmung der Marxschen Positionen.

„Der utopische Sozialismus", schreibt Lenin, „war jedoch nicht imstande, einen wirklichen Ausweg zu zeigen. Er vermochte weder das Wesen der kapitalistischen Lohnsklaverei zu erklären noch die Gesetze der Entwicklung des Kapitalismus zu entdecken noch jene gesellschaftliche Kraft zu finden, die fähig wäre, Schöpfer einer neuen Gesellschaft zu werden. Indessen enthüllten die stürmischen Revolutionen, von denen der Untergang des Feudalismus, der Leibeigenschaft, überall in Europa und vor allem in Frankreich begleitet war, immer augenfälliger den Kampf der Klassen als Grundlage der gesamten Entwicklung und als ihre treibende Kraft. Kein einziger Sieg der politischen Freiheit über die Klasse der Feudalen wurde errungen ohne deren verzweifelten Widerstand. Kein einziges kapitalistisches Land bildete sich auf mehr oder weniger freier, demokratischer Grundlage ohne Kampf auf Leben und Tod zwischen den verschiedenen Klassen der kapitalistischen Gesellschaft. Die Genialität Marx' besteht darin, daß er es früher als alle anderen verstand, daraus die Schlußfolgerung zu ziehen und konsequent zu entwickeln, die uns die Weltgeschichte lehrt. Diese Schlußfolgerung ist die Lehre vom Klassenkampf." [1]

Mit zunehmender Verschärfung der Klassenantagonismen im Imperialismus trat die pädagogische Ergiebigkeit dieser Schlußfolgerung immer deutlicher hervor. Man kann ohne Übertreibung feststellen, daß der utopische Sozialismus in dieser Zeit seine Bedeutung als soziale Ideologie verliert und sie — in der bürgerlichen Gesellschaft — als pädagogische Ideologie wiedergewinnt. Die Grundthesen des englischen und franzö-

[1] W. I. Lenin: Ausgewählte Werke, Bd. I, Moskau 1946, S. 67.

sischen utopischen Sozialismus wurden zum Bestand dieser modernen Strömungen der bürgerlichen Pädagogik, die mit ihrem Pseudo-Radikalismus die Klasseninteressen dieser Gruppe verschleierten. Die Owensche Auffassung, daß Umwelt und Erziehung schon in frühester Kindheit einen entscheidenden Einfluß auf den Charakter und die Anschauungen des Menschen ausüben und daß später weder der Erzieher noch der Zögling selbst aus eigener Willenskraft etwas Hervorragendes zu leisten vermögen, wurde von der modernen Psychologie als Ausgangspunkt für ihre Theorien genommen, wonach die verantwortungsvolle Erziehungsarbeit in die Phase der Kindheit verlagert und die Reifezeit des Menschen unterschätzt wird. Die Fouriersche Ansicht von der Nutzbarmachung der Triebe für die Gesellschaft fand in den zahlreichen sozialpsychologischen Theorien, in den Konzeptionen von den sogenannten gesellschaftlichen Instinkten, in den Theorien der Sublimierung verdrängter Triebe ihre Wiedergeburt. Diese Theorien gaben, wie das Bovet oder Russel zeigten, Hinweise zur Ausnutzung der angeborenen und unveränderlichen Impulse und Triebe für die Organisation der Gesellschaft.

Der Klasseninhalt dieser Konzeptionen war wohl verborgen, jedoch für die Marxisten leicht durchschaubar. Sie begeisterten die Pädagogen mit ihrer Neuheit, mit der Vision von der ungewöhnlichen Rolle der Erzieher, die die Menschheit von Komplexen, also auch von Kämpfen heilen; mit der Hoffnung auf eine harmonische Organisation des Zusammenlebens nach Sublimierung der Aggressions- und Besitztriebe. Aber sie lenkten damit die Aufmerksamkeit von den revolutionären Aufgaben einer objektiv notwendigen sozialökonomischen Umgestaltung ab und orientierten auf die inneren, psychologisch-pädagogischen Methoden zur „Verbesserung der Menschen". Sie versprachen, mit Hilfe von Methoden der pädagogischen Sublimierung leicht und schmerzlos Kriege, Ausbeutung und Kapitalismus zu beseitigen, wobei diese Methoden die Interessen der herrschenden Klasse und der raubgierigen Kräfte des Imperialismus keineswegs gefährdeten.

Je mehr sich die bürgerliche Ordnung bedroht sah, um so

klarer trat der reaktionäre Charakter dieser Utopien hervor. Daß sich dieser Standpunkt notwendig zu einer reaktionären Auffassung entwickeln mußte, erkannte Marx von Anfang an. Daher schrieb er im „Kommunistischen Manifest": „Die Bedeutung des kritisch-utopischen Sozialismus und Kommunismus steht im umgekehrten Verhältnis zur geschichtlichen Entwicklung. In demselben Maße, worin der Klassenkampf sich entwickelt und gestaltet, verliert diese phantastische Erhebung über denselben, diese phantastische Bekämpfung desselben allen praktischen Wert, alle theoretische Berechtigung. Waren daher die Urheber dieser Systeme auch in vieler Beziehung revolutionär, so bilden ihre Schüler jedesmal reaktionäre Sekten. Sie halten die alten Anschauungen der Meister fest gegenüber der geschichtlichen Fortentwicklung des Proletariats. Sie suchen daher konsequent den Klassenkampf weiter abzustumpfen und die Gegensätze zu vermitteln ... Sie treten daher mit Erbitterung aller politischen Bewegung der Arbeiter entgegen, die nur aus blindem Unglauben an das neue Evangelium hervorgehen konnte." [1]

Die Marxsche Kritik des utopischen Sozialismus ist also nicht nur eine Kritik eines zeitgenössischen Standpunktes, sondern zugleich auch eine Kritik der Grundlagen dieser Strömungen selbst, die den Quellen jenseits der Wasserscheide entspringend, immer deutlicher den reaktionären Mündungen zustreben. Die Kritik der Erziehungskonzeptionen, die in der ersten Hälfte des 19. Jahrhunderts von den utopischen Sozialisten formuliert wurden, ist zugleich eine Kritik all jener Theorien „der modernen Erziehung", die in scheinbar wissenschaftlichem Gewand die Utopie des 20. Jahrhunderts darstellen. Diese Utopie sollte die Klassengegensätze mit Hilfe phantastischer Perspektiven aufheben.

Marx zeigt in seiner Kritik ganz deutlich, auf welcher Seite die Erziehungstheorie und -praxis stehen muß, wenn sie frei sein soll von reaktionärer Haltung und Illusionen, wenn sie in der Erziehung des neuen Menschen gesellschaftlich wirksam

[1] Marx/Engels: Ausgewählte Schriften, Bd. I, Berlin 1953, S. 52.

werden soll. Sie weist deutlich auf die Entwicklung der Produktivkräfte sowie auf das Anwachsen des Bewußtseins und der Bedeutung der Arbeiterklasse hin, die den Kampf gegen die Bourgeoisie aufnimmt. Das ist der einzige konkret historische Weg zum Fortschritt. Diese objektiven Faktoren bestimmen den Rahmen, die Aufgaben und Möglichkeiten für die reale Erziehungsarbeit. Und nur dann, wenn der Erzieher die Menschen auf diesem revolutionären Weg des Kampfes um die sozialistische Ordnung begleitet, wirkt er tatsächlich an der Bildung der neuen Menschen. Dieses Wirken vollzieht sich dann im Zusammenhang mit den wirklichen Bedingungen und Tätigkeiten der Menschen und nicht ausschließlich in der Vorstellung, in der Sphäre des von der Praxis losgelösten Bewußtseins, im Bereich einer abstrakten Sittenlehre. Erst dann vermag der Erzieher eine pädagogische Theorie zu entwickeln, die aus der Wirklichkeit hervorgeht und sich für die praktische Umgestaltung dieser Wirklichkeit eignet. Sie ist dann keine spekulative Theorie, die die Wirklichkeit allegorisch und ihre Erscheinungen nur als Ursachen betrachtet. Für sie gibt es dann keine Illusionen, daß die sozialen Konflikte mit Hilfe einer erzieherischen Therapie innerer Konflikte der Individuen überwunden werden können.

3. Die Klassengenealogie der individualistischen Pädagogik Stirners und deren Inhalt

Die Geschichte des Individualismus verband sich in der Periode des Kampfes der Bourgeoisie gegen die feudale Ordnung mit der fortschrittlichen Rolle, die damals das Bürgertum spielte, sie war die ihr entsprechende Form des Kampfes gegen die Autorität der Kirche und der feudalen Hierarchie. Der Individualismus zerbrach damals die Fesseln, welche die Menschen in ihrer geistigen, wirtschaftlichen, künstlerischen und moralischen Tätigkeit knebelten. In dem Maße aber, wie die Bourgeoisie den Sieg davontrug und immer reaktionärere Positionen bezog, in dem Maße, wie die Entwicklung des Kapitalismus in die monopolistische Phase eintrat änderten sich grundsätzlich die Bedingungen für das weitere Bestehen des Individualismus in seiner ursprünglichen Form. Der Individualismus hörte auf, ein Element des Kampfes um die neue geistige und gesellschaftliche Ordnung zu sein und wurde zu einer Art Flucht vor dem realen Leben, er wurde zu einer Art introvertierter Abkapselung.

Der Individualismus dieser Art trat in vielen, verschiedenen Formen in Erscheinung — angefangen bei dem romantischen Verliebtsein in sich selbst bis zur psychoanalytischen Abkapselung in den Grenzen unterbewußter Komplexe. Allen gemeinsam war jedoch die Loslösung des Individuums von objektiv und gesellschaftlich wichtigen Inhalten, eine Loslösung, die aus der Überzeugung erwuchs, sie sei eben die höchste Form des menschlichen Lebens. Der Kult eines so verstandenen Individualismus wurde zu einem der Hauptelemente des bürgerlichen Bewußtseins und namentlich im Bereich der Erziehung [1].

Gerade diese Spielart des Individualismus erkannte Marx im Augenblick des Entstehens und unterwarf sie einer vernichtenden Kritik, indem er jenes Buch genau analysierte, das ihr ideologisches Manifest ist. Es handelt sich hier um das Buch von Max Stirner „Der Einzige und sein Eigentum", das im Dezember 1844 in Leipzig erschienen war. Zusammen mit Engels und Heß kritisierte Marx dieses Buch sehr eingehend. Das Manuskript dieser Kritik enthält 424 Seiten und nimmt den dritten und umfangreichsten Teil der „Deutschen Ideologie" ein. Ihrem Umfang nach zu urteilen, kommt diese Kritik fast dem Buch gleich, das sie ablehnt.

Im ersten Moment staunen wir darüber, daß Marx und seine Freunde soviel Zeit und Arbeit darauf verwandten, um gerade dieses Buch bis ins einzelne zu analysieren, ein Buch übrigens, das meistens für das uninteressante und ein bißchen „verdrehte" Produkt eines Sonderlings gehalten wird, der den radikalen Egoismus bis in den Himmel erhebt. Eine solche Auffassung über den realen Egoismus herrschte vor allem gegen Ende des

[1] Anmerkung (2) des Verfassers, s. Anhang.

19. Jahrhunderts in den Kreisen der Enthusiasten um Nietzsche, für die Stirner ein tragischer und vergessener Vorläufer der Idee des Verfassers von „Also sprach Zarathustra" war. Alle hielten ihn für einen Sonderling, aber einige Dekadente verehrten den Einsiedler, der — wie Ibsen sagen würde — stark war, weil er sich ausschließlich auf sich selbst stützte.

Diese Ansichten sind nicht richtig. Stirners Buch ist wirklich symptomatisch, und das nicht so sehr in biographischer, sondern vor allem in gesellschaftlicher Hinsicht. Die in ihm enthaltenen Ideen wirkten in der Mentalität des Bürgertums viele Jahrhunderte hindurch, sogar dann, wenn man sich nicht auf Stirner bezog. Sie wirkten natürlich nicht deswegen, weil sie von einem etwas sonderbaren Menschen verkündet wurden, sondern deswegen, weil sie bestimmte Klassentendenzen gewisser Gruppen der Bourgeoisie ausdrückten. Es waren Tendenzen, die das ganze Jahrhundert hindurch speziell in einigen Kreisen lebendig waren. Stirner verlieh ihnen lediglich einen besonders prägnanten Ausdruck, und deswegen ist der Entschluß von Marx, diese Position exakt zu entlarven, ein Entschluß von ungewöhnlicher, geistiger Schärfe und verrät zugleich seine außergewöhnliche Fähigkeit, die geistigen Strömungen im Zusammenhang mit den gesellschaftlichen Veränderungen zu erkennen und vorauszusehen.

Bei der Analyse dieses Buches war sich Marx sehr wohl im klaren, daß er ein „gesellschaftliches Dokument" und nicht ein Werk individueller und wunderlicher Phantasie analysiert, sondern daß er eine „Position" analysiert, die unter bestimmten Bedingungen der Klassenentwicklung weiterbestehen und -wirken wird. Stirners Anschauungen faßte und erläuterte Marx als die Ideologie der deutschen Bourgeoisie, deren Entwicklung sich in spezifischer Weise und anders als die Entwicklung der französischen und englischen Bourgeoisie vollzog. Daher konnte sie zur Grundlage für die von der demokratischen und liberalen Ideologie des westeuropäischen Bürgertums abweichenden Anschauungen werden. „Während die französische Bourgeoisie sich durch die kolossalste Revolution, die die Geschichte kennt, zur Herrschaft aufschwang und den europäischen Kontinent eroberte, während die bereits politisch emanzipierte englische Bourgeoisie die Industrie revolutionierte und sich Indien politisch und die ganze andere Welt kommerziell unterwarf, brachten es die ohnmächtigen deutschen Bürger nur zum „guten Willen". [1] Die Grundsätze dieses „guten Willens" legte Kant in der „Kritik der praktischen Vernunft" dar, die nach Marx die Lage der deutschen Bourgeoisie ausgezeichnet widerspiegelte. „Dieser gute Wille Kants", schreibt Marx, „entspricht vollständig der Ohnmacht, Gedrücktheit und Misère der deutschen Bürger, deren kleine Interessen nie fähig waren, sich zu gemeinschaftlichen, nationalen Interessen einer Klasse zu entwickeln, und die deshalb fortwährend von den Bourgeois aller andern Nationen exploitiert wurden. Diesen kleinlichen Lokalinteressen entsprach einerseits die wirkliche lokale und provinzielle Borniertheit, anderseits die kosmopolitische Aufgeblähtheit der deutschen Bürger. Überhaupt hatte seit der Reformation die deutsche Entwicklung einen ganz kleinbürgerlichen Charakter erhalten." [2]

Marx weist genau auf die spezifischen Eigenschaften dieser Entwicklung hin: Schwäche der feudalen Adelsschicht, Unterentwicklung und Zurückbleiben der Manufakturindustrie, Vernachlässigungen auf dem Gebiet des Handels (das wesentlich kleinere Holland besaß eine geschäftstüchtige Bourgeoisie, die Deutschland vom Meer verdrängte), politische Zersplitterung und aufgebauschte Bürokratie in der absoluten und halb patriarchalischen Monarchie. Die Schwäche der Bourgeoisie in Deutschland und der Mangel an Klassenbewußtsein waren die Ursache dafür, daß der Liberalismus, der z. B. in Frankreich reale Klasseninteressen des Bürgertums vertrat, in Deutschland recht oberflächlich und völlig idealistisch übernommen wurde. Sein Programm schien einzig und allein aus dem „Freiheitsgedanken" hervorzugehen, ohne Verbindung mit den Bedingungen des realen Lebens zu haben. Im Zusammenhang damit dachte das deutsche Bürgertum mit Schrecken und Abscheu

[1] Marx/Engels: Werke, Bd. 3, Berlin 1958, S. 176 f.
[2] Ebenda.

an die praktischen Formen der Verwirklichung des Freiheits-
gedankens. Sie dachte an die bürgerliche Revolution mit ihrem
für sie verdammenswerten Beispiel der französischen Revolution sowie an den starken ökonomischen Expansionsdrang
und die „schamlose" Bereicherung. Die Freiheit wurde für den
kleinbürgerlichen Horizont zu einer inneren, ausschließlich geistigen Sache, zu einer Sache des „sittlichen Willens". Kant und
später Hegel brachten diesen Sachverhalt in ihren großen
Werken zum Ausdruck.

Auf diese Konzeptionen stützte sich Stirner. Sein klein-
bürgerlicher Gesichtskreis ermöglichte es ihm nicht, die realen
Zusammenhänge zwischen den Klasseninteressen der Bourgeoisie und dem Freiheitsgedanken zu sehen. Er blieb allzugern
im Reich der Illusionen, die das Kausalverhältnis dieser
Abhängigkeit umkehrten und „den Freiheitsgedanken" als
Ursache und Ziel der gesellschaftlichen und individuellen
Tätigkeit betrachteten. An die Stelle des wirklichen Liberalismus, der in der Geschichte als Ideologie des gegen den
Feudalismus kämpfenden Bürgertums auftrat, setzte sich jetzt
der illusionäre Liberalismus, der „die Freiheit des Individuums" außerhalb all seiner sozialökonomischen Bestimmungen verkündete. Dementsprechend hat der von Stirner vertretene „Egoismus" ein eigenartiges Gepräge. Er ist keineswegs
„ein tätiger Bourgeois-Egoismus", für den uns die Geschichte
der die Macht, die ökonomische Umwälzung und die Bereicherung kämpfenden englischen und französischen Bourgeoisie Beispiele liefert. Er ist „ein rodomentierender, mit sich
einiger Egoismus", ein in die Welt der Illusionen, die Welt
der Vorstellungen, die „innere" Welt transponierter Egoismus.

„Sein einziges Verdienst", schreibt Marx, „hat er wider
seinen Willen und ohne es zu wissen: das Verdienst, der Ausdruck der deutschen Kleinbürger von heute zu sein, die danach
trachten, Bourgeois zu werden. Es war ganz in der Ordnung,
daß so kleinlich, zaghaft und befangen diese Bürger praktisch
auftreten, ebenso marktschreierisch, bramarbasierend und vor-
witzig ‚der Einzige' unter ihren philosophischen Repräsentanten
in die Welt hinaus renommierte; es paßt ganz zu den Verhält-

nissen dieser Bürger, daß sie von ihrem theoretischen Maul-
helden Nichts wissen wollen und er Nichts von ihnen weiß,
daß sie miteinander uneinig sind und er den mit sich einigen
Egoismus predigen muß." [1]

Durch die Lokalisierung der Stirnerschen Ideologie in den
konkreten Verhältnissen des deutschen Bürgertums wächst
die von Marx geübte Kritik über den Rahmen der Kritik
eines Buches hinaus. Sie wird zur Kritik einer der grundsätzlichen Positionen des Bürgertums während des Völkerfrühlings,
wo die Macht der Bourgeoisie erstmalig durch die Volks- und
Proletariermassen ernsthaft bedroht wurde. Und damit über-
schreitet sie zugleich die konkreten und lokalen Verhältnisse der deutschen Geschichte, denn sie läßt sich auch allen
übrigen Situationen anpassen, in denen sich das Bürgertum
in ähnlichen Verhältnissen befindet, und in denen es zu einer
ähnlichen ideologischen Mystifikation neigt.

Die von Marx an Stirner geübte Kritik ist eine Kritik der
kleinbürgerlichen Illusionen, des kleinbürgerlichen Individualismus, der sich eine pseudo-revolutionäre und pseudo-radikale
Pose gibt. Sie ist eine Kritik jener ideologischen Anschauungen, die immer dann aufleben, wenn das Bürgertum, der
Möglichkeit des realen politisch-ökonomischen Handelns im
Interesse seiner Klasse beraubt, eine „Revolution" in der ideologischen Sphäre macht, die in einzelnen Aspekten zwar unterschiedlich, aber immer als von der realen Lage unabhängig und
mit keiner realpolitischen Aussage belastet aufgefaßt wird.

In der zweiten Hälfte des 19. Jahrhunderts wird der Stirnersche Individualismus in Deutschland in der Philosophie Nietz-
sches ein stärkeres und lebhafteres Echo finden. Später, im
imperialistischen Kapitalismus, in der Zeit der Bedrohung der
Bourgeoisie durch die siegreiche proletarische Revolution
taucht er in einigen Theorien des Personalismus und Exi-
stenzialismus in veränderter, jedoch verwandter Form von
neuem auf. Marx richtet somit — ähnlich wie in vielen früheren Fällen — seine Kritik gegen die Wurzeln der bürgerlichen

1 Ebenda, S. 395 f.

Ideologie selbst, die im 19. und 20. Jahrhundert in vielfältigen Formen auflebt.

Diese Kritik richtet sich zugleich gegen jene pädagogischen Theorien, die aus den Kategorien Individualismus, Persönlichkeit und Ich philosophisch und metaphysisch begründete Begriffe machten, ohne die gesellschaftlichen und klassenmäßigen Grundlagen dieser Begriffe und deren mystifizierenden Charakter zu begreifen. Die Pädagogik des Individualismus berief sich nicht nur auf die naturalistischen und empiristischen Traditionen der Aufklärung, sondern auch — besonders in Deutschland — auf „die Philosophie des Ichs". Diese Philosophie trat in zweierlei Form auf: als Fichtescher Moralismus, der das empirische Ich dem transzendentalen Ich unterordnet, und als Stirnerscher Immoralismus. Der erste wurde auf dem Wege von Kant zu Hegel zur Grundlage einer rigoristischen Herausbildung des Pflichtbewußtseins im Zögling und der Entwicklung des angeblich wahren Ichs, das durch die empirischen, utilitaristischen und persönlichen Begierden verhüllt und vergewaltigt wurde, mit Hilfe dieser Methode der Erziehung zum Pflichtbewußtsein. Der zweite wurde in der Polemik mit Kant und Hegel zur Grundlage des Kampfes um die ‚Rechte des Kindes' um die Entwicklung der Individualität und um die Rechte der „Entwicklung aus sich selbst heraus und nach sich selbst".

Was verkündete Stirner? Nach Auffassung des Verfassers war die Hauptthese seines Buches die Kritik an jeglicher Art „Herrschaft" über das Individuum, die Verteidigung seines Rechtes, sich im Leben einzig und allein nach sich selbst richten zu können. Stirner war der Meinung, es genüge nicht, nur das Recht der Kirche, der Religion oder auch des Staates auf Forderungen an das Leben der Individuen in Frage zu stellen. Das Individuum muß in tieferem und breiterem Maße von dieser Vorherrschaft befreit werden. Diese Befreiung muß sich auch auf die moralischen Formen der Autoritätsgläubigkeit, vor allem auf seine inneren Formen erstrecken, die in den Individuen als „Gewissen" wurzeln, dem sie angeblich freiwillig gehorchen wollen.

Ein so breit angelegter Kampf wäre nach Stirner das Wichtigste. Der Feind wäre hier nämlich besser getarnt, also auch gefährlicher. Nach der Kritik, die die Schriftsteller der Aufklärung an der Religion geübt haben, sind wir rasch bereit anzuerkennen, daß das Individuum von Gott und der Kirche „unabhängig" sein müsse. Immer aber verlangen wir noch, daß es sich der Moral unterordne. Wenn wir uns überzeugen wollen, schreibt Stirner, wie die Atheisten auf verschiedene menschliche Handlungsweisen reagieren, dann werden wir feststellen, daß sie sich zwar der christlichen Frömmigkeit entledigt, aber die christliche Moral nicht überwunden haben. Im Gegenteil, sie verteidigen letztere um so heftiger und fanatischer, um so leidenschaftlicher und rigoroser. Sie verbieten und verurteilen viele Taten, sie strafen und kerkern viele „unmoralisch" lebende Menschen ein. Wie einst die Glaubenshelden riefen: „heiliger Gott", so ähnlich rufen jetzt die Moralapostel: „heilige Gute." [1] Moralität und Recht werden wie Religion und Kirche zu gleichen Instanzen der Versklavung des Individuums und der Aufzwingung einer Lebensweise, die ihm nicht entspricht, die es beschränkt und es an irgend etwas Fremdes und Feindliches ausliefert. Ich als Ich, meint Stirner, muß gegen diese Sklaverei kämpfen.

Von diesem Standpunkt aus übt Stirner Kritik an Feuerbach. Feuerbach bewies, daß die Religion einen anthropologischen Inhalt hat. Durch diesen Beweis hat er aber keineswegs die Macht gestürzt, die der religiöse Inhalt über das Individuum besitzt, sondern er gab ihm nur einen anderen, menschlichen Namen. Was das Individuum bisher im Namen Gottes tun mußte, das sollte es von nun an im Namen der „menschlichen Gattung", im Namen „des Menschen" tun. „Es hat keine große Bedeutung", schreibt Stirner, „ob ihr von der Religion oder der Moral sprecht: um ein höchstes Wesen handelt es sich bei beiden, und ob dasselbe ein übermenschliches oder ein menschliches sei, das kann mir, da es jedenfalls ein Wesen über Mir, gleichsam ein übermeiniges ist, nur wenig verschlagen. Zuletzt

[1] M. Stirner: Der Einzige und sein Eigentum, S. 58.

wird das Verhalten zum menschlichen Wesen oder zum ‚Menschen', hat es nur erst die Schlangenhaut der alten Religion abgestreift, doch wieder eine religiöse Schlangenhaut tragen." [1] Die bisherige Philosophie stürzte die äußeren übermenschlichen Instanzen, aber nicht die inneren, die für uns zu einem neuen Himmel wurden [2].

So wurde der „Mensch" die Grundlage der modernen Ethik und der neuen Form der Sklaverei der Individuen. Stirner greift mit besonderer Hartnäckigkeit diesen „anthropologischen" oder humanistischen Standpunkt samt seiner ganzen philanthropischen rigoristischen Ethik an. „Wer für den Menschen schwärmt", schreibt er, „der läßt, soweit jene Schwärmerei sich erstreckt, die Personen außer acht und schwimmt in einem idealen, heiligen Interesse. Der Mensch ist ja keine Person, sondern ein Ideal, ein Spuk." [3] Im Namen des „Menschen" ist die gleiche Sklaverei des Individuums möglich, wie im Namen Gottes oder des Gesetzes. „Der Mensch muß in Uns hergestellt werden, und gingen Wir armen Teufel darüber auch zu Grunde. Es ist derselbe pfäffische Grundsatz, wie jenes berühmte fiat justitia, pereat mundus: Mensch und Gerechtigkeit sind Ideen, Gespenster, denen zu Liebe alles geopfert wird: darum sind die pfäffischen Geister die ‚aufopfernden'." [4]. Gerade diese innere klerikale Natur, die sich im Verlangen nach Aufopferung äußert, muß ohne Rücksicht auf die Vielfalt ihrer Formen, überwunden werden. Mensch, Gott, Staat, Moral — sind verschiedene Formen des Fremden, verschiedene Gestalten des Eindringlings, der sich in unser Inneres eingeschlichen hat und unsere Freiheit vernichtet.

Wie kann der Sieg über die vielköpfige Hydra der Sklaverei errungen werden, die in der Aureole der Heiligkeit, der Ehrwürdigkeit, der Ethik erscheint und an die Tugend der Aufopferung appelliert? Stirner meint, daß sein Buch gerade diesen entscheidenden Schlag gegen die Hydra führe, daß also der

[1] Ebenda, S. 60.
[2] Ebenda, S. 184.
[3] Ebenda, S. 95.
[4] Ebenda.

434

Mut der Philosophie, die den Feind entlarvt, eine wirksame Waffe in diesem Kampf sei. Wir sollten begreifen, wie sinnlos und schädlich es ist, mit dem Begriff des „Geistes" zu operieren und in uns selbst höhere und niedere Ebenen gegenüberzustellen. Wir müssen von neuem und radikal in erster Person philosophieren: Ich, Ich selbst, leibhaftig und konkret und keine Persönlichkeit, nicht der Mensch, nicht das Subjekt sollen das Hauptelement der neuen Philosophie sein. Wenn wir nur eine Spaltung in ein „wesentliches" und „unwesentliches" Ich annehmen, verlieren wir unsere Freiheit und werden „aus Uns selbst verbannt", indem wir Opfer irgend etwas Fremdes und Heiliges werden [2]. Wenn es in uns nur die Existenz einer Transzendenz, eines „Geistes", einer „Menschheit" zuläßt, so vernichten uns diese Gespenster erbarmungslos. Unser Denken, meint Stirner, müßte durch und durch konkret sein, d. h. es dürfte nur die einzelnen, realen Individuen berücksichtigen, aber sich feindlich gegenüber jeder Art von Abstraktion verhalten, die immer zur logischen Grundlage der Ansprüche wird, die das Individuelle und Unvollkommene auf das Niveau der „Allgemeinheit" heben wollen. Daher legt Stirner auf die Rolle des Körpers und seiner Bedürfnisse großen Wert. „Nur durch das ‚Fleisch'", schreibt er, „kann Ich die Tyrannei des Geistes brechen; denn nur, wenn ein Mensch auch sein Fleisch vernimmt, vernimmt er sich ganz, und nur, wenn er sich ganz vernimmt, ist er vernehmend oder vernünftig." [2]

Hier liegt der Ursprung des Programms eines rücksichtslosen Egoismus, das trotz aller Grundsätze von Liebe und Altruismus, die zu Opfern führen, von Stirner propagiert wurde. Es ist ein Programm des Egoismus, das kein Recht und kein Gesetz, keine Gerechtigkeit und keine geregelte Ordnung anerkennt. Da ist die Willkür, die sagt: „Greife zu und nimm, was Du brauchst! Damit ist der Krieg Aller gegen Alle erklärt. Ich allein bestimme darüber, was ich haben will." [3]

---

[1] Ebenda, S. 43.
[2] Ebenda, S. 77 f.
[3] Ebenda, S. 301.

Diese Stirnersche Philosophie hat ein klares und eigenes Erziehungsprogramm. Es ist nicht nur im Buch „Der Einzige und sein Eigentum" enthalten. Wie stark und wie bewußt sich Stirner für die Erziehungsprobleme interessierte, zeigt die Tatsache, daß er ihnen eine spezielle Abhandlung widmete. Sie trägt den Titel: „Das unwahre Prinzip unserer Erziehung oder der Humanismus" (1842) und erschien zwei Jahre vor seinem Hauptwerk. In dieser Abhandlung formulierte der Verfasser zum ersten Mal seine Grundkonzeption des Individualismus und machte der Schule den Vorwurf, sie würde die Köpfe zu sehr mit Kenntnissen vollstopfen und sich absolut nicht um die Erziehung starker Individualitäten kümmern, die zum selbständigen Leben fähig wären [1]. Obwohl diese Abhandlung noch nicht so radikale Formulierungen enthält wie das Buch „Der Einzige und sein Eigentum", so besteht doch kein Zweifel, daß sie eine Einführung in dieses Werk darstellt, und es ist bezeichnend, daß diese Einführung pädagogischen Charakter trägt.

Das ist übrigens verständlich. Wenn der Weg zur Befreiung des Menschen — nach Ansicht von Stirner — über die intellektuelle Vernichtung der „Gespenster", die von Individuen Aufopferung verlangen, führen soll, so muß die Erziehung in diesem Befreiungsprozeß des Menschen eine besonders wichtige Rolle spielen. Stirner begreift das wohl und beginnt sein Buch mit einem eigenartigen Abriß der Entwicklungspsychologie des Menschen.

Das Wesen dieser Entwicklung soll auf der Selbstgestaltung im Kampf gegen die Umwelt, auf einem immer besseren Verstehen des eigenen Willens und der eigenen Kraft beruhen. „Mithin ist, weil Jegliches auf sich hält, und zugleich mit anderem in stete Kollision gerät, der Kampf der Selbstbehauptung unvermeidlich. Siegen und Unterliegen, — zwischen beiden Wechselfällen schwankt das Kampfgeschick. Der Sieger wird der Herr, der Unterliegende der Untertan: jener übt die

---

[1] Leider war es mir nicht möglich, diese Abhandlung zu erhalten. Ich kenne sie lediglich mittelbar aus der Arbeit von George Strugurescu unter dem Titel „Max Stirner", München 1911.

Hoheit und ,Hoheitsrechte', dieser erfüllt in Ehrfurcht und Respekt die ,Untertanenpflichten'." [1] Bereits die Kindheit bereitet — nach Stirners Ansichten — auf den Kampf vor: das Kind lernt, den Widerstand der Dinge zu überwinden und macht das skrupellos, gewissenlos, egoistisch. Das Jugendalter ist wie eine Stagnation oder sogar Umkehr in dieser harten Lebensschule. Ein Jüngling unterliegt nämlich dem Ruf des Geistes. Anstatt seine Kräfte zu stärken und das Kampffeld zu erweitern, erlebt er Hemmungen und Widerstände jeder Art, die von Idealen diktiert werden. Wahrheit, Freiheit, Menschlichkeit — das ist das, was ihn verführt. Erst der reife Mann wird wieder fähig, nach eigenen Interessen, und nicht nach Idealen zu handeln. So entdeckt sich der Mensch zum zweiten Male. Der Jüngling fand seine „Geistigkeit" und verirrte sich bei der Jagd nach dem universalen Geist. Der erwachsene Mensch besinnt sich, findet den Geist in sich selbst verkörpert und fängt an, sich von materiellen, persönlichen und egoistischen Interessen leiten zu lassen.

Die Erziehung muß diesen Entwicklungsprozeß erleichtern. Sie sollte die Überwindung der Illusionen und Gespenster im Jugendalter beschleunigen und die Abschaffung dieses „inneren Pfaffen" oder dieses „inneren Polizisten", durch die unsere Freiheit zunichte gemacht wird, anregen. Erziehung darf niemals Heranbildung des Menschen nach einem bestimmten Muster bedeuten, sie darf nicht Hinführung des Menschen zu Idealen sein, sie darf nicht — wie das Religion und Politik wollten — den Menschen so leiten, daß er sein „Wesen" und seine „Berufung" verwirklicht und ein „wahrer Mensch" wird [2]. Im Gegenteil, anstatt die innere Spaltung von „Ich" und Idealen zu vertiefen und die Heiligkeit der Aufopferung zu festigen, muß die Erziehung eine individuelle Einheit schaffen, die sich auf Egoismus und Macht gründet. Möge das Individuum wagen, für sich selbst die Welt, das Recht zu sein. „Meine Sache ist weder das Göttliche noch das Menschliche, ist nicht

[1] M. Stirner: Der Einzige und sein Eigentum, S. 17.
[2] Ebenda, S. 14.

das Wahre, Gute, Rechte, Freie, sondern allein das Meinige, und sie ist keine allgemeine, sondern ist — einzig, wie Ich einzig bin." [1] Dieses Erziehungsprogramm gilt natürlich nicht für alle. Es gilt nur für diejenigen, die für ein solches „starkes Leben" geboren wurden. Die geborenen beschränkten Köpfe, schreibt Stirner, bilden unstreitig die zahlreichste Menschenklasse. Die Erziehung wird sie niemals wirklich umbilden, wenn sie ihnen auch Wissen geben sollte, das sie für wichtige soziale und berufliche Posten brauchen [2]. Sie behalten immer ihre sklavische Seele. Nur mit Mühe werden sie begreifen, daß ein Mensch zu nichts „berufen" sei und keine „Aufgabe", keine „Bestimmung" habe, ebensowenig wie das eine Pflanze oder ein Tier haben.

Stirners Anschauungen über die Erziehung fügen sich in jenen pädagogischen Individualismus ein, der in der bürgerlichen Pädagogik philosophischen und Elitecharakter trägt. Sie werden von Nietzsche aufgegriffen, der angeblich Stirners Buch nicht kannte, der aber gleich Stirner die Erziehung „starker Individualitäten" empfahl und die Schule kritisierte, weil sie nur „Fachleute" produziere und nicht die „Persönlichkeit" bilde. Ähnlich wie Stirner schätzte er nur „würdige Seelen", die fähig seien, jegliche Ethik und besonders die christliche Ethik zu überwinden, die fähig wären, ihrer eigenen Wahrheit zu leben und ihre eigene Macht über alle anderen zu stellen. Stirners Thesen wiederholt Gaudig und entwickelt sie auf pädagogischem Gebiet [3]. Nach ihm müsse der Erziehung das Ideal einer Elitepersönlichkeit vorschweben. Der Mensch entwickelt sich zur Persönlichkeit nur in dem Maße, wie er sich auf sich selbst, auf sein spezifisches Wesen stützt und immer kühner alle Autoritäten verwirft, die nicht er selbst sind. Diese Richtung der bürgerlichen individualistischen Pädagogik wandte sich einerseits gegen die naturalistischen Strömungen, die sich

[1] Ebenda, S. 282.
[2] Ebenda, S. 382.
[3] Besonders in den Abhandlungen: „Die Schule im Dienste der werdenden Persönlichkeit" (1917) und „Die Idee der Persönlichkeit und ihre Bedeutung für die Pädagogik" (1923).

von Rousseau herleiteten, andererseits aber auch gegen die Strömungen der Hegelschen Richtung. Obwohl diese Strömung sich in radikaler Form recht selten manifestierte, so entsprachen ihre Elemente doch der weit verbreiteten kleinbürgerlichen Mentalität. Sie heiligte den Egoismus und das „Privatleben", als Befreiung des Menschen von den Fesseln der Autorität, tastete jedoch nicht die herrschende Gesellschaftsordnung an. Sie gestattete für den billigen Preis eines von der Wirklichkeit „abgeschlossenen" Lebens „selbst zu sein" und stärkte das Selbstbewußtsein, indem sie anregte, auf die Massen von oben herabzuschauen, da sie unfähig seien, das Wesen der „Persönlichkeit" zu begreifen und die Reize ihres „einzigartigen Lebens" wahrzunehmen. Durch die Kritik der Religion, der Moral und des Staates befriedigte sie die kleinbürgerlichen Bedürfnisse nach zunehmendem Radikalismus in der ungefährlichen Gestalt der intellektuellen Kritik, die mit keiner revolutionären Aktion verbunden ist; sie lenkte diese Kritik auf die „innere" Gestaltung des Individuums durch seine eigenen, egoistischen Interessen, die einen besonderen Wert für die Schaffung des „Einzigen" haben.

4. Die Kritik der Grundlagen des Stirnerschen Idealismus

Marx kritisiert Stirner als den Vertreter der kleinbürgerlichen deutschen Ideologie und wendet sich vor allem gegen das, was er auch an der Feuerbachschen Philosophie kritisierte: gegen die Grundthesen, wonach Ideen und Vorstellungen von der materiellen, sozialen Wirklichkeit unabhängig seien und auf Grund einer rein intellektuellen Analyse als autonome Ideen und Vorstellungen kritisiert oder anerkannt, überwunden oder bekannt werden können. Feuerbach sah nicht die gesellschaftlichen und klassenbedingten Wurzeln der Religion, und er gab sich der Täuschung hin, daß er sie mit seiner Philosophie, die den anthropologischen Inhalt der Theologie entlarvt, stürzen könne. Stirner kritisierte Feuerbach, aber gleich ihm sah er nicht, daß man über den philosophischen Gesichtskreis zur Wirklichkeit selbst hinausgehen müsse, aus der bestimmte Ideen, Probleme, Aufgaben und Möglichkeiten für ihre reale Lösung hervorgehen. So wie sich Feuerbach der Täuschung hingab, daß seine „Anthropologie" die Religion stürzen werde, so täuschte sich auch Stirner darin, daß sein „individualistischer Egoismus" die unbefriedigende Konzeption von Feuerbach widerlegen werde. Gleich Feuerbach hielt er die Ideen für die Wirklichkeit und begriff nicht ihre sozialen Wurzeln, ihre gesellschaftlichen Zusammenhänge und Bedingtheiten. Er kämpfte gegen die Ideen. Und weil er gegen diese Ideen im Namen des Egoismus des konkreten Individuums kämpfte, bildete er sich ein, daß er das wirkliche, materielle Leben dem abstrakten und allgemeinen „Geist" gegenüberstelle. Das aber war bloße Illusion. Stirners „Ich" gehört ebenfalls zu dieser ideellen Welt, zur Welt der Gedanken und Vorstellungen, weil es sich keineswegs in konkreten, materiellen, gesellschaftlichen Verhältnissen befindet, weil es eine „reine Individualität" ist. Stirner kämpft gegen Ideen, anstatt gegen die Wirklichkeit, die diese Ideen hervorbringt und fördert. Er ist daher mit Don Quichotte zu vergleichen. Und da er diesen Kampf im Namen materieller, egoistischer Interessen — und nicht für „Ideen" — führte, ist er dem Sancho ähnlich. Das ist aber kein gewöhnlicher Sancho — der Knappe von Don Quichotte wußte sehr wohl, was Wirklichkeit oder nur Vorstellung ist —, sondern ein Sancho, der Charakterzüge von Don Quichotte aufweist, ein Sancho, der Vorstellungen für Wirklichkeit hält, ein Sancho, der die Welt nicht so sieht, wie sie wirklich ist, sondern wie er sie sich vorstellt, um sie dann — weiterhin in seiner Vorstellung — grundlegend umzugestalten. Er ist, wie Marx sagt, Sankt Sancho, weil er die Welt nicht in profaner Weise zu analysieren versteht, sondern dies nur in religiöser Art tut. Seine wie auch Hegels Geschichtsphilosophie erkennen nicht die realen Ursachen der Ereignisse und Veränderungen und leiten sie aus der Idee ab. Sein Zukunftsprogramm ist das Programm der „neuen Idee", obwohl der Inhalt dieser Idee die Bekämpfung des Ideals zugunsten des individuellen Egoismus ist. Diese idealistischen Illusionen Stirners enthüllt Marx in dessen Konzeption der ontogenetischen und phylogenetischen Entwicklung. Stirner sieht nicht die tatsächlichen Faktoren, die diese Entwicklung bestimmen, sondern betrachtet sie als Erfüllung eines abstrakten Grundschemas, in dem die Phase des Realismus durch die Phase des Idealismus, und diese wiederum durch die „zweite Negation" bereits mit dem Charakter eines rücksichtslosen Egoismus verneint wird. So steuert die Weltgeschichte und die Geschichte des individuellen Lebens vom Kindesalter bis zur Reife gehorsam auf die von Stirner erträumten Vorbilder zu. „Die spekulative Idee", schreibt Marx, „die abstrakte Vorstellung wird zur treibenden Kraft der Geschichte und dadurch die Geschichte zur bloßen Geschichte der Philosophie gemacht. Aber auch diese wird nicht einmal so aufgefaßt, wie sie — nach den existierenden Quellen sich zugetragen, geschweige wie sie sich durch die Einwirkung der realen geschichtlichen Verhältnisse entwickelt hat, sondern wie sie von den neueren deutschen Philosophen, speziell Hegel und Feuerbach, aufgefaßt und dargestellt worden ist. Und aus diesen Darstellungen selbst wird wieder nur das genommen, was für den vorliegenden Zweck passend gemacht werden kann und unserem Heiligen traditionell zugekommen ist. Die Geschichte wird so zu einer bloßen Geschichte der vorgeblichen Ideen, zu einer Geister- und Gespenstergeschichte, und die wirkliche, empirische Geschichte, die Grundlage dieser Gespenstergeschichte, wird nur dazu exploitiert, um die Leiber für diese Gespenster herzugeben; ihr werden die nötigen Namen entnommen, die diese Gespenster mit dem Schein der Realität bekleiden sollen." [1]

Diese zur Mythe gewordene Geschichte benutzt Stirner dazu, um die Entwicklungsphasen des Begriffes „Mensch" aufzuzeichnen und den bisherigen Erfolgen dieser Evolution die eigene Konzeption entgegenzusetzen. Doch ohne die wirklichen Faktoren der geschichtlichen Entwicklung zu sehen, glaubt er, daß sich die Veränderungen der Menschen aus autonomen Umgestaltungen der „menschlichen Idee" ergaben und be-

---

[1] Marx/Engels: Werke, Bd. 3, Berlin 1958, S. 113 f.

greift — wie alle Ideologen — nicht, daß die Abhängigkeit im umgekehrten Sinne besteht: die sich verändernden Verhältnisse veränderten die Konzeption des Menschen. Die von Menschen unabhängigen Lebensbedingungen, Produktionsweisen und gesellschaftlichen Verhältnisse erzeugten immer eine entsprechende Auffassung vom Menschen, die sich dann dem Bewußtsein als die ideale Definition darstellte, die unmittelbar aus der Idee des Menschen selbst folgte. Die Notwendigkeit und Logik dieser scheinbaren Deduktion war aber nur ein verschleierter Ausdruck der realen Bedingungen, unter denen die Menschen lebten und unter denen ihre Vorstellungen und Begriffe entstanden. Die Ideologen kehrten aber in ihren Systemen diese Abhängigkeit um und machten die „Geschichte des Bewußtseins der Menschen von sich zur Grundlage ihrer wirklichen Geschichte", sie machten die Geschichte der Betrachtung des Menschen zur einzigen angeblich wirklichen Geschichte [1]. Stirner verläßt den Kreis dieser ideologischen Denkweise nicht und befindet sich deshalb auch hinsichtlich des revolutionären Charakters seines Standortes im Irrtum. Dieser Standpunkt ist zugleich ein Ausdruck der konkreten gesellschaftlichen Verhältnisse und bestehenden Bedingungen, ebenso wie die Ideen, die Stirner bekämpfte, Ausdruck der bestehenden Verhältnisse sind. Da Stirner sich auf diese Bedingungen nicht bezieht und ihr Abhängigkeitsverhältnis nicht begreift, muß er in der Sphäre des Scheins und der Illusion verbleiben, er muß sich täuschen, weil er das Abhängige und Sekundäre für wirklich und autonom hält.

Abstrakte Ideen hält er für wirkliche Feinde, philosophische Siege für wirkliche Siege. Daher richtet sich der Haupteinwand von Marx gegen Feuerbach, daß dieser sich keine Gedanken machte, „wie es kam, daß die Menschen sich diese Illusionen in den Kopf setzten", genau so gut gegen Stirner, obwohl dieser bestrebt war, „weiter als Feuerbach" zu gehen. Stirner erklärt auch nicht, warum die Menschen bisher in der Illusion der „Aufopferung" lebten, die ihren Egoismus verschleiert, und

[1] Ebenda, S. 167.

warum sie nun diese Maske ablegen sollen. Die Methode der materialistischen Philosophie, stellt Marx fest, ist anders geartet. Ohne zu verneinen, daß es im menschlichen Leben viele Illusionen, Aberglauben und Vorstellungen gibt, sucht sie exakt und empirisch vor allem nach jenen materiellen Bedingungen, die die Quelle solcher Illusionen sind. Die Kritik dieser Illusionen ist dann aber keine „philosophische Enthüllung", sondern die Freilegung ihrer realen Wurzeln und der Hinweis auf den Weg, der zur wirklichen praktischen Umgestaltung der Verhältnisse führt, die sie verursacht haben. Sie ist also eine Kritik, die zu den Ursachen selbst vordringt, sich nicht mit den Erscheinungen begnügt [1]. Stirner war sich dieser Forderungen einer „wirklichen Kritik" nicht bewußt. Er konnte daher auch nicht das Verhältnis von Philosophie und Wirklichkeit begreifen. „Für die Philosophen", schreibt Marx, „ist es eine der schwierigsten Aufgaben, aus der Welt des Gedankens in die wirkliche Welt herabzusteigen. Die unmittelbare Wirklichkeit des Gedankens ist die *Sprache*. Wie die Philosophen das Denken verselbständigt haben, so mußten sie die Sprache zu einem eignen Reich verselbständigen. Dies ist das Geheimnis der philosophischen Sprache, worin die Gedanken als Worte einen eignen Inhalt haben. Das Problem aus der Welt der Gedanken in die wirkliche Welt herabzusteigen, verwandelt sich in das Problem, aus der Sprache ins Leben herabzusteigen" [2]. Stirner will wohl dieses Herabsteigen, doch der ganzen bisherigen philosophischen Tradition getreu, sucht er eine Brücke, die wiederum nur ein Wort sein kann. Er sucht nach dem philosophischen „Wunderstein", der die Gedanken verwirklichen würde. Er begreift aber nicht, daß sich „Philosophie und Studium der wirklichen Welt ... wie Onanie und Geschlechtsliebe" zueinander verhalten [3]. Er begreift nicht, daß die Sprache, die er gebraucht und die ihn zu neuen Wortverbindungen anregt, um neue Siege zu erringen, nur eine philosophisch verbrämte wirkliche Sprache ist, eine Sprache der

[1] Ebenda, S. 216 ff.
[2] Marx/Engels: Werke, Bd. 3, Berlin 1958, S. 432.
[3] Ebenda, S. 218.

kleinbürgerlichen deutschen Kreise. „Die Philosophen", schreibt Marx, „hätten ihre Sprache nur in die gewöhnliche Sprache, aus der sie abstrahiert ist, aufzulösen, um sie als die verdrehte Sprache der wirklichen Welt zu erkennen und einzusehen, daß weder die Gedanken noch die Sprache für sich ein eignes bilden; daß sie nur Äußerungen des wirklichen Lebens sind" [1]. Indem Marx von diesen materialistischen Voraussetzungen ausgeht und den Fetischismus selbständiger Ideen und magischer Worte ablehnt, unterzieht er die Grundbegriffe des Stirnerschen Buches, besonders aber die Begriffe der Individualität und des Egoismus, einer kritischen Analyse vom Klassenstandpunkt aus.

5. *Die Kritik des Stirnerschen Individualitätsbegriffes*

Die Individualität, die Stirner als eine konkrete, empirische und materielle Person, als „Ich" zu begreifen suchte, ist nach seiner Auffassung die ursprüngliche und von allem unabhängige Quelle der Wirklichkeit. Stirner will „seine Sache" nicht auf irgendetwas stützen, worauf bisher die Menschen ihr Leben gründeten. Er meint, wenn er sich entschlösse, sie „auf mich allein" zu stützen, stützt er sie wirklich auf sich selbst. Was ist aber dieses „Ich", wenn wir aus ihm alle Elemente herauslösen, die aus seiner bestimmten Beziehung zur Wirklichkeit, Geschichte und Gesellschaft entstehen? Das so gereinigte „Ich" ist nicht nur vom „inneren Pfaffen" und „inneren Polizisten" befreit, es ist überhaupt des konkreten Inhalts beraubt, es ist eine leere Form, die, obwohl sie leer ist — frei von allem und einzig in ihrer Art —, eine reiche schöpferische Quelle sein soll, die immer wieder mich selbst erschafft. Natürlich läßt sich eine solche „Reinigung" überhaupt nicht durchführen. Und dieses „Ich", auf das sich Stirner stützt, ist lediglich ein „Ich", aus dem bestimmte „Ideen" entfernt wurden, während das ganze Erbe der Verhältnisse, denen es entsprang, aber blieb.

[1] Marx/Engels: Werke, Bd. 3, Berlin 1958, S. 432 f.

Die Stirnersche Individualität muß daher entweder eine leere Abstraktion oder ein konkretes gesellschaftliches Produkt sein, obwohl Stirner weder diese noch jene Konsequenz erkennt. Im Gegensatz zu seinen Kritikern, die darauf hinwiesen, daß der „Einzige" auch eine begriffliche Kategorie sei, betont Stirner, daß nur die Interpretation des „Einzigen" als konkretes, körperliches „Ich" ein wahre Interpretation sei. Die Annahme einer solchen Interpretation zwingt aber dazu, gesellschaftliche Analysen in Angriff zu nehmen. Diese lehnt Stirner aber ab. Jedoch können nur sie die negativen und positiven Tendenzen dieses „Ich" erklären, das die Quelle seiner selbst sein soll.

In Wirklichkeit ist die Individualität das historische Produkt ganz bestimmter gesellschaftlicher und Produktionsverhältnisse. Sie bildet sich in Abhängigkeit von den konkreten Formen der produktiven Arbeit und von den konkreten gesellschaftlichen Verhältnissen, in denen die Menschen leben und wirken sowie bestimmte Berufe ausüben. Stirner erkannte einen gewissen Konflikt zwischen dem „inneren, persönlichen Leben" des Individuums und seiner realen gesellschaftlichen Rolle. Und diesen Konflikt wählte er zum Ausgangspunkt seines „Individualismus", indem er die Notwendigkeit einer Loslösung der Individuen von allen äußeren Bestimmungen, die ihre Freiheit behindern, verkündete. Damit bewies Stirner nur, daß er die historische Natur jenes Konfliktes überhaupt nicht begriffen hatte. Das ist nämlich ein Konflikt, der im Individuum von bestimmten gesellschaftlichen Bedingungen geschaffen wird und nur durch Veränderung dieser Bedingungen beseitigt werden kann, niemals aber durch eine „Reform des Bewußtseins" oder durch eine illusorische Rebellion der „Individualität" gegen die Gesellschaft, zu der sie gehört.

Stirner interpretiert diesen Konflikt falsch als einen Konflikt zwischen dem, was der Mensch „wirklich" als Individualität, als „Einziger" ist und dem, was aus ihm die materielle und gesellschaftliche Welt zu machen gedenkt. In der Tat sind die beiden Pole dieses Konfliktes die Widerspiegelung bestimmter Existenzbedingungen im Psychischen des Menschen, die ihn in der kapitalistischen Gesellschaft lehren, „er selbst zu sein" und zugleich als spezialisierter Funktionär in der kapitalistischen Wirtschaft zu wirken. Das Individuum ist sowohl in seinem „privaten Inneren" als auch in seiner „gesellschaftlichen Rolle" ein Produkt dieser Bedingungen.

So war es immer, solange die Menschen existieren. Sie waren niemals „einzig" in dem Sinne, daß sie keine Beziehung zueinander nötig gehabt hätten. Im Gegenteil. „Da ihre Bedürfnisse, also ihre Natur und die Weise, sie zu befriedigen, sie aufeinander bezog (Geschlechtsverhältnisse, Austausch, Teilung der Arbeit), so mußten sie in Verhältnisse treten." [1] In diese Verhältnisse traten sie nicht als reine Ichs, sondern immer als auf einer bestimmten Entwicklungsstufe der Produktivkräfte und Bedürfnisse lebende Individuen. Sie haben „in sich" bestimmte Bedürfnisse wiedergefunden, die ihnen als persönliche und eigene Bedürfnisse erschienen und die tatsächlich von der bisherigen geschichtlichen Entwicklung erzeugt wurden. Indem sie in Verhältnisse zueinander traten, taten sie das nach eigenen Bedürfnissen, danach, was sie waren, aber das, was sie waren, war schon ein geschichtliches Produkt. Sie traten in Verhältnisse zueinander nach ihren Anschauungen, aber die „Lebensanschauung" war schon ein produkt des Lebens, das sie führten. Marx schreibt hierzu, daß „die Geschichte eines einzelnen Individuums keineswegs von der Geschichte der vorhergegangenen und gleichzeitigen Individuen loszureißen ist, sondern von ihr bestimmt wird." [2]

Dieser Bildungsprozeß des Individuums verband sich jedoch unter bestimmten Bedingungen mit dem Gefühl des Antagonismus zwischen dem „Ich" und der „Gesellschaft". Dieser Antagonismus verschärft sich mit der fortschreitenden Teilung der Arbeit und der Entstehung der Klassengesellschaft. Unter diesen Verhältnissen empfand das Individuum immer stärker, daß es durch Umstände, die von ihm unabhängig, real und klassenbedingt sind, geformt wird und daß, wie Marx schreibt, „... die persönlichen Verhältnisse notwendig und unvermeidlich

[1] Ebenda, S. 423.
[2] Ebenda.

sich zu Klassenverhältnissen fortbilden und fixieren." [1] Unter diesen Verhältnissen ist es illusorisch zu erwarten, daß die Verhältnisse der Menschen untereinander ausschließlich „persönliche" Verhältnisse und die zwischen ihnen bestehenden Unterschiede nur individuelle Unterschiede seien. Die objektiven Situationen, die objektive Rolle der Berufe bewirken, daß die aus ihnen folgenden Differenzierungen die einzig realen Differenzierungen innerhalb der Individuen sind.

Dieser Prozeß des Übergewichts der objektiven über die individuelle Welt nimmt — nach Ansicht von Marx — an Stärke zu und wird immer allgemeiner. „Das Umschlagen des individuellen Verhaltens", schreibt Marx, „in sein Gegenteil, ein bloß sachliches Verhalten, die Unterscheidung von Individualität und Zufälligkeit durch die Individuen selbst, ist, wie wir bereits nachgewiesen haben, ein geschichtlicher Prozeß und nimmt auf verschiedenen Entwicklungsstufen verschiedene, immer schärfere und universellere Formen an." [2] Diese Herrschaft materieller Verhältnisse über die Individuen hat in der Gegenwart ihre schärfste und universellste Form erhalten. Die Aufhebung der Herrschaft schwer durchschaubarer Verhältnisse über die Individuen ist nur in der kommunistischen Organisation der Gesellschaft möglich. Nur innerhalb dieser Gesellschaft, „der einzigen, worin die originelle und freie Entwicklung der Individuen keine Phrase ist, ist sie bedingt eben durch den Zusammenhang der Individuen, ein Zusammenhang, der teils in den ökonomischen Voraussetzungen besteht, teils in der notwendigen Solidarität der freien Entwicklung Aller, und endlich in der universellen Betätigungsweise der Individuen auf der Basis der vorhandenen Produktivkräfte." [3] Diese kommunistische Umwälzung wird in den Menschen gleichzeitig ein neues Bewußtsein entwickeln, das ihren neuen Lebensbedingungen entspricht. Die Individuen dieser künftigen Gesellschaft werden sich durch „Selbstentwicklung" ganz anders entwickeln als die Menschen unserer Gesellschaft, deren „per-

[1] Ebenda, S. 422.
[2] Ebenda, S. 423 f.
[3] Ebenda, S. 424 f.

sönliche" Entwicklung oft im Widerspruch zu den Forderungen der Klassengesellschaft stehen.

Dieser Weg zur wirklichen Befreiung des Menschen von der Gewalt materieller und klassenbedingter Schranken, der über die kommunistische Revolution führt, steht im Gegensatz zu dem von Stirner empfohlenen fiktiven, phrasenhaften und mystischen Weg. Da Stirner eine metaphysische, ursprüngliche und monadologische Konzeption der Individualität hatte, beabsichtigte er, das Individuum zu „befreien", indem er ihm die Fremdheit der umgebenden Welt und die Ungesetzlichkeit ihrer Appelle, sich für sie zu opfern, zum Bewußtsein brachte. Das war natürlich nur eine scheinbare Befreiung. Zu „sich" zurückkehrend und „nach sich" lebend, bleibt das Individuum — ohne es zu wissen — so, wie es von den bestehenden gesellschaftlichen Verhältnissen, von seinem Leben und seiner Klasse geformt wurde. Indem es sich „frei" entwickelte, entwickelte es dieses Erbe. Die individualistischen Parolen „Bleibe das, was du bist!" oder „Werde das, was du bist!" oder „Entwickle dich!" sind also falsch. Sie alle empfehlen nämlich eine „innere Arbeit", die das, was die Verhältnisse und unser bisheriges Leben aus uns gemacht haben, akzeptiert, auch dann, wenn das in Worten verneint wird. Die historische Analyse, die uns den wirklichen Prozeß der geschichtlichen Formung der Individualität enthüllt, setzt an die Stelle des Aufrufes, sich selbst zu entwickeln, den Aufruf, „sich von den vorbestimmten Entwicklungsformen zu befreien". Diese Befreiung besteht in der Mitwirkung an der Umgestaltung der realen Lebensbedingungen, in der Teilnahme am revolutionären Kampf, durch die sozialistische Daseinsformen entstehen, die den Menschen ein wahrhaft menschliches Leben ermöglichen und neue „Individualitäten" schaffen.

Stirners Weg führt nicht nur zu Lösungen in der Phantasie und akzeptiert nicht nur die bestehenden realen Verhältnisse, sondern er verleitet auch zur romantischen Rückschau und zu sentimentalem Traditionalismus. Wenn Stirner empfiehlt, sich von den objektivierten Verhältnissen zwischen den Individuen loszusagen und rein persönliche Verhältnisse propagiert, doch nicht konkret darlegt, wie diese Umwälzung erreicht werden soll, so kommt er — ob gewollt oder ungewollt — nur auf die früheren patrimonialen und feudalen Verhältnisse zurück. Das ist vor allem am Beispiel der Analyse von Schuld und Strafe deutlich zu erkennen. Indem er gegen die den „Einzigen" beschränkenden Gesetze und Urteile protestiert, empfiehlt er die Anwendung „meiner eignen Moralität" und eigener Rache für fremde, uns benachteiligende Taten. Er sieht nicht, daß Forderungen dieser Art die Rückkehr zu uralten Verhältnissen bedeutet, von denen sich die gesellschaftliche Entwicklung schon sehr weit entfernt hat. Die Philosophie der Individualität wird auf diese Weise zur Methode eines reaktionären Kults der Vergangenheit, der die fortschrittlichen Errungenschaften der geschichtlichen Entwicklung zunichte macht.

Stirners Konzeption der Individualität verleitet somit infolge ihrer falschen Auffassungen nicht nur dazu, die Selbsterziehung auf die Irrpfade der Phantasie und Introversion hinzulenken, sondern befürwortet auch — wie übrigens jede Konzeption der Bourgeoisie — voll und ganz die bestehende Gesellschaftsordnung, gegen die sie nur scheinbar protestiert und den entstehenden Unwillen auf den Traditionalismus orientiert.

Diesem Standpunkt setzt Marx eine neue Konzeption der Individualität entgegen. Er unterscheidet einen gesellschaftlichen und einen historischen Charakter des Menschen. Obwohl er aber so vorgeht, setzt er dem Individualismus keine Gemeinschaftsideologie oder Historismus entgegen, die das Individuum fatalistisch gestalten würden. Im Gegenteil, Marx eröffnet neue Perspektiven für die Zukunft, der die Menschheit mit ihrer revolutionären Tätigkeit entgegengeht und in der die neuen Lebensverhältnisse neue Individualitäten formen werden. Die Individualität des Menschen entwickelt sich also nicht nach der Vergangenheit und nach den bestehenden Verhältnissen, sondern entsteht aus dem durch Tradition und Gegenwart geschaffenen „Material". Sie entsteht nicht als ein von uns unabhängiges Produkt der Erbanlage oder der Umstände, sondern als Folge der Parteinahme an der Seite des Fortschritts, als Folge der aktiven Teilnahme an der

Umgestaltung der Lebensbedingungen. Unsere Individualität ist also unser eigenes Produkt, aber ein Produkt, das in Wahrheit im realen Leben und nicht in der Phantasie, in abstrakten „Umwälzungen des Bewußtseins" geschaffen wurde. Das Sichentdecken ist unter diesen Bedingungen nur ein Registrieren wirklicher Umgestaltungen, denen wir im Verlauf der Tätigkeit unterliegen.

Die objektive, soziale und aktive Konzeption der Individualität verlangt eine grundlegende Überprüfung der bürgerlichen Anschauungen über das Bewußtsein und seine Rolle sowie über die Ansichten zur Rolle und Art der Bedürfnisse und Neigungen. In der bürgerlichen Konzeption der Individualität spielten diese beiden Begriffe die Hauptrolle. Die Bedürfnisse wurden als spezifische, dem Individuum „eigne" Merkmale, also als unabhängige und ursprüngliche Eigenschaften betrachtet; das Bewußtsein war ein autonomer Bezirk, in dem das Werden und Gestalten des Individuums vor sich ging. Die bürgerliche Philosophie und Psychologie betonten oft einseitig diesen oder jenen Faktor der Bildung der Individualität — oft kämpften irrationale und intellektuelle Konzeptionen miteinander —, aber beide Standpunkte waren sich in ihren grundlegenden Thesen einig, die Individualität losgelöst von historischen und gesellschaftlichen Verhältnissen zu betrachten. In seiner Kritik an Stirner greift Marx diese beiden Standpunkte an und formuliert genau, wie man vom materialistischen Gesichtspunkt aus das Bewußtsein und die Bedürfnisse als Elemente der Individualität auffassen muß.

Die Bedürfnisse sind keineswegs irgendeine grundlegende und ursprüngliche Spezifikation der Individualität. Sie entstehen im Verlauf ihres Lebens. „Wenn die Umstände, unter denen dies Individuum lebt", schreibt Marx, „ihm nur die einseitige Entwicklung einer Eigenschaft auf Kosten aller andern erlauben, wenn sie ihm Material und Zeit zur Entwicklung nur dieser einen Eigenschaft geben, so bringt dieses Individuum es nur zu einer einseitigen, verkrüppelten Entwicklung. Und sogar die Entwicklung dieser einen Eigenschaft ist einerseits von dem Bildungsmaterial, das man ihm liefert und andererseits von Grad und Art abhängig, wie alle andren Eigenschaften unterdrückt bleiben." [1] Auf Grund dieser Entwicklung bilden sich Bedürfnisse und Wünsche. Das sich einseitig entwickelnde Individuum findet ein spezifisches Gefallen an Genüssen bestimmter Art, an niedrigen, brutalen und einseitigen Genüssen. „Keineswegs, daß die Individuen in ihrer Reflexion sich einbilden oder vornehmen, ihre lokale Borniertheit aufzulösen, sondern daß sie in ihrer empirischen Wirklichkeit und durch empirische Bedürfnisse bestimmt es dahin gebracht haben, einen Weltverkehr zu produzieren," [2] das heißt, wenn es ihnen gelingt, Lebensbedingungen zu erzielen, die eine vielseitigere Entwicklung und verschiedenartigere Beziehungen zu den Menschen erlauben. Sonst müssen die individuellen Neigungen und Liebhabereien in Unordnung geraten und entarten. Die Bedürfnisse und Sinnesfreuden werden dann in zunehmendem maße vulgäre, nur physisch determinierte Formen annehmen.

Die Lebensbedingungen, die dem Individuum dank den umfassenden und verschiedenartigen Formen seiner Tätigkeit und reichen gesellschaftlichen Verhältnissen eine vielseitige Entwicklung erlauben, formen zugleich auch die Bedürfnisse und Neigungen, ändern ihren Charakter, den eines vulgären Genusses, der für die im Leben erfahrenen Entbehrungen ein Ausgleich sein sollte und erheben sie über den Stand rein physischer Befriedigung. Bedürfnisse, Neigungen, Liebhabereien sind also kein konstantes Merkmal der Individualität, nicht ihr „Heimatboden", sondern sie sind eine sich verändernde Funktion der sich verändernden Lebensbedingungen und der mit ihnen verbundenen Entwicklungsmöglichkeiten des Menschen.

Von diesem Standpunkt aus analysiert Marx den Egoismus als Eigenschaft, die nach Stirner das eigentlich konstitutive Merkmal des Individuums, das Element sein soll, das seine „Einzigkeit" schafft. Derartige Konzeptionen sind — nach Ansicht von Marx — ein Produkt der Philosophie, die in ab-

---

[1] Ebenda, S. 245 f.
[2] Ebenda, S. 247.

strakter Weise die realen Erfahrungen der Menschen registriert, die in der bürgerlichen Klassenordnung leben. Die hedonistische Philosophie begründete die Genüsse der einen und die Entbehrungen der anderen, sie war einmal pharisäisch, ein andermal moralisierend. Ihre Blütezeit fällt in die Zeit des Sieges der Bourgeoisie. Den Grundsatz des Vergnügens und des Glückes hatte sie für alle formuliert, indem sie die feudale Exklusivität bekämpfte, zugleich aber empfahl sie dem Proletariat, dern der Luxus der besitzenden Schichten nicht zugänglich sein sollte, Arbeitsamkeit und Sparsamkeit, indem sie damit auch ihre Klasseninteressen zum Ausdruck brachte. Doch die Lebensbedingungen erlaubten keine allgemeine Entwicklung wahrhaft menschlicher Genüsse. Die Profitsucht der Bourgeoisie und die übermäßige Arbeit und Not des Proletariats vergifteten sie.

So wie die Philosophie des Hedonismus eine Verallgemeinerung der Möglichkeiten für Genuß und Luxus war, die die Bourgeoisie hatte, war die Philosophie des Utilitarismus eine Verallgemeinerung der Erfahrungen dieser Bourgeoisie im Kampf gegen den Feudalismus und für eine neue Wirtschaftsordnung. Diese Philosophie löste sich — besonders in den Werken von Helvetius und Holbach — vom konkreten ökonomischen Gehalt und von den Tendenzen, mit denen sie ursprünglich verwoben war, und wurde zur Konzeption des Menschen und seiner Existenzweise. Das konkrete Handeln der Menschen wird in dieser Philosophie als Betätigung zu nützlichen Zwecken interpretiert. Die Handlungen hören damit auf, das zu sein, was sie wirklich sind, d. h. Handlungen, die bestimmte Eigenschaften des Individuums äußern, und werden zum Ausdruck von etwas anderem als sie sind, zum Ausdruck eines angeblich verborgenen, außerhalb von ihnen liegenden Bedürfnisses nach Nutzen [1]. Nach Marx ist das eine von den Gewohnheiten der Bourgeoisie diktierte Maskerade. Gerade die bürgerlichen Lebenserfahrungen sind — wie bereits erwähnt — die empirische Grundlage, auf der die Philosophie die Kategorie

---

[1] Ebenda, S. 394 ff.

der „Nützlichkeit" entwickelt, um sie dann als selbständig, als für das menschliche Wesen spezifisch hinzustellen und um die realen Nützlichkeitsbeziehungen der Menschen untereinander als notwendige Verwirklichung des menschlichen Wesens auszugeben. So kommt diese spekulative Umkehrung zustande, die uns auch dadurch irreführt, daß sie uns glauben läßt, das sogenannte menschliche Wesen sei unveränderlich; sie ermöglicht es auch nicht, die Tätigkeit zur Veränderung jener Verhältnisse, aus deren Verallgemeinerung die Theorie des „utilitaristischen Menschen" erwuchs, zu begreifen.

Aus den obenerwähnten Gründen folgt, daß Marx mit seiner Argumentation zeigen will, daß Stirners Konzeption vom Menschen-Egoisten, von einem Menschen, der nach Genuß oder Nutzen strebt, nichts anderes ist als die Verallgemeinerung der bürgerlichen Lebenshaltung, die unter bestimmten sozialökonomischen Verhältnissen gewonnen und von der hedonistischen und utilitaristischen Philosophie verwendet wurde, um abstrakte Theorien zu entwickeln, die die Überzeugung bestärken sollten, daß der Bourgeois, so wie er ist, die Verwirklichung des „menschlichen Wesens" sei. Marx faßt die Stirnersche Konzeption als Ausdruck kapitalistischer Lebensverhältnisse auf und betont, daß es möglich sei, die philosophische Lehre vom Menschen im Zusammenhang mit der Umgestaltung des Menschen in neuen sozialistischen Lebensverhältnissen zu verändern. In diesen Verhältnissen, in denen die menschlichen Beziehungen von jeder Ausbeutung frei sein werden, wird sich auch das Bewußtsein dieser Menschen anders darstellen: in ihm wird für Handlungen aus Motiven des Egoismus oder der Aufopferung kein Platz mehr sein [1]. Die Betätigung wird aus elementaren Bedürfnissen, aus unmittelbaren und nicht entarteten Fähigkeiten, aus sich frei entwickelnden Menschen folgen. Das menschliche „Wesen" wird sich dann anders darstellen, als man es sich auf Grund der Erfahrungen aus der kapitalistischen Epoche vorstellte.

Diese Überzeugung führte Marx dazu, eine exakte materia-

[1] Marx/Engels: Werke, Bd. 3, Berlin 1958, S. 425.

listische Bestimmung der Rolle des Bewußtseins in der Erziehung zu geben. Stirner war — wie viele andere bürgerliche Philosophen und Pädagogen — der Ansicht, daß das Bewußtsein eine entscheidende und übergeordnete Rolle bei der Gestaltung der Individualität spielt. Die Selbsterkenntnis, die Entdeckung „wer man ist", die Umgestaltung des eigenen Bewußtseins, die Kritik der Ideen und Anschauungen — das waren die Etappen und Methoden der Selbsterziehung. Dieser Pädagogik des Bewußtseins setzte das bürgerliche Denken zuweilen die Thesen des philosophisch oder biologisch begründeten Irrationalismus entgegen. Die Gegner der „Bewußtseinspädagogik" gehörten eben zu diesem irrationalen Lager.

Marx geht bei der Kritik der „Bewußtseinspädagogik" einen ganz anderen Weg. Er kritisiert sie nicht deshalb, weil er anderen Elementen der menschlichen Psyche einen wichtigeren Platz einräumen möchte, sondern deshalb, weil er das Verhältnis des Bewußtseins zum gesellschaftlichen Sein anders sah. Es wäre eine schädliche Illusion, wollte man glauben, das Bewußtseinsveränderungen, die mit der Umgestaltung des realen Lebens des Individuums in keinem Zusammenhang stehen, irgendeine Bedeutung hätten. Solche Philosophen glauben, schreibt Marx, daß einem bestimmten Bewußtsein auch bestimmte Arten von Menschen und bestimmte Bedingungen entsprechen und daß durch Appelle an das Bewußtsein die Menschen geändert werden können. Sie berücksichtigten überhaupt nicht die tatsächliche Rolle der Bedingungen, unter denen das Individuum lebt, und sein wirkliches tägliches Leben, das es führt. Aber gerade diese empirischen Grundlagen bestimmen das Bewußtsein des Individuums. „Bei einem Individuum z. B., dessen Leben einen großen Umkreis mannigfaltiger Tätigkeiten und praktischer Beziehungen zur Welt umfaßt, das also ein vielseitiges Leben führt, hat das Denken denselben Charakter der Universalität wie jede andere Lebensäußerung dieses Individuums." [1] Und umgekehrt, jemand, dessen Leben sehr

[1] Ebenda, S. 246.

beschränkt und eintönig ist, neigt zu engstirnigem Denken, zum Umwandeln der Gedanken in trockene und starre Abstraktionen, die dann als eigenständige Wirklichkeit seinen Geist beherrschen. Das Denken hört auf, vollständig und vielseitig zu sein, ähnlich wie das Leben dieser Menschen unvollständig und eng ist.

Natürlich kann diese Abhängigkeit nicht individualistisch interpretiert werden. Die Lebensschicksale der Individuen werden von objektiven materiellen, gesellschaftlichen Faktoren, von den Produktivkräften und den Produktionsverhältnissen bestimmt. Die Teilung der Arbeit und die Klassenstruktur bestimmen den gesellschaftlichen Charakter des Bewußtseins und die Art und Weise, wie es in konkreten Personen funktioniert. In der kapitalistischen Gesellschaft beschränkt die Teilung der Arbeit die breiten Massen der Bevölkerung auf den Bereich mechanischer körperlicher Arbeiten und weist die von der physischen Arbeit losgelösten geistigen Betätigungen einer kleiner Elite zu. Die ökonomische Unabhängigkeit dieser Elite weckt den Hang zur autonomen Behandlung des Denkens, zur Betrachtung der Ideologie als aus dem „Geist" hervorgehend und das Leben leitend. „Wir haben gezeigt", schreibt Marx, „daß die ausschließliche systematische Beschäftigung mit diesen Gedanken von seiten der Ideologen und Philosophen und damit die Systematisierung dieser Gedanken eine Folge der Teilung der Arbeit ist" [1], und daß diese Gedanken als selbständige und als gewisse Wirklichkeit systematisiert werden, anstatt daß man sie in Anbetracht der Bedingungen, von denen sie stammen und der Interessen, die sie vertreten, kontrolliert. Die materialistische Kritik aller Ideologien und philosophischen Systeme ist natürlich zugleich eine Kritik aller Formen der Illusion, daß während der Herausbildung der Individualität das Bewußtsein eine selbständige, autarke, wirksame Kontrollbasis sein kann.

Das erkennt Stirner überhaupt nicht. Er ist ausschließlich mit Problemen aus dem ideellen Bereich beschäftigt, in dem

[1] Ebenda, S. 432.

er kämpft und schafft. In dieser illusorischen Welt ermittelt er die Abhängigkeit und Gegensätze und bestimmt die Hoffnungen und Pflichten. „Er selbst verwechselt unbesehens die Illusionen... mit dem ‚Leben' der Wirklichkeit" [1] Daraus folgen imaginäre Siege über die äußeren und inneren Feinde, zu denen „Ideen" und „Vorstellungen" zählen. Daraus folgen die schädlichen Auffassungen, daß das tägliche, das praktische Leben für die Bildung der menschlichen Individualität überhaupt keine Bedeutung habe.

Der Marxsche Standpunkt bewahrt vor solchen Illusionen über die Rolle des Bewußtseins und lehrt gleichzeitig die Bedeutung des Bewußtseins zuschätzen, das hinsichtlich seines Ursprungs und seines Verhältnisses zu den gesellschaftlichen, revolutionären Aufgaben kritisch überprüft wurde. Die Kritik des Bewußtseins ist nämlich — wie wir erfahren haben — die praktische Kritik der gesellschaftlichen Bedingungen, die gefährliche Bewußtseinsfehler erzeugen, sie ist die Kritik, die Hand in Hand mit der revolutionären Praxis geht und die Bedingungen so verändert, daß eine allseitige Entwicklung des Menschen in der klassenlosen Gesellschaft garantiert ist. Auf diese Weise liquidiert sie die künstlichen und klassenbedingten gedanklichen Abstraktionen und mystifizierenden ideologischen Systeme.

Also weder die „Bedürfnisse und Neigungen" noch das „Bewußtsein", das in den konkreten Individuen vorhanden ist, können die Grundlage für ihre Weiterentwicklung sein. Wollten wir sie so betrachten, würden wir die historisch entstandene Lage anerkennen und alle Bemühungen unmöglich machen, die zu einer wirklichen Umgestaltung und Entwicklung der Menschen führen. Wir würden sie auf den Weg illusorischer, innerer Phantasie „erfolge" lenken. Bei der Gestaltung der Individuen müssen wir durch Aufdeckung der Klassenbedingtheit sowie durch eine konkrete und praktische Verknüpfung mit der Arbeit und der revolutionären Tätigkeit über das vorgefundene Niveau und die vorhandenen Inhalte hinausgehen. Von

[1] Marx/Engels: Werke, Bd. 3, Berlin 1958, S. 112.

diesem Standpunkt aus erscheint auch der Streit zwischen den Irrationalisten und den Intellektualisten bedeutungslos; beide Lager führen nämlich ihren Streit auf der vorgefundenen, sekundären Basis, die sie als primär betrachten.

Die Kritik der Grundlagen des Individualismus, die Marx übte, hat unmittelbare pädagogische Konsequenzen. Daraus folgt, daß die Erziehung nicht bestimmt werden darf als Hilfe für den inneren und autonomen Entwicklungsprozeß der Individualität, als Methode zur Stärkung des Mutes und der Kraft der Individualität, die sich von der konkreten, gesellschaftlichen Situation gelöst hat, als Ansporn für die Gestaltung der originellen „Einzigkeit" des eigenen Ichs, als Geringschätzung der „Massen" zugunsten einer Bevorzugung der „Auserwählten". Die ganze Metaphysik und Mystik der „Individualitätspädagogik" wurde durch die Marxsche Kritik an den Wurzeln getroffen. Die Individualität verbleibt damit klar und fest in der wirklichen Welt der sozialökonomischen Prozesse, verbunden mit der Gesellschaftsklasse, zu der sie gehört sowie mit der kollektiven Tätigkeit und der eigenen Arbeit.

Marx hat die hervorragende Bedeutung dieser sozialistischen Orientierung in der Pädagogik, die im Gegensatz zur bürgerlichen Pädagogik der Individualität steht, richtig eingeschätzt; er gab sich aber mit der Kritik ihrer Grundlagen nicht zufrieden, sondern wies unmittelbar auf einige ihrer speziellen Grundsätze hin und erläuterte, worin deren Fehler und soziale Schädlichkeit bestehen.

6. Das Problem der Entwicklung und der Fähigkeiten des Menschen

Der erste dieser Grundsätze ist mit der Auffassung vom Entwicklungsprozeß des Menschen verknüpft. Marx analysiert diesen Grundsatz und übt damit eine bedeutsame Kritik an der Entwicklungspsychologie, eine Kritik, die deren spätere typische Fehler bereits vorwegnimmt. Stirner, schreibt Marx, sieht in den verschiedenen Phasen des menschlichen Lebens nur einen Prozeß der „Selbstfindungen" des Individuums und glaubt, daß diese „Selbstfindungen" sich immer auf eine bestimmte Bewußtseinlage zurückführen lassen. „Die Verschiedenheit des Bewußtseins ist hier also das Leben des Individuums. Die physische und soziale Veränderung, die mit den Individuen vorgeht und ein verändertes Bewußtsein erzeugt, geht ihn natürlich Nichts an. Deswegen finden auch Kind, Jüngling und Mann bei Stirner die Welt immer fertig vor, wie sie sich ‚selbst' nur ‚finden'; es wird durchaus Nichts getan, um dafür zu sorgen, daß überhaupt etwas vorgefunden werden kann." [1]

Stirners Entwicklungspsychologie, die den Übergang vom Kindes- zum Jugendalter als Umschlagen des Realismus in den Idealismus bezeichnet, ist eine abstrakte und spekulative Psychologie, die die wirklichen, also konkreten, historischen und klassenbedingten Faktoren der Entwicklung völlig verkennt. Er sieht nicht, daß alles im Menschen, angefangen von seiner Sprache bis zu seinen Anschauungen im Prozeß der Einwirkung der konkreten Umwelt, der Entwicklung der Sinnesorgane in Verbindung mit der Aktivität des Menschen in seiner bestimmten Umwelt, der Umgestaltung des mit den Lebensbedingungen und der Arbeit verbundenen Bewußtseins erzeugt wird. Keineswegs aus sich selbst heraus, keinesfalls im „Nichts" entdeckt das Individuum sein Ich, sondern dieses Ich wird sich in ihm in Prozessen gestalten, die man untersuchen muß und deren sachliche Ursachen man feststellen kann. Die Entstehung jeder Eigenschaft des Menschen muß als Entstehung von etwas Bestimmtem aus etwas Bestimmtem und durch etwas Bestimmtes verstanden werden.

Stirners Psychologie trägt zu Fehlern in der Erziehung und Selbsterziehung bei, weil sie diese Arbeit nur introspektiv, „bewußtseinsmäßig" ausrichtet. Diese Psychologie erschwert dem Individuum, den realen Zusammenhang zwischen seinem Leben und seinem Bewußtsein zu erkennen und verewigt die Illusion, daß die Veränderungen im Bewußtsein die einzige Wirklichkeit seien, während alles andere für den Menschen

[1] Ebenda, S. 111.

als unwichtig erscheine. Diese Psychologie Stirners konstruiert unbewußt einen Menschentyp, der die Interessen des Bürgertums vertritt, und stellt ihn als den „Menschen an sich" dar.

Die psychologische Analyse der Entwicklung muß immer eine geschichtliche und gesellschaftliche Analyse sein. Sie wird an die Stelle der Stirnerschen Entwicklungsschemata, die angeblich allgemein und dauerhaft sind, Darstellungen konkreter Entwicklungsprozesse der „Individualitäten" setzen. Sie wird auch begreiflich machen, daß das von Stirner als typisch Dargestellte einfach eine unbegründete Verallgemeinerung der Erfahrungen und Träume seiner Gesellschaftsklasse ist und sich auf die Gesamtheit dieser verschiedenartigen Verhältnisse bezieht, unter denen die menschliche Geschichte ablief und noch abläuft. Stirner abstrahiert von allen konkreten Faktoren der individuellen Entwicklung, er abstrahiert „ganz konsequent von den historischen Epochen, von der Nationalität, Klasse etc., oder, was dasselbe ist, er bläht das herrschende Bewußtsein der ihm am nächsten stehenden Klasse seiner unmittelbaren Umgebung zum Normalen Bewußtsein ‚Eines Menschenlebens' auf. Um sich über diese lokale und Schulmeister-Borniertheit zu erheben, braucht er ‚seinen' Jüngling nur mit dem ersten besten Kontorjüngling, einem jungen englischen Fabrikarbeiter, einem jungen Yankee, von den jungen Kirgiskaisaken gar nicht zu reden, zu konfrontieren." [1]

Die Marxsche Kritik der Stirnerschen Konzeption der menschlichen Entwicklung zeigt mit großer Exaktheit deren grundlegenden Fehler. Sie richtet sich gegen die isolationistische Auffassung der psychischen Entwicklungsprozesse als Prozesse, deren Phasen notwendigerweise nach irgendeinem inneren Rhythmus aufeinanderfolgen und zerschlägt den Grundsatz, die konkreten, materiellen, gesellschaftlichen Bedingungen als Faktoren der Individualitätsgestaltung und das konkrete Leben des Individuums als Grundlage für die Veränderung seines Bewußtseins zu unterschätzen. Diese Kritik bestreitet die Richtigkeit der Stirnerschen Entwicklungsschemata, die immer und

---

[1] Marx/Engels: Werke, Bd. 3, Berlin 1958, S. 112.

überall in Erfüllung gehen sollen und entlarvt sie als Ausdruck der Verhältnisse und Interessen einer bestimmten Gesellschaftsklasse, die sich den Menschen nach ihrem Ebenbild vorstellt. Sie weist vor allem darauf hin, daß das Schema des Übergangs vom Realismus zum Idealismus und vom Idealismus zum sekundären Lebensrealismus und Lebensegoismus ein Spiegelbild der kleinbürgerlichen Mentalität ist.

Die Entwicklung der bürgerlichen Psychologie, die übrigens z. T. in der Hegelschen Konzeption der Lebensphasen verwurzelt ist und an die Stirner anknüpfte, verlief — allgemein betrachtet — in jener Richtung, die Marx gleich bei ihrem Entstehen als eine falsche mystifizierende und schädliche Richtung durchschaute. Deswegen nimmt — wie bereits erwähnt — Marx in seiner Kritik in genialer Weise diese spätere Entwicklung vorweg. Die Kenntnis der Gesetze, die die gesellschaftliche Entwicklung bestimmen, und des bürgerlichen Klassenbewußtseins ermöglichten es Marx, im Buch von Stirner Ideen aufzuspüren, die der Ausdruck dieses Bewußtseins sind und deshalb auch Aussicht auf eine Weiterentwicklung hatten, die mit der Entwicklung der Bourgeoisie konform ging.

Die Kritik dieser Ideen war nicht nur eine Negierung der bürgerlichen Position unter den damaligen Verhältnissen, sondern zugleich die Schaffung des geistigen Schwertes, dessen sich die Arbeiterklasse in ihrem Kampf gegen die herrschende kapitalistische Ordnung bedienen sollte, vor allem dann, wenn der Klassengegner wissenschaftliche Theorien benutzt, um seine Herrschaft zu rechtfertigen. Diese Kritik, die die klassenmäßigen Wurzeln dieser psychologischen Konzeption aufdeckt und sie vernichtet, stärkte die ideologische Front im Kampf gegen die Bourgeoisie.

Dieser sozialpolitische Charakter der pädagogischen Erörterungen, zu denen Marx durch Stirners Buch angeregt wurde, wird im Zusammenhang mit einem anderen Problem — dem Problem der Begabung — noch deutlicher. Stirner war entsprechend seinen aristokratischen und Elite-Auffassungen der Überzeugung, daß die Menschen schon „berühmt" zur Welt kommen und daß solche Menschen in der Minderzahl sind.

Er meinte, daß „man das sein soll, was man werden kann"
und „was einer werden kann, das wird er auch", unabhängig
von den Umständen. „Ein geborener Dichter mag wohl durch
die Ungunst der Umstände gehindert werden, auf der Höhe
der Zeit zu stehen und nach den dazu unerläßlichen großen
Studien ausgebildete Kunstwerke zu schaffen; aber dichten
wird er, er sei Ackerknecht oder so glücklich, am Weimarschen
Hofe zu leben." [1] Solche Talente sollen nach Stirner besonders hoch geschätzt werden, weil nur sie „einmalige Werke"
zu schaffen vermögen, die durch keine organisierte Gemein-
schaftsarbeit geschaffen werden können.

In seiner Kritik des Stirnerschen Standpunktes lenkt Marx
die Aufmerksamkeit besonders auf die enge Verbindung des
Problems der Begabung mit dem Problem der Teilung der
Arbeit. Anstelle von mystischen Spekulationen über das ange-
borene Talent und über das „einmalige" Schaffen, verweist
Marx auf die Notwendigkeit einer Analyse der Teilung der
Arbeit, „auf die materielle Produktion und den materiellen
Verkehr..., die eben die Individuen unter bestimmte Verhält-
nisse und Tätigkeitweisen subsumieren." [2] Indem Marx die
„normale" und „einmalige" menschliche Arbeit von diesem
Standpunkt aus analysiert, stellt er zugleich diese Unterscheidung in Frage. Sie drückt nämlich den Klassenstandpunkt der
Bourgeoisie aus, die die Stabilisierung qualitativer Unterschiede
zwischen den Menschen anstrebt, was in der weiteren Folge zur
Rechtfertigung des Ausbeutungsregimes in der gesellschaftlichen Produktion, wo jeder jeden ersetzen kann, führen sollte.
Diese Unterscheidung entspricht aber keinesfalls der Wirklichkeit; sie bestätigt keinesfalls irgendein unabänderliches Gesetz,
ein Gesetz der Gattung, wie das Stirner behauptete. Unter
verschiedenen historischen Bedingungen bestimmen die gesellschaftliche Teilung der Arbeit und die Produktionsverhältnisse
die Möglichkeiten zur Entwicklung und Verbreitung von Ta-
lenten in verschiedener Hinsicht. Im allgemeinen aber führt

[1] M. Stirner: Der Einzige und sein Eigentum, S. 380.
[2] Marx/Engels: Werke, Bd. 3, Berlin 1958, S. 379.

die gesellschaftliche Teilung der Arbeit, die die verschiedenen Individuen auf die verschiedenen und speziellen Beschäftigungen hinlenkt, zugleich zur gemeinschaftlichen Organisation der Arbeit und zur Möglichkeit, den Maschinen automatische Funktionen zuzuweisen. Dadurch eröffnet sich die Möglichkeit einer vielseitigeren Entwicklung des Menschen, die jedoch erst nach dem Sturz des Kapitalismus realisiert werden kann.

Unter diesen Perspektiven, auf die Marx noch später zurückkommen wird, kritisiert er die Stirnerschen Unterscheidungen, die Apotheose der „einmaligen" Arbeit und die Geringschätzung der „menschlichen" Arbeit. Dazu schreibt Marx: Stirner „meint, Niemand könne an Deiner Stelle Deine musikalischen Kompositionen anfertigen, Deine Malerentwürfe ausführen. Raffaels Arbeiten könne Niemand ersetzen'. Sancho könnte doch wohl wissen, daß nicht Mozart selbst, sondern ein Anderer Mozarts Requiem größtenteils angefertigt und ganz ausgefertigt, daß Raffael von seinen Fresken die wenigsten selbst „ausgeführt" hat" [1]. Die Werke des angeblich „einmaligen" Talents sind in der Gesellschaft im Stand der Produktivkräfte, in den Forderungen nach der Teilung der Arbeit und in den Beziehungen der Menschen zueinander verwurzelt. Stirner bildet sich ein, „Raffael habe seine Gemälde unabhängig von der zu seiner Zeit in Rom bestehenden Teilung der Arbeit hervorgebracht. Wenn er Raffael mit Leonardo da Vinci und Tizian vergleicht, so kann er sehen, wie sehr die Kunstwerke des ersteren von der unter florentinischem Einfluß ausgebildeten damaligen Blüte Roms, die des zweiten von den Zuständen von Florenz, und später die des dritten von der ganz verschiedenen Entwicklung Venedigs bedingt waren. Raffael, so gut wie jeder andre Künstler, war bedingt durch die technischen Fortschritte der Kunst, die vor ihm gemacht waren, durch die Organisation der Gesellschaft und die Teilung der Arbeit in seiner Lokalität und endlich durch die Teilung der Arbeit in allen Ländern, mit denen seine Lokalität im Verkehr stand. Ob ein Individuum

[1] Ebenda, S. 377.

wie Raffael sein Talent entwickelt, hängt ganz von der Nachfrage ab, die wieder von der Teilung der Arbeit und den daraus hervorgegangenen Bildungsverhältnissen der Menschen abhängt." [1]

Diese Beispiele beweisen, daß das Phänomen des Talents keine vom gesellschaftlichen Leben losgelöste Gabe ist, die aus sich selbst hervorgeht und sich entwickelt. Es ist vielmehr mit der Gesamtheit des Lebens verknüpft, und ihre Zurückführung auf individuelle, angeborene Anlagen oder sogar individuelle glückliche Lebensumstände ist nicht gerechtfertigt. Marx betont nicht nur sehr stark die Fehlerhaftigkeit nativistischer Theorien, sondern zugleich auch die der Umwelttheorien, die als „Jemandes Lebensumstände" individualistisch erfaßt werden. Diese beiden Theorien eignen sich für die Stabilisierung der Ungleichheit zwischen den Menschen; dabei spielt es keine Rolle, ob wir uns auf die „angeborenen" Werte oder die durch „glückliche Umstände" angeeigneten Qualitäten berufen werden. Die Erklärung des Lebensniveaus und der Tätigkeit der Individuen auf Grund des Zusammenfallens von Anlagen und Umständen ist eine individualistische, bürgerliche Erklärung, die stets zum Vorteil der unter besseren Verhältnissen „besser Geborenen" und Erzogenen ausläuft. Sie erfaßt keinesfalls das Problem unter breiterem gesellschaftlichen Aspekt, ja sie stellt sich nicht einmal die Frage, warum in einigen Gesellschaftsschichten die Talente weder geboren werden noch sich entwickeln. Auf dem Gebiet der Medizin und Hygiene, sagt Marx, sehen wir die Probleme klarer: wenn da auch die Mehrheit der Kinder skrofulös ist, so betrachten wir keineswegs diese Tatsache als natürlich und erblich oder umweltbedingt, sondern bemühen uns, sie aus der Welt zu schaffen, indem wir die Gesundheit aller schützen. Auf psychologischem Gebiet setzen wir dagegen leicht, wie das Stirner macht, als „natürlich" voraus, daß die Mehrzahl der Menschen dumm und schwer von Begriff ist. Und wir denken dabei nicht daran,

[1] Ebenda, S. 377 f.

daß „alle diese Verkrüppelungen unter den bisherigen gesellschaftlichen Verhältnissen historisch entstanden sind und ebensogut historisch wieder abgeschafft werden können." [1]

Die bürgerliche Psychologie will aber das Begabungsproblem nicht unter diesem Gesichtspunkt betrachten, weil er für sie gefährlich ist. Unter diesem Aspekt wird nämlich deutlich, daß die soziale Verteilung der begabten Menschen keineswegs die Folge angeborener Talente und glücklicher individueller Lebensumstände ist, sondern ein Problem der allgemeinen Produktionsbedingung und gesellschaftlichen Verhältnisse. In der kapitalistischen Ordnung würde die „Verkrüppelung" der Massen weiter fortschreiten, wenn es nicht den entschlossenen Kampf des Proletariats und sein Klassenbewußtsein gäbe, die die Individuen in einem gegen die herrschenden kapitalistischen Verhältnissen gerichteten Sinne erziehen. In der sozialistischen Gesellschaftsordnung ist eine vielseitige Entwicklung des Menschen möglich, und im Zusammenhang damit auch eine ganz andere Begabungstheorie als es die bürgerliche ist. Marx betont, daß die Teilung der Arbeit, die in der entstehenden kapitalistischen Gesellschaft und ihrer weiteren Entwicklung „die exklusive Konzentration des künstlerischen Talents in Einzelnen und seine damit zusammenhängende Unterdrückung in der großen Masse" zur Folge hatte, in der sozialistischen Gesellschaft zur Grundlage einer solchen Arbeitsorganisation wird, die das Talent immer mehr verallgemeinert [2]. In seiner Kritik der Begabungstheorie wendet sich Marx — ähnlich wie in der Entwicklungspsychologie — gegen typische bürgerliche Tendenzen, die in ihrer ursprünglichen Form in Stirners Buch zum Ausdruck kamen und erst später mit „wissenschaftlichen" Theorien fundiert hervortraten. Die Marxsche Kritik nimmt auch in diesem Falle ihre Entwicklung vorweg und greift ihre grundlegenden Thesen an. Sie stellt die biologischen, atavistischen Thesen von den unveränderlichen und sich selbst entwickelnden Anlagen des Menschen in Frage. Sie beanstan-

---

[1] Ebenda, S. 410.
[2] Ebenda, S. 378 f.

det die Milieutheorie, die als eine Theorie der günstigen Umstände „für die individuelle" Entwicklung interpretiert wird. Sie verwirft die Betrachtung der Begabung vom Standpunkt des Zusammenwirkens beider Faktoren, wie das später die sogenannte Konvergenztheorie tut. Sie zeigt, daß Niveau und Qualität der Begabungen sowie ihre Verbreitung von den historisch veränderlichen Bedingungen abhängen, vom Stand der materiellen Produktion, von der Teilung der Arbeit, von den gesellschaftlichen Verhältnissen, die aus bestimmten Produktionsverhältnissen erwachsen. Sie weist auch darauf hin, daß — unabhängig davon, was die Anhänger des elitaristischen Aristokratismus verkünden — eine zunehmende „Verbreitung" der Begabungen möglich und notwendig sein wird, weil sie einfach mit der Überwindung der kapitalistischen Ordnung und mit dem Aufbau der sozialistischen Gesellschaft zusammenhängen.

7. *Das Problem des Erziehungsideals*

Ein besonders wichtiges pädagogisches Problem, das Marx in Verbindung mit Stirners Buch analysiert, ist schließlich das Problem des Erziehungsideals. Stirner trat radikal gegen alle Formen der „Heiligkeit", auf, in deren Namen an die Individuen Forderungen gestellt werden, gegen alle „Ideale", die sie zum Dienst und zur Aufopferung aufrufen. Er propagierte die egoistische Freiheit des Menschen, die Freiheit des „Einzigen" von allen äußeren Befehlen und Verpflichtungen sowie auch von all den Bindungen, die in das Innere des Individuums eingedrungen sind. So stellt Stirner seine Pädagogik der Bildung „einziger" Individualitäten jenen pädagogischen Systemen gegenüber, die sich — nach seiner Meinung — heimtückisch und hinterlistig so um die Individuen kümmerten, daß sie diese durch Entfachung von Gefühlen der Liebe, Anhänglichkeit und Aufopferung bildeten.

In der Tat kennen wir zwei Strömungen der bürgerlichen Pädagogik des Individualismus, die wir bereits dargelegt haben. Nach Auffassung der ersten Strömung bedeutete Erziehung der

Individualität — sie an bestimmten Gütern zu bilden, sie in gewünschter Richtung zu entfalten, sie durch das Erbe der Menschheit zu bereichern, sie zu veredeln und zu versittlichen, sie zu einem vollkommeneren Menschen zu machen. Die zweite Strömung versteht unter Erziehung der Individualität — sie vor Einflüssen zu bewahren, sie reifen und wachsen zu lassen, sie zu ihren originellen Bedürfnissen und Trieben zu ermutigen, sie der Welt gegenüberzustellen. Der erste dieser Standpunkte vernichtete nach Meinung der zweiten Strömung der individualistischen Pädagogik die Individualität, zerbrach und versklavte sie. Der zweite Standpunkt brachte nach Meinung der ersten Strömung ein Chaos in das Leben des Einzelwesens und erniedrigte sein Niveau.

In seiner Kritik an Stirner greift Marx unmittelbar jene anarchistische Variante der individualistischen Erziehung und die für sie bezeichnende Formulierung der Erziehungsziele an. Marx erklärt sich natürlich mit dem von Stirner bekämpften Lager nicht solidarisch. Wenn er daher Stirner kritisiert, so kritisiert er zugleich das, was Stirner kritisiert, jedoch von einem grundsätzlich anderen Standpunkt aus. Die Überlegungen von Marx haben als Kritik nicht nur für eine dieser beiden Richtungen der bürgerlichen individualistischen Pädagogik Bedeutung, sondern für beide. Ja noch mehr, die Marxsche Kritik erläutert nicht nur die Fehlerhaftigkeit des Standpunktes beider Richtungen, sondern sie erklärt auch die Klassengrundlagen ihrer Differenzierung und ihre gemeinsame Existenz, sie erklärt, wie es dazu kommen mußte, daß die erzieherischen Konzeptionen des Bürgertums, die sich scheinbar in der Formulierung der Ziele voneinander unterscheiden, in Wirklichkeit aber miteinander verwandt sind, diese Doppelgestalt erhielten. Daher ist die Analyse der Problematik der Ziele, Aufgaben und Berufung des Menschen, wie sie anläßlich der Kritik Stirners durchgeführt wurde, für die Pädagogik von großem Wert.

Stirner, sagt Marx, unterscheidet sich nur scheinbar in so radikaler Weise, wie er das selbst verkündet, von seinen

Gegnern, die die Erziehung als Bildung der Individuen nach dem idealen Vorbild des „Menschen" auffassen. Denn auch Stirner bekennt sich zu einer bestimmten Konzeption des „Menschen", obwohl sie — nach seiner Ansicht — all das verneint, was bisher gelehrt wurde. Stirner stellt sich den Menschen als ein „von Natur aus" egoistisches Wesen vor, das durch die Verhältnisse und die Erziehung die Bewußtheit seines Egoismus verloren oder gar nicht erlangt hat und das sich daher von den verschiedenen Aposteln der „Heiligkeit" führen läßt, die von den Individuen Dienst und Aufopferung fordern. Was muß somit das Erziehungsziel sein? Das Erziehungsziel müsse die Aufklärung des Menschen über seine „wahre" Natur sein und damit seine Ausrüstung gegen alle Versuche, die seine Freiheit und sein Eigentum zu beeinträchtigen suchen. Mit anderen Worten, meinte Stirner, der Mensch sei Egoist (da so sein Wesen ist), zugleich aber glaubte er, der Mensch sei kein Egoist (da er sich dessen nicht bewußt ist), er müsse also das werden, was er wirklich ist.

Marx hat vor allem den für die idealistische Denkweise typischen Widerspruch angegriffen, wonach der Mensch erst das werden müsse, was er eigentlich schon ist. Die Betrachtung des Menschen in statischen Kategorien, die das „beständige Wesen der Menschheit" bestimmen, soll nach idealistischer Auffassung ein Garantie dafür sein, daß das, was sie von den Menschen fordern, dem „wahren Wesen" des Menschen entspricht, also von ihnen verwirklicht werden kann und muß. Diese Garantie aber läßt das Urteil zu, daß der konkrete Mensch das ist und zugleich das nicht ist, was er als Mensch ist. Die Konzeption vom doppelten Ich — dem transzendentalen und dem empirischen — war der Ausdruck eines solchen Standpunktes. Stirner will diese Theorie nicht anerkennen, er vermag sich jedoch jener Denkweise nicht zu entziehen, die diese Theorie hervorgebracht und sie notwendig gemacht hat. Er wiederholt, was alle früheren Philosophen sagten: Wir meinen nicht: „Ihr seid keine Menschen. Ihr wart immer Menschen, aber Euch fehlte das Bewußtsein von Dem, was ihr wart, und eben darum seid

Ihr auch in der Wirklichkeit keine Wahren Menschen gewesen." [1] Im bewußten Dasein offenbare sich nicht das menschliche Wesen. Man konstruiert also eine Diskrepanz zwischen dem, was die Menschen wirklich sind, obwohl sie nichts davon wissen, und dem, was sie sich vorstellen zu sein, obwohl sie so nicht sind. Diese Diskrepanz wird metaphysisch interpretiert und zur Grundlage des Erziehungsprogramms gemacht, nach dem die Menschen zu Wesen ausgebildet werden sollen, die sich ihres wirklichen Seins bewußt sind.

Wenn diese von den Idealisten dargelegte Diskrepanz in Wirklichkeit existiert, dann ist das die Widerspiegelung der Widersprüche in der kapitalistischen Gesellschaft, die sich in den Individuen als ein innerer und von der Gesellschaft scheinbar unabhängiger Gegensatz abbildet.

Marx analysiert den Prozeß dieser Selbsttäuschung sehr genau. In der Klassengesellschaft erfolgt ein ganz charakteristischer Prozeß der Umwandlung der persönlichen Interessen in Klasseninteressen, die sich dann im Bewußtsein der Individuen als von den Einzelinteressen unabhängige, als objektiv richtige und gerechte, ja sogar als objektiv von den Individuen Opfer und Aufopferungen fordernde Interessen darstellen. Die den „egoistischen" Interessen gegenübergestellten allgemeinen Interessen erhalten so einen idealen, meistens religiösen Wert [2]. Sie werden zu Idealen. Dann scheint es den Individuen, daß zuweilen ein scharfer Gegensatz zwischen ihren persönlichen Interessen und diesen „Idealen" bestehe. Und die Menschen wählen dann entweder den einen Weg, den sie als Weg des Opfers, oder den anderen Weg, den sie als Weg der Pflicht bezeichnen.

Die materialistische Enthüllung des Ursprungs solcher Konflikte weist nach, daß es sich hier nur um scheinbar objektive Konflikte handelt: ein und derselbe gesellschaftliche Prozeß erzeugte nämlich diese beiden „Seiten" der Individualität, ein und dieselben Interessen liegen ihnen zugrunde. Man darf also

---

[1] Ebenda, S. 232.
[2] Ebenda, S. 227.

diesen Gegensatz nicht metaphysisch interpretieren als einen ewigen und ständigen Gegensatz zwischen „Wesen" und „Erscheinung" des Menschen, sondern man muß ihn historisch begreifen als Gegensatz, der mit einer bestimmten Klassensituation zusammenhängt, und sich fragen, warum unter den bestehenden Verhältnissen solche Illusionen entstehen und was ihr Inhalt ist.

Nur dann werden wir richtig begreifen können, wie sich diese „Ideale" im Verlauf der Geschichte verändern; und wir werden verstehen, daß ihre Anerkennung oder Verneinung nicht eine Sache der „reinen" Philosophie ist, sondern aus der Stellung des Menschen zu den Klassengegensätzen hervorgeht. Eine solche Betrachtung bewahrt uns vor der falschen „ideologischen" Behandlung der Ideale.

Ebenso wie Stirner wollen einige Erzieher glauben: „Alle Kollisionen, in die die Menschen durch ihre wirklichen Lebensverhältnisse mit sich oder mit Andern geraten, erscheinen unsrem Schulmeister Sancho als Kollisionen, in die die Menschen mit Vorstellungen über das Leben ‚des Menschen' geraten, die sie entweder sich selbst in den Kopf gesetzt haben oder sich von Schulmeistern haben in den Kopf setzen lassen," [1] und die entsprechende „Reinigung" des Bewußtseins sei eine Methode der wirklichen Befreiung und Beglückung der Menschen. Andere Erzieher meinen dagegen, daß im Ersetzen falscher Vorstellungen durch richtige die „wahre Berufung des Menschen' bestehe und daß dadurch die ganze Erziehungsarbeit an der Individualität organisiert werde. Aber auch diejenigen, die die individuelle Freiheit bis zum Egoismus verkünden und diejenigen, die die individuelle Entwicklung durch Opferbereitschaft und Aufopferung predigen, stimmen im wesentlichen in der falschen Betrachtung des „Ideals" überein. Zwischen der Pädagogik des Individualismus, die sich allen Appellen und jeglicher Verpflichtung widersetzt, und der Pädagogik des Individualismus, die die Individualität am „Dienst" für etwas bilden möchte, bestehen keine qualitativen Unterschie-

---

[1] Ebenda, S. 406.

de, da sich diese beiden Standpunkte der bürgerlichen Denkweise auf die gleichen Thesen der metaphysischen Auslegung des „Ideals” als Ausdruck der Kollision zwischen dem „Wesen” und der „Erscheinung” des Menschen stützen. Qualitativ anders betrachtet dieses Problem nur der kommunistische Standpunkt.

Er allein begreift, daß jener scheinbar metaphysische Konflikt zwischen der „wahren” Natur und der empirischen Erscheinungsform der Existenz des Menschen eine mythologisch verbrämte Form des Klassenkampfes ist, der sich in der Epoche des Kapitalism besonders verschärft. „Das widersinnige Urteil der Philosophen”, schreibt Marx, „daß der wirkliche Mensch nicht Mensch sei, ist nur innerhalb der Abstraktion der universellste, umfassendste Ausdruck des faktisch bestehenden universellen Widerspruchs zwischen den Verhältnissen und den Bedürfnissen der Menschen. Die widersinnige Form des abstrakten Satzes entspricht ganz der Widersinnigkeit der auf ihre höchste Spitze getriebenen Verhältnisse der bürgerlichen Gesellschaft.” [1]

Nur durch die Änderung dieser Bedingungen kann also dieser Widerspruch beseitigt werden. Andernfalls müßten wir fehl gehen, wollten wir diesen Widerspruch nur ideologisch „beseitigen” oder ihn auf die Erziehung zur Pflicht für die Individualität gründen. Daher wird das Erziehungsprogramm — meint Marx — nur von den Kommunisten realistisch formuliert. Sie gehen über den ganzen Streit zwischen den Anhängern der egoistischen und altruistischen Erziehung hinaus, da „die Kommunisten weder den Egoismus gegen die Aufopferung noch die Aufopferung gegen den Egoismus geltend machen und theoretisch diesen Gegensatz weder in jener gemütlichen noch in jener überschwenglichen ideologischen Form fassen, vielmehr seine materielle Geburtsstätte nachweisen, mit welcher er von selbst verschwindet.” [2] Die Kommunisten begreifen, daß unter den gegenwärtigen Verhältnissen diese Konflikte beste-

---

[1] Ebenda, S. 415.
[2] Ebenda, S. 229.

hen müssen und daß sowohl der Egoismus als auch die Aufopferung für den Menschen in gleicher Weise nötig sind. Sie
begreifen nämlich, daß das zwei verschiedene Aspekte ein und
derselben Wirklichkeit sind. „Sie wissen, daß dieser Gegensatz nur scheinbar ist, weil die eine Seite, das sogenannte ‚Allgemeine‘, von der andern, dem Privatinteresse, fortwährend ...
praktisch vernichtet und erzeugt wird." [1]

Erst in der kommunistischen Gesellschaft, wenn die Herrschaft
der Menschen über die Menschen beseitigt sein wird, wenn die
Ausbeutung aufhört, wenn die Arbeit nicht mehr Ware und
die Teilung der Arbeit nicht mehr Instrument der Beschränkung der Entwicklungsmöglichkeiten der Menschen sein wird,
können sich die wirklichen Verhältnisse der Menschen untereinander ganz anders gestalten als in der bürgerlichen Gesellschaft. Dann verschwindet auch jener Gegensatz aus dem
Bewußtsein, das diese Verhältnisse widerspiegelt, der heute
noch zwischen den egoistischen und altruistischen Handlungs-
motiven besteht. Die Erziehung der Individualität, schreibt
Marx — braucht heute weder eine Bildung des guten Willens
noch eine Reform des Geistes, um zu verstehen, daß das Individuum Egoist sei, sondern sie verlangt etwas anderes [2]. Sie
verlangt die Eingliederung des Individuums in seine Klasse,
in dem es sich auf den Kampf um die neue Gesellschaftsordnung vorbereitet und ihn führt; sie verlangt, daß das
Individuum befähigt wird, die in der gesellschaftlichen Wirklichkeit herrschenden Gesetze zu erkennen und nach ihnen
zu handeln.

Die Schädlichkeit der Mystifikationen, die im Zusammenhang mit der ideologischen Betrachtung der Aufgaben bei der
Erziehung der Individualität vorgenommen werden, beleuchtet Marx noch eingehender am Beispiel der Begriffe vom
„Menschen", die in der Pädagogik gewöhnlich zur Grundlage
der erzieherischen Arbeit genommen werden. Marx stellt
fest, daß diese Begriffe stets historischen und Klassencharakter haben.

[1] Ebenda.
[2] Ebenda, S. 424.

Das sogenannte „Menschliche" und auch „Unmenschliche"
sind Begriffsbestimmungen, die vom Standpunkt der herrschenden Klassen der Gesellschaft in bezug auf ihre eigene Position und die der unterdrückten Klassen formuliert werden.
„Der positive Ausdruck ‚menschlich'", schreibt Marx, „entspricht den bestimmten, einer gewissen Produktionsstufe gemäß herrschenden Verhältnissen und der durch sie bedingten
Weise, die Bedürfnisse zu befriedigen, wie der negative Ausdruck ‚unmenschlich' dem durch dieselbe Produktionsstufe
täglich neu hervorgerufenen Versuche entspricht, diese herrschenden Verhältnisse und die in ihnen herrschende Weise der
Befriedigung innerhalb der existierenden Produktionsweise zu
negieren." [1]

Die Definitionen „menschlich" und „unmenschlich" sind
also keine Ableitungen aus dem „menschlichen Wesen", sondern historisch veränderliche Bestimmungen, die von der herrschenden Klasse den Tendenzen und Wertungen gegeben werden, die die herrschende Ordnung unterstützen oder sie
stürzen helfen.

Die geschichtlichen Veränderungen des Inhalts und der gesellschaftlichen Tendenz dieser Definition sind aus den konkreten Produktionsverhältnissen und nicht aus der „sich entwickelnden Idee" des Menschen entstanden. „So hat sich die
Gesellschaft", schreibt Marx, „bisher immer innerhalb eines Gegensatzes entwickelt, der bei den Alten der Gegensatz von
Freien und Sklaven, im Mittelalter der vom Adel und Leibeig-
nen, in der neueren Zeit der von Bourgeoisie und Proletariat
ist." [2] Aus diesem Grunde ist die Befreiung der Menschen von
gewissen, schon zu engen Begriffen der „Menschheit" zur
Übernahme anderer, neuer, mit den neuen Bedingungen ver-
bundener Begriffe geworden, die aber ähnlich wie jene ein
Element der Einseitigkeit und Borniertheit enthielten.

In der gegenwärtigen Epoche — weist Marx überzeugend
nach — stehen wir an einem Wendepunkt. Wir beginnen vom

[1] Ebenda, S. **417 f.**
[2] Ebenda.

Standpunkt des reifer werdenden Proletariats aus zu verstehen, daß die herrschende Klasse ihre Bedürfnisse in „unmenschlicher" Weise befriedigt und daß die unterdrückte Klasse, trotz der wirklichen „Unmenschlichkeit" der Verhältnisse, unter denen sie lebt, in Solidarität, Arbeit und Kampf einen neuen Inhalt für das „Menschliche" schafft. Dieser Inhalt ist mit der neuen sozialistischen Ordnung verbunden, in der zum ersten Mal in der Geschichte die Befreiung des Menschen von dem Joch bestimmter Klassen der Gesellschaft nicht zu seiner Unterwerfung unter andere Klassen führt.

Gerade diese neuen, aufkommenden gesellschaftlichen Kräfte bilden die Grundlage für moralische Empfindungen, für die Pflicht und die Berufung. Sollen diese Begriffe nicht eine schädliche idealistische Täuschung sein, dann müssen sie im Zusammenhang mit den historischen Kräften des Fortschritts verstanden werden. Berufung und Sendungsbewußtsein entstehen aus erwachten Bedürfnissen, die aber auf einer bestimmten Entwicklungsstufe der Produktivkräfte noch nicht befriedigt werden. Da will z. B. das Proletariat seine Bedürfnisse so befriedigen, wie es auch die anderen Menschen tun, doch kann es nicht einmal die elementarsten Bedürfnisse befriedigen, weil die vierzehnstündige Arbeitszeites auf das Niveau eines Arbeitstieres, das arbeitet und schläft, herabstößt. Hinzu kommt noch, daß die kapitalistische Konkurrenz den Menschen, in ein Objekt des Schachers verwandelt. Aus diesem Grunde hat das Proletariat die reale Aufgabe, diese Lebensbedingungen revolutionär zu verändern. Mit Recht kann es das als seinen „Beruf" ansehen, andererseits kann es diesen Beruf in anderer Weise darstellen, indem es sagt, daß es zum menschlichen Beruf der Proletarier gehöre, dies oder jenes zu tun. Die Idealisten aber, die das Wort „Beruf" auf den festgelegten, abstrakten Begriff des „Menschen", auf die „Idee" des Menschen beziehen und damit operieren, verurteilen jedoch diese reale und sittliche Berufung des Proletariats. Indem Stirner von seinem Standpunkt der freien und einzigen Individualität aus jegliche „Berufung" angreift, urteilt er falsch, wenn er meint, mit dieser Methode den Menschen zu befreien, da er ihn in Wirklichkeit

473

noch mehr in die Sklaverei der bestehenden Verhältnisse verstrickt. Wenn nämlich das Proletariat auf seinen revolutionären „Beruf" grundsätzlich verzichten soll, dann wird es im endergebnis eines solchen „Individualismus" nicht die Freiheit erringen, sondern noch mehr zur unmenschlichen Arbeit für seine Ausbeuter herangezogen.

Das Problem des Ideals und des Berufs des Menschen ist also wesentlich komplizierter als es sich die Idealisten vorstellen, die es als Gegensatz von „Wesen" und „Erscheinung" auffassen. Wenn solche Ausdrücke wie Beruf, Bestimmung, Aufgabe, Ideal gebraucht werden, so darf man nicht vergessen, daß ihr Sinn vieldeutig sein kann. „'Beruf, Bestimmung, Aufgabe, Ideal sind, um dies kurz zu wiederholen, entweder 1. die Vorstellung von den revolutionären Aufgaben, die einer unterdrückten Klasse materiell vorgezeichnet sind; oder 2. bloß idealistische Paraphrasen oder auch entsprechender bewußter Ausdruck der durch die Teilung der Arbeit verschiedenartig verselbständigten Betätigungsweisen der Individuen; oder 3. der bewußte Ausdruck der Notwendigkeit, in der Individuen, Klassen, Nationen sich jeden Augenblick befinden, durch eine ganz bestimmte Tätigkeit ihre Stellung zu behaupten; oder 4. die in den Gesetzen, der Moral pp. ideell ausgedrückten Existenzbedingungen der herrschenden Klasse (bedingt durch die bisherige Entwicklung der Produktion), die von ihren Ideologen mit mehr oder weniger Bewußtsein theoretisch verselbständigt werden, in dem Bewußtsein der einzelnen Individuen dieser Klasse als Beruf pp. sich darstellen können und den Individuen der beherrschten Klasse als Lebensnorm entgegengehalten werden." [1]

Auf Grund dieser Analysen führt uns Marx zu der Überzeugung, daß alle Versuche zur Bestimmung der Aufgaben und Ziele, — sofern sie nicht das idealistische Gepräge bürgerlicher Ideologien haben sollen, die lediglich die Erfahrungen und Interessen der herrschenden Klasse als das „wahre menschliche Wesen" metaphysisch transponieren, — den Charakter

[1] Ebenda, S. 405.

revolutionärer Hinweise tragen müssen, die aus den sich entwickelnden Produktionsprozessen hervorgehen und durch den revolutionären Kampf des Proletariats in Angriff genommen werden. Nur dieses zweite Verfahren, die Ziele zu bestimmen, bietet die Möglichkeit für ein reales Handeln, für die Wahl der richtigen Mittel und für die Fixierung der Ziele auf der objektiven gesellschaftlichen Wirklichkeit. Eine Pädagogik, die sich einer für den Idealismus typischen Methode zur Formulierung der Ziele bedient, muß ins Phantastische führen und damit der bestehenden kapitalistischen Gesellschaftsordnung nützen und eine allseitige Entwicklung des Menschen unmöglich machen. Damit wird faktisch jede wirklich erfolgreiche Erziehungsarbeit untergraben. Diese Pädagogik muß sich als Pädagogik des altruistischen und egoistischen Individualismus in Widersprüche und Gegensätze verstricken die sie ideologisch lösen oder überwinden mochte, ohne zu begreifen, daß sich so die konkreten gesellschaftlichen Konflikte äußern, von denen sie nichts wissen will. Daher führt sie sowohl wissenschaftlich als auch praktisch in die Irre.

KAPITEL IX

DIE BEDEUTUNG VON MARX UND ENGELS FÜR DIE GESCHICHTE DER PÄDAGOGIK

Der Marxsche Standpunkt zur bürgerlichen Pädagogik kann im allgemeinen in folgender Weise bestimmt werden: Werke und Wirken von Marx enthalten eine grundlegende Kritik der bürgerlichen Auffassung vom Menschen und von der Erziehung. Sie beinhalten die fundamentalen Elemente der proletarischen Theorie vom Menschen und von der Erziehung, wobei diese Theorie auf dem revolutionären Sturz der kapitalistischen Ordnung und der Schaffung der sozialistischen Gesellschaft basiert. Das heißt, daß der Betrachtung der Erziehungsprobleme vom Blickfeld der Bourgeoisie aus die Anschauung der Arbeiterklasse, die die fortschrittlichste Klasse ist und allen Unterdrückten die Befreiung bringt, gegenübergestellt wurde.

Diese Feststellung deutet darauf hin, daß Marx nicht nur die eine oder andere pädagogische Richtung, sondern die ganze bürgerliche Pädagogik angreift. Daher ist es wichtig, das Lager der bürgerlichen Pädagogik als Ganzes zu charakterisieren. In gewisser Hinsicht sind ihre späteren Entwicklungsstadien, die in die Zeit des sich verschärfenden Klassenkampfes zwischen Proletariat und Bourgeoisie, also in die Periode des Imperialismus fallen, mit einer noch offensichtlicheren Entwicklung jener Grundsätze verbunden, die von der jungen revolutionären Bourgeoisie in gemäßigter Form zum Ausdruck gebracht wurden. Das Wesen der Marxschen Kritik an diesen Grundsätzen tritt deutlicher hervor, wenn ihre Konsequenzen kompromißlos dargelegt werden. Viele Strömungen der bürgerlichen Pädagogik des 20. Jahrhunderts berufen sich immer wieder auf die Thesen, die seinerzeit Marx kritisiert und abgelehnt hat. Zweitens ist es wichtig, dieser bürgerlichen Pädagogik die Bedürfnisse und Erziehungsprinzipien entgegenzustellen, die allmählich im Verlauf der Jahrhunderte von den unterdrückten Klassen, besonders von der Arbeiterklasse im 19. Jahrhundert entwickelt wurden. Auf dieser Entwicklungslinie bewegt sich das Wirken von Marx, das den spontanen Bewegungen und Hoffnungen der Arbeiterklasse eine klare Zielvorstellung und die Mittel zum revolutionären Handeln gibt. Der pädagogische Inhalt der Schriften von Marx ist also in erster Linie die Entwicklung dieses Bewußtseins auf dem Gebiet der Erziehung.

1. Die bürgerliche Pädagogik vor Marx

Die Situation in der vormarxistischen Pädagogik kann man wie folgt charakterisieren: die gegen die feudale Ordnung kämpfende bürgerliche Klasse schafft sich ihre eigene Pädagogik des Kampfes und später ihre eigene Pädagogik des Sieges, die sich auf die bürgerliche Ordnung gründet. Im Prinzip löste diese Pädagogik die aristokratische ritterlich-kirchliche Pädagogik ab, ging jedoch zeitweilig mit ihr ein Bündnis ein, was für das 19. Jahrhundert typisch ist, als die Stellung der Bourgeoisie und ihre Erziehungsideale infolge des Heranreifens der revolutionären Kraft und des Bewußtseins des Proletariats ins Wanken gerät. Anzeichen dieser neuen Situation — noch verschwommen und latent — sind schon viel früher zu erkennen, fast seit der Entstehung des Bürgertums, und finden ihren Ausdruck in den pädagogischen Utopien.

Es ist uns leider nicht möglich, hier eine genauere Analyse dieser komplizierten und sich ständig verändernden Situation, ihrer inneren Widersprüchlichkeit und der Umwandlungen fortschrittlicher Forderungen in reaktionäre zu liefern[1]. Wir heben lediglich jene Standpunkte und ihre Varianten heraus,

[1] Eine genauere Charakteristik gibt mein Artikel „Zur Frage der Klassifikation der pädagogischen Strömungen" in „Myśl Współczesna", 1950. Nr. 1.

die den Ausgangspunkt für das Verständnis der revolutionären Umwälzung bilden, die von Marx in der Pädagogik vollzogen wurde.

Der Kampf des Bürgertums gegen die feudale Ordnung drückte sich auf dem Gebiet der Erziehung vor allem in den Losungen von Freiheit und Harmonie mit der Natur aus. Von den Pädagogen der Renaissance über Komensky bis Rousseau entwickelte sich diese Richtung der pädagogischen Auffassungen, in der — je nach der geschichtlichen Situation — entweder die Kritik der scholastischen Gelehrsamkeit, die die Lebensweisheit ertötet, oder die Kritik des verbalen, autoritativen Lehrens oder die Kritik der Strenge und der Sitten des vornehmen adligen Lebens stärker betont wurde. Diese Richtung der Pädagogik, die sich gegen die Strenge und die Fesseln der feudalen Gesellschaft richtete, wollte entsprechend den angeborenen Eigenschaften des menschlichen Geistes und des Herzens zur Freiheit erziehen, wie das während der französischen Revolution formuliert wurde.

Nach dem Sieg der Bourgeoisie begann sich die Klassenfunktion dieser Grundsätze der Naturverbundenheit und der Freiheit, der Begriffe von Vernunft und vom Menschen zu verändern. Die Pädagogik der Freiheit hört auf, eine Pädagogik des Kampfes gegen die feudale Ordnung zu sein; sie wurde allmählich zu einer Pädagogik, die der bürgerlichen Ordnung als „Ordnung in Eintracht mit der Natur und mit der Vernunft" zur Erhaltung und Verewigung diente. Die Wandlungen dieser Pädagogik wurden von da an zu einem Teil der Wandlungen des Liberalismus überhaupt. Die in der bürgerlichen Konzeption von der „natürlichen Erziehung" vorhandenen Widersprüche und Beschränkheiten begannen immer stärker in Erscheinung zu treten.

Aber der Kampf des Bürgertums gegen die feudale Ordnung äußert sich auf dem Gebiet der Pädagogik nicht nur in den Losungen von Freiheit und Harmonie mit der Natur. Dieser Kampf nimmt in den verschiedenen Ländern während des 16. und 18. Jahrhunderts unterschiedliche Formen an und weist sowohl revolutionäre als auch versöhnlerische Elemente auf.

Manchmal führt er zum revolutionären Klassenkampf, manchmal jedoch begnügt er sich mit dem zweifelhaften Triumph erzielter Kompromisse. Im ersten Falle kämpfen an der Seite des um seine politischen Rechte ringenden Bürgertums auch andere unterdrückte Schichten der Gesellschaft, die ebenso wie das Bürgertum am Sturz der bestehenden Feudalordnung interessiert sind. Im zweiten Falle liegt der geschlossene Kompromiß gewöhnlich im Interesse des Bürgertums selbst, das seine ärmeren und schwächeren Bundesgenossen im Stich läßt und sich mit der Erlangung der Herrschaft zufrieden gibt, auch dann, wenn diese Herrschaft mit der bisher herrschenden Klasse geteilt werden muß, um sie gegen das Proletariat zuverteidigen.

In dem zu erst genannten Falle bilden sich Erziehungstendenzen heraus, die revolutionär-demokratischen Charakter tragen. Sie gehen mit mit den Reformationsbestrebungen, besonders mit der arianischen und puritanischen Sektenbewegung einher und gewinnen allmählich Gestalt. Der soziale Grund und die Klassenmäßige Rolle dieser Bewegungen larsen sich deutlich erkennen. Im England des 17. Jahrhunderts haben diese Bewegungen bereits eine ausgeprägte pädagogische Konzeptionen, wovon die Tätigkeit Bellers' zeugen kann. Eine andere Richtung dieser revolutionär-demokratischen Bewegung spiegeln die Schriften und die Tätigkeit der Utopisten jener Zeit wider, die die Unzufriedenheit sowohl mit der aufkommenden bürgerlichen Ordnung wie auch mit der Feudalordnung zum Ausdruck brachten. Seit Morus und Campanella bildet sich eine utopische Vision der neuen Erziehung heraus, einer Erziehung im Kollektiv und in der Arbeit, in Gleichheit und Gerechtigkeit auf Grund entsprechend umgestalteter Lebensverhältnisse.

Im 18. Jahrhundert zeichnen sich auf dem Territorium Frankreichs deutlicher demokratische Tendenzen ab. Da sie die empiristische und sensualistische Philosophie zur Grundlage haben, schaffen sie Erziehungskonzeptionen, die dem Standpunkt der „freien Erziehung" gegenüberstehen. Diese Konzeptionen betonen, daß der Mensch von der Umwelt und von der Erziehung gebildet wird. La Mettrie, Condillac und besonders Helvetius und Diderot greifen heftig die Theorie der angeborenen Ideen an und formulieren die These von der Allmacht und der schöpferischen Rolle der Erziehung, die durch die Umwelt und die Schule auf den Menschen einwirkt. Gegen Ende des Jahrhunderts werden diese Gedanken von revolutionären Führern aufgegriffen, da diese in der Erziehung eines der Hauptinstrumente für den Umsturz und den wichtigsten Faktor für die Festigung des Sieges erblicken. Das bringt F. Buonarrotti sehr klar zum Ausdruck.

Als jedoch der in der französischen Revolution errungene Sieg über die Feudalordnung lediglich als Sieg der Bourgeoisie feste Gestalt annahm, beginnen die demokratischen Erziehungstendenzen immer eindeutiger ihre Klassenbeschränktheit zu zeigen. Zwar dauert der Streit zwischen den Anhängern der demokratischen pädagogischen Theorien, die die Erziehung aufrufen, die Menschen und die Gesellschaftsordnung zu verbessern, d. h. zu reformieren, und den Vertretern der liberalen Pädagogik, die die Erziehung auf die Pflege der natürlichen Entwicklung des Menschen beschränken, offensichtlich weiter an, aber das ist nur ein Streit im Rahmen der Klasseninteressen der Bourgeoisie.

Eine andere pädagogische Strömung entsteht jeweils dann, wenn es im Kampf der Bourgeoisie gegen den Feudalismus zu einem zeitweiligen Abkommen, zu einem vorübergehenden Klassenkompromiß kommt. Die Bourgeoisie zeigt dann eine gewisse Sympathie, ja sogar Bewunderung für den traditionellen adligen Lebensstil, und der Feudaladel beginnt, die junge, reiche bürgerliche Schicht zu schätzen. Dann ist die Erziehung bestrebt, in der jungen Generation eine eigenartige Synthese der Wesenszüge beider Gesellschaftsklassen zu schaffen. Locke ist ein hervorragender Repräsentant solcher Erziehungsbestrebungen. Er empfiehlt, die Fähigkeit zu einem arbeitsamen und sparsamen Leben frühzeitig und für immer herauszubilden, zugleich aber auch die spezifischen moralanschauungen der Feudalherrn zu entwickeln und die dem aristokratischen, höfischen Lebensstil entsprechenden Manieren anzuerziehen.

Als dieser Klassenkompromiß unter dem Druck der faktischen Interessengegensätze zwischen Adel und Bourgeoisie zerbrach, brach auch diese pädagogische Synthese als Ausdruck des Kompromisses zusammen.Nun strebten diese beiden Hauptgrundsätze: die Erziehung zur „Zierde" und die Erziehung zum „Nutzen" als unvereinbar miteinander auseinander. Jeder dieser Hauptgrundsätze wurde nun zum Ausgangspunkt voneinander getrennter Erziehungstendenzen. Der erste fand in der humanistischen Pädagogik seine Fixierung. Lebensfremd suchte sie nach ewigen Idealen der Vollkommenheit. Sie war wirklichkeitsfremd und hob den Elitecharakter der Erziehung hervor. Sie wollte einen „Menschen" heranbilden, der geistige Güter zu nutzen versteht, aber auch mit seiner Bildung im Salon zu glänzen vermag. Der zweite wurde in der Pädagogik der „Nüchternheit und Nützlichkeit" bearbeitet. Sie war an der Verwendbarkeit des übermittelten Wissens und der eingeprägten Maximen im Leben interessiert und strebte nach Herausbildung von Fähigkeiten und Fertigkeiten zur Schaffung materieller Güter und zur Ausübung von Berufen, speziell von „Geldberufen".

Diese beiden Strömungen pädagogischer Doktrinen wurden im 18. und zu Beginn des 19. Jahrhunderts vermittels der damals dominierenden Philosophie untermauert. Während die eine an die materialistische Philosophie der französischen Aufklärung anknüpfte und sich dann mit dem aufkommenden Positivismus verband, stützte sich die andere auf die Philosophie von Kant und den deutschen Idealismus. Die erste brachte immer stärker die kämpferischen Tendenzen der Bourgeoisie, ihre organisatorischen, industriellen und kommerziellen Fähigkeiten, ihren Kult der Wissenschaft als Instrument der Beherrschung von Natur und Menschen sowie ihren Kult des Unternehmergeistes als Instrument der Bereicherung und der individuellen Freiheit zum Ausdruck. Die zweite hingegen drückte die idealen oder sentimentalen Sehnsüchte der Bourgeoisie aus, die so ihre wirklichen Interessen verschleierte, eine fiktive Apologie der eigenen Kulturmission entwickelte und entsprechend den Schlagworten von der Persönlichkeit und der Bildung sowie aus den Grundsätzen des Klassizismus und Humanismus ein Erziehungsprogramm schuf, das den Kreisen der Intelligenz dieser Klasse besonders teuer war.

Die liberale und die demokratische Pädagogik sowie die Pädagogik des Utilitarismus und des Neohumanismus bilden die Hauptströmungen der Pädagogik des gegen die feudale Ordnung kämpfenden und in diesem Kampfe siegreichen Bürgertums. Aber neben diesen Richtungen der bürgerlichen Pädagogik gab es weiterhin Strömungen, die von den Traditionen des Feudalismus gespeist und durch das hartnäckige Weiterbestehen dieser Ordnung in vielen europäischen Ländern unterstützt wurden. Auf das Weiterbestehen der traditionellen feudal-ritterlichen und religiös verbrämten Pädagogik und — was noch wichtiger ist — auf die Formulierung ihrer Grundsätze in einer moderneren philosophischen Sprache, was besonders deutlich in der Periode des deutschen Idealismus hervortrat, hat besonders auf das sozialökonomische Zurückbleiben Deutschlands, wie das Marx in seinen historischen Studien und polemischen Artikeln dargelegt hat, einen starken Einfluß ausgeübt.

Diese traditionelle Pädagogik feudaler Herkunft befand sich zum Teil im Gegensatz zur fortschrittlichen bürgerlichen Pädagogik, zum Teil ging sie in sie ein und bildete allmählich mit ihr eine organische Einheit. Möglichkeiten für einen solchen Kompromiß, die in der spezifischen Struktur der Beziehungen zwischen Adel und Bürgertum lagen, ergaben sich von Locke bis Humboldt und Hegel sehr oft.

Außerhalb der Hauptströmung der bürgerlichen Pädagogik bildeten sich pädagogische Erwartungen und Vorstellungen bei den unterdrückten Schichten heraus, die zuweilen recht tief in diese Strömung eindrangen. Diese Schichten unterstützen zwar das Bürgertum im Kampf gegen den Feudalismus, ernteten aber die Früchte dieses siegreichen Kampfes nicht. Die Bestrebungen radikaler sozialreligiöser Bewegungen des 15. und 16. Jahrhunderts, die revolutionären plebejischen Bewegungen im England des 17. Jahrhunderts bis zum Völkerfrühling waren der historische Hintergrund, vor dem sich eine andere, nicht-bürgerliche pädagogische Haltung herausbildete. Bis zur französischen Revolution verbanden die Arbeiter und Bauern ihre Hoffnungen mit dem Schicksal der Bourgeoisie und ihre pädagogischen Vorstellungen gliederten sich in eine Nebenströmung der bürgerlichen Pädagogik ein; sie gaben ihr damit ein spezifisches utopisch-revolutionäres Gepräge, das besonders in den Schriften der Utopisten und der unter den armen Schichten wirkenden Bildungs- und Wohlfahrtsfunktionäre sichtbar war. Seit der französischen Revolution wurde der Widerspruch zwischen den Klasseninteressen dieser Schicht und den Interessen des „dritten Standes" immer stärker und offensichtlicher. Von nun an begann eine pädagogische Strömung jener sozialen Schichten in zunehmendem Maße hervorzutreten, die den Widerstand gegen die Bourgeoisie organisierten. In der Owenschen Tätigkeit und den ersten Arbeiterbildungsorganisationen in England sowie in der Tätigkeit der französischen utopischen Sozialisten und in der Arbeiterbewegung Frankreichs lassen sich die Vorboten dieser neuen proletarischen Pädagogik erkennen, die sich nicht immer klar genug äußert, sich noch in bürgerliche Phrasen kleidet und vom Hang der Intelligenz zur Utopie durchdrungen ist.

2. Grundsätzliche Tendenzen der Weiterentwicklung der Pädagogik

Die in allgemeinen Umrissen dargestellte Situation in der Pädagogik vor Marx und Engels bildet den Hintergrund, der die pädagogische Bedeutung ihrer Werke in historischer Hinsicht vertieft. Doch bevor wir dazu übergehen, müssen wir unsere Aufmerksamkeit den Grundtendenzen der weiteren Entwicklung und den Veränderungen der Pädagogik in der zweiten Hälfte des 19. Jahrhunderts und auch später zuwenden. Man muß so vorgehen, weil — wie wir wissen — die Bedeutung von Marx und Engels für die Pädagogik nicht nur darin besteht, daß sie die Erziehungskonzeptionen negierten, die vor ihrem und während ihres Lebenswerkes vorherrschten, sondern auch darin, daß sie an den Grundlagen der bürgerlichen Pädagogik selbst Kritik übten, so daß diese Kritik sich auch auf jene pädagogischen Strömungen bezieht, die ihre endgültige Form erst im 20. Jahrhundert erhielten, gesellschaftlich und ideologisch aber auf die von Marx kritisierten Grundsätze zurückgingen.

Es ist sehr wichtig, sich über den historischen Sachverhalt im klaren zu sein, daß die Pädagogik der zweiten Hälfte des 19. und der ersten Hälfte des 20. Jahrhunderts — trotz einer scheinbar breiten und neuen Entwicklung —, im Prinzip die Grenzen, die ihr vom Kampf des Bürgertums gegen den Feudalismus und später vom endgültigen Sieg der Bourgeoisie gesteckt wurden, nicht überschritten hat. Diese Entwicklung spiegelt die Veränderungen und Widersprüche der kapitalistischen Gesellschaft wider. Sie verdeutlicht sowohl die Grundsätze, die sich während der Entwicklung der kapitalistischen Ordnung herausgebildet hatten, als auch ihre Verzerrungen und Entstellungen.

Die wachsende Kraft der Arbeiterklasse, die immer stärker zu einer Gefahr für die Bourgeoisie wurde, weckte in der Bourgeoisie das Gefühl des „schlechten Gewissens" und ihren Abwehrwillen. Diese Erscheinung äußerte sich auf pädagogischem Gebiet in Form von Erziehungstheorien, die mit der Psychopathologie verbunden waren oder faschistischen Charakter trugen. Obwohl diese Veränderungen der Pädagogik als Antwort auf die spezifischen Lebensbedingungen in der Periode des Imperialismus und der proletarischen Revolution wichtig sind, so wurde ihr theoretisches Fundament doch bereits viel früher gelegt. Das beweist am besten die Tatsache, daß die pädagogischen Strömungen des 20. Jahrhunderts oft an die philosophischen Konzeptionen des 18. und 19. Jahrhunderts anknüpften, auch wenn diese Hinwendung die früher verkündeten Grundsätze keinesfalls veränderten. Charakteristisch für die imperialistische Pädagogik ist die Rückkehr zu Rousseau und Hegel.

Ihre Hauptrichtungen können in folgender Weise bestimmt werden. Da ist erstens die naturalistische liberale Pädagogik, die sich von den Traditionen des Kampfes gegen die Feudalordnung herleiten läßt. Sie vertritt den Grundsatz, die Entwicklung des Kindes müsse gefördert und seine Individualität voll berücksichtigt werden. Biologie und Psychologie sowie das Schlagwort von der Freiheit förderten ihre Entwicklung. Diese Pädagogik setzte im Imperialismus das Programm der „Erziehung des freien Menschen" fort, erlitt aber dabei zusammen mit dem ganzen Liberalismus eine Niederlage nach der anderen, da ihre optimistischen Hoffnungen nicht erfüllt wurden.

Diese Richtung, die auf Rousseau zurückgeht, wurde infolge der sozialökonomischen Umwälzungen im Imperialismus immer mehr auf utopische und introvertierte Positionen abgedrängt. Die Freiheitsparole, die vor hundert Jahren das konkrete soziale Programm des „dritten Standes" kennzeichnete, verwandelte sich in eine Parole der individuellen Rettung, in eine Parole der Verteidigung des Innnenlebens vor dem Druck der fremden Wirklichkeit. In Anlehnung an die romantischen Vorstellungen vom Individuum sowie an die Stirnersche Philosophie des Individualismus entstand diese „Pädagogik der Freiheit", die den Menschen immen mehr in die Bannmeile seiner eigenen, scheinbar selbständigen, inneren Widersprüche und Komplikationen der persönlichen, individuellen Entwicklung führte.

Unter diesen Umständen begannen deutlicher als bisher, die in der bürgerlichen Freiheitsidee enthaltenen Widersprüche und ihre historisch bedingten Klassenschranken in Erscheinung zu treten. Diese Erfahrungen ermöglichen es, die ganze Geschichte der „Pädagogik der Freiheit" kritisch zu überprüfen, den Prozeß des Abgleitens von der fortschrittlichen Position in eine reaktionäre aufzudecken sowie die Richtigkeit ihrer theoretischen philosophisch-wissenschaftlichen Thesen zu untersuchen.

Gerade diese Kritik, die Marx an der bürgerlichen Weltanschauung, an der Idee der Freiheit und Individualität, an der Konzeption von der Natur und Vernunft übte, ist eine Kritik der Grundlagen dieser Pädagogik der Freiheit, eine Kritik, deren Schlußfolgerungen bis in die gegenwärtigen Strömungen dieser Pädagogik hineinreichen.

Die zweite Hauptrichtung war die Pädagogik, die unmittelbar die Interessen und Bedürfnisse der kapitalistischen Gesellschaft zum Ausdruck brachte und die Erziehung nützlicher und gehorsamer Mitglieder dieser Gesellschaft anstrebte. In Anlehnung an die Entwicklung der Soziologie war sie bestrebt, moralische Regeln und berufliche Fertigkeiten entsprechend den Bedürfnissen der sogenannten Gesellschaft, d. h. nach den Bedürfnissen der herrschenden Klasse festzulegen. Im Gegensatz zur naturalistisch-liberalen Pädagogik faßte sie die Erziehung als eine Bildung des Individuums durch die Gesellschaft auf, indem sie ihre Formen und Funktionen genau bestimmte. Man knüpfte an die traditionellen soziologischen Auffassungen der ersten Hälfte des 19. Jahrhunderts — an Comte in Frankreich und an die sogenannte historische Rechtsschule in Deutschland — an und beschritt mit Vorliebe den Weg einer metaphysischen Interpretation der Gesellschaft als eines höheren sittlichen Wesens, indem man mehr oder minder offen eine Reihe romantischer Begriffe übernahm und die Konzeption von der „sozialgeistigen Gemeinschaft" aufgriff.

So entfernte sich diese Richtung immer mehr von den ursprünglichen rationalistischen Auffassungen über das Verhältnis von Individuum und Gesellschaft und wich von den rationalistischen Konzeptionen der Sozialerziehung ab, die besonders in der Zeit der französischen Revolution formuliert wurden. Sie nahm Verbindung zur irrationalen und fideistischen Philosophie auf, und ihre Verbindung mit dem Historismus erhielt ein konservativ-nationalistisches Gepräge. Unter den konkreten Bedingungen des Imperialismus wurde diese Pädagogik immer mehr der militaristischen Außenpolitik und der Faschisierung des gesellschaftlichen Lebens dienstbar gemacht. Die demokratischen Tendenzen, mit denen sie historisch verknüpft war, wurden entweder beseitigt oder auf utopische Positionen abgedrängt, oder schließlich nur als Mäntelchen für die imperialistischen Interessen der Bourgeoisie verwandt.

Alle Widersprüche, die von Anfang an in der bürgerlichen Konzeption von der „Gesellschaft" steckten, hoben sich immer deutlicher ab, so daß die heutige Situation es ermöglicht — ähnlich wie gegenüber der liberalen Pädagogik —, eine grundsätzliche Überprüfung sowohl der Geschichte als auch der Thesen der Sozialpädagogik durchzuführen. Die Studien von Marx enthüllen den wirklichen Mechanismus der gesellschaftlichen Entwicklung. Sie verweisen auf die Rolle der historischen Veränderung der Produktivkräfte und auf die Rolle des Klassenkampfes, weisen auf den prospektiven Charakter der Entwicklungsgesetze in der Gesellschaft hin und greifen die Illusionen und fiktiven Vorstellungen der bürgerlichen Soziologie an, die den Klasseninteressen der Bourgeoisie dienen. Außerdem sind sie eine moderne Kritik der Grundlagen der Sozialpädagogik, die sich sogar auf ihre jetzigen Formen erstreckt.

Die dritte Richtung der modernen Pädagogik operierte mit den Begriffen Kultur, Persönlichkeit und Bildung. Sie drückte die „höheren" Ansprüche des Bürgertums, vor allem eines Teils der Intelligenz aus, die auf geistiger Ebene gegen Verflachung und Selbstsucht im Lebensstil der Großbourgeoisie ankämpfte. Diese Pädagogik wurde im Imperialismus entweder in die Verteidigung des „Innenlebens" vor der Überflutung durch die moderne urbanistisch-technische Zivilisation gedrängt oder für den Aufbau neuer, angeblich höherer Existenzformen der Gemeinschaft und des spiritualistischen Idealismus gewonnen. Im ersten Fall suchte die Kultur- und Persönlichkeitspädagogik Anlehnung an die Religionsphilosophie, an den Existentialismus, an nihilistische Konzeptionen und an die Ideen der persönlichen Rettung durch Vergeistigung. Sie drang damals bis zu den Quellen der personalistischen Philosophie vor und nutzte ihre verschiedenen Varianten aus, um das wahre menschliche Leben von den Fesseln der Geschichte und Gesellschaft zu befreien oder auch um die „persönliche Verpflichtung" des Menschen in soziale Kategorien zu fassen. Im zweiten Falle knüpfte die Pädagogik der Kultur und Persönlichkeit an die nationalistische Lebensauffassung an. Sie bediente sich dabei des Strukturbegriffes als einer in sich geschlossenen Ganzheit spezifischer

Art und versuchte mit Hilfe der Erziehung die „Seele des Volkes" und die „Heimat" kultur von fremden Einflüssen zu reinigen.

An der Wiege dieser Kultur- und Persönlichkeitspädagogik stand zu Beginn des 19. Jahrhunderts die idealistische deutsche Philosophie, die besonders im Deutschland und Italien des 20. Jahrhunderts ihre Wiedergeburt feierte. Der Marxsche Angriff auf die Positionen dieses Idealismus, die Kritik der Hegelschen Rechts- und Staatstheorien, der Hegelschen Theorien der Kultur und des „objektiven Geistes", die Kritik idealistischer Konzeptionen des historischen Werdens als Verwirklichung der Entwicklungsphasen der Idee, der idealistischen Theorien vom Menschen, die Analyse konkreter Lebensbedingungen der Menschen und der konkreten menschlichen Tätigkeit im Rahmen revolutionärer Aktionen — alles das richtet sich nicht nur gegen die Pädagogik zu Beginn des 19. Jahrhunderts, sondern auch — und sogar noch mehr — gegen ihre ausgereiften Formen in der imperialistischen Periode.

Die genannten drei Hauptrichtungen der bürgerlichen imperialistischen Pädagogik sowie ihre Widersprüche, Schwankungen und ihre teils utopischen, teils militanten Kristallisationsformen sind — wie wir gesehen haben — die Fortsetzung oder Entstellung der Grundsätze jener Pädagogik, die die Bourgeoisie im Kampf gegen den Feudalismus und in den ersten Jahren ihres Sieges geformt hatte. Und nirgendwo hat Marx diesen Teilabschnitt der Geschichte der Pädagogik besser analysiert als im „Achtzehnten Brumaire des Louis Bonaparte". „Hegel bemerkt irgendwo, daß alle großen weltgeschichtlichen Tatsachen und Personen sich sozusagen zweimal ereignen. Er hat vergessen hinzuzufügen: das eine Mal als Tragödie, das andre Mal als Farce ... Die Tradition aller toten Geschlechter lastet wie ein Alp auf dem Gehirne der Lebenden. Und wenn sie eben damit beschäftigt scheinen, sich und die Dinge umzuwälzen, noch nicht Dagewesenes zu schaffen, gerade in solchen Epochen revolutionärer Krise beschwören sie ängstlich die Geister der Vergangenheit zu ihrem Dienste herauf, entleihen ihnen Namen, Schlachtparole, Kostüm, um in dieser altehrwürdigen Verkleidung und mit dieser erborgten Sprache die neue Weltge-schichtsszene aufzuführen." [1]

Aber eben diese Situation bewirkte, daß wir in den Werken von Marx sowohl Elemente jener Pädagogik finden, die sich gegen die traditionelle vormarxsche Pädagogik richtete, als auch jener Pädagogik, die nach seinem Tode entstanden und im Kapitalismus noch heute gegenwärtig ist. Daher ist es nur auf diesem breiten historischen Hintergrund möglich — von der Entstehung bis zum Verfall der bürgerlichen Welt — den pädagogischen Inhalt der Werke von Marx und Engels richtig zu verstehen.

3. Allgemeine Charakteristik der Bedeutung von Marx und Engels für die Pädagogik

Marx und Engels haben den Nachweis erbracht, daß die bisher nur vom bürgerlichen Standpunkt aus betrachteten Erziehungs-probleme auch vom Standpunkt der Arbeiterklasse erfaßt wer-den können und müssen. Die Richtung der Pädagogik, die die Situation und die Bedürfnisse der unterdrückten Schichten zum Ausdruck brachte, bewegte sich in der bürgerlichen Gesell-schaft — wie wir bereits gesehen haben — in einem engen und manchmal auch unterirdischen Strombett; sie tauchte gleich-sam am Rande der bürgerlichen Pädagogik auf, der sie nur in einigen Fällen den spezifischen Ton einer Interessiertheit für das menschliche Elend aufprägte und in ihr allgemeine, utopische Hoffnungen auf eine künftige Verbesserung der Lebensverhältnisse und Entwicklungsmöglichkeiten für alle weckte. Dieser humanitär-utopische Charakter des pädagogi-schen Denkens, das im Schoß der bürgerlichen Gesellschaft ver-sucht über ihre klassenmäßigen Beschränkungen hinauszuge-hen, war ein historisch verständliches Ergebnis einer Gesell-schaftsordnung, in der die materiellen Voraussetzungen für eine bewußte und revolutionäre Aktion der unterdrückten Klassen noch nicht vorhanden waren.

---

[1] Marx Engels: Ausgewählte Schriften. Bd I, Berlin 1953. S. 226.

Die Tätigkeit von Marx und Engels, die zur Entstehung des wissenschaftlichen Sozialismus führte, ist zugleich eine Tätigkeit, die diese humanitär-utopische Pädagogik überwindet und es möglich macht, die Probleme des Menschen und der Erziehung in den Kategorien einer wissenschaftlichen Analyse der gesellschaftlichen Entwicklung und der revolutionären Praxis zu erfassen. Die Aufdeckung der wirklichen Quellen des Wachstums und Sieges der bürgerlichen Klasse, die Enthüllung der Faktoren für die Weiterentwicklung der kapitalistischen Wirtschaft und ihrer unvermeidlichen Widersprüche, die Kenntnis der die gesellschaftliche Entwicklung bestimmenden Gesetze und die Zurückführung der „ganzen bürgerlichen Welt", — einer Welt, die zu Unrecht als die natürliche und vernünftige, konstante Form der gesellschaftlichen Existenz ausgegeben wird — in die Grenzen der historischen Entwicklungsphase — alles das zog die Stabilität der pädagogischen Theorien der Bourgeoisie und ihren scheinbar uneigennützigen allgemeinmenschlichen Inhalt in Zweifel. Im Proletariat das Klassenbewußtsein zu formen und ihm die historischen revolutionären Aufgaben zu stellen, es mit der dialektisch-materialistischen Philosophie auszustatten, mit deren Hilfe es die Wirklichkeit zu analysieren und umzugestalten vermag und zugleich die Götzen idealistischer Konzeption der Bourgeoisie umstößt, es mit den Banden einer neuen Solidarität, die im Kampf und in der Arbeit entsteht, zusammenzuschweißen — alles das stellte sich als nahe oder weite Perspektiven der neuen sozialistischen Erziehung dar.

In den Büchern von Marx und Engels, die eine Analyse und Kritik der kapitalistischen Gesellschaft sowohl auf ökonomischem als auch auf philosophischem Gebiet sowie eine Analyse des revolutionären Kampfes des Proletariats zur Schaffung einer neuen Gesellschaftsordnung, die die Ausbeutung des Menschen durch den Menschen beseitigt, enthalten, findet man wesentliche Elemente einer Pädagogik, die den bisherigen Rahmen sprengen.

Die Philosophie von Marx und Engels entlarvte die bürgerlichen Erziehungsideale als Politik des Klasseninteresses, das mit dem Pseudohumanismus verschleiert wurde. Sie zeigte, daß die philosophischen Thesen, auf die sich die pädagogischen Theorien stützten, falsch und willkürlich gewählt waren. Sie griff entschieden alle Spielarten der bürgerlichen Pädagogik an und legte dabei überzeugend dar, daß die Konflikte zwischen ihnen lediglich den Charakter von Familienstreitigkeiten haben, da sie nicht die grundsätzliche Klassenstruktur berühren, ja sie nicht einmal sehen wollen.

Vom Standpunkt der Philosophie von Marx und Engels aus haben weder jene Pädagogen recht, die „gemeinschaftsideologischen" Parolen von einer Erziehung für den Staat oder für die Nation formulierten noch jene, die Parolen von der Entwicklung der Individualität in den Vordergrund stellten; es hatten weder die Pädagogen der sensualistischen Richtung recht noch diejenigen, die mit der Hegelschen Terminologie der „objektiven Kultur" operierten und die Erziehung als Bildung der Persönlichkeit an den ewigen Kulturgütern betrachteten; auch die Pädagogen hatten nicht recht, denen die Erziehung nur Pflege der natürlichen, spontanen und autonomen Entwicklung des inneren Ichs sein sollte, aber auch diejenigen nicht, nach denen die Erziehung ausschließlich Unterordnung des Individuums unter die Erfordernisse der Umwelt war; unrecht hatten auch alle, die da glaubten, man könne durch „eine Reform des Bewußtseins" oder auch durch Umerziehung des Unterbewußtseins gesellschaftliche Umwälzungen vollziehen; es irrten sich auch diejenigen, die der Ansicht waren, daß man mit Erziehung und Bildung so lange warten sollte, bis das große Werk der sozialistischen Revolution im Ganzen vollendet sei.

Die auf den Grundsätzen des dialektischen und historischen Materialismus beruhende und mit dem revolutionären Kampf der Arbeiterklasse um die sozialistische Gesellschaft verbundene Pädagogik war eine qualitativ neue Pädagogik. Sie führte keine der bisherigen Auffassungen fort, obwohl sie die utopische Pädagogik der protestierenden sozialen Majorität weiterführte, die die Bedürfnisse der unterdrückten Massen zum Ausdruck brachte, und sie von dem Bann utopischer Illusionen befreite:

sie gab ihr das Schwert der materialistischen Philosophie in die Hand und stützte sie auf die Organisation des kämpfenden Proletariats.

Das historische Bild, das wir entworfen haben, zeigt deutlich, daß die tiefgründige Kritik der Erziehungsideale, die im Kapitalismus formuliert wurden, und die Angriffe gegen alles, was sie in den Dienst der herrschenden Klassen einspannen wollte, rettet und beschützt damit all das, was in ihnen richtig war und unter den damaligen Verhältnissen nicht verwirklicht werden konnte. Die Grundsätze der Freiheit und der Gemeinschaft, der Erziehung des Menschen und des Bürgers, der Bildung und der Arbeit, der vielseitigen Entwicklung der Persönlichkeit, die Grundsätze, die von fortschrittlichen Pädagogen des Kapitalismus verfochten wurden, werden weder negiert noch verworfen. Im Gegenteil, die Kritik von Marx und Engels zeigt nur, wieviel Heuchelei in den konkreten Formulierungen dieser Grundsätze enthalten war, wie sehr sie mißbraucht und entstellt wurden, sie zeigt aber auch zugleich, welche realen historischen Bedingungen vorhanden sein müssen, um diese Grundsätze zu verwirklichen.

In diesem Sinne ist die Pädagogik von Marx und Engels eine entcheidende Etappe im Kampf um das Programm der Befreiung des Menschen von den Fesseln der Beschränkung und Unterdrückung, um jenes Programm, das seit Jahrhunderten das Träumen und Sehnen der Volksmassen erfüllte und das das fortschrittliche bürgerliche Denken versuchte, in einer bestimmten historischen Phase des Kampfes gegen den Feudalismus zu formulieren und zu verteidigen.

4. Die metaphysische Theorie vom Wesen des Menschen

Die Bedeutung der Lehre von Marx und Engels für die Pädagogik beschränkt sich jedoch nicht nur auf den Kreis der Probleme, über die wir bisher gesprochen haben. Wenn wir der theoretischen Problematik der verschiedenen Richtungen der bürgerlichen Pädagogik und der gegen sie kämpfenden materialistischen Konzeption tiefer auf den Grund gehen, gelangen wir zur Überzeugung, daß sich der von uns charakterisierte Gegensatz auf die wichtigsten Thesen der Philosophie vom Menschen und von der Kultur bezieht.

Die von den Pädagogen formulierten Erziehungstheorien waren niemals ein selbständiges Produkt. Das ist nicht nur so zu verstehen, daß sie von der historischen Entwicklung der Produktivkräfte und den gesellschaftlichen Verhältnissen abhängig waren, sondern auch so, daß sie von den allgemeinen philosophischen Anschauungen vom Menschen, von seiner Natur, seiner Rolle im gesellschaftlichen Leben abhingen. Die Veränderungen in den Weltanschauungen zogen auch Veränderungen bestimmter grundlegender pädagogischer Anschauungen nach sich. Und weil die Bedeutung der Philosophie für die Pädagogik sehr groß war, wurde fast jeder philosophische Streit auch zum pädagogischen Streit. Das wird natürlich dann besonders bedeutsam, wenn es sich um einen so elementaren Gegensatz handelt, wie dem, der zwischen der Philosophie des dialektischen Materialismus und jeder anderen Philosophie besteht.

Wenn wir also von der Bedeutung der Lehre von Marx und Engels für die Pädagogik sprechen, so können wir uns nicht nur mit der Darstellung ihrer Bedeutung hinsichtlich der pädagogischen Anschauungen begnügen, sondern müssen bis zu jenen allgemeinen philosophischen Thesen vordringen, aus denen sie schöpften. Nur so können die weiten Perspektiven gezeigt werden, die sich vom Standpunkt des dialektischen Materialismus aus dem pädagogischen Denken eröffnen. Dialektischer Materialismus bedeutet nämlich nicht nur diese oder jene bürgerliche pädagogische Konzeption oder sogar alle diese Konzeptionen aufzugeben; er bedeutet eine grundsätzliche Wende in der philosophischen Betrachtung des Menschen, eine Wende, die nur auf Grund einer synthetischen Erfassung der bisherigen philosophischen Konzeptionen zu dieser Frage in vollem Umfang beurteilt werden kann.

Man kann im allgemeinen feststellen, daß die idealistische

Konzeption des Menschen in zwei Grundformen in Erscheinung trat: die erste und ältere von ihnen wählte die Analyse des sogenannten menschlichen Wesens zum Ausgangspunkt, während die zweite, die erst im 19. Jahrhundert und später an Bedeutung gewann, von der Analyse der sogenannten menschlichen Existenz ausging. Wir befassen uns vor allem mit der ersten Variante der idealistischen Konzeption. Ihr besonderes Merkmal ist der metaphysische, ahistorische Charakter der Betrachtungen und Definitionen. Ihr grundlegender Inhalt war die These vom menschlichen „Wesen", das seit Urzeiten als unveränderlich festgelegt ist. Innerhalb dieser Grundkonzeption gab es Unterschiede, die sich sowohl auf die Instanzen, von denen die menschliche Natur bestimmt wird bezogen, als auch auf ihre Elemente. Alle unterschiedlichen Auffassungen verband aber die Überzeugung, daß es für jeden Menschen eine Gruppe von konstitutiven Elementen gebe, die sein „Wesen" bestimmen, das sich in unterschiedlichen Maße in seinem konkreten empirischen Dasein offenbart. Auf der Grundlage dieser metaphysischen Konzeption entstanden daher auch immer Bestrebungen zur Unterscheidung zwischen dem, was der Mensch konkret ist und dem, was er in seinem „wahren Wesen" ist, also Bestrebungen zur Beurteilung des konkreten Menschen nach seinem „Wesen". Den Pädagogen lag daher diese metaphysische Konzeption besonders nahe. Sie gab ihnen — so schien es — ein sehr wirksames Erziehungsmittel in die Hand: sie ermöglichte es nämlich, von den konkreten menschlichen Individuen zu verlangen, daß sie ihre empirische „Zufälligkeit" überwinden und die vom menschlichen „Wesen" gestellten Forderungen in sich verwirklichen.

Die metaphysische Konzeption vom Menschen trat — wie wir bereits erwähnten — in verschiedenen Formen auf. Für unsere Zwecke ist es notwendig, die Aufmerksamkeit auf jene Form zu lenken, die die Grundlage der bürgerlichen Pädagogik bildete. Seit langem waren wir uns fast alle jenes historischen Prozesses bewußt, der durch die Herausbildung der Renaissance-Ideologie zur Befreiung des menschlichen Denkens von den Fesseln der Kirche und Religion führte. Damals erhielt auch die Betrachtung des Menschen weltlichen Charakter. In der Renaissance tobte ein erbitterter Kampf zwischen dem neuen, aufkommenden weltlichen Begriff vom Menschen und der alten, religiösen Auffassung. Bei der Analyse dieses historischen Prozesses haben wir jedoch zu wenig beachtet, daß dieser Kampf — wenngleich er als ein bestimmtes Kettenglied für den Fortschritt wichtig ist — zum Kern des Problems selbst nicht vorgestoßen ist. Dieser Kampf betraf nämlich lediglich die Art und Weise, wie bestimmte Inhalte der menschlichen Natur bestimmt werden, veränderte jedoch nicht ihre Begriffsbestimmung. Und so tritt an die Stelle der Anschauung, daß das eigentliche Wesen der menschlichen Natur sich in der unsterblichen Seele zeige, die den Forderungen Gottes folgt und versucht, sich von der Sünde durch Beten, Demut und tugendhafte Taten zu reinigen, die Ansicht, daß diese Natur sich im Denken und Sprechen, aber auch in praktischer, vor allem technischer Tätigkeit ausdrücke. Aber diese weltliche Auffassung vom Menschen behält — trotz des fortschrittlichen Inhalts, der besonders in der Philosophie von Giordano Bruno und Thomas Campanella zu finden ist — die Grundauffassung der metaphysischen Theorie, daß die menschliche Natur seit Jahrhunderten fixiert und unveränderlich sei. Die in diesen neuen Konzeptionen enthaltenen Keime der fortschrittlichen Betrachtung des Menschen als eines Wesens, das in ständiger Entwicklung ist, konnten sich damals noch nicht entwickeln.

Die entstehende neue Konzeption des Menschen befreite sich zwar von den Fesseln der Kirche und überwand die religiöse Auffassung von der menschlichen Natur, bewahrte aber im Prinzip die traditionelle Denkweise. Die idealistische Philosophie trat hier ihr theologisches Erbe an, indem sie die theologischen Grundthesen mit neuen Worten verbrämte. Der Mensch blieb weiterhin ein „fertiges" Wesen, und wenn man auch seine Tätigkeit hervorhob, so faßte man sie doch als „Offenbarung" der menschlichen Natur im Bereich der Wirklichkeit auf. Wie tief diese Konzeption verwurzelt war, das kann eine Analyse vieler philosophischer Einzelsysteme bestätigen, besonders solcher, von denen man ein Verständnis für den grundsätzlichen Bildungsprozeß des Menschen in der Geschichte erwarten könnte.

Da ist z. B. der Streit der Rationalisten mit den Sensualisten, der im 17. und 18. Jahrhundert eine der wichtigsten Quellen des pädagogischen Denkens war. Es ist klar, daß die Rationalisten durch den Hinweis auf die „angeborenen Ideen" die Unveränderlichkeit der menschlichen Natur bejahten und daß daher die Erziehung des Menschen nur als Hilfe beim eigenartigen Zum-Wortkommen des Angeborenen zu verstehen ist. Aber die Sensualisten — und das ist eben kennzeichnend —, für die der Verstand des Kindes eine von Erfahrungen beschriebene tabula rasa war, hatten für den historischen Bildungsprozeß des Menschen im allgemeinen kein Verständnis. Die Sammlung dieser Erfahrungen war für die individuelle Entwicklung wichtig, aber sie änderte grundsätzlich nichts an der Struktur des Menschen. Sie hatte keine Bedeutung für die „Gattung", sie hatte eigentlich keine Geschichte. Sie hatte nur eine Biographie.

Ein ähnliches Beispiel ist der Streit zwischen denjenigen, die den Menschen als „animal rationale" auffaßten und denjenigen, die ihn als „homo faber" verstanden. Besonders im 19. Jahrhundert, als der Prozeß der gewaltigen historischen Umwälzungen zu einer hervorstechenden gesellschaftlichen Erscheinung wurde, betrachtete die bürgerliche Philosophie die Tatsache der technischen Errungenschaften der Menschen losgelöst von der gesellschaftlichen Entwicklung und der Umgestaltung des Menschen selbst. Die Pragmatisten griffen die Auffassungen der Rationalisten an, aber sie taten das wegen deren „Abstraktheit" und Starre, nicht aber deswegen, weil sie ahistorisch waren. Der Pragmatismus negierte die Geschichte als objektiven Prozeß; er verstand sie auch nicht. Er nahm nur die Entwicklung der individuellen Fertigkeiten im Leben wahr und begriff nicht die Entwicklung der Menschheit. Wenn er von der Geschichte sprach, sprach er von ihr nur in den Kategorien der Schule des individuellen Erfolges. Daher unterschieden sich die Vertreter des Pragmatismus, auch wenn sie die Tätigkeit hervorhoben, nicht von den Rationalisten in ihrer Auffassung über den grundsätzlich ahistorischen Charakter der menschlichen Natur. Die rationalistische Auffassung, daß die Vernunft außerhalb der Geschichte existiere, wurde von ihnen keineswegs in Frage gestellt. Nur die Interpretation dieser These veränderte sich. An die Stelle der Auffassung, daß die Entwicklung der Vernunft ihrem Wesen nach eine logische Introspektion sei, trat die Überzeugung, daß sie mit der Sammlung von Erfahrungen, die aus gelungenen Versuchen hervorgehen, zu identifizieren ist. Die Pragmatisten klagten die Rationalisten an, sie hätten kein anderes Kriterium der Wahrheit als die Übereinstimmung des Gedankens mit sich selbst, sie würden sich eigentlich „im Kreise drehen". Sie sahen aber nicht, daß auch sie sich in einer ähnlichen Situation befanden, denn ohne die Geschichte zu sehen — und die Wirklichkeit ist historisch — empfahlen sie als Kriterium der Wahrheit die eigenartige Übereinstimmung der Tätigkeit mit ihr selbst. Die objektiven Kriterien verschwanden auch hier und der Pragmatismus zeigte sich — trotz seines Streits mit dem Rationalismus — eigentlich nur als ein extravertierter Rationalismus. Die bürgerliche Psychologie legte großen Wert auf die Unterscheidung zwischen den Intro- und Extravertierten [1]. Von uns aus gesehen, ist das aber insofern kein grundsätzlicher Unterschied als die einen wie die anderen die Haltung des vom Strom der Geschichte gelösten Individuums ausdrücken.

So lehrten die zwei großen Entwicklungslinien — die rationalistische und die pragmatistische — in harmonischer Eintracht den Menschen ahistorisch aufzufassen.

Ein weiterer Beweis, der von der Beweiskraft dieses Standpunktes zeugt, ist die Entwicklung der Psychologie. Es ist klar, daß die Psychologie als Wissenschaft mit der Weiterführung der religiösen „Lehre" von der Seele begann; es ist ebenso klar, daß die rationalistische Psychologie die ahistorischen Elemente des psychischen Lebens der Menschen suchte. Als

---

[1] Introvertierte — Menschen, in denen die Reflexion Handlung und Ausdruck hemmt bzw. verzögert. Extravertierte — Menschen, in denen sich die Energien ungebunden entfalten und nach außen hin in Handlung und Ausdruck sich entladen. (nach W. Mc Dougall „Aufbaukräfte der Seele", Leipzig 1937, S. 142).

sich aber — in einer Zeit des Sieges des Evolutionsgedankens die Psychologie auf biologische Grundlagen zu stützen begann, schien es, als ob die Theorie vom historischen Charakter des Menschen in der Wissenschaft an Bedeutung gewinnen sollte. Es kam aber anders. Die Erweiterung des Gesichtskreises der Psychologie, die dank der Ethnologie und der Soziologie erfolgte, diente ihr zu einem andern Zweck: zum Suchen nach konstanten, „ewigen" Eigenschaften der menschlichen Natur, die sich im Verlauf der geschichtlichen Entwicklung immer besser mit der Maske der Kultur verhüllte. Die bürgerliche Psychologie hatte nicht den Ehrgeiz zu zeigen, wie sich der Mensch in der Geschichte entwickelt, wie er im gesellschaftlichen Leben immer mehr zum wirklichen Menschen wird. Sie war bestrebt, darzulegen, wie sich im Gewand der Zivilisation der grausame Urmensch verborgen hält, wie unter der scheinbar festen Schale glatter Umgangsformen ein Vulkan nicht erloschener, immer gleicher Liebes- und Aggressionstriebe brodelt. Wozu griffen die bürgerlichen Psychologen und besonders die Psychoanalytiker auf die Geschichte zurück? Sie wollten zeigen, daß die Geschichte eigentlich weder Sinn noch Bedeutung habe und daß die gleichen „Urtriebe", die einstmals im Leben der Horde und im Totemkult wirkten, in der heutigen Geschichte als geheime Triebkräfte hervortreten. Darin gipfelt doch die philosophische Konzeption von Freud, die er in der bekannten Arbeit „Das Unbehagen in der Kultur" zum Ausdruck brachte. Ihr stimmten die bürgerlichen Historiker bei, die in der Gegenwart das „Echo der Urzeit" suchten. Ist der Mensch ein historisches Wesen? Nein — antworteten die Psychologen, die die Evolution des Psychischen von uralten Zeiten her verfolgten. Die Geschichte verhüllte lediglich die ursprüngliche Nacktheit mit einem schmucken Kleid, das aber nichts änderte und abgeworfen und zertreten wird, wie die von einem Mönch, der das Leben und nicht Enthaltsamkeit und Kasteiungen begehrt, verworfene Kutte.

So wandten sich — entgegen allem Anschein — weder die Sensualisten, noch die Pragmatisten, noch die Entwicklungspsychologen gegen die traditionelle metaphysische Theorie vom Menschen, sondern stützten sie sogar. Wohl begann man im 19. und 20. Jahrhundert entgegen den früheren Überlegungen über die menschliche Natur, die Aufmerksamkeit auf den historischen Entwicklungsprozeß zu lenken, doch tat man das so, daß sich die reale Bedeutung der Geschichte im Leben des Menschen als immer unbedeutender erwies. Für die Sensualisten der Aufklärungszeit war die Geschichte wenigstens noch irgendein Terrain der menschlichen Entwicklung. Die Pragmatisten beschränkten jedoch die Geschichte auf die Quellen der modernen Zivilisation, die uns, die wir gücklicherweise so spät auf die Welt kamen, zahlreiche Lebensvorteile sichert. Die Psychoanalyse aber drückte offen die Meinung aus, die Geschichte würde keine reale Bedeutung haben, ja sie sei sogar die Ursache dafür, daß den Menschen schädliche Zurückhaltung auferlegt werde.

Hat denn niemand in der bürgerlichen Philosophie versucht, die metaphysische Konzeption vom Menschen konsequent zu durchbrechen? War es denn möglich, daß im 19. Jahrhundert, in einem Jahrhundert, das in Wissenschaft und Kunst die Geschichte entdeckte, und das sich rühmen konnte, der naturalistisch — rationalistischen Betrachtungsweise die historische Betrachtung und die historische Untersuchungsmethode gegenüber gestellt zu haben, nicht der Versuch unternommen wurde, den Menschen historisch zu begreifen? Solche Versuche wurden zwar unternommen, blieben jedoch ohne Erfolg. Die bürgerlichen Geschichtsschreiber, die die Entstehung und Entwicklung des sogenannten Historismus verfolgten — wie das z. B. Meinecke und Troeltsch taten — haben sehr viel Faktenmaterial gesammelt. Sie zeigten jedoch das eine nicht: jenen bedenklichen Rückschritt, den das bürgerliche historische Denken in der Zeit zwischen der französischen Revolution am Ende des 18. Jahrhunderts und der Oktoberrevolution zu Beginn des 20. Jahrhunderts zu verzeichnen hatte. Dieser Rückschritt beruhte darauf, daß die Geschichte, die in den philosophischen Konzeptionen der ersten Hälfte des 19. Jahrhunderts, z.B. in den so unterschiedlichen Konzeptionen von Hegel und Lelewel [1] noch als etwas Objektives und Reales betrachtet wurde, nun zu einem fiktiven, vom historischen Bewußtsein der Menschen geschaffenen Objekt wird, das im Dienste ihrer Bedürfnisse und Bestrebungen steht. Der Neokantianismus, der den Versuch unternahm, „die Kritik der historischen Vernunft", zu üben, indem er die Geschichte zu einem Werk „historischer Kategorien" unseres Geistes erhob, die Windelbandsche und Rickertsche Schule, die der historischen Erkenntnis die Fähigkeit absprach, zum Allgemeinen und Gesetzmäßigen vorzudringen und sich deswegen auf das Porträtieren der Individualität beschränkte, der Druck des Irrationalismus, der einen Nährboden für Mythen und Legenden suchte — all das war der ideologische Ausdruck jener Situation, in der die Bourgeoisie die Geschichte verwarf, weil diese für sie zu einer gefährlichen Gerichtsinstanz wurde. Garaudy sagte einmal, daß nur die aufsteigende Klasse mutig nach der Waffe des materialistischen Denkens greift, während die abtretende Klasse sich immer mehr auf idealistische Mystifikationen berufen muß. Das hat auch seine Berechtigung in bezug auf die Geschichte. In dem Maße, wie die Bourgeoisie im 19. und 20. Jahrhundert reaktionäre Positionen bezog, mußte ihre Geschichtskonzeption immer mehr das wirkliche historische Geschehen der Vergangenheit und den Entwicklungsweg für die Zukunft entstellen.

Diese für die Bourgeoisie nützliche Mystifikation konnte in verschiedener Weise erfolgen. Sie konnte ihren Ausdruck finden in der naturalistischen Negierung der Geschichte, in der Gleichsetzung der menschlichen Geschichte mit der Entwicklung des Organismus, um damit vor „revolutionären Umwälzungen" bewahrt zu bleiben, und auch im Pessimismus des Nihilismus, für den die Vision des Untergangs der Zivilisation eine hoffnungsvolle Garantie dafür war, daß die Geschichte

[1] Lelewel, Joachim (1786-1861) — polnischer Historiker, Führer des demokratischen Flügels beim Aufstand 1830/31. War mit Marx und Engels befreundet.

nicht zum Sozialismus führen wird, ähnlich wie im Mittelalter die Vision des Weltuntergangs die Asketen in Freude versetzte, die das irdische Leben unterdrücken wollten. Sie konnte sich in der Proklamierung des „freien" Schaffens auf der geschichtlichen Grundlage äußern, das zur Legende von Menschen und Werken der Vergangenheit und dann zu immer düstereren Mythen führte, in denen das mystifizierende Pathos der Geschichte die imperialistischen Interessen des Faschismus barg.

Das charakteristischste Beispiel dafür, daß die historischen Konzeptionen der Bourgeoisie zur Schaffung einer neuen, nicht metaphysischen Konzeption des Menschen nicht fähig waren, ist die sogenannte Kulturphilosophie. Dieses Beispiel zeigt uns am deutlichsten, wie die Annahme idealistischer Thesen auf weite Sicht hin — trotz allem äußeren Schein — zum Zerfall und schließlich zur Liquidierung der historischen Konzeption führen mußte und wie zugleich die traditionelle metaphysische Betrachtung des Menschen wieder auflebte.

Die Kulturphilosophie geht auf die große Hegelsche Tradition zurück, die die Wirklichkeit als einen historischen Prozeß betrachtete; ihr eigentlicher Schöpfer war Dilthey, der in seinen Studien den Bildungsprozeß der „historischen Welt", den Prozeß der historischen Entwicklung des Menschen darlegte. Die Kulturphilosophie nahm den Kampf gegen die ahistorischen philosophischen Konzeptionen vom Menschen auf. Die Entwicklungstendenz dieser Philosophie und ihre objektive Bedeutung standen jedoch im Gegensatz zu der historischen Konzeption vom Menschen; sie war lediglich eine neue Begründung für die metaphysische Konzeption, wenngleich in einer mit historischem Mäntelchen verhüllten Gestalt. Was war der wesentliche Inhalt der Kulturphilosophie und der Kulturpädagogik? Es war der Wunsch zu zeigen, wie die „Welt der Werte" in der Geschichte verwirklicht wird. Je nach den persönlichen Neigungen der Philosophen dieser Richtung war diese Absicht entweder mit den religiösen Geschichtstheorien oder mit den rationalistischen apriorischen Konstruktionen oder schließlich mit den irrationalistischen Theorien des Lebens und der Instinkte eng verwandt.

Die Unterschiede zwischen diesen Varianten der Kulturphilosophie waren aber nicht wesentlich. In allen ihren Erscheinungsformen verlor die wirkliche Geschichte ihren selbständigen schöpferischen Sinn. Sie wurde gleichsam zu einer eigenartigen Bühne, auf der die „Träger" der Werte auftraten, Streitgespräche führten und Bündnisse abschlossen — wie im Theater — außerhalb des realen Raumes und der realen Zeit. Die Kultur wurde zur individuellen Wahl jener Werte, die den Individuen von der Geschichte dargeboten wurden; zwar eine verantwortlichere und mit dem Pathos moralisierender Forderungen versehene Wahl, die im Grunde genommen aber nichts anderes ist, als die Wahl von Speisen, die auf Grund einer vom vornehmen Kellner dargereichten Karte getroffen wird. So hat die Geschichte — jener angebliche Kellner — uns das Verzeichnis der Kulturgüter gereicht, aus dem wir nur nach persönlichem Geschmack — in dieser Philosophie mit Struktur bezeichnet — jene Wahl zu treffen brauchen, die den individuellen Appetit befriedigt. In der Sprache dieser Philosophie heißt das „Erarbeiten der Persönlichkeit". Man glaubte auch, daß es am besten wäre, wenn jeder in diesem Kulturtheater — natürlich jeder der wenigen, die das Eintrittsrecht besitzen, also, wie man sagte, jeder derjenigen, die sich als Persönlichkeit ausweisen können — zum Verfasser des für ihn selbst gespielten Stücks wird, eines Stücks, das die einzige individuelle Perspektive für die Welt der Werte darstellt. Aber der reale Strom der Geschichte floß außerhalb dieses Theaters der Idee und des Wertes dahin, also vollzog sich auch die reale Entwicklung des Menschen ganz woanders.

Für die Kulturphilosophie war das Geschichtliche des Menschen lediglich auf die Tatsache beschränkt, daß er im Verlauf seiner individuellen Bildung sich verschiedene Kulturgüter aus der Vergangenheit auswählte. Aber nicht nur er selbst wurde über den Strom der Geschichte hinausgetragen; auch jene Güter, obwohl sie aus vergangenen Zeiten stammten — waren eigentlich nur Verwirklichungen ewiger Werte, Verwirklichungen unter den zufälligen geschichtlichen Verhältnissen. Als wesentliches Band der Kulturwelt gelten Wertverwandtschaften — und -gegensätze, nicht die realen geschichtlichen Prozesse.

Was war also — nach dieser Konzeption — die wesentliche Natur des Menschen? Es war das Bestreben, unter Ausnutzung der Geschichte über sie hinaus in das Reich der Werte, in das „Reich Gottes" oder in die platonische „Ideenwelt" zu gelangen. Man konnte dorthin nur gelangen, wenn man seine schöne Persönlichkeit wie einen auf den Wiesen der Geschichte gepflückten Blumenstrauß zeigte. Zahlreiche und verschiedenartige Ströme menschlicher Sehnsucht mündeten in diese Konzeption ein: religiöse Zukunftsvisionen partiell weltlicher Prägung, elitaristische Traditionen des antiken Humanismus, gegen das Volk gerichtete Parolen vom auserwählten Menschen mit „würdiger Seele", naive soziale Träume von der Verbreitung der Kultur im Kapitalismus.

Die Kulturphilosophie wurde unmittelbar zur Kulturpädagogik. Nach ihr hatte die Erziehung transhistorische Brücken zwischen den „auserwählten Individuen" und den ausgewählten Kulturgütern zu schlagen. Die Kulturpädagogik bekämpfte zwar die naturalistische und pragmatistische Pädagogik, jedoch wurde dieser Kampf nicht wegen grundsätzlicher Widersprüche geführt, da alle diese Richtungen in der ahistorischen Betrachtung der Erziehung übereinstimmten. Es handelte sich um einen sekundären Unterschied, nämlich darum, ob der Ablauf der Elementarprozesse des menschlichen Lebens als Spiel ewiger Instinkte und Triebe oder als eine durch das Gesetz des Versuchs und Irrtums regulierte Tätigkeit oder gar als eine durch die intentionale Wertwelt dynamisierte Struktur zu betrachten ist.

Die metaphysische ahistorische Betrachtung des Menschen führte, auch wenn sie in verschiedenen Varianten auftrat, in der Pädagogik zu Konsequenzen, deren Grundzüge einheitlich waren. Sie erwuchsen aus der Grundunterscheidung zwischen dem „Wesen" und seiner empirischen Form der Verwirklichung im Leben. Das Wesen des Menschen soll im konkreten Dasein der einzelnen Individuen verwirklicht werden. Darauf stützte sich die normative Kraft dieser Pädagogik, ihr moralisierendes Pathos. Bekanntlich verkörpern sich aber die Ideen im Leben nicht in adäquater Weise; sie steigen nicht gern in diese irdischen Regionen herab und erfassen sie nicht in ihrer Gesamtheit. Die metaphysische Pädagogik war am Menschen nur insofern interessiert, als er zur Stätte der Realisierung der Werte wurde, alles, was außerhalb der Reichweite des Ausstrahlungsbereichs der idealen Welt lag, interessierte sie nicht.

Wie einst für die religiöse Pädagogik, so hatte jetzt das konkrete irdische Leben — das zeitliche Leben, wie man im Mittelalter sagte — für diese metaphysische Pädagogik des „menschlichen Wesens", die in laizistischer Weise die fideistischen Traditionen jener religiösen Pädagogik übernommen hatte, keinen Wert. Auch der konkrete Mensch, der unter bestimmten Verhältnissen wirkte und sein tägliches Leben auf bestimmte Weise führte, hatte keine Bedeutung. Er war — wie man das bezeichnete — Wertträger. Man sollte sich in der Erziehung um ihn kümmern, aber nur vom Standpunkt der Wertwelt aus; also nicht um den ganzen, konkreten Menschen, also nicht um alle Menschen. Daher interessierte sich die Erziehung für das „Festtägliche" und nicht für das Alltägliche und „Irdische". Daher interessierte sich die Erziehung für die von der Welt der Ideen „auserkorenen" Individuen und nicht für die Massen. Die typischen Konzeptionen von der Allgemeinbildung des Menschen drückten ausgezeichnet diesen „über dem Leben stehenden" Inhalt aus, der im Mittelpunkt des Unterrichts stehen sollte; sie waren die „wahre Bildung", wie das Nietzsche betonte, der über die Volks- und Berufsschulen spottete. Auch sollte das Sich-erarbeiten der Persönlichkeit ein Privileg weniger und die Form der Überwindung der Bindungen dieser „schmutzigen" Welt der Politik, Wirtschaft und Arbeit sein.

Die normative Kraft dieser Pädagogik sollte nicht zur Komponente für die Umgestaltung des Lebens und seiner sozialen Verhältnisse werden; sie sollte — wie einst die normative Kraft der religiösen Pädagogik — das Individuum in seinem „Innenleben" disziplinieren, unabhängig von seinen „äußerem"

Leben, das allein der Bereich der Verwirklichung des „wahren menschlichen Wesens" sei.

Diese Pädagogik stellte Erziehungsaufgaben, die losgelöst von der konkreten gesellschaftlichen Situation waren und sich lediglich auf die individuelle Entwicklung des Menschen bezogen, die entweder als biologisch-psychisches Reifen oder als Gestalten der Persönlichkeit aufgefaßt wurde. In beiden Fällen war die Geschichte nur die Kulisse der Erziehung, d. h. das Erziehungsgeschehen lief innerhalb dieser Grenzen ab und durfte sie nicht überschreiten. Das bedeutete, daß das Erziehungsideal die Anpassung an die bestehenden gesellschaftlichen Verhältnisse ist. Das war doch der Wesensinhalt der Erziehung der Instinkte, der therapeutischen Erziehung der Psychoanalyse und Individualpsychologie sowie der Bildung der Persönlichkeit durch die Kulturgüter. Dieser Wesensinhalt trat besonders deutlich auf dem Gebiet der geistigen und sittlichen Erziehung hervor.

Die geistige Erziehung wurde entweder als sogenannte Allgemeinbildung oder als eng gefaßte Berufsbildung verstanden; in beiden Fällen sollte sie mit der Entwicklung und Festigung der wissenschaftlichen Weltanschauung nichts gemein haben, sie sollte nicht die gefährliche Kraft haben, die die Menschen befähigt, die Natur zum Wohl aller Menschen zu beherrschen, sie sollte keine Waffe im Kampf um den sozialen Fortschritt sein. Die sittliche Erziehung hatte die Aufgabe, gestützt auf den traditionellen Katechismus oder auf seine psychoanalytische Neuauflage oder auch die soziologischen Regeln wie bei Durkheim, den Gehorsam gegenüber der herrschenden Ordnung anzuempfehlen, und das entweder direkt oder als „innere Arbeit an sich". Damit wurde der gleiche Konformismus verschleiert.

Das Hauptanliegen dieser Pädagogik, die sich von der sozialen Wirklichkeit abwandte, um sie nicht anzutasten und sie nicht zu verändern, bestand darin, Methoden zur bestmöglichen Anpassung des Individuums an die ihm durch das Leben vorbestimmten Bedingungen aufzuspüren. In dieser „Anpassung" sah man die Garantie für die „psychische Gesundheit".

mit diesem Grundsatz der Anpassung begründete man auch die unterschiedlichen Erziehungsschicksale der sogenannten begabten und unbegabten Kinder.

5. *Die Kritik dieser Theorie*

Die Marxsche Lehre führte in der Geschichte der Pädagogik eine grundsätzliche Umwälzung herbei, u. a. deshalb, weil sie der metaphysischen Konzeption vom Menschen die historische Konzeption gegenüberstellte.

Marx griff nicht nur die eine oder andere Art und Weise an, das „Wesen" des Menschen zu erfassen, sondern zerschlug die ganze metaphysische Konzeption vom Menschen, die sich auf die These stützte, daß in den Menschen ein bestimmter, idealer Inhalt verwirklicht werde, der sie eben zu Menschen macht. Eine solche Konzeption ist — wie Marx dargelegt hat — eine in der metaphysischen Terminologie vorgenommene Registrierung dessen, was die reale Geschichte getan hat; aus diesem Grunde muß diese Konzeption einen reaktionären Charakter haben, muß den weiteren Fortgang der Geschichte hemmen und erschweren. Sie muß dazu neigen, an dem so verstandenen „Wesen" des Menschen seine reale Existenz zu messen und in ihm alles das zu unterschätzen, was jenen Forderungen nicht gleichkommt.

In zahlreichen Werken von Marx wiederholt sich dieses Motiv des Kampfes gegen jene Philosophie, die den Inhalt des menschlichen „Wesens" a priori konstruiert. Mit besonderer Leidenschaft erscheint dieses Motiv in der Kritik an Proudhon, dem Marx vorhält, daß seine Bücher, statt die wirkliche Geschichte darzustellen, die „alte Hegelsche Rumpelkammer" sind.

Die Kritik der metaphysischen Auffassung vom Menschen ist zugleich der Ausgangspunkt des Kampfes, den Marx gegen jene Philosophie führte, die mit Hilfe der Sprache der Metaphysik die historischen Interessen der Bourgeoisie entstellte, einer Metaphysik, die den scheinbar ewigen Wert der herrschenden Parolen, der bestehenden Ordnung sowie deren angebliche Übereinstimmung mit dem „Wesen" der Menschheit darstellt.

Marx hat von diesem Standpunkt aus bereits in seinen früheren Schriften eine Analyse der bürgerlichen Begriffe Mensch und Bürger, also besonders wichtiger pädagogischer Begriffe, vorgenommen. Im Zusammenhang mit der Darlegung des historischen Prozesses der menschlichen Entwicklung und ihrer Widersprüche unter den Bedingungen der Klassengesellschaft verurteilt Marx das Bestreben, pädagogische Begriffe und Losungen, die im Grunde genommen lediglich die zeitweilige Zusammenfassung der bisherigen historischen Entwicklung und ein Ausdruck ihrer Widersprüche sind, zu verabsolutieren.

Der historische und materialistische Charakter der marxistischen Lehre vom Menschen tritt mit besonderer Intensität in der Kritik der sensualistischen Konzeptionen, in der Kritik des metaphysischen Materialismus auf.

Die gleichen Fehler wie die Sensualisten begeht — wie Marx zeigt — auch Feuerbach. Er erkennt nicht die führende Rolle der materiellen Tätigkeit der Menschen und versteht daher weder ihre historische Entwicklung noch ihr Verhältnis zur Natur.

Diese Kritik der Sensualisten und Feuerbachs hat sowohl für den Unterricht als auch für die Erziehung sehr bedeutsame Folgen.

Wir führten bereits aus der „Heiligen Familie" jenen charakteristischen Ausschnitt an, der uns zeigt, wie scharf Marx die gesellschaftliche Vieldeutigkeit und die Klassenbegrenztheit der sensualistischen Konzeption erkannt hat. Daraus zogen nur die Kommunisten jene radikalen Schlußfolgerungen, die die Sensualisten nicht beachtet hatten. Marx stellte fest: wenn die Umstände den Menschen bilden, dann muß man die Umstände menschlich bilden.

Diese Forderung bezeichnet klar den Punkt, den der sensualistische Materialismus erreicht und von dem aus der historische Materialismus seinen Weg nimmt. Die Pädagogik des metaphysischen Materialismus ist eigentlich eine Pädagogik der Nachgiebigkeit des Menschen gegenüber den „wahrgenommenen" Verhältnissen. Die Pädagogik des historischen Materialismus ist eine Pädagogik der menschlichen Tätigkeit, die die vorgefundenen Verhältnisse umgestaltet. Wenn die Erziehung des Individuums das Ergebnis der Einwirkung der Umwelt ist, — so folgerten die reaktionären Interpreten des Sensualismus — dann ist die Anpassung der wesentliche Inhalt der Erziehung. Wenn die Erziehung des Individuums das Ergebnis der Einwirkung der Umwelt ist, dann muß — zu dieser Schlußfolgerung gelangt Marx — diese Welt durch die Menschen so umgestaltet werden, daß sie in höchstem Grade menschlich erzieht. Das ist die Konsequenz, vor der die bürgerlichen Philosophen zurückweichen mußten, weil diese sich gegen die Grundlagen der herrschenden Gesellschaftsordnung selbst richtete.

Die marxistische Lehre vom historischen Entwicklungsprozeß des Menschen beinhaltet auch eine grundsätzliche Ablehnung der idealistischen, metaphysischen Konzeptionen des Menschen, die auf dem für die Pädagogik besonders wichtigen Gebiet der Kulturauffassung in Erscheinung traten. Wir haben bereits darauf hingewiesen, daß die idealistischen Kulturtheorien immer offensichtlicher in Widerspruch zu der realen Geschichte gerieten und die ahistorische Methode der Menschenbildung begründeten. Die ganze wissenschaftliche und politische Tätigkeit von Marx war eine einzige Kritik der idealistischen Kulturtheorie; sie war eine Begründung der Richtigkeit der materialistischen Lehren von der Kultur. Das Hauptkettenglied dieser Kritik war die Polemik gegen Hegel.

Die Marxsche Kritik der idealistischen Kulturtheorie zeigt, wie diese von der realen Geschichte abweicht, wie sie der Schaffung einer „heiligen Geschichte" dient, die ihrerseits wiederum Banditen aller Art als Vertreter des „Geistes" segnet. Sie zeigt, wie die auf diesen Grundlagen beruhende Pädagogik die Individuen falsch und oberflächlich ausbildet, ihr reales Leben geringschätzt und nicht an das Leben und die Rechte der Massen denkt.

Wir erinnern an einige Hauptstoßrichtungen der philosophischen Offensive von Karl Marx gegen die idealistischen Positionen — die wir im vorliegenden Buch genauer charakterisiert haben — und verweisen auf die Grundlagen der materialistischen Theorie vom Menschen, die Marx in allen seinen Werken entwickelt und bereichert hat. Er legte dar, daß der geschichtliche Prozeß kein Bereich ist, in dem das fertige menschliche Wesen erscheint — in dem sich sogar gewisse innere Umwandlungen dieses „Wesens" vollziehen, sondern daß er ein realer Prozeß ist, der auf nichts hindeutet, was außerhalb seines Wirkungsbereichs liegt und eine entscheidende Bedeutung haben würde. In diesem realen geschichtlichen Prozeß bildet und entwickelt sich der Mensch, hier schafft und bereichert er seine Kräfte. In der idealistischen Terminologie müßte es heißen, daß er sein „Wesen" schafft und bereichert, nicht aber nur offenbart oder verwirklicht.

Die Erziehungstätigkeit hört damit auf — wie das aus den metaphysischen Konzeptionen hervorging —, eine Arbeit zu sein, die die aus dem „Wesen" des Menschen resultierenden Forderungen dem Individuum einverleibt, und führt zur Mitwirkung an der Beseitigung jener Verhältnisse, die den Menschen bei der Schaffung neuer gesellschaftlicher Daseinsbedingungen, und damit auch neuer Menschen beschränken.

6. Die existentialistische Theorie vom Menschen

Die Bedeutung, die die Marxsche Lehre von der historischen Natur des Menschen für die Pädagogik hat, beruht aber auch auf der Kritik einer weiteren ideologischen Strömung der bürgerlichen Pädagogik, deren Geburtsstunde in die Tätigkeitsperiode von Marx und deren bedeutendste Entwicklungsphase in das 20. Jahrhundert hineinfallen. Es handelt sich hier um alle jene Konzeptionen, die das Erziehungsproblem nicht auf Grund apriorischer Konzeptionen vom Menschen lösen wollen, sondern in Anlehnung an den existierenden Inhalt des menschlichen Lebens.

Als wir die idealistischen Konzeptionen vom Menschen erörterten, hoben wir besonders jenen Aspekt hervor, der sich in Spekulationen über das Wesen des Menschen erging und entsprechend der Konzeption von den entscheidenden Forderungen „der wahren Menschennatur" auf die Kritik und Umstrukturierung der empirischen Seinsformen der menschlichen Individuen hinzielte. Diese Art von Überlegungen rief jedoch innerhalb des Lagers der Bourgeoisie selbst immer heftigere Kritik hervor. Vom Ideologischen her bemühte sich diese Kritik, allen ahistorischen Konzeptionen vom „menschlichen Wesen" die reale Existenz des Menschen gegenüberzustellen.

Wenn wir die Veränderungen in den verschiedenen Strömungen des bürgerlichen pädagogischen Denkens verfolgen, können wir den interessanten Prozeß des Anwachsens existentialistischer Auffassungen einerseits und des Schwächerwerdens der Positionen, die von der essentiellen Philosophie vertreten wurden, andererseits feststellen.

Betrachten wir z. B. die Etappen der Veränderungen, die im Bereich des so wichtigen pädagogischen Naturbegriffes erfolgten, dann wird deutlich, daß gerade dieser Veränderungsprozeß das Besagte am besten kennzeichnet. Für Komensky war die „Natur", in derem Sinne er die mittelalterliche Erziehung umgestalten wollte, eine Art Modell oder Norm zur Umgestaltung der Menschen. „Unter Natur", schrieb Komensky, „verstehen wir hier nicht die Verderbnis, die nach dem Sündenfall nunmehr allen anklebt (...), sondern unsere erste Grundbeschaffenheit, zu der als dem Ursprung wir zurückgebracht werden müssen" [1]. Rousseau verliert diese Konzeption von der Natur als einem idealen Regulator des konkreten Lebens nicht aus den Augen, sondern deckt mit einer bisher ungewohnten Kühnheit die Tiefen, aber auch die Reize des wirklichen Lebens der Menschen auf. Der Kampf gegen die bestehende Feudalordnung wird nicht nur im Namen des idealen „Naturgesetzes" geführt, das das Wesen des Menschen und der Gesellschaft bestimmt, sondern auch unter Berufung auf die Rechte der Menschen auf die freie Gestaltung eines Lebens, das sie führen wollen. Einen Schritt weiter geht Spencer; unter Ausnutzung der Fortschritte der Naturwissenschaft erfaßt er die „Natur" als eine statische Vereinigung kausal-funktioneller Abhängigkeiten. Er versucht glaubhaft zu machen, daß die Sozial- und Erziehungseinrichtungen von den Naturgesetzen erheischt wer-

---

[1] J. A. Comenius: Große Didaktik, Berlin 1957, S. 70.

den, und verlangt daher den entschlossenen Bruch mit jeglichem „Idealismus", der die bestehenden Verhältnisse kritisiert, verschiedene moralische Forderungen stellt usw. Die bestehende kapitalistische Ordnung — das ist für Spencer die „Naturordnung", in der sich die „Natur" des Menschen am besten offenbart. In der gleichen Richtung, wenn auch auf anderem Gebiet, vollzieht sich diese Verschiebung in der Tiefenpsychologie. Sie beseitigt alle Konzeptionen, die den Menschen vom Gesichtspunkt der „Ideale" betrachten und erziehen wollen, sie zeigt die „wahre" Natur des Menschen und ihre dämonischen Kräfte, von denen die Menschen beherrscht werden. Vergleicht man Freud mit Komenský, dann erkennt man mit aller Deutlichkeit den Verlauf des „Existentialisierungsprozesses" des Naturbegriffes, vor allem der menschlichen Natur.

Diese Tendenzen der existentialistischen Betrachtung des Menschen und seiner Entwicklungsgesetze äußern sich immer stärker in den mannigfaltigen Variationen des pädagogischen Naturalismus, in der liberalen Pädagogik, in der funktionellen, psychoanalytischen und pädozentrischen Pädagogik. Sie führen manchmal geradezu zur Liquidierung der Erziehungstätigkeit, zur passiven Hinnahme einer irrationalen Naturwüchsigkeit des Kindes.

Einen ähnlichen Prozeß können wir in all den pädagogischen Richtungen beobachten, die mit dem Begriff der Gesellschaft als einem für die Erziehung erstrangigen Begriff operieren. Bereits in der Pädagogik der Aufklärung stützte sich die soziale Konzeption der Erziehung auf die idealen Forderungen des „Naturgesetzes", die eine gesellschaftliche Veränderung verlangten. In Anlehnung an diese „Gesetzgebung der Natur", die — wie Kollontaj sagte — „eine Sammlung natürlicher Rechte und Pflichten des Menschen" sei, bestimmte die Pädagogik der Aufklärung die Aufgaben der Erziehungsarbeit, die die Umgestaltung der Menschen nach einem idealen Modell des gesellschaftlichen Lebens anstrebte. Im 19. Jahrhundert begann man die Bedeutung des wirklichen gesellschaftlichen Lebens, seine historisch entstandenen Formen und Institutionen in immer stärkerem Maße zu betonen und in ihnen die unantastbare und über jede Kritik erhabene „Vernunft der Jahrhunderte" zu sehen. Ausgehend von den reaktionären soziologischen Schulen, die sich gegen die französische Revolution richteten und sich zu Beginn des 19. Jahrhunderts entwickelten, über den konservativen Nationalismus der zweiten Hälfte des 19. Jahrhunderts bis zu den vielfältigen Spielarten des Nationalismus und Rassismus der imperialistischen Epoche nimmt die Stärke dieser existentialistischen Tendenzen ständig zu. Diesen Tendenzen entsprechend definierte man die Erziehung immer einseitiger als Nachahmung von Vorbildern, als Anpassung. Vergleicht man Durkheim mit Helvetius, so erkennt man mit voller Klarheit den Weg, den das pädagogische Denken im Bereich der sozialpädagogischen Konzeption zurückgelegt hat.

Nicht anders verhielten sich die Dinge im Bereich jener Richtung der bürgerlichen Pädagogik, die in der Erziehung die Grundsätze des Personalismus formulierte. Diese Grundsätze drückten ursprünglich die religiöse Konzeption des Menschen aus und stellten sich zur Aufgabe, die Persönlichkeit so zu gestalten, daß sie das von den religiösen Idealen geforderte Lebensniveau erreicht. Nachdem der Verweltlichungsprozeß auch die Pädagogik erfaßt hatte, bemühte man sich, die Grundthesen der personalistischen Pädagogik in eine weltliche Sprache zu übertragen. Das Hauptanliegen dieser Richtungen, die Wilhelm Humboldt begründete, war bekanntlich die Frage, wie der Bildungsprozeß der Persönlichkeit vermittels der Kulturgüter ablaufen müsse.

Aber gerade auf dem Boden dieser Richtungen der Kultur- und Persönlichkeitspädagogik erwuchsen im 19. Jahrhundert existentialistische Tendenzen. Es genügt den Standpunkt zu erwähnen, den Max Stirner einnahm und der später von Friedrich Nietzsche übernommen und entwickelt wurde. Im 20. Jahrhundert tobte ein heftiger Streit zwischen denjenigen, für die Begriffe wie Kultur und Persönlichkeit weiterhin den Charakter normativer Begriffe haben sollten, die ihre Kraft aus bestimmten Konzeptionen des „ewigen Menschen" oder der „ewigen Kulturwerte" schöpften, und denjenigen, für die diese Begriffe lediglich den schöpferischen Lebensdrang ausdrücken sollten, der sich im Willen und in den Neigungen des Individuums kundtut. Dieser Streit zog immer breitere Kreise, und die existentialistischen Tendenzen erzielten einen Durchbruch beim Gegner. Es genügt zu erwähnen, daß gerade im 20. Jahrhundert — z. T. in Anknüpfung an Kierkegaard — sich eine sehr spezifische Konzeption der christlichen — besonders protestantischen — Existentialpädagogik zu entwickeln begann.

Wenn man alles das berücksichtigt, so erscheint die Verallgemeinerung berechtigt, daß die traditionelle Konzeption vom Wesen des Menschen immer stärker von denjenigen angegriffen wurde, die den Menschen auf Grund seiner Existenz bestimmen wollten. Die Art der Auffassung dieser Existenz war für gewöhnlich sehr unterschiedlich, aber gewisse grundlegende Tendenzen waren ihr gemeinsam. Sie bestanden in der Liquidierung eines normativen Überbaus, wie ihn die traditionelle Theorie vom Wesen des Menschen sowohl im individuellen als auch im gesellschaftlichen Leben erhalten wollte. Der Angriff richtete sich gegen beide Richtungen.

Man schuf verschiedene individualistische Konzeptionen und bemühte sich, im Namen der „freien” Entwicklung der Individuen, besonders der auserwählten Individuen, die bisherige Verfahrensweise zu durchbrechen. Ein starker Mensch — wie das noch Ibsen bezeichnete — sollte sich „nur auf sich selbst stützen”, sollte aus seinem eigenen Willen die Grundsätze seines Lebens entwickeln. Diese „existentialistische” Tradition der Entlarvung allgemeinmenschlicher und ewiger idealer Normen wurde bekanntlich von der Psychoanalyse, die Nietzsche und später auch Schopenhauer viel verdankt, sehr begrüßt. Das menschliche Leben wurde nicht mehr als Verwirklichung idealer Vorbilder verstanden; man faßte es als Quelle von Anschauungen und Normen auf, deren Beständigkeit von Trieben und Bestrebungen abhängig sein sollte.

Diese Tendenz, den normativen Überbau im Leben des Einzelwesens in Mißkredit zu bringen, unterstützten die verschiedenen irrationalistischen Strömungen in Gestalt der sogenannten Lebensphilosophie oder auch der Spielarten des Modernismus und Neoaugustianismus im Lager der christlichen Philosophie, besonders seit Kierkegaard. Als der Kapitalismus in die Periode des Imperialismus eintrat, zeichneten sich diese existentialistischen Konzeptionen im weiten Feld der Anschauungen vom „Heroismus des Übermenschen" bis zum Pessimismus und zur Resignation des Kleinbürgertums immer stärker ab. Allen diesen unterschiedlichen Standpunkten, war die Überzeugung gemeinsam, daß es keine Möglichkeit gibt, die Wahrheit und das Gute objektiv zu fassen, daß die Geschichte und das gesellschaftliche Leben weder einen Sinn haben noch Verpflichtungen auferlegen und daß ein vereinsamtes Individuum frei zwischen der willkürlichen Gestaltung seines Lebens und dem Selbstmord wählen kann.

Zugleich aber entwickelte sich eine andere Richtung im Kampf gegen die Philosophie des „menschlichen Wesens", der es darum ging, alles das, was im Bereich des gemeinschaftlichen Lebens „allgemeinmenschlich" ist, zu diskreditieren und zu beseitigen. Die bürgerliche Soziologie, besonders die nationalistisch orientierte, spielte hier eine entscheidende Rolle. Sie diskreditierte viele grundsätzliche Moralideen, indem sie ihren sozialen Ursprung und ihre Wesensfunktion enthüllte und zu beweisen suchte, daß die Wissenschaft nur ein Instrument der gesellschaftlichen Interessen und die Wahrheit nur die Mystifizierung von bestimmten politischen Tendenzen sind. Die moralischen Normen stellte man dar als Ausdruck der „Willenskraft" der Herrschenden oder als Ressentiment der Unterdrückten. Nun konnte an die Stelle der Wahrheit die Mythe treten. Das spezifisch verstandene „gesellschaftliche Sein" wurde zu einer Instanz, die alles, was objektiv und den Menschen gemeinsam ist, beseitigte. Dieser „Existentialismus" liquidierte die allgemeinmenschlichen Traditionen der europäischen Kultur. Das geschah entweder auf „wissenschaftliche" Weise in monographischen Arbeiten von akademischem Charakter oder auf propagandistische und agitatorische Weise. Ein Unterschied bestand lediglich in der Form; der Inhalt blieb derselbe. Es handelte sich stets um die Überwindung der traditionellen Konzeption des „menschlichen Wesens", das wegen seines allgemeinmenschlichen Charakters und der normativen

Tendenzen angeblich gefährlich und falsch sei, es ging um das „Recht des Lebens" — das diesmal als irrationales Leben der Gemeinschaft dargestellt wird — sich vom Willen der Rassentriebe leiten zu lassen.

So traten den traditionellen Konzeptionen der Bestimmung des Wesens des Menschen Tendenzen zur Bestimmung seiner Existenz entgegen. Was besagt dieser Gegensatz auf dem Gebiet der Erziehung? Wenn sich aus den traditionellen Thesen der Hinweis ergab, daß das empirische Individuum nach dem idealen Inhalt des menschlichen — natürlich verschiedenartig aufgefaßten — Wesens zu gestalten ist, so erforderte die existentialistische Frontstellung gegen die „Wesensphilosophie", es als spezifische Erscheinung der Existenz aufzufassen.

Dieser Auffassung lagen alle jene Theorien zugrunde, die die Erziehung mit dem spontanen Entwicklungsprozeß identifizierten. Unabhängig davon, ob diese Entwicklung biologisch oder psychologisch aufgefaßt wird, oder ob man sie als Element der Umwelt betrachtet, allen diesen Meinungen ist die Überzeugung gemeinsam, daß der Erziehungsprozeß mit der Entwicklung selbst identisch sei und keine spezifischen und bestimmenden Faktoren der Ziele und des Bewußtseins enthalte. Als man die Entwicklung des Individuums biologisch oder psychologisch auffaßte, wurde die Erziehungsarbeit zu einer spezifischen Pflege des „Lebenswillens", zur Beseitigung der Hindernisse, auf die er stoßen könnte. Als man die Entwicklung des Individuums soziologisch auffaßte, wurde die Erziehungsarbeit eine spezifische „Wiederholung" der Forderungen der Umwelt, eine Stärkung des „Gemeinschaftsgeistes", der angeblich den wahren Motor der Erziehung darstellt. In beiden Fällen kritisierte man die sogenannten Erziehungsziele als transzendent im Verhältnis zur „Wirklichkeit", in beiden Fällen lehnte man den Grundsatz ab, an den Willen und an das Bewußtsein des Zöglings und Erziehers zu appellieren. Dabei waren die Unterschiede zwischen den Richtungen von untergeordneter Bedeutung. Die reformpädagogischen Theorien hoben genau so wie die soziologische Pädagogik die eigentliche Erziehung völlig auf. Die sogenannte „spontane Entwicklung des

Kindes" drückte eigentlich nur den Inhalt seiner sozialen Umwelt aus, und die Grundsätze der individuellen Anpassung, der „persönlichen Vorbilder" oder der „soziologischen Typen" stabilisierten lediglich die bestehende Struktur der Verhältnisse.

Daher stimmte diese ganze „Existentialpädagogik" mit der angeblich altmodischen Pädagogik der „Ideale", mit der Pädagogik des Appells, des Zwanges und Befehls, der im Interesse einer höheren Zielsetzung gegeben wurde und mit der Pädagogik der Bildung und Gestaltung des Bewußtseins und Willens durch die Kulturgüter und moralischen Werte, obwohl sie sich gegenseitig bekämpften, im Grundsätzlichen überein. Trotz des Kampfes der traditionellen Pädagogik mit der angeblich „lebendigen" und „schöpferischen" Pädagogik herrschte Übereinstimmung in der Überzeugung, daß die Erziehung vor Revolutionen zu schützen habe. Diese Übereinstimmung der „Existentialpädagogik" mit der traditionellen „Pädagogik des Wesens" brachte die tiefe Übereinstimmung dieser beiden Grundkonzeptionen des Menschen zum Ausdruck, die vom bürgerlichen Denken formuliert wurden und die bestehende kapitalistische Gesellschaftsordnung als gerechtfertigt und ewig begründen sollten.

Dabei war von zweitrangiger Bedeutung, wie man die Probleme der Begründung und zugleich der Sicherung gegen die der bürgerlichen Herrschaft drohende Zukunft auffaßte. Man konnte das tun mit dem Hinweis auf die unveränderliche Natur des Menschen als eines vernünftigen — also antirevolutionären Wesens, als eines ökonomischen — also das Privateigentum fordernden Wesens, als eines kulturellen — also die Persönlichkeit und nicht soziale Verhältnisse usw. schaffenden Wesens. Man konnte das tun, indem man auf die Formen und den Inhalt des konkreten gegenwärtigen Lebens hinwies, als der angeblich einzigen Wirklichkeit, also der einzigen Form der menschlichen Existenz, der psychischen Gesundheit und des moralischen Wertes der Menschen, die durch Anpassung erreicht werden kann. Von diesem Standpunkt aus erwiesen sich die revolutionären Bestrebungen — und zuweilen einfach alle schöpferischen Bestrebungen — als Pathologie sich schlecht anpassender Typen, als Protest der „Menschen an der Peripherie" oder der „Entgleisten". Die „Existenz" des Menschen hieß die bestehende Wirklichkeit akzeptieren, ebenso wie das die „Wesensphilosophie" mit ihrer Deklamation, die Wirklichkeit sei die Verkörperung einer höheren Ordnung tun ließ.

Diese grundsätzliche Annäherung der beiden ideologischen Richtungen drückte sich in zahlreichen gemeinsamen Bindungen aus, die — trotz Streit — immer deutlicher hervortraten. So verbündeten sich, trotz der Konflikte, die psychologische und die soziologische Konzeption vom Menschen, wie das vor allem die amerikanische Sozialpsychologie bezeugt, so verbündeten sich — trotz gegenseitiger Anfeindungen — die Auffassungen der Kulturpädagogik mit denen der Sozialpädagogik, wie das die deutsche Pädagogik zeigt. Ähnlich verflochten sich die traditionellen Theorien der sittlichen Erziehung mit der soziologischen Lehre z.B. Durkheims von der Moral. Im Lichte dieser Verflechtungen wird offenkundig, daß die Auffassung des Menschen vom Standpunkt des apriorisch verstandenen „Wesens" in den letzten Konsequenzen mit dem existentialistischen Standpunkt zusammenfällt. Die idealistische Betrachtung des Menschen drückte sich in diesen beiden Varianten gleichsam als vierhändiges Klavierspiel aus. In dem einen Fall schien es, daß die bürgerlichen Interessen durch die mystifizierte Darstellung dieser Interessen als mit den ewigen Idealen der Kultur und dem idealen „Wesen der Menschen" in Einklang stehend, besser geschützt sind, im anderen Falle wieder durch die ebenfalls mystifizierte Darstellung derselben als sich äußernde „menschliche Existenz".

7. Kritik der existentialistischen Theorie vom Menschen

Gerade diesen Dualismus der bürgerlichen metaphysischen Konzeption des Menschen müssen wir berücksichtigen, wenn wir die Bedeutung der Marxschen Lehre vom Menschen für die Pädagogik analysieren. Die Marxsche Kritik wendet sich nämlich nicht nur gegen die traditionelle, apriorische Art und

Weise, das Wesen des Menschen zu bestimmen, sondern greift gleichfalls die damals aufkommende Existenzmetaphysik an den Wurzeln.

Die Marxsche Kritik enthüllt diese neue Variante der damals entstandenen idealistischen Theorie vom Menschen, die nur scheinbar im Gegensatz zum Idealismus steht und Kritik übte an der traditionellen Ideologie und am Versprechen, alle Menschen von den sie knebelnden Fesseln zu befreien. Solche Aufgaben stellten sich die Junghegelianer, und Marx legt dar, daß dieses Lager trotz des scheinbaren Radikalismus das konservativste von allen ist.

Die von Marx an den Junghegelianern und an Feuerbach geübte Kritik war gegen die pseudoradikalen Positionen gerichtet, von denen aus man den Kampf gegen die bisherigen Konzeptionen vom menschlichen Wesen zu führen versuchte und dabei seine Existenz zum Ausgangspunkt nahm. Marx wies nach, daß man solange diese Existenz idealistisch und ahistorisch aufgefaßt wird, auch zu einer konservativen Verewigung der augenblicklichen Situation und zur Beschränkung der Entwicklungsmöglichkeiten des Menschen kommen müsse. Und gerade dagegen wendet sich der historische Materialismus mit seiner Konzeption des Menschen.

Dadurch, daß Marx diese Methode des Kampfes gegen die ideale Welt, die von den Junghegelianern und Feuerbach vorgeschlagen wurde, ablehnte, zeigte er, daß eine Entwicklung des Menschen nur durch die Befreiung vom Joch der auf ihm lastenden ideologischen Tradition möglich ist, was nur durch den tatsächlichen Sturz jener gesellschaftlichen Verhältnisse erreicht werden kann, die immer noch Grundlage dieses Joches sind.

Diese Marxsche Lehre von der geschichtlichen Rolle des Proletariats und der proletarischen Revolution, durch die eine neue, klassenlose Gesellschaft errichtet wird, sind der Kristallisationspunkt für die pädagogischen Konzeptionen von Marx. In der revolutionären Arbeiterbewegung liegen die Grundlagen für die Erziehungsarbeit, die sich nicht auf die „Verbesserung des Bewußtseins" beschränkt, sondern im Zusammenhang mit der Umgestaltung des gesellschaftlichen Lebens selbst verändert. Im Bündnis mit der Arbeiterbewegung gewinnt die Erziehungsarbeit ihren Sinn und sie befreit sich aus den Schlingen des Opportunismus. Dann dient sie wirklich dem Menschen. „Man muß", schreibt Marx, „das Verlangen nach Bildung und Studien, die moralische Energie und das unermüdliche Verlangen nach Entwicklung kennen, das die französischen und englischen Arbeiter erfüllt, um sich einen Begriff von dem menschlichen Edelmut dieser Bewegung machen zu können." Die Vereinigung der Arbeit der Erzieher mit dieser Bewegung würde es ermöglichen, in vollem Umfange zu begreifen, wie sich der Mensch entwickelt und um seine wahrhafte Menschwerdung kämpft. Sie würde es den Erziehern ermöglichen, sich von der Suggestion frei zu machen, daß die „Existenz" des Menschen sich in den Dimensionen des bürgerlichen Genusses und der bürgerlichen Ausbeutung bewegt.

So bereitet die Marxsche Lehre den beiden Spielarten der idealistischen Konzeption des Menschen ein Ende. Sie zeigt, daß das Bestreben, den Inhalt des „menschlichen Wesens" in abstrakter Weise zu bestimmen und ihn dann in den konkreten Menschen verkörpern zu wollen, falsch ist. Sie legt dar, daß der Kampf gegen das Joch einer solchen Ideologie nicht vom Standpunkt der „Existenz" des Menschen geführt werden kann. Dieser Kampf der Existentialisten ergab sich aus der richtigen Erkenntnis, daß man sich von den beengenden Fesseln der Abstraktion, die eine weitere schöpferische Entwicklung der Menschen unmöglich macht, befreien müsse; ihr Fehler bestand jedoch darin, sich einzig und allein auf ihre konkrete Existenz und ihr konkretes Bewußtsein zu berufen, als ob das das oberste Kriterium wäre. Dieses Kriterium, auf das man sich so berief, war das Kriterium der verkannten, mystifizierten Geschichte, eben jener Geschichte, die die abstrakten Interpretationen des menschlichen Wesens, die den Weg in die Zukunft versperren, geschaffen hat.

Dadurch, daß Marx beide Anschauungen ablehnte, wies er einen neuen Weg: der Mensch erschafft sich in der Geschichte im Verlauf der eigenen Tätigkeit; aber da er den schöpferischen

Charakter dieser Tätigkeit verkannte, unterlag er den Forderungen der Welt seiner eigenen materiellen und geistigen Produkte; diese doppelte Entfremdung kann nur durch den Sturz der Klassenherrschaft der Bourgeoisie überwunden werden; sie kann nur durch die Herbeiführung menschlicher Lebensbedingungen und durch die Entwicklung des Bewußtseins, daß der Mensch allein über die Welt und die von ihm erzeugten Produkte zu herrschen vermag, aufgehoben werden. Die Überwindung dieser Entfremdung vollzieht sich einzig und allein auf dem Wege der Revolution, weil auch das Wesen dieser Erscheinung materiell und gesellschaftlich, nicht — wie Hegel meinte — geistig ist.

So wird der ewige Streit um den Menschen zwischen denjenigen, die sich bemühten, ihn vom Standpunkt seines „Wesens" aus zu begreifen und denjenigen, die versuchten, ihn auf Grund seiner „Existenz" zu erfassen, in den Kategorien historischer, sozialer Tätigkeit entschieden, die eine menschliche Welt der Zukunft schafft, die dem Menschen von Tag zu Tag mehr unterworfen sein wird. Die Existentialisten haben mit Recht gegen die willkürlichen Versuche protestiert, bestimmte Ideengehalte zu verabsolutieren und Konzeptionen von einem angeblich unveränderten und ewigen Wesen des Menschen zu schaffen; zu Unrecht schlossen sie aber die Gesamtheit der menschlichen Empfindungen und Möglichkeiten in den elementaren Lebensstrom ein, der historisch von der bürgerlichen Gesellschaft geschaffen wurde. Die Vertreter der traditionellen Konzeption vom menschlichen Wesen haben treffend empfunden, daß man den Menschen nicht mit der Existenz identifizieren könne, die er führt, weil das Menschliche eben in der Gestaltung der eigenen Existenz bestehe; da sie aber die gesellschaftlichen Bedingungen dieser Gestaltung nicht begriffen, leiteten sie ihre Philosophie auf die Irrwege der Metaphysik des „Monsalvat." [1]

Die Marxsche Lehre zeigt den Ausweg aus diesem Dilemma, das angeblich zur alternativen Wahl zwingt, entweder den „lebendigen Menschen" um den Preis des Verzichts auf Leit-

---

[1] Jesuitische Metaphysik.

ideen, oder aber „große Ideen" um den Preis der Loslösung von den konkreten Menschen und ihrem Leben zu wählen. Der Ausweg aus diesem Dilemma ist der Hinweis, daß das Wesen des Menschen im historischen Prozeß der Schaffung einer menschlichen Welt und der Eroberung der Herrschaft über sie sich gestaltet und wächst; dieser Ausweg ist die Erkenntnis, daß sich die Existenz des Menschen im Verlauf der von historischen Notwendigkeiten bestimmten Tätigkeit verändert und wächst. Der Begriff der revolutionären Praxis zeigt damit die Möglichkeit, das Wesen mit der Existenz des Menschen, die im bürgerlichen philosophischen Denken voneinander getrennt und gegensätzlich, ja manchmal geradezu alternativ betrachtet werden, in Einklang zu bringen.

8. Die Pädagogik der revolutionären Praxis

Das müssen wir besonders stark betonen. Die Marxsche Lehre des dialektischen und historischen Materialismus, die sich gegen die jahrhundertealte Tradition der idealistischen Auffassung vom Menschen wandte, unterstrich die besondere Rolle der Revolution als Faktor, der die neuen gesellschaftlichen Verhältnisse und neue Menschen schafft. Das hatte für die Pädagogik besonders große Bedeutung.

Die gesamte bürgerliche Pädagogik beruhte auf der Anpassung des Menschen an seine Umwelt, gleichgültig ob diese Welt, an die man sich anpassen mußte, die ideale Welt der Werte oder aber die reale Welt der kapitalistischen Ordnung war. Die Marxsche Lehre von der sozialistischen Revolution ermöglichte in ganz neuer Weise, die grundsätzlichen Erziehungsprobleme zu erfassen und über alle vom bürgerlichen pädagogischen Denken gestellten Alternativen hinauszugehen. Die grundlegende Auseinandersetzung in der Pädagogik war die Auseinandersetzung zwischen den Anhängern der Erziehung durch Einwirkung auf das Bewußtsein und den Anhängern der Erziehung durch Einwirkung auf die Umweltverhältnisse des Kindes. Marx lehnte diese Alternative ab. Er legte dar, daß sich der Mensch weder ausschließlich unter dem Einfluß der

Umweltbedingungen noch ausschließlich unter dem Einfluß der Entwicklung seines Bewußtseins noch schließlich unter dem Einfluß irgendeiner Kombination dieser beiden Komponenten forme. Zugleich wies er darauf hin, daß der entscheidende Faktor, der die Menschen gestaltet, ihre eigene gesellschaftliche Tätigkeit ist. Dank dieser Tätigkeit gestalten sich sowohl die Umwelt als auch das Bewußtsein um: Und gerade diese Tatsache kann einzig und allein als „revolutionäre Praxis" verstanden werden.

Die Betrachtung der Erziehungsprobleme vom Standpunkt der „revolutionären Praxis" macht es möglich, den ganzen Konformismus der bürgerlichen Pädagogik sowie auch die utopischen Tendenzen, die sich ihm entgegenzustellen versuchten, abzulehnen.

Während die bürgerliche Pädagogik ihre Grundsätze formulierte, rechnete sie mit ihrer Verwirklichung im Leben. Dieses Bestreben, mit den Möglichkeiten ihrer Verwirklichung in der bürgerlichen Gesellschaft zu rechnen, mußte eine Verringerung der erzieherischen Anforderungen zur Folge haben. Die reaktionären Soziologen begründeten dann auch die Richtigkeit einer solchen längeren Diskussion damit, daß Erziehungsideale, die zu weit vom Leben entfernt sind, schädlich seien, denn sie desorganisierten nur die Erziehungsarbeit und das Innenleben der Zöglinge. Viele Vertreter der Existentialpädagogik griffen den „Idealismus" der früheren Erziehungstheorien an und forderten eine „mit dem Leben übereinstimmende" Erziehung.

Mit dieser „nüchternen" Strömung der bürgerlichen Pädagogik konnten sich viele wahre Erzieher, die zutiefst mit ihren Kindern verbunden waren, und die Situation im Volksbildungswesen und in der Erziehung unter den Bedingungen der Klassengesellschaft richtig einschätzten, nicht einverstanden erklären. Sie suchten einen Ausweg aus dieser Situation und verbanden ihre Hoffnungen mit den utopischen Programmen der Sozialreformer. Seit Morus und Campanella hat die Utopie ihre Bedeutung in der Geschichte des pädagogischen Denkens nicht verloren. Die Utopie zeigte, wie der Mensch und seine Erziehung in Zukunft sein könnten. Sie schnitt aber auch eine

Frage an — die sie nicht beantwortete —, nämlich wann und wie die Menschheit in diese Zukunft eintritt. Die Erzieher waren zur Annahme geneigt, daß das durch ihre Arbeit geschehen könne. Die große soziale Umwälzung durch die Erziehung war wohl eine schöne Parole der Pädagogen, in der sich ihre Hoffnungen und Illusionen, ihre Verbundenheit mit der eigenen Arbeit, ihre Kritik an der bestehenden Ordnung ausdrückte. Objektiv gesehen hatten aber diese utopischen Träume keine Aussichten auf Erfolg, sie brachten die Sache des sozialen Fortschritts nicht voran und stellten sich sogar oft direkt einer revolutionären Aktion entgegen. Aber in diesem Streit zwischen „Realisten" und „Idealisten", zwischen denjenigen, die mit ihrer Erziehungstätigkeit dem bestehenden Leben dienen und die Zöglinge auf dieses Leben vorbereiten wollten, und denjenigen, die einem besseren Leben dienen wollen — das in der Zukunft entstehen und für das die Zöglinge herangebildet werden sollten —, in diesem Streit spielten prinzipielle Motive der Erziehungsarbeit eine wichtige Rolle. Der Erzieher will doch den vorhandenen Zustand verbessern, er will aber zugleich, daß das, was er tut, zu einem Bestandteil des realen Lebens werde, und nicht zum verbalen Befehl, den man nicht ernst nimmt. Was soll man tun, damit die Erziehung die Verbindung zu dem gegenwärtigen Leben nicht verliert und zugleich aber zu einem höheren Lebensniveau führt?

Diese Grundfrage der Erziehung wurde unter bürgerlichen Verhältnissen besonders aktuell. Die Anerkennung des vorhandenen bürgerlichen Lebens als „Wirklichkeit" machte den Kampf um eine vielseitige Entwicklung aller Menschen unmöglich. Die Proklamierung eines Erziehungsprogramms, das einer besseren Zukunft der Gesellschaft dient, führte dazu, daß es keine Verbindung mit der Gegenwart mehr gab und es in das Reich der Utopie verlagert wurde. Das bürgerliche pädagogische Denken schwankte zwischen diesen beiden Polen: zwischen der Überzeugung, daß man der Erziehung die Aufgabe stellen müsse, der bestehenden Gesellschaftsordnung zu dienen, und der Überzeugung, daß man von ihr fordern müsse, auf die künftige Gesellschaft vorzubereiten. Im ersten Fall gab man zugunsten der Gegenwart, die angeblich die einzige „Wirklichkeit" war, die Zukunft auf; im zweiten Fall verzichtete man zugunsten der Zukunft, die angeblich die Erfüllung der Ideale war, auf die Gegenwart. Man verstand lediglich eins nicht: jenen Weg zu beschreiten, der tatsächlich von der schlechten Gegenwart in die lichte Zukunft führt. Diesen Weg wollte aber die Bourgeoisie nicht sehen, denn nicht ihr gehörte die Zukunft der Geschichte.

Dieses zentrale Problem des Verhältnisses von Erziehung und Gesellschaft stellt Marx in Verbindung mit der Analyse des gesellschaftlichen Denkens der französischen Aufklärung, besonders in Verbindung mit den Owenschen Anschauungen.

Im Gegensatz zu den utopischen Träumereien weist Marx klar darauf hin, wie der Zusammenhang zwischen Zukunft und Gegenwart aufzufassen ist: „Das Zusammenfallen des Änderns der Umstände und der menschlichen Tätigkeit kann nur als umwälzende Praxis gefaßt und rationell verstanden werden." [1] Dies bedeutet, daß die Erziehung nur dann in der Gegenwart der Zukunft dienen kann, wenn sie sich mit der revolutionären Praxis verbindet, die diese Zukunft nicht nur deswegen schafft, „weil die herrschende Klasse auf keine andre Weise gestürzt werden kann, sondern auch, weil die stürzende Klasse nur in einer Revolution dahin kommen kann, sich den ganzen alten Dreck vom Halse zu schaffen und zu einer neuen Begründung der Gesellschaft befähigt zu werden." [2] Die gesamte praktische politische Tätigkeit von Marx basierte auf diesem theoretischen Grundsatz von der Erziehung der Menschen im Verlauf des revolutionären Kampfes.

Dieser Grundsatz von der Verbindung der Erziehung mit der revolutionären Praxis beendet den langwährenden Streit der Ideologen um die Frage, ob man zuerst die Umstände oder zuerst die Menschen verändern müsse. Dieser Grundsatz weist den Weg, wie die Erziehung real — und nicht utopisch — der Zukunft dienen kann, d. h., wie man im Kampf gegen die herr-

---

[1] Marx/Engels: Ausgewählte Schriften, Bd. II, Berlin 1953, S. 377.
[2] Marx/Engels: Werke, Bd. 3, Berlin 1958, S. 70.

schenden Verhältnisse der kapitalistischen Gegenwart die Kräfte heranbilden kann, die die künftige Gesellschaft aufbauen werden.

Die Marxsche Lehre stellte somit der Erziehungsarbeit unter den Verhältnissen der Klassenordnung völlig neue Aufgaben. Sie zeigte der Erziehung als einzigen Ausweg aus der Alternative zwischen Opportunismus und Utopie die Verpflichtung, mit der revolutionären Praxis der Arbeiterbewegung ein Bündnis einzugehen. Das ist der einzige Weg zur wirklichen Heranbildung neuer Menschen. Dieser Hinweis bedeutete, daß man viele traditionelle Vorstellungen über Erziehung, viele rein scholastische Auffassungen von der Erziehungsarbeit und der Entwicklung des Kindes von Grund aus ändern mußte. Er bedeutete, daß man die Erziehungsarbeit mit dem Geist des politischen Kampfes um die Befreiung des Menschen von den Fesseln der Klassenunterdrückung erfüllen und sie unter dem Aspekt der großen Perspektiven einer radikalen und gleichzeitigen Umgestaltung der „Umstände und Menschen" betrachten muß.

Diese Perspektiven, die die Marxsche Lehre von der sozialistischen Revolution der Pädagogik eröffnete, hatten nicht nur ihre Bedeutung während des Kampfes um den Sozialismus in der bürgerlichen Gesellschaft, sondern auch beim Sieg des Proletariats und in der Periode des sozialistischen Aufbaus, obwohl sich dann die Entwicklung nicht mehr auf gewaltsam revolutionärem Wege vollziehen wird. Sie behielten ihre Bedeutung, weil der Wesenskern dieser Aufgabe, die die sozialistische Revolution der Pädagogik stellt, vor allem darin besteht, die Theorien der Anpassung der Erziehung in ihrer Wirkung einzuschränken, und solche Bedingungen zu schaffen, in denen die Erziehungsarbeit der Zukunft dienen kann. In der kapitalistischen Gesellschaft heißt Dienst an der Zukunft — Bündnis des Erziehers mit der revolutionären Praxis der Arbeiterbewegung. In der Gesellschaft, die den Sozialismus aufbaut, bedeutet das — Bündnis des Erziehers mit den aktivsten Kräften des gesellschaftlichen Fortschritts, die die Überreste der überlebten kapitalistischen Gesellschaftsordnung beseitigen und die Grundlagen einer neuen Ordnung schaffen.

Nicht immer haben wir bisher vermocht, das Wesen dieses Bündnisses in die Sprache der pädagogischen Theorie und Praxis zu übertragen. Wir waren nicht in der Lage, das, was Makarenko als nahe, mittlere und weite Perspektiven bezeichnete, in befriedigender Weise zu organisieren. Wir vermochten nicht, den Menschen, die dank ihrer Tätigkeit wachsen, durch die Erziehungsarbeit zu helfen. In vielen Fällen verstanden wir nicht, durch unsere Erziehungsarbeit die bürgerlichen Überbleibsel aus dem Bewußtsein unserer Menschen zu entfernen und die neuen sozialistischen Bewußtseinsinhalte zu entwickeln und zu festigen. Nicht immer erkannten wir kühn genug und weitsichtig die großen Aufgaben der Erziehungsarbeit in qualitativ neuen Lebensverhältnissen, und das in einem Lande, in dem die überwiegende Mehrheit der Bevölkerung lernen will und muß, um immer besser die vor der gesamten Gesellschaft liegenden Aufgaben bewältigen zu können.

Daher ist der Marxsche Grundsatz vom Bündnis der Erziehung der sich verändernden Menschen mit der Tätigkeit der die Umstände verändernden Menschen auch weiterhin — unter den Bedingungen des sich entfaltenden Aufbaus des Sozialismus in unserem Lande — das hauptsächliche und in seinem Reichtum unerschöpfliche Leitprinzip der Erziehung [1].

---

[1] Die Bedeutung der Marxschen Lehre von der „umwälzenden Praxis", die unter den Verhältnissen der bürgerlichen Gesellschaft formuliert wurde, für den Aufbau des Sozialismus wird in der Neuauflage meines Buches „Die Erziehung für die Zukunft" genauer untersucht.

ANHANG
(Anmerkungen)

Vorwort

(1) In der wissenschaftlichen Literatur des Auslandes gewinnt dieses Problem — besonders in letzter Zeit immer mehr an Bedeutung. Unter den zahlreichen sowjetischen Artikeln zu diesem Thema ist eine Abhandlung von P. N. Grusdiew: „Marx i Engels — „Osnowopoloshniki naučnoj pedagogiki" besonders hervorzuheben, die im Sammelwerk „Komunističeskoje wospitanje w sowietskoj škole", Moskwa 1950, S. 27-76 abgedruckt wurde. In der marxistischen Literatur des Westens finden wir keine Abhandlungen, die unmittelbar pädagogische Probleme behandeln, obwohl viele in „La Pensée" und „Science and Society" veröffentlichte Studien für den Pädagogen, der das Marxsche Denken untersucht, von Interesse sind. Mit unseren Überlegungen sind folgende Bücher am engsten verbunden: A. Cornu: „Marx et la pensée moderne", Paris 1948; („Karl Marx und die Entwicklung des modernen Denkens", Berlin 1950); A. Cornu: „Essai de critique marxiste", Paris 1951; H. Selsam: „Socialism and ethics", New York 1943 („Sozialismus und Ethik", Berlin 1955); V. Venable: „Human nature — the marxian view", London 1946.

Kapitel I

(1) Wir lassen in diesem Überblick den Abiturientenaufsatz von Marx zum Thema der Berufswahl, der 1835 geschrieben wurde, sowie seine ersten publizistischen Artikel, in denen man die Ansätze seines pädagogischen Denkens finden kann, außer acht. Im Kampf um die Pressefreiheit hat sich Marx z. B. gegen die Argumente der Reaktionäre gewandt, die zu beweisen suchten, daß die menschliche Natur verdorben sei und daß man ihr daher verschiedene Freiheiten, besonders die Pressefreiheit, nicht zubilligen dürfe. Solange der Mensch durch die Erziehung nicht vervollkommnet ist — das war der Standpunkt der Vertreter des Zensurrechts —, verdient er keine Pressefreiheit. Marx lehnt diese Argumentation ab. Selbst wenn man annehmen wollte, daß der Mensch verdorben ist, so müßte man schlußfolgern, daß alle menschli-

chen Institutionen, also auch die Parlamente und Regierungen, die die Presse zu kontrollieren haben, das Brandmal der Verdorbenheit tragen. Und wenn wir mit Recht der Meinung sind, daß alles Unvollkommene durch Erziehung verbessert werden solle, so müssen wir uns darüber im klaren sein, daß die Erziehung auch „menschlich, daher unvollkommen" ist und daß diese Erziehung auch der Erziehung bedarf. („Debatten über Preßfreiheit..", Marx/Engels: Werke, Bd. 1, Berlin 1956, S. 49).

Dieser Gedanke, den Marx in den „Thesen über Feuerbach" wiederholt, drückt seine tiefe Überzeugung aus, daß die Erziehungstätigkeit nicht als eine selbständige Quelle der neuen gesellschaftlichen Wirklichkeit verstanden werden kann, sondern als ein Tun, das mit der Gesamtheit menschlicher Handlungen zusammenwirkt, die auf die Umgestaltung der sozialen Wirklichkeit abzielen. Die Tatsache, daß auf die Erziehung übertriebene utopische Hoffnungen gesetzt wurden, nutzte die Reaktion aus, die sich dagegen sträubt, neue fortschrittliche gesellschaftliche Institutionen zu schaffen, bevor nicht der Mensch auf diese durch die Erziehung vorbereitet worden ist. Nach Ansicht von Marx soll man vor allem die schlechten Institutionen beseitigen, ohne die Besserung des Menschen abzuwarten, weil „die Institutionen mächtiger sind als die Menschen". („Bemerkungen über die neueste preußische Zensurinstruktion", Marx/Engels: Werke, Bd. 1, Berlin 1956, S. 25).

Obwohl die erwähnten Einzelheiten — sie könnten beliebig erweitert werden — historisch und biographisch interessant sind, verdienen sie keine besondere Beachtung in den Hauptdarlegungen, in denen wir die grundlegenden und entscheidenden Entwicklungsetappen der pädagogischen Problematik im Wirken von Marx und Engels erörtern.

(2) Erst in letzter Zeit kündigt sich allgemein ein anderes Verhältnis zum Schaffen des jungen Marx an, das nicht als Gegensatz zur reifen Periode, sondern als Periode des Werdens und Gestaltens des materialistischen Denkens betrachtet wird. Ein besonderes Verdienst hat auf diesem Gebiet A. Cornu, dessen zahlreiche Studien von jeher der Analyse gerade dieser Probleme gewidmet waren. Zu nennen sind folgende Studien: „La jeunesse de Karl Marx" (1934), „Moses Hess et la gauche hégélienne" (1934), „Karl Marx et la revolution de 1848" (1948), „Karl Marx et la pensée moderne" (1948). „Essai de critique marxiste" (1951) und besonders „Karl Marx und Friedrich Engels Leben und Werk", Bd. I 1818-1848 (1954) sowie „Karl Marx: Die ökonomisch-philosophischen Manuskripte" (1955).

Einige Arbeiten sowjetischer Wissenschaftler, die der Tätigkeit und der Philosophie des jungen Marx gewidmet sind, enthält das Heft Übersetzungen des „Myśl Filozoficzna" (Philosophischer Gedanke), 1955, Nr. 1/2; das sind Arbeiten von T. I. Oiserman: „Aus der Geschichte des ideologisch-politischen Kampfes von Marx und Engels in den vierziger

528

Jahren des 19. Jahrhunderts" und von K. T. Kusnezow: „Politische und philosophische Anschauungen von Marx in der Frühperiode seines Schaffens". Auch der Artikel von A. Benary und H. Graul: „Zur Entstehung der ökonomischen Lehre von Karl Marx", („Wirtschaftswissenschaft" 3/1954), der gegen A. Lemmnitz polemisiert, beschäftigt sich mit diesem Thema.

(3) Es ist zu bemerken, daß Engels' Aufenthalt in England Gegenstand eines speziellen Studiums aus pädagogischer Sicht sein müßte. Leider sind unsere Möglichkeiten beschränkt, die pädagogische Tätigkeit der englischen Arbeiter in jener Periode sowie die langwährenden Auseinandersetzungen zu Fragen des Unterrichts und der Erziehung, die von den verschiedenen Lagern zu Beginn des 19. Jahrhunderts geführt wurden, kennenzulernen, zumal die Arbeiten englischer Historiker nur ein sehr fragmentarisches Bild dieser Situation geben. Für uns wäre es wichtig, den Versuch zur Adaptation der Rousseauschen Konzeption an die Bedürfnisse der Industriewirtschaft zu analysieren, der von R. L. Edgeworth („Practical Education", 1798 und „Professional Education", 1809) unternommen wurde, sowie die Tätigkeit von Thomas Paine, der in seinen „Rights of Man" (1791/92) den Bildungsfragen viel Aufmerksamkeit widmet; besonders wichtig wäre es, die kulturelle Tätigkeit von Owen und der ihm nahestehenden Menschen, wie z. B. Samuel Wilderspins („On the Importance of Educating the Infant Children of the Poor", 1823) und David Stows genau kennenzulernen. Aus der Zeit, in der Engels lebte, ist über die Bildungstätigkeit, der Georg Birkbeck (1776-1841) den ersten Anstoß gab und die sich organisatorisch in dem sogenannten „Mechanic's Institute" entwickelte, wenig bekannt. Die von Birkbeck gegründete Zeitschrift „The Mechanic's Magazine" hatte eine riesige Auflage, und die monographische Arbeit von Brougham: „Practical Observations on the Education of the People" (1825) (1825) löste heftige Diskussionen aus. Die Tätigkeit der Chartisten ist aus den allgemeinen Arbeiten, die dieser Bewegung gewidmet sind, nur unzureichend bekannt. Die Tätigkeit von Frederick Deninson Maurice (1805-1872) scheint in organisatorischer (er war der eigentliche Schöpfer der Bewegung Workingmen's Colleges) und theoretischer Hinsicht (als Verfasser der Arbeit: „Learning and Working") besonders interessant zu sein. Nur auf Grund einer genauen Kenntnis dieser sehr mannigfaltigen Volksbildungsbewegung und ihrer manchmal sich widersprechenden Tendenzen kann man die historische Position der pädagogischen Anschauungen von Engels bestimmen.

(4) In der Polemik mit Proudhon finden sich ebenfalls Keime des Problems der polytechnischen Bildung und Erziehung, dem Marx in seiner späteren Tätigkeit so viel Aufmerksamkeit gewidmet hat. In dem Kapitel Arbeitsteilung und Maschine zeigt Marx, wie falsch die Proudhonsche These ist, daß die Maschine „eine Art ist, die verschied-

nen Teile der Arbeit, welche die Arbeitsstellung geschieden hat, zu vereinigen" und wie illusorisch demzufolge auch seine Hoffnungen auf die „Wiederherstellung des Arbeiters" sind, d.h. ihm ein vielseitiges Leben vollends wieder zu geben. „Nichts abgeschmackter", stellt Marx fest, „als in den Maschinen die *Antithese* der Arbeitsteilung zu erblicken, die *Synthese*, die die Einheit in der zerstückelten Arbeit wiederherstellt" („Das Elend der Philosophie", Berlin 1952, S. 158). Diese falsche Betrachtung der historischen Entwicklung führte zu den falschen Erziehungskonzeptionen, die mit Hilfe des „synthetischen" oder „integralen" Unterrichts die Einseitigkeit, die der Arbeit der Werktätigen von den kapitalistischen Verhältnissen aufgezwungen wurde, zu überwinden versprochen. Proudhons Schüler, Paul Robin, versuchte dieses Programm zu verwirklichen, indem er eine Schule gründete, in der verschiedene handwerkliche Disziplinen in Verbindung miteinander gelehrt wurden. Robin vertrat als Mitglied der ersten Internationale diese Parolen auch auf diesem Gebiet. Einzelheiten über seine Tätigkeit sind uns jedoch nicht bekannt.

(5) Das Problem, den reifen Marx dem jungen gegenüberzustellen, hängt u. a. mit der Anschauung über die Bedeutung der moralischen Faktoren in der Geschichte zusammen. Recht oft werden die Dinge so dargestellt, als ob Marx die Probleme zunächst vom moralischen Standpunkt aus betrachtete, während er sie später ausschließlich objektiv auffaßte, indem er auf das Wirken historisch-ökonomischer Notwendigkeiten hinwies. So z. B. fassen Benary und Graul die Fortschritte des materialistischen Denkens von Marx in ihrer Abhandlung „Zur Entstehung der ökonomischen Lehre von Karl Marx" („Wirtschaftswissenschaft" 3/1954) auf. Sie schreiben, indem sie das spätere Stadium dem früheren gegenüberstellen: „Kennzeichnend für diese Stufe der Marxschen Anschauungen über die proletarische Revolution ist also das völlige Fehlen jeglicher ethischer Begründung der Revolution. Vielmehr beginnt er die objektiven ökonomischen Gesetze aufzudecken, deren Wirksamkeit notwendig zum Untergang des kapitalistischen Systems führen muß. Statt ethischer Forderung nach der Revolution — historische Begründung ihrer Notwendigkeit" (S. 333).

Diese These ist sowohl in bezug auf den „jungen" Marx als auch auf den „reifen" Marx falsch. Der „junge" Marx stellte nirgendwo das Problem der Revolution als „ethische Forderung" hin — obwohl er sich noch nicht ganz klar darüber war, wie sie erfolgen soll —, und der „reife" Marx betrachtete die Revolution niemals als automatische Notwendigkeit. Gerade durch die Organisation des bewußten Kampfes des Proletariats lieferte er den besten Beweis dafür, wie er die Rolle des Bewußtseins und der Moral der Menschen in der Geschichte einschätzt. Es ist ebenfalls falsch, im jungen Marx nur den Moralphilosophen und im reifen Marx nur den Politökonom zu sehen. Diese Kategorien erfassen eben nicht, was in der Marxschen Philosophie am wesentlichsten war: die Erkenntnis der objektiven Voraussetzungen für die Befreiung des Menschen, um diese Befreiung wirklich durchführen zu können. Daher bin ich der Meinung, daß F. Behrens dieses Problem in seiner Abhandlung „Einteilung des Kapitals von Marx" viel richtiger als Benary und Graul behandelt hat. Er schreibt: „Marx begründet die Notwendigkeit des Zusammenbruchs des Kapitalismus nicht ‚rein ökonomisch'. Die ‚reine' Ökonomie ist eine bürgerliche Erfindung, sie entspricht dem ‚Fetischcharakter' der Ware. Eine ‚reine' Ökonomie mit ökonomischen Gesetzen ohne soziale und politische Gesetzmäßigkeiten ist ein Unding. Die ökonomischen Gesetze handeln nicht von dem Verhältnis von Dingen, sondern von den Beziehungen zwischen Menschen; und so bedeutet auch der ökonomische Nachweis des Zusammenbruchs des Kapitalismus nichts anderes, als den Nachweis solcher sozialen Verhältnisse, in denen das Fortbestehen des Kapitalismus für die unter den kapitalistischen Produktionsverhältnissen lebenden Menschen unerträglich, die Revolution also unvermeidlich wird". (Fritz Behrens: „Zur Methode der politischen Ökonomie", Berlin 1952, S. 47).

(6) Welchen Wert Marx und Engels auf die systematische Vermittlung wirklicher Fortschritte der Wissenschaft im Unterricht legten, zeigt die Stellungnahme von Engels in der „Dialektik der Natur", die gegen den sogenannten integralen Unterricht gerichtet war. Darin führte Engels aus: „Wie wenig Comte der Verfasser seiner von St. Simon abgeschriebenen enzyklopädischen Anordnung der Naturwissenschaft sein kann, schon daraus zu sehn, daß sie (bei) ihm nur den Zweck der *Anordnung der Lehrmittel* und des *Lehrgangs* hat und damit zum verrückten enseignement intégral (integralen Unterricht) führt, wo je eine Wissenschaft erschöpft wird, ehe die andre nur angebrochen, wo ein im Grunde richtiger Gedanke ins Absurde mathematisch outriert" („Dialektik der Natur", Berlin 1955, S. 266).

(7) In dieser chronologischen Übersicht, deren Aufgabe es ist, die Hauptetappen der Entwicklung der pädagogischen Problematik in den Schriften von Marx und Engels darzustellen, lassen wir die verhältnismäßig zahlreichen kürzeren Äußerungen zu Fragen der Erziehung außer acht. Sie haben den Charakter von Grundthesen, die der Orientierung in der sozialistischen Pädagogik und der sozialistischen Volksbildungspolitik dienen. Dieser Art sind z. B. der Brief von Engels an Kablukowa, in dem von der polytechnischen Erziehung und Bildung die Rede ist (Brief vom 5. August 1880, Marx/Engels: „Ausgewählte Briefe", Berlin 1953, S. 395 ff.), der Brief von Engels an den Internationalen Kongreß Sozialistischer Studenten im Jahre 1893, der die Aufgaben der Universitäten behandelt, und der Artikel von Engels „Kann Europa abrüsten", in dem über die Verbindung der körperlichen Erziehung mit der vormilitärischen Ausbildung geschrieben wird.

(1) Über den Sinn des Wortes Entfremdung schreibt A. Cornu: „Entfremdung in der Wortbedeutung von Hegel und Marx bezeichnet die Tatsache der Vergegenständlichung, der Entäußerung dessen, was zum Wesen von irgend jemand gehört und der Behandlung dessen, was auf diese Weise vergegenständlicht wurde, als irgend etwas sich von ihm Unterscheidendes, als Wirklichkeit, die ihm fremd ist und sich ihm widersetzt". (A. Cornu: „L'idée d'aliénation chez Hegel, Feuerbach et Karl Marx", „La Pensée" 17/1948).

In diesem neuen Sinne soll sich das Wort „Entfremdung" zur Bestimmung gewisser philosophischer Theorien eignen, die keineswegs neu sind, sondern eine lange Geschichte haben. A. Cornu erläutert im zitierten Artikel — in Anknüpfung an Hegel — den grundsätzlichen Verlauf dieser Geschichte. Hegel hat darauf hingewiesen, daß die Auflehnung gegen die pantheistischen Konzeptionen, die Gott mit der Welt identifizieren, die Grundlage für Auffassungen war, nach denen die Welt ein von Gott losgelöstes und zu ihm zurückkehrendes Gotteswerk sei. Diese antipantheistische Theorie übernahm die idealistische deutsche Philosophie, die mit dem Begriff vom Geist und Ich operierte und die Entwicklung des Geistes als Entwicklung durch Vergegenständlichungen und Überwindung dieser Vergegenständlichungen erläuterte. Auf diesen Grundlagen hat Hegel seine eigene metaphysische Konzeption entwickelt, in der die Entfremdung eine wesentliche Rolle spielte. Sie bildete jene Negation, derzufolge der Geist ein umfassenderes Bewußtsein von sich selbst gewann. Durch die Verobjektivierung, durch die Vergegenständlichung seiner selbst, durch die als Entfremdung wiederkannte und überwundene Entfremdung wurde der Geist immer reicher.

Diese Richtung des Denkens wurde in der Feuerbachschen Philosophie, die den Menschen zum Subjekt der Entfremdung machte, grundsätzlich umgewandelt. Feuerbach hat gezeigt, daß der Mensch religiöse Begriffe schafft, die er dann als selbständige Wirklichkeit, die Gehorsam fordert, betrachtet. Die Entfremdung wurde zum Haupthindernis in der Entwicklung des Menschen, sie verlor jenen positiven Sinn, den sie in der Hegelschen Philosophie hatte. Die Feuerbachsche Philosophie wies auf die Gefahren der Entfremdungsillusionen hin und empfahl sie „philosophisch" zu zerstreuen. Den nächsten Schritt tat Heß, der zu beweisen suchte, daß die Hauptgefahr für den Menschen jene Entfremdung sei, die sich auf ökonomischem Gebiet vollziehe und nicht die religiöse Entfremdung, wie sie Feuerbach analysiert hat. Egoismus, Profitgier, scharfe Konkurrenz, die durch die kapitalistische Ordnung geweckt werden, bilden selbst das Wesen der Entfremdung des Menschen.

Auf Grund dieser Entwicklung kennzeichnet Cornu den marxistischen Standpunkt, der dem Begriff der Entfremdung, nach Ansicht von Cornu, eine völlig neue Eigenschaft verliehen hat, weil er sie zum Grundsatz der gesellschaftlichen Tätigkeit gemacht hat. Nach Marx vergegenständlicht der Mensch sein Wesen in Dingen, die er erzeugt, und unterliegt so der Entfremdung. Die Wiedergewinnung dieses durch die Arbeit entäußerten eigenen Wesens ist eine prinzipiell praktische Frage, die nur durch den Sturz der kapitalistischen Ordnung gelöst werden kann. Dann werden den Menschen ihre eigenen Werke nicht mehr fremd sein. (A. Cornu: „Karl Marx et la pensée moderne". Editions sociales. Paris 1948, S. 144).

Nach unserer Meinung ist jedoch der Standpunkt von Cornu nicht überzeugend, vor allem deswegen nicht, weil er bei der Charakterisierung der marxistischen Theorie der Entfremdung als der Endphase in der historischen Entwicklung dieses Begriffes die Auffassung suggeriert, daß die Marxschen Anschauungen als Glied der ideologischen Entwicklung auf dem Gebiet der Philosophie entstanden sind. In Wirklichkeit war es keineswegs so. Marx' Anschauungen von der Entfremdung konkretisierten sich — wie wir noch sehen werden — im Verlauf seiner Untersuchungen die sich auf seine zeitgenössische Wirklichkeit erstreckten, im Verlauf der Betrachtungen, die er über die reale Situation konkreter Menschen, besonders der Arbeiter unter den kapitalistischen Verhältnissen anstellte. Die Ergebnisse dieser mit der praktischen, gesellschaftlich--revolutionären Tätigkeit verbundenen Analyse bilden die Grundlage für den Inhalt des Entfremdungsbegriffes. Dieser Begriff faßte die Ergebnisse dieser Untersuchungen und der Praxis vom Standpunkt des Menschen und seiner Entwicklung aus zusammen.

Als sich auf diese Weise der Inhalt des marxistischen Entfremdungsbegriffes herausgebildet hatte, mußte Marx immer deutlicher die Besonderheit seiner Position gegenüber Hegel erkennen, zu dem er am stärksten im Gegensatz stand. Die Kritik der Hegelschen Auffassung von der Entfremdung war ein zusätzlicher Faktor der Präzisierung der Marxschen Konzeption. Sie war aber niemals ein selbständiger oder der ursprüngliche Faktor. Marx' Lehre von der Entfremdung war kein natürliches, weiteres Glied in der Entwicklung philosophischer Ideen. Die marxistische Philosophie, die auf Grund des Kampfes des Proletariats entstand und — wie Marx sie selbst bezeichnete —, Waffe des Proletariats ist, war die Negation der ganzen bisherigen Entwicklung. Das sieht man deutlich an der Tatsache, daß Marx bei der Übernahme der philosophischen Tradition in der Auffassung von der Entfremdung diesem Begriff einen neuen Sinn gab. Diese Besonderheit besteht nicht nur darin, daß Marx den Begriff der Entfremdung als den die Tätigkeit organisierenden Begriff verwendete. Die Unterschiede sind wesentlicher und beziehen sich auf den Inhalt dieses Begriffes selbst. Und ebenso wie man nicht von der „Hegel-Marxschen Dialektik" sprechen kann, so kann man auch nicht von dem Hegel-Marxschen Begriff der Entfremdung sprechen. In beiden Fällen sind die Unterschiede bedeutender als die Ähnlichkeit.

Was den Ausgangspunkt der marxistischen Konzeption von der Entfremdung ganz klar charakterisiert, ist die grundsätzliche Verlagerung der Überlegungen und der religiösen Probleme auf ökonomische Fragen (Marx/Engels: „Kleine ökonomische Schriften". Berlin 1955, S. 128). „Die religiöse Entfremdung als solche geht nur in dem Gebiet des *Bewußtseins* des menschlichen Innern vor, aber die ökonomische Entfremdung ist die des *wirklichen Lebens* — ihre Aufhebung umfaßt daher beide Seiten".

Wenn wir also nach Ansicht von Marx wirklich das bestimmen wollen, was der Mensch produziert, wie er seinen eigenen Produkten unterliegt und wie er sie wirklich beherrschen kann, müssen wir uns dem Bereich zuwenden, der das reale menschliche Leben ist, der materiellen Produktion und den mit ihr verbundenen ökonomischen Verhältnissen. Wir können uns dann davon überzeugen, wie die menschliche Arbeit Gegenstände produziert, die dadurch, daß sie zu Gegenständen des Privateigentums werden, sich von den Menschen als ihren Produzenten loslösen, eine selbständige Bedeutung gewinnen, als objektive und unabhängige Welt den Menschen zu bilden beginnen, indem sie ihn der menschlichsten, aktivsten Merkmale berauben. „Dies *materielle*, unmittelbar *sinnliche* Privateigentum ist der materielle sinnliche Ausdruck des *entfremdeten menschlichen* Lebens... Wie das *Privateigentum* nur der sinnliche Ausdruck davon ist, daß der Mensch zugleich *gegenständlich* für sich wird und zugleich vielmehr sich als ein fremder und unmenschlicher Gegenstand wird." (Marx/Engels: „Kleine ökonomische Schriften", Berlin 1955, S. 128 ff.). Als Eigentümer der Gegenstände beginnt der Mensch bestimmten Disziplinen, Notwendigkeiten und Gesetzen zu unterliegen, es erwacht in ihm der Egoismus des Besitzes und des Genusses, der die wertvollsten menschlichen Eigenschaften, die Fähigkeit und Lust zur Tätigkeit, zur Arbeit ertötet.

Diese Entäußerung des Menschen von seinen wirklich menschlichen Merkmalen, die durch seine eigenen Produkte vollzogen wurde, erreicht nach Ansicht von Marx ihren Höhepunkt im Kapitalismus. Hier bemühen sich sowohl die realen Verhältnisse als auch die herrschende Ideologie einträchtig den Menschen nach den Forderungen der Welt des Privateigentums zu gestalten. Die sich in der kapitalistischen Wirtschaft immer stärker vergegenständlichenden Produkte der menschlichen Tätigkeit werden damit dem Menschen immer fremder, zwingen ihn zu einem immer mehr entfremdeten Leben.

Wenn früher — so könnte man sagen — der Mensch Gegenstände besaß, die seine eigenen Produkte waren, besitzen gegenwärtig die Gegenstände, die solche Produkte sind, den Menschen. Wenn früher der Mensch die Werkzeuge seiner Arbeit beherrschte, so beherrschen jetzt in der kapitalistischen Ordnung diese Werkzeuge den Menschen. „Die Maschine", schreibt Marx, „bequemt sich der *Schwäche* der Menschen, um den *schwachen* Menschen zur Maschine zu machen." (Marx/ Engels: „Kleine ökonomische Schriften", Berlin 1955, S. 142). Der Arbeiter wird zum Werkzeug der Arbeit, zur Arbeitskraft, zur Profitquelle. Der Kapitalist lebt für Profit, für das Kapital. Eine unmenschliche Macht beherrscht den einen sowie den anderen. „...Und das gilt auch für den Kapitalisten, daß überhaupt die *unmenschliche* Macht (herrscht)", (Marx/Engels: „Kleine ökonomische Schriften", Berlin 1955, S. 150).

Kapitel IV

(1) James Kay (1804-1870), ein prominenter Mann des englischen Bildungswesens, war von Beruf Arzt und hatte als solcher Gelegenheit, die schrecklichen Lebensbedingungen der Arbeiter in Manchester kennenzulernen. In seinen Schriften lenkte er die Aufmerksamkeit auf diesen Zustand und verlangte seine Beseitigung. Das sollte durch entsprechende soziale Reformen der besitzenden Klassen geschehen. In dieser Richtung entfaltete Kay eine rege Tätigkeit. Er blieb mit den führenden Männern des schottischen Bildungswesens in engem Kontakt; besonders Stow und Wehrli, Schüler und Anhänger von Pestalozzi, wurden von Kay unterstützt. Seit 1839 war Kay Sekretär des Exekutivkomitées des Erziehungsrates, in dem er die Finanzen des Bildungswesens leitete und die Lehrer ausbildete. Er konnte aber den wachsenden Unwillen der herrschenden Klassen gegenüber einer systematischen Betreuung der Volksbildung durch den Staat — sogar in diesen begrenzten Ausmaßen — nicht überwinden und ist 1859 aus diesem Kommitée ausgetreten.

(2) John Bellers (etwa 1654-1725), ein radikaler englischer Sozialpolitiker, war der Verfasser einer Abhandlung unter dem Titel: „Proposal for raising a College of Industry of all useful Trades and Husbandry", die im Jahre 1696 in London herausgegeben und später völlig vergessen wurde. Erst Owen erinnerte wieder an sie und druckte Bellers Arbeit in seinem Buch „New View of Society" (London 1818) ab. In polnischer Sprache findet man eine Mitteilung über Bellers in dem Buch von S. Rudnianski: „Die Idee der gesellschaftlichen Erziehung in der Geschichte der Erziehung", Warszawa 1938 (2. Aufl. 1949). Die Hauptthese von Bellers war die Auffassung, daß eine gut organisierte Erziehung zur grundlegenden Umgestaltung der Gesellschaft beitragen könne. Unter diesem utopischen Aspekt sah Bellers die Bedeutung des vorgeschlagenen Kollegiums; es ging ihm also nicht nur darum, das individuelle Schicksal armer Kinder durch eine Grundausbildung zu sichern, sondern um die weiteren Perspektiven der gesellschaftlichen

Umgestaltung. Aus diesem Grunde gingen auch die pädagogischen Konzeptionen von Bellers über das Durchschnittsniveau der „Sonntagsschulen" oder der „Armenschulen" hinaus, von denen es im 17. Jahrhundert in England viele gab. In diesen Konzeptionen äußert sich der Gedanke vom allgemeinmenschlichen Wert der Verbindung von Arbeit und Unterricht, einer Verbindung, die die Arbeit vor Gedankenlosigkeit und den Unterricht vor Fruchtlosigkeit schützen sollte. „Die Arbeit", schrieb Bellers, Marx zitiert diese Worte im „Kapital", „gießt das Öl in die Lebenslampe und der Gedanke zündet sie an". Mit diesem Standpunkt wandte sich Bellers gegen die Beschränkung der Kindererziehung auf die Beschäftigung mit „kindlich dummen" Tätigkeiten und empfahl, die Kinder in die verantwortungsvolle produktive Arbeit einzuführen. Von diesem Standpunkt aus kritisierte er auch den einseitigen Charakter intellektueller Beschäftigungen in der Schule, da er meinte, daß diese Betätigung sehr oft völlig oberflächlich sei und daß dabei die Kinder eher faulenzen als wirklich arbeiten. Die körperliche Arbeit ist in gewisser Hinsicht faßlicher für die Kinder als die geistige.

Die Konzeptionen von Bellers standen also im Gegensatz zu den Traditionen der Handwerkerschulen, die für Waisen- und Armenkinder bestimmt waren. Damit läßt sich auch erklären, daß an Bellers der soziale Reformator Owen anknüpfte, was man von den Philanthropinisten nicht sagen kann. Johann Bernhard Basedow (1723-1790), ein Schüler Rousseaus, errichtete in Dessau eine große Erziehungsanstalt (Philanthropinum). Er wurde durch reiche Beihilfen von Königen und Adligen unterstützt; eine ähnliche Anstalt schuf Christian Gotthilf Salzmann (1744-1811) in Schnepfenthal in Thüringen. Die Tätigkeit von Basedow stützte sich auf die Grundsätze der Weltanschauung der Aufklärung, nach der es Aufgabe des Menschen war, in kluger Weise die Glückseligkeit und den mit dem Gemeinnutz verbundenen eigenen Nutzen zu suchen. Diesen Charakter hat seine „Praktische Philosophie für alle Stände" (1758) und seine Philalethie (1764). Aus diesen Ansichten leitete Basedow konkrete pädagogische Hinweise ab. Er interessierte sich besonders für den Elementarunterricht und verfaßte für diesen Unterricht Fibeln, die mit Kupferstichen von Chodowiecki versehen waren. Das Lehrprogramm und die Organisation der sittlichen Erziehung sollten auf alle Umstände des Lebens vorbereiten, so daß sich der Zögling den Pflichten seines „Standes" leicht anpassen könne. Die Lehrmethode sollte die Lust der Kinder zum Spielen weitgehend berücksichtigen und innerhalb ihrer Grenzen Arbeit und Unterricht organisieren. In ähnlicher Richtung tendierte auch Salzmann, wenn er die Notwendigkeit hervorhob, in der Erziehung der Zöglinge das Bemühen um eine lebensverbundene Vorbereitung auf die Arbeit mit einer sittlichen Tendenz und das Lernen und Arbeit mit dem Spiel zu verbinden. In diesem Sinne schrieb er zahlreiche Bücher für Lehrer und Eltern, in denen er lehrte, das Kind zu achten, seine Interessen zu wecken und die Strenge der Erziehung zu mildern.

Das scharfe Urteil von Marx über die „Basedows und ihre gegenwärtigen stumpfen Nachahmer" ergab sich aus seiner grundsätzlichen Überzeugung, daß man nicht eine Stabilisierung der Arbeitsteilung in physische und geistige Arbeit anstreben solle, sondern die Überwindung dieser Teilung erreichen müsse. Bellers, wie Marx mit Recht feststellte, „begriff schon Ende des 17. Jahrhunderts mit voller Klarheit die notwendige Aufhebung der jetzigen Erziehung und Arbeitsteilung, welche Hypertrophie und Atrophie auf beiden Extremen der Gesellschaft, wenn auch in entgegengesetzter Richtung, erzeugen", („Das Kapital", Bd. I, Berlin 1953, S. 514) und gerade die Pädagogik des Philanthropinismus strebte in entgegengesetzter Richtung, indem sie die Menschen an den Stand, in welchem sie geboren wurden, anpassen wollte sowie über die Anerziehung einer gewissen Lebenstüchtigkeit und humanitärer Gefühle zu Erleichterungen und Annehmlichkeiten im Leben hinstrebte. In diesem Zusammenhang ist auch Marx' spitze, von Bellers entlehnte Bemerkung — von den kindlich dummen Beschäftigungen, die den Kindergeist verdummen, verständlich. Diese Bemerkung ist gegen das Bestreben gerichtet, die Kinder vom „ernsten" Leben zu isolieren und alles, was man in der Erziehung macht, in Spiel zu verwandeln. Es wäre natürlich völlig falsch, diese Bemerkung als allgemeine Verurteilung des Grundsatzes der Anpassung des Unterrichts an die psychische Struktur des Kindes auszulegen. Der Marxsche Gedanke meint etwas anderes. Indem Marx auf die Notwendigkeit und Möglichkeit der Teilnahme von Kindern an der Produktionsarbeit hinweist, unterstreicht er, daß diese Arbeit — natürlich entsprechend organisiert — den Bedürfnissen des Kindes entspricht und auch als Bildung von Bedeutung ist. Es geht also keineswegs um „die Vernichtung der Welt des Kindes", sondern um die Betonung, daß eben schon im Leben der Kinder „echte" Arbeit und „wahre" Pflichten angebracht sind.

Die Betrachtung der Erziehungs- und Unterrichtsprobleme unter der Perspektive der Aufhebung der kapitalistischen Arbeitsteilung und der Verbindung von Arbeit und Unterricht für alle Kinder über ein gewisses Alter hinaus, mußte natürlich mit den neuen Anschauungen über das Psychische und seine Entwicklung verknüpft sein. Es mußte zu einer kritischen Überprüfung jener Anschauungen führen, die das psychische Leben des Kindes als eine autonome Entwicklung und die Welt des Kindes als ein selbständiges Reich betrachteten. Der Hinweis, daß es sich in Verbindung mit der Arbeit und dem Erkenntnisprozeß entfaltet, war der Ausgangspunkt für die Bejahung derjenigen pädagogischen Richtlinien, die sowohl von der alten intellektualistischen Schule als auch von den Versuchen, die Erziehung in ein Spiel zu verwandeln, abwichen.

(3) Eine Analyse der Bildungskonzeption von Marx und Engels auf Grund der damaligen Strömungen in der Pädagogik und vor allem in der Erwachsenenbildung, wäre gewiß sehr aufschlußreich. Sie müßte das Verhältnis dieser Konzeption zu den verschiedenen englischen Bildungsbestrebungen zeigen; es handelt sich hier besonders um das Wirken solcher Persönlichkeiten wie Dr. George Birkbeck (1776—1841) und der von ihm geschaffenen Bildungsbewegung, die in den sogenannten Instituten für Mechanik ihren organisatorischen Ausdruck fand, oder solcher Menschen wie Frederick Denison Maurice (1805-1872), eines der Organisatoren der Arbeiterkollegien (Workingmen's Colleges), wo solche Schriftsteller und Künstler wie Ch. Kingsly und J. Ruskin tätig waren; es handelt sich hier um eine reiche pädagogische Literatur, die sich mit diesen Problemen befaßt. Leider ist die Analyse dieser Frage ohne Quellenforschung, die einen längeren Aufenthalt in England erfordert, nicht möglich.

Ungenügend sind auch unsere Kenntnisse über die Bildungstätigkeit in anderen Ländern, besonders in Frankreich, Deutschland und Dänemark. Wir wissen nur sehr allgemein etwas über die französischen polytechnischen und philotechnischen Vereine in der Mitte des 19. Jahrhunderts; etwas mehr wissen wir über die Bildungsbestrebungen der französischen Arbeiter aus dem Buch von Georges Duveau, „La pensée ouvrière sur l'éducation pendant la seconde République et le second Empire" (Paris 1948); sehr wenig wissen wir über Deutschland, mehr über Dänemark, aber die traditionelle Betrachtung der Tätigkeit von N. F. S. Grundtvig (1782-1872) ruft viele prinzipielle Zweifel hervor.

Unser historisches Wissen geht bis heute noch nicht über das deutsche Sammelwerk (Leopold v. Wiese: „Soziologie des Volksbildungswesens", München und Leipzig 1921) hinaus, das von hervorragenden bürgerlichen Soziologen bearbeitet wurde (L. Wiese, Honigsheim, R. Michels, M. Scheler u. a.). Es genügt festzustellen, daß im Buch von Wiese der Name Marx zweimal in unwesentlichem Zusammenhang erwähnt wird, während der Name Engels überhaupt nicht erscheint. Das zeugt recht deutlich von dem Interesse, das der historischen Entwicklung der Arbeiterbildung in diesem Sammelband entgegengebracht wird.

Wir möchten daher auch das Problem der Bildungskonzeptionen von Marx und Engels und ihre Bildungstätigkeit im Zusammenhang mit den damaligen Strömungen und Organisationsformen der Arbeiterbildung als ein besonders wichtiges Problem hervorheben.

(4) Der unterschiedliche Standpunkt von Marx und Engels hebt sich von dem Hintergrund der Geschichte der bürgerlichen sittlichen Erziehung deutlich ab. Die während der Aufklärung vorherrschenden pädagogischen Konzeptionen betonten in Anlehnung an das Naturgesetz das Gleichgewicht von „müssen und sollen" und betrachteten die Moral als eine spezifische Gewinn- und Verlustrechnung, die im Rahmen

der bestehenden Ordnung aufgestellt wird. Was über diese Berechnungen hinausging, hatte den Charakter von „Wohltätigkeit" oder „Heroismus", die das Individuum wohl schmücken konnten, aber keine historische Bedeutung haben sollten. Im Gegensatz zu dieser gesellschaftlichen sittlichen Erziehung, die so eng gefaßt wurde, standen die sich auf die Kantsche Philosophie stützenden Systeme, die die Moral vom Nutzen und Genuß trennten und sie mit der „reinen" Pflicht verknüpften. Auf Grund dieser Philosophie führt die sittliche Erziehung zur Herausbildung der Strenge des individuellen Gewissens, das von der gesellschaftlichen Wirklichkeit losgelöst und in Gegensatz zu ihr gebracht wurde.

Die an diesen beiden Konzeptionen geübte Kritik von Marx richtete sich gegen die Hauptrichtungen der bürgerlichen Theorien von der stittlichen Erziehung, die im 19. Jahrhundert und auch später entwickelt wurden. Die erste dieser Richtungen stellte die Moral als gesellschaftliches Problem dar, aber sie verstand es in dem Sinne, daß die Moral die Folge und Bestätigung des bestehenden Zustandes sein sollte. Die Art der Auslegung dieser These war sehr unterschiedlich, aber im grundsätzlichen stimmten die Theoretiker der sittlichen Erziehung wie H. Spencer und dann A. Durkheim überein. Das gilt auch von den Pädagogen des Pragmatismus oder von jenen Pädagogen, die versucht hatten, die sittliche Erziehung als ein Sicheingliedern in die sogenannte Gemeinschaft wie z.B. P. Petersen, E. Krieck u.a. zu betrachten. Die zweite dieser Richtungen war bestrebt, die Moral als rein individuelles Problem des sogenannten Gewissens darzustellen. Auch hier waren die Konzeptionen sehr unterschiedlich; angefangen von den religiösen und mystischen Auffassungen über die personalistische Betrachtung bis zu den laizistischen und rationalistischen Lösungsversuchen. Der Kampf dieser beiden Konzeptionen der sittlichen Erziehung erschien im bürgerlichen Denken so prinzipiell und alternativ, daß ihn Bergson zum Gegenstand einer Analyse machte, die sehr bekannt wurde. Er wies nämlich auf die grundsätzliche Dualität der Quellen von Religion und Moral hin (im Buch „Deux sources de la morale et de la réligion") und bezeichnete sie als offene und geschlossene Gesellschaft.

Marx und Engels zeigen, daß diese von der bürgerlichen Philosophie dargestellte Alternative falsch ist. Wir brauchen für die „offene Moral" nicht den Preis zu zahlen, sie als eine mystisch- individualistische, vom konkreten gesellschaftlichen Leben losgelöste Moral zu betrachten; wir brauchen, indem wir die gesellschaftliche Moral wählen, nicht damit einverstanden zu sein, daß das eine „geschlossene Moral" ist. Mit anderen Worten: es ist nicht notwendig, die gesellschaftliche Betrachtung der Moral auf die Anpassung zu reduzieren und auch nicht, sie als individuelle Frage auf die Abwege des Subjektivismus zu führen. Die sittliche Erziehung in der Konzeption des Marxismus verbindet das

Problem der inneren Bildung des Individuums mit der Umwandlung der gesellschaftlichen Wirklichkeit, so daß sie mit den normalen Bestrebungen der Menschen grundsätzlich zusammenfällt.

Kapitel V

(1) Das so gefaßte Problem war bisher noch nicht Gegenstand systematischer, wissenschaftlicher Untersuchungen. So oft man sich über die Bedeutung von Marx und Engels für die Pädagogik äußerte, tat man das recht allgemein, indem man einzelne Äußerungen über die Bildungsprobleme registrierte und sie dann unmittelbar auf unsere Zeit übertrug. Das war die Negierung der berechtigten methodologischen Forderungen, die Geschichte des Denkens historisch und philosophisch zu betrachten und aus dem Verstehen des historischen Gehalts der Lehre von Marx und Engels die allgemeingültigen Ergebnisse abzuleiten, die für die weitere Entwicklung des pädagogischen Denkens maßgebend sind. Und wenn die bahnbrechende Bedeutung der Lehren von Marx und Engels auf dem Gebiet der Philosophie und Ökonomie klar hervortritt, so bleibt sie auf dem Gebiet der Soziologie unklar und auf dem Gebiet der Pädagogik und Psychologie ganz in Dunkel gehüllt, obwohl diese doch die Hauptwissenschaften vom Menschen sind. Sowohl die Pädagogik und Psychologie als auch die Soziologie unterschätzten die Lehren von Marx und Engels und stützten sich in ihrer Entwicklung in der zweiten Hälfte des 19. Jahrhunderts und im 20. Jahrhundert auf frühere Grundlagen. Die kritische Beleuchtung dieser Grundlagen ist daher eine unumgänglich notwendige Voraussetzung für die prinzipielle Umorientierung in der Pädagogik und Psychologie.

(2) Die Bedeutung, die die Rückkehr zu Hegel am Ende des 19. Jahrhunderts und im 20. Jahrhundert für die Kulturphilosophie hatte, wäre einer besonderen Bearbeitung wert. Eine solche Arbeit ist nicht bekannt. Es ist bestimmt ein Mangel des Buches von Lukacs („Die Zerstörung der Vernunft", Berlin 1953), daß es, indem es die rationalistische Interpretation der Hegelschen Philosophie vor den irrationalistischen Interpreten verteidigt, zugleich jene historische Tatsache unterschätzt, daß gerade diese vom Standpunkt des Irrationalismus aus vorgenommene Rückkehr zu Hegel eine sehr große Bedeutung für die Herausbildung des reaktionären bürgerlichen Denkens hatte. Von Dilthey, der den „jungen" Hegel entdeckte („Die Jugendgeschichte Hegels", 1907) über Windelband, der eine Synthese von Hegel und Kant zu geben versuchte („Die Erneuerung des Hegelianismus — Sitzungsbericht der Heidelberger Akademie der Wissenschaften", Heidelberg 1910) bis zum Werk von R. Kroner („Von Kant zu Hegel", Tübingen 1921-1924) und H. Glockner („Hegel", Stuttgart 1929) nahm die Bedeutung des Studiums von Hegel für die Betrachtung der Probleme der Kultur ständig zu. Diese Be-

deutung beruhte vor allem auf der Übernahme der allgemeinen Theorie der Geschichte, wie sie Hegel in seiner Konzeption des objektiven Geistes gegeben hat; die ganze Konzeption der sogenannten Geisteswissenschaften stützte sich auf diese Konzeption, die seiner Zeit Hans Freyer in seinem Buch „Theorie des objektiven Geistes" (Leipzig 1923) den Bedürfnissen der neuen Zeit mit großem populärwissenschaftlichen Geschick angepaßt hat. Diese Bedeutung beruhte aber auch auf der Übernahme der idealistischen Dialektik. Besonders seit dem Buch von S. Marck „Die Dialektik in der Philosophie der Gegenwart" (Tübingen 1929-31) wurde das Problem der Dialektik zum Kernproblem der idealistischen Philosophie. Aus ihr machte bekanntlich Nicolai Hartmann das Grundelement seiner Philosophie, besonders in den Büchern, die für die Pädagogik sehr wichtig sind, wie z. B. in „Das Problem des geistigen Seins" (Berlin 1933) und „Der Aufbau der realen Welt" (Berlin 1940). Die ganze Pädagogik von S. Hessen stützt sich auf die Hegelsche Konzeption der Geschichte und der Dialektik. Gerade diese Tatsache zeigt am besten, wie wichtig für unsere Wissenschaft die Hegelsche Philosophie und ihre Interpretation ist.

Das Problem wurde in der Zeit des Faschismus komplizierter. In Italien trennten sich die Wege des Neohegelianismus: B. Croce vertrat weiterhin liberale Positionen, während G. Gentile den Faschismus philosophisch zu begründen versuchte. Im faschistischen Deutschland war das Hegel-Problem ebenfalls im doppelten Sinne entschieden: die deutliche Abneigung offizieller Ideologen des Hitlerfaschismus wie z. B. eines Rosenberg, verband sich mit den Versuchen, die Hegelsche Philosophie für Hitlers Imperialismus auszunutzen. Diese Rolle des Neohegelianismus war eine der Ursachen, warum man in der Nachkriegszeit Hegel selbst für einen Philosophen der Reaktion hielt.

Dieser gewiß falsche Standpunkt unterliegt gegenwärtig der Kritik. Es erscheinen Arbeiten, die auf die positiven Elemente der Hegelschen Philosophie hinweisen und dabei an die Äußerungen von Marx und Lenin über den Wert dieser Philosophie erinnern. In dem Artikel von T. I. Oiserman „Die klassische deutsche Philosophie — eine der Quellen des Marxismus", („Kommunist" 2/1955) wurden die Grundsätze für eine neue Betrachtung Hegels entwickelt. Dieser Artikel zeigt, wie aktuell heute das Problem des „Streites um Hegel" ist. Diese Auseinandersetzung interessiert aber die Pädagogen in hohem Maße, weil sie die für die Pädagogik grundlegenden Begriffe der Kultur, ihrer historischen Entwicklung und die Rolle des Menschen in dieser Entwicklung betrifft. Versuchen wir also die pädagogischen Schlußfolgerungen aus der marxistischen Kritik an Hegel darzulegen und uns dabei ein Bild vom Einfluß des Neohegelianismus auf die Pädagogik um die Wende des 19. und 20. Jahrhunderts zu machen.

(3) Das, was gewöhnlich als Kulturpädagogik oder humanistische

Pädagogik bezeichnet wird, ist eine sehr verzweigte und nicht einheitliche Strömung. Ihr Ursprung ist im Wirken Wilhelm Dilthey's (1833-1911) zu sehen. Als dieser die philosophischen Grundlagen der Methodologie der Kulturphilosophie im Kampf gegen die Grundsätze des Positivismus formulierte, trat er mit einem neuen Standpunkt in der Pädagogik und Psychologie hervor. Seine Abhandlungen: „Über die Möglichkeit einer allgemeingültigen pädagogischen Wissenschaft" und besonders „Ideen über eine beschriebene und eine zergliedernde Psychologie" (1874) wiesen auf eine Problematik hin, die in den positivistischen Anschauungen keinen Platz hatte. Die Betrachtung des menschlichen Wesens als eines historisch wirkenden geistigen Wesens war der Versuch, die idealistische Dialektik und die idealistische historische Denkweise wieder zu beleben. Das war die Problematik vom Menschen als einem kulturschaffenden und kulturerlebenden Wesen. Im Gegensatz zu den naturalistischen Einengungen des Positivismus und zu den psychologistischen und soziologistischen Beschränkungen des menschlichen Wesens auf die psychologischen und gesellschaftlichen Vorgänge, die organisatorisch gefaßt wurden, betonte Dilthey das Bestehen einer historisch-kulturellen Welt als spezifisches Werk der Menschen und zugleich als Ursprung ihrer Entwicklung. „Was der Mensch sei", schrieb Dilthey, „und was er sein möchte, das erfährt er erst in der Entwicklung seines Wesens durch Jahrhunderte und das niemals endgültig, in den allgemein geltenden Begriffen, aber immer nur in lebendigen Erfahrungen, die aus der Tiefe seines ganzen Wesens folgen". („Gesammelte Schriften" IX, S. 9). In dieser These verflechten sich Wahrheiten und Fehler der Diltheyschen Anschauungen.

Die Betrachtung des Menschen als eines geistigen Wesens, das historisch wirkt und die Kultur schafft, die ihrerseits die Quelle der weiteren menschlichen Entwicklung ist, knüpfte an Hegel an, der zu jener Zeit — wie Marx sagte — durch die „arrogante, prätensiöse und mäßige Generation von Epigonen..." wie „ein toter Hund" behandelt wurde. Dilthey lehnte sich an Hegel an und übernahm natürlich auch alle Fehler der idealistischen Geschichtstheorie und der idealistischen Dialektik. Da Dilthey aber nur einen gewissen Schematismus der Hegelschen Philosophie, nicht aber ihre Grundlagen selbst überwinden wollte, betonte er die grundsätzliche Bedeutung des Lebensprozesses und des Erlebens. Wie Lukacs zeigt, lastete eben diese subjektivistische Dialektik des Lebens und Erlebens besonders auf den Konzeptionen von Dilthey (G. Lukacs: „Die Zerstörung der Vernunft", Berlin 1953, S. 329-350).

In der Weiterentwicklung der Kulturpädagogik heben sich drei verschiedene Tendenzen ab. Die einen setzen die Traditionen des subjektiven Idealismus fort und tendieren zur Bearbeitung der Problematik der Persönlichkeit und Bildung, die als lebendiger Prozeß der Teilnahme an der Kultur aufgefaßt wird; die anderen setzen die Traditionen des objektiven Idealismus fort und konzentrieren sich auf die Problematik des Staates als Institution des geistigen Lebens, die übrigens versuchten diese beiden Standpunkte miteinander zu vereinen. Die erste dieser Richtungen vertrat T. Litt, die zweite Kerschensteiner und Gentile, die dritte Spranger und Hessen.

Die idealistische Kulturtheorie, die die Kultur von der historischen Entwicklung der materiellen Produktion und den sozialen Kämpfen, vom historischen Fortschritt des gesellschaftlichen Lebens trennte, konnte keine positive und eindeutige Grundlage für die pädagogischen Konzeptionen werden. In der Tat mußte man zu verschiedenen Lösungen kommen, je nachdem, in welcher Art man den Kulturbegriff konkretisierte. Tatsächlich entwickelten sich im Zusammenhang mit den verschiedenen philosophischen Strömungen, besonders mit der irrationalistischen Lebensphilosophie und mit der Phänomenologie sowie in Verbindung mit den Tendenzen des Neokantianismus und Neohegelianismus recht unterschiedliche Richtungen in der Kulturpädagogik.

Jedoch erst die Periode des Faschismus und Hitlerismus enthüllte die wahren Widersprüche in diesem Lager und zeigte die Vieldeutigkeit der für ihre verschiedenen Richtungen grundlegenden Thesen. Die Kulturpädagogik war das Gebiet verschiedenartiger Aspirationen und Bedürfnisse. In sie mündeten ein: die konservative und die sozialdemokratische Kritik der bürgerlichen Gesellschaft; die utopischen Träume von der Verbreitung der Kultur unter den Verhältnissen der Klassengesellschaft und die aristokratischen Theorien von einer Kulturelite, die sich von den Massen prinzipiell unterscheidet; die Bestrebungen zur religiösen Gestaltung des gegenwärtigen kulturellen Lebens und der Wunsch nach einer endgültigen Lösung von fideistischen Inhalten im Bereich der Kulturauffassungen; die Verteidigung des Individualismus und der Staatskult; das Streben nach einer völlig neuen Gestaltung der Tradition als ein aktuelles, durch und durch „subjektives" Erleben, das zugleich ein allgemeines Erleben ist, sowie die Tendenz zur rigoristischen Bestimmung des obligatorischen Kanons der Kulturgüter.

Die Periode des Faschismus wurde zu einer Periode des Zerfalls dieser ganzen Kulturpädagogik. Manche wie Kerschensteiner, besonders aber Gentile, übernahmen die ideologischen Grundsätze des Faschismus, andere wie E. Spranger wechselten in das religiöse Lager über; wieder andere wie z. B. S. Hessen formulierten Konzeptionen der Zukunft, die auf dem Sozialdemokratismus basierten und mit der religiösen Vision einer menschlichen Gemeinschaft verbunden waren; noch andere wie H. Freyer oder B. Nawroczyński blieben den idealistischen Konzeptionen treu, die sich gegen den sozialen Fortschritt und die Revolution richteten; andere schließlich wie Z. Mysłakowski und der Verfasser des vorliegenden Buches sahen in der sozialistischen Revolution in Polen die

Voraussetzung und Perspektive für ein humanistisches Programm, dessen Realisierung sie jedoch vorher zu eng und utopisch gesehen haben.

Die Marxsche Kritik an Hegel ermöglicht es, die tatsächliche Stellung dieser ganzen Richtung in der Geschichte des pädagogischen Denkens und ihre Grundfehler klar zu erkennen. Diese Richtung übte die notwendige Kritik an der naturalistischen Pädagogik, an der Einseitigkeit der psychologischen Ausdeutung des Menschen, an den soziologistischen Vereinfachungen im Zusammenhang mit der Beschränkung der ganzen Kultur auf die Problematik der Gruppe und des persönlichen Vorbildes sowie an der pragmatistischen Pädagogik der Anpassung. Aber diese notwendige und in vieler Hinsicht berechtigte Kritik wurde von falschen Ausgangspositionen geführt. Das führte gerade dazu, daß sowohl die Kritik selbst als auch die ganze Position ins Wanken gerieten. Diese Kritik wurde damals vom Standpunkt der idealistischen Geschichts- und Lebensphilosophie geübt, d.h. von einem Standpunkt, der weder die wirkliche Geschichte noch das wirkliche Leben begreifen ließ. Der Begriff der Kultur wurde unter diesen methodologischen und philosophischen Bedingungen vieldeutig und unklar und ließ jede nur mögliche Interpretation zu. Isoliert von der Strömung des Kampfes um den Fortschritt, konnte sie keineswegs zur Grundlage einer richtigen Theorie und Praxis der Erziehung werden und mußte notwendig zu zahlreichen Entstellungen führen.

Kapitel VI

(1) Uns ist keine marxistische Arbeit bekannt, die die Errungenschaften und Fehler des bürgerlichen philosophischen Denkens zur Frage des Menschen kritisch darlegt. Und doch ist diese Frage seit der Renaissance das Hauptthema der Philosophie. Seit die Renaissance den Konzeptionen des Mittelalters die Verherrlichung der menschlichen Größe und der menschlichen Möglichkeiten gegenübergestellt hatte — erinnern wir uns der geradezu symbolischen Äußerung von Pico della Mirandolla [1] — wurde das Problem des Menschen von den bedeutendsten Schriftstellern aufgegriffen und stand im Mittelpunkt des weltanschaulichen Kampfes. Es muß aber hervorgehoben werden, daß diese Problematik im Imperialismus im Zusammenhang mit der großen Offensive der Mystik und der reaktionären Tendenzen, im besonderen mit dem Ansturm des Irrationalismus, leidenschaftlich die Gemüter erregt hat. Der Hinweis auf Nietzsche und Freud sowie auf die Existenzphilosophen mag hier genügen.

[1] J. Burckhardt: „Die Kultur der Renaissance", Band III, Berlin 1957, S. 241.

Im Zusammenhang mit der letztgenannten Richtung nahm die Zahl sowohl der historischen Arbeiten, die sich mit den verschiedenen Ansichten über das Wesen des Menschen beschäftigen, als auch die der Versuche zu, eine besondere Wissenschaft — die philosophische Anthropologie — zu begründen, die den Menschen anders als die einseitigen naturwissenschaftlichen Betrachtungsweisen auffassen sollte. Wir erwähnen hier die Arbeiten von B. Groethuysen. („Philosophische Anthropologie", Berlin 1931), M. Scheler („Die Stellung des Menschen im Kosmos", Darmstadt 1928), Nicolai Hartmann („Neue Anthropologie in Deutschland", „Blätter für deutsche Philosophie", 1941, Bd. XV), Paul Häberlin („Der Mensch — eine philosophische Anthropologie", Zürich 1941), Ernst Cassirer („An Essay on Man", Yale 1944), W. Sombart („Von Menschen", Berlin 1939), P. Landsberg („Einführung in die philosophische Anthropologie"). Vom marxistischen Standpunkt aus erfaßt Vernon Venable das Problem in seinem Buch „Human nature' (Birmingham 1946); er beschränkt sich leider auf die Darlegung der Lehren von Marx und Engels, ohne sich mit der kritischen Analyse der historischen Entwicklung der Philosophie des Menschen auseinanderzusetzen. Die Inangriffnahme einer solchen Arbeit über die Auffassung vom Menschen würde einen sehr wichtigen Beitrag zum Verständnis für die Begrenztheit und die Irrwege der idealistischen Theorie des Menschen und des bürgerlichen Humanismus sowie für die historische Bedeutung der materialistischen Konzeptionen des Menschen und des sozialistischen Humanismus darstellen.

(2) Die hervorragende pädagogische Bedeutung der Marxschen Konzeption von der Gesellschaft tritt am deutlichsten hervor, wenn man die beiden Alternativlösungen einander gegenüberstellt, die von der bürgerlichen Soziologie und Pädagogik gegeben wurden. Diese Lösungen stützten sich entweder auf den Grundsatz, daß die Gesellschaft eine mechanische Summe von Individuen sei und daß die Gesetze des gesellschaftlichen Lebens sich auf psychologische Gesetze zurückführen lassen, die Funktion des individuellen Psychischen bestimmen, oder auf den Grundsatz, daß die Gesellschaft eine spezifische Ganzheit sei, zu der die Individuen lediglich in einem funktionalen Verhältnis stehen, während ihr Psychisches von den Gesetzen dieser gesellschaftlichen Ganzheit beherrscht wird.

Im ersten Fall hatten wir es mit den individualistischen Theorien der gesellschaftlichen Erziehung zu tun, die sich in der Atmosphäre des politischen Liberalismus entwickelten und sich mit Vorliebe psychologischer Argumente bedienten, speziell in der Terminologie der von der Tiefenpsychologie beeinflußten Entwicklungspsychologie. Im zweiten Fall hatten wir es mit den Gemeinschaftstheorien der gesellschaftlichen Erziehung zu tun, die sich in der Atmosphäre des Nationalismus und Faschismus entwickelten und sich mit Vorliebe soziologischer Argumente über den Strukturcharakter der menschlichen Gruppen, die als Gesellschaft strukturell funktionieren, bedienten.

Die gemeinsame Plattform dieser beiden Alternativlösungen war der Grundsatz, daß das gesellschaftliche Leben ein psychische, auf zwischenmenschlichen Kontakten beruhende Wirklichkeit sei. Wie fundamental dieser Grundsatz war, beweist am besten die Tatsache, daß sich gerade die Anhänger der Ganzheitstheorie der Gesellschaft, d.h., das Lager, in dem man mit einem kritischen Verhältnis zur psychologischen Auffassung von der sozialen Wirklichkeit rechnen konnte, für eine solche Interpretation entschieden und daher verschiedene Theorien der „Massenseele" der „Kollektivseele", des „Gemeinschaftsgeistes" usw. entwickelt haben. Ja sogar Durkheim, der die „objektive" Methode in der Soziologie programmatisch verkündete, der es für ratsam hielt, die sozialen Tatsachen ganz wie „Dinge" zu betrachten, der die Moral als einen Komplex von Normen untersuchte, und nicht als moralisches Bewußtsein, auch dieser Durkheim hat die Gesellschaft als eine spezifische Art des psychischen Seins aufgefaßt, an dem das Psychische des Individuums teilnimmt, dank dieser Teilnahme menschliche Züge annimmt und sich so geistig und moralisch entwickelt.

Im Gegensatz zu diesem grundlegenden Prinzip hebt die Marxsche Konzeption etwas völlig anderes hervor. Marx stellt fest: „Die Gesellschaft besteht nicht aus Individuen, sondern drückt die Summe der Beziehungen, Verhältnisse aus, worin diese Individuen zueinander stehen". (K. Marx: „Grundrisse der Kritik der politischen Ökonomie", Berlin 1953, S. 176). Von diesem Standpunkt aus kritisiert Marx die Proudhonsche These, daß z. B. der Unterschied zwischen dem Kapital und der Arbeit keinen gesellschaftlichen, sondern individuellen Charakter habe. Nach Ansicht von Marx darf nicht behauptet werden, daß die Gesellschaft aus „Menschen" besteht, weil sie in Wirklichkeit aus Herren und Sklaven, aus Kapitalisten und Arbeitern usw., d.h., aus konkret bestimmten Individuen besteht.

Dieser Gesichtspunkt gestattet es, sich sowohl gegen die individualistische soziologische Theorie als auch gegen alle Schattierungen einer Gemeinschaftsmystik zu wenden. Er läßt erkennen, daß die objektive Struktur der Gesellschaft, die die Wechselbeziehungen der Individuen untereinander, ihre inneren Widersprüche und Bindungen sowie ihr psychisches Leben in spezifischer Art bildet, ein außerordentlich wichtiges Element des gesellschaftlichen Lebens ist.

Eine pädagogische Konzeption, die sich auf diese Grundlagen stützt. muß sich sowohl gegen jene Pädagogik richten, die in Übereinstimmung mit der individualistischen soziologischen Theorie die gesellschaftliche Erziehung als eine spezifische Art psychischer Therapie des Individuums betrachtete, als auch gegen jene Pädagogik, die in Übereinstimmung mit der Ganzheitstheorie der Gesellschaft die gesellschaftliche Erziehung als eine spezifische Art gemeinschaftlicher Agitation des Individuums behandelte. Die auf die Marxsche Auffassung von der Gesellschaft gegründete pädagogische Konzeption muß die gesellschaftliche Erziehung als Einführung in das Verständnis der objektiven Struktur der Gesellschaft, der in ihr herrschenden Gesetze, ihrer Entwicklungstendenz, sowie als Herausbildung der Bereitschaft zum Handeln auf dem Wege des historischen Kampfes um eine progressive Umgestaltung dieser Struktur auffassen; die Schaffung subjektiver psychischer Gehalte wie auch ihres gemeinsamen Erlebens mit anderen Menschen ist schon die Folge dieser Grundprobleme. Wenn also die bürgerliche Sozialpädagogik sich vor allem mit der Problematik der Bildung des Psychischen als der Grundlage des sozialen Hendelns des Individuums beschäftigt, so muß sich die sozialistische Pädagogik in erster Linie um die Bedingungen und Aufgaben der objektiven Tätigkeit der Menschen kümmern, um in diesem Zusammenhang ihre psychische Entwicklung zu steuern. Dieser Standpunkt trennt uns von der Sozialpädagogik, die in Anlehnung an die Tiefenpsychologie die Beseitigung aller Konflikte zwischen den Menschen mit Hilfe frühzeitiger Bildung der elementaren Triebe versprach. Zahlreiche psychoanalytische Richtungen stimmen und stimmten trotz unterschiedlicher Interpretation der Lehre von Freud, Adler und Jung darin überein, daß sich bereits in den ersten Monaten und Jahren des Menschenlebens, ja vielleicht sogar schon im Augenblick der Geburt entscheidet, welchen Weg der Mensch im gesellschaftlichen Leben beschreiten wird; sie waren und sind sich darin einig, daß eine gute Erziehung und vor allem die Mutterliebe, die junge Generation so zu formen vermag, daß sie in der heutigen Gesellschaft die Atmosphäre des Kampfes und der Furcht in eine Atmosphäre der Zusammenarbeit und Sicherheit verwandeln würde, ohne dabei die Struktur der Gesellschaft zu verändern. Die gesellschaftliche Erziehung ist nach dieser Konzeption eine Therapie, deren Erfolg nur gefordert wird, um zu beweisen, daß objektive Sozialreformen nicht nötig seien, da die gesellschaftlichen Konflikte ihrem Wesen nach „psychischer Natur" wären.

Der Marxsche Standpunkt grenzt uns weiter von jener Sozialpädagogik ab, die mit dem Begriff der Gruppengemeinschaft operierte. Besonders seit Tönnies in Deutschland einen Unterschied zwischen der rationalistischen und irrationalistischen Form des sozialen Seins, zwischen Gesellschaft und Gemeinschaft gemacht hat, nahm der Gemeinschaftsbegriff in der Pädagogik der Weimarer Republik und dann in geänderter Form in der faschistischen Zeit stark an Bedeutung zu. Die gesellschaftliche Erziehung sollte nach dieser Konzeption vor allem Festigung der Gemeinschaft als dem Fundament der geistigen und sittlichen Entwicklung sein. So verstand Petersen „die Schule der Lebensgemeinschaft" in ähnlicher Weise. Wie nach Ansicht der Individualisten soziale Konflikte mit Hilfe der Einzeltherapie beseitigt werden können, ist nach dieser Pädagogik die Beseitigung dieser Konflikte auch im Zuge einer psychologischen Aktion möglich, die mystisch-kollektives Gepräge hätte und dessen Organ nicht das Labor des Psychoanalytikers wäre, sondern der politische Propagandaapparat. Das ändert aber nichts daran, daß es sich auch hier, ähnlich wie bei den vorher behandelten Konzeptionen um die Ansicht handelt, daß objektive Sozialreformen überflüssig sind, da das Wesen sozialer Konflikte zum Bereich der Sozialpsychologie gehöre.

Aber der psychologische Aspekt bleibt eben ein psychologischer Aspekt, gleichgültig ob er sich auf die Annahme einer individuellen Psyche oder einer Kollektivseele stützt, ob er mit den Begriffen Trieb und Sublimation oder mit dem Begriff „Treue und Gehorsam" operiert, oder ob er verspricht, Komplexe zu entladen oder kollektive Begeisterung zu wecken. Die Marxsche Gesellschaftstheorie löst diese Alternative zwischen „Individuum" und „Gemeinschaft", indem sie uns auf die objektive Struktur des gesellschaftlichen Lebens, auf ihren historischen Entwicklungsprozeß und auf die Verzahnung des Psychischen der Menschen mit diesem Prozeß und mit der historisch wichtigen Tätigkeit hinweist. Diese Betrachtungsweise des gesellschaftlichen Lebens befreit uns von der ganzen „Psychomachie" („Kampf um die Psyche"), in welche die bürgerliche Pädagogik in der letzten Zeit hineingeraten ist und weist auf die konkreten, objektiven Aufgaben hin, an die man heranwachsen muß. Gerade dieser Prozeß des Heranwachsens an die Aufgaben wird zum Hauptinhalt der Erziehung. Dank diesem Prozeß erweitert und vertieft sich das Innenleben des Einzelwesens. Und nur so kann das Individuum, wenn sein Verhältnis zur Gesellschaft die Form eines Konfliktes annimmt, wirksam geheilt werden.

Diese Überlegungen zeigen deutlich, mit welcher Tiefgründigkeit der Marxsche Standpunkt es gestattet, die materialistische Konzeption den bürgerlichen Theorien vom Menschen gegenüberzustellen. Dank der materialistischen Auffassung von der Gesellschaft war es möglich, viele Konflikte zwischen Individuum und Gemeinschaft zu lösen und zugleich auch viele fehlerhafte Theorien vom Menschen zu überwinden, vor allem jene, die den Menschen als selbständige Monade oder als Mosaik der „Massenseele" auffaßten. Der Mensch ist weder ein fertiges Wesen, das gesellschaftliche Kontakte aufnimmt, um seine Bedürfnisse zu befriedigen, — wie das die individualistische Theorie besagte, noch ist er ein Element der „Massenseele". Zum Menschen wird er nicht durch die Partizipation an der Gemeinschaft, die als eine spezifisch psychische Wirklichkeit aufgefaßt wird, wie das in der Theorie von der Gemeinschaft verstanden wurde. Die Auffassung, daß das wichtigste Element des gesellschaftlichen Lebens die sozialen gegenständlichen Beziehungen der Individuen untereinander sind, die die Entwicklung der Produktivkräfte und der sozialen Kämpfe ausdrücken, erhellt die historische Entwicklung des Menschen auf Grund und im Zusammenhang mit diesen Vorgängen.

Kapitel VII

(1) In der Anmerkung zum vorhergehenden Kapitel haben wir bereits erwähnt, daß es noch an einer wissenschaftlichen Bearbeitung der Geschichte der Philosophie des Menschen mangelt. Diesen Mangel empfinden wir besonders schmerzlich, wenn wir an die Analyse jener verschiedenen Richtungen herangehen, die sich gegen die idealistisch-metaphysischen Konzeptionen wenden, in denen mit einem a priori bestimmten Begriff des menschlichen Wesens operiert wird. Daher kann auch diese allgemeine Charakteristik, wie wir sie im Inhalt des Buches geben, nur eine einführende und annähernde Orientierung sein. Sie soll lediglich den historischen Ort des Gedankenguts von Marx und Engels fixieren. Gleichzeitig soll sie seine Größe zeigen, die sowohl auf dem Kampf gegen die traditionelle Auffassung des Menschen als metaphysisch bestimmtes Wesen als auch auf der Bekämpfung all jener Richtungen beruht, die den Menschen von seiner eigenen Existenz her faßten und diese Existenz historisch und gesellschaftlich nicht begriffen haben. Das Denken von Marx und Engels zeigt mit revolutionärer Kraft den Weg zur allseitigen Entwicklung der Menschen in der Zukunft, die sich dank ihrer Herrschaft über ihre eigene Welt vollziehen wird.

Der bereits zitierte Vernon Venable hat in seiner Arbeit über das Wesen des Menschen („Human Nature", London 1946) die Lehren von Marx und Engels zu diesem Problem richtig gekennzeichnet. Er wies nämlich darauf hin, daß der dialektische und historische Materialismus die Entwicklung als das grundsätzliche Faktum der menschlichen Geschichte hervorhebt und die Aufmerksamkeit auf die Frage nach der Veränderung der menschlichen Natur gelenkt hat. In der Beantwortung dieser Frage verweist der Materialismus vor allem auf die Rolle der produktiven Tätigkeit und auf die Faktoren, die die Entwicklung des Menschen hemmen; diese Faktoren sind die Teilung der Arbeit und die Klassengesellschaft. Die utopischen Konzeptionen sind eigentlich mit der Bejahung des bestehenden Zustandes identisch, während die Wissenschaft allein die Möglichkeit gibt, ihn zu überwinden. Venable überging meiner Ansicht nach zu Unrecht „die revolutionäre Praxis", die nach den Lehren von Marx und Engels die wesentliche Quelle des Gegensatzes zur bisherigen Geschichte und der Erziehung eines neuen Menschen ist; zu Unrecht überging er auch die historischen Polemiken von Marx und Engels mit ihren Gegnern, die gerade den unterschiedlichen Standpunkt immer deutlicher werden lassen. Trotz dieser Vorbehalte ist das Buch von Venable ein interessanter und bahnbrechender Versuch, die Lehre von Marx und Engels vom Standpunkt der Auffassungen über den Menschen aus zu charakterisieren.

(2) Wenn wir die ideologische Situation in den vierziger Jahren des 19. Jahrhunderts als einen Scheideweg kennzeichnen, wollen wir damit die Tatsache hervorheben, daß die Geburtsstunde des Marxismus in die Zeit einer sehr regen geistigen Bewegung fällt, in der diese mannigfaltigen und sich widersprechenden Tendenzen jene Form gewinnen, in der sie sich in der europäischen Kultur im Verlauf der nächsten hundert Jahre bis zur Gegenwart entwickeln werden.

Wir wollen, wenn auch nur allgemein, daran erinnern, daß in den vierziger Jahren im geistigen Leben Europas ein besonders heftiger Kampf um die grundsätzlichen Konzeptionen über die Kultur und den Menschen, über die Geschichte und den Fortschritt tobte. Das ist die Periode, in der die Gegensätze zwischen der Hegelschen Rechten und Linken in Deutschland mit zunehmender Schärfe hervortreten, die Periode der Chartisten-Bewegung und zugleich der schöpferischen Tätigkeit von Ruskin und Carlyle in England, die Periode, in der sich in Frankreich eine sehr differenzierte geistige und politische Bewegung auf breiter Ebene, angefangen vom Konservatismus über Proudhon bis zum Anarchismus hin entwickelte, es ist die Zeit des Wirkens von Kierkegaard und Stirner. Wir wollen nur einige Fakten erwähnen: D. F. Strauss: „Das Leben Jesu", 1835; Tocqueville: „De la Démocratie en Amérique", 1835; A. Owen: „The Book of the New Moral World", 1836; Th. Carlyle: „The French Revolution", 1837; Ch. Darwin: „Journal of Research", 1839; P. Proudhon: „Qu'est-ce que la Propriété", 1840; Th. Carlyle: „On Heroes", 1841; S. Kierkegaard; „Ombegrebet Ironi", 1841; L. Blanc: „Organisation du Travail", 1841; E. Cabet: „Voyage en Icarie", 1842; J. Ruskin: „Modern Painters", 1843; Th. Carlyle: „Past and Present", 1843; J. S. Mill: „A System of Logic", 1843; Ch. Darwin: „The Zoology of the Voyage of HMS", „Beagle", 1843; S. Kierkegaard: „Enten-Eller", 1843; V. Gioberti: „Il Primato morale e civile degli Italiani", 1843; G. Mazzini: „Doveri dell'uome", 1844; S. Kierkegaard; „Begrebet Angst", 1844; R. Wagner: „Tannhäuser", 1845; M. Stirner: „Der Einzige und sein Eigentum", 1845; P. Proudhon: „Philosophie de la Misère". 1846; K. Marx: „La Misère de la Philosophie", 1848; J. S. Mill: „Principles of Political Economy", 1848; Marx/Engels: „Kommunistisches Manifest", 1848. Diese Titel erinnern an die Mannigfaltigkeit der damaligen ideologischen Richtungen und zeugen davon, daß diese Periode eine wirkliche Wende in der europäischen Kulturphilosophie bedeutete. Das seit dieser Periode abgelaufene Jahrhundert bis in unsere Tage hinein war erfüllt von dem Kampf der sich damals herauskristallisierenden Richtungen. Wenn wir die ideologischen Konflikte der zeitgenössischen Welt in der historischen Perspektive sehen wollen, müssen wir eben auf die vierziger Jahre zurückgreifen, wo die Siege der Bourgeoisie zum ersten Male mit der Bedrohung seitens des Proletariats zusammenfielen.

Die sich gegen die damaligen verschiedenartigen Richtungen wendende marxistische Lösung weist historisch gesehen einen neuen Weg in der Betrachtung des Menschen, der Gesellschaft und der Kultur und stellt sich damit in Gegensatz zu allen jenen späteren Richtungen, welche die sich in den vierziger Jahren abzeichnenden Lösungen fortsetzen wollen.

Das ideologische Grundproblem der vierziger Jahre ist also, allgemein betrachtet, ein Problem der konsequenten, radikalen Linken. Auf diesem Hintergrund muß man die verschiedenen Richtungen der Kritik an den bestehenden Verhältnissen und Ideologien des „ancien régime" verfolgen; hier erscheinen die utopische Kritik, die von den linken Positionen aus geführt wird, als breiter Strom des utopischen Sozialismus, so z.B. im Wirken von Ruskin und die Kritik der bürgerlichen Gesellschaft, die von den Rechten geführt wird, wie z. B. im Wirken von Carlyle; hier haben wir es mit den liberalen und den sich gegen sie wendenden demokratischen Tendenzen aller Art zu tun; das Problem des Individuums wird von den entgegengesetzten Standpunkten Kierkegaards und Stirners aus gestellt; das Problem des Humanismus wird auf bestimmte Weise von Feuerbach und in anderer Art von den Junghegelianern gelöst; es tauchen auch anarchistische Tendenzen auf, während die Tätigkeit von Proudhon noch eine andere Art der Kritik an den bestehenden Verhältnissen einleitet. Wenn wir uns vergegenwärtigen, welche äußerst wichtige Rolle die Tradition von Hegel, Kierkegaard, von Ruskin und Carlyle, von Feuerbach und Proudhon, von Stirner (Nietzsche-Version) und Lammenais in den ideologischen Kämpfen des 20. Jahrhunderts spielt, so gelangen wir zu der Überzeugung, daß die Untersuchungen zur Frage des ideologischen Scheideweges in den vierziger Jahren des vergangenen Jahrhunderts für das Verständnis der damaligen historischen Position des Marxismus und für seine spätere Rolle als radikale Ideologie der Linken, die sich sowohl gegen die herrschende Ordnung als auch gegen die unzureichende oder illusorischen Kritiken der bürgerlichen Gesellschaft wandte, sehr nützlich wären.

(3) Die im Text zitierte Marxsche These ist eine grundsätzliche Kritik an der bürgerlichen Psychologie, die sich auf die Lehre stützt, daß das Psychische der Menschen von ihrer produktiven Tätigkeit unabhängig ist, die von ihr im besten Falle als Entäußerung des schon vorgeformten Psychischen betrachtet wird. Diese Annahme war der naturalistischen Psychologie, angefangen vom Sensualismus bis zum Behaviorismus, und der sie im 20. Jahrhundert bekämpfenden Psychologie, gemeinsam. Auch die sogenannte Tiefenpsychologie verwarf diesen Grundsatz nicht. Die Marxsche Kritik an der falschen Betrachtung

des Verhältnisses von Mensch und Natur — das gilt sowohl für die Idealisten als auch dür die mechanischen Materialisten — weist darauf hin, daß Mensch und Natur dank 'der die Natur umgestaltenden gesellschaftlichen Tätigkeit der Menschen eine gewisse Ganzheit bilden. Damit wird der scharfe Gegensatz zwischen Humanphilosophie und Naturwissenschaft überwunden. Diesem Gegensatz hat das bürgerliche Denken um die Wende des 19. und 20. Jahrhunderts große Bedeutung beigemessen. Zugleich werden die Hauptströmungen der damaligen Psychologie einer Kritik unterworfen. In diesem Zusammenhang bleibt auch die Kritik der Grundlagen der Pädagogik bestehen, die den Menschen naturalistisch auffaßte sowie die Kritik der humanistischen Pädagogik, die ihn als ein der Natur gegenüberstehendes Wesen sehen wollte.

(4) Die Marxschen Darlegungen, die den Menschen und die Natur betreffen, haben für die gesamte Philosophie und für alle humanistischen Wissenschaften große Bedeutung. Diese Bedeutung gründet sich auf die Bekämpfung der das bürgerliche Denken der zweiten Hälfte des 19. und der ersten Hälfte des 20. Jahrhunderts beherrschenden Theorien, die bestrebt waren, den Menschen entweder nur vom Standpunkt der Naturwissenschaften oder nur vom Standpunkt der humanistischen Wissenschaften zu betrachten.

Es ist bekannt, daß in der Periode des Positivismus Anschauungen herrschten, die den Menschen und seine Kultur auf die grundlegenden biologischen Gesetzte reduzieren wollten und daß diese Übertreibung zum Ausgangspunkt diametral entgegengesetzter Auffassungen wurde. Wie wir wissen, stellte W. Dilthey die Geisteswissenschaften in scharfen Gegensatz zu den Naturwissenschaften. Diese Gegenüberstellung entwickelten W. Windelband (in „Geschichte und Wissenschaften", 1894) und H. Rickert (in „Kulturwissenschaft und Naturwissenschaft", 1899). Auf Grund dieser Konzeption sollten der Mensch und seine Kultur autonom, als nicht auf naturwissenschaftliche Grundlagen reduzierbar, gefaßt werden. In Polen bezog F. Znaniecki eine solche Position.

Es gab natürlich Versuche, diese beiden extremen Auffassungen miteinander zu verbinden. Aber die Bedeutung der Lehren von Marx und Engels besteht auch darin, daß sie es ermöglichen, sich nicht nur gegen diese beiden extremen Lösungen, sondern auch gegen jene Versuche des bürgerlichen Denkens zu wenden, die einen Kompromiß zwischen beiden Lösungen schließen wollten. Diese Versuche beruhten teils auf einem eigenartigen „Humanisieren" der Biologie, — Bergson zeigte das auf klassische Weise —, oder auch auf einem eigenartigen „Biologisieren" der humanistischen Wissenschaften, wie das in den Rassentheorien geschah. In keinem dieser Versuche war man bestrebt, das Verhältnis von Mensch und Natur im Rahmen der Kategorien der gesellschaftlichen, materiellen Tätigkeit der Menschen zu lösen.

Dieser elementare Gegensatz zwischen den naturalistischen und humanistischen Konzeptionen trat auf dem Gebiet der pädagogischen und psychologischen Wissenschaften besonders heftig hervor.

Einer der Hauptgegensätze in der bürgerlichen Pädagogik betraf eben dieses Problem. Die biologische Auffassung vom Menschen und seiner Erziehung, die H. Spencer (1820-1903) begründete, wurde von Stanley Hall (1846-1924) in seinen beiden grundlegenden Werken: „Psychology of Adolescence" (1903) und „Educational Problems" (1911) und von Johann Kretschmer fortgesetzt, der das Ende der philosophischen Pädagogik (in einem unter gleichem Titel in Leipzig 1921 herausgegebenen Buch) ankündigte; in etwas anderer Form stellte dieses Problem die Genfer Schule, besonders aber Claparéde in der Konzeption der „funktionellen Erziehung" dar. Gegen diese Auffassung richteten sich die Versuche, den Menschen und die Erziehung ausschließlich in humanistischen Kategorien zu erfassen, die unterschiedlich verstanden wurden. Es trat hier vor allem die soziologische Richtung hervor, die von solchen Schriftstellern wie E. Durkheim (1858-1917) und J. Dewey (1859-1953) vertreten wurde, und jene Richtung, die die Rolle der Kultur betonte und von W. Dilthey (1833-1911) und E. Spranger repräsentiert wurde. Recht viele Versuche zur Vereinigung dieser beiden Strömungen zeigten sich in den Konzeptionen von W. Stern, die sich auf die sogenannte Konvergenz von Anlage und Milieu in der Entwicklung der menschlichen Persönlichkeit (Das Werk: „Person und Sache", 1906-1924) bezogen und äußerten sich in andersgearteten Konzeptionen der Sozialpsychobiologie, wie z. B. in der von Mc. Dougall vertretenen These der Verbindung der Triebe mit dem Druck der Gruppe.

Es ist klar, daß die beiden extremen Anschauungen — der radikal naturwissenschaftlichen Pädagogik und der radikal humanistischen Pädagogik — vom Standpunkt der Marxschen Analysen verworfen werden müssen, da sie gerade den unlösbaren Zusammenhang zwischen der Entwicklung des Menschen und der Entwicklung seiner Herrschaft über die Natur betonen. Wir müssen aber mit vollem Nachdruck unterstreichen, daß die Lösungstendenz, die Marx zeigte, eine völlig andere Richtung hat als die vorher erwähnten Versuche zur Verbindung der beiden diametralen Konzeptionen. Diese Versuche stützten sich trotz ihrer Mannigfaltigkeit auf den gemeinsamen Grundsatz, daß sie die Verbindung von Mensch und Umwelt teils auf der Ebene seiner biophysischen Ausstattung suchten, die auf diese oder andere Weise einen gesellschaftlichen Charakter annimmt, teils auch auf der Ebene der Konzeption der sozialen Gruppe, die sich um ihres Wertes willen auf die „Blutsverwandtschaft" gründen soll. Die Lösung, die Marx wies, geht in ganz anderer Richtung: die Verbindung und Gegensätzlichkeit von Mensch und Natur muß in den Kategorien der gesellschaftlichen materiellen Tätigkeit des Menschen gefaßt werden, die die Natur beherrscht und umgestaltet, und damit den Menschen verändert. Das grundlegende Band, das Mensch und Natur miteinander vereint, besteht also nicht aus psychobiologischen oder biosozialen Elementen, sondern in der menschlichen Produktionstätigkeit. Von diesem Standpunkt aus ist die Analyse des Menschen vor allem eine Analyse der historischen Produktionsformen und der gesellschaftlichen Verhältnisse, und die Problematik der Erziehung des Menschen muß in erster Linie jenen historisch veränderlichen Inhalt des Menschen berücksichtigen, der mit diesem Prozeß der Herrschaft über die Natur verbunden ist.

(5) Es ist sehr wichtig, den Charakter dieses Prozesses des Überganges der sensualistischen Pädagogik ins reaktionäre Lager zu verstehen. Allgemein basiert dieser Prozeß auf folgendem: War in der ersten Phase — angefangen bei Komenský — die besondere Bedeutung der Schulung der Sinne betont und gegen die traditionelle Pädagogik der Scholastik, gegen die Pädagogik der Autorität und des Verbalismus gerichtet, so wird sie in der nachfolgenden Periode — besonders aber seit der zweiten Hälfte des 19. Jahrhunderts dazu benutzt, um die gesellschaftliche Funktion der Erziehung, die gesellschaftlichen Konflikte und die verantwortungsvolle Rolle des Erziehers bei der Lösung dieser Konflikte zu verhüllen. Die pädagogische Tätigkeit von Ley und Meumann in Deutschland sowie von Montessori in Italien zeigt deutlich, wie die Erziehungsprobleme vom Standpunkt der Physiologie betrachtet werden. Diese Frage ist äußerst aktuell, wenn man bedenkt, daß auch im Lager der Pawlow-Anhänger Tendenzen zur Loslösung der physiologischen von der historisch-gesellschaftlichen Entwicklung des Menschen auftauchen.

(6) Das Problem, das wir in den nächsten zwei Paragraphen dieses Kapitels untersuchen, ist ein sehr wichtiges pädagogisches Problem. Die Pädagogik ist doch die Wissenschaft von den wirksamen Veränderungen, die die Erziehung in den Zöglingen bewirkt. Deshalb muß das Problem des Bereichs des erzieherischen Einflusses, der diese Veränderungen herbeiführt, sowie das Problem ihrer Dauerhaftigkeit für die Pädagogik von großem Interesse sein. Die frühere Pädagogik erkannte nicht die ganze Kompliziertheit dieses Problems. Sie nahm an, daß die Einwirkung auf das Bewußtsein des Zöglings eine Rückwirkung auf seine ganze Persönlichkeit sei. Die Pädagogik des 19. Jahrhunderts äußerte gegenüber diesem optimistischen Intellektualismus ihre Bedenken. Diese Bedenken gingen in zwei Richtungen: sie wollten entweder nachweisen, daß der wahre Antrieb des menschlichen Verhaltens die Zugehörigkeit zur sozialen Gruppe sei und daß sich erst im Ergebnis dieser Zugehörigkeit die Persönlichkeit und ihr Geist bilden, oder daß der wahre Antrieb des menschlichen Verhaltens die Triebe seien, die das Bewußtsein der Menschen auch dann lenken, wenn sie sich dessen gar nicht bewußt sind.

In die erste Richtung nun tendierten die Strömungen der Sozial-pädagogik. Von ihrem Standpunkt aus sollte die Erziehungstätigkeit vor allem auf der „Einführung in die Gruppe", auf der Anregung zur Nachahmung persönlicher Vorbilder und auf der überspannten Erregung der Gemeinschaftsgefühle beruhen, die Formung des Bewußtseins sollte lediglich eine Folge dieser grundlegenden Prozesse sein. Das charak-teristischste Beispiel für diese pädagogischen Konzeptionen war das System von P. Petersen, das in seinen zahlreichen Büchern in der Zeit zwischen den beiden Kriegen dargelegt wurde. In Anlehnung an dieses System formulierte die faschistische deutsche Pädagogik ihre Thesen über die grundlegende Rolle „des Lebensstils" zur Bildung des Bewußtseins wie das Döpp-Vorwald in seinem Buch „Erziehender Unterricht und menschliche Existenz" formuliert hat. Dieses Buch ist in Weimar 1932 erschienen.

In der zweiten Richtung ging die psychoanalytische Pädagogik, die seit Freud und Adler die Sphäre des unbewußten Lebens des Indivi-duums als eine Gruppe von Triebfaktoren bezeichnete, die über die Entwicklungstendenz der Persönlichkeit entscheiden. Die Einwirkung auf das Bewußtsein wurde von diesem Standpunkt aus als illusorisch betrachtet, da das Bewußtsein zweitrangig und nicht als ein grundle-gender Faktor, der zugleich das Leben des Menschen lenkt, aufgefaßt wurde.

Marx ist einer der ersten Philosophen, der darauf hinwies, daß das Bewußtsein nicht eigenständig, sondern vom gesellschaftlichen Sein abhängig ist. Aber die Schlußfolgerungen, die Marx aus dieser Feststel-lung zieht, gehen in eine ganz andere Richtung als die der oben erwähnten beiden Strömungen der bürgerlichen Pädagogik. Wenn ge-wisse Formen des Bewußtseins sich auf ein bestimmtes Sein stützen, so kann die Einwirkung, die auf die Umgestaltung dieses Bewußtseins hinzielt, sich als fruchtlos erweisen; daraus folgt aber nicht, daß wir sie vernachlässigen sollten, sondern daß wir das Sein umgestalten müssen. Diese Umgestaltung des Seins muß sich im gesellschaftlichen und nicht im individuellen Bereich, wie dies die psychoanalytische Pädagogik forderte, vollziehen, weil das Bewußtsein des Individuums aus gesell-schaftlichen Situationen hervorgeht.

Die Betrachtung der Diskrepanz zwischen dem Bewußtsein und der Existenz des Individuums vom gesellschaftlichen Standpunkt aus ermög-licht es Marx, die ganze reichhaltige moralische Problematik aufzu-decken. Die durch die gesellschaftlichen Verhältnisse bedingte wirkliche Lebensweise des Individuums kann sich im Bewußtsein eines Indi-viduums, das durch die Klasseninteressen und die klassenmäßige Aus-wahl der Traditionen gebildet wird, nicht widerspiegeln; diese maskie-rende Rolle des Bewußtseins müßte zerschlagen werden, wenn das In-dividuum moralisch leben will. Die Überwindung der Illusionen des

Bewußtseins ist der erste Schritt, um das Leben des Individuums mit seinem Denken über sich selbst in Einklang zu bringen.

(7) Die Alternative auf die wir hinweisen, bildet das Hauptmerkmal vieler Richtungen der bürgerlichen Pädagogik. Besonders seitdem die Bourgeoisie ihre Klassenherrschaft in Gefahr sieht, wird die These von der überragenden Bedeutung der Umwelt in der Entwicklung des Menschen immer stärker formuliert. Sie soll einen Damm bilden vor der „Gefahr" aller jener sozialen Aktionsprogramme, die eine grundlegende Umgestaltung des bestehenden Lebens herbeiführen wollen. Einen solchen Charakter haben die Umwelttheorien von H. Taine (1828-1893) und H. Spencer (1820-1893). Die Bedeutung von Taine für die Geschichte des bürgerlichen pädagogischen Denkens in der Periode des Anwachsens der Reaktion wurde bisher nicht ausreichend beleuchtet; in Wirklichkeit war sie sehr groß, und das sowohl auf dem Gebiet der psychologischen als auch der soziologischen Konzeptionen des Fatalismus. Das Werk von Taine „De l'intelligence" (Paris 1870) sowie seine „Les origines de la France contemporaine" (Paris 1876-1894), das an die antirevolutionäre philosophische französische Tradition und an die reaktionäre Interpretation Hegels anknüpfte, wurde zum Ausgangspunkt der ideologischen Mobilisierung der französischen Rechten; Taines Konzeptionen wollten die „Verwurzelung" des Individuums in der Umwelt begründen und glaubten darin eben die persönliche psychische Gesundheit und den sozialen Wert zu sehen. Die Erziehung sollte diese Verwurzelung festigen. Würde sie in anderer Richtung wirken, so müßte sie nach Ansicht von Taine zur individuellen und sozialen Katastrophe führen. Diese fatalistische Konzeption vom Menschen demonstrierte Taine sogar auf dem Gebiet des künstlerischen Schaffens, das meistens als freie Tätigkeit betrachtet wurde. Die Tainesche Denkweise übernahm der französische Nationalismus, der die Forderung erhob, daß die Erziehung Entwicklung der Verbundenheit von „Boden und Blut" sei. Man könnte hier auf den berühmten Roman von Barrés „Les déracinés" hinweisen, der diese Erziehungsprobleme darlegt. In der gleichen ideologischen Richtung bewegen sich die Konzeptionen von Durkheim, besonders seine Kritik der Erziehung, die sich auf die besondere Akzentuierung fernliegender Ideale stützt, seine Forderung, die sozialen Tatsachen als „Dinge" zu behandeln, seine Theorie von der kollektiven Vorstellung und der Massenseele, seine Interpretation der Sozialphilosophie Hegels — mit einem Wort alles, was die völlige Unterordnung des Individuums unter die soziale Umwelt begründen sollte.

Spencer bediente sich anderer Argumente; er griff auf biologische Analogien zurück, um zu zeigen, daß alle ideologischen Richtungen, die die Menschen zum Kampf für Ideale, die über die bestehenden Verhältnisse hinausgehen, mobilisieren wollen, falsch und schädlich seien. Sein bekanntes Buch „Über die Erziehung" wurde zum ersten systematisch entwickelten Manifest jenes Grundsatzes, der seitdem von der Sozialpädagogik vertreten wird — des Grundsatzes der Anpassung des Individuums an die Umwelt. Es ist wichtig zu betonen, daß gerade Spencer diesen Grundsatz so formuliert hat, und daß gerade er — angeblich — die Forderungen des Liberalismus erfüllen sollte. In dem Maße wie in Frankreich ernstzunehmende pädagogische Strömungen bestanden, die wie wir bereits erwähnten, sich den gemeinschafts- ideologischen und elitaristischen Konzeptionen der Anpassung an die Umwelt zuwandten, formulierte Spencer entsprechend den englischen Traditionen diese Konzeption vom Standpunkt der individuellen Inter- essen der herrschenden Klasse aus. Zahlreiche Richtungen der amerika- nischen Sozialpädagogik setzten diese Tendenz fort.

Verweist man auf diesen Unterschied in der Betrachtung der Rolle der Umwelt, so muß bemerkt werden, daß er sich in der Zeit zwischen beiden Kriegen verschärfte, als die Konzeption von der Gemein- schaft durch die faschistische und hitleristische Pädagogik auf extremste Weise ausgelegt wurde, und daß die liberale Konzeption sich mit den psychoanalytischen Theorien besonders in den USA verband. Wenn wir diese Unterschiede sehen, so dürfen wir jedoch nicht an der Tat- sache vorbeigehen, daß die beiden Konzeptionen lediglich verschieden- artige Varianten einundderselben These von der Unantastbarkeit der bestehenden Struktur der sozialen Verhältnisse sind. Auch dann wenn man — wie in den amerikanischen Theorien — auf die sogenannte Veränderlichkeit der Zivilisation hinweist, denkt man lediglich an eine gewisse Umgestaltung des Arbeitsmarktes und des täglichen Lebensstils, und nicht an die grundsätzliche Veränderung der gesellschaftlichen Ordnung. Es ist daher verständlich, daß auf vielen Gebieten zwischen den Anschauungen der beiden bürgerlichen Lager die gleiche Auffassung herrscht. Sie tritt vor allem in der Kritik der traditionellen Pädagogik in Erscheinung, die sich bemüht, den Erziehungsvorgang in Anlehnung an ganz bestimmte Ideale zu organisieren. Die Kritik dieses pädago- gischen Idealismus, die in Deutschland solche Pädagogen wie Grisebach, Gogarten, Petersen, Döpp-Vorwald, Krieck — also Pädagogen des Existentialismus und des deutschen Faschismus — geübt haben, weicht nicht von jener Kritik ab, die viele amerikanische Soziologen und Psy- choanalytiker üben, die darlegen, daß nur durch Anpassung des Indivi- duums an die bestehende Wirklichkeit seine gesunde Entwicklung gesi- chert werden kann.

Es leuchtet ein, daß diese ganz verzweigte Richtung der „realisti- schen" Pädagogik unter jenen Pädagogen auf Widerstand stoßen mußte, die die Hoffnung auf die Gestaltung einer neuen Zukunft durch die Erziehung nicht preisgeben wollten. Es gehörten hierzu sehr verschieden- artige Richtungen. Einige von ihnen führten fast unmittelbar die Traditionen des utopischen Sozialismus fort. Seine allgemeinen Hoffnungen auf das zukünftige Gleichgewicht zwischen den individuellen Interessen und den gesellschaftlichen Bedürfnissen fanden in den psychologischen Theorien Unterstützung, die mit den Begriffen Instinkte und Triebe, und den darauf gegründeten pädagogischen Theorien der Sublimation operierten. Die Tätigkeit des pädagogischen Zentrums in Genf, wofür das bekannte Buch von Bovet „Instinkt des Kampfes" ein symbolischer Ausdruck ist, wurde eben in dieser Richtung geführt. Eine andere Richtung, die auf die Hoffnungen des utopischen Sozialismus zurückgriff, und zwar auf jene Hoffnungen, die sich auf die bahnbrechende Rolle der Ausstrahlungskraft neuer Beispiele des gesellschaftlichen Lebens wie der Phalansterien, der Gemeinden, Gemeinschaften usw. gründeten, wurde in der Erziehungsarbeit Englands fortgesetzt, die einige Gewerkschaften, Genossenschaften und Institutionen wie die Fabian Society u. a. durchführten.

Es gab auch andere Arten dieser Auflehnung gegen den Opportunismus der „realistischen" Pädagogik. Es gehörten hierzu die pädagogischen Konzeptionen von Bertrand Russel, die in der Zeit zwischen den beiden Kriegen sehr bekannt und mit der Bergsonschen Philosophie verknüpft waren. Sie betonten eine von den Verhältnissen unabhängige schöpferische Kraft als Grundelement der Erziehung. Weiterhin sind es die Konzeption des sozialen Katholizismus, der sich gegen die thomistische Auffassung vom gesellschaftlichen Leben wandte und an die „evangelischen" Verhaltensnormen anknüpfte und schließlich verschiedene Richtungen einer mystisch-sozialen Pädagogik, sei es christlicher Prägung — wie in den Schriften von Schweitzer, Foerster oder Sawicki — oder auch Richtungen, die sich der orientalischen, indischen Terminologie bedienen.

Kapitel VIII

(1) Der Alternativcharakter dieser Standpunkte der „realistischen" Pädagogik und der Pädagogik des „Ideals" bringt das grundsätzliche Dilemma des geistigen und sittlichen Lebens, das politische Dilemma der bürgerlichen Gesellschaft seitdem die Klassenherrschaft der Bourgeoisie bedroht ist, zum Ausdruck. Die Marxsche Analyse der Anschauungen der Utopisten berührt die gleichen Grundlagen dieses Dilemmas. Nur der Begriff der „revolutionären Praxis" ermöglicht es als wesentlichen Begriff sich sowohl der „realistischen Pädagogik", der Pädagogik „der vollendeten Tatsachen", der Pädagogik des Gehorsams gegenüber der Umwelt und der Anpassung, als auch der Pädagogik der „Ideale", der utopischen Pädagogik, der „Pädagogik der Flucht aus dem Leben" zu widersetzen. Der Begriff der „revolutionären Praxis" gibt die theoretische Richtung für die Betrachtung der menschlichen Tätigkeit in dem

Sinne, daß diese Tätigkeit weder einzig und allein Bestätigung der bestehenden Wirklichkeit sein muß noch zu einer von der Wirklichkeit losgelösten Phantasievorstellung zu werden braucht. Die Marxsche These, daß es feste Gesetze der gesellschaftlichen Entwicklung gibt und daß ihre Kenntnis die Grundlage für die schöpferische Tätigkeit der Menschen ist, ermöglicht die prinzipielle Überwindung jener bürgerlichen Konzeptionen, die fatalistisch die Tätigkeit des Menschen entweder völlig liquidieren oder sie auf eine „aktive Anpassung" beschränkten, sowie auch jene, die die Tätigkeit der Menschen voluntaristisch vergötterten, indem sie ihr alle beabsichtigten sozialen Erfolge versprachen. Der Begriff der „revolutionären Praxis" bildet also das Fundament, auf das wir die grundlegende Kritik der beiden Alternativen und der mit ihnen eng verbundenen Strömungen der bürgerlichen Pädagogik bis in unsere Zeiten gründen können. Von diesem Standpunkt aus können wir verstehen, daß das Dilemma „Wirklichkeit" und „Ideal" in dem Augenblick als Dilemma aufhört zu bestehen, da wir die Wirklichkeit als den revolutionären Kampf um die sozialen Ideale auffassen und das Ideal als das Ziel der in der Gegenwart ausgeführten Handlungen. So können wir die Pädagogik, die die herrschende Ordnung bejaht, die Anpassungspädagogik bekämpfen, ohne in die Fehler und Illusionen der utopischen Pädagogik zu verfallen.

(2) Die bürgerliche individualistische Pädagogik war eine sehr differenzierte und komplizierte Erscheinung. Ihre historischen Traditionen gehen auf die Periode des Kampfes gegen die Grundsätze und Institutionen der mittelalterlichen Erziehung zurück und stehen mit dem Kampf des aufstrebenden Bürgertums um Freiheit des Denkens und Handelns, um die Befreiung von den kirchlichen und feudalen Fesseln, in Verbindung. Sie reichen auch in die Periode der englischen, und vor allem der französischen Revolutionen zurück, was sich auch in dem entschiedenen Protest Rousseaus gegen die Gesellschaft unter der Maske eines extremen Individualismus äußert.

Den wirklichen Inhalt der bürgerlichen Pädagogik des Individualismus formen jedoch die sozialen Verhältnisse des 19. Jahrhunderts. Entsprechend den verschiedenen Perioden der historischen Entwicklung in den einzelnen Ländern Europas zeigte der Prozeß der konkreten inhaltlichen Gestaltung der Parolen des Individualismus einige Unterschiede.

Er nahm überall dort eine rationalistische und utilitaristische Form an, wo unter den Entwicklungsbedingungen einer liberalistischen Politik des Kapitalismus die sogenannte Vorbereitung des Individuums auf das Leben und seine Ausstattung mit notwendigen Kenntnissen und Fähigkeiten wichtig wurden. Die individualistische Erziehung — wie sie z. B. von Spencer aufgefaßt wurde — sollte für das Individuum die Waffe für seinen Kampf ums Dasein schmieden, sie sollte also die Traditionen der dekorativen Erziehung bekämpfen, in deren Ergebnis das Individuum wohl „glänzen" konnte, aber für sich, und damit auch für die Gesellschaft nicht zum Nutzen zu arbeiten verstand.

Er hatte die Form eines subjektiv-aristokratischen „Sichzurückziehens" aus dem Lärm des Alltags, aus dem wirtschaftlichen und politischen Leben, in die Sphäre des sogenannten höheren Lebens, in die Sphäre der Kultur. Die Beziehung zu den großen Werken des menschlichen Kulturschaffens sollte zur Grundlage der Erziehung des Individuums werden. So verstanden das der Neohumanismus und vor allem Wilhelm Humboldt. An diese Tradition knüpfte man oft im 19. und 20. Jahrhundert, besonders in jenen Kreisen an, in denen die Erziehung mit dem Kult des klassischen Altertums verbunden wurde.

Er hatte die Form eines spezifischen Protestes, den Max Stirner gegen die bürgerliche Kultur formuliert und dem Nietzsche Weltruf verliehen hat. Ohne die sozialen Grundlagen dieser Kultur anzutasten, tendierte dieser Prozeß dahin, die Gegensätze zwischen Elite und Masse zu verschärfen, die individualistische Erziehung für einige wenige zu reservieren und sich den Prinzipien einer allgemeinen Bildung und Kultur entgegenzustellen.

Er hatte die Form einer irrationalistischen Begeisterung für das „Geheimnis der Individualität" und für das Verlangen, ihre Entwicklung zu fördern. Zahlreiche Richtungen der Philosophie, besonders die Bergsonsche Philosophie, hatten diese Tendenz. Das Wirken solcher Pädagogen wie Gaudig, Ferrière oder Decroly verdeutlichte die Bedeutung der Orientierung auf das Individuum in der Erziehung sowie die Bedeutung des schöpferischen Ausdrucks und der Freiheit des Reifens. Der Grundsatz der Achtung vor der Individualität sollte den Erzieher bis an die Grenze des Verzichts auf Führung verpflichten.

Hatten alle diese Richtungen der Pädagogik des Individualismus etwas Gemeinsames? Es gab verschiedene Lösungen, aber gemeinsam war ihnen die Problematik, die von der Frage nach der Art und Weise der Entwicklung des menschlichen Individuums bestimmt wurde, gemeinsam war auch die Beschränktheit des Horizonts bei der Suche nach einer Antwort auf diese Frage. Diese Beschränktheit beruhte auf der Annahme, daß sich das Individuum von sich aus und „im Innern" entwickelt, indem es höchstens die historischen Errungenschaften und die aktuelle gesellschaftliche Situation auf „äußerliche" Weise „ausnutzt". Verschiedene Richtungen der individualistischen Pädagogik stimmten darin überein, daß z.B. konkrete soziale Aufgaben die Individuen zugrunde richten, nicht aber entwickeln; darin waren sich Utilitaristen und Irrationalisten einig, obwohl die ersten Gefahren in der Beschränkung der wirtschaftlichen Initiative des Individuums und die zweiten in der Beschränkung seines Innenlebens sahen.

Die Marxsche Kritik an Stirner greift die Grundlagen dieser individualistischen Pädagogik an. Diese Kritik zeigt, wie sich das Individuum täuscht, wenn es glaubt, daß die „Treue zu sich selbst" es über den Strom der Geschichte hinweghebe; sie zeigt wie der Grundsatz der ausschließlichen Bildung an „inneren Werten" zersetzend wirkt. Entgegen manchmal falschen und vereinfachenden Interpretationen des Marxschen Denkens, daß es angeblich das Problem der Einzelerziehung aufheben würde, muß festgestellt werden, daß Marx eine viel schwierigere, dafür aber auch viel fruchtbarere Angelegenheit als die Ablehnung der Problematik der individualistischen Pädagogik vollbracht hat. Marx legte nämlich dar, daß die grundsätzliche Problematik der Entwicklung und Erziehung des Individuums die Problematik seiner historisch-gesellschaftlichen Verwurzelung und Tätigkeit ist und daß das sogenannte äußere Leben in die Tiefe des sogenannten inneren Lebens hineinreicht. Gerade auf diesem Gebiet liegen die schwierigsten und ernstesten Erziehungsprobleme des Individuums.

Die bürgerliche individualistische Pädagogik bemühte sich auf verschiedene Art und Weise ihnen auszuweichen. Dort, wo es unvermeidlich zu einem Konflikt zwischen dem Individuum und der Gesellschaft kam, kannte diese Pädagogik zwei Auswege: die Anpassung oder Kompensation. Die Anpassung bedeutete einen Kompromiß, der dem Individuum helfen sollte, die Zufriedenheit mit sich selbst in engeren Grenzen zu erreichen; die Kompensation sollte das Individuum in der fiktiven Welt der Vorstellungen oder privaten Neigungen für die Enttäuschungen entschädigen, die es in seinem gesellschaftlichen Leben erlitten hat. Beide Lösungen sind besser als das Fortbestehen eines offenen Konfliktes. Aber beide sind schlechter als jene Lösung, die die sozialistische Pädagogik gibt, nämlich die aktive gesellschaftliche Tätigkeit, die die Umwelt so umgestalten kann, daß weder die Anpassung an das, was wir für schlecht halten, noch die Kompensation, die für das Übel entschädigt, das wir erleiden müssen, erforderlich sein wird.

Die soziale Situation und die sozialen Aufgaben greifen tief in das individuelle Leben ein; nicht durch eine — immer fiktive Isolierung von dieser Wirklichkeit bildet sich das menschliche Individuum, sondern durch eine bewußte und verantwortungsvolle Teilnahme am gesellschaftlichen Leben. Die wesentlichsten Erziehungsprobleme des Individuums, einschließlich seiner streng privaten Angelegenheiten, können nur von diesem Standpunkt aus gelöst werden. Marx zeigte, daß „die Annahme von sich selbst", man sei das, was man sich selbst dünkt, heißt sich einer Mystifikation hingeben. Marx bewies, daß das uns aufgezwungene gesellschaftliche Verhalten und Handeln nicht nur etwas „Äußerliches" im Verhältnis zu uns selbst bedeutet, sondern gerade unser wahres Ich ist. Damit hat Marx die historischen Quellen unserer Persönlichkeit aufgedeckt und die angebliche Grenze zwischen dem äußeren und inneren Leben in Frage gestellt. Das eröffnet vor uns die Perspektive völlig neuer Grundsätze der Erziehung des Individuums.

Die Kritik der Grundlagen der individualistischen Pädagogik ergänzt so die Kritik der Pädagogik der „Realisten" und „Utopisten". Weder über die fatalistische Bejahung der Wirklichkeit, noch über illusorische Zukunftshoffnungen, noch über Versuche, das, was wirklich ist, auf das Niveau einer „Äußerlichkeit", die angeblich für unser Ich gleichgültig ist, zu degradieren, führt der schöpferische Weg zur Erziehung des Individuums. Dieser Weg führt — nach Ansicht von Marx — nur über die persönliche Entscheidung für die gesellschaftlichen Kräfte des Fortschritts. Das beseitigt die persönlichen Illusionen und Heucheleien im Verhalten und schafft Möglichkeiten für eine neue persönliche Entwicklung in der Tätigkeit nach historischen Perspektiven.

ERRATA

Seite	Zeile oben	Zeile unten	falsch	richtig
47	16		folgt.	folgen.
48	14		Geist vorgeht	Bewußtsein vorgeht
122	3		das Material und Anstoß	das Material und den Anstoß
165	5		Verhältnissen Kapitalismus	Verhältnissen des Kapitalismus
203		5	bedeutete.	bedeuteten.
246		9	Werkeltagslebens	Werktagslebens
276	19		was in ihnen	was ihnen
281	14		Auge fassen	Auge zu fassen
283	17		erzeugt.	erzeugt, an.
321	6		ersichtlich,	ersichtlich wird,
329	9		über eine entsprechende Erziehung	vermittels einer entsprechenden Erziehung
331	2		Nicht nur, daß eine solche Betrachtung	Nicht genug damit, daß eine solche Betrachtung
	18		hat vom Standpunkt der Klasse aus	hat vom bürgerlichen Klassenstandpunkt aus
412		13	sondern als Klassenmitglieder" mit.	sondern als Klassenmitglieder".
		12	an der Arbeiterklasse.	an der Arbeiterbewegung.

Joachim Streisand

Deutsche Geschichte von den Anfängen bis zur Gegenwart

Eine marxistische Einführung

484 Seiten, Paperback, DM 7,80

Unter dem Titel „Deutsche Geschichte in einem Band" ist Streisands knapper, aber fundierter Überblick über zweitausend Jahre deutscher Geschichte zunächst in der DDR erschienen. Dem rasch wachsenden Bedürfnis vor allem der jungen Leser auch in der Bundesrepublik nach einem eindeutig an Fortschritten in der Geschichte orientierten Überblick wird zur Zeit kein westdeutscher Historiker so gerecht wie Joachim Streisand, der leichte Lesbarkeit mit historischer Akribie zu verbinden versteht. Hauptprobleme und Wendepunkte der deutschen Geschichte treten scharf hervor: die Herausbildung des ersten deutschen Reichs, die Entwicklung des Humanismus und der Reformation, die frühbürgerliche Revolution, die Befreiungskriege, die Revolution 1848, die Reichsgründung 1871, der Imperialismus, die deutsche Arbeiterbewegung u. a. m. Dabei geht es weder um Vollständigkeit noch um einzelne interessante Episoden. Sondern Streisand untersucht in den vielfältigen wirtschaftlichen, politischen und kulturellen Erscheinungen der Vergangenheit das Wirken historischer Entwicklungsgesetze, um zugleich eine Antwort auf die Frage nach den nächsten Etappen dieses Prozesses zu finden. Die Eigenart, die Tiefe und die Erfolge der großen Übergangsperioden und Umwälzungen, die eine Nation erlebt hat, behalten für ihre Entwicklung eine große Bedeutung. Die Beschäftigung mit den Wendepunkten der deutschen Geschichte, mit den Knotenpunkten des Übergangs von einer Gesellschaftsordnung zur anderen wird heute in verdienstvoller Weise besonders von der marxistischen Geschichtswissenschaft gefördert, zu deren bedeutendsten Vertretern Streisand zählt.

Pahl-Rugenstein

Kleine Bibliothek
Politik Wissenschaft Zukunft

Sammlung Junge Wissenschaft

Pahl-Rugenstein
5 Köln 51 Vorgebirgstraße 115